마하반야바라밀다경 11

摩訶般若波羅蜜多經 11

KB194733

마하반야바라밀다경 11
摩訶般若波羅蜜多經 11

三藏法師 玄奘 漢譯 | 釋 普雲 國譯

혜안

역자의 말

보운

　사문의 한 존재로서 삶은 여러 관점에서 관찰되는 대상이므로, 일상적인 시각으로 살펴본다면 세간의 현실적인 기준으로 판단하기 어려운 부분에 이르게 된다. 이러한 인연을 쫓는 것인가의 문제는 확연하지 않을지라도, 번역하는 시간에 쫓기고 세간과 연결되는 문제를 마주하면서 번역의 문장을 구성하려는 나의 관점은 어느덧 멀어진 과거의 추억을 따라서 아스라이 기억을 넘어간 곳을 향하여 달려가고 있다. 갑진년의 시간도 대략 보름이 남았으니 한 해의 시간도 곧 기울어질 것이다.

　어느날 누가 나에게 수행자의 길이 궁금하였던지 "스님은 수행자의 구도를 향한 길에 만족하십니까?"라고 물었고, 나는 "세존께서 보여주셨던 한 생의 궤적은 한 인간으로서 누구보다도 완전한 인격체이셨고, 신(神)을 초월하는 신력(神力)을 구족하셨더라도 중생들을 위하여 그 시대에 한 인간의 모습을 고수(固守)하셨던 대자비심에 다시 머리숙여 예경을 올립니다. 이러한 한 단면의 인격에 감응하여 사문의 고행스러운 길을 묵묵히 따라갈 수 있는 실체를 제공하고 있습니다."라고 대답하였던 기억을 다시 되새겨본다.

　육도(六道)의 유정들에게 삶의 의지처인 기세간은 많은 변화가 생멸(生滅)하는 단편들이 눈앞에 펼쳐지는 장소이고, 얽히고 설켰던 인연들은 서로에게 투쟁을 부추겨서 갈등과 화합이 연속적으로 순환하는 세계로 나아가는 업보의 굴레가 존재하고 있다. 이러한 특징은 유정들에게 사유의 경계를 제한시키므로, 각자의 생활방식이 구별되는 다양하고 다채로운 삶의 모습으로 나타나게 되는데, 현대와 같은 교통수단의 혁신과 신속성은 인간계에 지식과 지혜의 성취에 따른 진보된 문화를 빠르게 보급하는 긍정적인 측면도 있지만, 최악의 불행스러운 씨앗인 갈등의 궁극적인 사례인 전쟁의 광기도 빠르게 보급하고 있다.

오랜 시간은 아닐지라도 60여 년의 시간을 뒤돌아본다면 여러 세간의 가치와 일상적인 생활방식도 많이 변화되었으므로, 가끔은 '옛날 옛적에'라는 어휘가 가깝게 다가온다. 여러 종류의 공업(共業)에 휩쓸려서 살아왔던 삶의 과정에서 한 걸음을 벗어나서 지나왔던 과거의 삶을 돌아보니, 이 땅에서 겪어왔던 다양한 고통과 가슴이 시리게 아팠던 기억들이 환영(幻影)처럼 넘실거리면서 기억을 스쳐간다. 다시 경험하고 싶지 않은 현실이었더라도 나는 삼세의 시간 속에서 벗어날 수 없었던 인과이었고, 또한 현생(現生)은 기억하고 싶지 않은 시절이었을지라도 삼세를 기준으로 삼아서 관찰하니, 또한 이와 같이 공평한 삶도 존재하지 않는다고 확연히 알 수 있었다.

수행을 위한 몸부림의 시간이 쌓이고 법력이 증가할수록 스스로가 지닌 한계와 현실의 지위를 더욱 세심하게 관찰할 수 있는 능력이 늘어난 것은 치열하였던 삶에 대한 작은 보상이리라. 수행과 삶의 무게가 점차 증장할수록 인과(因果)의 무게를 더욱 명료하게 깨닫게 된다. 이전에는 단순하게 사유하였던 문제들도 지금은 큰 바위가 구르듯이 나의 삶의 그림자를 쫓아오고 있다는 것을 알게 되었고, 내가 전생에 지었던 업의 그물을 벗어날 수 없음을 새삼스럽게 되새기게 된다. 수행자로서 소명의 길을 묵연하게 걸어가셨던 무명(無名)의 조사(祖師)들께 더욱 큰 공경과 존중을 드리면서 그 조사들의 법향(法香)이 인간계를 장엄하였던 그 당시의 현실을 떠올리면서 후학의 사문으로써 깊이 감사드린다.

인간세계에서 서로 갈등하고 화합하였던 일들도 다른 시선으로 바라본다면 사문에게 가르침의 방편으로 작용할 수 있고, 다른 관점에서 방해물로 작용할 수도 있을 것이다. 그러나 여러 세상의 현상들은 그것을 수용하여 사용하는 유정들의 마음자리에서 다른 결과를 일으켰던 것이 아니겠는가? 지식과 기술의 발전이 없었다면 인간세상이 지금처럼 여유롭고 풍요롭지 않았을 것이나, 이와는 반대로 이것에 따른 사회적인 비용도 역시 증가하고 있다. 종교계에서도 지혜를 향한 지식과 학설이 많이 발전할수록 역시 갈등도 증가하고 있다. 이러한 기본적인 토대에는 스스로가 추구하는 현실적인 이익과 욕망이 자리잡고 있다는 사실을 인정하고 발전된 모습으로 나아가야 하지 않겠는가!

지금의 이 자리에서 삶을 돌이켜본다면 내가 기억하는 과거와 현재에 살아왔던 삶의 가운데에서 지금의 이 자리가 최고로 고통스럽고 기억을 지우고 싶은 삶이다. 그럼에도 이 자리에서 한 인간으로서 인생의 궤적을 합리적으로 설계할 수 있는 한계를 절실하게 경험하였던 세월이었다. 오늘도 따스한 햇볕이 삶의 미래를 밝혀주리라는 믿음을 의지하여 질병을 다스리면서 죽음과 삶의 경계선을 건너가야 한다. 이 자리에서 고뇌하는 이러한 사문의 현실도 진보하여 구도의 길은 더욱 아름다워질 것이다.

지금도 계속되고 있는『마하반야바라밀다경(대품반야경)』의 역경불사에는 많은 신심과 원력이 담겨 있으므로, 번역과 출판을 위하여 동참하신 사부대중들은 현세에서 스스로가 소원에서 무한한 이익을 얻고, 세간에서 생겨나는 삼재팔난의 장애를 벗어나기를 발원드리며, 이미 생(生)의 인연을 마치신 영가들께서는 아미타불의 극락정토에 왕생하시기를 발원드린다. 현재까지의 역경과 출판을 위하여 항상 후원과 격려를 보내주시는 은사이신 세영 스님께 깊이 감사를 드리고, 또한 많은 시간에 걸쳐서 보시와 후원을 아끼지 않는 죽림불교문화연구원의 사부대중들께 감사드리면서, 이 불사에 동참하신 분들께 불·보살들의 가호(加護)가 항상 가득하기를 발원하면서 감사의 글을 마친다.

불기 2568년(2024) 12월 중분(中分)의 장야(長夜)에
서봉산 자락의 죽림불교문화연구원에서
사문 보운이 삼가 적다

출판에 도움을 주신 분들

이수빈　　홍완표　　손영덕　　오해정　　손연서　　손영상

이지은　　손민하　　김양순　　이계철　　이인범　　이이범

이국범　　이혜범

이민두靈駕　여 씨靈駕　이학헌靈駕　오입분靈駕　유혜순靈駕　이순범靈駕

손선군靈駕　우효순靈駕　김길환靈駕　손성호靈駕　손양웅靈駕　손성배靈駕

차 례

초분 初分

10

12

일러두기

1. 이 책의 저본(底本)은 고려대장경(高麗大藏經) 1권부터 결집된 『대반야바라밀
   다경(大般若波羅蜜多經)』이다.

2. 원문은 600권으로 구성되어 있으나 이 책에서는 각 권수를 표시하되 30권을
   한 권의 책으로 편집하여 번역하였다.

3. 번역의 정밀함을 기하기 위해 여러 시대와 왕조에서 각각 결집된 여러 한역대
   장경을 대조하고 비교하며 번역하였다.

4. 원문은 현장 삼장의 번역을 충실하게 따랐으나, 반복되는 용어를 생략하였던
   용어에서는 번역자가 생략 이전의 본래의 용어로 통일하여 번역하였다.

5. 원문에 나오는 '필추(苾芻)', '필추니(苾芻尼)' 등의 용어는 음사(音寫)이므로
   현재에 사용하는 '비구(比丘)', '비구니(比丘尼)'라고 번역하였다.

6. 원문에서의 이전의 번역과는 다른 용어가 사용되고 있으므로 원문을 존중하여
   저본의 용어로 번역하였다.
   예) 보시·지계·인욕·정진·선정·지혜바라밀다 → 보시(布施)·정계(淨戒)·안인
   (安忍)·정진(精進)·정려(靜慮)·반야바라밀다(般若波羅蜜多), 축생 → 방생(傍生),
   아귀→ 귀계(鬼界)

7. 원문에서 사용되고 있으나, 현재의 용어와 많이 다른 경우는 현재 용어로
   번역하였고, 생략되거나, 어휘가 변화된 용어도 현재의 용어를 사용하여
   번역하였다.
   예) 루(漏) → 번뇌, 악취(惡趣) → 악한 세계, 여래(如來)·응(應)·정등각(正等覺)
   → 여래·응공·정등각, 수량(壽量) → 수명, 성판(成辦) → 성취

8. 원문에서 사용한 용어 중에 현재와 음가(音價)가 다르게 변형된 사례가 많이 발견된다. 원문의 뜻을 최대한 살려 번역하였으나 현저하게 의미가 달라진 용어의 경우 현재 사용하는 용어로 바꾸어 번역하였다.

  예) 우파색가(鄔波索迦)→ 우바색가, 나유다(那庾多)→ 나유타(那庾多)

9. 앞에서와 같이 동일한 문장이 계속하여 반복되는 경우에는 원문에서 내지(乃至)라는 용어가 사용되고 있는데, 현재의 의미로 해석하여 '…… 나아가 ……' 또는 '나아가'의 형태로 바꾸어 번역하였다.

해제(解題)

1. 성립과 한역

 이 경전의 범명(梵名)은 Mahāprajñāpāramitā Sūtra이다. 모두 600권으로 결집되었고, 여러 반야부의 경전들을 집대성하고 있다. 선행연구에서 대략 AD.1~200년경에 성립되었다고 연구되고 있으며, 인도의 쿠샨 왕조 시대에 남인도에서 널리 사용되었다고 추정되고, 뒤에 북인도에서 대중화 되었으며, 산스크리트어로 많은 부분이 남아있다.

 본 번역의 저본은 고려대장경에 수록된 『대반야바라밀다경(大般若波羅 蜜多經)』으로 당(唐)의 현장(玄奘)이 방주(方州)의 옥화궁사(玉華宮寺)에서 659년 또는 660년에 번역을 시작하여 663년에 번역한 경전이고, 당시까지 번역된 경전과 현장이 새롭게 번역한 경전들을 모두 함께 수록하고 있다.

 중국에서 반야경의 유통은 동한(東漢)의 지루가참(支婁迦讖)이 역출(譯 出)한 『도행반야경(道行般若經)』10권을 번역하였던 것이 확인할 수 있는 최초의 사례이다. 이후에 삼국시대의 오(吳)나라 지겸(支謙)은 『대명도무 극경(大明度無極經)』6권으로 중역(重譯)하여 완성하였으며, 축법호(竺法 護)는 『광찬반야바라밀경(光讚般若波羅蜜經)』10권을 번역하였고, 조위(曹 魏)의 사문 주사행(朱士行)이 감로(甘露) 5년(260)에 우전국(于闐國)에서 이만송대품반야범본(二萬頌大品般若梵本)을 구하여 무라차(無羅叉)와 함께『방광반야바라밀경(放光般若波羅蜜經)』20권으로 번역하였으며, 요진 (姚秦)의 구마라집(鳩摩羅什)은 홍시(弘始) 6년(404)에 대품이만송(大品二 萬頌)의 『마하반야바라밀경(摩訶般若波羅蜜經)』을 중역하였고, 홍시(弘 始) 10년(408)에『마하반야바라밀경(摩訶般若波羅蜜經)』과『금강반야경 (金剛般若經)』등을 역출(譯出)하였으며, 북위(北魏) 영평(永平) 2년(509)에 보리유지(菩提流支)는 『금강반야경(金剛般若經)』 1권을 역출하였다.

용수보살이 주석한 대지도론에서는 "또 삼장(三藏)에는 올바른 30만의 게송(偈)이 있고, 아울러 960만의 설(言)이 있으나, 마하연은 너무 많아서 무량하고 무한하다. 이와 같아서 「반야바라밀품(般若波羅密品)」에는 2만2 천의 게송이 있고, 「대반야품(大般若品)」에는 10만의 게송이 있다."라고 전하고 있고, 세친(世親)이 저술하고 보리유지가 번역한『금강선론(金剛仙 論)』에서는 "8부(八部)의 반야가 있는데, 분별한다면『대반야경초(大般若 經初)』는 10만의 게송이고, 『대품반야경(大品般若經)』은 2만 5천의 게송이 며, 『대반야경제삼회(大般若經第三會)』는 1만 8천의 게송이고, 『소품반야 경(小品般若經)』은 8천의 게송이며, 『대반야경제오회(大般若經第五會)』는 4천의 게송이고, 『승천왕반야경(勝天王般若經)』은 2천 5백의 게송이며, 『문수반야경(文殊般若經)』은 6백의 게송이고, 『금강경(金剛經)』은 3백의 게송이다."라고 주석하고 있다.

본 경전의 다른 명칭으로는『대반야경(大般若經)』, 『대품반야경(大品般 若經)』, 또는 6백부반야(六百部般若)라고 불린다. 6백권의 390품이고 약 4백6십만의 한자로 결집되어 있으므로 현재 전하는 경장과 율장 및 논장의 가운데에서 가장 방대한 분량이다.

반야경의 한역본을 살펴보면 중복되는 명칭이 경전을 제외하더라도 여러 소경(小經)의 형태로 번역되었던 것을 살펴볼 수 있다. 그 사례를 살펴보면『방광반야경(放光般若經)』(20卷), 『광찬경(光贊經)』(10卷), 『마 하반야바라밀경(摩訶般若波羅蜜經)』(27卷), 『도행반야경(道行般若經)』(10 卷)』, 『대명도경(大明度經)』(6卷), 『마하반야초경(摩訶般若鈔經)』(5卷), 『소 품반야바라밀경(小品般若波羅蜜經)』(10卷), 『불설불모출생삼법장반야바

라밀다경(佛說佛母出生三法藏般若波羅蜜多經)』(25卷), 『불설불모보덕장
반야바라밀경(佛說佛母寶德藏般若波羅蜜經)』(3卷),『성팔천송반야바라밀
다일백팔명진실원의다라니경(聖八千頌般若波羅蜜多一百八名眞實圓義陀
羅尼經)』,『승천왕반야바라밀경(勝天王般若波羅蜜經)』(7卷),『문수사리소
설마하반야바라밀경(文殊師利所說摩訶般若波羅蜜經)』(2卷),『문수사리소설
반야바라밀경(文殊師利所說般若波羅蜜經)』,『불설유수보살무상청정분위경
(佛說濡首菩薩無上淸淨分衛經)』(2卷),『금강반야바라밀경(金剛般若波羅密
經)』,『금강능단반야바라밀경(金剛能斷般若波羅蜜經)』,『불설능단금강반야
바라밀다경(佛說能斷金剛般若波羅蜜多經)』, 『실상반야바라밀경(實相般若波
羅蜜經)』,『금강정유가이취반야경(金剛頂瑜伽理趣般若經)』,『불설변조반야
바라밀경(佛說遍照般若波羅蜜經)』,『대락금강불공진실삼마야경(大樂金剛不
空眞實三麼耶經)』,『불설최상근본대락금강불공삼매대교왕경(佛說最上根本
大樂金剛不空三昧大敎王經)』(7卷), 『불설인왕반야바라밀경(佛說仁王般若波
羅蜜經)』(2卷),『인왕호국반야바라밀다경(仁王護國般若波羅蜜多經)』(2卷),
『불설요의반야바라밀다경(佛說了義般若波羅蜜多經)』, 『불설오십송성반야
바라밀경(佛說五十頌聖般若波羅蜜經)』,『불설제석반야바라밀다심경(佛說帝
釋般若波羅蜜多心經)』,『마하반야바라밀대명주경(摩訶般若波羅蜜大明呪經)』,
『반야바라밀다심경(般若波羅蜜多心經)』,『보편지장반야바라밀다심경(普
遍智藏般若波羅蜜多心經)』,『당범번대자음반야바라밀다심경(唐梵飜對字音
般若波羅蜜多心經)』,『불설성불모반야바라밀다경(佛說聖佛母般若波羅蜜多
經)』,『불설성불모소자반야바라밀다경(佛說聖佛母小字般若波羅蜜多經)』,
『불설관상불모반야바라밀다보살경(佛說觀想佛母般若波羅蜜多菩薩經)』,『불
설개각자성반야바라밀다경(佛說開覺自性般若波羅蜜多經)』(4卷),『대승이취
육바라밀다경(大乘理趣六波羅蜜多經)』(10卷) 등의 독립된 경전으로 다양하
게 번역되었다.

2. 설처(說處)와 결집(結集)

마하반야바라밀다경의 결집은 4처(處) 16회(會)로 구성되어 있는데,
제1회에서 제6회까지와 제15회는 왕사성의 영취산에서, 제7회에서 제9회
까지와 제11회에서 제14회까지는 사위성의 기원정사에서, 제10회는 타화
자재천 왕궁에서, 제16회는 왕사성의 죽림정사에서 이루어졌으며, 표로
구성한다면 아래와 같다.

九部般若	四處	『大般若經』의 卷數	특기사항(別稱)
上品般若	鷲峰山	初會79品(1~400卷)	十萬頌般若
中品般若		第二會85品(401~478卷)	二萬五千頌般若, 大品般若經
		第三會31品(479~537卷)	一萬八千頌般若
下品般若		第四會29品(538~555卷)	八千頌般若, 小品般若經
		第五會24品(556~565卷)	四千頌般若
天王般若		第六會17品(566~573卷)	勝天王般若經
文殊般若	給孤獨園	第七會(574~575卷, 曼殊室利分)	七百頌般若, 文殊說般若經
那伽室利般若		第八會(576卷, 那伽室利分)	濡首菩薩經
金剛般若		第九會(577卷, 能斷金剛分)	三百頌般若, 金剛經
理趣般若	他化自在天	第十會(578卷, 般若理趣分)	理趣百五十頌, 理趣般若經
六分般若	給孤獨園	第十一會(579卷~583卷, 布施波羅蜜多分)	五波羅蜜多經
		第十二會(584卷~588卷, 戒波羅蜜多分)	
		第十三會(589卷, 安忍波羅蜜多分)	
		第十四會(590卷, 精進波羅蜜多分)	
	鷲峰山	第十五會(591~592卷, 靜慮波羅蜜多分)	
	竹林精舍	第十六會(593~600卷, 般若波羅蜜多分)	善勇猛般若經

제1회는 범어로는 Śatasāhasrikāprajñāpāramitāsūtra이고, 제1권~제400
권의 10만송으로 결집되고 있으며, 79품으로 이루어져 있고, 전체의

3분의 2에 해당하는 분량이다. 현장에 의해 처음으로 번역되었으므로 이역본이 없다.

제2회는 범어로는 Pañcaviṁśatisāhasrikāprajñāpāramitā sūtra이고, 제401권~제478권의 2만5천송(大品般若)으로 결집되고 있으며, 85품으로 이루어져 있고, 제1회와 비교하여「상제보살품(常啼菩薩品)」과「법용보살품(法涌菩薩品)」의 두 품이 생략되어 있다. 이역본으로『방광반야바라밀경(放光般若波羅蜜經)』,『마하반야바라밀경(摩訶般若波羅蜜經)』,『광찬경(光讚經)』등이 있다.

제3회는 범어로는 Aṣṭādaśasāhasrikāprajñāpāramitā sūtra이고, 제479권~제537권의 1만8천송으로 결집되고 있으며, 31품으로 이루어져 있고, 제2회와 같이「상제보살품」과「법용보살품」이 생략되어 있다.

제4회는 범어로 Aṣṭasāhasrikāsūtra이고, 제538권~제555권의 8천송(小品般若)으로 결집되고 있으며, 29품으로 이루어져 있다.

제5회는 범어로 Aṣṭasāhasrikāprajñāpāramitā sūtra이고, 제556권~제565권의 8천송(小品般若)으로 결집되고 있으며, 24품으로 이루어져 있다. 반야경은 큰 위력이 있어서 그 자체가 신비한 주문이라고 설하면서 수지하고 독송하는 것을 강조하였다. 이역본으로는『마하반야초경(摩訶般若鈔經)』,『도행반야경(道行般若經)』,『대명도경(大明度經)』,『마하반야바라밀경(小品般若經)』, 시호 역의『불모출생삼장반야바라밀다경』, 법현 역의『불모보덕반야바라밀다경』, 시호 역의『성팔천송반야바라밀다일백팔명진실원의다라니경』등이 있다.

제6회는 범어로 Devarājapravaraprajñāpāramitā sūtra이고, 제566권~제573권으로 결집되고 있으며, 17품으로 이루어져 있다. 이역본으로『승천왕반야바라밀경(勝天王般若波羅蜜經)』이 있다.

제7회는 범어로는 Saptaśatikāprajñāpāramitā sūtra이고, 제574~제575권으로 결집되고 있으며, 7백송이다. 만수실리분(曼殊室利分)이라고도 부르는데, 만수실리는 문수사리를 가리킨다. 이역본으로『문수사리소설마하반야바라밀경(文殊師利所說摩訶般若波羅蜜經)』,『문수사리소설반야바라밀경(文殊師利所說般若波羅蜜經)』이 있다.

제8회는 범어로는 Nāgaśrīparipṛcchā sūtra이고, 제576권으로 결집되고 있으며, 5백송이다. 이역본으로『불설유수보살무상청정분위경(佛說濡首菩薩無上清淨分衛經)』이 있다.

제9회는 범어로 Vajracchedikāprajñāpāramitā sūtra이고, 제577권으로 결집되고 있으며, 능단금강분(能斷金剛分)이라 한다. 이역본으로 구마라집·보리유지·진제가 각각 번역한『금강반야바라밀경』과 현장이 번역한『능단금강반야바라밀다경』, 의정(義淨)이 번역한『불설능단금강반야바라밀다경』이 있다.

제10회는 1백50송이며, 범어로는 Adhyardhaśatikāprajñāpāramitā sūtra이고, 제578권으로 결집되고 있으며, 1백50송이고, 반야이취분(般若理趣分)이라고 부른다. 이역본으로『실상반야바라밀경(實相般若波羅蜜經)』,『금강정유가이취반야경(金剛頂瑜伽理趣般若經)』,『변조반야바라밀경(遍照般若波羅蜜經)』, 『최상근본금강불공삼매대교왕경(最上根本金剛不空三昧大敎王經)』등이 있다.

제11회부터 제15회까지는 범어로는 Pañcapāramitānirdeśa이고 1천8백송이다. 제16회는 범어로 Suvikrāntavikramiparipṛcchāprajñāpāramitā sūtra이고, 2천1백송이다. 구체적으로 살펴보면, 제11회는 제579권~제583권의 보시바라밀다분이고, 제12회는 제584권~제588권의 정계바라밀다분이며, 제13회는 제589권의 안인바라밀다분이고, 제14회는 제590권의 정진바라밀다분이며, 제15회는 제591권~제592권의 정려바라밀다분이고, 제16회는 제593권~제600권의 반야바라밀다분으로 결집되어 있다.

3. 각 품(品)의 권수와 구성

『마하반야바라밀다경』의 결집은 4처(處) 16회(會)로 구성되어 있으나,

설법(說法)에 따른 분량에서 매우 많은 차이를 보여주고 있다. 이러한 차이는 각 법문의 내용과 대상에 따른 차이를 반영하고 있는데, 표를 통하여 600권에 수록된 각각의 품(品)과 분(分)을 살펴보면 다음과 같다.

법회(法會)	구분(區分)	설법의 분류	수록권수(收錄卷數)	특기사항
初會	緣起品	第1-1~2	1~2권	서문 수록
	學觀品	第2-1~2	3~4권	
	相應品	第3-1~4	4~7권	
	轉生品	第4-1~3	7~9권	
	贊勝德品	第5	10권	
	現舌相品	第6	10권	
	教誡教授品	第7-1~26	11~36권	
	勸學品	第8	36권	
	無住品	第9-1~2	36~37권	
	般若行相品	第10-1~4	38~41권	
	譬喻品	第11-1~4	42~45권	
	菩薩品	第12-1~2	45~46권	
	摩訶薩品	第13-1~3	47~49권	
	大乘鎧品	第14-1~3	49~51권	
	辨大乘品	第15-1~6	51~56권	
	贊大乘品	第16-1~6	56~61권	
	隨順品	第17	61권	
	無所得品	第18-1~10	61~70권	
	觀行品	第19-1~5	70~74권	
	無生品	第20-1~2	74~75권	
	淨道品	第21-1~2	75~76권	
	天帝品	第22-1~5	77~81권	
	諸天子品	第23-1~2	81~82권	
	受教品	第24-1~3	82~83권	
	散花品	第25	84권	
	學般若品	第26-1~5	85~89권	
	求般若品	第27-1~10	89~98권	
	嘆衆德品	第28-1~2	98~99권	
	攝受品	第29-1~5	99~103권	
	校量功德品	第30-1~66	103~169권	
	隨喜迴向品	第31-1~5	169~172권	
	贊般若品	第32-1~10	172~181권	
	謗般若品	第33	181권	

難信解品	第34-1~103	182~284권	
贊清淨品	第35-1~3	285~287권	
着不着相品	第36-1~6	287~292권	
說般若相品	第37-1~5	292~296권	
波羅蜜多品	第38-1~2	296~297권	
難聞功德品	第39-1~6	297~304권	
魔事品	第40-1~2	304~305권	
佛母品	第41-1~4	305~308권	
不思議等品	第42-1~3	308~310권	
辦事品	第43-1~2	310~311권	
衆喩品	第44-1~3	311~313권	
眞善友品	第45-1~4	313~316권	
趣智品	第46-1~3	316~318권	
眞如品	第47-1~7	318~324권	
菩薩住品	第48-1~2	324~325권	
不退轉品	第49-1~3	326~328권	
巧方便品	第50-1~3	328~330권	
願行品	第51-1~2	330~331권	
殑伽天品	第52	331권	
善學品	第53-1~5	331~335권	
斷分別品	第54-1~2	335~336권	
巧便學品	第55-1~5	337~341권	
願喩品	第56-1~2	341~342권	
堅等贊品	第57-1~5	342~346권	
囑累品	第58-1~2	346~347권	
無盡品	第59-1~2	347~348권	
相引攝品	第60-1~2	349~350권	
多問不二品	第61-1~13	350~363권	
實說品	第62-1~3	363~365권	
巧便行品	第63-1~2	365~366권	
遍學道品	第64-1~7	366~372권	
三漸次品	第65-1~2	372~373권	
無相無得品	第66-1~6	373~378권	
無雜法義品	第67-1~2	378~379권	
諸功德相品	第68-1~5	379~383권	
諸法平等品	第69-1~4	383~386권	
不可動品	第70-1~5	386~390권	
成熟有情品	第71-1~4	390~393권	
嚴淨佛土品	第72-1~2	393~394권	
淨土方便品	第73-1~2	394~395권	

	無性自性品	第74-1~2	395~396권	
	勝義瑜伽品	第75-1~2	396~397권	
	無動法性品	第76	397권	
	常啼菩薩品	第77-1~2	398~399권	
	法湧菩薩品	第78-1~2	399~400권	
	結勸品	第79	400권	
第二會	緣起品	第1	401권	서문 수록
	歡喜品	第2	402권	
	觀照品	第3-1~4	402~405권	
	無等等品	第4	405권	
	舌根相品	第5	405권	
	善現品	第6-1~3	406~408권	
	入離生品	第7	408권	
	勝軍品	第8-1~2	408~409권	
	行相品	第9-1~2	409~410권	
	幻喩品	第10	410권	
	譬喩品	第11	411권	
	斷諸見品	第12	411권	
	六到彼岸品	第13-1~2	411~412권	
	乘大乘品	第14	412권	
	無縛解品	第15	413권	
	三摩地品	第16-1~2	413~414권	
	念住等品	第17-1~2	414~415권	
	修治地品	第18-1~2	415~416권	
	出住品	第19-1~2	416~417권	
	超勝品	第20-1~2	417~418권	
	無所有品	第21-1~3	418~420권	
	隨順品	第22	420권	
	無邊際品	第23-1~4	420~423권	
	遠離品	第24-1~2	423~424권	
	帝釋品	第25-1~2	425~426권	
	信受品	第26	426권	
	散花品	第27-1~2	426~427권	
	授記品	第28	427권	
	攝受品	第29-1~2	427~428권	
	窣堵波品	第30	428권	
	福生品	第31	429권	
	功德品	第32	429권	
	外道品	第33	429권	
	天來品	第34-1~2	429~430권	

26

設利羅品	第35	430권	
經文品	第36-1~2	431~432권	
隨喜迴向品	第37-1~2	432~433권	
大師品	第38	434권	
地獄品	第39-1~2	434~435권	
淸淨品	第40	436권	
無摽幟品	第41-1~2	436~437권	
不可得品	第42	437권	
東北方品	第43-1~3	438~440권	
魔事品	第44	440권	
不和合品	第45-1~2	440~441권	
佛母品	第46-1~2	441~442권	
示相品	第47-1~2	442~443권	
成辦品	第48	444권	
船等喩品	第49-1~2	444~445권	
初業品	第50-1~2	445~446권	
調伏貪等品	第51	446권	
眞如品	第52-1~3	446~448권	
不退轉品	第53	448권	
轉不退轉品	第54	449권	
甚深義品	第55-1~2	449~450권	
夢行品	第56	451권	
願行品	第57	451권	
殑伽天品	第58	451권	
習近品	第59	452권	
增上慢品	第60-1~3	452~454권	
同學品	第61-1~2	454~455권	
同性品	第62-1~2	455~456권	
無分別品	第63	456권	
堅非堅品	第64-1~2	456~457권	
實語品	第65-1~2	457~458권	
無盡品	第66	458권	
相攝品	第67	459권	
巧便品	第68-1~4	459~463권	
樹喩品	第69	463권	
菩薩行品	第70	464권	
親近品	第71	464권	
遍學品	第72-1~2	464~465권	
漸次品	第73-1~2	465~466권	
無相品	第74-1~2	466~467권	

	無雜品	第75-1~2	467~468권	
	衆德相品	第76-1~4	468~471권	
	善達品	第77-1~3	471~473권	
	實際品	第78-1~2	473~474권	
	無闕品	第79-1~2	474~475권	
	道士品	第80	476권	
	正定品	第81	477권	
	佛法品	第82	477권	
	無事品	第83	478권	
	實說品	第84	478권	
	空性品	第85	478권	
第三會	緣起品	第1	479권	서문 수록
	舍利子品	第2-1~4	479~482권	
	善現品	第3-1~17	482~498권	
	天帝品	第4-1~3	498~500권	
	現窣堵波品	第5-1~3	500~502권	
	稱揚功德品	第6-1~2	502~503권	
	佛設利羅品	第7	503권	
	福聚品	第8-1~2	503~504권	
	隨喜迴向品	第9-1~2	504~505권	
	地獄品	第10-1~2	505~506권	
	嘆淨品	第11-1~2	506~507권	
	贊德品	第12	507권	
	陀羅尼品	第13-1~2	508~509권	
	魔事品	第14	509권	
	現世間品	第15	510권	
	不思議等品	第16	511권	
	譬喩品	第17	511권	
	善友品	第18	512권	
	眞如品	第19-1~2	513~514권	
	不退相品	第20-1~2	514~515권	
	空相品	第21-1~3	515~517권	
	殑伽天品	第22	517권	
	巧便品	第23-1~4	517~520권	
	學時品	第24	520권	
	見不動品	第25-1~2	521~522권	
	方便善巧品	第26-1~4	523~526권	
	慧到彼岸品	第27	527권	
	妙相品	第28-1~5	528~532권	
	施等品	第29-1~4	532~535권	

	佛國品	第30-1~2	535~536권	
	宣化品	第31-1~2	536~537권	
第四會	妙行品	第1-1~2	538~539권	서문 수록
	帝釋品	第2	539권	
	供養窣堵波品	第3-1~3	539~541권	
	稱揚功德品	第4	541권	
	福門品	第5-1~2	541~542권	
	隨喜迴向品	第6-1~2	543~544권	
	地獄品	第7	544권	
	淸淨品	第8	545권	
	讚歎品	第9	545권	
	總持品	第10-1~2	545~546권	
	魔事品	第11-1~2	546~547권	
	現世間品	第12	547권	
	不思議等品	第13	547권	
	譬喻品	第14	548권	
	天贊品	第15	548권	
	眞如品	第16-1~2	548~549권	
	不退相品	第17	549권	
	空相品	第18-1~2	549~550권	
	深功德品	第19	550권	
	殑伽天品	第20	550권	
	覺魔事品	第21-1~2	551권	
	善友品	第22-1~2	551~552권	
	天主品	第23	552권	
	無雜無異品	第24	552권	
	迅速品	第25-1~2	552~553권	
	幻喻品	第26	553권	
	堅固品	第27-1~2	553~554권	
	散花品	第28	554권	
	隨順品	第29	555권	
第五會	善現品	第1	556권	서문 수록
	天帝品	第2	556권	
	窣堵波品	第3	557권	
	神呪品	第4	557권	
	設利羅品	第5	558권	
	經典品	第6	558권	
	迴向品	第7	558권	
	地獄品	第8	559권	
	淸淨品	第9	559권	

	不思議品	第10-1~2	559~560권	
	魔事品	第11	560권	
	眞如品	第12	560권	
	甚深相品	第13	560~561권	
	船等喻品	第14	561권	
	如來品	第15-1~2	561~562권	
	不退品	第16	562권	
	貪行品	第17-1~2	562~563권	
	姊妹品	第18	563권	
	夢行品	第19	563권	
	勝意樂品	第20	564권	
	修學品	第21	564권	
	根栽品	第22-1~2	564~565권	
	付囑品	第23	565권	
	見不動佛品	第24	565권	
第六會	緣起品	第1	566권	서문 수록
	通達品	第2	566권	
	顯相品	第3	567권	
	法界品	第4-1~2	567~568권	
	念住品	第5	568권	
	法性品	第6	569권	
	平等品	第7	570권	
	現相品	第8	570권	
	無所得品	第9	571권	
	證勸品	第10	571권	
	顯德品	第11	572권	
	現化品	第12	572권	
	陀羅尼品	第13	572권	
	勸誡品	第14-1~2	572~573권	
	二行品	第15	573권	
	讚歡品	第16	573권	
	付囑品	第17	573권	
第七會	曼殊室利分	第1~2	574~575권	서문 수록
第八會	那伽室利分	第1	576권	서문 수록
第九會	能斷金剛分	第1	577권	서문 수록
第十會	般若理趣分	第1	578권	서문 수록
第十一會	施波羅蜜多分	第1~5	579~583권	서문 수록
第十二會	淨戒波羅蜜多分	第1~5	584~588권	서문 수록
第十三會	忍波羅蜜多分	第1	589권	서문 수록
第十四會	精進波羅蜜多分	第1	590권	서문 수록

| 第十五會 | 靜慮波羅蜜多分 | 第1~2 | 591~592권 | 서문 수록 |
| 第十六會 | 般若波羅蜜多分 | 第1~8 | 593~600권 | 서문 수록 |

　따라서 마하반야바라밀다경은 설법의 내용을 따라서 각각 다른 결집의 형태를 보여주고 있으며, 매우 방대하였던 까닭으로 반야계통의 경전인 『소품반야경』, 『금강반야경』, 『반야심경』 등에 비교하여 많이 연구되지 않고 있다. 그러나 『고려대장경』의 처음에 『마하반야바라밀다경』을 배치하고 있는 것은 한국불교에서는 『마하반야바라밀다경』의 사상적인 위치가 매우 중요하였다고 추정할 수 있다.

초분
初分

마하반야바라밀다경 제301권

39. 난문공덕품(難聞功德品)(5)

"선현이여. 만약 보살마하살이 반야바라밀다를 수행하는 때에, 보시바라밀다가 불가사의하다는 생각을 일으키지 않고, 정계·안인·정진·정려·반야바라밀다가 불가사의하다는 생각을 일으키지 않는다면 이 보살마하살은 반야바라밀다를 수행하면서 빠르게 원만함을 얻느니라. 선현이여. 만약 보살마하살이 반야바라밀다를 수행하는 때에, 내공이 불가사의하다는 생각을 일으키지 않고, 외공·내외공·공공·대공·승의공·유위공·무위공·필경공·무제공·산공·무변이공·본성공·자상공·공상공·일체법공·불가득공·무성공·자성공·무성자성공이 불가사의하다는 생각을 일으키지 않는다면 이 보살마하살은 반야바라밀다를 수행하면서 빠르게 원만함을 얻느니라.

선현이여. 만약 보살마하살이 반야바라밀다를 수행하는 때에, 진여가 불가사의하다는 생각을 일으키지 않고, 법계·법성·불허망성·불변이성·평등성·이생성·법정·법주·실제·허공계·부사의계가 불가사의하다는 생각을 일으키지 않는다면 이 보살마하살은 반야바라밀다를 수행하면서 빠르게 원만함을 얻느니라. 선현이여. 만약 보살마하살이 반야바라밀다를 수행하는 때에, 고성제가 불가사의하다는 생각을 일으키지 않고, 집·멸·도성제가 불가사의하다는 생각을 일으키지 않는다면 이 보살마하살은 반야바라밀다를 수행하면서 빠르게 원만함을 얻느니라.

선현이여. 만약 보살마하살이 반야바라밀다를 수행하는 때에, 4정려가

불가사의하다는 생각을 일으키지 않고, 4무량·4무색정이 불가사의하다
는 생각을 일으키지 않는다면 이 보살마하살은 반야바라밀다를 수행하면
서 빠르게 원만함을 얻느니라. 선현이여. 만약 보살마하살이 반야바라밀
다를 수행하는 때에, 8해탈이 불가사의하다는 생각을 일으키지 않고,
8승처·9차제정·10변처가 불가사의하다는 생각을 일으키지 않는다면 이
보살마하살은 반야바라밀다를 수행하면서 빠르게 원만함을 얻느니라.

선현이여. 만약 보살마하살이 반야바라밀다를 수행하는 때에, 4념주가
불가사의하다는 생각을 일으키지 않고, 4정단·4신족·5근·5력·7등각지·8
성도지가 불가사의하다는 생각을 일으키지 않는다면 이 보살마하살은
반야바라밀다를 수행하면서 빠르게 원만함을 얻느니라. 선현이여. 만약
보살마하살이 반야바라밀다를 수행하는 때에, 공해탈문이 불가사의하다
는 생각을 일으키지 않고, 무상·무원해탈문이 불가사의하다는 생각을
일으키지 않는다면 이 보살마하살은 반야바라밀다를 수행하면서 빠르게
원만함을 얻느니라. 선현이여. 만약 보살마하살이 반야바라밀다를 수행
하는 때에, 보살의 10지가 불가사의하다는 생각을 일으키지 않는다면
이 보살마하살은 반야바라밀다를 수행하면서 빠르게 원만함을 얻느니라.

선현이여. 만약 보살마하살이 반야바라밀다를 수행하는 때에, 5안이
불가사의하다는 생각을 일으키지 않고, 6신통이 불가사의하다는 생각을
일으키지 않는다면 이 보살마하살은 반야바라밀다를 수행하면서 빠르게
원만함을 얻느니라. 선현이여. 만약 보살마하살이 반야바라밀다를 수행
하는 때에, 여래의 10력이 불가사의하다는 생각을 일으키지 않고, 4무소외
·4무애해·대자·대비·대희·대사·18불불공법이 불가사의하다는 생각을
일으키지 않는다면 이 보살마하살은 반야바라밀다를 수행하면서 빠르게
원만함을 얻느니라.

선현이여. 만약 보살마하살이 반야바라밀다를 수행하는 때에, 무망실
법이 불가사의하다는 생각을 일으키지 않고, 항주사성이 불가사의하다는
생각을 일으키지 않는다면 이 보살마하살은 반야바라밀다를 수행하면서
빠르게 원만함을 얻느니라. 선현이여. 만약 보살마하살이 반야바라밀다

를 수행하는 때에, 일체지가 불가사의하다는 생각을 일으키지 않고, 도상
지·일체상지가 불가사의하다는 생각을 일으키지 않는다면 이 보살마하
살은 반야바라밀다를 수행하면서 빠르게 원만함을 얻느니라.

선현이여. 만약 보살마하살이 반야바라밀다를 수행하는 때에, 일체의
다라니문이 불가사의하다는 생각을 일으키지 않고, 일체의 삼마지문이
불가사의하다는 생각을 일으키지 않는다면 이 보살마하살은 반야바라밀
다를 수행하면서 빠르게 원만함을 얻느니라. 선현이여. 만약 보살마하살
이 반야바라밀다를 수행하는 때에, 예류과가 불가사의하다는 생각을
일으키지 않고, 일래·불환·아라한과가 불가사의하다는 생각을 일으키지
않는다면 이 보살마하살은 반야바라밀다를 수행하면서 빠르게 원만함을
얻느니라.

선현이여. 만약 보살마하살이 반야바라밀다를 수행하는 때에, 독각의
보리가 불가사의하다는 생각을 일으키지 않는다면 이 보살마하살은 반야
바라밀다를 수행하면서 빠르게 원만함을 얻느니라. 선현이여. 만약 보살
마하살이 반야바라밀다를 수행하는 때에, 일체의 보살마하살의 행이
불가사의하다는 생각을 일으키지 않는다면 이 보살마하살은 반야바라밀
다를 수행하면서 빠르게 원만함을 얻느니라. 선현이여. 만약 보살마하살
이 반야바라밀다를 수행하는 때에, 제불의 무상정등보리가 불가사의하다
는 생각을 일으키지 않는다면 이 보살마하살은 반야바라밀다를 수행하면
서 빠르게 원만함을 얻느니라."

그때 구수 선현이 세존께 아뢰어 말하였다.
"세존이시여. 이와 같은 반야바라밀다는 이취(理趣)가 매우 깊습니다.
누가 능히 신해(信解)하겠습니까?"
세존께서 말씀하셨다.
"선현이여. 만약 보살마하살이 이미 오랫동안 6바라밀다를 수행하였고
이미 오랫동안 선근을 심었으며 이미 많은 여래께 공양하였고 이미 많은
선(善)한 벗을 섬겼다면, 이 보살마하살은 이 매우 깊은 반야바라밀다를

능히 신해할 수 있느니라."

구수 선현이 다시 세존께 아뢰어 말하였다.

"세존이시여. 한계(齊)가 무엇이라면 이 보살마하살이 이미 오랫동안 6바라밀다를 수행하였고 이미 오랫동안 선근을 심었으며 이미 많은 여래께 공양하였고 이미 많은 선한 벗을 섬겼다고 상응(相應)하여 알 수 있습니까?"

세존께서 말씀하셨다.

"선현이여. 만약 보살마하살이 반야바라밀다를 수행하는 때에, 색(色)을 사유(思惟)하지 않고 분별(分別)하지 않으며, 수(受)·상(想)·행(行)·식(識)을 사유하지 않고 분별하지 않으며, 색의 상(色相)을 사유하지 않고 분별하지 않으며, 수·상·행·식의 상을 사유하지 않고 분별하지 않으며, 색의 자성(色性)을 사유하지 않고 분별하지 않으며, 수·상·행·식의 자성을 사유하지 않고 분별하지 않느니라. 왜 그러한가? 색, 나아가 식은 불가사의(不可思議)한 까닭이니라. 선현이여. 이러한 한계라면 이 보살마하살이 이미 오랫동안 6바라밀다를 수행하였고 이미 오랫동안 선근을 심었으며 이미 많은 여래께 공양하였고 이미 많은 선한 벗을 섬겼다고 상응하여 알 수 있느니라.

선현이여. 만약 보살마하살이 반야바라밀다를 수행하는 때에, 안처(眼處)를 사유하지 않고 분별하지 않으며, 이(耳)·비(鼻)·설(舌)·신(身)·의처(意處)를 사유하지 않고 분별하지 않으며, 안처의 상을 사유하지 않고 분별하지 않으며, 이·비·설·신·의처의 상을 사유하지 않고 분별하지 않으며, 안처의 자성을 사유하지 않고 분별하지 않으며, 이·비·설·신·의처의 자성을 사유하지 않고 분별하지 않느니라. 왜 그러한가? 안처, 나아가 의처는 불가사의한 까닭이니라. 선현이여. 이러한 한계라면 이 보살마하살이 이미 오랫동안 6바라밀다를 수행하였고 이미 오랫동안 선근을 심었으며 이미 많은 여래께 공양하였고 이미 많은 선한 벗을 섬겼다고 상응하여 알 수 있느니라.

선현이여. 만약 보살마하살이 반야바라밀다를 수행하는 때에, 색처(色

處)를 사유하지 않고 분별하지 않으며, 성(聲)·향(香)·미(味)·촉(觸)·법처
(法處)를 사유하지 않고 분별하지 않으며, 색처의 상을 사유하지 않고
분별하지 않으며, 성·향·미·촉·법처의 상을 사유하지 않고 분별하지
않으며, 색처의 자성을 사유하지 않고 분별하지 않으며, 성·향·미·촉·법
처의 자성을 사유하지 않고 분별하지 않느니라. 왜 그러한가? 색처,
나아가 법처는 불가사의한 까닭이니라. 선현이여. 이러한 한계라면 이
보살마하살이 이미 오랫동안 6바라밀다를 수행하였고 이미 오랫동안
선근을 심었으며 이미 많은 여래께 공양하였고 이미 많은 선한 벗을
섬겼다고 상응하여 알 수 있느니라.

선현이여. 만약 보살마하살이 반야바라밀다를 수행하는 때에, 안계(眼
界)를 사유하지 않고 분별하지 않으며, 색계(色界)·안식계(眼識界), ……
나아가 …… 안촉(眼觸)·안촉을 인연으로 생겨난 여러 수(受)를 사유하지
않고 분별하지 않으며, 안계의 상을 사유하지 않고 분별하지 않으며,
색계, 나아가 안촉을 인연으로 생겨난 여러 수의 상을 사유하지 않고
분별하지 않으며, 안계의 자성을 사유하지 않고 분별하지 않으며, 색계,
나아가 안촉을 인연으로 생겨난 여러 수의 자성을 사유하지 않고 분별하지
않느니라. 왜 그러한가? 안계, 나아가 안촉을 인연으로 생겨난 여러
수는 불가사의한 까닭이니라. 선현이여. 이러한 한계라면 이 보살마하살
이 이미 오랫동안 6바라밀다를 수행하였고 이미 오랫동안 선근을 심었으
며 이미 많은 여래께 공양하였고 이미 많은 선한 벗을 섬겼다고 상응하여
알 수 있느니라.

선현이여. 만약 보살마하살이 반야바라밀다를 수행하는 때에, 이계(耳
界)를 사유하지 않고 분별하지 않으며, 성계(聲界)·이식계(耳識界), ……
나아가 …… 이촉(耳觸)·이촉을 인연으로 생겨난 여러 수를 사유하지
않고 분별하지 않으며, 이계의 상을 사유하지 않고 분별하지 않으며,
성계, 나아가 이촉을 인연으로 생겨난 여러 수의 상을 사유하지 않고
분별하지 않으며, 이계의 자성을 사유하지 않고 분별하지 않으며, 성계,
나아가 이촉을 인연으로 생겨난 여러 수의 자성을 사유하지 않고 분별하지

않느니라. 왜 그러한가? 이계, 나아가 이촉을 인연으로 생겨난 여러 수는 불가사의한 까닭이니라. 선현이여. 이러한 한계라면 이 보살마하살 이 이미 오랫동안 6바라밀다를 수행하였고 이미 오랫동안 선근을 심었으 며 이미 많은 여래께 공양하였고 이미 많은 선한 벗을 섬겼다고 상응하여 알 수 있느니라.

선현이여. 만약 보살마하살이 반야바라밀다를 수행하는 때에, 비계(鼻 界)를 사유하지 않고 분별하지 않으며, 향계(香界)·비식계(鼻識界), …… 나아가 …… 비촉(鼻觸)·비촉을 인연으로 생겨난 여러 수를 사유하지 않고 분별하지 않으며, 비계의 상을 사유하지 않고 분별하지 않으며, 향계, 나아가 비촉을 인연으로 생겨난 여러 수의 상을 사유하지 않고 분별하지 않으며, 비계의 자성을 사유하지 않고 분별하지 않으며, 향계, 나아가 비촉을 인연으로 생겨난 여러 수의 자성을 사유하지 않고 분별하지 않느니라. 왜 그러한가? 비계, 나아가 비촉을 인연으로 생겨난 여러 수는 불가사의한 까닭이니라. 선현이여. 이러한 한계라면 이 보살마하살 이 이미 오랫동안 6바라밀다를 수행하였고 이미 오랫동안 선근을 심었으 며 이미 많은 여래께 공양하였고 이미 많은 선한 벗을 섬겼다고 상응하여 알 수 있느니라.

선현이여. 만약 보살마하살이 반야바라밀다를 수행하는 때에, 설계(舌 界)를 사유하지 않고 분별하지 않으며, 미계(味界)·설식계(舌識界), …… 나아가 …… 설촉(舌觸)·설촉을 인연으로 생겨난 여러 수를 사유하지 않고 분별하지 않으며, 설계의 상을 사유하지 않고 분별하지 않으며, 미계, 나아가 설촉을 인연으로 생겨난 여러 수의 상을 사유하지 않고 분별하지 않으며, 설계의 자성을 사유하지 않고 분별하지 않으며, 미계, 나아가 설촉을 인연으로 생겨난 여러 수의 자성을 사유하지 않고 분별하지 않느니라. 왜 그러한가? 설계, 나아가 설촉을 인연으로 생겨난 여러 수는 불가사의한 까닭이니라. 선현이여. 이러한 한계라면 이 보살마하살 이 이미 오랫동안 6바라밀다를 수행하였고 이미 오랫동안 선근을 심었으 며 이미 많은 여래께 공양하였고 이미 많은 선한 벗을 섬겼다고 상응하여 알 수 있느니라.

선현이여. 만약 보살마하살이 반야바라밀다를 수행하는 때에, 신계(身界)를 사유하지 않고 분별하지 않으며, 촉계(觸界)·신식계(身識界), ……나아가 …… 신촉(身觸)·신촉을 인연으로 생겨난 여러 수를 사유하지 않고 분별하지 않으며, 신계의 상을 사유하지 않고 분별하지 않으며, 촉계, 나아가 신촉을 인연으로 생겨난 여러 수의 상을 사유하지 않고 분별하지 않으며, 신계의 자성을 사유하지 않고 분별하지 않으며, 촉계, 나아가 신촉을 인연으로 생겨난 여러 수의 자성을 사유하지 않고 분별하지 않느니라. 왜 그러한가? 신계, 나아가 신촉을 인연으로 생겨난 여러 수는 불가사의한 까닭이니라. 선현이여. 이러한 한계라면 이 보살마하살이 이미 오랫동안 6바라밀다를 수행하였고 이미 오랫동안 선근을 심었으며 이미 많은 여래께 공양하였고 이미 많은 선한 벗을 섬겼다고 상응하여 알 수 있느니라.

선현이여. 만약 보살마하살이 반야바라밀다를 수행하는 때에, 의계(意界)를 사유하지 않고 분별하지 않으며, 법계(法界)·의식계(意識界), ……나아가 …… 의촉(意觸)·의촉을 인연으로 생겨난 여러 수를 사유하지 않고 분별하지 않으며, 의계의 상을 사유하지 않고 분별하지 않으며, 법계, 나아가 의촉을 인연으로 생겨난 여러 수의 상을 사유하지 않고 분별하지 않으며, 의계의 자성을 사유하지 않고 분별하지 않으며, 법계, 나아가 의촉을 인연으로 생겨난 여러 수의 자성을 사유하지 않고 분별하지 않느니라. 왜 그러한가? 법계, 나아가 의촉을 인연으로 생겨난 여러 수는 불가사의한 까닭이니라. 선현이여. 이러한 한계라면 이 보살마하살이 이미 오랫동안 6바라밀다를 수행하였고 이미 오랫동안 선근을 심었으며 이미 많은 여래께 공양하였고 이미 많은 선한 벗을 섬겼다고 상응하여 알 수 있느니라.

선현이여. 만약 보살마하살이 반야바라밀다를 수행하는 때에, 지계(地界)를 사유하지 않고 분별하지 않으며, 수(水)·화(火)·풍(風)·공(空)·식계(識界)를 사유하지 않고 분별하지 않으며, 지계의 상을 사유하지 않고 분별하지 않으며, 수·화·풍·공·식계의 상을 사유하지 않고 분별하지 않으며, 지계의 자성을 사유하지 않고 분별하지 않으며, 수·화·풍·공·식계의 자성을 사유하지 않고 분별하지 않느니라. 왜 그러한가? 지계, 나아가 식계는 불가사의한 까닭이니라. 선현이여. 이러한 한계라면 이 보살마하살이 이미 오랫동안 6바라밀다를 수행하였고 이미 오랫동안 선근을 심었으며 이미 많은 여래께 공양하였고 이미 많은 선한 벗을 섬겼다고 상응하여 알 수 있느니라.

선현이여. 만약 보살마하살이 반야바라밀다를 수행하는 때에, 무명(無明)을 사유하지 않고 분별하지 않으며, 행(行)·식(識)·명색(名色)·육처(六處)·촉(觸)·수(受)·애(愛)·취(取)·유(有)·생(生)·노사(老死)의 수탄고우뇌(愁歎苦憂惱)를 사유하지 않고 분별하지 않으며, 무명의 상을 사유하지 않고 분별하지 않으며, 행, 나아가 노사의 수탄고우뇌의 상을 사유하지 않고 분별하지 않으며, 무명의 자성을 사유하지 않고 분별하지 않으며, 행, 나아가 노사의 수탄고우뇌의 자성을 사유하지 않고 분별하지 않느니라. 왜 그러한가? 무명, 나아가 노사의 수탄고우뇌는 불가사의한 까닭이니라. 선현이여. 이러한 한계라면 이 보살마하살이 이미 오랫동안 6바라밀다를 수행하였고 이미 오랫동안 선근을 심었으며 이미 많은 여래께 공양하였고 이미 많은 선한 벗을 섬겼다고 상응하여 알 수 있느니라.

선현이여. 만약 보살마하살이 반야바라밀다를 수행하는 때에, 욕계(欲界)를 사유하지 않고 분별하지 않으며, 색계(色界)·무색계(無色界)를 사유하지 않고 분별하지 않으며, 욕계의 상을 사유하지 않고 분별하지 않으며, 색·무색계의 상을 사유하지 않고 분별하지 않으며, 욕계의 자성을 사유하지 않고 분별하지 않으며, 색·무색계의 자성을 사유하지 않고 분별하지 않느니라. 왜 그러한가? 욕계·색계·무색계는 불가사의한 까닭이니라. 선현이여. 이러한 한계라면 이 보살마하살이 이미 오랫동안 6바라밀다를 수행하였고 이미 오랫동안 선근을 심었으며 이미 많은 여래께 공양하였고 이미 많은 선한 벗을 섬겼다고 상응하여 알 수 있느니라.

선현이여. 만약 보살마하살이 반야바라밀다를 수행하는 때에, 보시바

라밀다(布施波羅蜜多)를 사유하지 않고 분별하지 않으며, 정계(淨戒)·안인
(安忍)·정진(精進)·정려(靜慮)·반야바라밀다(般若波羅蜜多)를 사유하지
않고 분별하지 않으며, 보시바라밀다의 상을 사유하지 않고 분별하지
않으며, 정계, 나아가 반야바라밀다의 상을 사유하지 않고 분별하지 않으
며, 보시바라밀다의 자성을 사유하지 않고 분별하지 않으며, 정계, 나아가
반야바라밀다의 자성을 사유하지 않고 분별하지 않느니라. 왜 그러한가?
보시바라밀다, 나아가 반야바라밀다는 불가사의한 까닭이니라. 선현이
여. 이러한 한계라면 이 보살마하살이 이미 오랫동안 6바라밀다를 수행하
였고 이미 오랫동안 선근을 심었으며 이미 많은 여래께 공양하였고 이미
많은 선한 벗을 섬겼다고 상응하여 알 수 있느니라.

　선현이여. 만약 보살마하살이 반야바라밀다를 수행하는 때에, 내공(內
空)을 사유하지 않고 분별하지 않으며, 외공(外空)·내외공(內外空)·공공
(空空)·대공(大空)·승의공(勝義空)·유위공(有爲空)·무위공(無爲空)·필경
공(畢竟空)·무제공(無際空)·산공(散空)·무변이공(無變異空)·본성공(本性
空)·자상공(自相空)·공상공(共相空)·일체법공(一切法空)·불가득공(不可
得空)·무성공(無性空)·자성공(自性空)·무성자성공(無性自性空)을 사유하
지 않고 분별하지 않으며, 내공의 상을 사유하지 않고 분별하지 않으며,
외공, 나아가 무성자성공의 상을 사유하지 않고 분별하지 않으며, 내공의
자성을 사유하지 않고 분별하지 않으며, 외공, 나아가 무성자성공의 자성
을 사유하지 않고 분별하지 않느니라. 왜 그러한가? 내공, 나아가 무성자
성공은 불가사의한 까닭이니라. 선현이여. 이러한 한계라면 이 보살마하
살이 이미 오랫동안 6바라밀다를 수행하였고 이미 오랫동안 선근을 심었
으며 이미 많은 여래께 공양하였고 이미 많은 선한 벗을 섬겼다고 상응하
여 알 수 있느니라.

　선현이여. 만약 보살마하살이 반야바라밀다를 수행하는 때에, 진여(眞
如)를 사유하지 않고 분별하지 않으며, 법계(法界)·법성(法性)·불허망성
(不虛妄性)·불변이성(不變異性)·평등성(平等性)·이생성(離生性)·법정(法
定)·법주(法住)·실제(實際)·허공계(虛空界)·부사의계(不思議界)를 사유

하지 않고 분별하지 않으며, 진여의 상을 사유하지 않고 분별하지 않으며,
법계, 나아가 부사의계의 상을 사유하지 않고 분별하지 않으며, 진여의
자성을 사유하지 않고 분별하지 않으며, 법계, 나아가 부사의계의 자성을
사유하지 않고 분별하지 않느니라. 왜 그러한가? 진여, 나아가 부사의계는
불가사의한 까닭이니라. 선현이여. 이러한 한계라면 이 보살마하살이
이미 오랫동안 6바라밀다를 수행하였고 이미 오랫동안 선근을 심었으며
이미 많은 여래께 공양하였고 이미 많은 선한 벗을 섬겼다고 상응하여
알 수 있느니라.

　선현이여. 만약 보살마하살이 반야바라밀다를 수행하는 때에, 고성제
(苦聖諦)를 사유하지 않고 분별하지 않으며, 집(集)·멸(滅)·도성제(道聖諦)
를 사유하지 않고 분별하지 않으며, 고성제의 상을 사유하지 않고 분별하
지 않으며, 집·멸·도성제의 상을 사유하지 않고 분별하지 않으며, 고성제
의 자성을 사유하지 않고 분별하지 않으며, 집·멸·도성제의 자성을 사유하
지 않고 분별하지 않느니라. 왜 그러한가? 고성제·집성제·멸성제·도성제
는 불가사의한 까닭이니라. 선현이여. 이러한 한계라면 이 보살마하살이
이미 오랫동안 6바라밀다를 수행하였고 이미 오랫동안 선근을 심었으며
이미 많은 여래께 공양하였고 이미 많은 선한 벗을 섬겼다고 상응하여
알 수 있느니라.

　선현이여. 만약 보살마하살이 반야바라밀다를 수행하는 때에, 4정려(四
靜慮)를 사유하지 않고 분별하지 않으며, 4무량(四無量)·4무색정(四無色
定)을 사유하지 않고 분별하지 않으며, 4정려의 상을 사유하지 않고
분별하지 않으며, 4무량·4무색정의 상을 사유하지 않고 분별하지 않으며,
4정려의 자성을 사유하지 않고 분별하지 않으며, 4무량·4무색정의 자성을
사유하지 않고 분별하지 않느니라. 왜 그러한가? 4정려·4무량·4무색정은
불가사의한 까닭이니라. 선현이여. 이러한 한계라면 이 보살마하살이
이미 오랫동안 6바라밀다를 수행하였고 이미 오랫동안 선근을 심었으며
이미 많은 여래께 공양하였고 이미 많은 선한 벗을 섬겼다고 상응하여
알 수 있느니라.

선현이여. 만약 보살마하살이 반야바라밀다를 수행하는 때에, 8해탈(八解脫)을 사유하지 않고 분별하지 않으며, 8승처(八勝處)·9차제정(九次第定)·10변처(十遍處)를 사유하지 않고 분별하지 않으며, 8해탈의 상을 사유하지 않고 분별하지 않으며, 8승처·9차제정·10변처의 상을 사유하지 않고 분별하지 않으며, 8해탈의 자성을 사유하지 않고 분별하지 않으며, 8승처·9차제정·10변처의 자성을 사유하지 않고 분별하지 않느니라. 왜 그러한가? 8해탈·8승처·9차제정·10변처는 불가사의한 까닭이니라. 선현이여. 이러한 한계라면 이 보살마하살이 이미 오랫동안 6바라밀다를 수행하였고 이미 오랫동안 선근을 심었으며 이미 많은 여래께 공양하였고 이미 많은 선한 벗을 섬겼다고 상응하여 알 수 있느니라.

선현이여. 만약 보살마하살이 반야바라밀다를 수행하는 때에, 4념주(四念住)를 사유하지 않고 분별하지 않으며, 4정단(四正斷)·4신족(四神足)·5근(五根)·5력(五力)·7등각지(七等覺支)·8성도지(八聖道支)를 사유하지 않고 분별하지 않으며, 4념주의 상을 사유하지 않고 분별하지 않으며, 4정단, 나아가 8성도지의 상을 사유하지 않고 분별하지 않으며, 4념주의 자성을 사유하지 않고 분별하지 않으며, 4정단, 나아가 8성도지의 자성을 사유하지 않고 분별하지 않느니라. 왜 그러한가? 4념주, 나아가 8성도지는 불가사의한 까닭이니라. 선현이여. 이러한 한계라면 이 보살마하살이 이미 오랫동안 6바라밀다를 수행하였고 이미 오랫동안 선근을 심었으며 이미 많은 여래께 공양하였고 이미 많은 선한 벗을 섬겼다고 상응하여 알 수 있느니라.

선현이여. 만약 보살마하살이 반야바라밀다를 수행하는 때에, 공해탈문(空解脫門)을 사유하지 않고 분별하지 않으며, 무상(無相)·무원해탈문(無願解脫門)을 사유하지 않고 분별하지 않으며, 공해탈문의 상을 사유하지 않고 분별하지 않으며, 무상·무원해탈문의 상을 사유하지 않고 분별하지 않으며, 공해탈문의 자성을 사유하지 않고 분별하지 않으며, 무상·무원해탈문의 자성을 사유하지 않고 분별하지 않느니라. 왜 그러한가? 공해탈문·무상해탈문·무원해탈문은 불가사의한 까닭이니라. 선현이여. 이러한 한계라면 이 보살마하살이 이미 오랫동안 6바라밀다를 수행하였고 이미 오랫동안 선근을 심었으며 이미 많은 여래께 공양하였고 이미 많은 선한 벗을 섬겼다고 상응하여 알 수 있느니라.

선현이여. 만약 보살마하살이 반야바라밀다를 수행하는 때에, 보살(菩薩)의 10지(十地)를 사유하지 않고 분별하지 않으며, 보살의 10지의 상을 사유하지 않고 분별하지 않으며, 보살의 10지의 자성을 사유하지 않고 분별하지 않느니라. 왜 그러한가? 보살의 10지는 불가사의한 까닭이니라. 선현이여. 이러한 한계라면 이 보살마하살이 이미 오랫동안 6바라밀다를 수행하였고 이미 오랫동안 선근을 심었으며 이미 많은 여래께 공양하였고 이미 많은 선한 벗을 섬겼다고 상응하여 알 수 있느니라.

선현이여. 만약 보살마하살이 반야바라밀다를 수행하는 때에, 5안(五眼)을 사유하지 않고 분별하지 않으며, 6신통(六神通)을 사유하지 않고 분별하지 않으며, 5안의 상을 사유하지 않고 분별하지 않으며, 6신통의 상을 사유하지 않고 분별하지 않으며, 5안의 자성을 사유하지 않고 분별하지 않으며, 6신통의 자성을 사유하지 않고 분별하지 않느니라. 왜 그러한가? 5안·6신통은 불가사의한 까닭이니라. 선현이여. 이러한 한계라면 이 보살마하살이 이미 오랫동안 6바라밀다를 수행하였고 이미 오랫동안 선근을 심었으며 이미 많은 여래께 공양하였고 이미 많은 선한 벗을 섬겼다고 상응하여 알 수 있느니라.

선현이여. 만약 보살마하살이 반야바라밀다를 수행하는 때에, 여래(佛)의 10력(十力)을 사유하지 않고 분별하지 않으며, 4무소외(四無所畏)·4무애해(四無礙解)·대자(大慈)·대비(大悲)·대희(大喜)·대사(大捨)·18불불공법(十八佛不共法)을 사유하지 않고 분별하지 않으며, 여래의 10력의 상을 사유하지 않고 분별하지 않으며, 4무소외, 나아가 18불불공법의 상을 사유하지 않고 분별하지 않으며, 여래의 10력의 자성을 사유하지 않고 분별하지 않으며, 4무소외, 나아가 18불불공법의 자성을 사유하지 않고 분별하지 않느니라. 왜 그러한가? 여래의 10력, 나아가 18불불공법은 불가사의한 까닭이니라. 선현이여. 이러한 한계라면 이 보살마하살이 이미 오랫동안 6바라밀다를 수행하였고 이미 오랫동안 선근을 심었으며 이미 많은 여래께 공양하였고 이미 많은 선한 벗을 섬겼다고 상응하여 알 수 있느니라.

선현이여. 만약 보살마하살이 반야바라밀다를 수행하는 때에, 무망실법(無忘失法)을 사유하지 않고 분별하지 않으며, 항주사성(恒住捨性)을 사유하지 않고 분별하지 않으며, 무망실법의 상을 사유하지 않고 분별하지 않으며, 항주사성의 상을 사유하지 않고 분별하지 않으며, 무망실법의 자성을 사유하지 않고 분별하지 않으며, 항주사성의 자성을 사유하지 않고 분별하지 않느니라. 왜 그러한가? 무망실법·항주사성은 불가사의한 까닭이니라. 선현이여. 이러한 한계라면 이 보살마하살이 이미 오랫동안 6바라밀다를 수행하였고 이미 오랫동안 선근을 심었으며 이미 많은 여래께 공양하였고 이미 많은 선한 벗을 섬겼다고 상응하여 알 수 있느니라.

선현이여. 만약 보살마하살이 반야바라밀다를 수행하는 때에, 일체지(一切智)를 사유하지 않고 분별하지 않으며, 도상지(道相智)·일체상지(一切相智)를 사유하지 않고 분별하지 않으며, 일체지의 상을 사유하지 않고 분별하지 않으며, 도상지·일체상지의 상을 사유하지 않고 분별하지 않으며, 일체지의 자성을 사유하지 않고 분별하지 않으며, 도상지·일체상지의 자성을 사유하지 않고 분별하지 않느니라. 왜 그러한가? 일체지·도상지·일체상지는 불가사의한 까닭이니라. 선현이여. 이러한 한계라면 이 보살마하살이 이미 오랫동안 6바라밀다를 수행하였고 이미 오랫동안 선근을 심었으며 이미 많은 여래께 공양하였고 이미 많은 선한 벗을 섬겼다고 상응하여 알 수 있느니라.

선현이여. 만약 보살마하살이 반야바라밀다를 수행하는 때에, 일체(一切)의 다라니문(陀羅尼門)을 사유하지 않고 분별하지 않으며, 일체의 삼마지문(三摩地門)을 사유하지 않고 분별하지 않으며, 일체의 다라니문의 상을 사유하지 않고 분별하지 않으며, 일체의 삼마지문의 상을 사유하지 않고 분별하지 않으며, 일체의 다라니문의 자성을 사유하지 않고 분별하지 않으며, 일체의 삼마지문의 자성을 사유하지 않고 분별하지 않느니라.

왜 그러한가? 일체의 다라니문·일체의 삼마지문은 불가사의한 까닭이니라. 선현이여. 이러한 한계라면 이 보살마하살이 이미 오랫동안 6바라밀다를 수행하였고 이미 오랫동안 선근을 심었으며 이미 많은 여래께 공양하였고 이미 많은 선한 벗을 섬겼다고 상응하여 알 수 있느니라.

선현이여. 만약 보살마하살이 반야바라밀다를 수행하는 때에, 예류과(預流果)를 사유하지 않고 분별하지 않으며, 일래(一來)·불환(不還)·아라한과(阿羅漢果)를 사유하지 않고 분별하지 않으며, 예류과의 상을 사유하지 않고 분별하지 않으며, 일래·불환·아라한과의 상을 사유하지 않고 분별하지 않으며, 예류과의 자성을 사유하지 않고 분별하지 않으며, 일래·불환·아라한과의 자성을 사유하지 않고 분별하지 않느니라. 왜 그러한가? 예류과·일래과·불환과·아라한과는 불가사의한 까닭이니라. 선현이여. 이러한 한계라면 이 보살마하살이 이미 오랫동안 6바라밀다를 수행하였고 이미 오랫동안 선근을 심었으며 이미 많은 여래께 공양하였고 이미 많은 선한 벗을 섬겼다고 상응하여 알 수 있느니라.

선현이여. 만약 보살마하살이 반야바라밀다를 수행하는 때에, 독각(獨覺)의 보리(菩提)를 사유하지 않고 분별하지 않으며, 독각의 보리의 상을 사유하지 않고 분별하지 않으며, 독각의 보리의 자성을 사유하지 않고 분별하지 않느니라. 왜 그러한가? 독각의 보리는 불가사의한 까닭이니라. 선현이여. 이러한 한계라면 이 보살마하살이 이미 오랫동안 6바라밀다를 수행하였고 이미 오랫동안 선근을 심었으며 이미 많은 여래께 공양하였고 이미 많은 선한 벗을 섬겼다고 상응하여 알 수 있느니라.

선현이여. 만약 보살마하살이 반야바라밀다를 수행하는 때에, 일체의 보살마하살(菩薩摩訶薩)의 행(行)을 사유하지 않고 분별하지 않으며, 일체의 보살마하살의 행의 상을 사유하지 않고 분별하지 않으며, 일체의 보살마하살의 행의 자성을 사유하지 않고 분별하지 않느니라. 왜 그러한가? 일체의 보살마하살의 행은 불가사의한 까닭이니라. 선현이여. 이러한 한계라면 이 보살마하살이 이미 오랫동안 6바라밀다를 수행하였고 이미 오랫동안 선근을 심었으며 이미 많은 여래께 공양하였고 이미 많은 선한 벗을 섬겼다고 상응하여 알 수 있느니라.

선현이여. 만약 보살마하살이 반야바라밀다를 수행하는 때에, 제불(諸佛)의 무상정등보리(無上正等菩提)를 사유하지 않고 분별하지 않으며, 제불의 무상정등보리의 상을 사유하지 않고 분별하지 않으며, 제불의 무상정등보리의 자성을 사유하지 않고 분별하지 않느니라. 왜 그러한가? 제불의 무상정등보리는 불가사의한 까닭이니라. 선현이여. 이러한 한계라면 이 보살마하살이 이미 오랫동안 6바라밀다를 수행하였고 이미 오랫동안 선근을 심었으며 이미 많은 여래께 공양하였고 이미 많은 선한 벗을 섬겼다고 상응하여 알 수 있느니라."

구수 선현이 세존께 아뢰어 말하였다.

"세존이시여. 이와 같은 반야바라밀다는 지극히 매우 깊습니다."

세존께서 말씀하셨다.

"그와 같으니라. 선현이여. 색이 매우 깊은 까닭으로 반야바라밀다도 매우 깊고, 수·상·행·식이 매우 깊은 까닭으로 반야바라밀다도 매우 깊으니라. 선현이여. 안처가 매우 깊은 까닭으로 반야바라밀다도 매우 깊고, 이·비·설·신·의처가 매우 깊은 까닭으로 반야바라밀다도 매우 깊으니라. 선현이여. 색처가 매우 깊은 까닭으로 반야바라밀다도 매우 깊고, 성·향·미·촉·법처가 매우 깊은 까닭으로 반야바라밀다도 매우 깊으니라.

선현이여. 안계가 매우 깊은 까닭으로 반야바라밀다도 매우 깊고, 색계·안식계, 나아가 안촉·안촉을 인연으로 생겨난 여러 수가 매우 깊은 까닭으로 반야바라밀다도 매우 깊으니라. 선현이여. 이계가 매우 깊은 까닭으로 반야바라밀다도 매우 깊고, 성계·이식계, 나아가 이촉·이촉을 인연으로 생겨난 여러 수가 매우 깊은 까닭으로 반야바라밀다도 매우 깊으니라.

선현이여. 비계가 매우 깊은 까닭으로 반야바라밀다도 매우 깊고, 향계·비식계, 나아가 비촉·비촉을 인연으로 생겨난 여러 수가 매우 깊은

까닭으로 반야바라밀다도 매우 깊으니라. 선현이여. 설계가 매우 깊은
까닭으로 반야바라밀다도 매우 깊고, 미계·설식계, 나아가 설촉·설촉을
인연으로 생겨난 여러 수가 매우 깊은 까닭으로 반야바라밀다도 매우
깊으니라.

선현이여. 신계가 매우 깊은 까닭으로 반야바라밀다도 매우 깊고,
촉계·신식계, 나아가 신촉·신촉을 인연으로 생겨난 여러 수가 매우 깊은
까닭으로 반야바라밀다도 매우 깊으니라. 선현이여. 의계가 매우 깊은
까닭으로 반야바라밀다도 매우 깊고, 법계·의식계, 나아가 의촉·의촉을
인연으로 생겨난 여러 수가 매우 깊은 까닭으로 반야바라밀다도 매우
깊으니라.

선현이여. 지계가 매우 깊은 까닭으로 반야바라밀다도 매우 깊고,
수·화·풍·공·식계가 매우 깊은 까닭으로 반야바라밀다도 매우 깊으니라.
선현이여. 무명이 매우 깊은 까닭으로 반야바라밀다도 매우 깊고, 행·식·
명색·육처·촉·수·애·취·유·생·노사의 수탄고우뇌가 매우 깊은 까닭으
로 반야바라밀다도 매우 깊으니라. 선현이여. 보시바라밀다가 매우 깊은
까닭으로 반야바라밀다도 매우 깊으며, 정계·안인·정진·정려·반야바라
밀다가 매우 깊은 까닭으로 반야바라밀다도 매우 깊으니라.

선현이여. 내공이 매우 깊은 까닭으로 반야바라밀다도 매우 깊고,
외공·내외공·공공·대공·승의공·유위공·무위공·필경공·무제공·산공·
무변이공·본성공·자상공·공상공·일체법공·불가득공·무성공·자성공·
무성자성공이 매우 깊은 까닭으로 반야바라밀다도 매우 깊으니라. 선현
이여. 진여가 매우 깊은 까닭으로 반야바라밀다도 매우 깊고, 법계·법성·
불허망성·불변이성·평등성·이생성·법정·법주·실제·허공계·부사의계
가 매우 깊은 까닭으로 반야바라밀다도 매우 깊으니라.

선현이여. 고성제가 매우 깊은 까닭으로 반야바라밀다도 매우 깊고,
집·멸·도성제가 매우 깊은 까닭으로 반야바라밀다도 매우 깊으니라.
선현이여. 4정려가 매우 깊은 까닭으로 반야바라밀다도 매우 깊고, 4무량·
4무색정이 매우 깊은 까닭으로 반야바라밀다도 매우 깊으니라. 선현이여.

8해탈이 매우 깊은 까닭으로 반야바라밀다도 매우 깊고, 8승처·9차제정·10변처가 매우 깊은 까닭으로 반야바라밀다도 매우 깊으니라.

선현이여. 4념주가 매우 깊은 까닭으로 반야바라밀다도 매우 깊고, 4정단·4신족·5근·5력·7등각지·8성도지가 매우 깊은 까닭으로 반야바라밀다도 매우 깊으니라. 선현이여. 공해탈문이 매우 깊은 까닭으로 반야바라밀다도 매우 깊고, 무상·무원해탈문이 매우 깊은 까닭으로 반야바라밀다도 매우 깊으니라. 선현이여. 보살의 10지가 매우 깊은 까닭으로 반야바라밀다도 매우 깊으니라.

선현이여. 5안이 매우 깊은 까닭으로 반야바라밀다도 매우 깊고, 6신통이 매우 깊은 까닭으로 반야바라밀다도 매우 깊으니라. 선현이여. 여래의 10력이 매우 깊은 까닭으로 반야바라밀다도 매우 깊고, 4무소외·4무애해·대자·대비·대희·대사·18불불공법이 매우 깊은 까닭으로 반야바라밀다도 매우 깊으니라. 선현이여. 무망실법이 매우 깊은 까닭으로 반야바라밀다도 매우 깊고, 항주사성이 매우 깊은 까닭으로 반야바라밀다도 매우 깊으니라.

선현이여. 일체지가 매우 깊은 까닭으로 반야바라밀다도 매우 깊고, 도상지·일체상지가 매우 깊은 까닭으로 반야바라밀다도 매우 깊으니라. 선현이여. 일체의 다라니문이 매우 깊은 까닭으로 반야바라밀다도 매우 깊고, 일체의 삼마지문이 매우 깊은 까닭으로 반야바라밀다도 매우 깊으니라. 선현이여. 예류과가 매우 깊은 까닭으로 반야바라밀다도 매우 깊고, 일래·불환·아라한과가 매우 깊은 까닭으로 반야바라밀다도 매우 깊으니라.

선현이여. 독각의 보리가 매우 깊은 까닭으로 반야바라밀다도 매우 깊으니라. 선현이여. 일체의 보살마하살의 행이 매우 깊은 까닭으로 반야바라밀다도 매우 깊으니라. 선현이여. 제불의 무상정등보리가 매우 깊은 까닭으로 반야바라밀다도 매우 깊으니라. 이와 같은 까닭으로 지극히 매우 깊다고 이름하느니라."

구수 선현이 세존께 아뢰어 말하였다.

"세존이시여. 이와 같은 반야바라밀다는 큰 보취(寶聚)[1]입니다."

세존께서 말씀하셨다.

"그와 같으니라. 능히 유정들에게 공덕의 보배를 주는 까닭이니라. 선현이여. 이와 같이 반야바라밀다의 크고 진귀(珍貴)한 보취는 능히 유정들에게 10선업도(十善業道)·4정려·4무량·4무색정·5신통의 보배를 주느니라. 선현이여. 이와 같이 반야바라밀다의 크고 진귀한 보취는 능히 유정들에게 보시·정계·안인·정진·정려·반야바라밀다의 보배를 주느니라.

선현이여. 이와 같이 반야바라밀다의 크고 진귀한 보취는 능히 유정들에게 내공·외공·내외공·공공·대공·승의공·유위공·무위공·필경공·무제공·산공·무변이공·본성공·자상공·공상공·일체법공·불가득공·무성공·자성공·무성자성공의 보배를 주느니라. 선현이여. 이와 같이 반야바라밀다의 크고 진귀한 보취는 능히 유정들에게 진여·법계·법성·불허망성·불변이성·평등성·이생성·법정·법주·실제·허공계·부사의계의 보배를 주느니라.

선현이여. 이와 같이 반야바라밀다의 크고 진귀한 보취는 능히 유정들에게 8해탈·8승처·9차제정·10변처의 보배를 주느니라. 선현이여. 이와 같이 반야바라밀다의 크고 진귀한 보취는 능히 유정들에게 4념주·4정단·4신족·5근·5력·7등각지·8성도지의 보배를 주느니라. 선현이여. 이와 같이 반야바라밀다의 크고 진귀한 보취는 능히 유정들에게 공·무상·무원해탈문의 보배를 주느니라. 선현이여. 이와 같이 반야바라밀다의 크고 진귀한 보취는 능히 유정들에게 보살의 10지의 보배를 주느니라.

선현이여. 이와 같이 반야바라밀다의 크고 진귀한 보취는 능히 유정들에게 5안·6신통의 보배를 주느니라. 선현이여. 이와 같이 반야바라밀다의 크고 진귀한 보취는 유정들에게 여래의 10력·4무소외·4무애해·대자·대

---

1) '보배의 집합체' 또는 '보배의 덩어리'라는 뜻이다.

비·대희·대사·18불불공법의 보배를 주느니라.

선현이여. 이와 같이 반야바라밀다의 크고 진귀한 보취는 능히 유정들에게 무망실법·항주사성의 보배를 주느니라. 선현이여. 이와 같이 반야바라밀다의 크고 진귀한 보취는 능히 유정들에게 일체지·도상지·일체상지의 보배를 주느니라. 선현이여. 이와 같이 반야바라밀다의 크고 진귀한 보취는 능히 유정들에게 일체의 다라니문·일체의 삼마지문의 보배를 주느니라. 선현이여. 이와 같이 반야바라밀다의 크고 진귀한 보취는 능히 유정들에게 예류과·일래과·불환과·아라한과의 보배를 주느니라.

선현이여. 이와 같이 반야바라밀다의 크고 진귀한 보취는 능히 유정들에게 독각의 보리의 보배를 주느니라. 선현이여. 이와 같이 반야바라밀다의 크고 진귀한 보취는 능히 유정들에게 온갖 보살마하살의 행의 보배를 주느니라. 선현이여. 이와 같이 반야바라밀다의 크고 진귀한 보취는 능히 유정들에게 제불의 무상정등보리의 보배를 주느니라. 이러한 까닭으로 반야바라밀다를 큰 보취라고 이름하느니라."

마하반야바라밀다경 제302권

39. 난문공덕품(難聞功德品)(6)

구수 선현이 다시 세존께 아뢰어 말하였다.

"세존이시여. 이와 같은 반야바라밀다는 청정취(淸淨聚)입니다."

세존께서 말씀하셨다.

"그와 같으니라. 선현이여. 색이 청정한 까닭으로 반야바라밀다가 청정(淸淨)하고, 수·상·행·식이 청정한 까닭으로 반야바라밀다가 청정하니라. 선현이여. 안처가 청정한 까닭으로 반야바라밀다가 청정하고, 이·비·설·신·의처가 청정한 까닭으로 반야바라밀다가 청정하니라. 선현이여. 색처가 청정한 까닭으로 반야바라밀다가 청정하고, 성·향·미·촉·법처가 청정한 까닭으로 반야바라밀다가 청정하니라.

선현이여. 안계가 청정한 까닭으로 반야바라밀다가 청정하고, 색계·안식계, 나아가 안촉·안촉을 인연으로 생겨난 여러 수가 청정한 까닭으로 반야바라밀다가 청정하니라. 선현이여. 이계가 청정한 까닭으로 반야바라밀다가 청정하고, 성계·이식계, 나아가 이촉·이촉을 인연으로 생겨난 여러 수가 청정한 까닭으로 반야바라밀다가 청정하니라. 선현이여. 비계가 청정한 까닭으로 반야바라밀다가 청정하고, 향계·비식계, 나아가 비촉·비촉을 인연으로 생겨난 여러 수가 청정한 까닭으로 반야바라밀다가 청정하니라.

선현이여. 설계가 청정한 까닭으로 반야바라밀다가 청정하고, 미계·설식계, 나아가 설촉·설촉을 인연으로 생겨난 여러 수가 청정한 까닭으로

반야바라밀다가 청정하니라. 선현이여. 신계가 청정한 까닭으로 반야바
라밀다가 청정하고, 촉계·신식계, 나아가 신촉·신촉을 인연으로 생겨난
여러 수가 청정한 까닭으로 반야바라밀다가 청정하니라. 선현이여. 의계
가 청정한 까닭으로 반야바라밀다가 청정하고, 법계·의식계, 나아가 의촉
·의촉을 인연으로 생겨난 여러 수가 청정한 까닭으로 반야바라밀다가
청정하니라.

선현이여. 지계가 청정한 까닭으로 반야바라밀다가 청정하고, 수·화·
풍·공·식계가 청정한 까닭으로 반야바라밀다가 청정하니라. 선현이여.
무명이 청정한 까닭으로 반야바라밀다가 청정하고, 행·식·명색·육처·촉·
수·애·취·유·생·노사의 수탄고우뇌가 청정한 까닭으로 반야바라밀다가
청정하니라. 선현이여. 보시바라밀다가 청정한 까닭으로 반야바라밀다
가 청정하고, 정계·안인·정진·정려·반야바라밀다가 청정한 까닭으로
반야바라밀다가 청정하니라.

선현이여. 내공이 청정한 까닭으로 반야바라밀다가 청정하고, 외공·내
외공·공공·대공·승의공·유위공·무위공·필경공·무제공·산공·무변이
공·본성공·자상공·공상공·일체법공·불가득공·무성공·자성공·무성자
성공이 청정한 까닭으로 반야바라밀다가 청정하니라. 선현이여. 진여가
청정한 까닭으로 반야바라밀다가 청정하고, 법계·법성·불허망성·불변
이성·평등성·이생성·법정·법주·실제·허공계·부사의계가 청정한 까닭
으로 반야바라밀다가 청정하니라.

선현이여. 고성제가 청정한 까닭으로 반야바라밀다가 청정하고, 집·멸
·도성제가 청정한 까닭으로 반야바라밀다가 청정하니라. 선현이여. 4정
려가 청정한 까닭으로 반야바라밀다가 청정하고, 4무량·4무색정이 청정
한 까닭으로 반야바라밀다가 청정하니라. 선현이여. 8해탈이 청정한
까닭으로 반야바라밀다가 청정하고, 8승처·9차제정·10변처가 청정한
까닭으로 반야바라밀다가 청정하니라.

선현이여. 4념주가 청정한 까닭으로 반야바라밀다가 청정하고, 4정단·
4신족·5근·5력·7등각지·8성도지가 청정한 까닭으로 반야바라밀다가 청

정하니라. 선현이여. 공해탈문이 청정한 까닭으로 반야바라밀다가 청정하고, 무상·무원해탈문이 청정한 까닭으로 반야바라밀다가 청정하니라. 선현이여. 보살의 10지가 청정한 까닭으로 반야바라밀다가 청정하니라. 선현이여. 5안이 청정한 까닭으로 반야바라밀다가 청정하고, 6신통이 청정한 까닭으로 반야바라밀다가 청정하니라.

선현이여. 여래의 10력이 청정한 까닭으로 반야바라밀다가 청정하고, 4무소외·4무애해·대자·대비·대희·대사·18불불공법이 청정한 까닭으로 반야바라밀다가 청정하니라. 선현이여. 무망실법이 청정한 까닭으로 반야바라밀다가 청정하고, 항주사성이 청정한 까닭으로 반야바라밀다가 청정하니라. 선현이여. 일체지가 청정한 까닭으로 반야바라밀다가 청정하고, 도상지·일체상지가 청정한 까닭으로 반야바라밀다가 청정하니라.

선현이여. 일체의 다라니문이 청정한 까닭으로 반야바라밀다가 청정하고, 일체의 삼마지문이 청정한 까닭으로 반야바라밀다가 청정하니라. 선현이여. 예류과가 청정한 까닭으로 반야바라밀다가 청정하고, 일래·불환·아라한과가 청정한 까닭으로 반야바라밀다가 청정하니라. 선현이여. 독각의 보리가 청정한 까닭으로 반야바라밀다가 청정하니라.

선현이여. 일체의 보살마하살의 행이 청정한 까닭으로 반야바라밀다가 청정하니라. 선현이여. 제불의 무상정등보리가 청정한 까닭으로 반야바라밀다가 청정하니라. 이러한 까닭으로, 반야바라밀다를 청정취라고 이름하느니라."

구수 선현이 다시 세존께 아뢰어 말하였다.

"매우 기이합니다. 세존이시여. 희유(希有)합니다. 선서(善逝)시여. 이와 같은 반야바라밀다는 지극히 매우 깊어서 장애(留難)1)이 많은데, 지금 널리 설하셨으나 장애가 생겨나지 않습니다."

세존께서 말씀하셨다.

---

1) 원문에는 유난(留難)으로 한역되었는데, 이것은 수행을 장애하는 것을 가리킨다.

"선현이여. 그와 같으니라. 그와 같으니라. 매우 깊은 반야바라밀다는
여러 장애가 많고 많은 것인데, 여래의 신력을 까닭으로 지금 비록 널리
설하고 있으나 장애가 생겨나지 않는 것이니라. 이러한 까닭으로 대승의
여러 선남자와 선여인 등이 이 반야바라밀다에서 만약 서사(書寫)하고자
하였다면 상응하여 빠르게 서사해야 하고, 만약 독송(讀誦)하고자 하였다
면 상응하여 빠르게 독송해야 하며, 만약 수지(受持)하고자 하였다면
상응하여 빠르게 수지해야 하고, 만약 수습(修習)하고자 하였다면 상응하
여 빠르게 수습해야 하며, 만약 사유(思惟)하고자 하였다면 상응하여
빠르게 사유해야 하고, 만약 선설(宣說)하고자 하였다면 상응하여 빠르게
선설해야 하느니라.

왜 그러한가? 선현이여. 매우 깊은 반야바라밀다는 여러 장애가 많고
많으므로, 서사하고 독송하며 수지하고 수습하며 사유하고 다른 사람을
위하여 선설하는 자에게 장애의 일(留難事)이 일어나서 끝마치지 못함을
없게 하려는 것이니라.

선현이여. 이 선남자와 선여인 등이 만약 1개월이거나, 1개월·2개월·3
개월·4개월·5개월·6개월·7개월, 나아가 1년에 이르도록 이와 같은 매우
깊은 반야바라밀다를 서사하면서 능히 끝마치려고 하는 자라면, 상응하여
정근하고 정진하며 생각을 잡아매고 수지하면서, 그것을 끝마칠 수 있게
해야 하느니라.

선현이여. 이 선남자와 선여인 등이 만약 1개월이거나, 1개월·2개월·3
개월·4개월·5개월·6개월·7개월, 나아가 1년에 이르도록 이와 같은 매우
깊은 반야바라밀다를 서사하면서 능히 끝마치려고 하는 자라면, 상응하여
정근하고 정진하며 생각을 잡아매고 수지하면서, 그것을 끝마칠 수 있게
해야 하느니라. 왜 그러한가? 선현이여. 매우 깊은 반야바라밀다의 무량
한 가치의 보주(寶珠)에는 장애가 많은 까닭이니라."

그때 선현이 다시 세존께 아뢰어 말하였다.

"매우 기이합니다. 세존이시여. 희유합니다. 선서시여. 이와 같은 반야
바라밀다의 무량한 가치의 보주는 여러 장애가 많으므로, 서사하고 독송

하며 수지하고 수습하며 사유하고 다른 사람을 위하여 선설하는 자에게
악마(惡魔)들이 그들에게 장애를 지어서 서사하고, 나아가 연설하지 못하
게 하려고 합니다."

세존께서 말씀하셨다.

"선현이여. 악마들이 이 매우 깊은 반야바라밀다에서 비록 서사하고
독송하며 수지하고 수습하며 사유하고 다른 사람을 위하여 선설하는
것 등을 장애하려고 하였더라도 그들은 이 보살마하살이 서사하고 수지하
는 것 등에 능히 장애하는 힘이 없느니라."

그때 사리자가 세존께 아뢰어 말하였다.

"세존이시여. 이것은 누구의 신력으로 그 악마들이 제보살마하살이
이 매우 깊은 반야바라밀다를 서사하고 독송하며 수지하고 수습하며
사유하고 널리 설하는 것에 능히 장애하지 못하게 합니까?"

세존께서 말씀하셨다.

"사리자여. 이것은 세존의 신력으로 그 악마들에게 제보살마하살이
이 매우 깊은 반야바라밀다를 서사하고 독송하며 수지하고 수습하며
사유하고 널리 설하는 것에 능히 장애하지 못하게 하느니라. 또한 사리자
여. 역시 이것은 시방의 일체세계에서 제불(諸佛)의 신력으로 그 악마들에
게 제보살마하살이 이 매우 깊은 반야바라밀다를 서사하고 독송하며
수지하고 수습하며 사유하고 널리 설하는 것에 능히 장애하지 못하게
하느니라.

또한 사리자여. 제불(諸佛)·세존(世尊)은 모두가 함께 반야바라밀다를
수행하는 제보살들을 호념(護念)하시는 까닭으로 그 악마들에게 제보살
마하살이 이 매우 깊은 반야바라밀다를 서사하고 독송하며 수지하고
수습하며 사유하고, 널리 설하는 것에 능히 장애하지 못하게 하느니라.
왜 그러한가? 사리자여. 제불(諸佛)·세존(世尊)은 모두가 함께 반야바라
밀다를 수행하는 제보살들이 짓는 선업(善業)을 호념하시는 까닭으로
그 악마들에게 제보살마하살이 이 매우 깊은 반야바라밀다를 서사하고
독송하며 수지하고 수습하며 사유하고 널리 설하는 것에 능히 장애하지

못하게 하느니라.

사리자여. 만약 보살마하살이 이와 같이 매우 깊은 반야바라밀다를 서사하고 독송하며 수지하고 수습하며 사유하고 널리 설한다면, 법이 그러하듯이 시방세계에서 무량(無量)하고 무수(無數)이며 무변(無邊)한 여래·응공·정등각께서 현재에 설법(說法)하는 자를 호념하는 것이 되고, 만약 제불의 호념을 받는 자라면, 법이 그러하듯이 악마들이 능히 장애하지 못하느니라.

사리자여. 만약 선남자와 선여인 등이 이와 같이 매우 깊은 반야바라밀다를 서사하고 독송하며 수지하고 수습하며 사유하고 널리 설한다면 상응하여 이렇게 생각을 지어야 하느니라.

'나는 지금 매우 깊은 반야바라밀다를 서사하고 독송하며 수지하고 수습하며 사유하고 다른 사람을 위하여 널리 설하고 있는데, 모두가 이것은 시방의 무량하고 무수이며 무변한 여래·응공·정등각께서 현재에 설법하는 자를 신력(神力)으로 호념하는 것이다.'"

그때 사리자가 다시 세존께 아뢰어 말하였다.

"세존이시여. 선남자와 선여인들이 이와 같이 매우 깊은 반야바라밀다를 서사하고 독송하며 수지하고 수습하며 사유하고 널리 설한다면, 일체의 모든 시방세계의 제불·여래께서 신력으로 호념하시므로, 그들이 지었던 것의 수승(殊勝)한 선업(善業)을 일체의 악마들이 능히 장애하지 못합니다."

세존께서 말씀하셨다.

"사리자여. 그와 같으니라. 그와 같으니라. 그대가 말한 것과 같으니라. 만약 선남자와 선여인 등이 이와 같이 매우 깊은 반야바라밀다를 서사하고 독송하며 수지하고 수습하며 사유하고 널리 설한다면, 일체의 모든 시방세계의 제불·여래께서 신력으로 호념하신다고 마땅히 알지니라."

그때 사리자가 다시 세존께 아뢰어 말하였다.

"세존이시여. 만약 선남자와 선여인 등이 이와 같이 매우 깊은 반야바라밀다를 서사하고 독송하며 수지하고 수습하며 사유하고 널리 설한다면, 시방의 무량하고 무수이며 무변한 여래·응공·정등각께서 현재에 설법하는 자를 모두 함께 아시는 것이고, 이 선남자와 선여인 등이 매우 깊은 반야바라밀다를 서사하고 독송하며 수지하고 수습하며 사유하고 널리 설한다면, 오히려 인연으로 환희하면서 호념하십니다.

세존이시여. 만약 선남자와 선여인 등이 이와 같이 매우 깊은 반야바라밀다를 서사하고 독송하며 수지하고 수습하며 사유하고 널리 설한다면, 시방의 무량하고 무수이며 무변한 여래·응공·정등각께서 현재에 설법하는 자를 불안(佛眼)으로 관찰(觀見)하시고, 오히려 인연으로 자비롭게 호념하십니다."

세존께서 말씀하셨다.

"사리자여. 그와 같으니라. 그와 같으니라. 그대가 말한 것과 같으니라. 만약 선남자와 선여인 등이 이와 같이 매우 깊은 반야바라밀다를 서사하고 독송하며 수지하고 수습하며 사유하고 널리 설한다면, 이 선남자와 선여인 등은 항상 시방의 무량하고 무수이며 무변한 여래·응공·정등각께서 현재에 설법하는 자를 불안으로 관찰하여 아시고 호념하시며, 여러 악마들이 능히 흔들어 번뇌시키지 못하게 하시고, 수습하였던 선업을 빠르게 증득하여 성취(成辦)하게 하시느니라.

사리자여. 보살승(菩薩乘)에 안주하는 여러 선남자와 선여인 등이 만약 이 매우 깊은 반야바라밀다를 서사하고 독송하며 수지하고 수습하며 사유하고 널리 설한다면, 이 선남자와 선여인 등은 이미 무상정등보리에 가까워졌으므로 여러 악마와 원적들이 능히 장애하지 못한다고 마땅히 알지니라.

다시 다음으로 사리자여. 보살승에 안주하는 여러 선남자와 선여인 등이 만약 이 매우 깊은 반야바라밀다를 서사하고 많은 여러 종류로 장엄하고서 수지하며 독송한다면, 이 선남자와 선여인 등은 반야바라밀다에서 깊은 신해가 생겨났다고 마땅히 알지니라.

만약 다시 이 매우 깊은 반야바라밀다에서 여러 꽃(華)·향(香)·보배(寶)·

당기(幢)·번기(幡)·일산(蓋)·의복(衣服)·영락(瓔珞)·기악(伎樂)·등불(燈明)로써 공양하고 공경하며 존중하고 찬탄한다면, 이 선남자와 선여인 등은 항상 여래·응공·정등각께서 불안으로 관찰하시고 아시며 호념하시니, 오히려 이 인연으로 결정적으로 마땅하게 큰 재물(大財)·크고 수승한 이익(大勝利)·큰 과보(大果)·큰 이숙(異熟)을 얻는다고 마땅히 알지니라.

사리자여. 이 선남자와 선여인 등이 매우 깊은 반야바라밀다를 서사하고 수지하며 독송하고 공양하며 공경하고 존중하며 찬탄하면, 오히려 이 선근(善根)으로 나아가 불퇴전지(不退轉地)를 획득(獲得)하는 것까지 그 중간에서 항상 여래를 벗어나지 않고 항상 정법을 듣게 되며 악취(惡趣)에 떨어지지 않느니라. 사리자여. 이 선남자와 선여인 등은 오히려 이 선근으로 무상정등보리에 이르기까지 항상 보시바라밀다를 멀리 벗어나지 않고, 항상 정계·안인·정진·정려·반야바라밀다를 멀리 벗어나지 않느니라.

사리자여. 이 선남자와 선여인 등은 오히려 이 선근으로 무상정등보리에 이르기까지 항상 내공을 멀리 벗어나지 않고, 항상 외공·내외공·공공·대공·승의공·유위공·무위공·필경공·무제공·산공·무변이공·본성공·자상공·공상공·일체법공·불가득공·무성공·자성공·무성자성공을 멀리 벗어나지 않느니라. 사리자여. 이 선남자와 선여인 등은 오히려 이 선근으로 무상정등보리에 이르기까지 항상 진여를 멀리 벗어나지 않고, 항상 법계·법성·불허망성·불변이성·평등성·이생성·법정·법주·실제·허공계·부사의계를 멀리 벗어나지 않느니라.

사리자여. 이 선남자와 선여인 등은 오히려 이 선근으로 무상정등보리에 이르기까지 항상 고성제를 멀리 벗어나지 않고, 항상 집·멸·도성제를 멀리 벗어나지 않느니라. 사리자여. 이 선남자와 선여인 등은 오히려 이 선근으로 무상정등보리에 이르기까지 항상 4정려를 멀리 벗어나지 않고, 항상 4무량·4무색정을 멀리 벗어나지 않느니라.

사리자여. 이 선남자와 선여인 등은 오히려 이 선근으로 무상정등보리에 이르기까지 항상 8해탈을 멀리 벗어나지 않고, 항상 8승처·9차제정·10

변처를 멀리 벗어나지 않느니라. 사리자여. 이 선남자와 선여인 등은 오히려 이 선근으로 무상정등보리에 이르기까지 항상 4념주를 멀리 벗어나지 않고, 4정단·4신족·5근·5력·7등각지·8성도지를 멀리 벗어나지 않느니라. 사리자여. 이 선남자와 선여인 등은 오히려 이 선근으로 무상정등보리에 이르기까지 항상 공해탈문을 멀리 벗어나지 않고, 항상 무상·무원해탈문을 멀리 벗어나지 않느니라.

사리자여. 이 선남자와 선여인 등은 오히려 이 선근으로 무상정등보리에 이르기까지 항상 5안을 멀리 벗어나지 않고, 항상 6신통을 멀리 벗어나지 않느니라. 사리자여. 이 선남자와 선여인 등은 오히려 이 선근으로 무상정등보리에 이르기까지 항상 공해탈문을 멀리 벗어나지 않고, 항상 무상·무원해탈문을 멀리 벗어나지 않느니라. 사리자여. 이 선남자와 선여인 등은 오히려 이 선근으로 무상정등보리에 이르기까지 항상 여래의 10력을 멀리 벗어나지 않고, 항상 4무소외·4무애해·대자·대비·대희·대사·18불불공법을 멀리 벗어나지 않느니라.

사리자여. 이 선남자와 선여인 등은 오히려 이 선근으로 무상정등보리에 이르기까지 항상 무망실법을 멀리 벗어나지 않고, 항상 항주사성을 멀리 벗어나지 않느니라. 사리자여. 이 선남자와 선여인 등은 오히려 이 선근으로 무상정등보리에 이르기까지 항상 일체지를 멀리 벗어나지 않고, 항상 도상지·일체상지를 멀리 벗어나지 않느니라. 사리자여. 이 선남자와 선여인 등은 오히려 이 선근으로 무상정등보리에 이르기까지 항상 일체의 다라니문을 멀리 벗어나지 않고, 항상 일체의 삼마지문을 멀리 벗어나지 않느니라.

사리자여. 이 선남자와 선여인 등은 오히려 이 선근으로 무상정등보리에 이르기까지 항상 방편선교(方便善巧)를 멀리 벗어나지 않고 제유정들이 예류과를 증득하게 가르치더라도 스스로는 증득하지 않고, 항상 방편선교를 멀리 벗어나지 않고 제유정들이 일래과·불환과·아라한과를 증득하게 가르치더라도 스스로는 않느니라. 사리자여. 이 선남자와 선여인 등은 오히려 이 선근으로 무상정등보리에 이르기까지 항상 방편선교를 멀리 벗어나지 않고 제유정들이 독각의 보리를 증득하게 가르치더라도 스스로는 증득하지 않느니라.

사리자여. 이 선남자와 선여인 등은 오히려 이 선근으로 무상정등보리에 이르기까지 항상 보살의 자재(自在)한 신통(神通)을 멀리 벗어나지 않고, 하나의 불국토부터 다른 하나의 불국토에 이르면서 제불·세존과 제보살마하살들을 공양하고 공경하고 존중하고 찬탄하느니라. 사리자여. 이 선남자와 선여인 등은 오히려 이 선근으로 무상정등보리에 이르기까지 불국토를 청정하게 장엄하고, 유정을 성숙시키는 것을 멀리 벗어나지 않느니라.

사리자여. 이 선남자와 선여인 등은 오히려 이 선근으로 무상정등보리에 이르기까지 항상 자재한 신통을 멀리 벗어나지 않고 여러 불국토를 유행(遊行)하면서 제불께서 미묘한 법륜을 굴리시어 무량한 중생들을 제도하시도록 권유하는 것을 멀리 벗어나지 않느니라. 사리자여. 이 선남자와 선여인 등은 오히려 이 선근으로 무상정등보리에 이르기까지 항상 일체의 보살마하살의 행을 멀리 벗어나지 않느니라.

사리자여. 오히려 이러한 인연으로 보살승에 안주하는 여러 선남자와 선여인 등은 이 반야바라밀다를 정근하면서 서사하고 독송하며 수지하고 수습하며 사유하고 다른 사람을 위하여 널리 설해야 하느니라.”

그때 사리자가 세존께 아뢰어 말하였다.

“세존이시여 매우 깊은 반야바라밀다가 세존께서 멸도(滅度)[2]하신 뒤에는 어느 지방에서 흥성(興盛)합니까?”

세존께서 말씀하셨다.

“사리자여. 이 매우 깊은 반야바라밀다는 내가 멸도한 뒤에 마땅히 동남방(東南方)[3]에서 점차 흥성할 것이니라. 그 지방에는 보살승에 안주

---

2) 멸(滅)은 적멸(寂滅)을 뜻하는데, 산스크리트어 vyupaśama의 번역이고, 열반(涅槃)을 뜻한다.
3) 인도의 방위는 현재의 방위와 다르게 사유하고 있었다. 한 예로 햇빛이 남쪽에서

하는 비구(苾芻)·비구니(苾芻尼)·우바색가(鄔波索迦)·우바사가(鄔波斯迦)
·국왕(國王)·대신(大臣)·장자(長者)·거사(居士) 등이 있을 것이니, 능히
이와 같은 매우 깊은 반야바라밀다에 깊은 신해가 생겨날 것이고, 서사하
고 독송하며 수지하고 수습하며 사유하고 널리 설할 것이니라. 다시
여러 종류의 상묘(上妙)한 화만(華鬘)4)·바르는 향·가루향·의복·영락·보
배·당기·번기·일산·기악·등불로써 이와 같은 반야바라밀다에게 공양하
고 공경하고 존중하고 찬탄할 것이다.

그들은 이와 같은 수승한 선근을 까닭으로 반드시 결국에는 여러
험악한 세계(嶮惡趣)에 떨어지지 않고 항상 천상과 인간의 가운데에 태어
나서 부귀(富貴)와 미묘한 쾌락을 받을 것이니라. 오히려 이러한 세력으로
6바라밀다가 증익(增益)하고 빠르고 원만하게 시키며, 이것을 인연하여
다시 제불·세존을 공양하고 공경하며 존중하고 찬탄하면서, 뒤에 상응하
는 것을 따라서 3승법(三乘法)에 의지하여 점차로 수습하면서 출리(出離)5)
로 나아가느니라.

사리자여. 이 매우 깊은 반야바라밀다는 내가 멸도한 뒤에 동남방에서
남방으로 전전하여 이르고 점차 마땅히 흥성할 것이니라. 그 지방에는
마땅히 보살승에 안주하는 비구·비구니·우바색가·우바사가·국왕·대신·
장자·거사 등이 있을 것이니, 능히 이와 같은 매우 깊은 반야바라밀다에
깊은 신해가 생겨날 것이고, 서사하고 독송하며 수지하고 수습하며 사유
하고 널리 설할 것이니라. 다시 여러 종류의 상묘한 화만·바르는 향·가루
향·의복·영락·보배·당기·번기·일산·기악·등불로써 이와 같은 반야바라
밀다에게 공양하고 공경하고 존중하고 찬탄할 것이다.

그들은 이와 같은 수승한 선근을 까닭으로 반드시 결국에는 여러

떠올라서 북쪽으로 사라지므로 우리나라의 방위와는 90°가 회전한 상태로 적용해
야 한다.
4) 산스크리트어 Kusamamala의 번역이고, 꽃으로 만든 꽃다발을 가리킨다. 실로
많은 꽃을 꿰거나 또는 묶어서 목이나 몸에 장식하는 것이다.
5) 산스크리트어 Naiṣkramya의 번역이고, 출세간(出世間)의 다른 말이다. 번뇌에서
벗어나서 깨달음의 경지에 들어가는 것이다.

험악한 세계에 떨어지지 않고 항상 천상과 인간의 가운데에 태어나서 부귀와 미묘한 쾌락을 받을 것이니라. 오히려 이러한 세력으로 6바라밀다가 증익하고 빠르고 원만하게 시키며, 이것을 인연하여 다시 제불·세존을 공양하고 공경하며 존중하고 찬탄하면서, 뒤에 상응하는 것을 따라서 3승법에 의지하여 점차로 수습하면서 출리로 나아가느니라.

사리자여. 이 매우 깊은 반야바라밀다는 내가 멸도한 뒤에 남방에서 서남방(西南方)으로 전전하여 이르고 점차 마땅히 흥성할 것이니라. 그 지방에는 마땅히 보살승에 안주하는 비구·비구니·우바색가·우바사가·국왕·대신·장자·거사 등이 있을 것이니, 능히 이와 같은 매우 깊은 반야바라밀다에 깊은 신해가 생겨날 것이고, 서사하고 독송하며 수지하고 수습하며 사유하고 널리 설할 것이니라. 다시 여러 종류의 상묘한 화만·바르는 향·가루향·의복·영락·보배·당기·번기·일산·기악·등불로써 이와 같은 반야바라밀다에게 공양하고 공경하고 존중하고 찬탄할 것이니라.

그들은 이와 같은 수승한 선근을 까닭으로 반드시 결국에는 여러 험악한 세계에 떨어지지 않고 항상 천상과 인간의 가운데에 태어나서 부귀와 미묘한 쾌락을 받을 것이니라. 오히려 이러한 세력으로 6바라밀다가 증익하고 빠르고 원만하게 시키며, 이것을 인연하여 다시 제불·세존을 공양하고 공경하며 존중하고 찬탄하면서, 뒤에 상응하는 것을 따라서 3승법에 의지하여 점차로 수습하면서 출리로 나아가느니라.

사리자여. 이 매우 깊은 반야바라밀다는 내가 멸도한 뒤에 서남방에서 서북방(西北方)으로 전전하여 이르고 점차 마땅히 흥성할 것이니라. 그 지방에는 마땅히 보살승에 안주하는 비구·비구니·우바색가·우바사가·국왕·대신·장자·거사 등이 있을 것이니, 능히 이와 같은 매우 깊은 반야바라밀다에 깊은 신해가 생겨날 것이고, 서사하고 독송하며 수지하고 수습하며 사유하고 널리 설할 것이니라. 다시 여러 종류의 상묘한 화만·바르는 향·가루향·의복·영락·보배·당기·번기·일산·기악·등불로써 이와 같은 반야바라밀다에게 공양하고 공경하고 존중하고 찬탄할 것이니라.

그들은 이와 같은 수승한 선근을 까닭으로 반드시 결국에는 여러

험악한 세계에 떨어지지 않고 항상 천상과 인간의 가운데에 태어나서 부귀와 미묘한 쾌락을 받을 것이니라. 오히려 이러한 세력으로 6바라밀다가 증익하고 빠르고 원만하게 시키며, 이것을 인연하여 다시 제불·세존을 공양하고 공경하며 존중하고 찬탄하면서, 뒤에 상응하는 것을 따라서 3승법에 의지하여 점차로 수습하면서 출리로 나아가느니라.

사리자여. 이 매우 깊은 반야바라밀다는 내가 멸도한 뒤에 서북방에서 북방(北方)으로 전전하여 이르고 점차 마땅히 흥성할 것이니라. 그 지방에는 마땅히 보살승에 안주하는 비구·비구니·우바색가·우바사가·국왕·대신·장자·거사 등이 있을 것이니, 능히 이와 같은 매우 깊은 반야바라밀다에 깊은 신해가 생겨날 것이고, 서사하고 독송하며 수지하고 수습하며 사유하고 널리 설할 것이니라. 다시 여러 종류의 상묘한 화만·바르는 향·가루향·의복·영락·보배·당기·번기·일산·기악·등불로써 이와 같은 반야바라밀다에게 공양하고 공경하고 존중하고 찬탄할 것이다.

그들은 이와 같은 수승한 선근을 까닭으로 반드시 결국에는 여러 험악한 세계에 떨어지지 않고 항상 천상과 인간의 가운데에 태어나서 부귀와 미묘한 쾌락을 받을 것이니라. 오히려 이러한 세력으로 6바라밀다가 증익하고 빠르고 원만하게 시키며, 이것을 인연하여 다시 제불·세존을 공양하고 공경하며 존중하고 찬탄하면서, 뒤에 상응하는 것을 따라서 3승법에 의지하여 점차로 수습하면서 출리로 나아가느니라.

사리자여. 이 매우 깊은 반야바라밀다는 내가 멸도한 뒤에 북방에서 동북방(東北方)으로 전전하여 이르고 점차 마땅히 흥성할 것이니라. 그 지방에는 마땅히 보살승에 안주하는 비구·비구니·우바색가·우바사가·국왕·대신·장자·거사 등이 있을 것이니, 능히 이와 같은 매우 깊은 반야바라밀다에 깊은 신해가 생겨날 것이고, 서사하고 독송하며 수지하고 수습하며 사유하고 널리 설할 것이니라. 다시 여러 종류의 상묘한 화만·바르는 향·가루향·의복·영락·보배·당기·번기·일산·기악·등불로써 이와 같은 반야바라밀다에게 공양하고 공경하고 존중하고 찬탄할 것이다.

그들은 이와 같은 수승한 선근을 까닭으로 반드시 결국에는 여러

험악한 세계에 떨어지지 않고 항상 천상과 인간의 가운데에 태어나서 부귀와 미묘한 쾌락을 받을 것이니라. 오히려 이러한 세력으로 6바라밀다가 증익하고 빠르고 원만하게 시키며, 이것을 인연하여 다시 제불·세존을 공양하고 공경하며 존중하고 찬탄하면서, 뒤에 상응하는 것을 따라서 3승법에 의지하여 점차로 수습하면서 출리로 나아가느니라.

사리자여. 내가 멸도하고서 후시(後時)이고 후분(後分)의 후오백세(後五百世)에서 매우 깊은 반야바라밀다는 동북방에서 큰 불사(佛事)를 지을 것이다. 왜 그러한가? 사리자여. 일체의 여래·응공·정등각의 처소에서 존중받는 법은 곧 이 반야바라밀다이고, 이와 같은 반야바라밀다는 일체의 여래·응공·정등각께서 함께 호념하시는 것이니라. 사리자여. 여래의 처소에서 얻어진 법과 비나야(毘那耶)의 무상정법(無上正法)은 사라지거나 없어지는 상(相)이 있지 않나니, 제불의 처소에서 증득하는 법과 비나야의 무상정법은 곧 이것이 반야바라밀다이니라. 사리자여. 그 동북방의 여러 선남자와 선여인 등이 만약 능히 이 매우 깊은 반야바라밀다에서 신해하고 수지하며 독송하고 수습하며 사유하고 널리 설한다면, 나는 항상 이 선남자와 선여인 등을 호념하면서 고뇌와 손해가 없게 할 것이다.

사리자여. 그 동북방의 선남자와 선여인 등이 만약 능히 매우 깊은 반야바라밀다를 서사하고, 다시 여러 종류의 상묘한 화만·바르는 향·가루향·의복·영락·보배·당기·번기·일산·기악·등불로써 이와 같은 반야바라밀다에게 공양하고 공경하고 존중하고 찬탄한다면, 나는 결정적으로 '그 선남자와 선여인 등은 오히려 이 선근으로 반드시 결국에는 험악한 세계에 떨어지지 않고 항상 천상과 인간의 가운데에 태어나서 부귀와 미묘한 쾌락을 받을 것이니라. 오히려 이러한 세력으로 6바라밀다가 증익하고 빠르고 원만하게 시키며, 이것을 인연하여 다시 제불·세존을 공양하고 공경하며 존중하고 찬탄하면서, 뒤에 상응하는 것을 따라서 3승법에 의지하여 점차로 수습하면서 반열반(般涅槃)6)하리라.'라고 설하

---

6) 산스크리트어 paranirvāṇa의 번역이고, Nirvāṇa의 앞에 'pari'의 접두사를 추가한 말이다. 'pari'는 '완전함', '빠른' 등의 뜻을 지니고 있다.

느니라.

왜 그러한가? 사리자여. 나는 불안(佛眼)으로 관찰하여 보고(觀見) 증득하여 알며(證知), 이 선남자와 선여인들이 얻었던 것의 공덕을 칭찬(稱譽)하고 찬탄(讚歎)하는 것이며, 동·서·남·북·사유(四維)[7]·상하(上下)의 무량하고 무변한 세계의 일체의 여래·응공·정등각들께서도 안은(安隱)하게 주지(住持)[8]하면서 현재에 설법하는 자를 역시 불안으로 관찰하여 보고 증득하여 알며, 이 선남자와 선여인들이 얻었던 것의 공덕을 칭찬하고 찬탄(讚歎)하는 것이니라."

그때 사리자가 세존께 아뢰어 말하였다.

"세존이시여. 매우 깊은 반야바라밀다는 세존께서 멸도하시고 후시(後時)의 후분(後分)에 동북방에서 널리 유포(流布)됩니까?"

세존께서 말씀하셨다.

"사리자여. 그와 같으니라. 그와 같으니라. 매우 깊은 반야바라밀다는 내가 멸도하고서 후시이고 후분의 후오백세에 동북방에서 마땅히 널리 유포될 것이다. 사리자여. 내가 멸도하고서 후시이고 후분의 후오백세에 그 동북방의 여러 선남자와 선여인 등이 만약 이러한 매우 깊은 반야바라밀다를 얻어듣고서 깊은 신해가 생겨났으며, 서사하고 수지하며 독송하고 수습하며 사유하고 널리 설한다면, 그 선남자와 선여인 등은 오랫동안 무상정등각의 마음을 일으킨 것이고 오랫동안 보살마하살의 행을 수습하였으며, 제불을 많이 공양하였고, 착한 벗들을 많이 섬겼으며, 심었던 것의 선근이 모두 성숙되었으므로, 오히려 이 복력(福力)으로 이와 같은 매우 깊은 반야바라밀다를 들었다면, 깊은 신해가 생겨나서 다시 능히 서사하고 수지하며 독송하고 수습하며 사유하고 다른 사람을 위하여 널리 설하느니라."

---

7) 사방(四方)의 가운데에 위치하는 동북·동남·서북·서남의 네 방향을 가리키고, 4우(四隅)라고도 말한다.
8) 세상에 머무르면서 세존의 가르침을 보존하고 유지하는 것이다.

그때 사리자가 세존께 아뢰어 말하였다.

"세존이시여. 세존께서 멸도하고서 후시이고 후분의 후오백세에 그 동북방에 비록 무량하게 보살승에 안주하는 여러 선남자와 선여인 등이 있었을지라도, 매우 깊은 반야바라밀다를 얻어듣고서 깊은 신해가 생겨나고, 그 마음에서 놀라지 않고 두려워하지 않으며 겁내지 않고 역시 근심과 후회가 없는 자는 적으며, 다시 능히 서사하고 수지하며 독송하고 수습하며 사유하고 다른 사람을 위하여 널리 설하는 자는 적으니라.

사리자여. 그 선남자와 선여인 등이 이 반야바라밀다를 듣고서 그 마음에서 놀라지 않고 두려워하지 않으며 겁내지 않고 역시 근심과 후회가 없으며, 깊은 신해가 생겨나서 다시 능히 서사하고 수지하며 독송하고 수습하며 사유하고 다른 사람을 위하여 널리 설한다면 매우 희유하느니라. 왜 그러한가? 사리자여. 이 선남자와 선여인 등은 일찍이 무량한 여래·응공·정등각과 제보살마하살들과 친근하면서 공양하고 공경하며 존중하고 찬탄하였으며 이와 같은 매우 깊은 반야바라밀다에 상응(相應)하는 의취(義趣)를 청하여 물었었느니라.

사리자여. 이 선남자와 선여인 등은 오래지 않아서 결정적으로 보시바라밀다가 마땅하게 원만할 것이고, 오래지 않아서 결정적으로 정계·안인·정진·정려·반야바라밀다가 마땅하게 원만할 것이니라. 사리자여. 이 선남자와 선여인 등은 오래지 않아서 결정적으로 내공이 마땅하게 원만할 것이고, 오래지 않아서 결정적으로 외공·내외공·공공·대공·승의공·유위공·무위공·필경공·무제공·산공·무변이공·본성공·자상공·공상공·일체법공·불가득공·무성공·자성공·무성자성공이 마땅하게 원만할 것이니라.

사리자여. 이 선남자와 선여인 등은 오래지 않아서 결정적으로 진여가 마땅하게 원만할 것이고, 오래지 않아서 결정적으로 법계·법성·불허망성·불변이성·평등성·이생성·법정·법주·실제·허공계·부사의계가 마땅하게 원만할 것이니라. 사리자여. 이 선남자와 선여인 등은 오래지 않아서 결정적으로 고성제가 마땅하게 원만할 것이고, 오래지 않아서 결정적으로 집·멸·도성제가 마땅하게 원만할 것이니라. 사리자여. 이 선남자와 선여인 등은 오래지 않아서 결정적으로 4정려가 마땅하게 원만할 것이고, 오래지 않아서 결정적으로 4무량·4무색정이 마땅하게 원만할 것이니라.

사리자여. 이 선남자와 선여인 등은 오래지 않아서 결정적으로 8해탈이 마땅하게 원만할 것이고, 오래지 않아서 결정적으로 8승처·9차제정·10변처가 마땅하게 원만할 것이니라. 사리자여. 이 선남자와 선여인 등은 오래지 않아서 결정적으로 4념주가 마땅하게 원만할 것이고, 오래지 않아서 결정적으로 4정단·4신족·5근·5력·7등각지·8성도지가 마땅하게 원만할 것이니라. 사리자여. 이 선남자와 선여인 등은 오래지 않아서 결정적으로 공해탈문이 마땅하게 원만할 것이고, 오래지 않아서 결정적으로 무상·무원해탈문이 마땅하게 원만할 것이니라.

사리자여. 이 선남자와 선여인 등은 오래지 않아서 결정적으로 보살의 10지가 마땅하게 원만할 것이니라. 사리자여. 이 선남자와 선여인 등은 오래지 않아서 결정적으로 5안이 마땅하게 원만할 것이고, 오래지 않아서 결정적으로 6신통이 마땅하게 원만할 것이니라. 사리자여. 이 선남자와 선여인 등은 오래지 않아서 결정적으로 여래의 10력이 마땅하게 원만할 것이고, 오래지 않아서 결정적으로 4무소외·4무애해·대자·대비·대희·대사·18불불공법이 마땅하게 원만할 것이니라.

사리자여. 이 선남자와 선여인 등은 오래지 않아서 결정적으로 무망실법이 마땅하게 원만할 것이고, 오래지 않아서 결정적으로 항주사성이 마땅하게 원만할 것이니라. 사리자여. 이 선남자와 선여인 등은 오래지 않아서 결정적으로 일체지가 마땅하게 원만할 것이고, 오래지 않아서 결정적으로 도상지·일체상지가 마땅하게 원만할 것이니라. 사리자여. 이 선남자와 선여인 등은 오래지 않아서 결정적으로 일체의 다라니문이 마땅하게 원만할 것이고, 오래지 않아서 결정적으로 일체의 삼마지문이 마땅하게 원만할 것이니라.

사리자여. 이 선남자와 선여인 등은 오래지 않아서 결정적으로 일체의 보살마하살의 행이 마땅하게 원만할 것이니라. 사리자여. 이 선남자와

선여인 등은 오래지 않아서 결정적으로 아뇩다라삼먁삼보리(阿耨多羅三
藐三菩提)가 마땅하게 원만할 것이니라."

"다시 다음으로 사리자여. 그 선남자와 선여인 등은 일체의 여래의
처소에서 호념(護念)하는 까닭으로, 무량한 선한 벗에게 섭수되는 까닭이
며, 수승한 선근인 것에서 주지(住持)되는 까닭이고, 많은 중생을 요익하게
하려는 까닭으로 무상정등보리(無上正等菩提)로 나아가면서 구하느니라.
왜 그러한가? 사리자여. 나는 항상 그 여러 선남자와 선여인 등을 위하여
일체지지(一切智智)에 상응(相應)하는 법을 설하는 것이고, 과거의 여래·
응공·정등각들께서도 역시 항상 그 여러 선남자와 선여인 등을 위하여
일체지지에 상응하는 법을 설하셨느니라.
　오히려 이 인연으로 그 선남자와 선여인 등은 다음의 생(生)에는 다시
능히 무상정등보리에 나아가면서 구하게 되고, 역시 다른 사람을 위하여
상응하는 것과 같게 설법하여 무상정등보리에 나아가게 시키느니라.
　사리자여. 그 선남자와 선여인 등은 몸과 마음이 안정(安定)되었으므로
여러 악마왕(惡魔王)들과 그들의 권속(眷屬)들이 오히려 능히 무상정등보
리의 마음을 파괴할 수 없는데, 어찌 하물며 그 나머지의 악행하는 자들이
능히 반야바라밀다를 훼방(毁謗)하면서 능히 그 마음을 가로막고서 무상
정등보리에 나아가지 못하게 하겠는가! 사리자여. 이와 같은 대승의
여러 선남자와 선여인들은 내가 설하는 이 매우 깊은 반야바라밀다를
듣고서 마음에 광대하고 미묘한 법의 환희와 즐거움(喜樂)을 얻고, 역시
능히 무량한 중생을 수승한 선법(善法)에 안립(安立)시키면서 무상정등보
리에 나아가게 하느니라.
　사리자여. 이 선남자와 선여인 등은 지금 나의 앞에서 '우리들은 마땅히
무량한 백천 구지(俱胝)·나유다(那庾多)의 많은 유정의 부류들을 안립시
키면서 무상정등보리에 일으키게 하고, 제보살마하살의 행을 수습하며,
드러내어 보여주고 권유하여 인도하며 찬탄(讚歎)하고 경희(慶喜)[9]하게
하면서, 무상정등보리, 나아가 불퇴전(不退轉)의 수기를 받게 하겠다.'라

고 큰 서원을 일으키느니라.

사리자여. 나는 그 서원에서 깊은 수희(隨喜)10)가 생겨나느니라. 왜 그러한가? 사리자여. 나는 이와 같이 보살승에 안주하는 여러 선남자와 선여인 등이 일으키는 큰 서원이 마음과 말에 상응한다고 관찰하나니, 그 선남자와 선여인 등은 마땅히 내세(來世)에는 결정적으로 무량한 백천 구지·나유타의 많은 유정의 부류들을 능히 안립시켜서 무상정등보리의 마음을 일으키게 시키고, 제보살마하살의 행을 수습하게 하며, 드러내어 보여주고 권유하여 인도하며 찬탄하고 경희하게 하면서, 무상정등보리, 나아가 불퇴전의 수기를 받게 하느니라.

사리자여. 이 선남자와 선여인 등은 역시 과거의 무량한 여래의 앞에서 '우리들은 마땅히 무량한 백천 구지·나유다의 많은 유정의 부류들을 안립시켜서 무상정등보리에 일으키게 하고, 제보살마하살의 행을 수습하며, 드러내어 보여주고 권유하여 인도하며 찬탄하고 경희하게 하면서, 무상정등보리, 나아가 불퇴전의 수기를 받게 하겠다.'라고 큰 서원을 일으켰느니라.

사리자여. 과거의 제불께서도 그 서원에서 깊은 수희가 생겨났느니라. 왜 그러한가? 사리자여. 과거의 제불께서도 역시 이와 같이 보살승에 안주하는 여러 선남자와 선여인 등이 일으키는 큰 서원이 마음과 말에 상응한다고 관찰하였나니, 그 선남자와 선여인 등은 마땅히 내세(來世)에는 결정적으로 무량한 백천 구지·나유타의 많은 유정의 부류들을 능히 안립시켜서 무상정등보리의 마음을 일으키게 시켰고, 제보살마하살의 행을 수습하게 하였으며, 드러내어 보여주었고 권유하여 인도하였으며 찬탄하였고 경희하게 하였으며, 무상정등보리, 나아가 불퇴전의 수기를 받게 하였느니라.

사리자여. 이 선남자와 선여인 등은 신해(信解)가 광대(廣大)하여서 능히 미묘한 색(色)·성(聲)·향(香)·미(味)·촉(觸)·법(法)에 의지하여 광대

---

9) 경사(慶事)스럽게 기뻐하는 것이다.
10) 마음에서 따라서 기뻐하는 것이다.

한 보시를 수습하였고, 이러한 보시를 수습하고서 다시 능히 광대한 선근을 심었으며, 이러한 선근을 인연으로 다시 능히 광대한 과보를 받았고, 이와 같은 광대한 과보를 섭수하고서, 오로지 일체의 유정을 이익과 즐거움을 위하여 제유정들에게서 능히 내외(內外)의 일체 소유(所有)를 버리느니라.

그들은 이와 같이 심었던 선근을 회향하여 다른 지방의 여러 불국토에서 현재 머무르시는 여래·응공·정등각께서 이와 같은 매우 깊은 반야바라밀다의 무상(無上)한 법을 선설하시는 처소에 태어나기를 발원하고, 그들은 이와 같은 매우 깊은 반야바라밀다의 무상의 법을 듣고서, 다시 그 불국토 가운데에서 무량한 백천 구지·나유타의 제유정의 부류들을 능히 안립시켜서 무상정등보리의 마음을 일으키게 하고, 제보살마하살의 행을 수습하게 하며, 드러내어 보여주고 권유하여 인도하며 찬탄하고 경희하게 하면서, 무상정등보리, 나아가 불퇴전의 수기를 받게 하느니라.”

그때 사리자가 다시 세존께 아뢰어 말하였다.

“매우 기이합니다. 세존이시여. 매우 희유합니다, 선서시여. 세존께서는 과거·미래·현재에서 소유한 제법을 증득하여 알지 못함이 없고, 일체법에서 진여(眞如)와 법계(法界) 및 법성(法性)을 증득하여 알지 못함이 없으며, 제법의 가르침을 증득하여 알지 못함이 없고, 제유정들이 심행(心行)의 차별을 증득하여 알지 못함이 없으며, 과거불·보살·성문·불국토 등을 증득하여 알지 못함이 없고, 미래불·보살·성문·불국토 등을 증득하여 알지 못함이 없으며, 현재불·보살·성문·불국토 등을 증득하여 알지 못함이 없고, 시방의 일체의 여래·응공·정등각·설하신 법·보살·성문·불국토 등의 일을 증득하여 알지 못함이 없습니다.

세존이시여. 만약 보살마하살이 6바라밀다에서 용맹(勇猛)하게 정진하고 항상 구하면서 쉬지 않더라도, 그들이 이러한 6바라밀다에서 얻는 때가 있고 얻지 못하는 때가 있습니까?”

세존께서 말씀하셨다.

"사리자여. 그 선남자와 선여인 등이 항상 이러한 6바라밀다에서 용맹 (勇猛)하게 정진하고 항상 구하면서 쉬지 않고 구한다면, 일체의 때에 얻을 것이고, 얻지 못하는 때가 없느니라. 왜 그러한가? 사리자여. 그 선남자와 선여인 등이 항상 이 6바라밀다를 용맹스럽게 정진하여 쉬지 않고 구한다면 제불·보살들이 항상 호념하시는 까닭이니라."

사리자가 말하였다.

"세존이시여. 그 선남자와 선여인 등이 만약 6바라밀다와 상응하는 경전을 얻지 못하는 때라면, 어찌 그들이 이러한 6바라밀다를 얻었다고 설하겠습니까?"

세존께서 말씀하셨다.

"사리자여. 그 선남자와 선여인 등이 항상 이러한 6바라밀다를 용맹하 게 믿고 구하면서 몸과 목숨을 돌아보지 않는다면, 항상 이것과 상응하는 경전을 얻지 못하는 때가 있다는 이러한 처소는 없느니라. 왜 그러한가? 사리자여. 그 선남자와 선여인 등은 무상정등보리를 구하기 위하여 제유 정의 부류들에게 드러내어 보여주고 권유하여 인도하며 찬탄하고 경희하 게 하면서, 이 6바라밀다에 상응하는 경전을 수지하고 독송하며 사유하고 수학하게 하느니라.

오히려 이 선근으로 태어나는 곳을 따라서 항상 이러한 6바라밀다에 상응하는 계경(契經)을 얻고서 수지하고 독송하며 용맹하게 정진하면서 가르침과 같이 수행하고 유정들을 성숙시키며 불국토를 청정하게 장엄하 고 무상정등보리를 빠르게 증득하느니라."

마하반야바라밀다경 제303권

40. 마사품(魔事品)(1)

이때 구수 선현이 세존께 아뢰어 말하였다.

"세존이시여. 여래(佛)께서는 무상정등보리를 증득하기 위하여 6바라밀다를 수행(修行)하면서 유정들을 성숙시키고 불국토를 청정하게 장엄하는 여러 선남자와 선여인 등이 소유(所有)한 공덕을 이미 찬탄하셨습니다. 세존이시여. 무엇을 이 선남자와 선여인 등이 무상정등보리를 증득하기 위하여 제행(諸行)을 수행하는 때에 장애(留難)의 마사(魔事)[1]라고 말합니까?"

"선현이여. 만약 보살마하살이 즐겁게 법요(法要)를 설하면서 변재(辯才)가 곧 생겨나지 않는다면, 마땅히 이것은 보살의 마사라고 알아야 하느니라."

"세존이시여. 무슨 까닭으로 이 보살마하살이 즐겁게 법요를 설하면서 변재가 곧 생겨나지 않는다면, 이것이 마사가 됩니까?"

"선현이여. 이 보살마하살이 반야바라밀다를 수행하는 때에, 반야바라밀다를 수행하는 것에서 원만함을 얻기 어렵고, 정려·정진·안인·정계·보시바라밀다를 수행하는 것에서 원만함을 얻기 어려우니라. 오히려 이러

---

1) 산란한 마음과 미혹(迷惑)을 일으키는 네 가지의 수행에 장애되는 일이다. 첫째는 삼독(三毒)으로 우리의 몸과 마음을 해치는 번뇌마(煩惱魔)이고, 둘째는 오온(五蘊)이 여러 고통을 일으키는 오음마(五陰魔)이며, 셋째는 삶을 마치는 사마(死魔)이고, 넷째는 천상(天上)의 마왕이 수행을 방해하는 천마(天魔)이다.

한 인연을 까닭으로 이 보살마하살이 즐겁게 법요를 설하면서 변재가
곧 생겨나지 않는다면 이것은 이 보살의 마사라고 마땅히 알아야 하느니
라. 다시 다음으로 선현이여. 만약 보살마하살이 즐겁게 수승한 행을
수행하면서 변재가 곧 갑자기 생겨났다면, 이것도 이 보살의 마사라고
마땅히 알아야 하느니라."

"세존이시여. 무슨 까닭으로 이 보살마하살이 즐겁게 수승한 행을
수행하면서 변재가 곧 갑자기 생겨났다면, 이것이 마사가 됩니까?"

"선현이여. 이 보살마하살이 반야바라밀다를 수행하는 때에, 반야바라
밀다를 수행하는 것에서 원만함을 얻기 어렵고, 정려·정진·안인·정계·보
시바라밀다를 수행하는 것에서 원만하게 얻기 어려우니라. 오히려 이러
한 인연을 까닭으로 이 보살마하살이 즐겁게 법요를 설하는데, 변재가
곧 생겨나지 않는다면 이것은 이 보살의 마사라고 마땅히 알아야 하느니
라. 다시 다음으로 선현이여. 반야바라밀다의 매우 깊은 경전을 서사하는
때에, 자주 기지개를 켜고 하품하고 입을 벌린다면, 이것은 이 보살의
마사라고 마땅히 알아야 하느니라.

다시 다음으로 선현이여. 반야바라밀다의 매우 깊은 경전을 서사하는
때에, 홀연(忽然)히 희롱하고 웃는다면, 이것은 이 보살의 마사라고 마땅히
알아야 하느니라. 다시 다음으로 선현이여. 반야바라밀다의 매우 깊은
경전을 서사하는 때에, 서로가 경멸(輕蔑)한다면, 이것은 이 보살의 마사라
고 마땅히 알아야 하느니라. 다시 다음으로 선현이여. 반야바라밀다의
매우 깊은 경전을 서사하는 때에, 몸과 마음이 요란(擾亂)스럽다면, 이것은
이 보살의 마사라고 마땅히 알아야 하느니라.

다시 다음으로 선현이여. 반야바라밀다의 매우 깊은 경전을 서사하는
때에, 마음에 다른 이해가 생겨나서 문구(文句)가 뒤바뀌었다면, 이것은
이 보살의 마사라고 마땅히 알아야 하느니라. 다시 다음으로 선현이여.
반야바라밀다의 매우 깊은 경전을 서사하는 때에, 어떤 일이 생겨나서
끝마치지 못하게 하였다면, 이것은 이 보살의 마사라고 마땅히 알아야
하느니라. 다시 다음으로 선현이여. 반야바라밀다의 매우 깊은 경전을

서사하는 때에, '나는 이 경전에서 자미(滋味)2)를 얻지 못하였으므로 서사하여도 무슨 소용이 있겠는가?'라고 홀연히 이렇게 생각을 짓고서 곧 버리고서 떠나갔다면, 이것은 이 보살의 마사라고 마땅히 알아야 하느니라.

다시 다음으로 선현이여. 반야바라밀다의 매우 깊은 경전을 수지하고 독송하며 사유하고 수습하며 설하고 듣는 때에, 자주 기지개를 켜고 하품하고 입을 벌린다면, 이것은 이 보살의 마사라고 마땅히 알아야 하느니라. 다시 다음으로 선현이여. 반야바라밀다의 매우 깊은 경전을 수지하고 독송하며 사유하고 수습하며 설하고 듣는 때에, 홀연히 희롱하고 웃는다면, 이것은 이 보살의 마사라고 마땅히 알아야 하느니라. 다시 다음으로 선현이여. 반야바라밀다의 매우 깊은 경전을 수지하고 독송하며 사유하고 수습하며 설하고 듣는 때에 몸과 마음이 요란스럽다면, 이것은 이 보살의 마사라고 마땅히 알아야 하느니라.

다시 다음으로 선현이여. 반야바라밀다의 매우 깊은 경전을 수지하고 독송하며 사유하고 수습하며 설하고 듣는 때에, 마음에 다른 이해가 생겨나서 문구가 뒤바뀌었다면, 이것은 이 보살의 마사라고 마땅히 알아야 하느니라. 다시 다음으로 선현이여. 반야바라밀다의 매우 깊은 경전을 수지하고 독송하며 사유하고 수습하며 설하고 듣는 때에, 어떤 일이 생겨나서 끝마치지 못하게 하였다면, 이것은 이 보살의 마사라고 마땅히 알아야 하느니라. 다시 다음으로 선현이여. 반야바라밀다의 매우 깊은 경전을 수지하고 독송하며 사유하고 수습하며 설하고 듣는 때에 '나는 이 경전에서 자미를 얻지 못하였으므로 서사하여도 무슨 소용이 있겠는가?'라고 홀연히 이렇게 생각을 짓고서 곧 버리고서 떠나갔다면, 이것은 이 보살의 마사라고 마땅히 알아야 하느니라."

그때 구수 선현이 세존께 아뢰어 말하였다.

---

2) '자양분(滋養分)이 많고 좋은 맛'이라는 뜻이므로, 본 문장에서는 '법열(法悅)'로 의역할 수 있겠다.

"세존이시여. 무슨 인연을 까닭으로 이 선남자와 선여인 등이 이 매우 깊은 경전에서 자미를 얻지 못하고 곧 버리고서 떠나갑니까?"

세존께서 말씀하셨다.

"선현이여. 이 선남자와 선여인 등은 과거의 세상에서 반야·정려·정진·안인·정계·보시바라밀다를 오랫동안 수행하지 않았고, 이것을 까닭으로 이 매우 깊은 반야바라밀다에서 자미를 얻지 못하고 곧 버리고서 떠나가느니라. 다시 다음으로 선현이여. 만약 선남자와 선여인 등이 이와 같은 매우 깊은 반야바라밀다의 설법을 들었더라도 '우리들은 이것에서 수기를 받지 못했는데, 듣더라도 무슨 소용이 있겠는가?'라고 곧 이렇게 생각을 지었고, 마음이 청정(淸淨)하지 않아서 곧 자리에서 일어나서 버리고 떠나간다면, 이것은 보살에게 마사가 된다고 마땅히 알아야 하느니라."

그때 구수 선현이 세존께 아뢰어 말하였다.

"세존이시여. 무슨 인연을 까닭으로 이 반야바라밀다의 매우 깊은 경전의 가운데에서 그들은 수기를 받지 못하고 곧 버리고서 떠나갑니까?"

세존께서 말씀하셨다.

"선현이여. 보살이 아직 정성이생(正性離生)에 들어가지 않았다면, 그에게 상응하여 대보리의 수기를 주지 못하느니라. 다시 다음으로 선현이여. 선남자와 선여인 등이 이와 같은 매우 깊은 반야바라밀다를 들었더라도 '이 가운데에서 우리들의 명자(名字)를 말하지 않았으니, 듣더라도 무슨 소용이 있겠는가?'라고 곧 이렇게 생각을 지었고, 마음이 청정하지 않아서 곧 자리에서 일어나서 버리고 떠나간다면, 이것은 보살에게 마사가 된다고 마땅히 알아야 하느니라."

이때 구수 선현이 세존께 아뢰어 말하였다.

"세존이시여. 무슨 인연을 까닭으로 이 반야바라밀다의 매우 깊은 경전의 가운데에서 그 보살의 명자를 수기하여 말하지 않았습니까?"

세존께서 말씀하셨다.

"선현이여. 보살이 아직 대보리의 수기를 받지 않았다면 법에서와 같이 상응하여 명자를 수기하여 말하지 않느니라. 다시 다음으로 선현이여. 선남자와 선여인 등이 반야바라밀다의 매우 깊은 경전의 설법을 들었던 때에, '이 가운데에서 우리들의 태어났던 성읍(城邑)이거나, 취락(聚落)을 말하지 않았으니, 듣더라도 무슨 소용이 있겠는가?'라고 곧 이렇게 생각을 지었고, 마음이 청정하지 않아서 곧 자리에서 일어나서 버리고 떠나간다면, 이것은 보살에게 마사가 된다고 마땅히 알아야 하느니라."

그때 구수 선현이 세존께 아뢰어 말하였다.

"세존이시여. 무슨 인연을 까닭으로 이 반야바라밀다의 매우 깊은 경전의 가운데에서 그 보살이 태어났던 성읍이거나, 취락을 말하지 않았습니까?"

세존께서 말씀하셨다.

"선현이여. 만약 그 보살의 명자를 수기하지 않았다면, 상응하여 그 태어나는 처소를 차별하여 말하지 않느니라. 다시 다음으로 선현이여. 보살마하살이 반야바라밀다의 매우 깊은 경전의 설법을 들었던 때에, 마음이 청정하지 않아서 곧 자리에서 일어나서 버리고 떠나가는 자는, 발걸음의 많고 적음을 따라서 곧 그 겁(劫)의 숫자인 것과 같은 공덕이 줄어들고 그 겁인 것과 같은 보리를 장애하는 죄를 얻게 되며, 그 죄를 받은 뒤에 다시 그 시절인 것과 같이 정근하고 정진을 일으켜서 무상정등보리를 구하면서 나아가야 비로소 본래처럼 회복할 것이니라. 이와 같은 까닭으로 보살이 무상보리를 빠르게 증득하려고 하였다면 매우 깊은 반야바라밀다에 상응하여 싫증내고 버려서는 아니되느니라.

다시 다음으로 선현이여. 보살승에 안주하는 여러 선남자와 선여인 등이 반야바라밀다의 매우 깊은 경전을 버리고서 다른 경전을 구하여 수학한다면, 이것은 보살에게 마사가 된다고 마땅히 알아야 하느니라. 왜 그러한가? 선현이여. 이 선남자와 선여인 등은 일체지지(一切智智)의 근본(根本)인 매우 깊은 반야바라밀다를 버리고서, 나뭇가지와 나뭇잎인 여러 다른 경전(輕典)들을 끌어당기는 것이니, 결국 능히 대보리(大菩提)를 얻을 수 없는 까닭이니라."

　그때 구수 선현이 다시 세존께 아뢰어 말하였다.

"세존이시여. 무엇 등의 다른 경전이 오히려 나뭇가지와 나뭇잎과 같아서 일체지지를 능히 이끌어 일으키지 못합니까?"

　세존께서 말씀하셨다.

"선현이여. 만약 2승(二乘)에 상응하는 법을 설하는 것이니 이를테면, 4념주(四念住)·4정단(四正斷)·4신족(四神足)·5근(五根)·5력(五力)·7등각지(七等覺支)·8성도지(八聖道支)와 공(空)·무상(無相)·무원해탈문(無願解脫門) 등을 소유한 여러 경전이 있느니라. 만약 선남자와 선여인 등이 이것 등의 가운데에서 수학한다면, 예류과(預流果)도 얻고 일래과(一來果)도 얻으며 불환과(不還果)도 얻고 아라한과(阿羅漢果)도 얻으며 독각(獨覺)의 보리(菩提)도 얻을지라도, 무상정등보리(無上平等菩提)는 얻지 못하므로, 이것을 다른 경전은 오히려 나뭇가지와 나뭇잎과 같아서 일체지지를 능히 이끌어서 일으키지 못하지만, 매우 깊은 반야바라밀다는 결정적으로 능히 일체지지를 이끌어 일으킬 수 있는 큰 세력이 있으므로 오히려 나뭇가지와 나뭇잎과 같으니라.

　이 선남자와 선여인 등은 반야바라밀다의 매우 깊은 경전을 버리고서 다른 경전을 구하면서 수학한다면, 결정적으로 일체지지를 얻을 수 없느니라. 왜 그러한가? 선현이여. 이와 같은 반야바라밀다의 매우 깊은 경전은 일체의 보살마하살이 세간(世間)의 공덕인 법과 출세간(出世間)의 공덕인 법을 출현시키는 까닭이니라. 선현이여. 만약 보살마하살이 반야바라밀다를 수학한다면, 곧 일체의 세간이거나, 출세간의 법을 수학하게 되느니라."

"다시 다음으로 선현이여. 비유한다면 굶주린 개가 주인의 밥은 버리고서, 도리어 노비(從僕)에게 그것을 구하게 시키는 것과 같나니, 마땅히 내세에 보살승인 선남자와 선여인 등이 있어서 일체의 불법(佛法)의 근본인 매우 깊은 반야바라밀다를 버리고서 2승에 상응하는 경전을 구하면서 수학한다면, 역시 이와 같으므로 이것은 보살에게 마사가 된다고 마땅히 알아야 하느니라."

"다시 다음으로 선현이여. 비유한다면 사람이 있어서 향상(香象)을 구하고자 하였고, 이미 코끼리를 얻었는데 버리고서 발자취를 구하는 것과 같으니라. 그대의 뜻은 어떠한가? 이 사람이 지혜가 있겠는가?"

선현이 대답하여 말하였다.

"이 사람은 지혜가 없습니다."

세존께서 말씀하셨다.

"선현이여. 마땅히 내세에 보살승인 선남자와 선여인 등이 있어서 일체의 불법의 근본인 매우 깊은 반야바라밀다를 버리고서 2승에 상응하는 경전을 구하면서 수학한다면, 역시 이와 같으므로 이것은 보살에게 마사가 된다고 마땅히 알아야 하느니라."

"다시 다음으로 선현이여. 비유한다면 사람이 있어서 큰 바다가 보려고 하였고 이미 해안(海岸)에 이르렀으나, 도리어 소(牛)의 발자국을 보고서 '큰 바다의 가운데에 물이 깊고 많더라도 어찌 이것에 미치겠는가?'라고 이렇게 생각하면서 말하는 것과 같으니라. 그대의 뜻은 어떠한가? 이 사람이 지혜가 있겠는가?"

"이 사람은 지혜가 없습니다."

세존께서 말씀하셨다.

"선현이여. 마땅히 내세에 보살승인 선남자와 선여인 등이 있어 일체의 불법의 근본인 매우 깊은 반야바라밀다를 버리고서 2승에 상응하는 경전을 구하면서 수학한다면, 역시 이와 같으므로 이것은 보살에게 마사가 된다고 마땅히 알아야 하느니라."

"다시 다음으로 선현이여. 장인(工匠)이거나, 혹은 그의 제자들이 있어서 천제석(天帝釋)의 수승한 궁전의 크기와 같은 대전(大殿)을 짓고자 하였고, 그 대전을 보았으나, 도리어 일월궁전(日月宮殿)을 모방하는 것과 같으니라. 그대의 뜻은 어떠한가? 이와 같은 장인이거나, 그 제자들이 천제석의 수승한 궁전의 크기와 같은 대전을 지을 수 있겠는가?"

"지을 수 없습니다."

세존께서 말씀하셨다.

"그대의 뜻은 어떠한가? 이 사람들이 지혜가 있겠는가?"

선현이 대답하여 말하였다.

"이 사람들은 지혜가 없습니다. 이 사람들은 어리석은 부류입니다."

세존께서 말씀하셨다.

"선현이여. 마땅히 내세에 보살승인 선남자와 선여인 등이 있어서 무상정등보리를 구하려고 하면서 이와 같은 매우 깊은 반야바라밀다를 버리고서 2승에 상응하는 경전을 구하면서 수학한다면, 역시 이와 같으니라. 그대의 뜻은 어떠한가? 이 선남자와 선여인 등은 능히 이 무상불보리(無上佛菩提)를 얻을 수 있겠는가?"

선현이 대답하여 말하였다.

"얻을 수 없습니다. 세존이시여."

세존께서 말씀하셨다.

"선현이여. 그대의 뜻은 어떠한가? 이 선남자와 선여인 등이 힐혜(黠慧)[3]한 것인가?"

선현이 대답하여 말하였다.

"이 사람들은 어리석은 부류입니다."

세존께서 말씀하셨다.

"선현이여. 그와 같으니라. 그와 같으니라. 이것은 보살에게 마사가 된다고 마땅히 알아야 하느니라."

"다시 다음으로 선현이여. 사람이 있어서 전륜성왕(轉輪聖王)을 구하여 보고자 하였고 이미 보았으나, 알지 못하고 다른 처소에 이르러 평범한 소왕(小王)들을 보고 그 형상을 취하면서 '전륜성왕의 형상과 위덕이 이 왕들과 무엇이 다르겠는가?'라고 이와 같이 생각을 짓느니라. 그대의 뜻은 어떠한가? 이 사람이 지혜가 있겠는가?"

선현이 대답하여 말하였다.

"이 사람은 지혜가 없습니다."

---

3) 교활하거나, 약삭빠른 지혜를 가리킨다.

세존께서 말씀하셨다.

"선현이여. 마땅히 내세에 보살승인 선남자와 선여인 등이 있어 무상정등보리를 구하려고 하면서 이와 같은 매우 깊은 반야바라밀다를 버리고서 2승에 상응하는 경전을 구하면서 수학한다면, 역시 이와 같으니라. 그대의 뜻은 어떠한가? 이 선남자와 선여인 등이 능히 대보리를 증득하겠는가?"

선현이 대답하여 말하였다.

"증득할 수 없습니다."

세존께서 말씀하셨다.

"선현이여. 그대의 뜻은 어떠한가? 이 선남자와 선여인 등이 힐혜한 것인가?"

선현이 대답하여 말하였다.

"이 사람들은 어리석은 부류입니다."

세존께서 말씀하셨다.

"선현이여. 그와 같으니라. 그와 같으니라. 이것은 보살에게 마사가 된다고 마땅히 알아야 하느니라."

"다시 다음으로 선현이여. 굶주린 사람이 있어서 백 가지의 맛있는 음식을 얻었으나, 버리고서 2개월의 곡식인 음식을 구하여 먹는 것과 같으니라. 그대의 뜻은 어떠한가? 이 사람이 지혜가 있겠는가?"

선현이 대답하여 말하였다.

"이 사람은 지혜가 없습니다."

세존께서 말씀하셨다.

"선현이여. 마땅히 내세에 보살승인 선남자와 선여인 등이 있어서 대반야바라밀다의 매우 깊은 경전을 버리고서 일체지지를 구하려고 하는 가운데에서 2승에 상응하는 경전을 구하면서 수학한다면, 역시 이와 같으니라. 그대의 뜻은 어떠한가? 이 선남자와 선여인 등이 힐혜한 것인가?"

선현이 대답하여 말하였다.

"이 사람들은 어리석은 부류입니다."

세존께서 말씀하셨다.

"선현이여. 그와 같으니라. 그와 같으니라. 이것은 보살에게 마사가 된다고 마땅히 알아야 하느니라."

"다시 다음으로 선현이여. 가난한 사람이 있어서 값비싼 보물을 얻었으나, 버리고서 가차말니(迦遮末尼)[4]를 구하여 취하는 것과 같으니라. 그대의 뜻은 어떠한가? 이 사람이 지혜가 있겠는가?"

선현이 대답하여 말하였다.

"이 사람은 지혜가 없습니다."

세존께서 말씀하셨다.

"선현이여. 마땅히 내세에 보살승인 선남자와 선여인 등이 있어서 이와 같은 매우 깊은 반야바라밀다를 버리고서 일체지지를 구하려고 하는 가운데에서 2승에 상응하는 경전을 구하면서 수학한다면, 역시 이와 같으니라. 그대의 뜻은 어떠한가? 이 선남자와 선여인 등이 힐혜한 것인가?"

선현이 대답하여 말하였다.

"이 사람들은 어리석은 부류입니다."

세존께서 말씀하셨다.

"선현이여. 그와 같으니라. 그와 같으니라. 이것은 보살에게 마사가 된다고 마땅히 알아야 하느니라."

"다시 다음으로 선현이여. 보살승에 안주하는 선남자와 선여인 등이 마하반야바라밀다의 매우 깊은 경전을 서사(書寫)하는 때에, 여러 말재주(辯說)를 다투어 일으키고, 여러 종류의 차별된 법문(法門)을 즐거이 설하면서, 서사하였던 매우 깊은 반야바라밀다를 결국 마치지 못하게 하였다면, 이것은 보살에게 마사가 된다고 마땅히 알아야 하나니 이를테면, 보시·정계·안인·정진·정려·반야를 즐겁게 설하고 욕계·색계·무색계를

---

4) 산스크리트어 kācamani의 음사이고, 가차(迦遮)는 수정의 종류를 가리키고, 말니(末尼)는 보석을 가리킨다. 따라서 유리(琉璃)를 가리킨다.

즐겁게 설하며, 수지하고 독송하며 선설(宣說)하고 즐겁게 설하며, 간병(看病)하는 것과 나머지의 복업을 수행을 즐겁게 설하는 것이다.

색(色)을 즐겁게 설하고, 수(受)·상(想)·행(行)·식(識)을 즐겁게 설하며, 안처(眼處)를 즐겁게 설하고, 이(耳)·비(鼻)·설(舌)·신(身)·의처(意處)를 즐겁게 설하며, 색처(色處)를 즐겁게 설하고, 성(聲)·향(香)·미(味)·촉(觸)·법처(法處)를 즐겁게 설하며, 안계(眼界)를 즐겁게 설하고, 색계(色界)·안식계(眼識界), …… 나아가 …… 안촉(眼觸)·안촉을 인연으로 생겨난 여러 수(受)를 즐겁게 설하며, 이계(耳界)를 즐겁게 설하고, 성계(聲界)·이식계(耳識界), …… 나아가 …… 이촉(耳觸)·이촉을 인연으로 생겨난 여러 수를 즐겁게 설하며, 비계(鼻界)를 즐겁게 설하고, 향계(香界)·비식계(鼻識界), …… 나아가 …… 비촉(鼻觸)·비촉을 인연으로 생겨난 여러 수를 즐겁게 설하며, 설계(舌界)를 즐겁게 설하고, 미계(味界)·설식계(舌識界), …… 나아가 …… 설촉(舌觸)·설촉을 인연으로 생겨난 여러 수를 즐겁게 설하며, 신계(身界)를 즐겁게 설하고, 촉계(觸界)·신식계(身識界), …… 나아가 …… 신촉(身觸)·신촉을 인연으로 생겨난 여러 수를 즐겁게 설하며, 의계(意界)를 즐겁게 설하고, 법계(法界)·의식계(意識界), …… 나아가 …… 의촉(意觸)·의촉을 인연으로 생겨난 여러 수를 즐겁게 설하는 것이다.

지계(地界)를 즐겁게 설하고, 수(水)·화(火)·풍(風)·공(空)·식계(識界)를 즐겁게 설하며, 무명(無明)을 즐겁게 설하고, 행(行)·식(識)·명색(名色)·육처(六處)·촉(觸)·수(受)·애(愛)·취(取)·유(有)·생(生)·노사(老死)의 수탄고우뇌(愁歎苦憂惱)를 즐겁게 설하며, 보시바라밀다(布施波羅蜜多)를 즐겁게 설하고, 정계(淨戒)·안인(安忍)·정진(精進)·정려(靜慮)·반야바라밀다(般若波羅蜜多)를 즐겁게 설하며, 내공(內空)을 즐겁게 설하고, 외공(外空)·내외공(內外空)·공공(空空)·대공(大空)·승의공(勝義空)·유위공(有爲空)·무위공(無爲空)·필경공(畢竟空)·무제공(無際空)·산공(散空)·무변이공(無變異空)·본성공(本性空)·자상공(自相空)·공상공(共相空)·일체법공(一切法空)·불가득공(不可得空)·무성공(無性空)·자성공(自性空)·무성자성공(無性自性空)을 즐겁게 설하며, 진여(眞如)를 즐겁게 설하고, 법계

(法界)·법성(法性)·불허망성(不虛妄性)·불변이성(不變異性)·평등성(平等性)·이생성(離生性)·법정(法定)·법주(法住)·실제(實際)·허공계(虛空界)·부사의계(不思議界)를 즐겁게 설하며, 고성제(苦聖諦)를 즐겁게 설하고, 집(集)·멸(滅)·도성제(道聖諦)를 즐겁게 설하는 것이다.

4정려(四靜慮)를 즐겁게 설하고, 4무량(四無量)·4무색정(四無色定)을 즐겁게 설하며, 8해탈(八解脫)을 즐겁게 설하고, 8승처(八勝處)·9차제정(九次第定)·10변처(十遍處)를 즐겁게 설하며, 4념주(四念住)를 즐겁게 설하고, 4정단(四正斷)·4신족(四神足)·5근(五根)·5력(五力)·7등각지(七等覺支)·8성도지(八聖道支)를 즐겁게 설하며, 공해탈문(空解脫門)을 즐겁게 설하고, 무상(無相)·무원해탈문(無願解脫門)을 즐겁게 설하며, 보살(菩薩)의 10지(十地)를 즐겁게 설하고, 5안(五眼)을 즐겁게 설하며, 6신통(六神通)을 즐겁게 설하고, 여래(佛)의 10력(十力)을 즐겁게 설하며, 4무소외(四無所畏)·4무애해(四無礙解)·대자(大慈)·대비(大悲)·대희(大喜)·대사(大捨)·18불불공법(十八佛不共法)을 즐겁게 설하고, 무망실법(無忘失法)을 즐겁게 설하며, 항주사성(恒住捨性)을 즐겁게 설하고, 일체지(一切智)를 즐겁게 설하며, 도상지(道相智)·일체상지(一切相智)를 즐겁게 설하고, 일체(一切)의 다라니문(陀羅尼門)을 즐겁게 설하며, 일체의 삼마지문(三摩地門)을 즐겁게 설하고, 예류과(預流果)를 즐겁게 설하며, 일래(一來)·불환(不還)·아라한과(阿羅漢果)를 즐겁게 설하고, 독각(獨覺)의 보리(菩提)를 즐겁게 설하며, 일체의 보살마하살(菩薩摩訶薩)의 행(行)을 즐겁게 설하고, 제불(諸佛)의 무상정등보리(無上正等菩提)를 즐겁게 설하는 것이다.

왜 그러한가? 선현이여. 매우 깊은 반야바라밀다 가운데에는 즐겁게 설할 상(相)이 없는 까닭이고, 매우 깊은 반야바라밀다는 사의(思議)[5]가 어려운 까닭이며, 매우 깊은 반야바라밀다에는 사려(思慮)[6]가 없는 까닭이고, 매우 깊은 반야바라밀다에는 태어나고 소멸함이 없는 까닭이며,

---

5) '사유하여 헤아린다.'는 뜻이다.
6) '여러 가지 일을 깊게 생각하다.', '근심하고 염려(念慮)하면서 여러 가지로 생각한다.'는 뜻이다.

매우 깊은 반야바라밀다에는 염오와 청정함이 없는 까닭이고, 매우 깊은 반야바라밀다에는 안정과 요란이 없는 까닭이며, 매우 깊은 반야바라밀다는 명자(名字)와 말을 벗어난 것이 없는 까닭이고, 매우 깊은 반야바라밀다는 말로 설(說)할 수 없는 까닭이며, 매우 깊은 반야바라밀다는 얻을 수 없는 까닭이니라.

그 까닭은 무엇인가? 선현이여. 매우 깊은 반야바라밀다 가운데에는 앞에서 설한 것과 같이 제법(諸法)은 무소유(無所有)이고 모두 얻을 수 없는데, 보살승에 안주하는 여러 선남자와 선여인 등이 반야바라밀다의 매우 깊은 경전을 서사하는 때에, 이와 같은 제법으로 그의 마음을 요란시켜서 결국 마치지 못하게 하였다면, 이것은 보살에게 마사가 된다고 마땅히 알아야 하느니라."

그때 구수 선현이 다시 세존께 아뢰어 말하였다.

"세존이시여. 매우 깊은 반야바라밀다를 서사(書寫)할 수 있습니까?"

세존께서 말씀하셨다.

"선현이여. 매우 깊은 반야바라밀다는 서사할 수 없느니라. 왜 그러한가? 선현이여. 이 반야바라밀다의 매우 깊은 경전의 가운데에는 색의 자성(自性)은 무소유이고 얻을 수 없으며 수·상·행·식의 자성도 무소유이고 얻을 수 없으며, 안처의 자성은 무소유이고 얻을 수 없으며 이·비·설·신·의처의 자성도 무소유이고 얻을 수 없으며, 색처의 자성은 무소유이고 얻을 수 없으며 성·향·미·촉·법처의 자성도 무소유이고 얻을 수 없느니라.

안계의 자성은 무소유이고 얻을 수 없으며 색계·안식계, 나아가 안촉·안촉을 인연으로 생겨난 여러 수의 자성도 무소유이고 얻을 수 없으며, 이계의 자성은 무소유이고 얻을 수 없으며 성계·이식계, 나아가 이촉·이촉을 인연으로 생겨난 여러 수의 자성도 무소유이고 얻을 수 없으며, 비계의 자성은 무소유이고 얻을 수 없으며 향계·비식계, 나아가 비촉·비촉을 인연으로 생겨난 여러 수의 자성도 무소유이고 얻을 수 없느니라.

설계의 자성은 무소유이고 얻을 수 없으며 미계·설식계, 나아가 설촉·

설촉을 인연으로 생겨난 여러 수의 자성도 무소유이고 얻을 수 없으며, 신계의 자성은 무소유이고 얻을 수 없으며 촉계·신식계, 나아가 신촉·신촉을 인연으로 생겨난 여러 수의 자성도 무소유이고 얻을 수 없으며, 의계의 자성은 무소유이고 얻을 수 없으며 법계·의식계, 나아가 의촉·의촉을 인연으로 생겨난 여러 수의 자성도 무소유이고 얻을 수 없느니라.

내공의 자성은 무소유이고 얻을 수 없으며 외공·내외공·공공·대공·승의공·유위공·무위공·필경공·무제공·산공·무변이공·본성공·자상공·공상공·일체법공·불가득공·무성공·자성공·무성자성공의 자성도 무소유이고 얻을 수 없으며, 진여의 자성은 무소유이고 얻을 수 없으며 법계·법성·불허망성·불변이성·평등성·이생성·법정·법주·실제·허공계·부사의계의 자성도 무소유이고 얻을 수 없으며, 고성제의 자성은 무소유이고 얻을 수 없으며 집·멸·도성제의 자성도 무소유이고 얻을 수 없느니라.

4정려의 자성은 무소유이고 얻을 수 없으며 4무량·4무색정의 자성도 무소유이고 얻을 수 없으며, 8해탈의 자성은 무소유이고 얻을 수 없으며 8승처·9차제정·10변처의 자성도 무소유이고 얻을 수 없으며, 4념주의 자성은 무소유이고 얻을 수 없으며 4정단·4신족·5근·5력·7등각지·8성도지의 자성도 무소유이고 얻을 수 없으며, 공해탈문의 자성은 무소유이고 얻을 수 없으며 무상·무원해탈문의 자성도 무소유이고 얻을 수 없느니라.

보살의 10지의 자성은 무소유이고 얻을 수 없으며, 5안의 자성은 무소유이고 얻을 수 없으며 6신통의 자성도 무소유이고 얻을 수 없으며, 여래의 10력의 자성은 무소유이고 얻을 수 없으며 4무소외·4무애해·대자·대비·대희·대사·18불불공법의 자성도 무소유이고 얻을 수 없으며, 무망실법의 자성은 무소유이고 얻을 수 없으며 항주사성의 자성도 무소유이고 얻을 수 없으며, 일체지의 자성은 무소유이고 얻을 수 없으며 도상지·일체상지의 자성도 무소유이고 얻을 수 없느니라.

일체의 다라니문의 자성은 무소유이고 얻을 수 없으며 일체의 삼마지문의 자성도 무소유이고 얻을 수 없으며, 예류과의 자성은 무소유이고 얻을 수 없으며 일래·불환·아라한과의 자성도 무소유이고 얻을 수 없으며,

독각의 보리의 자성은 무소유이고 얻을 수 없으며, 일체의 보살마하살의 행의 자성은 무소유이고 얻을 수 없으며, 제불의 무상정등보리의 자성은 무소유이고 얻을 수 없느니라.

선현이여. 제법의 자성은 모두 무소유이고 얻을 수 없는 까닭으로, 곧 이것은 무성(無性)이고, 이와 같이 무성이라면 곧 이것은 반야바라밀다이며, 무성의 법은 무성을 서사하지 못하느니라. 이러한 까닭으로 반야바라밀다는 서사할 수 없느니라.

선현이여. 만약 보살승인 선남자와 선여인 등이 '이 반야바라밀다의 매우 깊은 경전의 가운데에서, 무성이 곧 색이고 무성이 수·상·행·식이며, 무성이 안처이고 무성이 이·비·설·신·의처이며, 무성이 색처이고 무성이 성·향·미·촉·법처이며, 무성이 안계이고 무성이 색계·안식계, 나아가 안촉·안촉을 인연으로 생겨난 여러 수이며, 무성이 이계이고 무성이 성계·이식계, 나아가 이촉·이촉을 인연으로 생겨난 여러 수이며,

무성이 비계이고 무성이 향계·비식계, 나아가 비촉·비촉을 인연으로 생겨난 여러 수이며, 무성이 설계이고 무성이 미계·설식계, 나아가 설촉·설촉을 인연으로 생겨난 여러 수이며, 무성이 신계이고 무성이 촉계·신식계, 나아가 신촉·신촉을 인연으로 생겨난 여러 수이며 무성이 의계이고 무성이 법계·의식계, 나아가 의촉·의촉을 인연으로 생겨난 여러 수이며,

무성이 지계이고 무성이 수계·화계·풍계·공계·식계이며, 무성이 무명이고 무성이 행·식·명색·육처·촉·수·애·취·유·생·노사의 수탄고우뇌이며, 무성이 보시바라밀다이고 무성이 정계·안인·정진·정려·반야바라밀다이며, 무성이 내공이고 무성이 외공·내외공·공공·대공·승의공·유위공·무위공·필경공·무제공·산공·무변이공·본성공·자상공·공상공·일체법공·불가득공·무성공·자성공·무성자성공이며,

무성이 진여이고 무성이 법계·법성·불허망성·불변이성·평등성·이생성·법정·법주·실제·허공계·부사의계이며, 무성이 고성제이고 무성이 집·멸·도성제이며, 무성이 4정려이고 무성이 4무량·4무색정이며, 무성이 8해탈이고 무성이 8승처·9차제정·10변처이며, 무성이 4념주이고 무성이

4정단·4신족·5근·5력·7등각지·8성도지이며, 무성이 공해탈문이고 무성
이 무상·무원해탈문이며, 무성이 보살의 10지이고, 무성이 5안이고 무성
이 6신통이며,

　무성이 여래의 10력이고 무성이 4무소외와 4무애해와 대자·대비·대희·
대사와 18불불공법이며, 무성이 무망실법이고 무성이 항주사성이며, 무
성이 일체지이고 무성이 도상지·일체상지이며, 무성이 일체의 다라니문
이고 무성이 일체의 삼마지문이며, 무성이 예류과이고 무성이 일래과·불
환과·아라한과이며, 무성이 독각의 보리이고, 무성이 일체의 보살마하살
의 행이며, 무성이 제불의 무상정등보리이다.'라고 이와 같이 생각을
지었다면, 이것은 보살에게 마사가 된다고 마땅히 알아야 하느니라."

　그때 구수 선현이 다시 세존께 아뢰어 말하였다.

　"세존이시여. 만약 보살승인 여러 선남자와 선여인 등이 이와 같은
매우 깊은 반야바라밀다를 서사하면서 '나는 문자(文字)로써 반야바라밀
다를 서사한다.'라고 이와 같이 생각을 지었다면, 그들은 문자로 능히
반야바라밀다를 서사할 수 있다고 집착하는 것이니, 이것은 보살에게
마사가 된다고 마땅히 알아야 합니다.

　왜 그러한가? 세존이시여. 이 반야바라밀다의 매우 깊은 경전의 가운데
에서, 색에 문자가 없고 수·상·행·식에도 문자가 없으며, 안처에 문자가
없고 이·비·설·신·의처에도 문자가 없으며, 색처에 문자가 없고 성·향·미
·촉·법처에도 문자가 없으며, 안계에 문자가 없고 색계·안식계, 나아가
안촉·안촉을 인연으로 생겨난 여러 수에도 문자가 없으며, 이계에 문자가
없고 성계·이식계, 나아가 이촉·이촉을 인연으로 생겨난 여러 수에도
문자가 없으며, 비계에 문자가 없고 향계·비식계, 나아가 비촉·비촉을
인연으로 생겨난 여러 수에도 문자가 없으며,

　설계에 문자가 없고 미계·설식계, 나아가 설촉·설촉을 인연으로 생겨난
여러 수에도 문자가 없으며, 신계에 문자가 없고 촉계·신식계, 나아가
신촉·신촉을 인연으로 생겨난 여러 수에도 문자가 없으며, 의계에 문자가

없고 법계·의식계, 나아가 의촉·의촉을 인연으로 생겨난 여러 수에도 문자가 없으며, 지계에 문자가 없고 수·화·풍·공·식계에도 문자가 없으며, 무명에 문자가 없고 행·식·명색·육처·촉·수·애·취·유·생·노사의 수탄고우뇌에도 문자가 없으며,

보시바라밀다에 문자가 없고 정계·안인·정진·정려·반야바라밀다에도 문자가 없으며, 내공에 문자가 없고 외공·내외공·공공·대공·승의공·유위공·무위공·필경공·무제공·산공·무변이공·본성공·자상공·공상공·일체법공·불가득공·무성공·자성공·무성자성공에도 문자가 없으며, 진여에 문자가 없고 법계·법성·불허망성·불변이성·평등성·이생성·법정·법주·실제·허공계·부사의계에도 문자가 없으며, 고성제에 문자가 없고 집·멸·도성제에도 문자가 없으며, 4정려에 문자가 없고 4무량·4무색정에도 문자가 없으며,

8해탈에 문자가 없고 8승처·9차제정·10변처에도 문자가 없으며, 4념주에 문자가 없고 4정단·4신족·5근·5력·7등각지·8성도지에도 문자가 없으며, 공해탈문에 문자가 없고 무상·무원해탈문에도 문자가 없으며, 보살의 10지에 문자가 없고, 5안에 문자가 없고 6신통에도 문자가 없으며, 여래의 10력에 문자가 없고 4무소외·4무애해·대자·대비·대희·대사·18불불공법에도 문자가 없으며, 무망실법에 문자가 없고 항주사성에도 문자가 없으며, 일체지에 문자가 없고 도상지·일체상지에도 문자가 없으며, 일체의 다라니문에 문자가 없고 일체의 삼마지문에도 문자가 없으며,

예류과에 문자가 없고 일래·불환·아라한과에도 문자가 없으며, 독각의 보리에 문자가 없고 일체의 보살마하살의 행에 문자가 없으며, 제불의 무상정등보리에도 문자가 없습니다. 이와 같은 까닭으로 문자가 있어서 능히 반야바라밀다를 서사할 수 있다고 집착하지 않아야 합니다.

세존이시여. 만약 보살승인 여러 선남자와 선여인 등이 '이 반야바라밀다의 매우 깊은 경전의 가운데에서 문자가 없는 이것이 색이고 문자가 없는 이것이 수·상·행·식이며, 문자가 없는 이것이 안처이고 문자가 없는 이것이 이·비·설·신·의처이며, 문자가 없는 이것이 색처이고 문자가

없는 이것이 성·향·미·촉·법처이며, 문자가 없는 이것이 안계이고 문자가 없는 이것이 색계·안식계, 나아가 안촉·안촉을 인연으로 생겨난 여러 수이며,

문자가 없는 이것이 이계이고 문자가 없는 이것이 성계·이식계, 나아가 이촉·이촉을 인연으로 생겨난 여러 수이며, 문자가 없는 이것이 비계이고 문자가 없는 이것이 향계·비식계, 나아가 비촉·비촉을 인연으로 생겨난 여러 수이며, 문자가 없는 이것이 설계이고 문자가 없는 이것이 미계·설식계, 나아가 설촉·설촉을 인연으로 생겨난 여러 수이며, 문자가 없는 이것이 신계이고 문자가 없는 이것이 촉계·신식계, 나아가 신촉·신촉을 인연으로 생겨난 여러 수이며,

문자가 없는 이것이 의계이고 문자가 없는 이것이 법계·의식계, 나아가 의촉·의촉을 인연으로 생겨난 여러 수이며, 문자가 없는 이것이 지계이고 문자가 없는 이것이 수·화·풍·공·식계이며, 문자가 없는 이것이 무명이고 문자가 없는 이것이 행·식·명색·육처·촉·수·애·취·유·생·노사의 수탄고 우뇌이며, 문자가 없는 이것이 보시바라밀다이고 문자가 없는 이것이 정계·안인·정진·정려·반야바라밀다이며, 문자가 없는 이것이 내공이고 문자가 없는 이것이 외공·내외공·공공·대공·승의공·유위공·무위공·필경공·무제공·산공·무변이공·본성공·자상공·공상공·일체법공·불가득공·무성공·자성공·무성자성공이며,

문자가 없는 이것이 진여이고 문자가 없는 이것이 법계·법성·불허망성·불변이성·평등성·이생성·법정·법주·실제·허공계·부사의계이며, 문자가 없는 이것이 고성제이고 문자가 없는 이것이 집·멸·도성제이며, 문자가 없는 이것이 4정려이고 문자가 없는 이것이 4무량·4무색정이며, 문자가 없는 이것이 8해탈이고 문자가 없는 이것이 8승처·9차제정·10변처이며, 문자가 없는 이것이 4념주이고 문자가 없는 이것이 4정단·4신족·5근·5력·7등각지·8성도지이며,

문자가 없는 이것이 공해탈문이고 문자가 없는 이것이 무상·무원해탈문이며 문자가 없는 이것이 보살의 10지이고, 문자가 없는 이것이 5안이고

문자가 없는 이것이 6신통이며, 문자가 없는 이것이 여래의 10력이고 문자가 없는 이것이 4무소외·4무애해·대자·대비·대희·대사·18불불공법이며, 문자가 없는 이것이 무망실법이고 문자가 없는 이것이 항주사성이며, 문자가 없는 이것이 일체지이고 문자가 없는 이것이 도상지·일체상지이며,

문자가 없는 이것이 일체의 다라니문이고 문자가 없는 이것이 일체의 삼마지문이며, 문자가 없는 이것이 예류과이고 문자가 없는 이것이 일래·불환·아라한과이며, 문자가 없는 이것이 독각의 보리이고, 문자가 없는 이것이 일체의 보살마하살의 행이며, 문자가 없는 이것이 제불의 무상정등보리이다.'라고 이와 같이 생각을 지었다면, 이것은 보살에게 마사가 된다고 마땅히 알아야 합니다."

세존께서 말씀하셨다.

"선현이여. 그와 같으니라. 그와 같으니라. 그대가 말한 것과 같으니라. 다시 다음으로 선현이여. 보살승에 안주하는 여러 선남자와 선여인 등이 이와 같은 반야바라밀다의 매우 깊은 경전을 서사하고 독송하며 수습하고 사유하며 연설하는 때에, 만약 국토(國土)라는 생각을 일으켰거나, 만약 성읍(城邑)이라는 생각을 일으켰거나, 만약 왕도(王都)라는 생각을 일으켰거나, 만약 방위이고 처소라는 생각을 일으켰다면, 이것은 보살에게 마사가 된다고 마땅히 알아야 하느니라.

다시 다음으로 선현이여. 보살승에 안주하는 여러 선남자와 선여인 등이 이와 같은 반야바라밀다의 매우 깊은 경전을 서사하고 독송하며 수습하고 사유하며 연설하는 때에, 만약 친교사(親教師)이고 궤범사(軌範師)라는 생각을 일으켰거나, 만약 동학(同學)[7]이고 선우(善友)라는 생각을 일으켰거나, 만약 부모와 처자(妻子)라는 생각을 일으켰거나, 만약 형제이고 자매라는 생각을 일으켰거나, 만약 친척(親戚)이고 붕려(朋侶)[8]라는

7) 한 처소에서 같이 공부한 사람을 말한다.
8) 벗이거나, 붕당(朋黨)이라는 뜻이다.

생각을 일으켰다면, 이것은 보살에게 마사가 된다고 마땅히 알아야 하느니라.

다시 다음으로 선현이여. 보살승에 안주하는 여러 선남자와 선여인 등이 이와 같은 반야바라밀다의 매우 깊은 경전을 서사하고 독송하며 수습하고 사유하며 연설하는 때에, 만약 악한 도둑이고 짐승이라는 생각을 일으켰거나, 만약 악한 사람이고 악한 귀신이라는 생각을 일으켰거나, 만약 음녀(淫女)와 즐겁게 오락한다는 생각을 일으켰거나, 만약 은혜에 보답하고 원수를 갚는다는 생각을 일으켰거나, 만약 여러 나머지의 무량한 생각을 일으켰다면, 이것은 모두가 악마에 이끌려서 일어나는 것이니, 이것은 보살에게 마사가 된다고 마땅히 알아야 하느니라.

다시 다음으로 선현이여. 보살승에 안주하는 여러 선남자와 선여인 등이 이와 같은 반야바라밀다의 매우 깊은 경전을 서사하고 독송하며 수습하고 사유하며 연설하는 때에, 큰 명예·공경·공양으로 이를테면, 의복·음식·와구(臥具)⁹⁾·의약품·재물 등을 얻었다면 이 선남자와 선여인 등은 이러한 일에 집착하여 지었던 업(業)을 그만두는 것이니, 이것은 보살에게 마사가 된다고 마땅히 알아야 하느니라.

다시 다음으로 선현이여. 보살승에 안주하는 여러 선남자와 선여인 등이 이와 같은 반야바라밀다의 매우 깊은 경전을 서사하고 독송하며 수습하고 사유하며 연설하는 때에, 여러 악마들이 있어서 여러 종류의 세속적인 서론(書論)이거나, 혹은 다시 2승(二乘)에 상응하는 경전을 집지(執持)하고서 거짓으로 친한 벗으로 나타나서 보살에게 주었는데, 이 가운데에는 세속의 수승한 일들을 널리 말하였거나, 혹은 다시 모든 온(蘊)·계(界)·처(處)·진리(諦實)·연기(緣起)·37보리분법(三十七菩提分法)·3해탈문(三解脫門)·4정려(四靜慮) 등을 널리 말하고 있으므로, '이 경전의 의취(義趣)는 매우 심오(深奧)하네. 상응하여 정근(精勤)하면서 수학(修學)하고 수학하였던 경전이라는 것은 버리게.'라고 말하였다면, 이

---

9) 누울 때 사용하는 깔개이거나, 이부자리 등을 가리킨다.

보살승인 선남자와 선여인 등은 선교방편(善巧方便)으로써 악마들이 주었던 세속적인 서론이거나, 혹은 2승의 경전에 상응하여 애착(愛著)하지 않아야 하느니라.

그 까닭이 무엇인가? 세속적인 서론이거나, 혹은 2승의 경전은 능히 일체지지(一切智智)를 이끌어 일으킬 수 없고, 무상정등보리에 나아가는 선교방편이 아닌 까닭이니라. 선현이여. 나의 이 반야바라밀다의 매우 깊은 경전의 가운데에는 보살마하살의 도(道)를 선교방편으로 널리 설하고 있으므로, 만약 이 가운데에서 정근하면서 수학한다면, 빠르게 무상정등보리를 증득할 것이니라. 만약 보살승인 선남자와 선여인 등이 반야바라밀다의 매우 깊은 경전을 버리고서 악마의 세속이 세속적인 서론이거나, 혹은 2승의 경전을 받아 배운다면, 이것은 보살에게 마사가 된다고 마땅히 알아야 하느니라.

다시 다음으로 선현이여. 능히 법을 듣는 자가 매우 깊은 반야바라밀다를 애락(愛樂)하면서 듣고서 서사하고 수지하며 독송하고 수습하는데, 능히 법을 말하는 자가 애락에 집착하여 해태(懈怠)하면서 설하려고 하지 않는다면, 이것은 보살에게 마사가 된다고 마땅히 알아야 하느니라.

다시 다음으로 선현이여. 능히 법을 설하는 자가 마음이 애락에 집착하지도 않고 역시 해태하지도 않으면서 다른 사람을 위하여 매우 깊은 반야바라밀다를 애락하면서 설하여서 서사하고 수지하며 독송하고 수습하도록 방편으로 권유하였는데, 법을 듣는 자가 해태하고 애락에 집착하면서 듣고 받아들이지 않는다면, 이것은 보살에게 마사가 된다고 마땅히 알아야 하느니라.

다시 다음으로 선현이여. 법을 듣는 자가 매우 깊은 반야바라밀다를 능히 애락하면서 듣고서 서사하고 수지하며 독송하고 수습하였는데, 법을 말하는 자가 능히 다른 지방으로 가고자 하였으므로 설법을 얻지 못하였다면, 이것은 보살에게 마사가 된다고 마땅히 알아야 하느니라.

다시 다음으로 선현이여. 법을 설하는 자가 애락하면서 다른 사람을 위하여 매우 깊은 반야바라밀다를 설하면서 선교방편으로 서사하고 수지하며 독송하고 수습하도록 방편으로 권유하였는데, 능히 다른 지방으로 가고자 하였으므로 설법을 듣지 못하였다면, 이것은 보살에게 마사가 된다고 마땅히 알아야 하느니라.

다시 다음으로 선현이여. 능히 설법하는 자는 크고 악한 욕심을 갖추었고 명예·이양·의복·음식·와구·의약·공양·재물(資財)을 사랑하고 소중하게 생각하였고, 능히 법을 듣는 자는 욕심이 적고 기쁘게 만족하였으며 멀리 벗어나는 행을 수행하고 용맹스럽게 정근하면서 념처(念處)와 정혜(定慧)10)를 구족하였고, 이양(利養)·공경(恭敬)·명예(名譽)를 싫어하고 두려워하면서, 두 대중(大衆)이 화합하지 못하였으므로, 매우 깊은 반야바라밀다의 설법을 얻지 못하였거나, 서사하고 수지하며 독송하고 수습하지 못하였다면, 이것은 보살에게 마사가 된다고 마땅히 알아야 하느니라.

다시 다음으로 선현이여. 능히 설법하는 자는 욕심이 적고 기쁘게 만족하였으며 멀리 벗어나는 행을 수행하고 용맹스럽게 정근하면서 념처와 정혜를 구족하였고, 이양·공경·명예를 싫어하고 두려워하였고, 능히 법을 듣는 자는 크고 악한 욕심을 갖추었고 명예·이양·의복·음식·와구·의약품·공양·재물을 사랑하고 소중하게 생각하였으며, 두 대중이 화합하지 못하였으므로, 매우 깊은 반야바라밀다의 설법을 얻지 못하였거나, 서사하고 수지하며 독송하고 수습하지 못하였다면, 이것은 보살에게 마사가 된다고 마땅히 알아야 하느니라.

다시 다음으로 선현이여. 능히 설법하는 자는 12두타(十二杜多)11)의 공덕으로 이를테면,12) 첫째는 아련야(阿練若)13)의 처소에 머무르고, 둘째는 항상 걸식(乞食)하며, 셋째는 분소의(糞掃衣)14)를 입고, 넷째는 한

---

10) 선정(禪定)과 지혜(智慧)를 가리킨다.
11) 산스크리트어 dhūta의 음사이고, '두수(抖擻)', '도태(淘汰)', '두련(抖揀)' 등으로 번역한다. '수법(修法)', '과제(菓除)'라고 의역하는데, '흔들어서 떨쳐버린다.'는 뜻으로 '번뇌를 떨쳐버린다.'는 뜻이다.
12) 원문에는 없으나 뒤의 문장을 참고하여 삽입시켜 번역하였다.
13) 산스크리트어 araṇya의 음사이고, '공한처(空閑處)', '원리처(遠離處)'라고 번역한다. 한적한 숲속이거나, 마을에서 떨어져 수행자들이 머물기에 적합한 곳이다.

번을 먹으며(一受食), 다섯째는 한 자리에서 먹고(一坐食), 여섯째는 얻는 것을 따라서 먹으며, 일곱째는 무덤의 사이에 머무르고, 여덟째는 노지(露地)에서 머무르며, 아홉째는 나무의 아래에서 머무르고, 열째는 항상 앉아 있으면서 눕지 않으며, 열한 번째는 부구(敷具)15)는 얻는 것을 따라서 수용하고, 열두 번째는 3의(三依)16)를 구족하는 것을 받아서 수행하였는데, 능히 법을 듣는 자는 아련야의 처소에 머무르지도 않고, 나아가 3의를 구족하지 않는 것 등의 12두타의 공덕을 받아서 수행하지 않았으므로, 두 대중이 화합하지 못하였으므로, 매우 깊은 반야바라밀다의 설법을 얻지 못하였거나, 서사하고 수지하며 독송하고 수습하지 못하였다면, 이것은 보살에게 마사가 된다고 마땅히 알아야 하느니라.

다시 다음으로 선현이여. 능히 법을 듣는 자는 12두타의 공덕인 이를테면, 아련야의 처소에 머무르고, 나아가 3의를 구족하는 것을 받아서 수행하였는데, 능히 설법하는 자는 아련야의 처소에 머무르지 않고, 나아가 3의를 구족하지 않는 것 등의 12두타의 공덕을 받아서 수행하지 않았으므로, 두 대중이 화합하지 못하였으므로, 매우 깊은 반야바라밀다의 설법을 얻지 못하였거나, 서사하고 수지하며 독송하고 수습하지 못하였다면, 이것은 보살에게 마사가 된다고 마땅히 알아야 하느니라.

다시 다음으로 선현이여. 능히 설법하는 자는 신심도 있고 계율도 있으며 선한 의요(意樂)17)도 있으므로, 다른 사람을 위하여 매우 깊은 반야바라밀다를 설하려고 방편으로 서사하고 수지하며 독송하고 수습하도록 권유하였는데, 능히 법을 듣는 자는 신심도 있고 계율도 있으며 선한 의요도 없으므로, 두 대중이 화합하지 못하였으므로, 매우 깊은 반야바라밀다의 설법을 얻지 못하였거나, 서사하고 수지하며 독송하고

---

14) 낡은 옷을 주워서 세탁하여 지은 옷을 가리킨다.
15) 잠자는 때에 사용하는 침구류를 가리킨다.
16) 비구가 갖추는 세 가지의 옷으로 속옷인 '안타회(安陀會)', 중의(中衣)인 '울다라승(鬱多羅僧)', 대의(大衣)인 '승가리(僧伽梨)'를 가리킨다.
17) 산스크리트어 aśaya의 번역이고, '아세야(阿世耶)', '아사야(阿奢也)' 등으로 음사이다. '의욕(意欲)', '지원(志願)' 등으로 의역하고, 짓고자 하는 마음을 뜻한다.

수습하지 못하였다면, 이것은 보살에게 마사가 된다고 마땅히 알아야 하느니라.

다시 다음으로 선현이여. 능히 법을 듣는 자는 신심도 있고 계율도 있으며 선한 의요도 있으므로, 다른 사람을 위하여 매우 깊은 반야바라밀다를 설하려고 방편으로 서사하고 수지하며 독송하고 수습하도록 권유하였는데, 능히 설법하는 자는 신심도 있고 계율도 있으며 선한 의요도 없으므로, 두 대중이 화합하지 못하였으므로, 매우 깊은 반야바라밀다의 설법을 얻지 못하였거나, 서사하고 수지하며 독송하고 수습하지 못하였다면, 이것은 보살에게 마사가 된다고 마땅히 알아야 하느니라.

다시 다음으로 선현이여. 능히 설법하는 자는 마음에 간린(慳恪)[18]이 없어서 일체를 능히 버릴 수 있는데, 능히 법을 듣는 자가 마음에 간린이 있어서 일체를 능히 버릴 수 없으므로, 두 대중이 화합하지 못하였으므로, 매우 깊은 반야바라밀다의 설법을 얻지 못하였거나, 서사하고 수지하며 독송하고 수습하지 못하였다면, 이것은 보살에게 마사가 된다고 마땅히 알아야 하느니라.

다시 다음으로 선현이여. 능히 법을 듣는 자는 마음에 간린이 없어서 일체를 능히 버릴 수 있는데, 능히 설법하는 자는 마음에 간린이 있어서 일체를 능히 버릴 수 없으므로, 두 대중이 화합하지 못하였으므로, 매우 깊은 반야바라밀다의 설법을 얻지 못하였거나, 서사하고 수지하며 독송하고 수습하지 못하였다면, 이것은 보살에게 마사가 된다고 마땅히 알아야 하느니라.

다시 다음으로 선현이여. 능히 법을 듣는 자는 설법하는 자에게 의복·음식·와구·의약품, 나머지의 재물들을 공양하려고 하였고, 능히 설법하는 자는 수용(受用)하지 않았으므로, 매우 깊은 반야바라밀다의 설법을 얻지 못하였거나, 서사하고 수지하며 독송하고 수습하지 못하였다면, 이것은 보살에게 마사가 된다고 마땅히 알아야 하느니라.

---

18) 매우 아끼고 인색한 마음이다.

다시 다음으로 선현이여. 설법하는 자는 능히 법을 듣는 자에게 의복·음식·와구·의약품, 나머지의 재물들을 공양하려고 하였고, 능히 법을 듣는 자는 수용하지 않았으므로, 매우 깊은 반야바라밀다의 설법을 얻지 못하였거나, 서사하고 수지하며 독송하고 수습하지 못하였다면, 이것은 보살에게 마사가 된다고 마땅히 알아야 하느니라.

다시 다음으로 선현이여. 능히 설법하는 자는 개지(開智)[19]를 성취하여 자세하게 설하는 것을 즐거워하지 않았고, 능히 법을 듣는 자는 연지(演智)[20]를 성취하여 간략하게 설하는 것을 즐거워하지 않았으므로, 매우 깊은 반야바라밀다의 설법을 얻지 못하였거나, 서사하고 수지하며 독송하고 수습하지 못하였다면, 이것은 보살에게 마사가 된다고 마땅히 알아야 하느니라.

다시 다음으로 선현이여. 능히 법을 듣는 자는 개지를 성취하여 자세하게 설하는 것을 즐거워하지 않았고, 능히 설법하는 자는 연지를 성취하여 간략하게 설하는 것을 즐거워하지 않았으므로, 매우 깊은 반야바라밀다의 설법을 얻지 못하였거나, 서사하고 수지하며 독송하고 수습하지 못하였다면, 이것은 보살에게 마사가 된다고 마땅히 알아야 하느니라.

다시 다음으로 선현이여. 능히 설법하는 자는 오로지 12분교(分敎)의 차례의 법과 이치인 계경(契經)[21]·응송(應頌)[22]·기별(記別)[23]·풍송(風誦)[24]·자설(自說)[25]·인연(因緣)[26]·본사(本事)[27]·본생(本生)[28]·방광(方

---

19) 지혜를 빠르게 성취하는 것을 가리킨다.
20) 지혜를 느리게 성취하는 것을 가리킨다.
21) 산스크리트어 sūtra의 번역이다.
22) 산스크리트어 geya의 번역이고, 또한 '중송(重頌)', '중송게(重頌偈)' 등으로 번역된다. 경전의 산문을 요약하여 서술하는 시구의 형태이다.
23) 산스크리트어 vyakarana의 번역이고, 또한 '수기(受記)', '기설(記說)', '수결(受決)' 등으로 한역한다.
24) 산스크리트어 gāthā의 번역이고, '가타(伽陀)', '게타(偈陀)', '게(偈)' 등으로 음사되고, 운율을 지닌 시구의 형식을 취하고 있으며, 산문체로 된 경전의 1절 또는 총결한 끝에 아름다운 구절로서 묘한 뜻을 읊어 놓은 운문 부분을 가리킨다.
25) 산스크리트어 Udana의 번역이고, 세존께서 묻는 사람이 없었으나, 스스로가

廣)29)·희법(希法)30)·비유(譬喩)31)·논의(論議)32) 등을 널리 알리기를 즐거
워하였고, 능히 법을 듣는 자는 12분교의 차례의 법과 이치인 계경,
나아가 논의 등을 널리 알리기를 즐거워하지 않았으므로, 매우 깊은
반야바라밀다의 설법을 얻지 못하였거나, 서사하고 수지하며 독송하고
수습하지 못하였다면, 이것은 보살에게 마사가 된다고 마땅히 알아야
하느니라.

다시 다음으로 선현이여. 능히 법을 듣는 자는 오로지 12분교의 차례의
법과 이치인 계경, 나아가 논의 등을 널리 알리기를 즐거워하였고, 능히
설법하는 자는 12분교의 차례의 법과 이치인 계경, 나아가 논의 등을
널리 알리기를 즐거워하지 않았으므로, 매우 깊은 반야바라밀다의 설법을
얻지 못하였거나, 서사하고 수지하며 독송하고 수습하지 못하였다면,
이것은 보살에게 마사가 된다고 마땅히 알아야 하느니라.

다시 다음으로 선현이여. 능히 설법하는 자는 이미 6바라밀다를 성취하
였고, 능히 법을 듣는 자는 아직 6바라밀다를 성취하지 못하였으므로,
매우 깊은 반야바라밀다의 설법을 얻지 못하였거나, 서사하고 수지하며
독송하고 수습하지 못하였다면, 이것은 보살에게 마사가 된다고 마땅히
알아야 하느니라.

설하신 것이다.
26) 산스크리트어 nidāna의 번역이고, 또한 '인연담(因緣譚)', '연기(緣起)' 등으로 한역
한다.
27) 산스크리트어 itivṛttaka의 번역이고, 또한 '여시어(如是語)', '여시법(如是法)' 등으
로 한역한다.
28) 산스크리트어 jātaka의 번역이고, 또한 '감흥게(感興偈)', '감흥어(感興語)' 등으로
한역한다.
29) 산스크리트어 vaipulya의 번역이고, 또한 '방등(方等)', '광박(廣博)' 등으로 한역한
다.
30) 산스크리트어 adbhūtadharma의 번역이고, 또한 '미증유법(未曾有法)' 등으로 한
역한다.
31) 산스크리트어 avadāna의 번역이고, 또한 '비유담(譬喩譚)' 등으로 한역한다.
32) 산스크리트어 upadeśa의 번역이고, 우바제사(優波提舍)로 음사한다.

　다시 다음으로 선현이여. 능히 법을 듣는 자는 이미 6바라밀다를 성취하
였고, 능히 설법하는 자는 아직 6바라밀다를 성취하지 못하였으므로,
매우 깊은 반야바라밀다의 설법을 얻지 못하였거나, 서사하고 수지하며
독송하고 수습하지 못하였다면, 이것은 보살에게 마사가 된다고 마땅히
알아야 하느니라."

마하반야바라밀다경 제304권

40. 마사품(魔事品)(2)

"다시 다음으로 선현이여. 능히 설법하는 자는 6바라밀다에서 방편선교(方便善巧)가 있었고, 능히 법을 듣는 자는 6바라밀다에서 방편선교가 없었다면, 두 대중이 화합하지 못하였으므로, 매우 깊은 반야바라밀다의 설법을 얻지 못하였거나, 서사하고 수지하며 독송하고 수습하지 못하였다면, 이것은 보살에게 마사가 된다고 마땅히 알아야 하느니라.

다시 다음으로 선현이여. 능히 법을 듣는 자는 6바라밀다에서 방편선교가 있었고, 능히 설법하는 자는 6바라밀다에서 방편선교가 없었다면, 두 대중이 화합하지 못하였으므로, 매우 깊은 반야바라밀다의 설법을 얻지 못하였거나, 서사하고 수지하며 독송하고 수습하지 못하였다면, 이것은 보살에게 마사가 된다고 마땅히 알아야 하느니라.

다시 다음으로 선현이여. 능히 설법하는 자는 다라니(陀羅尼)를 얻었고, 능히 법을 듣는 자는 다라니를 얻지 못하였다면, 두 대중이 화합하지 못하였으므로, 매우 깊은 반야바라밀다의 설법을 얻지 못하였거나, 서사하고 수지하며 독송하고 수습하지 못하였다면, 이것은 보살에게 마사가 된다고 마땅히 알아야 하느니라.

다시 다음으로 선현이여. 능히 법을 듣는 자는 다라니를 얻었고, 능히 설법하는 자는 다라니를 얻지 못하였다면, 두 대중이 화합하지 못하였으므로, 매우 깊은 반야바라밀다의 설법을 얻지 못하였거나, 서사하고 수지하며 독송하고 수습하지 못하였다면, 이것은 보살에게 마사가 된다고 마땅히 알아야 하느니라.

다시 다음으로 선현이여. 능히 설법하는 자는 매우 깊은 반야바라밀다를 공경하면서 서사하고 수지하며 독송하고 수습하려고 하였고, 능히 법을 듣는 자는 매우 깊은 반야바라밀다를 공경하면서 서사하고 수지하며 독송하고 수습하려고 하지 않았다면, 두 대중이 화합하지 못하였으므로, 매우 깊은 반야바라밀다의 설법을 얻지 못하였거나, 서사하고 수지하며 독송하고 수습하지 못하였다면, 이것은 보살에게 마사가 된다고 마땅히 알아야 하느니라.

다시 다음으로 선현이여. 능히 법을 듣는 자는 매우 깊은 반야바라밀다를 공경하면서 서사하고 수지하며 독송하고 수습하려고 하였고, 능히 설법하는 자는 매우 깊은 반야바라밀다를 공경하면서 서사하고 수지하며 독송하고 수습하려고 하지 않았다면, 두 대중이 화합하지 못하였으므로, 매우 깊은 반야바라밀다의 설법을 얻지 못하였거나, 서사하고 수지하며 독송하고 수습하지 못하였다면, 이것은 보살에게 마사가 된다고 마땅히 알아야 하느니라.

다시 다음으로 선현이여. 능히 설법하는 자는 이미 탐욕(貪欲)·진에(瞋恚)·혼침(惛沈)[1]·수면(睡眠)[2]·도거(掉擧)[3]·악작(惡作)[4]·의개(疑蓋)[5]를

---

1) 산스크리트어 styāna의 번역이고, 경안(輕安)의 반대로써 심왕을 무겁게 하고 침울하게 하며 무기력하게 하는 마음작용이며, 설일체유부의 5위 75법에서 6대번뇌지법의 하나이다.
2) 산스크리트어 middha의 번역이고, 심왕이 어둡고 자유롭지 못한 상태를 가리키며, 설일체유부의 5위 75법에서 심소법(心所法)의 가운데에서 8부정지법(不定地法)의 하나이다.
3) 산스크리트어 auddhatya의 번역이고, 사(捨)의 반대로써 심왕을 불안정(不安靜)하게 하면서 산란시키는 마음작용이며, 설일체유부의 5위 75법에서 6대번뇌지법의 하나이다.
4) 산스크리트어 kaukṛtya의 번역이고, 지어진 일이거나 또는 짓지 않은 일에서 악(惡)하게 지어진 일(作)을 인연으로 하여 생겨나 마음의 추회(追悔)하는 성질의 마음작용이며, 설일체유부의 5위 75법에서 심소법 가운데 8부정지법의 하나이다.
5) 산스크리트어 vicikitsā-āvarana의 번역이고, 의심하여 결단하지 못하고 주저하는 것이며, 설일체유부의 5위 75법에서 심소법의 가운데에서 8부정지법의 하나이다.

벗어났고, 능히 법을 듣는 자는 아직 탐욕·진에·혼침·수면·도거·악작·의
개를 벗어나지 못하였다면, 두 대중이 화합하지 못하였으므로, 매우 깊은
반야바라밀다의 설법을 얻지 못하였거나, 서사하고 수지하며 독송하고
수습하지 못하였다면, 이것은 보살에게 마사가 된다고 마땅히 알아야
하느니라.

다시 다음으로 선현이여. 능히 법을 듣는 자는 이미 탐욕·진에·혼침·수
면·도거·악작·의개를 벗어났고, 능히 설법하는 자는 아직 탐욕·진에·혼
침·수면·도거·악작·의개를 벗어나지 못하였다면, 두 대중이 화합하지
못하였으므로, 매우 깊은 반야바라밀다의 설법을 얻지 못하였거나, 서사
하고 수지하며 독송하고 수습하지 못하였다면, 이것은 보살에게 마사가
된다고 마땅히 알아야 하느니라.

다시 다음으로 선현이여. 보살승에 안주하는 여러 선남자와 선여인
등이 이와 같은 반야바라밀다의 매우 깊은 경전을 서사하고 독송하며
수습하고 사유하며 연설하는 때에, 혹은 사람이 있었고 와서 3악취(三惡趣)
의 여러 종류의 괴로운 일들을 말하였고, 인연으로 다시 '그대는 이 몸으로
상응하여 정근하면서 정진하여 빠르게 고제(苦際)[6]를 마치고 반열반을
해야 하는데, 생사(生死)의 큰 바다에 머무르면서 백천 종류의 인욕이
어려운 고통을 받으면서 무상정등보리를 구하고 나아가더라도 무슨 소용
이 있겠는가?'라고 알려 말하였으며, 그들은 오히려 이 말에 반야바라밀다
의 매우 깊은 경전을 서사하고 독송하며 수습하고 사유하며 연설하는
일의 처소에서 결국 끝마치지 못하였다면, 이것은 보살에게 마사가 된다
고 마땅히 알아야 하느니라.

다시 다음으로 선현이여. 보살승에 안주하는 여러 선남자와 선여인
등이 이와 같은 반야바라밀다의 매우 깊은 경전을 서사하고 독송하며
수습하고 사유하며 연설하는 때에, 혹은 사람이 있었고 와서 인간세상의
여러 종류의 수승한 일을 찬탄하여 말하였거나, 사대왕중천(四大王衆天)·

---

6) 산스크리트어 duḥkha-satya의 번역이고, 사제(四諦)의 하나인 고성제(苦聖諦)를
   가리킨다.

삼십삼천(三十三天)·야마천(夜摩天)·도사다천(覩史多天)·낙변화천(樂變
化天)·타화자재천(他化自在天)의 여러 수승한 일을 찬탄하여 말하였거나,
범중천(梵衆天)·범보천(梵輔天)·범회천(梵會天)·대범천(大梵天)의 여러
수승한 일을 찬탄하여 말하였거나, 광천(光天)·소광천(少光天)·무량광천
(無量光天)·극광정천(極光淨天)의 여러 수승한 일을 찬탄하여 말하였거나,
정천(淨天)·소정천(少淨天)·무량정천(無量淨天)·변정천(遍淨天)의 여러
수승한 일을 찬탄하여 말하였거나, 광천(廣天)·소광천(少廣天)·무량광천
(無量廣天)·광과천(廣果天)의 여러 수승한 일을 찬탄하여 말하였거나, 무
번천(無繁天)·무열천(無熱天)·선현천(善現天)·선견천(善見天)·색구경천
(色究竟天)의 여러 수승한 일을 찬탄하여 말하였거나, 공무변처천(空無邊
處天)·식무변처천(識無邊處天)·무소유처천(無所有處天)·비상비비상처천
(非想非非想處天)의 여러 수승한 일을 찬탄하여 말하였으며, 인연으로
다시 '비록 욕계에서 여러 욕락(欲樂)을 받고 색계의 가운데에서 정려(靜慮)
의 즐거움을 받으며 무색계에서 적정(寂定)의 즐거움을 받더라도, 그것은
모두가 무상(無常)하고 괴로우며 공(空)이고 무아(無我)이며 부정(不淨)하
고 변하여 파괴되는 법이고 끝마치는 법이며 쇠퇴(謝)하는 법이고 벗어나
는 법이며 소멸하는 법이다. 그대들은 이 몸으로 어찌 정진하여 예류과를
취(取)하지 않고, 만약 일래과이거나, 만약 불환과이거나, 만약 아라한과
이거나, 만약 독각의 보리와 반열반의 반드시 결국인 안락을 취하지
않으며, 오랫동안 처소에서 생사를 윤회(輪廻)하고, 일이 없어도 다른
사람을 위하여 여러 고뇌를 받으며 무상정등보리를 구하고 나아가더라도
무슨 소용이 있겠는가?'라고 알려 말하였으며, 그들은 오히려 이 말에
반야바라밀다의 매우 깊은 경전을 서사하고 독송하며 수습하고 사유하며
연설하는 일의 처소에서 결국 끝마치지 못하였다면, 이것은 보살에게
마사가 된다고 마땅히 알아야 하느니라.

　다시 다음으로 선현이여. 능히 설법하는 자는 한 몸이므로 얽매임이
없고 장애가 없어서 자재하고, 능히 법을 듣는 자는 많은 사람의 사람들을
거느리면서 대중에게 전요(纏擾)[7]되고 계박(繫縛)[8]되었다면, 두 대중이

화합하지 못하였으므로, 매우 깊은 반야바라밀다의 설법을 얻지 못하였거나, 서사하고 수지하며 독송하고 수습하지 못하였다면, 이것은 보살에게 마사가 된다고 마땅히 알아야 하느니라.

다시 다음으로 선현이여. 능히 법을 듣는 자는 한 몸이므로 얽매임이 없고 장애가 없어서 자재하고, 능히 설법하는 자는 많은 사람들을 거느리면서 대중에게 전요되고 계박되었다면, 두 대중이 화합하지 못하였으므로, 매우 깊은 반야바라밀다의 설법을 얻지 못하였거나, 서사하고 수지하며 독송하고 수습하지 못하였다면, 이것은 보살에게 마사가 된다고 마땅히 알아야 하느니라.

다시 다음으로 선현이여. 능히 설법하는 자는 대중에 뒤섞이는 것을 즐거워하지 않고, 능히 법을 듣는 자는 대중에 뒤섞이는 것을 즐거워하였다면, 두 대중이 화합하지 못하였으므로, 매우 깊은 반야바라밀다의 설법을 얻지 못하였거나, 서사하고 수지하며 독송하고 수습하지 못하였다면, 이것은 보살에게 마사가 된다고 마땅히 알아야 하느니라.

다시 다음으로 선현이여. 능히 법을 듣는 자는 대중에 뒤섞이는 것을 즐거워하지 않고, 능히 설법하는 자는 대중에 뒤섞이는 것을 즐거워하였다면, 두 대중이 화합하지 못하였으므로, 매우 깊은 반야바라밀다의 설법을 얻지 못하였거나, 서사하고 수지하며 독송하고 수습하지 못하였다면, 이것은 보살에게 마사가 된다고 마땅히 알아야 하느니라.

다시 다음으로 선현이여. 능히 설법하는 자는 듣는 자가 스스로 지었던 것을 모두 따라서 돕게 하려고 하였고, 능히 법을 듣는 자는 그것을 따라서 하고자 하지 않았다면, 두 대중이 화합하지 못하였으므로, 매우 깊은 반야바라밀다의 설법을 얻지 못하였거나, 서사하고 수지하며 독송하고 수습하지 못하였다면, 이것은 보살에게 마사가 된다고 마땅히 알아야 하느니라.

---

7) '성가시게 하다.', '방해하다.', '복잡하게 하다.'는 뜻이다.
8) 번뇌(煩惱)·망상(妄想) 또는 외경(外境)의 것에 속박(束縛)되어 자유를 잃는다는 뜻이다.

다시 다음으로 선현이여. 능히 법을 듣는 자는 설법하는 자가 스스로 지었던 것을 모두 따라서 돕게 하려고 하였고, 능히 설법하는 자는 그것을 따라서 하고자 하지 않았다면, 두 대중이 화합하지 못하였으므로, 매우 깊은 반야바라밀다의 설법을 얻지 못하였거나, 서사하고 수지하며 독송하고 수습하지 못하였다면, 이것은 보살에게 마사가 된다고 마땅히 알아야 하느니라.

다시 다음으로 선현이여. 능히 설법하는 자는 재물의 이익을 위하였던 까닭으로 다른 사람에게 매우 깊은 반야바라밀다를 설하려고 하였고, 다시 그에게 서사하고 수지하며 독송하고 수습하게 하려고 하였는데, 능히 법을 듣는 자는 그가 하려는 것을 알고서 따라서 받아들이려고 하지 않았다면, 두 대중이 화합하지 못하였으므로, 매우 깊은 반야바라밀다의 설법을 얻지 못하였거나, 서사하고 수지하며 독송하고 수습하지 못하였다면, 이것은 보살에게 마사가 된다고 마땅히 알아야 하느니라.

다시 다음으로 선현이여. 능히 법을 듣는 자는 재물의 이익을 위하였던 까닭으로 다른 사람에게 매우 깊은 반야바라밀다를 청(請)하였고, 다시 방편으로 서사하고 수지하며 독송하고 수습하게 하려고 하였는데, 능히 설법하는 자는 그가 하려는 것을 알고서 따라서 청하지 않았다면, 두 대중이 화합하지 못하였으므로, 매우 깊은 반야바라밀다의 설법을 얻지 못하였거나, 서사하고 수지하며 독송하고 수습하지 못하였다면, 이것은 보살에게 마사가 된다고 마땅히 알아야 하느니라.

다시 다음으로 선현이여. 능히 설법하는 자는 몸과 목숨이 위험한 처소인 다른 지방으로 가려고 하였고, 능히 법을 듣는 자는 몸과 목숨을 잃는 것을 두려워하면서 따라서 가려고 하지 않았다면, 두 대중이 화합하지 못하였으므로, 매우 깊은 반야바라밀다의 설법을 얻지 못하였거나, 서사하고 수지하며 독송하고 수습하지 못하였다면, 이것은 보살에게 마사가 된다고 마땅히 알아야 하느니라.

다시 다음으로 선현이여. 능히 법을 듣는 자는 몸과 목숨이 위험한 처소인 다른 지방으로 가려고 하였고, 능히 설법하는 자는 몸과 목숨을 잃는 것을 두려워하면서 따라서 가려고 하지 않았다면, 두 대중이 화합하지 못하였으므로, 매우 깊은 반야바라밀다의 설법을 얻지 못하였거나, 서사하고 수지하며 독송하고 수습하지 못하였다면, 이것은 보살에게 마사가 된다고 마땅히 알아야 하느니라.

다시 다음으로 선현이여. 능히 설법하는 자는 음식과 물이 부족한 처소인 다른 지방으로 가려고 하였고, 능히 법을 듣는 자는 그가 힘들고 고생하는 것을 염려하여 따라서 가려고 하지 않았다면, 두 대중이 화합하지 못하였으므로, 매우 깊은 반야바라밀다의 설법을 얻지 못하였거나, 서사하고 수지하며 독송하고 수습하지 못하였다면, 이것은 보살에게 마사가 된다고 마땅히 알아야 하느니라.

다시 다음으로 선현이여. 능히 법을 듣는 자는 음식과 물이 위험한 처소인 다른 지방으로 가려고 하였고, 능히 설법하는 자는 그가 힘들고 고생하는 것을 염려하여 따라서 가려고 하지 않았다면, 두 대중이 화합하지 못하였으므로, 매우 깊은 반야바라밀다의 설법을 얻지 못하였거나, 서사하고 수지하며 독송하고 수습하지 못하였다면, 이것은 보살에게 마사가 된다고 마땅히 알아야 하느니라.

다시 다음으로 선현이여. 능히 설법하는 자는 풍요롭고 즐거움이 많은 처소인 다른 지방으로 가려고 하였고, 능히 법을 듣는 자가 그가 떠나가는 때에 따라가려고 하였는데 설법하는 자가 방편으로 '그대가 비록 이익을 위하여 나를 따라가고자 하였고 그대가 그곳에 이르렀더라도 어찌 반드시 마음같이 성취하겠는가? 마땅히 잘 살피고 생각하여 뒤에 근심과 후회가 없게 하시오.'라고 교계(敎誡)하여 말하였고, 이때 법을 듣는 자는 듣고서 '이것은 그가 나를 떠나가지 못하게 하려는 모습이구나. 설사 고집하여 따라가더라도 어찌 반드시 법을 듣겠는가?'라고 생각하면서 말하였으며, 오히려 이 인연으로 따라서 떠나가지 않았다면, 두 대중이 화합하지 못하였으므로, 매우 깊은 반야바라밀다의 설법을 얻지 못하였거나, 서사하고 수지하며 독송하고 수습하지 못하였다면, 이것은 보살에게 마사가 된다고 마땅히 알아야 하느니라.

다시 다음으로 선현이여. 능히 설법하는 자가 지나가려고 하였던 도로(道路)와 광야(曠野)가 험난(險難)하여서 도둑의 공포·전다라(旃茶羅)의 공포·사냥꾼(獵師)·악한 짐승·독사 등의 공포가 많이 있었던 처소인 다른 지방으로 가려고 하였고, 능히 법을 듣는 자가 그가 떠나가는 때에 따라가려고 하였는데 설법하는 자가 방편으로 '그대는 지금 무슨 까닭으로 일이 없는데 나를 따라서 이와 같은 여러 험난한 곳을 지나가려고 하시오? 마땅히 잘 살피고 생각하여 뒤에 근심과 후회가 없게 하시오.'라고 교계(敎誡)하여 말하였고, 이때 법을 듣는 자는 듣고서 '이것은 상응한다면 나를 따라오지 못하게 하려는 것이구나. 설사 고집하여 따라가더라도 어찌 반드시 법을 듣겠는가?'라고 생각하면서 말하였으며, 오히려 이 인연으로 따라서 떠나가지 않았다면, 두 대중이 화합하지 못하였으므로 매우 깊은 반야바라밀다의 설법을 얻지 못하였거나, 서사하고 수지하며 독송하고 수습하지 못하였다면, 이것은 보살에게 마사가 된다고 마땅히 알아야 하느니라.

다시 다음으로 선현이여. 능히 설법하는 자가 시주(施主)들이 많이 있어서 자주자주 서로를 따라왔고 법을 듣는 자가 와서 반야바라밀다를 설하기를 청하였으므로, 장애를 인연으로 여가가 없어도 곧 설하였으나 법을 듣는 자는 싫어함을 일으켜서 뒤에 설하여도 받아들이지 않았다면, 두 대중이 화합하지 못하였으므로 매우 깊은 반야바라밀다의 설법을 얻지 못하였거나, 서사하고 수지하며 독송하고 수습하지 못하였다면, 이것은 보살에게 마사가 된다고 마땅히 알아야 하느니라.

다시 다음으로 선현이여. 여러 악마들이 비구(苾芻)의 형상을 짓고서 보살의 처소에 이르러 방편으로 파괴하면서, 반야바라밀다의 매우 깊은 경전을 서사(書寫)하지 못하게 하고 수지(受持)하지 못하게 하며 독송(讀誦)하지 못하게 하고 수습(修習)하지 못하게 하며 사유(思惟)하지 못하게 하고 다른 사람을 위하여 연설(演說)하지 못하게 하느니라."

그때 구수 선현이 세존께 아뢰어 말하였다.

"세존이시여. 어떻게 악마들이 비구의 형상을 짓고 보살의 처소에
이르러 방편으로 파괴하면서 반야바라밀다의 매우 깊은 경전(經典)을
서사하지 못하게 하고 수지하지 못하게 하며 독송하지 못하게 하고 수습하
지 못하게 하며 사유하지 못하게 하고 다른 사람을 위하여 연설하지
못하게 합니까?"

세존께서 말씀하셨다.

"선현이여. 여러 악마들이 있어서 비구의 형상을 짓고 보살의 처소에
이르러 방편으로 파괴하면서 그에게 매우 깊은 반야바라밀다를 훼자(毀
呰)하고 싫어하게 하는데 이를테면, '그대가 수습하고 독송하는 무상(無相)
인 것의 경전은 진실한 반야바라밀다가 아니고, 내가 수습하고 독송하는
유상(有相)인 것의 경전이 바로 진실한 반야바라밀다이다.'라고 이렇게
말을 지었고, 이렇게 말을 짓는 때에 여러 보살들이 수기를 얻지 못하였으
므로 곧 반야바라밀다에서 의혹(疑惑)이 생겨났고, 오히려 의혹을 까닭으
로 곧 반야바라밀다에서 훼자하고 싫어하는 마음이 생겨났으며, 오히려
훼자하고 싫어하는 까닭으로 마침내 그 매우 깊은 반야바라밀다를 서사하
고 수지하며 독송하고 수습하며 다른 사람을 위하여 연설하지 않았다면,
이것은 보살에게 마사가 된다고 마땅히 알아야 하느니라.

다시 다음으로 선현이여. 여러 악마들이 있어서 비구의 형상을 짓고
보살의 처소에 이르렀으며 이를테면, 보살에게 '만약 제보살이 이 반야바
라밀다를 수행하더라도 오직 실제(實際)를 증득하거나, 예류과를 증득하
거나, 만약 일래과이거나, 만약 불환과거나, 만약 아라한과거나, 만약
독각의 보리를 증득하더라도, 결국 무상(無上)의 불과(佛果)는 능히 증득
할 수 없는데, 무슨 인연으로 이것에서 헛되게 구로(劬勞)⁹⁾를 시설하는가?'
라고 말하였고, 보살이 이미 듣고서 곧 매우 깊은 반야바라밀다를 서사하
고 수지하며 독송하고 수습하며 다른 사람을 위하여 연설하지 않았다면,
이것은 보살에게 마사가 된다고 마땅히 알아야 하느니라.

---

9) 시경(詩經)에서 찾을 수 있으며, 부모가 자녀를 낳아서 기르는 노고(勞苦)를 말하는
데, 본 문장에서는 '매우 피로한 일'이라고 번역할 수 있겠다.

다시 다음으로 선현이여. 매우 깊은 반야바라밀다를 설하고 듣는 등의 때에, 많은 여러 마사들이 장애가 될 것이니, 보살들은 상응하여 깨닫고 마땅히 그것을 멀리 벗어날지니라."

그때 구수 선현이 세존께 아뢰어 말하였다.
"세존이시여. 무엇 등을 마사(魔事)의 장애(留難)라고 이름하고, 보살은 마땅히 깨달아서 멀리 벗어나야 합니까?"
세존께서 말씀하셨다.
"선현이여. 매우 깊은 반야바라밀다를 연설하고 듣는 등의 때에, 많은 비슷한 반야·정려·정진·안인·정계·보시바라밀다의 비슷한 상(相)의 마사의 장애가 있으므로, 보살은 마땅히 깨달아서 멀리 벗어나야 하느니라. 다시 다음으로 선현이여. 매우 깊은 반야바라밀다를 연설하고 듣는 등의 때에, 많은 내공·외공·내외공·공공·대공·승의공·유위공·무위공·필경공·무제공·산공·무변이공·본성공·자상공·공상공·일체법공·불가득공·무성공·자성공·무성자성공의 비슷한 상인 마사의 장애가 있으므로, 보살은 마땅히 깨달아서 멀리 벗어나야 하느니라.

다시 다음으로 선현이여. 매우 깊은 반야바라밀다를 연설하고 듣는 등의 때에, 많은 진여·법계·법성·불허망성·불변이성·평등성·이생성·법정·법주·실제·허공계·부사의계의 비슷한 상의 마사의 장애가 있으므로, 보살은 마땅히 깨달아서 멀리 벗어나야 하느니라.

다시 다음으로 선현이여. 매우 깊은 반야바라밀다를 연설하고 듣는 등의 때에, 여러 악마들이 있어서 비구의 형상을 짓고 보살의 처소에 이르러 2승에 상응하는 법으로 이를테면, 4성제·4정려·4무량·4무색정·8해탈·8승처·9차제정·10변처·4념주·4정단·4신족·5근·5력·7등각지·8성도지·3해탈문·6신통 등의 법을 널리 말하느니라. 이미 이러한 법을 말하는데 이를테면, '대사(大士)여. 마땅히 아십시오. 먼저 이 법에 의지하여 정근하면서 수학하더라도 예류과를 취하여 얻거나, 만약 일래과이거나, 만약 불환과거나, 만약 아라한과거나, 만약 독각의 보리를 취하여

얻는다면, 일체의 생(生)·노(老)·병(病)·사(死)를 멀리 벗어나는데, 무상정
등보리가 무슨 소용이 있겠는가?'라고 보살에게 말하였다면, 이것은 반야
에 마사의 장애가 있으므로, 보살은 상응하여 깨닫고 마땅히 멀리 벗어나
야 하느니라.

다시 다음으로 선현이여. 여러 악마들이 있어서 비구의 형상을 지었고
위의(威儀)와 상서(庠序)의 형상과 모습이 단엄(端嚴)하였으므로, 보살들
이 보고 깊은 애착(愛著)이 생겨났고, 오히려 이것이 일체지지를 손감(損
減)시키므로 매우 깊은 반야바라밀다를 서사하고 수지하며 독송하고
수습하며 다른 사람을 위하여 연설하지 않았다면, 이것은 보살에게 마사
라고 마땅히 알아야 하느니라.

다시 다음으로 선현이여. 여러 악마들이 있어서 여래의 형상을 짓는다
면 몸은 순금색(純金色)이고 항상 1심(尋)[10]의 광명이며, 32대장부상(三十
二大丈夫相)과 80수호(八十隨好)를 갖추면서 스스로 장엄하였고, 보살들이
보고서 깊은 애착이 생겨났다면, 오히려 이것이 일체지지를 손감시키므로
매우 깊은 반야바라밀다를 서사하고 수지하며 독송하고 수습하며 다른
사람을 위하여 연설하지 않았다면, 이것은 보살에게 마사라고 마땅히
알아야 하느니라.

다시 다음으로 선현이여. 여러 악마들이 여래의 형상을 짓고 변화하여
비구들에게 둘러싸여 법요(法要)를 널리 말하였는데, 보살들이 그것을
보고 깊은 애착이 생겨나서 '원하건대 나도 미래에 역시 마땅히 이와
같게 하십시오.'라고 곧 이렇게 생각을 지었고, 오히려 이것이 일체지지를
손감(損減)시켜서 매우 깊은 반야바라밀다를 듣지 못하거나 서사하고
수지하며 독송하고 수습하며 연설하지 않았다면, 이것은 보살에게 마사라
고 마땅히 알아야 하느니라.

다시 다음으로 선현이여. 여러 악마들이 만약 백이거나, 만약 천이거나,

---

10) 길이의 단위로 여덟 자(尺)를 가리킨다. 1자는 후한(後漢)은 23cm이고 전진(前晉)은
23.1cm이며 서진(西晉)은 약 24cm이고, 동진(東晉)은 약 25cm 등으로 사용되었고,
명나라에서는 기록에 따라 다르지만 31.1cm로 추정한다.

나아가 무량한 보살마하살의 행을 짓고 변화하여, 혹은 보시바라밀다를 행하거나, 혹은 정계·안인·정진·정려·반야바라밀다를 행하였는데, 보살들이 그것을 보고 깊은 애착이 생겨났고, 오히려 이것이 일체지지를 손감(損減)시켜서 매우 깊은 반야바라밀다를 듣지 못하거나 서사하고 수지하며 독송하고 수습하며 연설하지 않았다면, 이것은 보살에게 마사라고 마땅히 알아야 하느니라.

그 까닭은 무엇인가? 선현이여. 매우 깊은 반야바라밀다의 가운데에서는 색이 무소유이고 수·상·행·식도 무소유이니라. 만약 이 처소의 색이 무소유이고 수·상·행·식도 무소유라면, 곧 이 처소의 여래도 무소유이고 보살·성문과 여러 독각들도 무소유이니라. 왜 그러한가? 일체법으로써 자성(自性)은 공한 까닭이니라.

선현이여. 매우 깊은 반야바라밀다의 가운데에서는 안처가 무소유이고 이·비·설·신·의처도 무소유이니라. 만약 이 처소의 안처가 무소유이고 이·비·설·신·의처도 무소유라면, 곧 이 처소의 여래도 무소유이고 보살·성문과 여러 독각들도 무소유이니라. 왜 그러한가? 일체법으로써 자성은 공한 까닭이니라.

선현이여. 매우 깊은 반야바라밀다의 가운데에서는 색처가 무소유이고 성·향·미·촉·법처도 무소유이니라. 만약 이 처소의 색처가 무소유이고 성·향·미·촉·법처도 무소유라면, 곧 이 처소의 여래도 무소유이고 보살·성문과 여러 독각들도 무소유이니라. 왜 그러한가? 일체법으로써 자성은 공한 까닭이니라.

선현이여. 매우 깊은 반야바라밀다의 가운데에서는 안계가 무소유이고 색계·안식계, 나아가 안촉·안촉을 인연으로 생겨난 여러 수도 무소유이니라. 만약 이 처소의 안계가 무소유이고 색계, 나아가 안촉을 인연으로 생겨난 여러 수도 무소유라면, 곧 이 처소의 여래도 무소유이고 보살·성문과 여러 독각들도 무소유이니라. 왜 그러한가? 일체법으로써 자성은 공한 까닭이니라.

선현이여. 매우 깊은 반야바라밀다의 가운데에서는 이계가 무소유이고 성계·이식계, 나아가 이촉·이촉을 인연으로 생겨난 여러 수도 무소유이니라. 만약 이 처소의 이계가 무소유이고 성계, 나아가 이촉을 인연으로 생겨난 여러 수도 무소유라면, 곧 이 처소의 여래도 무소유이고 보살·성문과 여러 독각들도 무소유이니라. 왜 그러한가? 일체법으로써 자성은 공한 까닭이니라.

선현이여. 매우 깊은 반야바라밀다의 가운데에서는 비계가 무소유이고 향계·비식계, 나아가 비촉·비촉을 인연으로 생겨난 여러 수도 무소유이니라. 만약 이 처소의 비계가 무소유이고 향계, 나아가 비촉을 인연으로 생겨난 여러 수도 무소유라면, 곧 이 처소의 여래도 무소유이고 보살·성문과 여러 독각들도 무소유이니라. 왜 그러한가? 일체법으로써 자성은 공한 까닭이니라.

선현이여. 매우 깊은 반야바라밀다의 가운데에서는 설계가 무소유이고 미계·설식계, 나아가 설촉·설촉을 인연으로 생겨난 여러 수도 무소유이니라. 만약 이 처소의 설계가 무소유이고 미계, 나아가 설촉을 인연으로 생겨난 여러 수도 무소유라면, 곧 이 처소의 여래도 무소유이고 보살·성문과 여러 독각들도 무소유이니라. 왜 그러한가? 일체법으로써 자성은 공한 까닭이니라.

선현이여. 매우 깊은 반야바라밀다의 가운데에서는 신계가 무소유이고 촉계·신식계, 나아가 신촉·신촉을 인연으로 생겨난 여러 수도 무소유이니라. 만약 이 처소의 신계가 무소유이고 촉계, 나아가 신촉을 인연으로 생겨난 여러 수도 무소유라면, 곧 이 처소의 여래도 무소유이고 보살·성문과 여러 독각들도 무소유이니라. 왜 그러한가? 일체법으로써 자성은 공한 까닭이니라.

선현이여. 매우 깊은 반야바라밀다의 가운데에서는 의계가 무소유이고 법계·의식계, 나아가 의촉·의촉을 인연으로 생겨난 여러 수도 무소유이니라. 만약 이 처소의 의계가 무소유이고 법계, 나아가 의촉을 인연으로 생겨난 여러 수도 무소유라면, 곧 이 처소의 여래도 무소유이고 보살·성문과 여러 독각들도 무소유이니라. 왜 그러한가? 일체법으로써 자성은 공한 까닭이니라.

선현이여. 매우 깊은 반야바라밀다의 가운데에서는 지계가 무소유이고 수·화·풍·공·식계도 무소유이니라. 만약 이 처소의 지계가 무소유이고 수·화·풍·공·식계도 무소유라면, 곧 이 처소의 여래도 무소유이고 보살·성문과 여러 독각들도 무소유이니라. 왜 그러한가? 일체법으로써 자성은 공한 까닭이니라.

선현이여. 매우 깊은 반야바라밀다의 가운데에서는 무명이 무소유이고 행·식·명색·육처·촉·수·애·취·유·생·노사의 수탄고우뇌도 무소유이니라. 만약 이 처소의 무명이 무소유이고 행, 나아가 노사의 수탄고우뇌도 무소유라면, 곧 이 처소의 여래도 무소유이고 보살·성문과 여러 독각들도 무소유이니라. 왜 그러한가? 일체법으로써 자성은 공한 까닭이니라.

선현이여. 매우 깊은 반야바라밀다의 가운데에서는 보시바라밀다가 무소유이고 정계·안인·정진·정려·반야바라밀다도 무소유이니라. 만약 이 처소의 보시바라밀다가 무소유이고 정계, 나아가 반야바라밀다도 무소유라면, 곧 이 처소의 여래도 무소유이고 보살·성문과 여러 독각들도 무소유이니라. 왜 그러한가? 일체법으로써 자성은 공한 까닭이니라.

선현이여. 매우 깊은 반야바라밀다의 가운데에서는 내공이 무소유이고 외공·내외공·공공·대공·승의공·유위공·무위공·필경공·무제공·산공·무변이공·본성공·자상공·공상공·일체법공·불가득공·무성공·자성공·무성자성공도 무소유이니라. 만약 이 처소의 내공이 무소유이고 외공, 나아가 무성자성공도 무소유라면, 곧 이 처소의 여래도 무소유이고 보살·성문과 여러 독각들도 무소유이니라. 왜 그러한가? 일체법으로써 자성은 공한 까닭이니라.

선현이여. 매우 깊은 반야바라밀다의 가운데에서는 진여가 무소유이고 법계·법성·불허망성·불변이성·평등성·이생성·법정·법주·실제·허공계·부사의계도 무소유이니라. 만약 이 처소의 진여가 무소유이고 법계, 나아가 부사의계도 무소유라면, 곧 이 처소의 여래도 무소유이고 보살·성문과 여러 독각들도 무소유이니라. 왜 그러한가? 일체법으로써 자성은 공한 까닭이니라.

선현이여. 매우 깊은 반야바라밀다의 가운데에서는 고성제가 무소유이고 집·멸·도성제도 무소유이니라. 만약 이 처소의 고성제가 무소유이고 집·멸·도성제도 무소유라면, 곧 이 처소의 여래도 무소유이고 보살·성문과 여러 독각들도 무소유이니라. 왜 그러한가? 일체법으로써 자성은 공한 까닭이니라.

선현이여. 매우 깊은 반야바라밀다의 가운데에서는 4정려가 무소유이고 4무량·4무색정도 무소유이니라. 만약 이 처소의 4정려가 무소유이고 4무량·4무색정도 무소유라면, 곧 이 처소의 여래도 무소유이고 보살·성문과 여러 독각들도 무소유이니라. 왜 그러한가? 일체법으로써 자성은 공한 까닭이니라.

선현이여. 매우 깊은 반야바라밀다의 가운데에서는 8해탈이 무소유이고 8승처·9차제정·10변처도 무소유이니라. 만약 이 처소의 8해탈이 무소유이고 8승처·9차제정·10변처도 무소유라면, 곧 이 처소의 여래도 무소유이고 보살·성문과 여러 독각들도 무소유이니라. 왜 그러한가? 일체법으로써 자성은 공한 까닭이니라.

선현이여. 매우 깊은 반야바라밀다의 가운데에서는 4념주가 무소유이고 4정단·4신족·5근·5력·7등각지·8성도지도 무소유이니라. 만약 이 처소의 4념주가 무소유이고 4정단, 나아가 8성도지도 무소유라면, 곧 이 처소의 여래도 무소유이고 보살·성문과 여러 독각들도 무소유이니라. 왜 그러한가? 일체법으로써 자성은 공한 까닭이니라.

선현이여. 매우 깊은 반야바라밀다의 가운데에서는 공해탈문이 무소유이고 무상·무원해탈문도 무소유이니라. 만약 이 처소의 공해탈문이 무소유이고 무상·무원해탈문도 무소유라면, 곧 이 처소의 여래도 무소유이고 보살·성문과 여러 독각들도 무소유이니라. 왜 그러한가? 일체법으로써 자성은 공한 까닭이니라.

선현이여. 매우 깊은 반야바라밀다의 가운데에서는 보살의 10지가 무소유이니라. 만약 이 처소의 보살의 10지가 무소유라면, 곧 이 처소의

여래도 무소유이고 보살·성문과 여러 독각들도 무소유이니라. 왜 그러한
가? 일체법으로써 자성은 공한 까닭이니라.

선현이여. 매우 깊은 반야바라밀다의 가운데에서는 5안이 무소유이고
6신통도 무소유이니라. 만약 이 처소의 5안이 무소유이고 6신통도 무소유
라면, 곧 이 처소의 여래도 무소유이고 보살·성문과 여러 독각들도 무소유
이니라. 왜 그러한가? 일체법으로써 자성은 공한 까닭이니라.

선현이여. 매우 깊은 반야바라밀다의 가운데에서는 여래의 10력이
무소유이고 4무소외·4무애해·대자·대비·대희·대사·18불불공법도 무소
유이니라. 만약 이 처소의 여래의 10력이 무소유이고 4무소외, 나아가
18불불공법도 무소유라면, 곧 이 처소의 여래도 무소유이고 보살·성문과
여러 독각들도 무소유이니라. 왜 그러한가? 일체법으로써 자성은 공한
까닭이니라.

선현이여. 매우 깊은 반야바라밀다의 가운데에서는 무망실법이 무소유
이고 항주사성도 무소유이니라. 만약 이 처소의 무망실법이 무소유이고
항주사성도 무소유라면, 곧 이 처소의 여래도 무소유이고 보살·성문과
여러 독각들도 무소유이니라. 왜 그러한가? 일체법으로써 자성은 공한
까닭이니라.

선현이여. 매우 깊은 반야바라밀다의 가운데에서는 일체지가 무소유이
고 도상지·일체상지도 무소유이니라. 만약 이 처소의 일체지가 무소유이
고 도상지·일체상지도 무소유라면, 곧 이 처소의 여래도 무소유이고
보살·성문과 여러 독각들도 무소유이니라. 왜 그러한가? 일체법으로써
자성은 공한 까닭이니라.

선현이여. 매우 깊은 반야바라밀다 가운데에는 일체의 다라니문이
무소유이고 일체의 삼마지문도 무소유이니라. 만약 이 처소의 일체의
다라니문이 무소유이고 일체의 삼마지문도 무소유라면, 곧 이 처소의
여래도 무소유이고 보살·성문과 여러 독각들도 무소유이니라. 왜 그러한
가? 일체법으로써 자성은 공한 까닭이니라.

선현이여. 매우 깊은 반야바라밀다의 가운데에서는 예류과가 무소유이

고 일래·불환·아라한과도 무소유이니라. 만약 이 처소의 예류과가 무소유이고 일래·불환·아라한과도 무소유라면, 곧 이 처소의 여래도 무소유이고 보살·성문과 여러 독각들도 무소유이니라. 왜 그러한가? 일체법으로써 자성은 공한 까닭이니라.

선현이여. 매우 깊은 반야바라밀다의 가운데에서는 독각의 보리가 무소유이니라. 만약 이 처소의 독각의 보리가 무소유라면, 곧 이 처소의 여래도 무소유이고 보살·성문과 여러 독각들도 무소유이니라. 왜 그러한가? 일체법으로써 자성은 공한 까닭이니라.

선현이여. 매우 깊은 반야바라밀다의 가운데에서는 일체의 보살마하살의 행이 무소유이니라. 만약 이 처소의 일체의 보살마하살의 행이 무소유라면, 곧 이 처소의 여래도 무소유이고 보살·성문과 여러 독각들도 무소유이니라. 왜 그러한가? 일체법으로써 자성은 공한 까닭이니라.

선현이여. 매우 깊은 반야바라밀다의 가운데에서는 제불의 무상정등보리가 무소유이니라. 만약 이 처소의 제불의 무상정등보리가 무소유라면, 곧 이 처소의 여래도 무소유이고 보살·성문과 여러 독각들도 무소유이니라. 왜 그러한가? 일체법으로써 자성은 공한 까닭이니라.

다시 다음으로 선현이여. 보살승에 안주하는 여러 선남자와 선여인 등이 이와 같은 반야바라밀다의 매우 깊은 경전을 듣고서 서사하고 수지하며 독송하고 사유하며 수습하고 다른 사람을 위하여 연설하는 때에, 많은 장애가 있고 위해(違害)하는 일이 많이 일어나므로, 복이 적은 자는 일을 성취하지 못하느니라. 섬부주에 있는 여러 진귀한 보물로 이를테면, 폐유리(吠瑠璃)[11]·나패(螺貝)[12]·벽옥(璧玉)[13]·산호(珊瑚)[14]·석장(石藏)

---

11) 산스크리트어 vaiḍūrya의 음사이고, 유리(瑠璃), 비유리(毘瑠璃) 등으로 음사한다. 현재의 아프가니스탄에서 생산되는 청금석으로 추정되고, 후대에는 파란색 유리로 확대되었다.

12) 소라과의 연체동물인 조개를 가리킨다.

13) 벽(璧)은 납작한 구슬이고, 옥(玉)은 둥근 구슬을 가리킨다.

14) 산호충(珊瑚蟲) 군체(群體)의 골격을 가리키며, 장식용으로 많이 사용하고 연분홍색과 붉은빛이 있다.

·마니(末尼)15)·진주(眞珠)·제청(帝靑)·대청(大靑)16)·금(金)·은(銀) 등의
보배는 도둑이나 위해하는 장애가 많으므로, 여러 박복(薄福)한 사람들은
구하여도 능히 얻을 수 없는 것과 같이, 매우 깊은 반야바라밀다의 값비싼
보배를 얻지 못한 것도 역시 그와 같아서, 복이 적은 자들이 듣고서
다른 사람을 위하여 연설하는 때에, 여러 악마들이 짓는 장애가 많으니라.”

구수 선현이 곧 세존께 아뢰어 말하였다.
“그와 같습니다. 세존이시여. 그와 같습니다. 선서시여. 매우 깊은
반야바라밀다는 섬부주에 있는 폐유리 등의 여러 종류의 진귀한 보배에
장애가 많이 있으므로 박복한 사람들은 구하더라도 능히 얻을 수 없는
것과 같이, 보살승에 안주하는 여러 선남자와 선여인 등은 복덕이 적은
까닭으로 듣는 것 등에서 많은 장애가 있어서 비록 즐겁게 하려고 하더라
도 능히 성취하지 못합니다. 왜 그러한가? 어리석은 사람이 있어서 악마가
그를 부리게 된다면, 보살승에 안주하는 선남자와 선여인 등은 이와
같은 반야바라밀다의 매우 깊은 경전을 듣고서 서사하고 수지하며 독송하
고 사유하며 수습하고 다른 사람을 위하여 연설하는 때에 장애를 짓게
됩니다.
세존이시여. 그 우치(愚癡)한 자들은 깨달음과 지혜가 얇고 열등하여
스스로가 매우 깊은 반야바라밀다를 듣고서 서사하고 수지하며 독송하고
사유하며 수습하고 연설하지 못하고, 다시 다른 사람들이 매우 깊은
반야바라밀다를 듣고서 서사하고 수지하며 독송하고 사유하며 수습하고
연설하는 것에서 즐겁게 장애를 일으킵니다.
세존이시여. 그 우치한 자들은 대법(大法)을 즐거워하지 않으므로,
스스로가 매우 깊은 반야바라밀다의 경전을 듣고서 서사하고 수지하며
독송하고 사유하며 수습하고 연설하는 것을 즐거워하지 않으며, 다른
사람이 이와 같은 매우 깊은 반야바라밀다의 경전을 듣고서 서사하고

---

15) 용의 턱 아래나 용왕의 뇌에서 나왔다는 구슬을 가리킨다.
16) 제청과 대청은 청색의 보석으로 푸른색의 염료 등으로도 사용한다.

수지하며 독송하고 사유하며 수습하고 연설하는 것을 즐거워하지 않고, 다시 장애가 됩니다."

세존께서 말씀하셨다.

"선현이여. 그와 같으니라. 그와 같으니라. 어리석은 사람이 있어서 악마에게 순종하였다면, 아직 선근을 심지 못하여 복덕과 지혜가 박약하고 용렬하며, 아직 세존의 처소에서 큰 서원을 일으키지 못하였고, 아직 선한 벗에게 섭수되지 못하였으므로, 스스로가 매우 깊은 반야바라밀다의 경전을 듣고서 서사하고 수지하며 독송하고 사유하며 수습하고 연설할 수 없으며, 새롭게 수학하는 대승의 여러 선남자와 선여인 등이 이와 같은 반야바라밀다의 매우 깊은 경전을 듣고서 서사하고 수지하며 독송하고 사유하며 수습하고 연설하는 때에도 장애를 짓게 되느니라.

선현이여. 마땅히 내세(來世)에 선남자와 선여인 등이 있어서 지혜가 박약하고 열등하며 선근이 매우 작으며 제여래의 광대한 공덕에서 마음이 흔쾌하게 즐겁지 않았다면, 스스로가 매우 깊은 반야바라밀다의 경전을 듣고서 서사하고 수지하며 독송하고 사유하며 수습하고 연설할 수 없고, 다시 다른 사람이 이와 같은 매우 깊은 반야바라밀다의 경전을 듣고서 서사하고 수지하며 독송하고 사유하며 수습하고 연설하는 것에서 즐겁게 장애를 짓게 되느니라.

다시 다음으로 선현이여. 보살승에 안주하는 선남자와 선여인들이 이와 같은 반야바라밀다의 매우 깊은 경전을 듣고서 서사하고 수지하며 독송하고 사유하며 수습하고 다른 사람을 위하여 연설하는 때에 많은 마사(魔事)가 있느니라.

선현이여. 만약 선남자와 선여인 등이 이와 같은 반야바라밀다의 매우 깊은 경전을 듣고서 서사하고 수지하며 독송하고 사유하며 수습하고 다른 사람을 위하여 연설하는 때에 마사가 없다면, 다시 능히 반야·정려·정진·안인·정계·보시바라밀다가 원만해지고, 다시 능히 내공·외공·내외공·공공·대공·승의공·유위공·무위공·필경공·무제공·산공·무변이공·본성공·자상공·공상공·일체법공·불가득공·무성공·자성공·무성자성공이 원만해지느니라.

다시 능히 진여·법계·법성·불허망성·불변이성·평등성·이생성·법정·법주·실제·허공계·부사의계가 원만해지고, 다시 능히 고성제와 집·멸·도성제가 원만해지며, 다시 능히 4정려·4무량·4무색정이 원만해지고, 다시 능히 8해탈·8승처·9차제정·10변처가 원만해지며, 다시 능히 4념주·4정단·4신족·5근·5력·7등각지·8성도지가 원만해지고, 다시 능히 공해탈문과 무상·무원의 해탈문이 원만해지며, 다시 능히 보살의 10지가 원만해지고, 다시 능히 5안과 6신통이 원만해지느니라.

다시 능히 여래의 10력과 4무소외·4무애해·대자·대비·대희·대사·18불불공법이 원만해지고, 다시 능히 무망실법·항주사성이 원만해지며, 다시 능히 일체지·도상지·일체상지가 원만해지고, 다시 능히 일체의 다라니문·일체의 삼마지문이 원만해지며, 다시 능히 보살마하살의 행이 원만해지고, 다시 능히 제불의 무상정등보리가 원만해지느니라.

선현이여. 모두가 이것은 여래(佛)의 위신력(威神力)으로 이와 같은 여러 선남자와 선여인 등을 가우(加祐)[17]하시면서, 그들이 이와 같은 반야바라밀다의 매우 깊은 경전을 듣고서 서사하고 수지하며 독송하고 사유하며 수습하고 연설하는 때에 마사가 일어나지 않게 하신다고 마땅히 알아야 하느니라.

다시 반야·정려·정진·안인·정계·보시바라밀다를 원만하게 하시고, 다시 내공·외공·내외공·공공·대공·승의공·유위공·무위공·필경공·무제공·산공·무변이공·본성공·자상공·공상공·일체법공·불가득공·무성공·자성공·무성자성공을 원만하게 하시며, 다시 진여·법계·법성·불허망성·불변이성·평등성·이생성·법정·법주·실제·허공계·부사의계를 원만

17) 산스크리트 Adhiṣṭhāna의 번역이고, 불·보살이 중생을 보살피는 일을 가리킨다. '가피(加被)', '가지(加持)', '가비(加備)', '가위(加威)' 등으로 번역하며, 현실에서 성취되는 현증가피(顯證加被), 꿈을 통하여 성취되는 몽중가피(夢中加被), 현실에서도 꿈속에서도 징조가 없더라도 생각한다면 성취되는 현전가피(現前加被) 등이 있다.

하게 하시느니라.

다시 고성제와 집·멸·도성제를 원만하게 하시고, 다시 4정려·4무량·4무색정을 원만하게 하시며, 다시 8해탈·8승처·9차제정·10변처를 원만하게 하시며, 다시 4념주·4정단·4신족·5근·5력·7등각지·8성도지를 원만하게 하시고, 다시 공해탈문과 무상·무원의 해탈문을 원만하게 하시며, 다시 보살의 10지가 원만하게 하시고, 다시 5안과 6신통을 원만하게 하시느니라.

다시 여래의 10력과 4무소외·4무애해·대자·대비·대희·대사·18불불공법을 원만하게 하시고, 다시 무망실법·항주사성을 원만하게 하시며, 다시 일체지·도상지·일체상지를 원만하게 하시고, 다시 일체의 다라니문·일체의 삼마지문을 원만하게 하시며, 다시 일체의 보살마하살의 행을 원만하게 하시고, 다시 제불의 무상정등보리를 원만하게 하신다고 마땅히 알아야 하느니라.

다시 다음으로 선현이여. 시방세계의 제유정들을 위하여 현재 설법하시는 일체의 여래·응공·정등각께서도 역시 신력으로 이와 같은 선남자와 선여인 등을 가우하시면서, 그들이 이와 같은 반야바라밀다의 매우 깊은 경전을 듣고서 서사하고 수지하며 독송하고 사유하며 수습하고 연설하는 때에 마사가 없게 하시느니라.

선현이여. 시방세계의 불퇴전위(不退轉位)인 제보살마하살들도 신력으로 이와 같은 선남자와 선여인 등을 가우하시면서, 그들이 이와 같은 반야바라밀다의 매우 깊은 경전을 듣고서 서사하고 수지하며 독송하고 사유하며 수습하고 연설하는 때에 마사가 없게 하시느니라."

마하반야바라밀다경 제305권

41. 불모품(佛母品)(1)

세존께서 말씀하셨다.

"선현이여. 비유한다면 여인이 여러 아들을 낳아서 양육하였는데, 만약 5명이거나, 만약 10명이거나, 만약 20명이거나, 만약 30명이거나, 만약 40명이거나, 만약 50명이거나, 혹은 100명이거나, 만약 혹은 1,000명이었으며, 그 어머니가 병을 얻었다면 여러 아들들은 각각(各各) 정근(精勤)하여 의사와 치료(醫療)를 구하면서 '무엇이 우리들의 어머니가 마땅히 병이 없고 안락하게 장수(長壽)하며 몸에 여러 고통이 없고 마음은 슬픔과 걱정을 벗어나게 하겠는가?'라고 이렇게 생각을 지으면서 말하였고, 여러 아들들은 그때 각각 방편을 지어서 안락한 도구를 구하여 어머니의 몸을 덮어서 보호하면서 모기·등에·뱀·전갈·추위·더위·굶주림 등이 그녀의 처소와 접촉하여 번민이 침범하지 못하게 하고, 또한 여러 종류의 상묘(上妙)한 악기(樂具)로써 공경하고 공양하면서 '우리들 어머니께서는 자비로 우리들을 낳고서 양육하셨고 여러 종류의 세간의 일들을 가르쳐서 보여주셨는데, 우리들이 어찌 어머니의 은혜를 갚지 않겠습니까?'라고 이렇게 말을 짓느니라.

선현이여. 여래·응공·정등각께서도 역시 다시 이와 같아서 항상 불안(佛眼)으로써 매우 깊은 반야바라밀다를 관찰(觀視)하시고 호념(護念)하시느니라. 왜 그러한가? 선현이여. 매우 깊은 반야바라밀다는 능히 우리들의 일체의 불법(佛法)을 생겨나게 하셨고, 능히 세간에 제법의 실상(實

相)을 보여주셨느니라. 시방세계의 현재에 설법하시는 일체의 여래·응공·정등각께서도 역시 불안으로써 매우 깊은 반야바라밀다를 항상 관찰하시고 호념하시느니라. 왜 그러한가? 선현이여. 매우 깊은 반야바라밀다는 능히 제불의 일체의 공덕을 생겨나게 하셨고, 능히 세간에 제법의 실상을 보여주셨느니라.

오히려 이러한 인연으로 우리들의 제불은 항상 불안으로써 매우 깊은 반야바라밀다를 관찰하시고 호념하면서 그 은혜에 보답하기 위하여 잠시도 버려두지 않느니라. 왜 그러한가? 선현이여. 일체의 여래·응공·정등각의 반야·정려·정진·안인·정계·보시바라밀다는 모두가 오히려 이와 같은 매우 깊은 반야바라밀다를 얻는다면 나타나는 까닭이고, 일체의 내공·외공·내외공·공공·대공·승의공·유위공·무위공·필경공·무제공·산공·무변이공·본성공·자상공·공상공·일체법공·불가득공·무성공·자성공·무성자성공도 모두가 이와 같은 매우 깊은 반야바라밀다를 얻는다면 나타나는 까닭이니라.

일체의 진여·법계·법성·불허망성·불변이성·평등성·이생성·법정·법주·실제·허공계·부사의계도 오히려 이와 같은 매우 깊은 반야바라밀다를 얻는다면 나타나는 까닭이고, 일체의 고성제와 집·멸·도성제도 오히려 이와 같은 매우 깊은 반야바라밀다를 얻는다면 나타나는 까닭이며, 4정려·4무량·4무색정도 오히려 이와 같은 매우 깊은 반야바라밀다를 얻는다면 나타나는 까닭이고, 일체의 8해탈·8승처·9차제정·10변처도 오히려 이와 같은 매우 깊은 반야바라밀다를 얻는다면 나타나는 까닭이니라.

일체의 4념주·4정단·4신족·5근·5력·7등각지·8성도지도 오히려 이와 같은 매우 깊은 반야바라밀다를 얻는다면 나타나는 까닭이고, 일체의 공해탈문과 무상·무원해탈문도 오히려 이와 같은 매우 깊은 반야바라밀다를 얻는다면 나타나는 까닭이며, 일체의 보살의 10지도 오히려 이와 같은 매우 깊은 반야바라밀다를 얻는다면 나타나는 까닭이고, 일체의 5안·6신통도 오히려 이와 같은 매우 깊은 반야바라밀다를 얻는다면 나타나는 까닭이며, 일체의 여래의 10력·4무소외·4무애해·대자·대비·대희·

대사·18불불공법도 오히려 이와 같은 매우 깊은 반야바라밀다를 얻는다면 나타나는 까닭이니라.

일체의 무망실법과 항주사성도 오히려 이와 같은 매우 깊은 반야바라밀다를 얻는다면 나타나는 까닭이고, 일체의 일체지·도상지·일체상지도 오히려 이와 같은 매우 깊은 반야바라밀다를 얻는다면 나타나는 까닭이며, 일체의 다라니문·일체의 삼마지문도 오히려 이와 같은 매우 깊은 반야바라밀다를 얻는다면 나타나는 까닭이고, 일체의 예류·예류과·일래·일래과·불환·불환과·아라한·아라한과도 오히려 이와 같은 매우 깊은 반야바라밀다를 얻는다면 나타나는 까닭이니라.

일체의 독각·독각의 보리도 오히려 이와 같은 매우 깊은 반야바라밀다를 얻는다면 나타나는 까닭이고, 일체의 보살마하살과 제보살마하살의 행도 오히려 이와 같은 매우 깊은 반야바라밀다를 얻는다면 나타나는 까닭이며, 일체의 여래·응공·정등각과 제불의 무상정등보리(無上正等菩提)도 오히려 이와 같은 매우 깊은 반야바라밀다를 얻는다면 나타나는 까닭이니라.

선현이여. 일체의 여래·응공·정등각께서 이미 무상정등보리를 증득하셨고, 지금도 무상정등보리를 증득하시며, 마땅히 무상정등보리를 증득하실 것이니, 모두가 이와 같은 매우 깊은 반야바라밀다를 인연하시느니라. 오히려 이러한 인연으로 매우 깊은 반야바라밀다는 제여래에게 큰 은덕(恩德)이 있느니라. 이러한 까닭으로 제불은 항상 불안으로써 매우 깊은 반야바라밀다를 관찰하고 호념하시느니라.

선현이여. 보살승에 안주하는 여러 선남자와 선여인 등이 만약 매우 깊은 반야바라밀다를 듣고서 서사하고 수지하며 독송하고 수습하며 사유하고 다른 사람을 위하여 연설한다면, 시방세계(十方世界)의 여래·응공·정등각께서는 항상 불안으로써 관찰하시고 호념하시면서 그의 몸과 마음이 항상 안락함을 얻게 하고 수습하는 것의 선업(善業)에 여러 장애가 없게 하시느니라.

선현이여. 보살승에 안주하는 여러 선남자와 선여인 등이 만약 매우 깊은 반야바라밀다를 듣고서 서사하고 수지하며 독송하고 수습하며 사유하고 다른 사람을 위하여 연설한다면, 시방세계의 일체여래·응공·정등각께서도 모두가 함께 호념하시면서 무상정등보리에서 불퇴전(不退轉)을 증득하게 하시느니라.”

그때 구수 선현이 세존께 아뢰어 말하였다.

“세존께서 설하시는 것과 같이, 매우 깊은 반야바라밀다는 능히 제불을 출생시키고, 매우 깊은 반야바라밀다가 능히 세간에 제법의 실상을 나타냅니다. 세존이시여. 어찌 매우 깊은 반야바라밀다가 제불을 출생시킨다고 말합니까? 어찌 매우 깊은 반야바라밀다가 세간에 제법의 실상을 나타낸다고 말합니까? 어찌 제불은 매우 깊은 반야바라밀다에서 출생한다고 말합니까? 어찌 제불께서 세간의 모습을 설한다고 말합니까?”

세존께서 말씀하셨다.

“선현이여. 매우 깊은 반야바라밀다는 일체의 여래·응공·정등각께서 소유한 5안·6신통이거나, 만약 여래의 10력·4무소외·4무애해·대자·대비·대희·대사·18불불공법이거나, 만약 무망실법·항주사성·일체지·도상지·일체상지를 능히 출생시키느니라. 선현이여. 이와 같은 무량하고 무변한 제불의 공덕은 모두가 매우 깊은 반야바라밀다를 쫓아서 출생하고, 오히려 이와 같은 제불의 공덕을 얻는 까닭으로 세존(佛)이라고 이름하며, 매우 깊은 반야바라밀다가 이와 같은 제불의 공덕을 능히 출생시키는데, 오히려 이것을 까닭으로 능히 제불을 출생시킨다고 설하며, 역시 제불은 매우 깊은 반야바라밀다를 쫓아서 출생한다고 설하느니라. 선현이여. 매우 깊은 반야바라밀다가 능히 세간에 제법의 실상을 보여주는데 이를테면, 능히 세간의 5온(五蘊)의 실상을 보여주므로, 일체의 여래·응공·정등각도 역시 세간의 5온의 실상을 설하시느니라.”

“세존이시여. 어찌하여 제불의 매우 깊은 반야바라밀다는 세간에 5온의 실상을 설하면서 나타냅니까?”

“선현이여. 제불의 반야바라밀다는 함께 5온에 생성(生成)이 있고 파괴가 있으며 생겨남이 있고 소멸함이 있으며 염오가 있고 청정함이 있으며 증장이 있고 감소가 있으며 들어감이 있고 나옴이 있다고 설하여 보여주지 않고, 함께 5온에 과거가 있으며 미래가 있고 현재가 있으며, 선(善)이 있고 불선(不善)이 있으며 무기(無記)가 있고, 욕계의 계박(繫縛)이 있으며 색계의 계박이 있고 무색계의 계박이 있다고 설하면서 나타내지 않느니라.

그 까닭은 무엇인가? 선현이여. 여러 공법(空法)에는 생성이 있거나 파괴가 있지 않고, 무상법(無相法)에도 생성이 있거나 파괴가 있지 않으며, 무원법(無願法)에도 생성이 있거나 파괴가 있지 않고, 무작법(無作法)에도 생성이 있거나 파괴가 있지 않으며, 무생멸법(無生滅法)에도 생성이 있거나 파괴가 있지 않고, 무체성법(無體性法)에도 생성이 있거나 파괴가 있지 않느니라. 선현이여. 제불의 반야바라밀다는 이와 같이 5온의 실상을 설하면서 나타내는데, 이러한 5온의 상(相)이 곧 세간이니라. 이러한 까닭으로 세간도 역시 생성·파괴·생겨남·소멸 등의 상이 없느니라.

다시 다음으로 선현이여. 일체의 여래·응공·정등각께서는 모두 반야바라밀다에 의지하여 제유정의 부류들의 무량하고 무수한 심행(心行)[1]의 차별을 널리 능히 증득하시어 아셨느니라. 그렇지만 이 반야바라밀다의 매우 깊은 이치의 가운데에는 유정(有情)이 없고 유정이라고 시설(施設)하여 얻을 수 없으며, 색(色)이 없으므로 색이라고 시설하여 얻을 수 없고, 수(受)·상(想)·행(行)·식(識)이 없으므로 수·상·행·식이라고 시설하여 얻을 수 없느니라.

안처(眼處)가 없으므로 안처라고 시설하여 얻을 수 없고, 이(耳)·비(鼻)·설(舌)·신(身)·의처(意處)가 없으므로 이·비·설·신·의처를 시설하여 얻을 수 없으며, 색처(色處)가 없으므로 색처라고 시설하여 얻을 수 없고, 성(聲)·향(香)·미(味)·촉(觸)·법처(法處)가 없으므로 성·향·미·촉·법처라고 시설하여 얻을 수 없느니라.

1) '마음의 작용' 또는 '마음의 상태'인 마음에 일어나는 분별이나 망상을 가리킨다.

안계(眼界)가 없으므로 안계라고 시설하여 얻을 수 없고, 색계(色界)·안식계(眼識界), …… 나아가 …… 안촉(眼觸)·안촉을 인연으로 생겨난 여러 수(受)가 없으므로 색계, 나아가 안촉을 인연으로 생겨난 여러 수이라고 시설하여 얻을 수 없으며, 이계(耳界)가 없으므로 이계라고 시설하여 얻을 수 없고, 성계(聲界)·이식계(耳識界), …… 나아가 …… 이촉(耳觸)·이촉을 인연으로 생겨난 여러 수가 없으므로 성계, 나아가 이촉을 인연으로 생겨난 여러 수를 시설하여 얻을 수 없느니라.

비계(鼻界)가 없으므로 비계라고 시설하여 얻을 수 없고, 향계(香界)·비식계(鼻識界), …… 나아가 …… 비촉(鼻觸)·비촉을 인연으로 생겨난 여러 수가 없으므로 향계, 나아가 비촉을 인연으로 생겨난 여러 수이라고 시설하여 얻을 수 없으며, 설계(舌界)가 없으므로 설계라고 시설하여 얻을 수 없고, 미계(味界)·설식계(舌識界), …… 나아가 …… 설촉(舌觸)·설촉을 인연으로 생겨난 여러 수가 없으므로 미계, 나아가 설촉을 인연으로 생겨난 여러 수이라고 시설하여 얻을 수 없느니라.

신계(身界)가 없으므로 신계라고 시설하여 얻을 수 없고, 촉계(觸界)·신식계(身識界), …… 나아가 …… 신촉(身觸)·신촉을 인연으로 생겨난 여러 수가 없으므로 촉계, 나아가 신촉을 인연으로 생겨난 여러 수이라고 시설하여 얻을 수 없으며, 의계(意界)가 없으므로 의계라고 시설하여 얻을 수 없고, 법계(法界)·의식계(意識界), …… 나아가 …… 의촉(意觸)·의촉을 인연으로 생겨난 여러 수가 없으므로 법계, 나아가 의촉을 인연으로 생겨난 여러 수이라고 시설하여 얻을 수 없느니라.

지계(地界)가 없으므로 지계라고 시설하여 얻을 수 없고, 수(水)·화(火)·풍(風)·공(空)·식계(識界)가 없으므로 수·화·풍·공·식계라고 시설하여 얻을 수 없으며, 무명(無明)이 없으므로 무명이라고 시설하여 얻을 수 없고, 행(行)·식(識)·명색(名色)·육처(六處)·촉(觸)·수(受)·애(愛)·취(取)·유(有)·생(生)·노사(老死)의 수탄고우뇌(愁歎苦憂惱)가 없으므로 행, 나아가 노사의 수탄고우뇌라고 시설하여 얻을 수 없느니라.

보시바라밀다(布施波羅蜜多)가 없으므로 보시바라밀다이라고 시설하

여 얻을 수 없고, 정계(淨戒)·안인(安忍)·정진(精進)·정려(靜慮)·반야바라
밀다(般若波羅蜜多)가 없으므로 정계, 나아가 반야바라밀다라고 시설하여
얻을 수 없으며, 내공(內空)이 없으므로 내공이라고 시설하여 얻을 수
없으며, 외공(外空)·내외공(內外空)·공공(空空)·대공(大空)·승의공(勝義
空)·유위공(有爲空)·무위공(無爲空)·필경공(畢竟空)·무제공(無際空)·산
공(散空)·무변이공(無變異空)·본성공(本性空)·자상공(自相空)·공상공(共
相空)·일체법공(一切法空)·불가득공(不可得空)·무성공(無性空)·자성공
(自性空)·무성자성공(無性自性空)이 없으므로 외공, 나아가 무성자성공이
라고 시설하여 얻을 수 없느니라.

진여(眞如)가 없으므로 진여라고 시설하여 얻을 수 없고, 법계(法界)·법
성(法性)·불허망성(不虛妄性)·불변이성(不變異性)·평등성(平等性)·이생
성(離生性)·법정(法定)·법주(法住)·실제(實際)·허공계(虛空界)·부사의계
(不思議界)가 없으므로 법계, 나아가 부사의계라고 시설하여 얻을 수
없으며, 고성제(苦聖諦)가 없으므로 고성제라고 시설하여 얻을 수 없고,
집(集)·멸(滅)·도성제(道聖諦)가 없고 집·멸·도성제라고 시설하여 얻을
수 없느니라.

4정려(四靜慮)가 없으므로 4정려라고 시설하여 얻을 수 없고, 4무량(四
無量)·4무색정(四無色定)이 없으므로 4무량·4무색정이라고 시설하여 얻
을 수 없으며, 8해탈(八解脫)이 없으므로 8해탈이라고 시설하여 얻을
수 없고, 8승처(八勝處)·9차제정(九次第定)·10변처(十遍處)가 없고 8승처·
9차제정·10변처라고 시설하여 얻을 수 없느니라.

4념주(四念住)가 없으므로 4념주라고 시설하여 얻을 수 없고, 4정단(四
正斷)·4신족(四神足)·5근(五根)·5력(五力)·7등각지(七等覺支)·8성도지
(八聖道支)가 없으므로 4정단, 나아가 8성도지라고 시설하여 얻을 수
없으며, 공해탈문(空解脫門)이 없으므로 공해탈문이라고 시설하여 얻을
수 없고, 무상(無相)·무원해탈문(無願解脫門)이 없으므로 무상·무원해탈
문이라고 시설하여 얻을 수 없으며, 보살(菩薩)의 10지(十地)가 없으므로
보살의 10지라고 시설하여 얻을 수 없느니라.

5안(五眼)이 없으므로 5안이라고 시설하여 얻을 수 없고, 6신통(六神通)
이 없으므로 6신통이라고 시설하여 얻을 수 없으며, 여래(佛)의 10력(十力)
이 없으므로 여래의 10력이라고 시설하여 얻을 수 없고, 4무소외(四無所畏)
·4무애해(四無礙解)·대자(大慈)·대비(大悲)·대희(大喜)·대사(大捨)·18불
불공법(十八佛不共法)이 없으므로 4무소외, 나아가 18불불공법이라고 시
설하여 얻을 수 없느니라.

무망실법(無忘失法)이 없으므로 무망실법이라고 시설하여 얻을 수 없
고, 항주사성(恒住捨性)이 없으므로 항주사성이라고 시설하여 얻을 수
없으며, 일체지(一切智)가 없으므로 일체지라고 시설하여 얻을 수 없으며,
도상지(道相智)·일체상지(一切相智)가 없으므로 도상지·일체상지라고 시
설하여 얻을 수 없느니라.

일체(一切)의 다라니문(陀羅尼門)이 없으므로 일체의 다라니문이라고
시설하여 얻을 수 없고, 일체의 삼마지문(三摩地門)이 없으므로 일체의
삼마지문이라고 시설하여 얻을 수 없으며, 예류과(預流果)가 없으므로
예류과라고 시설하여 얻을 수 없고, 일래(一來)·불환(不還)·아라한과(阿羅
漢果)가 없으므로 일래·불환·아라한과라고 시설하여 얻을 수 없느니라.

독각(獨覺)의 보리(菩提)가 없으므로 독각의 보리라고 시설하여 얻을
수 없고, 일체의 보살마하살(菩薩摩訶薩)의 행(行)이 없으므로 일체의
보살마하살의 행이라고 시설하여 얻을 수 없으며, 제불(諸佛)의 무상정등
보리(無上正等菩提)가 없으므로 제불의 무상정등보리라고 시설하여 얻을
수 없느니라. 선현이여. 제불의 반야바라밀다는 이와 같이 세간의 실상을
설하면서 나타내느니라."

"선현이여. 그렇지만 이 반야바라밀다의 매우 깊은 이치의 가운데에
서는 색을 시현(示現)[2]하지 않고 수·상·행·식도 시현하지 않느니라.
왜 그러한가? 선현이여. 이와 같은 반야바라밀다의 매우 깊은 이치의

---

[2] 불·보살이 중생을 구제하기 위하여 다양한 형태로 변화하여 나타나는 것이다.

가운데에서는 매우 깊은 반야바라밀다도 오히려 무소유(無所有)이고 얻을 수 없는데(不可得), 하물며 색과 수·상·행·식이 있어서 시현하는 것을 얻겠는가!

이와 같은 반야바라밀다의 매우 깊은 이치의 가운데에서는 안처를 시현하지 않고 이·비·설·신·의처도 시현하지 않느니라. 왜 그러한가? 선현이여. 이와 같은 반야바라밀다의 매우 깊은 이치의 가운데에서는 매우 깊은 반야바라밀다도 오히려 무소유이고 얻을 수 없는데, 하물며 안처와 이·비·설·신·의처가 있어서 시현하는 것을 얻겠는가!

이와 같은 반야바라밀다의 매우 깊은 이치의 가운데에서는 색처를 시현하지 않고 성·향·미·촉·법처도 시현하지 않느니라. 왜 그러한가? 선현이여. 이와 같은 반야바라밀다의 매우 깊은 이치의 가운데에서는 매우 깊은 반야바라밀다도 오히려 무소유이고 얻을 수 없는데, 하물며 색처와 성·향·미·촉·법처가 있어서 시현하는 것을 얻겠는가!

이와 같은 반야바라밀다의 매우 깊은 이치의 가운데에서는 안계를 시현하지 않고 색계·안식계, 나아가 안촉·안촉을 인연으로 생겨난 여러 수도 시현하지 않느니라. 왜 그러한가? 선현이여. 이와 같은 반야바라밀다의 매우 깊은 이치의 가운데에서는 매우 깊은 반야바라밀다도 오히려 무소유이고 얻을 수 없는데, 하물며 안계와 색계, 나아가 안촉을 인연으로 생겨난 여러 수가 있어서 시현하는 것을 얻겠는가!

이와 같은 반야바라밀다의 매우 깊은 이치의 가운데에서는 이계를 시현하지 않고 성계·이식계, 나아가 이촉·이촉을 인연으로 생겨난 여러 수도 시현하지 않느니라. 왜 그러한가? 선현이여. 이와 같은 반야바라밀다의 매우 깊은 이치의 가운데에서는 매우 깊은 반야바라밀다도 오히려 무소유이고 얻을 수 없는데, 하물며 이계와 성계, 나아가 이촉을 인연으로 생겨난 여러 수가 있어서 시현하는 것을 얻겠는가!

이와 같은 반야바라밀다의 매우 깊은 이치의 가운데에서는 비계를 시현하지 않고 향계·비식계, 나아가 비촉·비촉을 인연으로 생겨난 여러 수도 시현하지 않느니라. 왜 그러한가? 선현이여. 이와 같은 반야바라밀다의 매우 깊은 이치의 가운데에서는 매우 깊은 반야바라밀다도 오히려 무소유이고 얻을 수 없는데, 하물며 비계와 향계, 나아가 비촉을 인연으로 생겨난 여러 수가 있어서 시현하는 것을 얻겠는가!

이와 같은 반야바라밀다의 매우 깊은 이치의 가운데에서는 설계를 시현하지 않고 미계·설식계, 나아가 설촉·설촉을 인연으로 생겨난 여러 수도 시현하지 않느니라. 왜 그러한가? 선현이여. 이와 같은 반야바라밀다의 매우 깊은 이치의 가운데에서는 매우 깊은 반야바라밀다도 오히려 무소유이고 얻을 수 없는데, 하물며 설계와 미계, 나아가 설촉을 인연으로 생겨난 여러 수가 있어서 시현하는 것을 얻겠는가!

이와 같은 반야바라밀다의 매우 깊은 이치의 가운데에서는 신계를 시현하지 않고 촉계·신식계, 나아가 신촉·신촉을 인연으로 생겨난 여러 수도 시현하지 않느니라. 왜 그러한가? 선현이여. 이와 같은 반야바라밀다의 매우 깊은 이치의 가운데에서는 매우 깊은 반야바라밀다도 오히려 무소유이고 얻을 수 없는데, 하물며 신계와 촉계, 나아가 신촉을 인연으로 생겨난 여러 수가 있어서 시현하는 것을 얻겠는가!

이와 같은 반야바라밀다의 매우 깊은 이치의 가운데에서는 의계를 시현하지 않고 법계·의식계, 나아가 의촉·의촉을 인연으로 생겨난 여러 수도 시현하지 않느니라. 왜 그러한가? 선현이여. 이와 같은 반야바라밀다의 매우 깊은 이치의 가운데에서는 매우 깊은 반야바라밀다도 오히려 무소유이고 얻을 수 없는데, 하물며 의계와 법계, 나아가 의촉을 인연으로 생겨난 여러 수가 있어서 시현하는 것을 얻겠는가!

이와 같은 반야바라밀다의 매우 깊은 이치의 가운데에서는 지계를 시현하지 않고 수·화·풍·공·식계도 시현하지 않느니라. 왜 그러한가? 선현이여. 이와 같은 반야바라밀다의 매우 깊은 이치의 가운데에서는 매우 깊은 반야바라밀다도 오히려 무소유이고 얻을 수 없는데, 하물며 지계와 수·화·풍·공·식계가 있어서 시현하는 것을 얻겠는가!

이와 같은 반야바라밀다의 매우 깊은 이치의 가운데에서는 무명을 시현하지 않고 행·식·명색·육처·촉·수·애·취·유·생·노사의 수탄고우뇌

도 시현하지 않느니라. 왜 그러한가? 선현이여. 이와 같은 반야바라밀다
의 매우 깊은 이치의 가운데에서는 매우 깊은 반야바라밀다도 오히려
무소유이고 얻을 수 없는데, 하물며 무명, 나아가 노사의 수탄고우뇌가
있어서 시현하는 것을 얻겠는가!

이와 같은 반야바라밀다의 매우 깊은 이치의 가운데에서는 보시바라밀
다를 시현하지 않고 정계·안인·정진·정려·반야바라밀다도 시현하지 않
느니라. 왜 그러한가? 선현이여. 이와 같은 반야바라밀다의 매우 깊은
이치의 가운데에서는 매우 깊은 반야바라밀다도 오히려 무소유이고 얻을
수 없는데, 하물며 보시바라밀다와 나아가 반야바라밀다가 있어서 시현하
는 것을 얻겠는가!

이와 같은 반야바라밀다의 매우 깊은 이치의 가운데에서는 내공을
시현하지 않고 외공·내외공·공공·대공·승의공·유위공·무위공·필경공·
무제공·산공·무변이공·본성공·자상공·공상공·일체법공·불가득공·무
성공·자성공·무성자성공도 시현하지 않느니라. 왜 그러한가? 선현이여.
이와 같은 반야바라밀다의 매우 깊은 이치의 가운데에서는 매우 깊은
반야바라밀다도 오히려 무소유이고 얻을 수 없는데, 하물며 내공, 나아가
무성자성공이 있어서 시현하는 것을 얻겠는가!

이와 같은 반야바라밀다의 매우 깊은 이치의 가운데에서는 진여를
시현하지 않고 법계·법성·불허망성·불변이성·평등성·이생성·법정·법
주·실제·허공계·부사의계도 시현하지 않느니라. 왜 그러한가? 선현이
여. 이와 같은 반야바라밀다의 매우 깊은 이치의 가운데에서는 매우
깊은 반야바라밀다도 오히려 무소유이고 얻을 수 없는데, 하물며 진여,
나아가 부사의계가 있어서 시현하는 것을 얻겠는가!

이와 같은 반야바라밀다의 매우 깊은 이치의 가운데에서는 고성제를
시현하지 않고 집·멸·도성제도 시현하지 않느니라. 왜 그러한가? 선현이
여. 이와 같은 반야바라밀다의 매우 깊은 이치의 가운데에서는 매우
깊은 반야바라밀다도 오히려 무소유이고 얻을 수 없는데, 하물며 고성제
와 나아가 집·멸·도성제가 있어서 시현하는 것을 얻겠는가!

이와 같은 반야바라밀다의 매우 깊은 이치의 가운데에서는 4정려를 시현하지 않고 4무량·4무색정도 시현하지 않느니라. 왜 그러한가? 선현이여. 이와 같은 반야바라밀다의 매우 깊은 이치의 가운데에서는 매우 깊은 반야바라밀다도 오히려 무소유이고 얻을 수 없는데, 하물며 4정려·4무량·4무색정이 있어서 시현하는 것을 얻겠는가!

이와 같은 반야바라밀다의 매우 깊은 이치의 가운데에서는 8해탈을 시현하지 않고 8승처·9차제정·10변처도 시현하지 않느니라. 왜 그러한가? 선현이여. 이와 같은 반야바라밀다의 매우 깊은 이치의 가운데에서는 매우 깊은 반야바라밀다도 오히려 무소유이고 얻을 수 없는데, 하물며 8해탈·8승처·9차제정·10변처가 있어서 시현하는 것을 얻겠는가!

이와 같은 반야바라밀다의 매우 깊은 이치의 가운데에서는 4념주를 시현하지 않고 4정단·4신족·5근·5력·7등각지·8성도지도 시현하지 않느니라. 왜 그러한가? 선현이여. 이와 같은 반야바라밀다의 매우 깊은 이치의 가운데에서는 매우 깊은 반야바라밀다도 오히려 무소유이고 얻을 수 없는데, 하물며 4념주, 나아가 8성도지가 있어서 시현하는 것을 얻겠는가!

이와 같은 반야바라밀다의 매우 깊은 이치의 가운데에서는 공해탈문을 시현하지 않고 무상·무원해탈문도 시현하지 않느니라. 왜 그러한가? 선현이여. 이와 같은 반야바라밀다의 매우 깊은 이치의 가운데에서는 매우 깊은 반야바라밀다도 오히려 무소유이고 얻을 수 없는데, 하물며 공해탈문과 무상·무원해탈문이 있어서 시현하는 것을 얻겠는가!

이와 같은 반야바라밀다의 매우 깊은 이치의 가운데에서는 보살의 10지를 시현하지 않느니라. 왜 그러한가? 선현이여. 이와 같은 반야바라밀다의 매우 깊은 이치의 가운데에서는 매우 깊은 반야바라밀다도 오히려 무소유이고 얻을 수 없는데, 하물며 보살의 10지가 있어서 시현하는 것을 얻겠는가!

이와 같은 반야바라밀다의 매우 깊은 이치의 가운데에서는 5안을 시현하지 않고 6신통도 시현하지 않느니라. 왜 그러한가? 선현이여. 이와 같은 반야바라밀다의 매우 깊은 이치의 가운데에서는 매우 깊은 반야바라밀다도 오히려 무소유이고 얻을 수 없는데, 하물며 5안·6신통이 있어서 시현하는 것을 얻겠는가!

이와 같은 반야바라밀다의 매우 깊은 이치의 가운데에서는 여래의 10력을 시현하지 않고 4무소외·4무애해·대자·대비·대희·대사·18불불공법도 시현하지 않느니라. 왜 그러한가? 선현이여. 이와 같은 반야바라밀다의 매우 깊은 이치의 가운데에서는 매우 깊은 반야바라밀다도 오히려 무소유이고 얻을 수 없는데, 하물며 여래의 10력, 나아가 18불불공법이 있어서 시현하는 것을 얻겠는가!

이와 같은 반야바라밀다의 매우 깊은 이치의 가운데에서는 무망실법을 시현하지 않고 항주사성도 시현하지 않느니라. 왜 그러한가? 선현이여. 이와 같은 반야바라밀다의 매우 깊은 이치의 가운데에서는 매우 깊은 반야바라밀다도 오히려 무소유이고 얻을 수 없는데, 하물며 무망실법·항주사성이 있어서 시현하는 것을 얻겠는가!

이와 같은 반야바라밀다의 매우 깊은 이치의 가운데에서는 일체지를 시현하지 않고 도상지·일체상지도 시현하지 않느니라. 왜 그러한가? 선현이여. 이와 같은 반야바라밀다의 매우 깊은 이치의 가운데에서는 매우 깊은 반야바라밀다도 오히려 무소유이고 얻을 수 없는데, 하물며 일체지와 도상지·일체상지가 있어서 시현하는 것을 얻겠는가!

이와 같은 반야바라밀다의 매우 깊은 이치의 가운데에서는 일체의 다라니문을 시현하지 않고 일체의 삼마지문도 시현하지 않느니라. 왜 그러한가? 선현이여. 이와 같은 반야바라밀다의 매우 깊은 이치의 가운데에서는 매우 깊은 반야바라밀다도 오히려 무소유이고 얻을 수 없는데, 하물며 일체의 다라니문·일체의 삼마지문이 있어서 시현하는 것을 얻겠는가!

이와 같은 반야바라밀다의 매우 깊은 이치의 가운데에서는 예류과를 시현하지 않고 일래·불환·아라한과도 시현하지 않느니라. 왜 그러한가? 선현이여. 이와 같은 반야바라밀다의 매우 깊은 이치의 가운데에서는

매우 깊은 반야바라밀다도 오히려 무소유이고 얻을 수 없는데, 하물며
일체의 예류과와 일래·불환·아라한과가 있어서 시현하는 것을 얻겠는가!

　이와 같은 반야바라밀다의 매우 깊은 이치의 가운데에서는 독각의
보리를 시현하지 않느니라. 왜 그러한가? 선현이여. 이와 같은 반야바라
밀다의 매우 깊은 이치의 가운데에서는 매우 깊은 반야바라밀다도 오히려
무소유이고 얻을 수 없는데, 하물며 독각의 보리가 있어서 시현하는
것을 얻겠는가!

　이와 같은 반야바라밀다의 매우 깊은 이치의 가운데에서는 일체의
보살마하살의 행을 시현하지 않느니라. 왜 그러한가? 선현이여. 이와
같은 반야바라밀다의 매우 깊은 이치의 가운데에서는 매우 깊은 반야바라
밀다도 오히려 무소유이고 얻을 수 없는데, 하물며 일체의 보살마하살의
행이 있어서 시현하는 것을 얻겠는가!

　이와 같은 반야바라밀다의 매우 깊은 이치의 가운데에서는 제불의
무상정등보리를 시현하지 않느니라. 왜 그러한가? 선현이여. 이와 같은
반야바라밀다의 매우 깊은 이치의 가운데에서는 매우 깊은 반야바라밀다
도 오히려 무소유이고 얻을 수 없는데, 하물며 제불의 무상정등보리가
있어서 시현하는 것을 얻겠는가!"

　"다시 다음으로 선현이여. 일체의 유정들에게 언설(言說)[3]로 시설(施
設)하였거나, 만약 유색(有色)이거나, 만약 무색(無色)이거나, 만약 유상(有
想)이거나, 만약 무상(無想)이거나, 만약 비유상(非有想)이거나, 만약 비무
상(非無想)이거나, 만약 이 세계이거나, 만약 나머지 시방(十方)의 일체세
계의 이러한 제유정의 부류들이 다스렸던 마음(略心)이거나, 만약 산란(散
亂)스러운 마음(散心) 등을 일체의 여래·응공·정등각께서는 매우 깊은
반야바라밀다에 의지하여 모두 여실(如實)[4]하게 아시느니라."

---

　3) 첫째는 산스크리트어 vāc의 번역으로 '말 또는 언어'의 뜻이 있고, 둘째는 산스크리
　　트어 deśanā의 번역으로 '언어로 표현된 가르침' 또는 '스스로가 체득한 깨달음에
　　대한 가르침'의 뜻이 있는데, 본 번역에서는 뒤의 의미가 합당하다고 생각된다.

"세존이시여. 어찌하여 여래·응공·정등각께서는 그 제유정의 부류들이 다스렸던 마음이거나, 산란스러운 마음을 여실하게 아십니까?"

"선현이여. 일체의 여래·응공·정등각께서는 오히려 법성(法性)을 까닭으로 그 제유정의 부류들이 다스렸던 마음이거나, 산란스러운 마음을 여실하게 아시느니라."

"세존이시여. 어찌하여 여래·응공·정등각께서는 오히려 법성을 까닭으로 그 유정들이 다스렸던 마음이거나, 산란스러운 마음을 여실하게 아십니까?"

"선현이여. 일체의 여래·응공·정등각께서는 법성의 가운데에서 오히려 얻을 수 없다고 여실하게 아시는데, 하물며 다스려진 마음이거나, 산란스러운 마음이 있겠는가? 선현이여. 이와 같이 여래·응공·정등각께서는 오히려 법성을 까닭으로 그 제유정의 부류들이 다스렸던 마음이거나, 산란스러운 마음을 여실하게 아시느니라.

다시 다음으로 선현이여. 일체의 여래·응공·정등각께서는 오히려 끝마쳤던(盡) 까닭으로, 염오를 벗어나셨던(離染) 까닭으로, 소멸시켰던(滅) 까닭으로, 단절하셨던(斷) 까닭으로, 적정(寂靜)하셨던 까닭으로, 멀리 벗어나셨던(遠離) 까닭으로, 그 제유정의 부류들이 다스렸던 마음이거나, 산란스러운 마음을 여실하게 아시느니라."

"세존이시여. 어찌 여래·응공·정등각께서는 오히려 끝마쳤던 까닭으로, 염오를 벗어나셨던 까닭으로, 소멸시켰던 까닭으로, 단절하셨던 까닭으로, 적정하셨던 까닭으로, 멀리 벗어나셨던 까닭으로, 그 제유정의 부류들이 다스렸던 마음이거나, 산란스러운 마음을 여실하게 아신다고 말합니까?"

"선현이여. 일체의 여래·응공·정등각께서는 오히려 끝마쳤고 염오를 벗어나셨으며 소멸시켰고 단절하셨으며, 적정하셨고 멀리 벗어나셨던 가운데에서 끝마쳤던 등의 자성(自性)도 오히려 얻을 수 없다고 여실하게

---

4) 산스크리트어 tathatā의 번역이다. '모든 현상을 있는 실제의 모습', '차별을 벗어난 실제의 모습'을 가리킨다.

아시는데, 하물며 다스렸던 마음이거나, 산란스러운 마음이 있겠는가?
선현이여. 이와 같이 여래·응공·정등각께서는 매우 깊은 반야바라밀다에
의지하여 오히려 끝마쳤던 등의 까닭으로, 그 제유정의 부류들이 다스렸
던 마음이거나, 산란스러운 마음을 여실하게 아시느니라.

　다시 다음으로 선현이여. 일체의 여래·응공·정등각께서는 매우 깊은
반야바라밀다에 의지하여 그 제유정의 부류들에게 탐심(貪心)이 있는가?
탐심을 벗어났는가? 진심(瞋心)이 있는가? 진심을 벗어났는가? 치심(癡
心)이 있는가? 치심을 벗어났는가를 여실하게 아시느니라."

　"세존이시여. 어찌 여래·응공·정등각께서는 그 제유정의 부류들에게
탐심이 있거나, 탐심을 벗어났거나, 진심이 있거나, 진심을 벗어났거나,
치심이 있거나, 치심을 벗어났는가를 여실하게 아신다고 말합니까?"

　"선현이여. 일체의 여래·응공·정등각께서는 그 제유정의 부류들에게
탐(貪)·진(瞋)·치심(癡心)이 있다고 여실하게 아시고, 자성에는 탐·진·치
심이 있지 않다고 여실하게 아시며, 탐·진·치심을 벗어나지 않았다고
여실하게 아시느니라. 왜 그러한가? 자성의 가운데에는 심(心)·심소법(心
所法)[5]도 오히려 얻을 수 없는데, 하물며 탐·진·치심이 있는 것이 있거나,
탐·진·치심을 벗어난 것이 있겠는가?

　선현이여. 일체의 여래·응공·정등각께서는 그 제유정의 부류들이 탐·
진·치심을 벗어난 여실한 자성이라고 여실하게 아시고, 탐·진·치심이
있지 않다고 여실하게 아시며, 탐·진·치심이 벗어나지 않았다고 여실하게
아시느니라. 왜 그러한가? 여실한 자성의 가운데에서는 심·심소법도
오히려 얻을 수 없는데, 하물며 탐·진·치심이 있거나, 탐·진·치심을 벗어
난 것이 있겠는가?

　선현이여. 이와 같이 여래·응공·정등각께서는 매우 깊은 반야바라밀다

---

5) 산스크리트어 caitasika의 번역이고, '마음과 상응(相應)하는 법'을 뜻하며, 마음의
　작용을 가리킨다. 세존께서 설하신 5온(五蘊)에서 수온(受蘊)·상온(想蘊)·행온(行
　蘊) 등이 있고, 설일체유부의 5위 75법의 법체계에서 5위의 가운데 심소법을
　가리킨다.

에 의지하여 그 제유정의 부류들에게 탐심이 있는가? 탐심을 벗어났는가? 진심이 있는가? 진심을 벗어났는가? 치심이 있는가? 치심을 벗어났는가를 여실하게 아시느니라.

다시 다음으로 선현이여. 일체의 여래·응공·정등각께서는 그 제유정의 부류들이 탐·진·치심이 있다고 여실하게 아시고, 탐·진·치심이 있지 않다고 여실하게 아시며, 탐·진·치심이 벗어나지 않았다고 여실하게 아시느니라. 왜 그러한가? 이와 같은 두 가지의 마음은 화합하지 않는 까닭이니라.

선현이여. 일체의 여래·응공·정등각께서는 그 제유정의 부류들이 탐·진·치심을 벗어났다고 여실하게 아시고, 탐·진·치심이 있지 않다고 여실하게 아시며, 탐·진·치심이 벗어나지 않았다고 여실하게 아시느니라. 왜 그러한가? 이와 같은 두 가지의 마음은 화합하지 않는 까닭이니라.

다시 다음으로 선현이여. 일체의 여래·응공·정등각께서는 매우 깊은 반야바라밀다에 의지하여 그 제유정의 부류들이 소유(所有)한 광심(廣心)을 여실하게 아시느니라."

"세존이시여. 어찌 여래·응공·정등각께서는 그 제유정의 부류들이 소유한 광심을 여실하게 안다고 말합니까?"

"선현이여. 일체의 여래·응공·정등각께서는 그 제유정의 부류들이 소유한 광심이 넓은 것이 없고 좁은 것도 없으며 증장하는 것도 없고 감소하는 것도 없으며 떠나가는 것도 없고 돌아오는 것도 없으며 마음의 자성(自性)을 벗어난 까닭으로 넓지 않고 좁지 않으며 증장하지 않고 감소하지 않으며 떠나가지 않고 돌아오지 않는다고 여실하게 아시느니라. 왜 그러한가? 마음의 자성은 무소유인 까닭으로, 무엇이 넓고 무엇이 좁으며 무엇이 증장하고 무엇이 감소하며 무엇이 떠나가고 무엇이 돌아오겠는가? 선현이여. 이와 같이 여래·응공·정등각께서는 매우 깊은 반야바라밀다에 의지하여 그 제유정의 부류들이 소유한 광심을 여실하게 아시느니라.

다시 다음으로 선현이여. 온갖 여래·응공·정등각께서는 매우 깊은

반야바라밀다에 의지하여 그 제유정의 부류들이 소유한 대심(大心)을
여실하게 아시느니라."

"세존이시여. 어찌 그 제유정의 부류들이 소유한 대심을 여실하게
아신다고 말합니까?"

"선현이여. 일체의 여래·응공·정등각께서는 그 제유정의 부류들이
소유한 대심이 떠나가는 것도 없고 돌아오는 것도 없으며 생겨나는 것도
없고 소멸하는 것도 없으며 머무르는 것도 없고 다른 것도 없으며 큰
것도 없고 작은 것도 없다고 여실하게 아시느니라. 왜 그러한가? 마음의
자성은 무소유인 까닭으로, 떠나가는 것도 아니고 돌아오는 것도 아니며
생겨나는 것도 아니고 소멸하는 것도 아니며 머무르는 것도 아니고 다른
것도 아니며 크지 않고 작지 않으니라. 선현이여. 이와 같이 여래·응공·정
등각께서는 매우 깊은 반야바라밀다에 의지하여 그 제유정의 부류들이
소유한 대심을 여실하게 아시느니라.

다시 다음으로 선현이여. 일체의 여래·응공·정등각께서는 그 제유정의
부류들이 소유한 무량심(無量心)을 여실하게 아시느니라."

"세존이시여. 어찌 여래·응공·정등각께서는 그 제유정의 부류들이
소유한 무량심을 여실하게 아신다고 말합니까?"

"선현이여. 일체의 여래·응공·정등각께서는 그 제유정의 부류들이
소유한 무량심이 머무르는 것도 아니고 머무르지 않는 것도 아니며 떠나가
는 것도 아니고 떠나가지 않는 것도 아니라고 여실하게 아시느니라.
왜 그러한가? 무량심의 성품은 무루(無漏)이고 의지(依)도 없는데, 어찌
머무르거나 머무르지 않는 것이 있으며 떠나가거나 떠나가지 않는 것이
있다고 말할 수 있겠는가? 선현이여. 이와 같이 여래·응공·정등각께서는
매우 깊은 반야바라밀다에 의지하여 그 제유정의 부류들이 소유한 무량심
을 여실하게 아시느니라.

다시 다음으로 선현이여. 일체의 여래·응공·정등각께서는 그 제유정의
부류들이 소유한 무견(無見)의 무대심(無對心)을 여실하게 아시느니라."

"세존이시여. 어찌 여래·응공·정등각께서는 그 제유정의 부류들이

소유한 무견의 무대심을 여실하게 아신다고 말합니까?"

"선현이여. 일체의 여래·응공·정등각께서는 그 제유정의 부류들이 소유한 무견의 무대심이 모두 무심(無心)의 상(相)이라고 여실하게 아시느니라. 왜 그러한가? 일체 마음으로써 자상(自相)은 공(空)한 까닭이니라. 선현이여. 이와 같이 여래·응공·정등각께서는 매우 깊은 반야바라밀다에 의지하여 그 제유정의 부류들이 소유한 무견의 무대심을 여실하게 아시느니라.

다시 다음으로 선현이여. 일체의 여래·응공·정등각께서는 그 제유정의 부류들이 소유한 무색(無色)의 불가견심(不可見心)을 여실하게 아시느니라."

"세존이시여. 어찌 여래·응공·정등각께서는 그 제유정의 부류들이 소유한 무색의 불가견심을 여실하게 아신다고 말합니까?"

"선현이여. 일체의 여래·응공·정등각께서는 그 제유정의 부류들이 소유한 무색의 불가견심을 제불의 오안(五眼)으로 모두 능히 볼 수 없다고 여실하게 아시느니라. 왜 그러한가? 일체의 마음으로써 자성(自性)은 공한 까닭이니라. 선현이여. 이와 같이 여래·응공·정등각께서는 매우 깊은 반야바라밀다에 의지하여 그 제유정의 부류들이 소유한 무색의 불가견심을 여실하게 아시느니라.

다시 다음으로 선현이여. 일체의 여래·응공·정등각께서는 매우 깊은 반야바라밀다에 의지하여 그 제유정의 부류들에게 심·심소법이 나타나고(出) 감춰지며(沒) 굽혀지고(屈) 펼쳐지는(伸) 것을 사실대로 여실하게 아시느니라."

"세존이시여. 어찌 여래·응공·정등각께서는 그 제유정의 부류들에게 심·심소법이 나타나고 감춰지며 굽혀지고 펼쳐지는 것을 사실대로 여실하게 아신다고 말합니까?"

"선현이여. 일체의 여래·응공·정등각께서는 다른 제유정의 부류들이 나타나고 감춰지며 굽혀지고 펼쳐지는 심·심소법이 모두 색·수·상·행·식에 의지하여 생겨난다고 여실하게 아시느니라.

선현이여. 이와 같이 여래·응공·정등각께서는 매우 깊은 반야바라밀다

에 의지하여 다른 제유정의 부류들의 마음에 심·심소법이 만약 나타나거
나, 만약 감춰지거나, 만약 굽혀지거나, 만약 펼쳐지는 것을 여실하게
아시나니 이를테면, 여러 여래·응공·정등각께서는 다른 제유정들의 나타
나고 감춰지며 굽혀지고 펼쳐지는 심·심소법이 혹은 색에 의지하거나,
혹은 수·상·행·식에 의지하면서 '나(我)와 세간은 항상하다. 이것이 진실
이고 나머지는 모두 어리석고 허망하다.'라고 집착하였거나, 혹은 색에
의지하거나, 혹은 수·상·행·식에 의지하면서 '나와 세간은 무상하다.
이것이 진실이고 나머지는 모두 어리석고 허망하다.'라고 집착하였거나,
혹은 색에 의지하거나, 혹은 수·상·행·식에 의지하면서 '나와 세간은
역시 항상하거나 무상하다. 이것이 진실이고 나머지는 모두 어리석고
허망하다.'라고 집착하였거나, 혹은 색에 의지하거나, 혹은 수·상·행·식
에 의지하면서 '나와 세간은 역시 항상하지도 않고 무상하지도 않다.
이것이 진실이고 나머지는 모두 어리석고 허망하다.'라고 집착한다고
여실하게 아시느니라.

　혹은 색에 의지하거나, 혹은 수·상·행·식에 의지하면서 '나와 세간은
유변(有邊)[6]하다. 이것이 진실이고 나머지는 모두 어리석고 허망하다.'라
고 집착하였거나, 혹은 색에 의지하거나, 혹은 수·상·행·식에 의지하면서
'나와 세간은 무변(無邊)하다. 이것이 진실이고 나머지는 모두 어리석고
허망하다.'라고 집착하였거나, 혹은 색에 의지하거나, 혹은 수·상·행·식
에 의지하면서 '나와 세간은 역시 유변하거나 무변하다. 이것이 진실이고
나머지는 모두 어리석고 허망하다.'라고 집착하였거나, 혹은 색에 의지하
거나, 혹은 수·상·행·식에 의지하면서 '나와 세간은 역시 유변하지도
않고 무변하지도 않다. 이것이 진실이고 나머지는 모두 어리석고 허망하
다.'라고 집착한다고 여실하게 아시느니라.

　혹은 색에 의지하거나, 혹은 수·상·행·식에 의지하면서 '명자(命者)가
곧 몸이다. 이것이 진실이고 나머지는 모두 어리석고 허망하다.'라고

---

6) '경계가 끝이 있다.'는 뜻이다.

집착하였거나, 혹은 색에 의지하거나, 혹은 수·상·행·식에 의지하면서 '명자는 다른 몸이다. 이것이 진실이고 나머지는 모두 어리석고 허망하다.' 라고 집착한다고 여실하게 아시느니라.

혹은 색에 의지하거나, 혹은 수·상·행·식에 의지하면서 '여래는 사후(死後)에도 존재한다. 이것이 진실이고 나머지는 모두 어리석고 허망하다.'라고 집착하였거나, 혹은 색에 의지하거나, 혹은 수·상·행·식에 의지하면서 '여래는 사후에는 존재하지 않는다. 이것이 진실이고 나머지는 모두 어리석고 허망하다.'라고 집착하였거나, 혹은 색에 의지하거나, 혹은 수·상·행·식에 의지하면서 '여래는 사후에 역시 존재하거나 존재하지 않는다. 이것이 진실이고 나머지는 모두 어리석고 허망하다.'라고 집착하였거나, 혹은 색에 의지하거나, 혹은 수·상·행·식에 의지하면서 '여래는 사후에 역시 존재하지도 않고 존재하지 않는 것도 아니다. 이것이 진실이고 나머지는 모두 어리석고 허망하다.'라고 집착한다고 여실하게 아시느니라.

선현이여. 이와 같이 여래·응공·정등각께서는 매우 깊은 반야바라밀다에 의지하여 다른 제유정의 부류들에게 심·심소법이 나타나고 은몰하며 굽혀지고 펼쳐지는 것을 사실대로 여실하게 아시느니라."

마하반야바라밀다경 제306권

41. 불모품(佛母品)(2)

"다시 다음으로 선현이여. 일체의 여래·응공·정등각께서는 매우 깊은
반야바라밀다에 의지하여 색을 여실하게 아시고 수·상·행·식을 여실하게
아시느니라."

"세존이시여. 어찌 여래·응공·정등각께서는 색을 여실하게 아시고
수·상·행·식을 여실하게 아신다고 말합니까?"

"선현이여. 일체의 여래·응공·정등각께서는 색은 진여(眞如)와 같고
법계(法界)와 같으며 법성(法性)과 같아서 허망하지 않고 변이(變異)[1]하지
않으며 분별(分別)이 없고 형상(相形)이 없으며 작용(作用)이 없고 희론(戲
論)이 없으며 얻을 수 없다고(無所得) 여실(如實)하게 아시며, 수·상·행·식
은 진여와 같고 법계와 같으며 법성과 같아서 허망하지 않고 변이하지
않으며 분별이 없고 형상이 없으며 작용이 없고 희론이 없으며 얻을
수 없다고 여실하게 아시느니라.

선현이여. 이와 같이 여래·응공·정등각께서는 매우 깊은 반야바라밀다
에 의지하여 다른 제유정들의 나타나고 사라지며 구부리고 펼치는 심·심
소법이 역시 진여와 같고 법계와 같고 법성과 같아서 허망하지 않고
변하지 않고 분별이 없고 형상이 없고 작용이 없고 희론이 없고 얻을
수 없다고 여실하게 아시느니라.

---

1) '다르게 변화한다.'는 뜻이다.

  선현이여. 제유정들의 나타나고 사라지며 구부리고 펼치는 심·심소법
의 진여는 곧 5온(五蘊)의 진여이고, 5온의 진여는 곧 12처(十二處)2)의
진여이며, 12처의 진여는 곧 18계(十八界)3)의 진여이고, 18계의 진여는
곧 6계(六界)4)의 진여이며, 6계의 진여는 곧 12연기(十二緣起)의 진여이고,
12연기의 진여는 곧 일체법의 진여이니라.

  일체법의 진여는 곧 6바라밀다의 진여이고, 6바라밀다의 진여는 곧
내공·외공·내외공·공공·대공·승의공·유위공·무위공·필경공·무제공·
산공·무변이공·본성공·자상공·공상공·일체법공·불가득공·무성공·자
성공·무성자성공의 진여이며, 내공, 나아가 무성자성공의 진여는 곧 진여
·법계·법성·불허망성·불변이성·평등성·이생성·법정·법주·실제·허공
계·부사의계의 진여이고, 진여, 나아가 부사의계의 진여는 곧 고·집·멸·
도성제의 진여이며, 고·집·멸·도성제의 진여는 곧 4념주의 진여이고,
4념주의 진여는 곧 4정단의 진여이며, 4정단의 진여는 곧 4신족의 진여이
고, 4신족의 진여는 곧 5근의 진여이며, 5근의 진여는 곧 5력의 진여이고,
5력의 진여는 곧 7등각지의 진여이며, 7등각지의 진여는 곧 8성도지의
진여이고, 8성도지의 진여는 곧 4정려의 진여이니라.

  4정려의 진여는 곧 4무량의 진여이고, 4무량의 진여는 곧 4무색정의
진여이며, 4무색정의 진여는 곧 8해탈의 진여이고, 8해탈의 진여는 곧
8승처의 진여이며, 8승처의 진여는 곧 9차제정의 진여이고, 9차제정의
진여는 곧 10변처의 진여이며, 10변처의 진여는 곧 3해탈문의 진여이고,
3해탈문의 진여는 곧 보살의 10지의 진여이며, 보살의 10지의 진여는
곧 5안의 진여이고, 5안의 진여는 곧 6신통의 진여이며, 6신통의 진여는
곧 일체의 다라니문의 진여이고, 일체의 다라니문의 진여는 곧 일체의

---

2) 산스크리트어 dvādaśayatana의 번역이고, 육근(六根)과 육경(六境)을 합쳐서 부르
   는 말이다.
3) 산스크리트어 astādaśa dhātavah의 번역이고, 육근(六根)과 육경(六境), 육식(六識)
   을 합쳐서 부르는 말이다.
4) 유정들이 윤회하는 6도(六道)를 가리킨다.

삼마지문의 진여이며, 일체의 삼마지문의 진여는 곧 여래의 10력의 진여이니라.

여래의 10력의 진여는 곧 4무소외의 진여이고, 4무소외의 진여는 곧 4무애해의 진여이며, 4무애해의 진여는 곧 대자·대비·대희·대사의 진여이고, 대자·대비·대희·대사의 진여는 곧 18불불공법의 진여이며, 18불불공법의 진여는 곧 무망실법의 진여이고, 무망실법의 진여는 곧 항주사성의 진여이며, 항주사성의 진여는 곧 일체지의 진여이고, 일체지의 진여는 곧 도상지의 진여이며, 도상지의 진여는 곧 일체상지의 진여이고, 일체상지의 진여는 곧 선법(善法)의 진여이며, 선법의 진여는 곧 불선법(不善法)의 진여이고, 불선법의 진여는 곧 무기법(無記法)의 진여이며, 무기법의 진여는 곧 세간법(世間法)의 진여이니라.

세간법의 진여는 곧 출세간법(出世間法)의 진여이고, 출세간법의 진여는 곧 유루법(有漏法)의 진여이며, 유루법의 진여는 곧 무루법(無漏法)의 진여이고, 무루법의 진여는 곧 유죄법(有罪法)의 진여이며, 유죄법의 진여는 곧 무죄법(無罪法)의 진여이고, 무죄법의 진여는 곧 잡염법(雜染法)의 진여이며, 잡염법의 진여는 곧 청정법(淸淨法)의 진여이고, 청정법의 진여는 곧 과거법의 진여이며, 과거법의 진여는 곧 미래법의 진여이고, 미래법의 진여는 곧 현재법의 진여이며, 현재법의 진여는 곧 욕계법의 진여이고, 욕계법의 진여는 곧 색계법의 진여이며, 색계법의 진여는 곧 무색계법의 진여이고, 무색계법의 진여는 곧 유위법(有爲法)의 진여이며, 유위법의 진여는 곧 무위법(無爲法)의 진여이니라.

무위법의 진여는 곧 예류과의 진여이고, 예류과의 진여는 곧 일래과의 진여이며, 일래과의 진여는 곧 불환과의 진여이고, 불환과의 진여는 곧 아라한과의 진여이며, 아라한과의 진여는 곧 독각의 보리의 진여이고, 독각의 보리의 진여는 곧 일체의 보살마하살의 행의 진여이며, 일체의 보살마하살의 행의 진여는 곧 제불의 무상정등보리의 진여이고, 제불의 무상정등보리의 진여는 곧 일체의 여래·응공·정등각의 진여이며, 일체의 여래·응공·정등각의 진여는 곧 일체의 유정들의 진여이니라.

선현이여. 만약 일체의 여래·응공·정등각의 진여이거나, 만약 일체의 유정들의 진여이거나, 만약 일체법의 진여는 무이(無二)이고 분별이 없는데, 이것은 하나의 진여이니라. 이와 같이 진여는 분별과 변이가 없는 까닭으로 파괴도 없고 끝마침도 없으며 분별할 수 없느니라.

선현이여. 일체의 여래·응공·정등각께서는 매우 깊은 반야바라밀다에 의지하여 일체법의 진여를 증득하고 구경(究竟)에 비로소 무상정등보리(無上正等菩提)를 증득하느니라. 이러한 까닭으로 매우 깊은 반야바라밀다는 능히 제불을 출생(出生)시키므로, 이것은 제불의 어머니이고, 제불과 세간의 실상을 능히 보여주느니라.

선현이여. 이와 같이 여래·응공·정등각께서는 매우 깊은 반야바라밀다에 의지하여 일체법의 진여가 허망(虛妄)하지 않고 변이(變異)하지도 않는다고 여실하게 아시나니, 오히려 진여의 상(眞如相)을 여실하게 아시는 까닭으로 여래·응공·정등각이라고 이름하느니라.”

그때 구수 선현이 세존께 아뢰어 말하였다.

“세존이시여. 매우 깊은 반야바라밀다로 증득하신 일체법의 진여라는 것은 허망하지 않고 변이하지도 않으며 지극히 깊어서 보기도 어렵고 깨닫기도 어렵습니다. 세존이시여. 일체의 여래·응공·정등각께서는 모두가 일체법의 진여가 허망하지 않고 변이하지도 않는 것을 수용하여 제불의 무상정등보리를 드러내어 보여주시고 분별하십니다.

세존이시여. 일체법의 진여는 매우 깊은데 누가 능히 신해(信解)하겠습니까? 오직 불퇴위(不退位)에 있는 보살마하살과 정견(正見)을 구족하고 누진(漏盡)의 아라한이라면 세존께서 설하시는 이 매우 깊은 반야바라밀다를 듣고서 능히 신해할 것인데, 세존께서는 그들을 위하여 스스로가 증득하셨던 것의 진여의 상에 의지하여 드러내어 보여주시고 분별하셨습니다.”

세존께서 말씀하셨다.

“선현이여. 그와 같으니라. 그와 같으니라. 그대가 말한 것과 같으니라.

왜 그러한가? 선현이며. 진여는 끝마침(盡)이 없는 까닭으로 매우 깊으니라."

"세존이시여. 무슨 까닭에 진여는 끝마침이 없습니까?"

"선현이여. 일체법으로써 모두가 끝마침이 없는 까닭으로 진여도 끝마침이 없느니라. 선현이여. 일체의 여래·응공·정등각께서는 진여를 증득하셨던 까닭으로 무상정등보리를 획득(獲得)하셨으며, 제유정들을 위하여 일체법의 진여의 상을 드러내어 보여주시고 분별하시나니, 오히려 이러한 까닭으로 진실하게 설하시는 자(者)라고 이름하느니라."

그때 삼천대천세계에서 소유한 욕계(欲界)와 색계(色界)의 천자(天子)들이 각자 여러 종류인 천상(天上)의 미묘한 꽃과 향을 멀리서 뿌리면서 공양하였고, 세존의 처소에 와서 이르렀으며 두 발에 머리 숙여 예경하고서 곧 한쪽에서 머물렀으며 합장하고 공경스럽게 함께 세존께 아뢰어 말하였다.

"세존이시여. 설하신 매우 깊은 반야바라밀다라는 것은 무엇을 상(相)으로 삼습니까?"

그때 세존께서 여러 천자들에게 알려 말씀하셨다.

"천자들이여. 마땅히 알지니라. 매우 깊은 반야바라밀다는 공(空)으로써 상을 삼고, 매우 깊은 반야바라밀다는 무상(無相)으로써 상을 삼으며, 매우 깊은 반야바라밀다는 무원(無願)으로써 상을 삼고, 매우 깊은 반야바라밀다는 무작(無作)으로써 상을 삼으며, 매우 깊은 반야바라밀다는 무생(無生)과 무멸(無滅)로써 상을 삼고, 매우 깊은 반야바라밀다는 무염(無染)과 무정(無淨)으로써 상을 삼으며, 매우 깊은 반야바라밀다는 무성(無性)으로써 상을 삼고, 매우 깊은 반야바라밀다는 무자성(無自性)으로써 상을 삼느니라.

매우 깊은 반야바라밀다는 무성(無性)의 자성(自性)으로써 상을 삼고, 매우 깊은 반야바라밀다는 의지할 수 없는 것(無所依止)으로써 상을 삼으며, 매우 깊은 반야바라밀다는 끊을 수 없고(非斷) 항상하지 않는 것(非常)으로써 상을 삼고, 매우 깊은 반야바라밀다는 동일한 것도 아니고(非一) 다른 것도 아닌(非異) 것으로써 상을 삼으며, 매우 깊은 반야바라밀다는

돌아오는 것도 없고(無來) 떠나가는 것도 없음(無去)으로써 상을 삼고, 매우 깊은 반야바라밀다는 허공으로 상을 삼나니, 매우 깊은 반야바라밀다는 이와 같은 등의 무량한 여러 상이 있느니라.

천자들이여. 마땅히 알지니라. 이와 같은 제상(諸相)을 일체의 여래·응공·정등각께서는 세속(世俗)에 의지하여 설하였고, 승의(勝義)에 의지하지 않았느니라. 천자들이여. 마땅히 알지니라. 매우 깊은 반야바라밀다의 이와 같은 제상은 세간의 천상·인간·아소락(阿素洛) 등이 모두 능히 파괴할 수 없느니라. 왜 그러한가? 세간의 천상·인간·아소락 등은 역시 이것은 상(相)인 까닭이니라.

천자들이여. 마땅히 알지니라. 제상이 능히 제상을 파괴할 수 없고 제상이 제상을 능히 명료하게 알 수 없으며, 제상이 무상(無相)을 능히 파괴할 수 없고 제상이 무상을 능히 명료하게 알 수 없으며, 무상이 제상을 파괴할 수 없고 무상이 제상을 능히 명료하게 알 수 없으며, 무상이 무상을 파괴할 수 없고 무상이 무상을 능히 명료하게 알 수 없느니라. 왜 그러한가? 만약 상이거나, 만약 무상이거나, 만약 상이고 무상이거나, 모두 무소유이므로 능히 파괴하거나, 능히 아는 것이거나, 파괴하는 것이거나, 아는 것이거나, 알고 파괴하는 것이거나, 아는 것을 얻을 수 없는 까닭이니라.

천자들이여. 마땅히 알지니라. 이와 같은 제상은 색이 지었던 것이 아니고 수·상·행·식이 지었던 것도 아니며, 안처가 지었던 것이 아니고 이·비·설·신·의처가 지었던 것도 아니며, 색처가 지었던 것이 아니고 성·향·미·촉·법처가 지었던 것도 아니니라.

안계가 지었던 것이 아니고 색계·안식계, 나아가 안촉·안촉을 인연으로 생겨난 여러 수가 지은 것도 아니며, 이계가 지었던 것이 아니고 성계·이식계, 나아가 이촉·이촉을 인연으로 생겨난 여러 수가 지었던 것도 아니며, 비계가 지었던 것이 아니고 향계·비식계, 나아가 비촉·비촉을 인연으로 생겨난 여러 수가 지었던 것이 아니며, 설계가 지었던 것이 아니고 미계·설식계, 나아가 설촉·설촉을 인연으로 생겨난 여러 수가 지었던 것도 아니며,

신계가 지었던 것이 아니고 촉계·신식계, 나아가 신촉·신촉을 인연으로 생겨난 여러 수가 지었던 것도 아니며, 의계가 지었던 것이 아니고 법계·의식계, 나아가 의촉·의촉을 인연으로 생겨나는 여러 수가 지었던 것도 아니니라.

지계가 지었던 것이 아니고 수·화·풍·공·식계가 지은 것도 아니며, 무명이 지었던 것이 아니고 행·식·명색·육처·촉·수·애·취·유·생·노사의 수탄고우뇌가 지었던 것도 아니며, 보시바라밀다가 지었던 것이 아니고 정계·안인·정진·정려·반야바라밀다가 지었던 것도 아니며, 내공이 지었던 것이 아니고 외공·내외공·공공·대공·승의공·유위공·무위공·필경공·무제공·산공·무변이공·본성공·자상공·공상공·일체법공·불가득공·무성공·자성공·무성자성공이 지었던 것도 아니며, 진여가 지었던 것이 아니고 법계·법성·불허망성·불변이성·평등성·이생성·법정·법주·실제·허공계·부사의계가 지었던 것도 아니니라.

고성제가 지었던 것이 아니고 집·멸·도성제가 지었던 것도 아니며, 4정려가 지었던 것이 아니고 4무량·4무색정이 지었던 것도 아니며, 8해탈이 지었던 것이 아니고 8승처·9차제정·10변처가 지었던 것도 아니며, 4념주가 지었던 것이 아니고 4정단·4신족·5근·5력·7등각지·8성도지가 지었던 것도 아니며, 공해탈문이 지었던 것이 아니고 무상·무원해탈문이 지었던 것도 아니며, 보살의 10지가 지었던 것이 아니니라.

5안이 지었던 것이 아니고 6신통이 지었던 것도 아니며, 여래의 10력이 지었던 것이 아니고 4무소외·4무애해·대자·대비·대희·대사·18불불공법이 지었던 것도 아니며, 무망실법이 지었던 것이 아니고 항주사성이 지었던 것도 아니며, 일체지가 지었던 것이 아니고 도상지·일체상지가 지었던 것도 아니며, 일체의 다라니문이 지었던 것이 아니고 일체의 삼마지문이 지었던 것도 아니니라.

예류과가 지었던 것이 아니고 일래과·불환과·아라한과가 지었던 것도 아니며, 독각의 보리가 지었던 것이 아니고 일체의 보살마하살의 행이 지었던 것도 아니며, 제불의 무상정등보리가 지었던 것도 아니니라.

천자들이여. 마땅히 알지니라. 이와 같은 제상은 천상이 지었던 것이
아니고 천상이 아닌 것이 지었던 것도 아니며, 사람이 지었던 것이 아니고
사람이 아닌 것이 지었던 것도 아니며, 유루(有漏)가 아니고 무루(無漏)도
아니며, 세간이 아니고 출세간(出世間)도 아니며, 유위(有爲)도 아니고
무위(無爲)도 아니며, 얽매인 것도 없어서 말로 널리 설할 수 없느니라.

천자들이여. 마땅히 알지니라. 매우 깊은 반야바라밀다는 제상을 멀리
벗어났으므로 '매우 깊은 반야바라밀다는 무엇으로써 상을 삼습니까?'라
고 이치에 상응하여 묻지 않아야 하느니라."

세존께서 여러 천자들에게 알리셨다.

"그대들의 뜻은 어떠한가? 누가 '허공은 무슨 상(相)입니까?'라고 물어
말하는 것과 같은데, 이와 같이 물었다면 바르게 물었다고 말하겠는가?"

여러 천자들이 말하였다.

"아닙니다. 세존이시여. 왜 그러한가? 허공은 무체(無體)이고 무상(無
相)이며 무위(無爲)이므로 상응하여 물을 수 없는 까닭입니다."

세존께서 천자들에게 알리셨다.

"매우 깊은 반야바라밀다도 역시 다시 그와 같으므로 상응하여 묻지
않을지니라. 그렇지만 제법의 상은 여래께서 존재하시거나 존재하지
않더라도 법계(法界)의 법은 그와 같으니라. 여래는 이러한 상에서 여실하
게 현재에서 깨달으시는 까닭으로 여래라고 이름하느니라."

이때 여러 천자들이 다시 세존께 아뢰어 말하였다.

"여래께서 깨달으셨던 것의 이와 같은 여러 상은 지극하게 매우 깊어서
보기도 어렵고 깨닫기 어렵습니다. 세존께서는 이와 같은 상을 현재에
깨달으신 까닭으로 일체법에서 장애가 없는 지혜(無㝵智)를 굴리시고,
일체의 여래·응공·정등각께서도 이와 같은 상에 안주하시면서 매우 깊은
반야바라밀다를 분별하시고 열어서 보여주시며, 제유정들을 위하여 제법
의 상을 집적하여 방편으로 열어서 보여주시면서 반야바라밀다에서 장애
가 없는 지혜를 얻게 하십니다.

　희유합니다. 세존이시여. 매우 깊은 반야바라밀다인 이것은 제여래·응공·정등각께서 항상 행하시는 것의 의지처이고, 일체의 여래·응공·정등각께서도 이 의지처에서 행하는 까닭으로 무상정등보리를 증득하셨으며, 제유정들을 위하여 일체법의 상을 분별하고 열어서 보여주셨는데 이를테면, 색의 상을 분별하고 열어서 보여주셨고 수·상·행·식의 상을 분별하고 열어서 보여주셨으며, 안처의 상을 분별하고 열어서 보여주셨고 이·비·설·신·의처의 상을 분별하고 열어서 보여주셨으며, 색처의 상을 분별하고 열어서 보여주셨고 성·향·미·촉·법처의 상을 분별하고 열어서 보여주셨습니다.

　안계의 상을 분별하고 열어서 보여주셨고 색계·안식계, 나아가 안촉·안촉을 인연으로 생겨난 여러 수의 상을 분별하고 열어서 보여주셨으며, 이계의 모양도 상을 분별하고 열어서 보여주셨고 성계·이식계, 나아가 이촉·이촉을 인연으로 생겨난 여러 수의 상을 분별하고 열어서 보여주셨으며, 비계의 상을 분별하고 열어서 보여주셨고 향계·비식계, 나아가 비촉·비촉을 인연으로 생겨난 여러 수의 상을 분별하고 열어서 보여주셨습니다.

　설계의 상을 분별하고 열어서 보여주셨고 미계·설식계, 나아가 설촉·설촉을 인연으로 생겨난 여러 수의 상을 분별하고 열어서 보여주셨으며, 신계의 상을 분별하고 열어서 보여주셨고 촉계·신식계, 나아가 신촉·신촉을 인연으로 생겨난 여러 수의 상을 분별하고 열어서 보여주셨으며, 의계의 상을 분별하고 열어서 보여주셨고 법계·의식계, 나아가 의촉·의촉을 인연으로 생겨난 여러 수의 상을 분별하고 열어서 보여주셨습니다.

　지계의 상을 분별하고 열어서 보여주셨고 수·화·풍·공·식계의 상을 분별하고 열어서 보여주셨으며, 무명의 상을 분별하고 열어서 보여주셨고 행·식·명색·육처·촉·수·애·취·유·생·노사의 수탄고우뇌의 상을 분별하고 열어서 보여주셨으며, 보시바라밀다의 상을 분별하고 열어서 보여주셨고 정계·안인·정진·정려·반야바라밀다의 상을 분별하고 열어서 보여주셨습니다.

내공의 상을 분별하고 열어서 보여주셨고 외공·내외공·공공·대공·승의공·유위공·무위공·필경공·무제공·산공·무변이공·본성공·자상공·공상공·일체법공·불가득공·무성공·자성공·무성자성공의 상을 분별하고 열어서 보여주셨으며, 진여의 상을 분별하고 열어서 보여주셨고 법계·법성·불허망성·불변이성·평등성·이생성·법정·법주·실제·허공계·부사의계의 상을 분별하고 열어서 보여주셨으며, 고성제의 상을 분별하고 열어서 보여주셨고 집·멸·도성제의 상을 분별하고 열어서 보여주셨습니다.

4정려의 상을 분별하고 열어서 보여주셨고 4무량·4무색정의 상을 분별하고 열어서 보여주셨으며, 8해탈의 상을 분별하고 열어서 보여주셨고 8승처·9차제정·10변처의 상을 분별하고 열어서 보여주셨으며, 4념주의 상을 분별하고 열어서 보여주셨고 4정단·4신족·5근·5력·7등각지·8성도지의 상을 분별하고 열어서 보여주셨습니다.

공해탈문의 상을 분별하고 열어서 보여주셨고 무상·무원해탈문의 상을 분별하고 열어서 보여주셨으며, 보살의 10지의 상을 분별하고 열어서 보여주셨으며, 5안의 상을 분별하고 열어서 보여주셨고 6신통의 상을 분별하고 열어서 보여주셨으며, 여래의 10력의 상을 분별하고 열어서 보여주셨고 4무소외·4무애해·대자·대비·대희·대사·18불불공법의 상을 분별하고 열어서 보여주셨습니다.

무망실법의 상을 분별하고 열어서 보여주셨고 항주사성의 상을 분별하고 열어서 보여주셨으며, 일체지의 상을 분별하고 열어서 보여주셨고 도상지·일체상지의 상을 분별하고 열어서 보여주셨으며, 일체의 다라니문의 상을 분별하고 열어서 보여주셨고 일체의 삼마지문의 상을 분별하고 열어서 보여주셨습니다.

예류과의 상을 분별하고 열어서 보여주셨고 일래·불환·아라한과의 상을 분별하고 열어서 보여주셨으며, 독각의 보리의 상을 분별하고 열어서 보여주셨고, 일체의 보살마하살의 행의 상을 분별하고 열어서 보여주셨으며, 제불의 무상정등보리의 상을 분별하고 열어서 보여주셨습니다."

그때 세존께서 여러 천자들에게 알리셨다.

"그와 같으니라. 그와 같으니라. 그대들이 말한 것과 같으니라. 천자들이여. 마땅히 알지니라. 일체법의 상이 여래는 무상(無相)이 된다고 여실하게 깨닫나니 이를테면, 변이하고 장애하는 이것이 색의 상인데 여래는 무상이 된다고 여실하게 깨달았고, 받아들이게 하는(領納) 이것이 수의 상인데 여래는 무상이 된다고 여실하게 깨달았으며, 형상을 취하는 이것이 상(想)의 상인데 여래는 무상이 된다고 여실하게 깨달았고, 조작(造作)하는 이것이 행(行)의 상인데 여래는 무상이 된다고 여실하게 깨달았으며, 명료하게 분별하는(了別) 이것이 식(識)의 상인데 여래는 무상이 된다고 여실하게 깨달았느니라.

고뇌취(苦惱聚)의 이것이 온(蘊)의 상인데 여래는 무상이 된다고 여실하게 깨달았고, 생장문(生長門)의 이것이 처(處)의 상인데 여래는 무상이 된다고 여실하게 깨달았으며, 많은 독해(毒害)의 이것이 계(界)의 상인데 여래는 무상이 된다고 여실하게 깨달았고, 화합하여 일어나는(和合起) 이것이 연기(緣起)의 상인데 여래는 무상이 된다고 여실하게 깨달았느니라.

은혜롭게 베푸는(惠捨) 이것이 보시바라밀다의 상인데 여래는 무상이 된다고 여실하게 깨달았고, 열뇌(熱惱)[5]가 없는 이것이 정계바라밀다의 상인데 여래는 무상이 된다고 여실하게 깨달았으며, 성내지 않는(不忿恚) 이것이 안인바라밀다의 상인데 여래는 무상이 된다고 여실하게 깨달았고, 굴복하지 않는(不可伏) 이것이 정진바라밀다의 상인데 여래는 무상이 된다고 여실하게 깨달았으며, 집지하는 마음의(持心) 이것이 정려바라밀다의 상인데 여래는 무상이 된다고 여실하게 깨달았고, 무가애(無罣㝵)[6]의 이것이 반야바라밀다의 상인데 여래는 무상이 된다고 여실하게 깨달았느니라.

무소유(無所有)의 이것이 내공 등의 상인데 여래는 무상이 된다고 여실

---

5) 매우 극심한 고뇌를 가리킨다.
6) 어원적으로 '가(罣)'는 '마음에 걸리다.', '매달다.'의 뜻이고, '애(㝵)'는 '막히다.', '그만두다.'의 뜻이므로 본 번역에서는 '마음에 걸림과 장애가 없다.'라고 번역할 수 있겠다.

하게 깨달았고, 전도(顚倒)[7])되지 않는 이것이 진여 등의 상인데 여래는 무상이 된다고 여실하게 깨달았으며, 허망(虛妄)하지 않은 이것이 4성제의 상인데 여래는 무상이 된다고 여실하게 깨달았고, 우뇌(憂惱)가 없는 이것이 4정려의 상인데 여래는 무상이 된다고 여실하게 깨달았으며, 한계와 장애가 없는 이것이 4무량의 상인데 여래는 무상이 된다고 여실하게 깨달았고, 요란함과 잡스러움이 없는 이것이 4무색정의 상인데 여래는 무상이 된다고 여실하게 깨달았느니라.

계박(繫縛)이 없는 이것이 8해탈의 상인데 여래는 무상이 된다고 여실하게 깨달았고, 능히 조복(制伏)시키는 이것이 8승처의 상인데 여래는 무상이 된다고 여실하게 깨달았으며, 산란(散亂)하지 않는 이것이 9차제정의 상인데 여래는 무상이 된다고 여실하게 깨달았고, 변제(邊際)가 없는 이것이 10변처의 상인데 여래는 무상이 된다고 여실하게 깨달았으며, 능히 출리(出離)[8])하는 이것이 37보리분법(三十七菩提分法)의 상인데 여래는 무상이 된다고 여실하게 깨달았느니라.

지극히 멀리 벗어난 이것이 공해탈문의 상인데 여래는 무상이 된다고 여실하게 깨달았으며, 최고로 적정(寂靜)한 이것이 무상해탈문의 상인데 여래는 무상이 된다고 여실하게 깨달았고, 여러 고통을 싫어하는 이것이 무원해탈문의 상인데 여래는 무상이 된다고 여실하게 깨달았으며, 대각(大覺)[9])으로 나아가는 이것이 보살의 10지의 상인데 여래는 무상이 된다고 여실하게 깨달았고, 능히 관조(觀照)하는 이것이 5안의 상인데 여래는 무상이 된다고 여실하게 깨달았으며, 옹대(擁帶)[10])가 없는 이것이 6신통

---

7) 산스크리트어 viparīta의 번역이고, 번뇌를 인연으로 잘못된 생각을 갖추거나, 진실한 사(事)와 이(理)를 잘못 이해하는 것이다.
8) 산스크리트어 Naiṣkramya의 번역이고, 욕망이 일어나는 번뇌에서 벗어나는 것이다.
9) 세존께서 성취하신 깨달음을 가리키는 말이다.
10) 어원적인 의미는 '산천(山川)에 둘러싸인 요충지' 또는 '병풍이나 울타리와 같이 주위를 둘러싸다.'는 뜻이므로, 본 번역에서는 '주위에 걸림이 있다.'는 뜻으로 해석할 수 있겠다.

의 상인데 여래는 무상이 된다고 여실하게 깨달았느니라.

바르게(善) 결정(決定)하는 이것이 여래의 10력의 상인데 여래는 무상이 된다고 여실하게 깨달았고, 바르게 안립(安立)하는 이것이 4무소외의 상인데 여래는 무상이 된다고 여실하게 깨달았으며, 단절(斷絶)이 없는 이것이 4무애해의 상인데 여래는 무상이 된다고 여실하게 깨달았고, 이익과 즐거움을 주는 이것이 대자의 상인데 여래는 무상이 된다고 여실하게 깨달았으며, 노쇠와 괴로움을 구제하는 이것이 대비의 상인데 여래는 무상이 된다고 여실하게 깨달았고, 좋은 일을 기뻐하는 이것이 대희의 상인데 여래는 무상이 된다고 여실하게 깨달았으며, 요란함과 잡스러움을 버리는 이것이 대사의 상인데 여래는 무상이 된다고 여실하게 깨달았고, 빼앗을 수 없는 이것이 18불불공법의 상인데 여래는 무상이 된다고 여실하게 깨달았느니라.

바르게 억념(憶念)하는 이것이 무망실법의 상인데 여래는 무상이 된다고 여실하게 깨달았고, 취(取)하고 집착이 없는 이것이 항주사성의 상인데 여래는 무상이 된다고 여실하게 깨달았으며, 등각(等覺)[11]을 나타내는 이것이 일체지의 상인데 여래는 무상이 된다고 여실하게 깨달았고, 바르게 통달(通達)하는 이것이 도상지의 상인데 여래는 무상이 된다고 여실하게 깨달았으며, 별각(別覺)을 나타내는 이것이 일체상지의 상인데 여래는 무상이 된다고 여실하게 깨달았느니라.

널리 섭수하여 수지하는(遍攝持) 이것이 일체의 다라니문의 상인데 여래는 무상이 된다고 여실하게 깨달았고, 널리 섭수하는(遍攝受) 이것이 일체의 삼마지문의 상인데 여래는 무상이 된다고 여실하게 깨달았으며, 교계(敎誡)를 잘 수용하는 이것이 성문과의 상인데 여래는 무상이 된다고

---

11) 산스크리트어 samyak-sambodhi의 번역이다. 첫째는 여래 십호(十號)의 하나이고, 보살의 모든 수행의 계위에서 최후의 단계인 구경각(究竟覺)을 말하는데, 어원적으로 '등(等)'은 '평등하다', '동등하다.', '동일하다.'는 뜻이다. 둘째는 '지극히 비슷한 깨달음', '거의 동등한 깨달음' 등을 가리키는데, 보살 수행의 계위에서 최후의 단계인 구경각 직전의 단계를 말한다.

여실하게 깨달았고, 스스로가 개오(開悟)하는 이것이 독각의 보리의 상인데 여래는 무상이 된다고 여실하게 깨달았으며, 대과(大果)에 나아가는 이것이 일체의 보살마하살의 행의 상인데 여래는 무상이 된다고 여실하게 깨달았고, 무여등(無與等)12)의 이것이 제불의 무상정등보리의 상인데 여래는 무상이 된다고 여실하게 깨달았느니라.

천자들이여. 마땅히 알지니라. 일체의 여래·응공·정등각께서는 이와 같은 일체법의 상 등이 모두 능히 무상이 된다고 여실하게 깨달았느니라. 오히려 이러한 인연으로 '제불은 막힘이 없는 지혜를 얻으셨으므로 함께 평등한 자가 없다.'라고 나는 설하였느니라."

그때 세존께서 구수 선현에게 알려 말씀하셨다.

"선현이여. 마땅히 알지니라. 매우 깊은 반야바라밀다는 이것이 제불모(諸佛母)이고, 매우 깊은 반야바라밀다는 능히 세간에 제법의 실상을 보여주느니라. 이러한 까닭으로 여래·응공·정등각께서는 법에 의지하여 안주하고, 공양하며 공경하고 존중하며 찬탄하고 섭수(攝受)하며 호지(護持)하시는데, 이러한 법은 곧 이것이 매우 깊은 반야바라밀다이니라. 왜 그러한가? 선현이여. 매우 깊은 반야바라밀다는 능히 제불을 출생시키고, 제불께 의지처인 것을 지어서 주며, 능히 세간에 제법의 실상을 보여주느니라.

선현이여. 일체의 여래·응공·정등각께서는 은혜를 아시는 분이고, 능히 은혜를 갚는 분이시니라. 선현이여. 만약 '누가 이 은혜를 알고 능히 은혜를 갚는 분인가?'라고 묻는 말이 있었다면, '여래께서 이 은혜를 알고 능히 은혜를 갚는 분이시다.'라고 상응하여 바르게 대답해야 하느니라. 왜 그러한가? 선현이여. 일체의 세간에서 은혜를 알고 은혜를 갚는데, 여래를 뛰어넘는 자는 없는 까닭이니라."

"세존이시여. 무엇을 여래·응공·정등각께서 은혜를 알고 은혜를 갚는

---

12) '함께 비교할 수 있는 동등한 것이 없다.'는 뜻이다.

다고 말합니까?"

"선현이여. 일체의 여래·응공·정등각들의 수레(乘)는 이와 같은 수레로 이와 같은 길을 다니셨고 와서 무상정등보리에 이르셨으며, 보리를 증득 하셨으므로 일체의 시간에 이러한 수레와 이러한 길을 공양하셨고 공경하 셨으며 존중하였고 찬탄하셨으며 섭수하셨고 호지하면서 일찍이 잠시도 그만두지 않으셨는데, 이러한 수레와 이러한 길은 곧 매우 깊은 반야바라 밀다라고 마땅히 알지니라. 선현이여. 이것을 여래·응공·정등각들께서 은혜를 알고 은혜를 갚는 것이라고 이름하느니라.

다시 다음으로 선현이여. 일체의 여래·응공·정등각께서는 모두가 매우 깊은 반야바라밀다에 의지하여 여러 유상법(有相法)과 무상법(無相法)에 서 모두 실제적인 작용(作用)이 없다고 등각(等覺)으로 드러내지 않는 것이 없는데, 능히 짓는 자로써 무소유인 까닭이니라. 일체의 여래·응공· 정등각께서는 모두가 매우 깊은 반야바라밀다에 의지하여 여러 유상법과 무상법에서 모두 성취(成辦)가 없다고 등각으로 드러내지 않는 것이 없는 데, 여러 형질(形質)13)을 얻을 수 없는 까닭이니라.

선현이여. 일체의 여래·응공·정등각께서는 이와 같은 매우 깊은 반야 바라밀다에 의지하여 능히 유상법과 무상법이 모두 작용이 없고 성취도 없다고 등각으로 나타내시면서 일체의 시간에 공양하고 공경하며 존중하 고 찬탄하며 섭수하고 호지하면서 일찍이 잠시도 그만두지 않으셨던 까닭으로, 진실하게 은혜를 알고 은혜를 갚는 것이라고 이름하느니라.

다시 다음으로 선현이여. 일체의 여래·응공·정등각은 모두가 매우 깊은 반야바라밀다에 의지하여 일체법에서 작용도 없고 성취도 없으며 생겨남이 없는 지혜를 굴리시지 않는 자가 없으시고, 다시 이 굴리는 인연이 없다고 능히 아시느니라. 이러한 까닭으로 매우 깊은 반야바라밀 다는 능히 제불을 출생시키고, 역시 능히 여실하게 세간의 상을 보여주는 것이다."

---

13) 사물이 가진 모양, 크기, 성질 등의 고유한 특징을 가리키는 말이다.

그때 구수 선현이 세존께 아뢰어 말하였다.

"세존이시여. 일체법의 자성은 생겨남(生)이 없고 일어남(起)이 없으며 알 수 없고 볼 수 없는데, 어찌하여 매우 깊은 반야바라밀다는 능히 제불을 출생시키므로 이것은 불모(佛母)이고, 역시 능히 세간의 상을 여실하게 보였다고 설하실 수 있습니까?"

세존께서 말씀하셨다.

"선현이여. 그와 같으니라. 그와 같으니라. 그대가 말한 것과 같으니라. 일체법의 자성은 생겨남이 없고 일어남이 없으며 알 수 없고 볼 수 없으나, 세속의 언설(言說)에 의지하여 매우 깊은 반야바라밀다는 제불을 출생시키므로 이것은 불모이고, 역시 능히 세간의 상을 여실하게 보여주었느니라."

"세존이시여. 어찌하여 제법은 생겨남이 없고 일어남이 없으며 알 수 없고 볼 수 없습니까?"

"선현이여. 일체법으로써 공(空)하고 무소유이므로, 모두 자재(自在)하지 않고 비었으며(虛) 거짓이고(誑) 견고(堅)하지 않은 까닭으로 일체법은 생겨남이 없고 일어남이 없으며 알 수 없고 볼 수 없느니라. 다시 다음으로 선현이여. 일체법의 자성은 의지할 것이 없고 얽매인 것도 없는데, 오히려 이러한 인연으로 생겨남이 없고 일어남이 없으며 알 수 없고 볼 수 없느니라. 선현이여. 매우 깊은 반야바라밀다는 비록 능히 제불을 출생시키고 능히 세간의 상을 나타내더라도, 생겨나는 것이 없고 나타내는 것도 없느니라.

선현이여. 매우 깊은 반야바라밀다는 색을 보지 않는 까닭으로 색의 상(相)이 나타난다고 이름하고, 수·상·행·식을 보지 않는 까닭으로 수·상·행·식의 상이 나타난다고 이름하느니라. 선현이여. 매우 깊은 반야바라밀다는 안처를 보지 않는 까닭으로 안처의 상이 나타난다고 이름하고, 이·비·설·신·의처를 보지 않는 까닭으로 이·비·설·신·의처의 상이 나타난다고 이름하느니라. 선현이여. 매우 깊은 반야바라밀다는 색처를 보지 않는 까닭으로 색처의 상이 나타난다고 이름하고, 성·향·미·촉·법처를 보지 않는 까닭으로 성·향·미·촉·법처의 상이 나타난다고 이름하느니라.

선현이여. 매우 깊은 반야바라밀다는 안계를 보지 않는 까닭으로 안계의 상이 나타난다고 이름하고, 색계·안식계, 나아가 안촉·안촉을 인연으로 생겨난 여러 수를 보지 않는 까닭으로 색계, 나아가 안촉을 인연으로 생겨난 여러 수의 상이 나타난다고 이름하느니라. 선현이여. 매우 깊은 반야바라밀다는 이계를 보지 않는 까닭으로 이계의 상이 나타난다고 이름하고, 성계·이식계, 나아가 이촉·이촉을 인연으로 생겨난 여러 수를 보지 않는 까닭으로 성계, 나아가 이촉을 인연으로 생겨난 여러 수의 상이 나타난다고 이름하느니라.

선현이여. 매우 깊은 반야바라밀다는 비계를 보지 않는 까닭으로 비계의 상이 나타난다고 이름하고, 향계·비식계, 나아가 비촉·비촉을 인연으로 생겨난 여러 수를 보지 않는 까닭으로 향계, 나아가 비촉을 인연으로 생겨난 여러 수의 상이 나타난다고 이름하느니라. 선현이여. 매우 깊은 반야바라밀다는 설계를 보지 않는 까닭으로 설계의 상이 보였다고 이름하고, 미계·설식계, 나아가 설촉·설촉을 인연으로 생겨난 여러 수를 보지 않는 까닭으로 미계, 나아가 설촉을 인연으로 생겨난 여러 수의 상이 나타난다고 이름하느니라.

선현이여. 매우 깊은 반야바라밀다는 신계를 보지 않는 까닭으로 신계의 상이 나타난다고 이름하고, 촉계·신식계, 나아가 신촉·신촉을 인연으로 생겨난 여러 수를 보지 않는 까닭으로 촉계, 나아가 신촉을 인연으로 생겨난 여러 수의 상이 나타난다고 이름하느니라. 선현이여. 매우 깊은 반야바라밀다는 의계를 보지 않는 까닭으로 의계의 상이 나타난다고 이름하고, 법계·의식계, 나아가 의촉·의촉을 인연으로 생겨난 여러 수를 보지 않는 까닭으로 법계, 나아가 의촉을 인연으로 생겨난 여러 수의 상이 나타난다고 이름하느니라.

선현이여. 매우 깊은 반야바라밀다는 지계를 보지 않는 까닭으로 지계의 상이 나타난다고 이름하고, 수·화·풍·공·식계를 보지 않는 까닭으로 수·화·풍·공·식계의 상이 나타난다고 이름하느니라. 선현이여.

매우 깊은 반야바라밀다는 무명을 보지 않는 까닭으로 무명의 상이 나타난다고 이름하고, 행·식·명색·육처·촉·수·애·취·유·생·노사의 수탄고우뇌를 보지 않는 까닭으로 행, 나아가 노사의 수탄고우뇌의 상이 나타난다고 이름하느니라.

선현이여. 매우 깊은 반야바라밀다는 보시바라밀다를 보지 않는 까닭으로 보시바라밀다의 상이 나타난다고 이름하고, 정계·안인·정진·정려·반야바라밀다를 보지 않는 까닭으로 정계, 나아가 반야바라밀다의 상이 나타난다고 이름하느니라. 선현이여. 매우 깊은 반야바라밀다는 내공을 보지 않는 까닭으로 내공의 상이 나타난다고 이름하고, 외공·내외공·공공·대공·승의공·유위공·무위공·필경공·무제공·산공·무변이공·본성공·자상공·공상공·일체법공·불가득공·무성공·자성공·무성자성공을 보지 않는 까닭으로 외공, 나아가 무성자성공의 상이 나타난다고 이름하느니라.

선현이여. 매우 깊은 반야바라밀다는 진여를 보지 않는 까닭으로 진여의 상이 나타난다고 이름하고, 법계·법성·불허망성·불변이성·평등성·이생성·법정·법주·실제·허공계·부사의계를 보지 않는 까닭으로 법계, 나아가 부사의계의 상이 나타난다고 이름하느니라. 선현이여. 매우 깊은 반야바라밀다는 고성제를 보지 않는 까닭으로 고성제의 상이 나타난다고 이름하고, 집·멸·도성제를 보지 않는 까닭으로 집·멸·도성제의 상이 나타난다고 이름하느니라.

선현이여. 매우 깊은 반야바라밀다는 4정려를 보지 않는 까닭으로 4정려의 상이 나타난다고 이름하고, 4무량·4무색정을 보지 않는 까닭으로 4무량·4무색정의 상이 나타난다고 이름하느니라. 선현이여. 매우 깊은 반야바라밀다는 8해탈을 보지 않는 까닭으로 8해탈의 상이 나타난다고 이름하고, 8승처·9차제정·10변처를 보지 않는 까닭으로 8승처·9차제정·10변처의 상이 나타난다고 이름하느니라.

선현이여. 매우 깊은 반야바라밀다는 4념주를 보지 않는 까닭으로 4념주의 상이 나타난다고 이름하고, 4정단·4신족·5근·5력·7등각지·8성도지를 보지 않는 까닭으로 4정단, 나아가 8성도지의 상이 나타난다고 이름하느니라. 선현이여. 매우 깊은 반야바라밀다는 공해탈문을 보지 않는 까닭으로 공해탈문의 상이 나타난다고 이름하고, 무상·무원해탈문을 보지 않는 까닭으로 무상·무원해탈문의 상이 나타난다고 이름하느니라. 선현이여. 매우 깊은 반야바라밀다는 보살의 10지를 보지 않는 까닭으로 보살의 10지의 상이 나타난다고 이름하느니라.

선현이여. 매우 깊은 반야바라밀다는 5안을 보지 않는 까닭으로 5안의 상이 나타난다고 이름하고, 6신통을 보지 않는 까닭으로 6신통의 상이 나타난다고 이름하느니라. 선현이여. 매우 깊은 반야바라밀다는 여래의 10력을 보지 않는 까닭으로 여래의 10력의 상이 나타난다고 이름하고, 4무소외·4무애해·대자·대비·대희·대사·18불불공법을 보지 않는 까닭으로 4무소외, 나아가 18불불공법의 상이 나타난다고 이름하느니라.

선현이여. 매우 깊은 반야바라밀다는 무망실법을 보지 않는 까닭으로 무망실법의 상이 나타난다고 이름하고, 항주사성을 보지 않는 까닭으로 항주사성의 상이 나타난다고 이름하느니라. 선현이여. 매우 깊은 반야바라밀다는 일체지를 보지 않는 까닭으로 일체지의 상이 나타난다고 이름하고, 도상지·일체상지를 보지 않는 까닭으로 도상지·일체상지의 상이 나타난다고 이름하느니라.

선현이여. 매우 깊은 반야바라밀다는 일체의 다라니문을 보지 않는 까닭으로 일체의 다라니문의 상이 나타난다고 이름하고, 일체의 삼마지문을 보지 않는 까닭으로 일체의 삼마지문의 상이 나타난다고 이름하느니라. 선현이여. 매우 깊은 반야바라밀다는 예류과를 보지 않는 까닭으로 예류과의 상이 나타난다고 이름하고, 일래·불환·아라한과를 보지 않는 까닭으로 일래·불환·아라한과의 상이 나타난다고 이름하느니라.

선현이여. 매우 깊은 반야바라밀다는 독각의 보리를 보지 않는 까닭으로 독각의 보리의 상이 나타난다고 이름하느니라. 선현이여. 매우 깊은 반야바라밀다는 일체의 보살마하살의 행을 보지 않는 까닭으로 일체의 보살마하살의 행의 상이 나타난다고 이름하느니라. 선현이여. 매우 깊은 반야바라밀다는 제불의 무상정등보리를 보지 않는 까닭으로 제불의 무상정등보리의 상이 나타난다고 이름하느니라.

선현이여. 오히려 이와 같은 뜻으로 매우 깊은 반야바라밀다는 능히 제불에게 세간에 진실한 상이 나타냈으므로 제불모(諸佛母)라고 이름하느니라."

구수 선현이 세존께 아뢰어 말하였다.

"세존이시여. 매우 깊은 반야바라밀다는 어찌 색을 보지 않는 까닭으로 색의 상이 나타난다고 이름하고 수·상·행·식을 보지 않는 까닭으로 수·상·행·식의 상이 나타난다고 이름합니까? 어찌 안처를 보지 않는 까닭으로 안처의 상이 나타난다고 이름하고, 이·비·설·신·의처를 보지 않는 까닭으로 이·비·설·신·의처의 상이 나타난다고 이름합니까? 어찌 색처를 보지 않는 까닭으로 색처의 상이 나타난다고 이름하고, 성·향·미·촉·법처를 보지 않는 까닭으로 성·향·미·촉·법처의 상이 나타난다고 이름합니까?

어찌 안계를 보지 않는 까닭으로 안계의 상이 나타난다고 이름하고, 색계·안식계, 나아가 안촉·안촉을 인연으로 생겨난 여러 수를 보지 않는 까닭으로 색계, 나아가 안촉을 인연으로 생겨난 여러 수의 상이 나타난다고 이름합니까? 어찌 이계를 보지 않는 까닭으로 이계의 상이 나타난다고 이름하고, 성계·이식계, 나아가 이촉·이촉을 인연으로 생겨난 여러 수를 보지 않는 까닭으로 성계, 나아가 이촉을 인연으로 생겨난 여러 수의 상이 나타난다고 이름합니까?

어찌 비계를 보지 않는 까닭으로 비계의 상이 나타난다고 이름하고, 향계·비식계, 나아가 비촉·비촉을 인연으로 생겨난 여러 수를 보지 않는 까닭으로 향계, 나아가 비촉을 인연으로 생겨난 여러 수의 상이 나타난다고 이름합니까? 어찌 설계를 보지 않는 까닭으로 설계의 상이 나타난다고 이름하고, 미계·설식계, 나아가 설촉·설촉을 인연으로 생겨난 여러 수를 보지 않는 까닭으로 미계, 나아가 설촉을 인연으로 생겨난 여러 수의 상이 나타난다고 이름합니까?

어찌 신계를 보지 않는 까닭으로 신계의 상이 나타난다고 이름하고,

촉계·신식계, 나아가 신촉·신촉을 인연으로 생겨난 여러 수를 보지 않는
까닭으로 촉계, 나아가 신촉을 인연으로 생겨난 여러 수의 상이 나타난다
고 이름합니까? 어찌 의계를 보지 않는 까닭으로 의계의 상이 나타난다고
이름하고, 법계·의식계, 나아가 의촉·의촉을 인연으로 생겨난 여러 수를
보지 않는 까닭으로 법계, 나아가 의촉을 인연으로 생겨난 여러 수의
상이 나타난다고 이름합니까?

어찌 지계를 보지 않는 까닭으로 지계의 상이 나타난다고 이름하고,
수·화·풍·공·식계를 보지 않는 까닭으로 수·화·풍·공·식계의 상이 나타
난다고 이름합니까? 어찌 무명을 보지 않는 까닭으로 무명의 상이 나타난
다고 이름하고, 행·식·명색·육처·촉·수·애·취·유·생·노사의 수탄고우
뇌를 보지 않는 까닭으로 행, 나아가 노사의 수탄고우뇌의 상이 나타난다
고 이름합니까?

어찌 보시바라밀다를 보지 않는 까닭으로 보시바라밀다의 상이 나타난
다고 이름하고, 정계·안인·정진·정려·반야바라밀다를 보지 않는 까닭으
로 정계, 나아가 반야바라밀다의 상이 나타난다고 이름합니까? 어찌
내공을 보지 않는 까닭으로 내공의 상이 나타난다고 이름하고, 외공·내외
공·공공·대공·승의공·유위공·무위공·필경공·무제공·산공·무변이공·
본성공·자상공·공상공·일체법공·불가득공·무성공·자성공·무성자성
공을 보지 않는 까닭으로 외공, 나아가 무성자성공의 상이 나타난다고
이름합니까?

어찌 진여를 보지 않는 까닭으로 진여의 상이 나타난다고 이름하고,
법계·법성·불허망성·불변이성·평등성·이생성·법정·법주·실제·허공
계·부사의계를 보지 않는 까닭으로 법계, 나아가 부사의계의 상이 나타난
다고 이름합니까? 어찌 고성제를 보지 않는 까닭으로 고성제의 상이
나타난다고 이름하고, 집·멸·도성제를 보지 않는 까닭으로 집·멸·도성제
의 상이 나타난다고 이름합니까?

어찌 4정려를 보지 않는 까닭으로 4정려의 상이 나타난다고 이름하고,
4무량·4무색정을 보지 않는 까닭으로 4무량·4무색정의 상이 나타난다고

이름합니까? 어찌 8해탈을 보지 않는 까닭으로 8해탈의 상이 나타난다고
이름하고, 8승처·9차제정·10변처를 보지 않는 까닭으로 8승처·9차제정·
10변처의 상이 나타난다고 이름합니까?

어찌 4념주를 보지 않는 까닭으로 4념주의 상이 나타난다고 이름하고,
4정단·4신족·5근·5력·7등각지·8성도지를 보지 않는 까닭으로 4정단,
나아가 8성도지의 상이 나타난다고 이름합니까? 어찌 공해탈문을 보지
않는 까닭으로 공해탈문의 상이 나타난다고 이름하고, 무상·무원해탈문
을 보지 않는 까닭으로 무상·무원해탈문의 상이 보였다고 이름하여 말합
니까? 어찌 보살의 10지를 보지 않는 까닭으로 보살의 10지의 상이
나타난다고 이름합니까?

어찌 5안을 보지 않는 까닭으로 5안의 상이 나타난다고 이름하고,
6신통을 보지 않는 까닭으로 6신통의 상이 나타난다고 이름합니까? 어찌
여래의 10력을 보지 않는 까닭으로 여래의 10력의 상이 나타난다고 이름하
고, 4무소외·4무애해·대자·대비·대희·대사·18불불공법을 보지 않는 까
닭으로 4무소외, 나아가 18불불공법의 상이 나타난다고 이름합니까?

어찌 무망실법을 보지 않는 까닭으로 무망실법의 상이 나타난다고
이름하고, 항주사성을 보지 않는 까닭으로 항주사성의 상이 나타난다고
이름합니까? 어찌 일체지를 보지 않는 까닭으로 일체지의 상이 나타난다
고 이름하고, 도상지·일체상지를 보지 않는 까닭으로 도상지·일체상지의
상이 나타난다고 이름합니까?

어찌 일체의 다라니문을 보지 않는 까닭으로 일체의 다라니문의 상이
나타난다고 이름하고, 일체의 삼마지문을 보지 않는 까닭으로 일체의
삼마지문의 상이 나타난다고 이름합니까? 어찌 예류과를 보지 않는 까닭
으로 예류과의 상이 나타난다고 이름하고, 일래·불환·아라한과를 보지
않는 까닭으로 일래·불환·아라한과의 상이 나타난다고 이름합니까?

어찌 독각의 보리를 보지 않는 까닭으로 독각의 보리의 상이 나타난다고
이름합니까? 어찌 일체의 보살마하살의 행을 보지 않는 까닭으로 일체의
보살마하살의 행의 상이 나타난다고 이름합니까? 어찌 매우 깊은 반야바

라밀다는 제불의 무상정등보리를 보지 않는 까닭으로 제불의 무상정등보리의 상이 나타난다고 이름합니까?"

마하반야바라밀다경 제307권

41. 불모품(佛母品)(3)

세존께서 말씀하셨다.

"선현이여. 매우 깊은 반야바라밀다는 오히려 색을 인연하지 않더라도 식(識)에서 생겨나는데, 이것은 색을 보지 않으려고 하였던 까닭으로 색의 상이 나타난다고 이름하고, 수·상·행·식을 인연하지 않더라도 식에서 생겨나는데, 이것은 수·상·행·식을 보지 않으려고 하였던 까닭으로 수·상·행·식의 상이 나타난다고 이름하느니라.

오히려 안처를 인연하지 않더라도 식에서 생겨나는데, 이것은 안처를 보지 않으려고 하였던 까닭으로 안처의 상이 나타난다고 이름하고, 이·비·설·신·의처를 인연하지 않더라도 식에서 생겨나는데, 이것은 이·비·설·신·의처를 보지 않으려고 하였던 까닭으로 이·비·설·신·의처의 상이 나타난다고 이름하느니라.

오히려 색처를 인연하지 않더라도 식에서 생겨나는데, 이것은 색처를 보지 않으려고 하였던 까닭으로 색처의 상이 나타난다고 이름하고, 성·향·미·촉·법처를 인연하지 않더라도 식에서 생겨나는데, 이것은 성·향·미·촉·법처를 보지 않으려고 하였던 까닭으로 성·향·미·촉·법처의 상이 나타난다고 이름하느니라.

오히려 안계를 인연하지 않더라도 식에서 생겨나는데, 이것은 안계를 보지 않으려고 하였던 까닭으로 안계의 상이 나타난다고 이름하고, 색계·안식계, 나아가 안촉·안촉을 인연으로 생겨난 여러 수를 인연하지 않더라도 식에서 생겨나는데, 이것은 색계, 나아가 안촉을 인연으로 생겨난 여러 수를 보지 않으려고 하였던 까닭으로 색계, 나아가 안촉을 인연으로 생겨난 여러 수의 상이 나타난다고 이름하느니라.

오히려 이계를 인연하지 않더라도 식에서 생겨나는데, 이것은 이계를 보지 않으려고 하였던 까닭으로 이계의 상이 나타난다고 이름하고, 성계·이식계, 나아가 이촉·이촉을 인연으로 생겨난 여러 수를 인연하지 않더라도 식에서 생겨나는데, 이것은 성계, 나아가 이촉을 인연으로 생겨난 여러 수를 보지 않으려고 하였던 까닭으로 성계, 나아가 이촉을 인연으로 생겨난 여러 수의 상이 나타난다고 이름하느니라.

오히려 비계를 인연하지 않더라도 식에서 생겨나는데, 이것은 비계를 보지 않으려고 하였던 까닭으로 비계의 상이 나타난다고 이름하고, 향계·비식계, 나아가 비촉·비촉을 인연으로 생겨난 여러 수를 인연하지 않더라도 식에서 생겨나는데, 이것은 향계, 나아가 비촉을 인연으로 생겨난 여러 수를 보지 않으려고 하였던 까닭으로 향계, 나아가 비촉을 인연으로 생겨난 여러 수의 상이 나타난다고 이름하느니라.

오히려 설계를 인연하지 않더라도 식에서 생겨나는데, 이것은 설계를 보지 않으려고 하였던 까닭으로 설계의 상이 나타난다고 이름하고, 미계·설식계, 나아가 설촉·설촉을 인연으로 생겨난 여러 수를 인연하지 않더라도 식에서 생겨나는데, 이것은 미계, 나아가 설촉을 인연으로 생겨난 여러 수를 보지 않으려고 하였던 까닭으로 미계, 나아가 설촉을 인연으로 생겨난 여러 수의 상이 나타난다고 이름하느니라.

오히려 신계를 인연하지 않더라도 식에서 생겨나는데, 이것은 신계를 보지 않으려고 하였던 까닭으로 신계의 상이 나타난다고 이름하고, 촉계·신식계, 나아가 신촉·신촉을 인연으로 생겨난 여러 수를 인연하지 않더라도 식에서 생겨나는데, 이것은 촉계, 나아가 신촉을 인연으로 생겨난 여러 수를 보지 않으려고 하였던 까닭으로 촉계, 나아가 신촉을 인연으로 생겨난 여러 수의 상이 나타난다고 이름하느니라.

오히려 의계를 인연하지 않더라도 식에서 생겨나는데, 이것은 의계를

보지 않으려고 하였던 까닭으로 의계의 상이 나타난다고 이름하고, 법계·
의식계, 나아가 의촉·의촉을 인연으로 생겨난 여러 수를 인연하지 않더라
도 식에서 생겨나는데, 이것은 법계, 나아가 의촉을 인연으로 생겨난
여러 수를 보지 않으려고 하였던 까닭으로 법계, 나아가 의촉을 인연으로
생겨난 여러 수의 상이 나타난다고 이름하느니라.

오히려 지계를 인연하지 않더라도 식에서 생겨나는데, 이것은 지계를
보지 않으려고 하였던 까닭으로 지계의 상이 나타난다고 이름하고, 수·화·
풍·공·식계를 인연하지 않더라도 식에서 생겨나는데, 이것은 수·화·풍·
공·식계를 보지 않으려고 하였던 까닭으로 수·화·풍·공·식계의 상이
나타난다고 이름하느니라.

오히려 무명을 인연하지 않더라도 식에서 생겨나는데, 이것은 무명을
보지 않으려고 하였던 까닭으로 무명의 상이 나타난다고 이름하고, 행·식·
명색·육처·촉·수·애·취·유·생·노사의 수탄고우뇌를 인연하지 않았더라
도 식에서 생겨나는데, 이것은 행, 나아가 노사의 수탄고우뇌를 보지
않으려고 하였던 까닭으로 행, 나아가 노사의 수탄고우뇌의 상이 나타난
다고 이름하느니라.

오히려 보시바라밀다를 인연하지 않더라도 식에서 생겨나는데, 이것은
보시바라밀다를 보지 않으려고 하였던 까닭으로 보시바라밀다의 상이
나타난다고 이름하고, 정계·안인·정진·정려·반야바라밀다를 인연하지
않더라도 식에서 생겨나는데, 이것은 정계, 나아가 반야바라밀다를 보지
않으려고 하였던 까닭으로 정계, 나아가 반야바라밀다의 상이 나타난다고
이름하느니라.

오히려 내공을 인연하지 않더라도 식에서 생겨나는데, 이것은 내공을
보지 않으려고 하였던 까닭으로 내공의 상이 나타난다고 이름하고, 외공·
내외공·공공·대공·승의공·유위공·무위공·필경공·무제공·산공·무변
이공·본성공·자상공·공상공·일체법공·불가득공·무성공·자성공·무성
자성공을 인연하지 않더라도 식에서 생겨나는데, 이것은 외공, 나아가
무성자성공을 보지 않으려고 하였던 까닭으로 외공, 나아가 무성자성공의

상이 나타난다고 이름하느니라.

오히려 진여를 인연하지 않더라도 식에서 생겨나는데, 이것은 진여를 보지 않으려고 하였던 까닭으로 진여의 상이 나타난다고 이름하고, 법계·법성·불허망성·불변이성·평등성·이생성·법정·법주·실제·허공계·부사의계를 인연하지 않더라도 식에서 생겨나는데, 이것은 법계, 나아가 부사의계를 보지 않으려고 하였던 까닭으로 법계, 나아가 부사의계의 상이 나타난다고 이름하느니라.

오히려 고성제를 인연하지 않더라도 식에서 생겨나는데, 이것은 고성제를 보지 않으려고 하였던 까닭으로 고성제의 상이 나타난다고 이름하고, 집·멸·도성제를 인연하지 않더라도 식에서 생겨나는데, 이것은 집·멸·도성제를 보지 않으려고 하였던 까닭으로 집·멸·도성제의 상이 나타난다고 이름하느니라.

오히려 4정려를 인연하지 않더라도 식에서 생겨나는데, 이것은 4정려를 보지 않으려고 하였던 까닭으로 4정려의 상이 나타난다고 이름하고, 4무량·4무색정을 인연하지 않더라도 식에서 생겨나는데, 이것은 4무량·4무색정을 보지 않으려고 하였던 까닭으로 4무량·4무색정의 상이 나타난다고 이름하느니라.

오히려 8해탈을 인연하지 않더라도 식에서 생겨나는데, 이것은 8해탈을 보지 않으려고 하였던 까닭으로 8해탈의 상이 나타난다고 이름하고, 8승처·9차제정·10변처를 인연하지 않더라도 식에서 생겨나는데, 이것은 8승처·9차제정·10변처를 보지 않으려고 하였던 까닭으로 8승처·9차제정·10변처의 상이 나타난다고 이름하느니라.

오히려 4념주를 인연하지 않더라도 식에서 생겨나는데, 이것은 4념주를 보지 않으려고 하였던 까닭으로 4념주의 상이 나타난다고 이름하고, 4정단·4신족·5근·5력·7등각지·8성도지를 인연하지 않더라도 식에서 생겨나는데, 이것은 4정단, 나아가 8성도지를 보지 않으려고 하였던 까닭으로 4정단, 나아가 8성도지의 상이 나타난다고 이름하느니라.

오히려 공해탈문을 인연하지 않더라도 식에서 생겨나는데, 이것은 공해탈문을 보지 않으려고 하였던 까닭으로 공해탈문의 상이 나타난다고 이름하고, 무상·무원해탈문을 인연하지 않더라도 식에서 생겨나는데, 이것은 무상·무원해탈문을 보지 않으려고 하였던 까닭으로 무상·무원해탈문의 상이 나타난다고 이름하느니라.

오히려 보살의 10지를 인연하지 않더라도 식에서 생겨나는데, 이것은 보살의 10지를 보지 않으려고 하였던 까닭으로 보살의 10지의 상이 나타난다고 이름하느니라. 5안을 인연하지 않더라도 식에서 생겨나는데, 이것은 5안을 보지 않으려고 하였던 까닭으로 5안의 상이 나타난다고 이름하고, 6신통을 인연하지 않더라도 식에서 생겨나는데, 이것은 6신통을 보지 않으려고 하였던 까닭으로 6신통의 상이 나타난다고 이름하느니라.

오히려 여래의 10력을 인연하지 않더라도 식에서 생겨나는데, 이것은 여래의 10력을 보지 않으려고 하였던 까닭으로 여래의 10력의 상이 나타난다고 이름하고, 4무소외·4무애해·대자·대비·대희·대사·18불불공법을 인연하지 않더라도 식에서 생겨나는데, 이것은 4무소외, 나아가 18불불공법을 보지 않으려고 하였던 까닭으로 4무소외·4무애해·대자·대비·대희·대사·18불불공법의 상이 나타난다고 이름하느니라.

오히려 무망실법을 인연하지 않더라도 식에서 생겨나는데, 이것은 무망실법을 보지 않으려고 하였던 까닭으로 무망실법의 상이 나타난다고 이름하고, 항주사성을 인연하지 않더라도 식에서 생겨나는데, 이것은 항주사성을 보지 않으려고 하였던 까닭으로 항주사성의 상이 나타난다고 이름하느니라.

오히려 일체지를 인연하지 않더라도 식에서 생겨나는데, 이것은 일체지를 보지 않으려고 하였던 까닭으로 일체지의 상이 나타난다고 이름하고, 도상지·일체상지를 인연하지 않더라도 식에서 생겨나는데, 이것은 도상지·일체상지를 보지 않으려고 하였던 까닭으로 도상지·일체상지의 상이 나타난다고 이름하느니라.

오히려 일체의 다라니문을 인연하지 않더라도 식에서 생겨나는데, 이것은 일체의 다라니문을 보지 않으려고 하였던 까닭으로 일체의 다라니문의 상이 나타난다고 이름하고, 일체의 삼마지문을 인연하지 않더라도 식에서 생겨나는데, 이것은 일체의 삼마지문을 보지 않으려고 하였던 까닭으로 일체의 삼마지문의 상이 나타난다고 이름하느니라.

오히려 예류과를 인연하지 않더라도 식에서 생겨나는데, 이것은 예류과를 보지 않으려고 하였던 까닭으로 예류과의 상이 나타난다고 이름하고, 일래·불환·아라한과를 인연하지 않더라도 식에서 생겨나는데, 이것은 일래·불환·아라한과를 보지 않으려고 하였던 까닭으로 일래·불환·아라한과의 상이 나타난다고 이름하느니라.

오히려 독각의 보리를 인연하지 않더라도 식에서 생겨나는데, 이것은 독각의 보리를 보지 않으려고 하였던 까닭으로 독각의 보리의 상이 나타난다고 이름하느니라. 오히려 일체의 보살마하살의 행을 인연하지 않더라도 식에서 생겨나는데, 이것은 일체의 보살마하살의 행을 보지 않으려고 하였던 까닭으로 일체의 보살마하살의 행의 상이 나타난다고 이름하느니라.

오히려 제불의 무상정등보리를 인연하지 않더라도 식에서 생겨나는데, 이것은 제불의 무상정등보리를 보지 않으려고 하였던 까닭으로 제불의 무상정등보리의 상이 나타난다고 이름하느니라. 선현이여. 오히려 이와 같은 뜻으로 매우 깊은 반야바라밀다는 능히 제불께 세간의 실상(實相)을 나타내므로 제불모(諸佛母)라고 이름하느니라."

"다시 다음으로 선현이여. 매우 깊은 반야바라밀다는 능히 제불을 위하여 세간이 공(空)하다고 나타내므로 불모(佛母)라고 이름하는데, 능히 제불께서 세간의 실상(實相)을 나타내느니라."

"세존이시여. 어찌하여 반야바라밀다가 능히 제불을 위하여 세간이 공(空)하다고 나타냅니까?"

"선현이여. 매우 깊은 반야바라밀다는 제불께 색의 세간이 공하다고 능히 나타내고 수·상·행·식의 세간이 공하다고 능히 나타내며, 제불께 안처의 세간이 공하다고 능히 나타내고 이·비·설·신·의처의 세간이 공하다고 능히 나타내며, 제불께 색처의 세간이 공하다고 능히 나타내고 성·향·미·촉·법처의 세간이 공하다고 능히 나타내느니라.

제불께 안계의 세간이 공하다고 능히 나타내고 색계·안식계, 나아가 안촉·안촉을 인연으로 생겨난 여러 수의 세간이 공하다고 능히 나타내며, 제불께 이계의 세간이 공하다고 능히 나타내고 성계·이식계, 나아가 이촉·이촉을 인연으로 생겨난 여러 수의 세간이 공하다고 능히 나타내며, 제불께 비계의 세간이 공하다고 능히 나타내고 향계·비식계, 나아가 비촉·비촉을 인연으로 생겨난 여러 수의 세간이 공하다고 능히 나타내느니라.

제불께 설계의 세간이 공하다고 능히 나타내고 미계·설식계, 나아가 설촉·설촉을 인연으로 생겨난 여러 수의 세간이 공하다고 능히 나타내며, 제불께 신계의 세간이 공하다고 능히 나타내고 촉계·신식계, 나아가 신촉·신촉을 인연으로 생겨난 여러 수의 세간이 공하다고 능히 나타내며, 제불께 의계의 세간이 공하다고 능히 나타내고 법계·의식계, 나아가 의촉·의촉을 인연으로 생겨난 여러 수의 세간이 공하다고 능히 나타내느니라.

제불께 지계의 세간이 공하다고 능히 나타내고 수·화·풍·공·식계의 세간이 공하다고 능히 나타내며, 제불께 무명의 세간이 공하다고 능히 나타내고 행·식·명색·육처·촉·수·애·취·유·생·노사의 수탄고우뇌의 세간이 공하다고 능히 나타내며, 제불께 보시바라밀다의 세간이 공하다고 나타내고 정계·안인·정진·정려·반야바라밀다의 세간이 공하다고 능히 나타내느니라.

제불께 내공의 세간이 공하다고 나타내고 외공·내외공·공공·대공·승의공·유위공·무위공·필경공·무제공·산공·무변이공·본성공·자상공·공상공·일체법공·불가득공·무성공·자성공·무성자성공의 세간이 공하다고 능히 나타내며, 제불께 진여의 세간이 공하다고 능히 나타내고 법계·법성·불허망성·불변이성·평등성·이생성·법정·법주·실제·허공계·부사의계의 세간이 공하다고 능히 나타내며, 제불께 고성제의 세간이 공하다고 능히 나타내고 집·멸·도성제의 세간이 공하다고 능히 나타내느니라.

제불께 4정려의 세간이 공하다고 능히 나타내고 4무량·4무색정의 세간이 공하다고 능히 나타내며, 제불께 8해탈의 세간이 공하다고 드러내고 8승처·9차제정·10변처의 세간이 공하다고 능히 나타내며, 제불께 4념주의 세간이 공하다고 능히 나타내고 4정단·4신족·5근·5력·7등각지·8성도지의 세간이 공하다고 능히 나타내며, 제불께 공해탈문의 세간이 공하다고 능히 나타내고 무상·무원해탈문의 세간이 공하다고 능히 나타내며, 제불께 보살의 10지의 세간이 공하다고 능히 나타내느니라.

제불께 5안의 세간이 공하다고 능히 나타내고 6신통의 세간이 공하다고 능히 나타내며, 제불께 여래의 10력의 세간이 공하다고 드러내고 4무소외·4무애해·대자·대비·대희·대사·18불불공법의 세간이 공하다고 능히 나타내며, 제불께 무망실법의 세간이 공하다고 능히 나타내고 항주사성의 세간이 공하다고 능히 나타내며, 제불께 일체지의 세간이 공하다고 나타내고 도상지·일체상지의 세간이 공하다고 능히 나타내느니라.

제불께 일체의 다라니문의 세간이 공하다고 능히 나타내고 일체의 삼마지문의 세간이 공하다고 능히 나타내며, 제불께 예류과의 세간이 공하다고 능히 나타내고 일래·불환·아라한과의 세간이 공하다고 나타내며, 독각의 보리의 세간이 공하다고 능히 나타내고, 제불께 일체의 보살마하살의 행의 세간이 공하다고 능히 나타내며, 제불께 제불의 무상정등보리의 세간이 공하다고 능히 나타내느니라.

선현이여. 오히려 이와 같은 뜻으로 매우 깊은 반야바라밀다는 능히 제불께 세간의 진실한 상을 나타냈으므로 제불모라고 이름하느니라."

"다시 다음으로 선현이여. 매우 깊은 반야바라밀다는 능히 여래·응공·정등각을 시켜서 여러 세간을 세간이 공하다고 느끼(受)게 하고 세간이 공하다고 생각(相)하게 하며 세간이 공하다고 사유(思)하게 하고 세간이 공하다고 이해(了)하게 하느니라. 선현이여. 오히려 이와 같은 뜻으로 매우 깊은 반야바라밀다는 능히 제불께 세간의 실상을 나타내므로 제불모

(諸佛母)라고 이름하느니라."

"다시 다음으로 선현이여. 매우 깊은 반야바라밀다는 능히 제불께
세간의 공한 상을 나타내므로 제불모라고 이름하는데, 능히 제불께 세간
의 실상을 나타내느니라."

"세존이시여. 어찌하여 반야바라밀다가 능히 제불께 세간의 공한 상을
나타냅니까?"

"선현이여. 매우 깊은 반야바라밀다는 제불께 능히 색의 세간이 공(空)
한 상(相)이라고 능히 나타내고 수·상·행·식의 세간이 공한 상이라고
능히 나타내며, 제불께 능히 안처의 세간이 공한 상이라고 능히 나타내고
이·비·설·신·의처의 세간이 공한 상이라고 능히 나타내며, 제불께 능히
색처의 세간이 공한 상이라고 능히 나타내고 성·향·미·촉·법처의 세간이
공한 상이라고 능히 나타내느니라.

제불께 능히 안계의 세간이 공한 상이라고 능히 나타내고 안계·안식계,
나아가 안촉·안촉을 인연으로 생겨난 여러 수의 세간이 공한 상이라고
능히 나타내며, 제불께 능히 이계의 세간이 공한 상이라고 능히 나타내고
성계·이식계, 나아가 이촉·이촉을 인연으로 생겨난 여러 수의 세간이
공한 상이라고 능히 나타내며, 제불께 능히 비계의 세간이 공한 상이라고
능히 나타내고 향계·비식계, 나아가 비촉·비촉을 인연으로 생겨난 여러
수의 세간이 공한 상이라고 능히 나타내느니라.

제불께 능히 설계의 세간이 공한 상이라고 능히 나타내고 미계·설식계,
나아가 설촉·설촉을 인연으로 생겨난 여러 수의 세간이 공한 상이라고
능히 나타내며, 제불께 능히 신계의 세간이 공한 상이라고 능히 나타내고
촉계·신식계, 나아가 신촉·신촉을 인연으로 생겨난 여러 수의 세간이
공한 상이라고 능히 나타내며, 제불께 능히 의계의 세간이 공한 상이라고
능히 나타내고 법계·의식계, 나아가 의촉·의촉을 인연으로 생겨난 여러
수의 세간이 공한 상이라고 능히 나타내느니라.

제불께 능히 지계의 세간이 공한 상이라고 능히 나타내고 수·화·풍·공·

식계의 세간이 공한 상이라고 능히 나타내며, 제불께 능히 무명의 세간이 공한 상이라고 능히 나타내고 행·식·명색·육처·촉·수·애·취·유·생·노사의 수탄고우뇌의 세간이 공한 상이라고 능히 나타내며, 제불께 능히 보시바라밀다의 세간이 공한 상이라고 능히 나타내고 정계·안인·정진·정려·반야바라밀다의 세간이 공한 상이라고 능히 나타내느니라.

제불께 능히 내공의 세간이 공한 상이라고 능히 나타내고 외공·내외공·공공·대공·승의공·유위공·무위공·필경공·무제공·산공·무변이공·본성공·자상공·공상공·일체법공·불가득공·무성공·자성공·무성자성공의 세간이 공한 상이라고 능히 나타내며, 제불께 능히 진여의 세간이 공한 상이라고 능히 나타내고 법계·법성·불허망성·불변이성·평등성·이생성·법정·법주·실제·허공계·부사의계의 세간이 공한 상이라고 능히 나타내며, 제불께 능히 고성제의 세간이 공한 상이라고 능히 나타내고 집·멸·도성제의 세간이 공한 상이라고 능히 나타내느니라.

제불께 능히 4정려의 세간이 공한 상이라고 능히 나타내고 4무량·4무색정의 세간이 공한 상이라고 능히 나타내며, 제불께 능히 8해탈의 세간이 공한 상이라고 능히 나타내고 8승처·9차제정·10변처의 세간이 공한 상이라고 능히 나타내며, 제불께 능히 4념주의 세간이 공한 상이라고 능히 나타내고 4정단·4신족·5근·5력·7등각지·8성도지의 세간이 공한 상이라고 능히 나타내며, 제불께 능히 공해탈문의 세간이 공한 상이라고 능히 나타내고 무상·무원해탈문의 세간이 공한 상이라고 능히 나타내며, 제불께 능히 보살의 10지의 세간이 공한 상이라고 능히 나타내느니라.

제불께 능히 5안의 세간이 공한 상이라고 능히 나타내고 6신통의 세간이 공한 상이라고 능히 나타내며, 제불께 능히 여래의 10력의 세간이 공한 상이라고 능히 나타내고 4무소외·4무애해·대자·대비·대희·대사·18불불공법의 세간이 공한 상이라고 능히 나타내며, 제불께 능히 무망실법의 세간이 공한 상이라고 능히 나타내고 항주사성의 세간이 공한 상이라고 능히 나타내며, 제불께 능히 일체지의 세간이 공한 상이라고 능히 나타내고 도상지·일체상지의 세간이 공한 상이라고 능히 나타내느니라.

제불께 능히 일체의 다라니문의 세간이 공한 상이라고 능히 나타내고 일체의 삼마지문의 세간이 공한 상이라고 능히 나타내며, 제불께 능히 예류과의 세간이 공한 상이라고 능히 나타내고 일래·불환·아라한과의 세간이 공한 상이라고 능히 나타내며, 제불께 능히 독각의 보리의 세간이 공한 상이라고 능히 나타내고, 제불께 능히 일체의 보살마하살의 행의 세간이 공한 상이라고 능히 나타내며, 제불께 능히 제불의 무상정등보리의 세간이 공한 상이라고 능히 나타내느니라.

선현이여. 오히려 이와 같은 뜻으로 매우 깊은 반야바라밀다는 능히 제불께 세간의 실상을 나타내므로 제불모라고 이름하느니라.”

“다시 다음으로 선현이여. 매우 깊은 반야바라밀다는 능히 제불께 세간의 불가사의(不可思議)한 상을 능히 나타내므로 제불모라고 이름하는데, 능히 제불께 세간의 실상을 나타내느니라.”

“세존이시여. 어찌하여 반야바라밀다가 능히 제불께 세간의 불가사의한 상을 나타냅니까?”

“선현이여. 매우 깊은 반야바라밀다는 제불께 능히 색의 세간이 불가사의한 상이라고 능히 나타내고 수·상·행·식의 세간이 불가사의한 상이라고 능히 나타내며, 제불께 능히 안처의 세간이 불가사의한 상이라고 능히 나타내고 이·비·설·신·의처의 세간이 불가사의한 상이라고 능히 나타내며, 제불께 능히 색처의 세간이 불가사의한 상이라고 능히 나타내고 성·향·미·촉·법처의 세간이 불가사의한 상이라고 능히 나타내느니라.

제불께 능히 안계의 세간이 불가사의한 상이라고 능히 나타내고 안계·안식계, 나아가 안촉·안촉을 인연으로 생겨난 여러 수의 세간이 불가사의한 상이라고 능히 나타내며, 제불께 능히 이계의 세간이 불가사의한 상이라고 능히 나타내고 성계·이식계, 나아가 이촉·이촉을 인연으로 생겨난 여러 수의 세간이 불가사의한 상이라고 능히 나타내며, 제불께 능히 비계의 세간이 불가사의한 상이라고 능히 나타내고 향계·비식계, 나아가 비촉·비촉을 인연으로 생겨난 여러 수의 세간이 불가사의한 상이라고 능히 나타내느니라.

제불께 능히 설계의 세간이 불가사의한 상이라고 능히 나타내고 미계·
설식계, 나아가 설촉·설촉을 인연으로 생겨난 여러 수의 세간이 불가사의
한 상이라고 능히 나타내며, 제불께 능히 신계의 세간이 불가사의한
상이라고 능히 나타내고 촉계·신식계, 나아가 신촉·신촉을 인연으로
생겨난 여러 수의 세간이 불가사의한 상이라고 능히 나타내며, 제불께
능히 의계의 세간이 불가사의한 상이라고 능히 나타내고 법계·의식계,
나아가 의촉·의촉을 인연으로 생겨난 여러 수의 세간이 불가사의한 상이
라고 능히 나타내느니라.

제불께 능히 지계의 세간이 불가사의한 상이라고 능히 나타내고 수·화
·풍·공·식계의 세간이 불가사의한 상이라고 능히 나타내며, 제불께
능히 무명의 세간이 불가사의한 상이라고 능히 나타내고 행·식·명색·육
처·촉·수·애·취·유·생·노사의 수탄고우뇌의 세간이 불가사의한 상이라
고 능히 나타내며, 제불께 능히 보시바라밀다의 세간이 불가사의한 상이
라고 능히 나타내고 정계·안인·정진·정려·반야바라밀다의 세간이 불가
사의한 상이라고 능히 나타내느니라.

제불께 능히 내공의 세간이 불가사의한 상이라고 능히 나타내고 외공·
내외공·공공·대공·승의공·유위공·무위공·필경공·무제공·산공·무변
이공·본성공·자상공·공상공·일체법공·불가득공·무성공·자성공·무성
자성공의 세간이 불가사의한 상이라고 능히 나타내며, 제불께 능히 진여
의 세간이 불가사의한 상이라고 능히 나타내고 법계·법성·불허망성·불변
이성·평등성·이생성·법정·법주·실제·허공계·부사의계의 세간이 불가
사의한 상이라고 능히 나타내며, 제불께 능히 고성제의 세간이 불가사의
한 상이라고 능히 나타내고 집·멸·도성제의 세간이 불가사의한 상이라고
능히 나타내느니라.

제불께 능히 4정려의 세간이 불가사의한 상이라고 능히 나타내고 4무량
·4무색정의 세간이 불가사의한 상이라고 능히 나타내며, 제불께 능히
8해탈의 세간이 불가사의한 상이라고 능히 나타내고 8승처·9차제정·10

변처의 세간이 불가사의한 상이라고 능히 나타내며, 제불께 능히 4념주의 세간이 불가사의한 상이라고 능히 나타내고 4정단·4신족·5근·5력·7등각지·8성도지의 세간이 불가사의한 상이라고 능히 나타내며, 제불께 능히 공해탈문의 세간이 불가사의한 상이라고 능히 나타내고 무상·무원해탈문의 세간이 불가사의한 상이라고 능히 나타내며, 제불께 능히 보살의 10지의 세간이 불가사의한 상이라고 능히 나타내느니라.

제불께 능히 5안의 세간이 불가사의한 상이라고 능히 나타내고 6신통의 세간이 불가사의한 상이라고 능히 나타내며, 제불께 능히 여래의 10력의 세간이 불가사의한 상이라고 능히 나타내고 4무소외·4무애해·대자·대비·대희·대사·18불불공법의 세간이 불가사의한 상이라고 능히 나타내며, 제불께 능히 무망실법의 세간이 불가사의한 상이라고 능히 나타내고 항주사성의 세간이 불가사의한 상이라고 능히 나타내며, 제불께 능히 일체지의 세간이 불가사의한 상이라고 능히 나타내고 도상지·일체상지의 세간이 불가사의한 상이라고 능히 나타내느니라.

제불께 능히 일체의 다라니문의 세간이 불가사의한 상이라고 능히 나타내고 일체의 삼마지문의 세간이 불가사의한 상이라고 능히 나타내며, 제불께 능히 예류과의 세간이 불가사의한 상이라고 능히 나타내고 일래·불환·아라한과의 세간이 불가사의한 상이라고 능히 나타내며, 제불께 능히 독각의 보리의 세간이 불가사의한 상이라고 능히 나타내고, 제불께 능히 일체의 보살마하살의 행의 세간이 불가사의한 상이라고 능히 나타내며, 제불께 능히 제불의 무상정등보리의 세간이 불가사의한 상이라고 능히 나타내느니라.

선현이여. 오히려 이와 같은 뜻으로 매우 깊은 반야바라밀다는 능히 제불께 세간의 실상을 나타내므로 제불모라고 이름하느니라."

"다시 다음으로 선현이여. 매우 깊은 반야바라밀다는 능히 제불께 세간의 멀리 벗어난(遠離) 상을 나타내므로 제불모라고 이름하는데, 능히 제불께 세간의 실상을 나타내느니라."

"세존이시여. 어찌하여 반야바라밀다가 능히 제불께 세간의 멀리 벗어난 상을 진실한 상을 나타냅니까?"

"선현이여. 매우 깊은 반야바라밀다는 제불께 능히 색의 세간이 멀리 벗어난 상이라고 능히 나타내고 수·상·행·식의 세간이 멀리 벗어난 상이라고 능히 나타내며, 제불께 능히 안처의 세간이 멀리 벗어난 상이라고 능히 나타내고 이·비·설·신·의처의 세간이 멀리 벗어난 상이라고 능히 나타내며, 제불께 능히 색처의 세간이 멀리 벗어난 상이라고 능히 나타내고 성·향·미·촉·법처의 세간이 멀리 벗어난 상이라고 능히 나타내느니라.

제불께 능히 안계의 세간이 멀리 벗어난 상이라고 능히 나타내고 안계·안식계, 나아가 안촉·안촉을 인연으로 생겨난 여러 수의 세간이 멀리 벗어난 상이라고 능히 나타내며, 제불께 능히 이계의 세간이 멀리 벗어난 상이라고 능히 나타내고 성계·이식계, 나아가 이촉·이촉을 인연으로 생겨난 여러 수의 세간이 멀리 벗어난 상이라고 능히 나타내며, 제불께 능히 비계의 세간이 멀리 벗어난 상이라고 능히 나타내고 향계·비식계, 나아가 비촉·비촉을 인연으로 생겨난 여러 수의 세간이 멀리 벗어난 상이라고 능히 나타내느니라.

제불께 능히 설계의 세간이 멀리 벗어난 상이라고 능히 나타내고 미계·설식계, 나아가 설촉·설촉을 인연으로 생겨난 여러 수의 세간이 멀리 벗어난 상이라고 능히 나타내며, 제불께 능히 신계의 세간이 멀리 벗어난 상이라고 능히 나타내고 촉계·신식계, 나아가 신촉·신촉을 인연으로 생겨난 여러 수의 세간이 멀리 벗어난 상이라고 능히 나타내며, 제불께 능히 의계의 세간이 멀리 벗어난 상이라고 능히 나타내고 법계·의식계, 나아가 의촉·의촉을 인연으로 생겨난 여러 수의 세간이 멀리 벗어난 상이라고 능히 나타내느니라.

제불께 능히 지계의 세간이 멀리 벗어난 상이라고 능히 나타내고 수·화·풍·공·식계의 세간이 멀리 벗어난 상이라고 능히 나타내며, 제불께 능히 무명의 세간이 멀리 벗어난 상이라고 능히 나타내고 행·식·명색·육처·촉·수·애·취·유·생·노사의 수탄고우뇌의 세간이 멀리 벗어난 상이라고 능히 나타내며, 제불께 능히 보시바라밀다의 세간이 멀리 벗어난 상이라고 능히 나타내고 정계·안인·정진·정려·반야바라밀다의 세간이 멀리 벗어난 상이라고 능히 나타내느니라.

제불께 능히 내공의 세간이 멀리 벗어난 상이라고 능히 나타내고 외공·내외공·공공·대공·승의공·유위공·무위공·필경공·무제공·산공·무변이공·본성공·자상공·공상공·일체법공·불가득공·무성공·자성공·무성자성공의 세간이 멀리 벗어난 상이라고 능히 나타내며, 제불께 능히 진여의 세간이 멀리 벗어난 상이라고 능히 나타내고 법계·법성·불허망성·불변이성·평등성·이생성·법정·법주·실제·허공계·부사의계의 세간이 멀리 벗어난 상이라고 능히 나타내며, 제불께 능히 고성제의 세간이 멀리 벗어난 상이라고 능히 나타내고 집·멸·도성제의 세간이 멀리 벗어난 상이라고 능히 나타내느니라.

제불께 능히 4정려의 세간이 멀리 벗어난 상이라고 능히 나타내고 4무량·4무색정의 세간이 멀리 벗어난 상이라고 능히 나타내며, 제불께 능히 8해탈의 세간이 멀리 벗어난 상이라고 능히 나타내고 8승처·9차제정·10변처의 세간이 멀리 벗어난 상이라고 능히 나타내며, 제불께 능히 4념주의 세간이 멀리 벗어난 상이라고 능히 나타내고 4정단·4신족·5근·5력·7등각지·8성도지의 세간이 멀리 벗어난 상이라고 능히 나타내며, 제불께 능히 공해탈문의 세간이 멀리 벗어난 상이라고 능히 나타내고 무상·무원해탈문의 세간이 멀리 벗어난 상이라고 능히 나타내며, 제불께 능히 보살의 10지의 세간이 멀리 벗어난 상이라고 능히 나타내느니라.

제불께 능히 5안의 세간이 멀리 벗어난 상이라고 능히 나타내고 6신통의 세간이 멀리 벗어난 상이라고 능히 나타내며, 제불께 능히 여래의 10력의 세간이 멀리 벗어난 상이라고 능히 나타내고 4무소외·4무애해·대자·대비·대희·대사·18불불공법의 세간이 멀리 벗어난 상이라고 능히 나타내며, 제불께 능히 무망실법의 세간이 멀리 벗어난 상이라고 능히 나타내고 항주사성의 세간이 멀리 벗어난 상이라고 능히 나타내며, 제불께 능히 일체지의 세간이 멀리 벗어난 상이라고 능히 나타내고 도상지·일체상지의 세간이 멀리 벗어난 상이라고 능히 나타내느니라.

제불께 능히 일체의 다라니문의 세간이 멀리 벗어난 상이라고 능히 나타내고 일체의 삼마지문의 세간이 멀리 벗어난 상이라고 능히 나타내며, 제불께 능히 예류과의 세간이 멀리 벗어난 상이라고 능히 나타내고 일래·불환·아라한과의 세간이 멀리 벗어난 상이라고 능히 나타내며, 제불께 능히 독각의 보리의 세간이 멀리 벗어난 상이라고 능히 나타내고, 제불께 능히 일체의 보살마하살의 행의 세간이 멀리 벗어난 상이라고 능히 나타내며, 제불께 능히 제불의 무상정등보리의 세간이 멀리 벗어난 상이라고 능히 나타내느니라.

선현이여. 오히려 이와 같은 뜻으로 매우 깊은 반야바라밀다는 능히 제불께 세간의 실상을 나타내므로 제불모라고 이름하느니라.”

“다시 다음으로 선현이여. 매우 깊은 반야바라밀다는 능히 제불께 세간의 적정(寂靜)한 상을 나타내므로 제불모라고 이름하는데, 능히 제불께 세간의 실상을 나타내느니라.”

“세존이시여. 어찌하여 반야바라밀다가 능히 제불께 세간의 적정한 상을 나타냅니까?”

“선현이여. 매우 깊은 반야바라밀다는 제불께 능히 색의 세간이 적정한 상이라고 능히 나타내고 수·상·행·식의 세간이 적정한 상이라고 능히 나타내며, 제불께 능히 안처의 세간이 적정한 상이라고 능히 나타내고 이·비·설·신·의처의 세간이 적정한 상이라고 능히 나타내며, 제불께 능히 색처의 세간이 적정한 상이라고 능히 나타내고 성·향·미·촉·법처의 세간이 적정한 상이라고 능히 나타내느니라.

제불께 능히 안계의 세간이 적정한 상이라고 능히 나타내고 안계·안식계, 나아가 안촉·안촉을 인연으로 생겨난 여러 수의 세간이 적정한 상이라고 능히 나타내며, 제불께 능히 이계의 세간이 적정한 상이라고 능히 나타내고 성계·이식계, 나아가 이촉·이촉을 인연으로 생겨난 여러 수의 세간이 적정한 상이라고 능히 나타내며, 제불께 능히 비계의 세간이 적정한 상이라고 능히 나타내고 향계·비식계, 나아가 비촉·비촉을 인연으로 생겨난 여러 수의 세간이 적정한 상이라고 능히 나타내느니라.

제불께 능히 설계의 세간이 적정한 상이라고 능히 나타내고 미계·설식계, 나아가 설촉·설촉을 인연으로 생겨난 여러 수의 세간이 적정한 상이라고 능히 나타내며, 제불께 능히 신계의 세간이 적정한 상이라고 능히 나타내고 촉계·신식계, 나아가 신촉·신촉을 인연으로 생겨난 여러 수의 세간이 적정한 상이라고 능히 나타내며, 제불께 능히 의계의 세간이 적정한 상이라고 능히 나타내고 법계·의식계, 나아가 의촉·의촉을 인연으로 생겨난 여러 수의 세간이 적정한 상이라고 능히 나타내느니라.

제불께 능히 지계의 세간이 적정한 상이라고 능히 나타내고 수·화·풍·공·식계의 세간이 적정한 상이라고 능히 나타내며, 제불께 능히 무명의 세간이 적정한 상이라고 능히 나타내고 행·식·명색·육처·촉·수·애·취·유·생·노사의 수탄고우뇌의 세간이 적정한 상이라고 능히 나타내며, 제불께 능히 보시바라밀다의 세간이 적정한 상이라고 능히 나타내고 정계·안인·정진·정려·반야바라밀다의 세간이 적정한 상이라고 능히 나타내느니라.

제불께 능히 내공의 세간이 적정한 상이라고 능히 나타내고 외공·내외공·공공·대공·승의공·유위공·무위공·필경공·무제공·산공·무변이공·본성공·자상공·공상공·일체법공·불가득공·무성공·자성공·무성자성공의 세간이 적정한 상이라고 능히 나타내며, 제불께 능히 진여의 세간이 적정한 상이라고 능히 나타내고 법계·법성·불허망성·불변이성·평등성·이생성·법정·법주·실제·허공계·부사의계의 세간이 적정한 상이라고 능히 나타내며, 제불께 능히 고성제의 세간이 적정한 상이라고 능히 나타내고 집·멸·도성제의 세간이 적정한 상이라고 능히 나타내느니라.

제불께 능히 4정려의 세간이 적정한 상이라고 능히 나타내고 4무량·4무색정의 세간이 적정한 상이라고 능히 나타내며, 제불께 능히 8해탈의 세간이 적정한 상이라고 능히 나타내고 8승처·9차제정·10변처의 세간이 적정한 상이라고 능히 나타내며, 제불께 능히 4념주의 세간이 적정한 상이라고 능히 나타내고 4정단·4신족·5근·5력·7등각지·8성도지의 세간이 적정한 상이라고 능히 나타내며, 제불께 능히 공해탈문의 세간이 적정한 상이라고 능히 나타내고 무상·무원해탈문의 세간이 적정한 상이라고 능히 나타내며, 제불께 능히 보살의 10지의 세간이 적정한 상이라고 능히 나타내느니라.

제불께 능히 5안의 세간이 적정한 상이라고 능히 나타내고 6신통의 세간이 적정한 상이라고 능히 나타내며, 제불께 능히 여래의 10력의 세간이 적정한 상이라고 능히 나타내고 4무소외·4무애해·대자·대비·대희·대사·18불불공법의 세간이 적정한 상이라고 능히 나타내며, 제불께 능히 무망실법의 세간이 적정한 상이라고 능히 나타내고 항주사성의 세간이 적정한 상이라고 능히 나타내며, 제불께 능히 일체지의 세간이 적정한 상이라고 능히 나타내고 도상지·일체상지의 세간이 적정한 상이라고 능히 나타내느니라.

제불께 능히 일체의 다라니문의 세간이 적정한 상이라고 능히 나타내고 일체의 삼마지문의 세간이 적정한 상이라고 능히 나타내며, 제불께 능히 예류과의 세간이 적정한 상이라고 능히 나타내고 일래·불환·아라한과의 세간이 적정한 상이라고 능히 나타내며, 제불께 능히 독각의 보리의 세간이 적정한 상이라고 능히 나타내고, 제불께 능히 일체의 보살마하살의 행의 세간이 적정한 상이라고 능히 나타내며, 제불께 능히 제불의 무상정등보리의 세간이 적정한 상이라고 능히 나타내느니라.

선현이여. 오히려 이와 같은 뜻으로 매우 깊은 반야바라밀다는 능히 제불께 세간의 실상을 나타내므로 제불모라고 이름하느니라."

"다시 다음으로 선현이여. 매우 깊은 반야바라밀다는 능히 제불께 세간의 반드시 결국(畢竟)에는 공(空)한 상을 나타내므로 제불모라고 이름하는데, 능히 제불께 세간의 실상을 나타내느니라."

"세존이시여. 어찌하여 반야바라밀다가 능히 제불께 세간의 반드시 결국에는 공한 상을 능히 나타냅니까?"

"선현이여. 매우 깊은 반야바라밀다는 제불께 능히 색의 세간이 반드시
결국에는 공한 상이라고 능히 나타내고 수·상·행·식의 세간이 반드시
결국에는 공한 상이라고 능히 나타내며, 제불께 능히 안처의 세간이
반드시 결국에는 공한 상이라고 능히 나타내고 이·비·설·신·의처의 세간
이 반드시 결국에는 공한 상이라고 능히 나타내며, 제불께 능히 색처의
세간이 반드시 결국에는 공한 상이라고 능히 나타내고 성·향·미·촉·법처
의 세간이 반드시 결국에는 공한 상이라고 능히 나타내느니라.

제불께 능히 안계의 세간이 반드시 결국에는 공한 상이라고 능히
나타내고 안계·안식계, 나아가 안촉·안촉을 인연으로 생겨난 여러 수의
세간이 반드시 결국에는 공한 상이라고 능히 나타내며, 제불께 능히
이계의 세간이 반드시 결국에는 공한 상이라고 능히 나타내고 성계·이식
계, 나아가 이촉·이촉을 인연으로 생겨난 여러 수의 세간이 반드시 결국에
는 공한 상이라고 능히 나타내느니라.

제불께 능히 비계의 세간이 반드시 결국에는 공한 상이라고 능히
나타내고 향계·비식계, 나아가 비촉·비촉을 인연으로 생겨난 여러 수의
세간이 반드시 결국에는 공한 상이라고 능히 나타내며, 제불께 능히
설계의 세간이 반드시 결국에는 공한 상이라고 능히 나타내고 미계·설식
계, 나아가 설촉·설촉을 인연으로 생겨난 여러 수의 세간이 반드시 결국에
는 공한 상이라고 능히 나타내느니라.

제불께 능히 신계의 세간이 반드시 결국에는 공한 상이라고 능히
나타내고 촉계·신식계, 나아가 신촉·신촉을 인연으로 생겨난 여러 수의
세간이 반드시 결국에는 공한 상이라고 능히 나타내며, 제불께 능히
의계의 세간이 반드시 결국에는 공한 상이라고 능히 나타내고 법계·의식
계, 나아가 의촉·의촉을 인연으로 생겨난 여러 수의 세간이 반드시 결국에
는 공한 상이라고 능히 나타내느니라.

제불께 능히 지계의 세간이 반드시 결국에는 공한 상이라고 능히
나타내고 수·화·풍·공·식계의 세간이 반드시 결국에는 공한 상이라고
능히 나타내며, 제불께 능히 무명의 세간이 반드시 결국에는 공한 상이라

고 능히 나타내고 행·식·명색·육처·촉·수·애·취·유·생·노사의 수탄고우
뇌의 세간이 반드시 결국에는 공한 상이라고 능히 나타내며, 제불께
능히 보시바라밀다의 세간이 반드시 결국에는 공한 상이라고 능히 나타내
고 정계·안인·정진·정려·반야바라밀다의 세간이 반드시 결국에는 공한
상이라고 능히 나타내느니라.

제불께 능히 내공의 세간이 반드시 결국에는 공한 상이라고 능히
나타내고 외공·내외공·공공·대공·승의공·유위공·무위공·필경공·무제
공·산공·무변이공·본성공·자상공·공상공·일체법공·불가득공·무성공·
자성공·무성자성공의 세간이 반드시 결국에는 공한 상이라고 능히 나타
내며, 제불께 능히 진여의 세간이 반드시 결국에는 공한 상이라고 능히
나타내고 법계·법성·불허망성·불변이성·평등성·이생성·법정·법주·실
제·허공계·부사의계의 세간이 반드시 결국에는 공한 상이라고 능히 나타
내느니라.

제불께 능히 고성제의 세간이 반드시 결국에는 공한 상이라고 능히
나타내고 집·멸·도성제의 세간이 반드시 결국에는 공한 상이라고 능히
나타내며, 제불께 능히 4정려의 세간이 반드시 결국에는 공한 상이라고
능히 나타내고 4무량·4무색정의 세간이 반드시 결국에는 공한 상이라고
능히 나타내며, 제불께 능히 8해탈의 세간이 반드시 결국에는 공한 상이라
고 능히 나타내고 8승처·9차제정·10변처의 세간이 반드시 결국에는 공한
상이라고 능히 나타내느니라.

제불께 능히 4념주의 세간이 반드시 결국에는 공한 상이라고 능히
나타내고 4정단·4신족·5근·5력·7등각지·8성도지의 세간이 반드시 결국
에는 공한 상이라고 능히 나타내며, 제불께 능히 공해탈문의 세간이
반드시 결국에는 공한 상이라고 능히 나타내고 무상·무원해탈문의 세간
이 반드시 결국에는 공한 상이라고 능히 나타내며, 제불께 능히 보살의
10지의 세간이 반드시 결국에는 공한 상이라고 능히 나타내느니라.

제불께 능히 5안의 세간이 반드시 결국에는 공한 상이라고 능히 나타내
고 6신통의 세간이 반드시 결국에는 공한 상이라고 능히 나타내며, 제불께

능히 여래의 10력의 세간이 반드시 결국에는 공한 상이라고 능히 나타내고 4무소외·4무애해·대자·대비·대희·대사·18불불공법의 세간이 반드시 결국에는 공한 상이라고 능히 나타내며, 제불께 능히 무망실법의 세간이 반드시 결국에는 공한 상이라고 능히 나타내고 항주사성의 세간이 반드시 결국에는 공한 상이라고 능히 나타내느니라.

제불께 능히 일체지의 세간이 반드시 결국에는 공한 상이라고 능히 나타내고 도상지·일체상지의 세간이 반드시 결국에는 공한 상이라고 능히 나타내며, 제불께 능히 일체의 다라니문의 세간이 반드시 결국에는 공한 상이라고 능히 나타내고 일체의 삼마지문의 세간이 반드시 결국에는 공한 상이라고 능히 나타내며, 제불께 능히 예류과의 세간이 반드시 결국에는 공한 상이라고 능히 나타내고 일래·불환·아라한과의 세간이 반드시 결국에는 공한 상이라고 능히 나타내느니라.

제불께 능히 독각의 보리의 세간이 반드시 결국에는 공한 상이라고 능히 나타내고, 제불께 능히 일체의 보살마하살의 행의 세간이 반드시 결국에는 공한 상이라고 능히 나타내며, 제불께 능히 제불의 무상정등보리의 세간이 반드시 결국에는 공한 상이라고 능히 나타내느니라.

선현이여. 오히려 이와 같은 뜻으로 매우 깊은 반야바라밀다는 능히 제불께 세간의 실상을 능히 나타내므로 제불모라고 이름하느니라."

"다시 다음으로 선현이여. 매우 깊은 반야바라밀다는 능히 제불께 세간에 무성(無性)의 공(空)한 상을 능히 나타내므로 제불모라고 이름하는데, 능히 제불께 세간의 실상을 능히 나타내느니라."

"세존이시여. 어찌하여 반야바라밀다가 능히 제불께 세간에 무성의 공한 상을 나타냅니까?"

"선현이여. 매우 깊은 반야바라밀다는 제불께 능히 색의 세간이 무성의 공한 상이라고 능히 나타내고 수·상·행·식의 세간이 무성의 공한 상이라고 능히 나타내며, 제불께 능히 안처의 세간이 무성의 공한 상이라고 능히 나타내고 이·비·설·신·의처의 세간이 무성의 공한 상이라고 능히 나타내며, 제불께 능히 색처의 세간이 무성의 공한 상이라고 능히 나타내고 성·향·미·촉·법처의 세간이 무성의 공한 상이라고 능히 나타내느니라.

제불께 능히 안계의 세간이 무성의 공한 상이라고 능히 나타내고 안계·안식계, 나아가 안촉·안촉을 인연으로 생겨난 여러 수의 세간이 무성의 공한 상이라고 능히 나타내며, 제불께 능히 이계의 세간이 무성의 공한 상이라고 능히 나타내고 성계·이식계, 나아가 이촉·이촉을 인연으로 생겨난 여러 수의 세간이 무성의 공한 상이라고 능히 나타내느니라.

제불께 능히 비계의 세간이 무성의 공한 상이라고 능히 나타내고 향계·비식계, 나아가 비촉·비촉을 인연으로 생겨난 여러 수의 세간이 무성의 공한 상이라고 능히 나타내며, 제불께 능히 설계의 세간이 무성의 공한 상이라고 능히 나타내고 미계·설식계, 나아가 설촉·설촉을 인연으로 생겨난 여러 수의 세간이 무성의 공한 상이라고 능히 나타내느니라.

제불께 능히 신계의 세간이 무성의 공한 상이라고 능히 나타내고 촉계·신식계, 나아가 신촉·신촉을 인연으로 생겨난 여러 수의 세간이 무성의 공한 상이라고 능히 나타내며, 제불께 능히 의계의 세간이 무성의 공한 상이라고 능히 나타내고 법계·의식계, 나아가 의촉·의촉을 인연으로 생겨난 여러 수의 세간이 무성의 공한 상이라고 능히 나타내느니라.

제불께 능히 지계의 세간이 무성의 공한 상이라고 능히 나타내고 수·화·풍·공·식계의 세간이 무성의 공한 상이라고 능히 나타내며, 제불께 능히 무명의 세간이 무성의 공한 상이라고 능히 나타내고 행·식·명색·육처·촉·수·애·취·유·생·노사의 수탄고우뇌의 세간이 무성의 공한 상이라고 능히 나타내며, 제불께 능히 보시바라밀다의 세간이 무성의 공한 상이라고 능히 나타내고 정계·안인·정진·정려·반야바라밀다의 세간이 무성의 공한 상이라고 능히 나타내느니라.

제불께 능히 내공의 세간이 무성의 공한 상이라고 능히 나타내고 외공·내외공·공공·대공·승의공·유위공·무위공·필경공·무제공·산공·무변이공·본성공·자상공·공상공·일체법공·불가득공·무성공·자성공·무성자성공의 세간이 무성의 공한 상이라고 능히 나타내며, 제불께 능히

진여의 세간이 무성의 공한 상이라고 능히 나타내고 법계·법성·불허망성
·불변이성·평등성·이생성·법정·법주·실제·허공계·부사의계의 세간이
무성의 공한 상이라고 능히 나타내느니라.

제불께 능히 고성제의 세간이 무성의 공한 상이라고 능히 나타내고
집·멸·도성제의 세간이 무성의 공한 상이라고 능히 나타내며, 제불께
능히 4정려의 세간이 무성의 공한 상이라고 능히 나타내고 4무량·4무색정
의 세간이 무성의 공한 상이라고 능히 나타내며, 제불께 능히 8해탈의
세간이 무성의 공한 상이라고 능히 나타내고 8승처·9차제정·10변처의
세간이 무성의 공한 상이라고 능히 나타내느니라.

제불께 능히 4념주의 세간이 무성의 공한 상이라고 능히 나타내고
4정단·4신족·5근·5력·7등각지·8성도지의 세간이 무성의 공한 상이라고
능히 나타내며, 제불께 능히 공해탈문의 세간이 무성의 공한 상이라고
능히 나타내고 무상·무원해탈문의 세간이 무성의 공한 상이라고 능히
나타내며, 제불께 능히 보살의 10지의 세간이 무성의 공한 상이라고
능히 나타내느니라.

제불께 능히 5안의 세간이 무성의 공한 상이라고 능히 나타내고 6신통의
세간이 무성의 공한 상이라고 능히 나타내며, 제불께 능히 여래의 10력의
세간이 무성의 공한 상이라고 능히 나타내고 4무소외·4무애해·대자·대비
·대희·대사·18불불공법의 세간이 무성의 공한 상이라고 능히 나타내며,
제불께 능히 무망실법의 세간이 무성의 공한 상이라고 능히 나타내고
항주사성의 세간이 무성의 공한 상이라고 능히 나타내느니라.

제불께 능히 일체지의 세간이 무성의 공한 상이라고 능히 나타내고
도상지·일체상지의 세간이 무성의 공한 상이라고 능히 나타내며, 제불께
능히 일체의 다라니문의 세간이 무성의 공한 상이라고 능히 나타내고
일체의 삼마지문의 세간이 무성의 공한 상이라고 능히 나타내며, 제불께
능히 예류과의 세간이 무성의 공한 상이라고 능히 나타내고 일래·불환·아
라한과의 세간이 무성의 공한 상이라고 능히 나타내느니라.

제불께 능히 독각의 보리의 세간이 무성의 공한 상이라고 능히 나타내

고, 제불께 능히 일체의 보살마하살의 행의 세간이 무성의 공한 상이라고 능히 나타내며, 제불께 능히 제불의 무상정등보리의 세간이 무성의 공한 상이라고 능히 나타내느니라.

선현이여. 오히려 이와 같은 뜻으로 매우 깊은 반야바라밀다는 능히 제불께 세간의 실상을 능히 나타내므로 제불모라고 이름하느니라."

마하반야바라밀다경 제308권

41. 불모품(佛母品)(4)

"다시 다음으로 선현이여. 매우 깊은 반야바라밀다는 능히 제불께 세간의 자성이 공(空)한 상을 나타내므로 제불모라고 이름하는데, 능히 제불께 세간의 실상을 나타내느니라."

"세존이시여. 어찌하여 반야바라밀다가 능히 제불께 세간의 자성이 공한 상을 능히 나타냅니까?"

"선현이여. 매우 깊은 반야바라밀다는 제불께 능히 색의 세간이 자성이 공한 상이라고 능히 나타내고 수·상·행·식의 세간이 자성이 공한 상이라고 능히 나타내며, 제불께 능히 안처의 세간이 자성이 공한 상이라고 능히 나타내고 이·비·설·신·의처의 세간이 자성이 공한 상이라고 능히 나타내며, 제불께 능히 색처의 세간이 자성이 공한 상이라고 능히 나타내고 성·향·미·촉·법처의 세간이 자성이 공한 상이라고 능히 나타내느니라.

제불께 능히 안계의 세간이 자성이 공한 상이라고 능히 나타내고 안계·안식계, 나아가 안촉·안촉을 인연으로 생겨난 여러 수의 세간이 자성이 공한 상이라고 능히 나타내며, 제불께 능히 이계의 세간이 자성이 공한 상이라고 능히 나타내고 성계·이식계, 나아가 이촉·이촉을 인연으로 생겨난 여러 수의 세간이 자성이 공한 상이라고 능히 나타내느니라.

제불께 능히 비계의 세간이 자성이 공한 상이라고 능히 나타내고 향계·비식계, 나아가 비촉·비촉을 인연으로 생겨난 여러 수의 세간이 자성이 공한 상이라고 능히 나타내며, 제불께 능히 설계의 세간이 자성이 공한 상이라고 능히 나타내고 미계·설식계, 나아가 설촉·설촉을 인연으로 생겨난 여러 수의 세간이 자성이 공한 상이라고 능히 나타내느니라.

제불께 능히 신계의 세간이 자성이 공한 상이라고 능히 나타내고 촉계·신식계, 나아가 신촉·신촉을 인연으로 생겨난 여러 수의 세간이 자성이 공한 상이라고 능히 나타내며, 제불께 능히 의계의 세간이 자성이 공한 상이라고 능히 나타내고 법계·의식계, 나아가 의촉·의촉을 인연으로 생겨난 여러 수의 세간이 자성이 공한 상이라고 능히 나타내느니라.

제불께 능히 지계의 세간이 자성이 공한 상이라고 능히 나타내고 수·화·풍·공·식계의 세간이 자성이 공한 상이라고 능히 나타내며, 제불께 능히 무명의 세간이 자성이 공한 상이라고 능히 나타내고 행·식·명색·육처·촉·수·애·취·유·생·노사의 수탄고우뇌의 세간이 자성이 공한 상이라고 능히 나타내며, 제불께 능히 보시바라밀다의 세간이 자성이 공한 상이라고 능히 나타내고 정계·안인·정진·정려·반야바라밀다의 세간이 자성이 공한 상이라고 능히 나타내느니라.

제불께 능히 내공의 세간이 자성이 공한 상이라고 능히 나타내고 외공·내외공·공공·대공·승의공·유위공·무위공·필경공·무제공·산공·무변이공·본성공·자상공·공상공·일체법공·불가득공·무성공·자성공·무성자성공의 세간이 자성이 공한 상이라고 능히 나타내며, 제불께 능히 진여의 세간이 자성이 공한 상이라고 능히 나타내고 법계·법성·불허망성·불변이성·평등성·이생성·법정·법주·실제·허공계·부사의계의 세간이 자성이 공한 상이라고 능히 나타내느니라.

제불께 능히 고성제의 세간이 자성이 공한 상이라고 능히 나타내고 집·멸·도성제의 세간이 자성이 공한 상이라고 능히 나타내며, 제불께 능히 4정려의 세간이 자성이 공한 상이라고 능히 나타내고 4무량·4무색정의 세간이 자성이 공한 상이라고 능히 나타내며, 제불께 능히 8해탈의 세간이 자성이 공한 상이라고 능히 나타내고 8승처·9차제정·10변처의 세간이 자성이 공한 상이라고 능히 나타내느니라.

제불께 능히 4념주의 세간이 자성이 공한 상이라고 능히 나타내고

4정단·4신족·5근·5력·7등각지·8성도지의 세간이 자성이 공한 상이라고
능히 나타내며, 제불께 능히 공해탈문의 세간이 자성이 공한 상이라고
능히 나타내고 무상·무원해탈문의 세간이 자성이 공한 상이라고 보여주
며, 제불께 능히 보살의 10지의 세간이 자성이 공한 상이라고 능히 나타내
느니라.

　제불께 능히 5안의 세간이 자성이 공한 상이라고 능히 나타내고 6신통의
세간이 자성이 공한 상이라고 능히 나타내며, 제불께 능히 여래의 10력의
세간이 자성이 공한 상이라고 능히 나타내고 4무소외·4무애해·대자·대비
·대희·대사·18불불공법의 세간이 자성이 공한 상이라고 능히 나타내며,
제불께 능히 무망실법의 세간이 자성이 공한 상이라고 능히 나타내고
항주사성의 세간이 자성이 공한 상이라고 능히 나타내느니라.

　제불께 능히 일체지의 세간이 자성이 공한 상이라고 능히 나타내고
도상지·일체상지의 세간이 자성이 공한 상이라고 능히 나타내며, 제불께
능히 일체의 다라니문의 세간이 자성이 공한 상이라고 능히 나타내고
일체의 삼마지문의 세간이 자성이 공한 상이라고 능히 나타내며, 제불께
능히 예류과의 세간이 자성이 공한 상이라고 능히 나타내고 일래·불환·아
라한과의 세간이 자성이 공한 상이라고 능히 나타내느니라.

　제불께 능히 독각의 보리의 세간이 자성이 공한 상이라고 능히 나타내
고, 제불께 능히 일체의 보살마하살의 행의 세간이 자성이 공한 상이라고
능히 나타내며, 제불께 능히 제불의 무상정등보리의 세간이 자성이 공한
상이라고 능히 나타내느니라. 선현이여. 오히려 이와 같은 뜻으로 매우
깊은 반야바라밀다는 능히 제불께 세간의 실상을 나타내므로 제불모라고
이름하느니라.”

　“다시 다음으로 선현이여. 매우 깊은 반야바라밀다는 능히 제불께
세간이 무성(無性)의 자성(自性)이 공(空)한 상을 나타내므로 제불모라고
이름하는데, 능히 제불께 세간의 실상을 나타내느니라.”
　“세존이시여. 어찌하여 반야바라밀다가 능히 제불께 세간이 무성의

자성이 공한 상을 나타냅니까?"

"선현이여. 매우 깊은 반야바라밀다는 제불께 능히 색의 세간이 무성의 자성이 공한 상이라고 능히 나타내고 수·상·행·식의 세간이 무성의 자성이 공한 상이라고 능히 나타내며, 제불께 능히 안처의 세간이 무성의 자성이 공한 상이라고 능히 나타내고 이·비·설·신·의처의 세간이 무성의 자성이 공한 상이라고 능히 나타내며, 제불께 능히 색처의 세간이 무성의 자성이 공한 상이라고 능히 나타내고 성·향·미·촉·법처의 세간이 무성의 자성이 공한 상이라고 능히 나타내느니라.

제불께 능히 안계의 세간이 무성의 자성이 공한 상이라고 능히 나타내고 안계·안식계, 나아가 안촉·안촉을 인연으로 생겨난 여러 수의 세간이 무성의 자성이 공한 상이라고 능히 나타내며, 제불께 능히 이계의 세간이 무성의 자성이 공한 상이라고 능히 나타내고 성계·이식계, 나아가 이촉·이촉을 인연으로 생겨난 여러 수의 세간이 무성의 자성이 공한 상이라고 능히 나타내며, 제불께 능히 비계의 세간이 무성의 자성이 공한 상이라고 능히 나타내고 향계·비식계, 나아가 비촉·비촉을 인연으로 생겨난 여러 수의 세간이 무성의 자성이 공한 상이라고 능히 나타내느니라.

제불께 능히 설계의 세간이 무성의 자성이 공한 상이라고 능히 나타내고 미계·설식계, 나아가 설촉·설촉을 인연으로 생겨난 여러 수의 세간이 무성의 자성이 공한 상이라고 능히 나타내며, 제불께 능히 신계의 세간이 무성의 자성이 공한 상이라고 능히 나타내고 촉계·신식계, 나아가 신촉·신촉을 인연으로 생겨난 여러 수의 세간이 무성의 자성이 공한 상이라고 능히 나타내며, 제불께 능히 의계의 세간이 무성의 자성이 공한 상이라고 능히 나타내고 법계·의식계, 나아가 의촉·의촉을 인연으로 생겨난 여러 수의 세간이 무성의 자성이 공한 상이라고 능히 나타내느니라.

제불께 능히 지계의 세간이 무성의 자성이 공한 상이라고 능히 나타내고 수·화·풍·공·식계의 세간이 무성의 자성이 공한 상이라고 능히 나타내며, 제불께 능히 무명의 세간이 무성의 자성이 공한 상이라고 능히 나타내고 행·식·명색·육처·촉·수·애·취·유·생·노사의 수탄고우뇌의 세간이 무성의 자성이 공한 상이라고 능히 나타내며, 제불께 능히 보시바라밀다의 세간이 무성의 자성이 공한 상이라고 능히 나타내고 정계·안인·정진·정려·반야바라밀다의 세간이 무성의 자성이 공한 상이라고 능히 나타내느니라.

제불께 능히 내공의 세간이 무성의 자성이 공한 상이라고 능히 나타내고 외공·내외공·공공·대공·승의공·유위공·무위공·필경공·무제공·산공·무변이공·본성공·자상공·공상공·일체법공·불가득공·무성공·자성공·무성자성공의 세간이 무성의 자성이 공한 상이라고 능히 나타내며, 제불께 능히 진여의 세간이 무성의 자성이 공한 상이라고 능히 나타내고 법계·법성·불허망성·불변이성·평등성·이생성·법정·법주·실제·허공계·부사의계의 세간이 무성의 자성이 공한 상이라고 능히 나타내느니라.

제불께 능히 고성제의 세간이 무성의 자성이 공한 상이라고 능히 나타내고 집·멸·도성제의 세간이 무성의 자성이 공한 상이라고 능히 나타내며, 제불께 능히 4정려의 세간이 무성의 자성이 공한 상이라고 능히 나타내고 4무량·4무색정의 세간이 무성의 자성이 공한 상이라고 능히 나타내며, 제불께 능히 8해탈의 세간이 무성의 자성이 공한 상이라고 능히 나타내고 8승처·9차제정·10변처의 세간이 무성의 자성이 공한 상이라고 능히 나타내느니라.

제불께 능히 4념주의 세간이 무성의 자성이 공한 상이라고 능히 나타내고 4정단·4신족·5근·5력·7등각지·8성도지의 세간이 무성의 자성이 공한 상이라고 능히 나타내며, 제불께 능히 공해탈문의 세간이 무성의 자성이 공한 상이라고 능히 나타내고 무상·무원해탈문의 세간이 무성의 자성이 공한 상이라고 능히 나타내며, 제불께 능히 보살의 10지의 세간이 무성의 자성이 공한 상이라고 능히 나타내느니라.

제불께 능히 5안의 세간이 무성의 자성이 공한 상이라고 능히 나타내고 6신통의 세간이 무성의 자성이 공한 상이라고 능히 나타내며, 제불께 능히 여래의 10력의 세간이 무성의 자성이 공한 상이라고 능히 나타내고 4무소외·4무애해·대자·대비·대희·대사·18불불공법의 세간이 무성의 자성이 공한 상이라고 능히 나타내며, 제불께 능히 무망실법의 세간이 무성의 자성이 공한 상이라고 능히 나타내고 항주사성의 세간이 무성의 자성이 공한 상이라고 능히 나타내느니라.

제불께 능히 일체지의 세간이 무성의 자성이 공한 상이라고 능히 나타내고 도상지·일체상지의 세간이 무성의 자성이 공한 상이라고 능히 나타내며, 제불께 능히 일체의 다라니문의 세간이 무성의 자성이 공한 상이라고 능히 나타내고 일체의 삼마지문의 세간이 무성의 자성이 공한 상이라고 능히 나타내며, 제불께 능히 예류과의 세간이 무성의 자성이 공한 상이라고 능히 나타내고 일래·불환·아라한과의 세간이 무성의 자성이 공한 상이라고 능히 나타내느니라.

제불께 능히 독각의 보리의 세간이 무성의 자성이 공한 상이라고 능히 나타내고, 제불께 능히 일체의 보살마하살의 행의 세간이 무성의 자성이 공한 상이라고 능히 나타내며, 제불께 능히 제불의 무상정등보리의 세간이 무성의 자성이 공한 상이라고 능히 나타내느니라.

선현이여. 오히려 이와 같은 뜻으로 매우 깊은 반야바라밀다는 능히 제불께 세간의 실상을 나타내므로 제불모라고 이름하느니라."

"다시 다음으로 선현이여. 매우 깊은 반야바라밀다는 능히 제불께 세간의 순수(純)하게 공(空)한 상을 나타내므로 제불모라고 이름하는데, 능히 제불께 세간의 실상을 나타내느니라."

"세존이시여. 어찌하여 반야바라밀다가 능히 제불께 세간의 순수하게 공한 상을 나타냅니까?"

"선현이여. 매우 깊은 반야바라밀다는 제불께 능히 색의 세간이 순수하게 공한 상이라고 능히 나타내고 수·상·행·식의 세간이 순수하게 공한 상이라고 능히 나타내며, 제불께 능히 안처의 세간이 순수하게 공한 상이라고 능히 나타내고 이·비·설·신·의처의 세간이 순수하게 공한 상이라고 능히 나타내며, 제불께 능히 색처의 세간이 순수하게 공한 상이라고 능히 나타내고 성·향·미·촉·법처의 세간이 순수하게 공한 상이라고 능히 나타내느니라.

제불께 능히 안계의 세간이 순수하게 공한 상이라고 능히 나타내고 안계·안식계, 나아가 안촉·안촉을 인연으로 생겨난 여러 수의 세간이 순수하게 공한 상이라고 능히 나타내며, 제불께 능히 이계의 세간이 순수하게 공한 상이라고 능히 나타내고 성계·이식계, 나아가 이촉·이촉을 인연으로 생겨난 여러 수의 세간이 순수하게 공한 상이라고 능히 나타내느니라.

제불께 능히 비계의 세간이 순수하게 공한 상이라고 능히 나타내고 향계·비식계, 나아가 비촉·비촉을 인연으로 생겨난 여러 수의 세간이 순수하게 공한 상이라고 능히 나타내며, 제불께 능히 설계의 세간이 순수하게 공한 상이라고 능히 나타내고 미계·설식계, 나아가 설촉·설촉을 인연으로 생겨난 여러 수의 세간이 순수하게 공한 상이라고 능히 나타내느니라.

제불께 능히 신계의 세간이 순수하게 공한 상이라고 능히 나타내고 촉계·신식계, 나아가 신촉·신촉을 인연으로 생겨난 여러 수의 세간이 순수하게 공한 상이라고 능히 나타내며, 제불께 능히 의계의 세간이 순수하게 공한 상이라고 능히 나타내고 법계·의식계, 나아가 의촉·의촉을 인연으로 생겨난 여러 수의 세간이 순수하게 공한 상이라고 능히 나타내느니라.

제불께 능히 지계의 세간이 순수하게 공한 상이라고 능히 나타내고 수·화·풍·공·식계의 세간이 순수하게 공한 상이라고 능히 나타내며, 제불께 능히 무명의 세간이 순수하게 공한 상이라고 능히 나타내고 행·식·명색·육처·촉·수·애·취·유·생·노사의 수탄고우뇌의 세간이 순수하게 공한 상이라고 능히 나타내며, 제불께 능히 보시바라밀다의 세간이 순수하게 공한 상이라고 능히 나타내고 정계·안인·정진·정려·반야바라밀다의 세간이 순수하게 공한 상이라고 능히 나타내느니라.

제불께 능히 내공의 세간이 순수하게 공한 상이라고 능히 나타내고 외공·내외공·공공·대공·승의공·유위공·무위공·필경공·무제공·산공·

무변이공·본성공·자상공·공상공·일체법공·불가득공·무성공·자성공·무성자성공의 세간이 순수하게 공한 상이라고 능히 나타내며, 제불께 능히 진여의 세간이 순수하게 공한 상이라고 능히 나타내고 법계·법성·불허망성·불변이성·평등성·이생성·법정·법주·실제·허공계·부사의계의 세간이 순수하게 공한 상이라고 능히 나타내느니라.

제불께 능히 고성제의 세간이 순수하게 공한 상이라고 능히 나타내고 집·멸·도성제의 세간이 순수하게 공한 상이라고 능히 나타내며, 제불께 능히 4정려의 세간이 순수하게 공한 상이라고 능히 나타내고 4무량·4무색정의 세간이 순수하게 공한 상이라고 능히 나타내며, 제불께 능히 8해탈의 세간이 순수하게 공한 상이라고 능히 나타내고 8승처·9차제정·10변처의 세간이 순수하게 공한 상이라고 능히 나타내느니라.

제불께 능히 4념주의 세간이 순수하게 공한 상이라고 능히 나타내고 4정단·4신족·5근·5력·7등각지·8성도지의 세간이 순수하게 공한 상이라고 능히 나타내며, 제불께 능히 공해탈문의 세간이 순수하게 공한 상이라고 능히 나타내고 무상·무원해탈문의 세간이 순수하게 공한 상이라고 능히 나타내며, 제불께 능히 보살의 10지의 세간이 순수하게 공한 상이라고 능히 나타내느니라.

제불께 능히 5안의 세간이 순수하게 공한 상이라고 능히 나타내고 6신통의 세간이 순수하게 공한 상이라고 능히 나타내며, 제불께 능히 여래의 10력의 세간이 순수하게 공한 상이라고 능히 나타내고 4무소외·4무애해·대자·대비·대희·대사·18불불공법의 세간이 순수하게 공한 상이라고 능히 나타내며, 제불께 능히 무망실법의 세간이 순수하게 공한 상이라고 능히 나타내고 항주사성의 세간이 순수하게 공한 상이라고 능히 나타내느니라.

제불께 능히 일체지의 세간이 순수하게 공한 상이라고 능히 나타내고 도상지·일체상지의 세간이 순수하게 공한 상이라고 능히 나타내며, 제불께 능히 일체의 다라니문의 세간이 순수하게 공한 상이라고 능히 나타내고 일체의 삼마지문의 세간이 순수하게 공한 상이라고 능히 나타내며, 제불

께 능히 예류과의 세간이 순수하게 공한 상이라고 능히 나타내고 일래·불
환·아라한과의 세간이 순수하게 공한 상이라고 능히 나타내느니라.

제불께 능히 독각의 보리의 세간이 순수하게 공한 상이라고 능히
나타내고, 제불께 능히 일체의 보살마하살의 행의 세간이 순수하게 공한
상이라고 능히 나타내며, 제불께 능히 제불의 무상정등보리의 세간이
순수하게 공한 상이라고 능히 나타내느니라.

선현이여. 오히려 이와 같은 뜻으로 매우 깊은 반야바라밀다는 능히
제불께 세간의 실상을 능히 나타내므로 제불모라고 이름하느니라.”

“다시 다음으로 선현이여. 매우 깊은 반야바라밀다는 능히 제불께
세간의 순수하고 무상(無相)이며 무원(無願)인 상을 나타내므로 제불모라
고 이름하는데, 능히 제불께 세간의 실상을 나타내느니라.”

“세존이시여. 어찌하여 반야바라밀다가 능히 제불께 세간의 순수하고
무상이며 무원인 상을 나타냅니까?”

“선현이여. 매우 깊은 반야바라밀다는 제불께 능히 색의 세간이 순수하
고 무상이며 무원인 상이라고 능히 나타내고 수·상·행·식의 세간이 순수
하고 무상이며 무원인 상이라고 능히 나타내며, 제불께 능히 안처의
세간이 순수하고 무상이며 무원인 상이라고 능히 나타내고 이·비·설·신·
의처의 세간이 순수하고 무상이며 무원인 상이라고 능히 나타내며, 제불
께 능히 색처의 세간이 순수하고 무상이며 무원인 상이라고 능히 나타내고
성·향·미·촉·법처의 세간이 순수하고 무상이며 무원인 상이라고 능히
나타내느니라.

제불께 능히 안계의 세간이 순수하고 무상이며 무원인 상이라고 능히
나타내고 안계·안식계, 나아가 안촉·안촉을 인연으로 생겨난 여러 수의
세간이 순수하고 무상이며 무원인 상이라고 능히 나타내며, 제불께 능히
이계의 세간이 순수하고 무상이며 무원인 상이라고 능히 나타내고 성계·
이식계, 나아가 이촉·이촉을 인연으로 생겨난 여러 수의 세간이 순수하
고 무상이며 무원인 상이라고 능히 나타내느니라.

제불께 능히 비계의 세간이 순수하고 무상이며 무원인 상이라고 능히
나타내고 향계·비식계, 나아가 비촉·비촉을 인연으로 생겨난 여러 수의
세간이 순수하고 무상이며 무원인 상이라고 능히 나타내며, 제불께 능히
설계의 세간이 순수하고 무상이며 무원인 상이라고 능히 나타내고 미계·
설식계, 나아가 설촉·설촉을 인연으로 생겨난 여러 수의 세간이 순수하고
무상이며 무원인 상이라고 능히 나타내느니라.

제불께 능히 신계의 세간이 순수하고 무상이며 무원인 상이라고 능히
나타내고 촉계·신식계, 나아가 신촉·신촉을 인연으로 생겨난 여러 수의
세간이 순수하고 무상이며 무원인 상이라고 능히 나타내며, 제불께
능히 의계의 세간이 순수하고 무상이며 무원인 상이라고 능히 나타내고
법계·의식계, 나아가 의촉·의촉을 인연으로 생겨난 여러 수의 세간이
순수하고 무상이며 무원인 상이라고 능히 나타내느니라.

제불께 능히 지계의 세간이 순수하고 무상이며 무원인 상이라고 능히
나타내고 수·화·풍·공·식계의 세간이 순수하고 무상이며 무원인 상이라
고 능히 나타내며, 제불께 능히 무명의 세간이 순수하고 무상이며 무원인
상이라고 능히 나타내고 행·식·명색·육처·촉·수·애·취·유·생·노사의 수
탄고우뇌의 세간이 순수하고 무상이며 무원인 상이라고 능히 나타내며,
제불께 능히 보시바라밀다의 세간이 순수하고 무상이며 무원인 상이라고
능히 나타내고 정계·안인·정진·정려·반야바라밀다의 세간이 순수하고
무상이며 무원인 상이라고 능히 나타내느니라.

제불께 능히 내공의 세간이 순수하고 무상이며 무원인 상이라고 능히
나타내고 외공·내외공·공공·대공·승의공·유위공·무위공·필경공·무제
공·산공·무변이공·본성공·자상공·공상공·일체법공·불가득공·무성공·
자성공·무성자성공의 세간이 순수하고 무상이며 무원인 상이라고 능히
나타내며, 제불께 능히 진여의 세간이 순수하고 무상이며 무원인 상이라
고 능히 나타내고 법계·법성·불허망성·불변이성·평등성·이생성·법정·
법주·실제·허공계·부사의계의 세간이 순수하고 무상이며 무원인 상이라
고 능히 나타내느니라.

제불께 능히 고성제의 세간이 순수하고 무상이며 무원인 상이라고 능히 나타내고 집·멸·도성제의 세간이 순수하고 무상이며 무원인 상이라고 능히 나타내며, 제불께 능히 4정려의 세간이 순수하고 무상이며 무원인 상이라고 능히 나타내고 4무량·4무색정의 세간이 순수하고 무상이며 무원인 상이라고 능히 나타내며, 제불께 능히 8해탈의 세간이 순수하고 무상이며 무원인 상이라고 능히 나타내고 8승처·9차제정·10변처의 세간이 순수하고 무상이며 무원인 상이라고 능히 나타내느니라.

제불께 능히 4념주의 세간이 순수하고 무상이며 무원인 상이라고 능히 나타내고 4정단·4신족·5근·5력·7등각지·8성도지의 세간이 순수하고 무상이며 무원인 상이라고 능히 나타내며, 제불께 능히 공해탈문의 세간이 순수하고 무상이며 무원인 상이라고 능히 나타내고 무상·무원해탈문의 세간이 순수하고 무상이며 무원인 상이라고 능히 나타내며, 제불께 능히 보살의 10지의 세간이 순수하고 무상이며 무원인 상이라고 능히 나타내느니라.

제불께 능히 5안의 세간이 순수하고 무상이며 무원인 상이라고 능히 나타내고 6신통의 세간이 순수하고 무상이며 무원인 상이라고 능히 나타내며, 제불께 능히 여래의 10력의 세간이 순수하고 무상이며 무원인 상이라고 능히 나타내고 4무소외·4무애해·대자·대비·대희·대사·18불불공법의 세간이 순수하고 무상이며 무원인 상이라고 능히 나타내며, 제불께 능히 무망실법의 세간이 순수하고 무상이며 무원인 상이라고 능히 나타내고 항주사성의 세간이 순수하고 무상이며 무원인 상이라고 능히 나타내느니라.

제불께 능히 일체지의 세간이 순수하고 무상이며 무원인 상이라고 능히 나타내고 도상지·일체상지의 세간이 순수하고 무상이며 무원인 상이라고 능히 나타내며, 제불께 능히 일체의 다라니문의 세간이 순수하고 무상이며 무원인 상이라고 능히 나타내고 일체의 삼마지문의 세간이 순수하고 무상이며 무원인 상이라고 능히 나타내며, 제불께 능히 예류과의 세간이 순수하고 무상이며 무원인 상이라고 능히 나타내고 일래·불환·아라한과의 세간이 순수하고 무상이며 무원인 상이라고 능히 나타내느니라.

제불께 능히 독각의 보리의 세간이 순수하고 무상이며 무원인 상이라고 능히 나타내고, 제불께 능히 일체의 보살마하살의 행의 세간이 순수하고 무상이며 무원인 상이라고 능히 나타내며, 제불께 능히 제불의 무상정등 보리의 세간이 순수하고 무상이며 무원인 상이라고 능히 나타내느니라.

선현이여. 오히려 이와 같은 뜻으로 매우 깊은 반야바라밀다는 능히 제불께 세간의 실상을 능히 나타내므로 제불모라고 이름하느니라."

42. 부사의등품(不思議等品)(1)

그때 구수 선현이 세존께 아뢰어 말하였다.

"세존이시여. 매우 깊은 반야바라밀다는 대사(大事)를 위한 까닭으로 세간에 나타났습니다. 세존이시여. 매우 깊은 반야바라밀다는 불가사의 (不可思議)한 일을 위한 까닭으로 세간에 나타났습니다. 세존이시여. 매우 깊은 반야바라밀다는 헤아릴 수 없는(不可稱量) 일을 위한 까닭으로 세간에 나타났습니다. 세존이시여. 매우 깊은 반야바라밀다는 무수이고 무량한(無數量) 일을 위한 까닭으로 세간에 나타났습니다. 세존이시여. 매우 깊은 반야바라밀다는 무등등(無等等)의 일을 위한 까닭으로 세간에 나타났습니다."

세존께서 말씀하셨다.

"선현이여. 그와 같으니라. 그와 같으니라. 그대가 말한 것과 같으니라. 매우 깊은 반야바라밀다는 대사를 위한 까닭으로 세간에 나타났고, 매우 깊은 반야바라밀다는 불가사의한 일을 위한 까닭으로 세간에 나타났으며, 매우 깊은 반야바라밀다는 헤아릴 수 없는 일을 위한 까닭으로 세간에 나타났고, 매우 깊은 반야바라밀다는 무수이고 무량한 일을 위한 까닭으로 세간에 나타났으며, 매우 깊은 반야바라밀다는 무등등의 일을 위한 까닭으로 세간에 나타났느니라."

"세존이시여. 어찌 매우 깊은 반야바라밀다가 대사를 위한 까닭으로 세간에 나타났다고 말합니까?"

"선현이여. 일체의 여래·응공·정등각은 일체의 유정들을 널리 구제(救拔)하면서 시간을 잠깐이라도 버리지 않는 것으로써 대사를 삼았으므로, 매우 깊은 반야바라밀다는 이러한 대사를 위한 까닭으로 세간에 나타났느니라."

"세존이시여. 어찌 매우 깊은 반야바라밀다가 불가사의한 일을 위한 까닭으로 세간에 나타났다고 말합니까?"

"선현이여. 일체의 여래·응공·정등각께서 소유한 불성(佛性)·여래성(如來性)·자연법성(自然法性)·일체지지성(一切智智性)은 모두가 불가사의한 일이므로, 매우 깊은 반야바라밀다는 이 불가사의한 일을 위한 까닭으로 세간에 나타났느니라."

"세존이시여. 어찌 매우 깊은 반야바라밀다가 헤아릴 수 없는 일을 위한 까닭으로 세간에 나타났다고 말합니까?"

"선현이여. 일체의 여래·응공·정등각께서 소유한 불성·여래성·자연법성·일체지지성은 유정이 능히 헤아릴 수 없으므로, 매우 깊은 반야바라밀다는 이러한 헤아릴 수 없는 일을 위한 까닭으로 세간에 나타났느니라."

"세존이시여. 어찌 매우 깊은 반야바라밀다가 무수이고 무량한 일을 위한 까닭으로 세간에 나타났다고 말합니까?"

"선현이여. 일체의 여래·응공·정등각께서 소유한 불성·여래성·자연법성·일체지지성은 누구도 여실하게 그 숫자와 분량을 알 수가 없으므로, 매우 깊은 반야바라밀다는 이 무수이고 무량한 일을 위한 까닭으로 세간에 나타났느니라."

"세존이시여. 어찌 매우 깊은 반야바라밀다가 무등등의 일을 위한 까닭으로 세간에 나타났다고 말합니까?"

"선현이여. 일체의 여래·응공·정등각께서 소유한 불성·여래성·자연법성·일체지지성은 무등등의 일인데, 하물며 능히 초과하는 것이 있겠는가? 매우 깊은 반야바라밀다는 이 무등등의 일을 위한 까닭으로 세간에 나타났느니라."

구수 선현이 다시 세존께 아뢰어 말하였다.

"세존이시여. 다만 여래·응공·정등각께서 소유한 불성·여래성·자연법성·일체지지성은 불가사의하고 헤아릴 수 없으며 무수이고 무량하며 무등등이 되는데, 다시 나머지의 법이 있습니까?"

세존께서 말씀하셨다.

"선현이여. 다만 여래·응공·정등각께서 소유한 불성·여래성·자연법성·일체지지성이 불가사의하고 헤아릴 수 없으며 무수이고 무량하며 무등등인 것은 아니니라. 선현이여. 색도 역시 불가사의하고 헤아릴 수 없으며 무수이고 무량하며 무등등이고, 수·상·행·식도 역시 불가사의하고 헤아릴 수 없으며 무수이고 무량하며 무등등이니라.

선현이여. 안처도 역시 불가사의하고 헤아릴 수 없으며 무수이고 무량하며 무등등이고, 이·비·설·신·의처도 역시 불가사의하고 헤아릴 수 없으며 무수이고 무량하며 무등등이니라. 선현이여. 색처도 역시 불가사의하고 헤아릴 수 없으며 무수이고 무량하며 무등등이고, 성·향·미·촉·법처도 역시 불가사의하고 헤아릴 수 없으며 무수이고 무량하며 무등등이니라.

선현이여. 안계도 역시 불가사의하고 헤아릴 수 없으며 무수이고 무량하며 무등등이고, 색계·안식계, 나아가 안촉·안촉을 인연으로 생겨난 여러 수도 역시 불가사의하고 헤아릴 수 없으며 무수이고 무량하며 무등등이니라. 선현이여. 이계도 역시 불가사의하고 헤아릴 수 없으며 무수이고 무량하며 무등등이고, 성계·이식계, 나아가 이촉·이촉을 인연으로 생겨난 여러 수도 역시 불가사의하고 헤아릴 수 없으며 무수이고 무량하며 무등등이니라.

선현이여. 비계도 역시 불가사의하고 헤아릴 수 없으며 무수이고 무량하며 무등등이고, 향계·비식계, 나아가 비촉·비촉을 인연으로 생겨난

여러 수도 역시 불가사의하고 헤아릴 수 없으며 무수이고 무량하며 무등등
이니라. 선현이여. 설계도 역시 불가사의하고 헤아릴 수 없으며 무수이고
무량하며 무등등이고, 미계·설식계, 나아가 설촉·설촉을 인연으로 생겨
난 여러 수도 역시 불가사의하고 헤아릴 수 없으며 무수이고 무량하며
무등등이니라.

선현이여. 신계도 역시 불가사의하고 헤아릴 수 없으며 무수이고 무량
하며 무등등이고, 촉계·신식계, 나아가 신촉·신촉을 인연으로 생겨난
여러 수도 역시 불가사의하고 헤아릴 수 없으며 무수이고 무량하며 무등등
이니라. 선현이여. 의계도 역시 불가사의하고 헤아릴 수 없으며 무수이고
무량하며 무등등이고, 법계·의식계, 나아가 의촉·의촉을 인연으로 생겨
난 여러 수도 역시 불가사의하고 헤아릴 수 없으며 무수이고 무량하며
무등등이니라.

선현이여. 지계도 역시 불가사의하고 헤아릴 수 없으며 무수이고 무량
하며 무등등이고, 수·화·풍·공·식계도 역시 불가사의하고 헤아릴 수
없으며 무수이고 무량하며 무등등이니라. 선현이여. 무명도 역시 불가사
의하고 헤아릴 수 없으며 무수이고 무량하며 무등등이고, 행·식·명색·육
처·촉·수·애·취·유·생·노사의 수탄고우뇌도 역시 불가사의하고 헤아릴
수 없으며 무수이고 무량하며 무등등이니라.

선현이여. 보시바라밀다도 역시 불가사의하고 헤아릴 수 없으며 무수
이고 무량하며 무등등이고, 정계·안인·정진·정려·반야바라밀다도 역시
불가사의하고 헤아릴 수 없으며 무수이고 무량하며 무등등이니라. 선현
이여. 내공도 역시 불가사의하고 헤아릴 수 없으며 무수이고 무량하며
무등등이고, 외공·내외공·공공·대공·승의공·유위공·무위공·필경공·무
제공·산공·무변이공·본성공·자상공·공상공·일체법공·불가득공·무성
공·자성공·무성자성공도 역시 불가사의하고 헤아릴 수 없으며 무수이고
무량하며 무등등이니라.

선현이여. 진여도 역시 불가사의하고 헤아릴 수 없으며 무수이고 무량
하며 무등등이고, 법계·법성·불허망성·불변이성·평등성·이생성·법정·

법주·실제·허공계·부사의계도 역시 불가사의하고 헤아릴 수 없으며 무수
이고 무량하며 무등등이니라. 선현이여. 고성제도 역시 불가사의하고
헤아릴 수 없으며 무수이고 무량하며 무등등이고, 집·멸·도성제도 역시
불가사의하고 헤아릴 수 없으며 무수이고 무량하며 무등등이니라.

선현이여. 4정려도 역시 불가사의하고 헤아릴 수 없으며 무수이고
무량하며 무등등이고, 4무량·4무색정도 역시 불가사의하고 헤아릴 수
없으며 무수이고 무량하며 무등등이니라. 선현이여. 8해탈도 역시 불가사
의하고 헤아릴 수 없으며 무수이고 무량하며 무등등이고, 8승처·9차제정·
10변처도 역시 불가사의하고 헤아릴 수 없으며 무수이고 무량하며 무등등
이니라.

선현이여. 4념주도 역시 불가사의하고 헤아릴 수 없으며 무수이고
무량하며 무등등이고, 4정단·4신족·5근·5력·7등각지·8성도지도 역시
불가사의하고 헤아릴 수 없으며 무수이고 무량하며 무등등이니라. 선현
이여. 공해탈문도 역시 불가사의하고 헤아릴 수 없으며 무수이고 무량하
며 무등등이고, 무상·무원해탈문도 역시 불가사의하고 헤아릴 수 없으며
무수이고 무량하며 무등등이니라. 선현이여. 보살의 10지도 역시 불가사
의하고 헤아릴 수 없으며 무수이고 무량하며 무등등이니라.

선현이여. 5안도 역시 불가사의하고 헤아릴 수 없으며 무수이고 무량하
며 무등등이고, 6신통도 역시 불가사의하고 헤아릴 수 없으며 무수이고
무량하며 무등등이니라. 선현이여. 여래의 10력도 역시 불가사의하고
헤아릴 수 없으며 무수이고 무량하며 무등등이고, 4무소외·4무애해·대자
·대비·대희·대사·18불불공법도 역시 불가사의하고 헤아릴 수 없으며
무수이고 무량하며 무등등이니라.

선현이여. 무망실법도 역시 불가사의하고 헤아릴 수 없으며 무수이고
무량하며 무등등이고, 항주사성도 역시 불가사의하고 헤아릴 수 없으며
무수이고 무량하며 무등등이니라. 선현이여. 일체지도 역시 불가사의하
고 헤아릴 수 없으며 무수이고 무량하며 무등등이고, 도상지·일체상지도
역시 불가사의하고 헤아릴 수 없으며 무수이고 무량하며 무등등이니라.

선현이여. 일체의 다라니문도 역시 불가사의하고 헤아릴 수 없으며 무수이고 무량하며 무등등이고, 일체의 삼마지문도 역시 불가사의하고 헤아릴 수 없으며 무수이고 무량하며 무등등이니라. 선현이여. 예류과도 역시 불가사의하고 헤아릴 수 없으며 무수이고 무량하며 무등등이고, 일래·불환·아라한과도 역시 불가사의하고 헤아릴 수 없으며 무수이고 무량하며 무등등이니라.

선현이여. 독각의 보리도 역시 불가사의하고 헤아릴 수 없으며 무수이고 무량하며 무등등이니라. 선현이여. 일체의 보살마하살의 행도 역시 불가사의하고 헤아릴 수 없으며 무수이고 무량하며 무등등이니라. 선현이여. 제불의 무상정등보리도 역시 불가사의하고 헤아릴 수 없으며 무수이고 무량하며 무등등이니라.

선현이여. 일체법도 역시 불가사의하고 헤아릴 수 없으며 무수이고 무량하며 무등등이니라. 선현이여. 일체법의 진실한 법성(法性)의 가운데에서 심(心)과 심소(心所)도 모두 얻을 수 없느니라."

"다시 다음으로 선현이여. 색(色)은 불가사의(不可思議)하고 헤아릴 수 없으며(不可稱量) 무수(無數)이고 무량(無量)하며 무등등(無等等)인 자성을 시설(施設)할 수 없고, 수(受)·상(想)·행(行)·식(識)도 불가사의하고 헤아릴 수 없으며 무수이고 무량하며 무등등인 자성을 시설할 수 없느니라. 선현이여. 안처(眼處)는 불가사의하고 헤아릴 수 없으며 무수이고 무량하며 무등등인 자성을 시설할 수 없고, 이(耳)·비(鼻)·설(舌)·신(身)·의처(意處)도 불가사의하고 헤아릴 수 없으며 무수이고 무량하며 무등등인 자성을 시설할 수 없느니라.

선현이여. 색처(色處)는 불가사의하고 헤아릴 수 없으며 무수이고 무량하며 무등등인 자성을 시설할 수 없고, 성(聲)·향(香)·미(味)·촉(觸)·법처(法處)도 불가사의하고 헤아릴 수 없으며 무수이고 무량하며 무등등인 자성을 시설할 수 없느니라. 선현이여. 안계(眼界)는 불가사의하고 헤아릴 수 없으며 무수이고 무량하며 무등등인 자성을 시설할 수 없고, 색계(色界)

·안식계(眼識界), …… 나아가 …… 안촉(眼觸)·안촉을 인연으로 생겨난 여러 수(受)도 불가사의하고 헤아릴 수 없으며 무수이고 무량하며 무등등인 자성을 시설할 수 없느니라.

선현이여. 이계(耳界)는 불가사의하고 헤아릴 수 없으며 무수이고 무량하며 무등등인 자성을 시설할 수 없고, 성계(聲界)·이식계(耳識界), …… 나아가 …… 이촉(耳觸)·이촉을 인연으로 생겨난 여러 수도 불가사의하고 헤아릴 수 없으며 무수이고 무량하며 무등등인 자성을 시설할 수 없느니라. 선현이여. 비계(鼻界)는 불가사의하고 헤아릴 수 없으며 무수이고 무량하며 무등등인 자성을 시설할 수 없고, 향계(香界)·비식계(鼻識界), …… 나아가 …… 비촉(鼻觸)·비촉을 인연으로 생겨난 여러 수도 불가사의하고 헤아릴 수 없으며 무수이고 무량하며 무등등인 자성을 시설할 수 없느니라.

선현이여. 설계(舌界)는 불가사의하고 헤아릴 수 없으며 무수이고 무량하며 무등등인 자성을 시설할 수 없고, 미계(味界)·설식계(舌識界), …… 나아가 …… 설촉(舌觸)·설촉을 인연으로 생겨난 여러 수도 불가사의하고 헤아릴 수 없으며 무수이고 무량하며 무등등인 자성을 시설할 수 없느니라. 선현이여. 신계(身界)는 불가사의하고 헤아릴 수 없으며 무수이고 무량하며 무등등인 자성을 시설할 수 없고, 촉계(觸界)·신식계(身識界), …… 나아가 …… 신촉(身觸)·신촉을 인연으로 생겨난 여러 수도 불가사의하고 헤아릴 수 없으며 무수이고 무량하며 무등등인 자성을 시설할 수 없느니라.

선현이여. 의계(意界)는 불가사의하고 헤아릴 수 없으며 무수이고 무량하며 무등등인 자성을 시설할 수 없고, 법계(法界)·의식계(意識界), …… 나아가 …… 의촉(意觸)·의촉을 인연으로 생겨난 여러 수도 불가사의하고 헤아릴 수 없으며 무수이고 무량하며 무등등인 자성을 시설할 수 없느니라. 선현이여. 지계(地界)는 불가사의하고 헤아릴 수 없으며 무수이고 무량하며 무등등인 자성을 시설할 수 없고, 수(水)·화(火)·풍(風)·공(空)·식계(識界)도 불가사의하고 헤아릴 수 없으며 무수이고 무량하며 무등등인 자성을 시설할 수 없느니라.

　선현이여. 무명(無明)은 불가사의하고 헤아릴 수 없으며 무수이고 무량
하며 무등등인 자성을 시설할 수 없고, 행(行)·식(識)·명색(名色)·육처(六
處)·촉(觸)·수(受)·애(愛)·취(取)·유(有)·생(生)·노사(老死)의 수탄고우뇌
(愁歎苦憂惱)도 불가사의하고 헤아릴 수 없으며 무수이고 무량하며 무등등
인 자성을 시설할 수 없느니라. 선현이여. 보시바라밀다(布施波羅蜜多)는
불가사의하고 헤아릴 수 없으며 무수이고 무량하며 무등등인 자성을
시설할 수 없고, 정계(淨戒)·안인(安忍)·정진(精進)·정려(靜慮)·반야바라
밀다(般若波羅蜜多)도 불가사의하고 헤아릴 수 없으며 무수이고 무량하며
무등등인 자성을 시설할 수 없느니라.

　선현이여. 내공(內空)은 불가사의하고 헤아릴 수 없으며 무수이고 무량
하며 무등등인 자성을 시설할 수 없고, 외공(外空)·내외공(內外空)·공공(空
空)·대공(大空)·승의공(勝義空)·유위공(有爲空)·무위공(無爲空)·필경공
(畢竟空)·무제공(無際空)·산공(散空)·무변이공(無變異空)·본성공(本性空)
·자상공(自相空)·공상공(共相空)·일체법공(一切法空)·불가득공(不可得
空)·무성공(無性空)·자성공(自性空)·무성자성공(無性自性空)도 불가사의
하고 헤아릴 수 없으며 무수이고 무량하며 무등등인 자성을 시설할 수
없느니라.

　선현이여. 진여(眞如)는 불가사의하고 헤아릴 수 없으며 무수이고 무량
하며 무등등인 자성을 시설할 수 없고, 법계(法界)·법성(法性)·불허망성
(不虛妄性)·불변이성(不變異性)·평등성(平等性)·이생성(離生性)·법정(法
定)·법주(法住)·실제(實際)·허공계(虛空界)·부사의계(不思議界)도　불가
사의하고 헤아릴 수 없으며 무수이고 무량하며 무등등인 자성을 시설할
수 없느니라. 선현이여. 고성제(苦聖諦)는 불가사의하고 헤아릴 수 없으며
무수이고 무량하며 무등등인 자성을 시설할 수 없고, 집(集)·멸(滅)·도성
제(道聖諦)도 불가사의하고 헤아릴 수 없으며 무수이고 무량하며 무등등
인 자성을 시설할 수 없느니라.

　선현이여. 4정려(四靜慮)는 불가사의하고 헤아릴 수 없으며 무수이고

무량하며 무등등인 자성을 시설할 수 없고, 4무량(四無量)·4무색정(四無色定)도 불가사의하고 헤아릴 수 없으며 무수이고 무량하며 무등등인 자성을 시설할 수 없느니라. 선현이여. 8해탈(八解脫)은 불가사의하고 헤아릴 수 없으며 무수이고 무량하며 무등등인 자성을 시설할 수 없고, 8승처(八勝處)·9차제정(九次第定)·10변처(十遍處)도 불가사의하고 헤아릴 수 없으며 무수이고 무량하며 무등등인 자성을 시설할 수 없느니라.

선현이여. 4념주(四念住)는 불가사의하고 헤아릴 수 없으며 무수이고 무량하며 무등등인 자성을 시설할 수 없고, 4정단(四正斷)·4신족(四神足)·5근(五根)·5력(五力)·7등각지(七等覺支)·8성도지(八聖道支)도 불가사의하고 헤아릴 수 없으며 무수이고 무량하며 무등등인 자성을 시설할 수 없느니라. 선현이여. 공해탈문(空解脫門)은 불가사의하고 헤아릴 수 없으며 무수이고 무량하며 무등등인 자성을 시설할 수 없고, 무상(無相)·무원해탈문(無願解脫門)도 불가사의하고 헤아릴 수 없으며 무수이고 무량하며 무등등인 자성을 시설할 수 없느니라. 선현이여. 보살(菩薩)의 10지(十地)는 불가사의하고 헤아릴 수 없으며 무수이고 무량하며 무등등인 자성을 시설할 수 없느니라.

선현이여. 5안(五眼)은 불가사의하고 헤아릴 수 없으며 무수이고 무량하며 무등등인 자성을 시설할 수 없고, 6신통(六神通)도 불가사의하고 헤아릴 수 없으며 무수이고 무량하며 무등등인 자성을 시설할 수 없느니라. 선현이여. 여래(佛)의 10력(十力)은 불가사의하고 헤아릴 수 없으며 무수이고 무량하며 무등등인 자성을 시설할 수 없고, 4무소외(四無所畏)·4무애해(四無礙解)·대자(大慈)·대비(大悲)·대희(大喜)·대사(大捨)·18불불공법(十八佛不共法)도 불가사의하고 헤아릴 수 없으며 무수이고 무량하며 무등등인 자성을 시설할 수 없느니라.

선현이여. 무망실법(無忘失法)은 불가사의하고 헤아릴 수 없으며 무수이고 무량하며 무등등인 자성을 시설할 수 없고, 항주사성(恒住捨性)도 불가사의하고 헤아릴 수 없으며 무수이고 무량하며 무등등인 자성을 시설할 수 없느니라. 선현이여. 일체지(一切智)는 불가사의하고 헤아릴 수 없으며 무수이고 무량하며 무등등인 자성을 시설할 수 없고, 도상지(道相智)·일체상지(一切相智)도 불가사의하고 헤아릴 수 없으며 무수이고 무량하며 무등등인 자성을 시설할 수 없느니라.

선현이여. 일체(一切)의 다라니문(陀羅尼門)은 불가사의하고 헤아릴 수 없으며 무수이고 무량하며 무등등인 자성을 시설할 수 없고, 일체의 삼마지문(三摩地門)도 불가사의하고 헤아릴 수 없으며 무수이고 무량하며 무등등인 자성을 시설할 수 없느니라. 선현이여. 예류과(預流果)는 불가사의하고 헤아릴 수 없으며 무수이고 무량하며 무등등인 자성을 시설할 수 없고, 일래(一來)·불환(不還)·아라한과(阿羅漢果)도 불가사의하고 헤아릴 수 없으며 무수이고 무량하며 무등등인 자성을 시설할 수 없느니라.

선현이여. 독각(獨覺)의 보리(菩提)는 불가사의하고 헤아릴 수 없으며 무수이고 무량하며 무등등인 자성을 시설할 수 없느니라. 선현이여. 일체의 보살마하살(菩薩摩訶薩)의 행(行)은 불가사의하고 헤아릴 수 없으며 무수이고 무량하며 무등등인 자성을 시설할 수 없느니라. 선현이여. 제불(諸佛)의 무상정등보리(無上正等菩提)는 불가사의하고 헤아릴 수 없으며 무수이고 무량하며 무등등인 자성을 시설할 수 없느니라.”

마하반야바라밀다경 제309권

42. 부사의등품(不思議等品)(2)

구수 선현이 세존께 아뢰어 말하였다.

"세존이시여. 무슨 인연을 까닭으로 색은 불가사의하고 헤아릴 수 없으며 무수이고 무량하며 무등등인 자성을 시설할 수 없고, 수·상·행·식도 불가사의하고 헤아릴 수 없으며 무수이고 무량하며 무등등인 자성을 시설할 수 없습니까? 세존이시여. 무슨 인연을 까닭으로 안처는 불가사의하고 헤아릴 수 없으며 무수이고 무량하며 무등등인 자성을 시설할 수 없고, 이·비·설·신·의처도 불가사의하고 헤아릴 수 없으며 무수이고 무량하며 무등등인 자성을 시설할 수 없습니까?

세존이시여. 무슨 인연을 까닭으로 색처는 불가사의하고 헤아릴 수 없으며 무수이고 무량하며 무등등인 자성을 시설할 수 없고, 성·향·미·촉·법처도 불가사의하고 헤아릴 수 없으며 무수이고 무량하며 무등등인 자성을 시설할 수 없습니까? 세존이시여. 무슨 인연을 까닭으로 안계는 불가사의하고 헤아릴 수 없으며 무수이고 무량하며 무등등인 자성을 시설할 수 없고, 색계·안식계, 나아가 안촉·안촉을 인연으로 생겨난 여러 수도 불가사의하고 헤아릴 수 없으며 무수이고 무량하며 무등등인 자성을 시설할 수 없습니까?

세존이시여. 무슨 인연을 까닭으로 이계는 불가사의하고 헤아릴 수 없으며 무수이고 무량하며 무등등인 자성을 시설할 수 없고, 성계·이식계, 나아가 이촉·이촉을 인연으로 생겨난 여러 수도 불가사의하고 헤아릴 수 없으며 무수이고 무량하며 무등등인 자성을 시설할 수 없습니까?
세존이시여. 무슨 인연을 까닭으로 비계는 불가사의하고 헤아릴 수 없으
며 무수이고 무량하며 무등등인 자성을 시설할 수 없고, 향계·비식계,
나아가 비촉·비촉을 인연으로 생겨난 여러 수도 불가사의하고 헤아릴
수 없으며 무수이고 무량하며 무등등인 자성을 시설할 수 없습니까?

세존이시여. 무슨 인연을 까닭으로 설계는 불가사의하고 헤아릴 수
없으며 무수이고 무량하며 무등등인 자성을 시설할 수 없고, 미계·설식계,
나아가 설촉·설촉을 인연으로 생겨난 여러 수도 불가사의하고 헤아릴
수 없으며 무수이고 무량하며 무등등인 자성을 시설할 수 없습니까?
세존이시여. 무슨 인연을 까닭으로 신계는 불가사의하고 헤아릴 수 없으
며 무수이고 무량하며 무등등인 자성을 시설할 수 없고, 촉계·신식계,
나아가 신촉·신촉을 인연으로 생겨난 여러 수도 불가사의하고 헤아릴
수 없으며 무수이고 무량하며 무등등인 자성을 시설할 수 없습니까?

세존이시여. 무슨 인연을 까닭으로 의계는 불가사의하고 헤아릴 수
없으며 무수이고 무량하며 무등등인 자성을 시설할 수 없고, 법계·의식계,
나아가 의촉·의촉을 인연으로 생겨난 여러 수도 불가사의하고 헤아릴
수 없으며 무수이고 무량하며 무등등인 자성을 시설할 수 없습니까?
세존이시여. 무슨 인연을 까닭으로 지계는 불가사의하고 헤아릴 수 없으
며 무수이고 무량하며 무등등인 자성을 시설할 수 없고, 수·화·풍·공·식계
도 불가사의하고 헤아릴 수 없으며 무수이고 무량하며 무등등인 자성을
시설할 수 없습니까?

세존이시여. 무슨 인연을 까닭으로 무명은 불가사의하고 헤아릴 수
없으며 무수이고 무량하며 무등등인 자성을 시설할 수 없고, 행·식·명색·
육처·촉·수·애·취·유·생·노사의 수탄고우뇌도 불가사의하고 헤아릴 수
없으며 무수이고 무량하며 무등등인 자성을 시설할 수 없습니까? 세존이
시여. 무슨 인연을 까닭으로 보시바라밀다는 불가사의하고 헤아릴 수
없으며 무수이고 무량하며 무등등인 자성을 시설할 수 없고, 정계·안인·정
진·정려·반야바라밀다도 불가사의하고 헤아릴 수 없으며 무수이고 무량

하며 무등등인 자성을 시설할 수 없습니까?

세존이시여. 무슨 인연을 까닭으로 내공은 불가사의하고 헤아릴 수 없으며 무수이고 무량하며 무등등인 자성을 시설할 수 없고, 외공·내외공·공공·대공·승의공·유위공·무위공·필경공·무제공·산공·무변이공·본성공·자상공·공상공·일체법공·불가득공·무성공·자성공·무성자성공도 불가사의하고 헤아릴 수 없으며 무수이고 무량하며 무등등인 자성을 시설할 수 없습니까? 세존이시여. 무슨 인연을 까닭으로 진여는 불가사의하고 헤아릴 수 없으며 무수이고 무량하며 무등등인 자성을 시설할 수 없고, 법계·법성·불허망성·불변이성·평등성·이생성·법정·법주·실제·허공계·부사의계도 불가사의하고 헤아릴 수 없으며 무수이고 무량하며 무등등인 자성을 시설할 수 없습니까?

세존이시여. 무슨 인연을 까닭으로 고성제는 불가사의하고 헤아릴 수 없으며 무수이고 무량하며 무등등인 자성을 시설할 수 없고, 집·멸·도성제도 불가사의하고 헤아릴 수 없으며 무수이고 무량하며 무등등인 자성을 시설할 수 없습니까? 세존이시여. 무슨 인연을 까닭으로 4정려는 불가사의하고 헤아릴 수 없으며 무수이고 무량하며 무등등인 자성을 시설할 수 없고, 4무량·4무색정도 불가사의하고 헤아릴 수 없으며 무수이고 무량하며 무등등인 자성을 시설할 수 없습니까?

세존이시여. 무슨 인연을 까닭으로 8해탈은 불가사의하고 헤아릴 수 없으며 무수이고 무량하며 무등등인 자성을 시설할 수 없고, 8승처·9차제정·10변처도 불가사의하고 헤아릴 수 없으며 무수이고 무량하며 무등등인 자성을 시설할 수 없습니까? 세존이시여. 무슨 인연을 까닭으로 4념주는 불가사의하고 헤아릴 수 없으며 무수이고 무량하며 무등등인 자성을 시설할 수 없고, 4정단·4신족·5근·5력·7등각지·8성도지도 불가사의하고 헤아릴 수 없으며 무수이고 무량하며 무등등인 자성을 시설할 수 없습니까?

세존이시여. 무슨 인연을 까닭으로 공해탈문은 불가사의하고 헤아릴 수 없으며 무수이고 무량하며 무등등인 자성을 시설할 수 없고, 무상·무원

해탈문도 불가사의하고 헤아릴 수 없으며 무수이고 무량하며 무등등인
자성을 시설할 수 없습니까? 세존이시여. 무슨 인연을 까닭으로 보살의
10지는 불가사의하고 헤아릴 수 없으며 무수이고 무량하며 무등등인
자성을 시설할 수 없습니까?

세존이시여. 무슨 인연을 까닭으로 5안은 불가사의하고 헤아릴 수
없으며 무수이고 무량하며 무등등인 자성을 시설할 수 없고, 6신통도
불가사의하고 헤아릴 수 없으며 무수이고 무량하며 무등등인 자성을
시설할 수 없습니까? 세존이시여. 무슨 인연을 까닭으로 여래의 10력은
불가사의하고 헤아릴 수 없으며 무수이고 무량하며 무등등인 자성을
시설할 수 없고, 4무소외·4무애해·대자·대비·대희·대사·18불불공법도
불가사의하고 헤아릴 수 없으며 무수이고 무량하며 무등등인 자성을
시설할 수 없습니까?

세존이시여. 무슨 인연을 까닭으로 무망실법은 불가사의하고 헤아릴
수 없으며 무수이고 무량하며 무등등인 자성을 시설할 수 없고, 항주사성
도 불가사의하고 헤아릴 수 없으며 무수이고 무량하며 무등등인 자성을
시설할 수 없습니까? 세존이시여. 무슨 인연을 까닭으로 일체지는 불가사
의하고 헤아릴 수 없으며 무수이고 무량하며 무등등인 자성을 시설할
수 없고, 도상지·일체상지도 불가사의하고 헤아릴 수 없으며 무수이고
무량하며 무등등인 자성을 시설할 수 없습니까?

세존이시여. 무슨 인연을 까닭으로 일체의 다라니문은 불가사의하고
헤아릴 수 없으며 무수이고 무량하며 무등등인 자성을 시설할 수 없고,
일체의 삼마지문도 불가사의하고 헤아릴 수 없으며 무수이고 무량하며
무등등인 자성을 시설할 수 없습니까? 세존이시여. 무슨 인연을 까닭으로
예류과는 불가사의하고 헤아릴 수 없으며 무수이고 무량하며 무등등인
자성을 시설할 수 없고, 일래·불환·아라한과도 불가사의하고 헤아릴
수 없으며 무수이고 무량하며 무등등인 자성을 시설할 수 없습니까?

세존이시여. 무슨 인연을 까닭으로 독각의 보리는 불가사의하고 헤아
릴 수 없으며 무수이고 무량하며 무등등인 자성을 시설할 수 없습니까?

세존이시여. 무슨 인연을 까닭으로 일체의 보살마하살의 행은 불가사의
하고 헤아릴 수 없으며 무수이고 무량하며 무등등인 자성을 시설할 수
없습니까? 세존이시여. 무슨 인연을 까닭으로 제불의 무상정등보리는
불가사의하고 헤아릴 수 없으며 무수이고 무량하며 무등등인 자성을
시설할 수 없습니까?"

세존께서 말씀하셨다.

"선현이여. 색은 사의(思議)이고 칭량(稱量)[1]이며 숫자(數)이고 양(量)
이며 평등(平等)하고 불평등(不平等)한 자성이므로 시설할 수 없는 까닭이
고, 수·상·행·식도 역시 사의이고 칭량이며 숫자이고 양이며 평등하고
불평등한 자성이므로 시설할 수 없는 까닭이니라. 선현이여. 안처는
사의이고 칭량이며 숫자이고 양이며 평등하고 불평등한 자성이므로 시설
할 수 없는 까닭이고, 이·비·설·신·의처도 역시 사의이고 칭량이며 숫자이
고 양이며 평등하고 불평등한 자성이므로 시설할 수 없는 까닭이니라.

선현이여. 색처는 사의이고 칭량이며 숫자이고 양이며 평등하고 불평
등한 자성이므로 시설할 수 없는 까닭이고, 성·향·미·촉·법처도 역시
사의이고 칭량이며 숫자이고 양이며 평등하고 불평등한 자성이므로 시설
할 수 없는 까닭이니라. 선현이여. 안계는 사의이고 칭량이며 숫자이고
양이며 평등하고 불평등한 자성이므로 시설할 수 없는 까닭이고, 색계·안
식계, 나아가 안촉·안촉을 인연으로 생겨난 여러 수도 역시 사의이고
칭량이며 숫자이고 양이며 평등하고 불평등한 자성이므로 시설할 수
없는 까닭이니라.

선현이여. 이계는 사의이고 칭량이며 숫자이고 양이며 평등하고 불평
등한 자성이므로 시설할 수 없는 까닭이고, 성계·이식계, 나아가 이촉·이
촉을 인연으로 생겨난 여러 수도 역시 사의이고 칭량이며 숫자이고 양이며
평등하고 불평등한 자성이므로 시설할 수 없는 까닭이니라. 선현이여.
비계는 사의이고 칭량이며 숫자이고 양이며 평등하고 불평등한 자성이므

---

1) 양을 헤아린다는 뜻이다.

로 시설할 수 없는 까닭이고, 향계·비식계, 나아가 비촉·비촉을 인연으로 생겨난 여러 수도 역시 사의이고 칭량이며 숫자이고 양이며 평등하고 불평등한 자성이므로 시설할 수 없는 까닭이니라.

선현이여. 설계는 사의이고 칭량이며 숫자이고 양이며 평등하고 불평등한 자성이므로 시설할 수 없는 까닭이고, 미계·설식계, 나아가 설촉·설촉을 인연으로 생겨난 여러 수도 역시 사의이고 칭량이며 숫자이고 양이며 평등하고 불평등한 자성이므로 시설할 수 없는 까닭이니라. 선현이여. 신계는 사의이고 칭량이며 숫자이고 양이며 평등하고 불평등한 자성이므로 시설할 수 없는 까닭이고, 촉계·신식계, 나아가 신촉·신촉을 인연으로 생겨난 여러 수도 역시 사의이고 칭량이며 숫자이고 양이며 평등하고 불평등한 자성이므로 시설할 수 없는 까닭이니라.

선현이여. 의계는 사의이고 칭량이며 숫자이고 양이며 평등하고 불평등한 자성이므로 시설할 수 없는 까닭이고, 법계·의식계, 나아가 의촉·의촉을 인연으로 생겨난 여러 수도 역시 사의이고 칭량이며 숫자이고 양이며 평등하고 불평등한 자성이므로 시설할 수 없는 까닭이니라. 선현이여. 지계는 사의이고 칭량이며 숫자이고 양이며 평등하고 불평등한 자성이므로 시설할 수 없는 까닭이고, 수·화·풍·공·식계도 역시 사의이고 칭량이며 숫자이고 양이며 평등하고 불평등한 자성이므로 시설할 수 없는 까닭이니라.

선현이여. 무명은 사의이고 칭량이며 숫자이고 양이며 평등하고 불평등한 자성이므로 시설할 수 없는 까닭이고, 행·식·명색·육처·촉·수·애·취·유·생·노사의 수탄고우뇌도 역시 사의이고 칭량이며 숫자이고 양이며 평등하고 불평등한 자성이므로 시설할 수 없는 까닭이니라. 선현이여. 보시바라밀다는 사의이고 칭량이며 숫자이고 양이며 평등하고 불평등한 자성이므로 시설할 수 없는 까닭이고, 정계·안인·정진·정려·반야바라밀다도 역시 사의이고 칭량이며 숫자이고 양이며 평등하고 불평등한 자성이므로 시설할 수 없는 까닭이니라.

선현이여. 내공은 사의이고 칭량이며 숫자이고 양이며 평등하고 불평등한 자성이므로 시설할 수 없는 까닭이고, 외공·내외공·공공·대공·승의

공·유위공·무위공·필경공·무제공·산공·무변이공·본성공·자상공·공
상공·일체법공·불가득공·무성공·자성공·무성자성공도 역시 사의이고
칭량이며 숫자이고 양이며 평등하고 불평등한 자성이므로 시설할 수
없는 까닭이니라. 선현이여. 진여는 사의이고 칭량이며 숫자이고 양이며
평등하고 불평등한 자성이므로 시설할 수 없는 까닭이고, 법계·법성·불허
망성·불변이성·평등성·이생성·법정·법주·실제·허공계·부사의계도 역
시 사의이고 칭량이며 숫자이고 양이며 평등하고 불평등한 자성이므로
시설할 수 없는 까닭이니라.

선현이여. 고성제는 사의이고 칭량이며 숫자이고 양이며 평등하고
불평등이라는 자성을 시설할 수 없는 까닭이고, 집·멸·도성제도 역시
사의이고 칭량이며 숫자이고 양이며 평등하고 불평등한 자성이므로 시설
할 수 없는 까닭이니라. 선현이여. 4정려는 사의이고 칭량이며 숫자이고
양이며 평등하고 불평등한 자성이므로 시설할 수 없는 까닭이고, 4무량·4
무색정도 역시 사의이고 칭량이며 숫자이고 양이며 평등하고 불평등한
자성이므로 시설할 수 없는 까닭이니라.

선현이여. 8해탈은 사의이고 칭량이며 숫자이고 양이며 평등하고 불평
등한 자성이므로 시설할 수 없는 까닭이고, 8승처·9차제정·10변처도
역시 사의이고 칭량이며 숫자이고 양이며 평등하고 불평등한 자성이므로
시설할 수 없는 까닭이니라. 선현이여. 4념주는 사의이고 칭량이며 숫자이
고 양이며 평등하고 불평등한 자성이므로 시설할 수 없는 까닭이고,
4정단·4신족·5근·5력·7등각지·8성도지도 역시 사의이고 칭량이며 수량
이고 평등하며 불평등한 자성이므로 시설할 수 없는 까닭이니라.

선현이여. 공해탈문은 사의이고 칭량이며 숫자이고 양이며 평등하고
불평등한 자성이므로 시설할 수 없는 까닭이고, 무상·무원해탈문도 역시
사의이고 칭량이며 숫자이고 양이며 평등하고 불평등한 자성이므로 시설할
수 없는 까닭이니라. 선현이여. 보살의 10지는 사의이고 칭량이며 숫자이
고 양이며 평등하고 불평등한 자성이므로 시설할 수 없는 까닭이니라.

선현이여. 5안은 사의이고 칭량이며 숫자이고 양이며 평등하고 불평등

한 자성이므로 시설할 수 없는 까닭이고, 6신통도 역시 사의이고 칭량이며 숫자이고 양이며 평등하고 불평등한 자성이므로 시설할 수 없는 까닭이니라. 선현이여. 여래의 10력은 사의이고 칭량이며 숫자이고 양이며 평등하고 불평등한 자성이므로 시설할 수 없는 까닭이고, 4무소외·4무애해·대자·대비·대희·대사·18불불공법도 역시 사의이고 칭량이며 숫자이고 양이며 평등하고 불평등한 자성이므로 시설할 수 없는 까닭이니라.

선현이여. 무망실법은 사의이고 칭량이며 숫자이고 양이며 평등하고 불평등한 자성이므로 시설할 수 없는 까닭이고, 항주사성도 역시 사의이고 칭량이며 숫자이고 양이며 평등하고 불평등한 자성이므로 시설할 수 없는 까닭이니라. 선현이여. 일체지는 사의이고 칭량이며 숫자이고 양이며 평등하고 불평등한 자성이므로 시설할 수 없는 까닭이고, 도상지·일체상지도 역시 사의이고 칭량이며 숫자이고 양이며 평등하고 불평등한 자성이므로 시설할 수 없는 까닭이니라.

선현이여. 일체의 다라니문은 사의이고 칭량이며 숫자이고 양이며 평등하고 불평등한 자성이므로 시설할 수 없는 까닭이고, 일체의 삼마지문도 역시 사의이고 칭량이며 숫자이고 양이며 평등하고 불평등한 자성이므로 시설할 수 없는 까닭이니라. 선현이여. 예류과는 사의이고 칭량이며 숫자이고 양이며 평등하고 불평등한 자성이므로 시설할 수 없는 까닭이고, 일래·불환·아라한과도 역시 사의이고 칭량이며 숫자이고 양이며 평등하고 불평등한 자성이므로 시설할 수 없는 까닭이니라.

선현이여. 독각의 보리는 사의이고 칭량이며 숫자이고 양이며 평등하고 불평등한 자성이므로 시설할 수 없는 까닭이니라. 선현이여. 일체의 보살마하살의 행은 사의이고 칭량이며 숫자이고 양이며 평등하고 불평등한 자성이므로 시설할 수 없는 까닭이니라. 선현이여. 제불의 무상정등보리는 사의이고 칭량이며 숫자이고 양이며 평등하고 불평등한 자성이므로 시설할 수 없는 까닭이니라.”

구수 선현이 세존께 아뢰어 말하였다.

"세존이시여. 무슨 인연을 까닭으로 색은 사의이고 칭량이며 숫자이고
양이며 평등하고 불평등하다는 자성을 시설할 수 없고, 수·상·행·식도
역시 사의이고 칭량이며 숫자이고 양이며 평등하고 불평등하다는 자성을
시설할 수 없습니까? 세존이시여. 무슨 인연을 까닭으로 안처는 사의이고
칭량이며 숫자이고 양이며 평등하고 불평등하다는 자성을 시설할 수
없고, 이·비·설·신·의처도 역시 사의이고 칭량이며 숫자이고 양이며
평등하고 불평등하다는 자성을 시설할 수 없습니까?

세존이시여. 무슨 인연을 까닭으로 색처는 사의이고 칭량이며 숫자이
고 양이며 평등하고 불평등하다는 자성을 시설할 수 없고, 성·향·미·촉·법
처도 역시 사의이고 칭량이며 숫자이고 양이며 평등하고 불평등하다는
자성을 시설할 수 없습니까? 세존이시여. 무슨 인연을 까닭으로 안계는
사의이고 칭량이며 숫자이고 양이며 평등하고 불평등하다는 자성을 시설
할 수 없고, 색계·안식계, 나아가 안촉·안촉을 인연으로 생겨난 여러
수도 역시 사의이고 칭량이며 숫자이고 양이며 평등하고 불평등하다는
자성을 시설할 수 없습니까?

세존이시여. 무슨 인연을 까닭으로 이계는 사의이고 칭량이며 숫자이
고 양이며 평등하고 불평등하다는 자성을 시설할 수 없고, 성계·이식계,
나아가 이촉·이촉을 인연으로 생겨난 여러 수도 역시 사의이고 칭량이며
숫자이고 양이며 평등하고 불평등하다는 자성을 시설할 수 없습니까?
세존이시여. 무슨 인연을 까닭으로 비계는 사의이고 칭량이며 숫자이고
양이며 평등하고 불평등하다는 자성을 시설할 수 없고, 향계·비식계,
나아가 비촉·비촉을 인연으로 생겨난 여러 수도 역시 사의이고 칭량이며
숫자이고 양이며 평등하고 불평등하다는 자성을 시설할 수 없습니까?

세존이시여. 무슨 인연을 까닭으로 설계는 사의이고 칭량이며 숫자이
고 양이며 평등하고 불평등하다는 자성을 시설할 수 없고, 미계·설식계,
나아가 설촉·설촉을 인연으로 생겨난 여러 수도 역시 사의이고 칭량이며
숫자이고 양이며 평등하고 불평등하다는 자성을 시설할 수 없습니까?
세존이시여. 무슨 인연을 까닭으로 신계는 사의이고 칭량이며 숫자이고

양이며 평등하고 불평등하다는 자성을 시설할 수 없고, 촉계·신식계,
나아가 신촉·신촉을 인연으로 생겨난 여러 수도 역시 사의이고 칭량이며
숫자이고 양이며 평등하고며 불평등하다는 자성을 시설할 수 없습니까?

세존이시여. 무슨 인연을 까닭으로 의계는 사의이고 칭량이며 숫자이
고 양이며 평등하고 불평등하다는 자성을 시설할 수 없고, 법계·의식계,
나아가 의촉·의촉을 인연으로 생겨난 여러 수도 역시 사의이고 칭량이며
숫자이고 양이며 평등하고 불평등하다는 자성을 시설할 수 없습니까?
세존이시여. 무슨 인연을 까닭으로 지계는 사의이고 칭량이며 숫자이고
양이며 평등하고 불평등하다는 자성을 시설할 수 없고, 수·화·풍·공·식계
도 역시 사의이고 칭량이며 숫자이고 양이며 평등하고 불평등하다는
자성을 시설할 수 없습니까?

세존이시여. 무슨 인연을 까닭으로 무명은 사의이고 칭량이며 숫자이
고 양이며 평등하고 불평등하다는 자성을 시설할 수 없고, 행·식·명색·육
처·촉·수·애·취·유·생·노사의 수탄고우뇌도 역시 사의이고 칭량이며
숫자이고 양이며 평등하고 불평등하다는 자성을 시설할 수 없습니까?
세존이시여. 무슨 인연을 까닭으로 보시바라밀다는 사의이고 칭량이며
숫자이고 양이며 평등하고 불평등하다는 자성을 시설할 수 없고, 정계·안
인·정진·정려·반야바라밀다도 역시 사의이고 칭량이며 숫자이고 양이며
평등하고 불평등하다는 자성을 시설할 수 없습니까?

세존이시여. 무슨 인연을 까닭으로 내공은 사의이고 칭량이며 숫자이
고 양이며 평등하고 불평등하다는 자성을 시설할 수 없고, 외공·내외공·공
공·대공·승의공·유위공·무위공·필경공·무제공·산공·무변이공·본성
공·자상공·공상공·일체법공·불가득공·무성공·자성공·무성자성공도
역시 사의이고 칭량이며 숫자이고 양이며 평등하고 불평등하다는 자성을
시설할 수 없습니까?

세존이시여. 무슨 인연을 까닭으로 진여는 사의이고 칭량이며 숫자이
고 양이며 평등하고 불평등하다는 자성을 시설할 수 없고, 법계·법성·불허
망성·불변이성·평등성·이생성·법정·법주·실제·허공계·부사의계도 역

시 사의이고 칭량이며 숫자이고 양이며 평등하고 불평등하다는 자성을 시설할 수 없습니까? 세존이시여. 무슨 인연을 까닭으로 고성제는 사의이고 칭량이며 숫자이고 양이며 평등하고 불평등하다는 자성을 시설할 수 없고, 집·멸·도성제도 역시 사의이고 칭량이며 숫자이고 양이며 평등하고 불평등하다는 자성을 시설할 수 없습니까?

세존이시여. 무슨 인연을 까닭으로 4정려는 사의이고 칭량이며 숫자이고 양이며 평등하고 불평등하다는 자성을 시설할 수 없고, 4무량·4무색정도 역시 사의이고 칭량이며 숫자이고 양이며 평등하고 불평등하다는 자성을 시설할 수 없습니까? 세존이시여. 무슨 인연을 까닭으로 8해탈은 사의이고 칭량이며 숫자이고 양이며 평등하고 불평등하다는 자성을 시설할 수 없고, 8승처·9차제정·10변처도 역시 사의이고 칭량이며 숫자이고 양이며 평등하고 불평등하다는 자성을 시설할 수 없습니까?

세존이시여. 무슨 인연을 까닭으로 4념주는 사의이고 칭량이며 숫자이고 양이며 평등하고 불평등하다는 자성을 시설할 수 없고, 4정단·4신족·5근·5력·7등각지·8성도지도 역시 사의이고 칭량이며 숫자이고 양이며 평등하고 불평등하다는 자성을 시설할 수 없습니까? 세존이시여. 무슨 인연을 까닭으로 공해탈문은 사의이고 칭량이며 숫자이고 양이며 평등하고 불평등하다는 자성을 시설할 수 없고, 무상·무원해탈문도 역시 사의이고 칭량이며 숫자이고 양이며 평등하고 불평등하다는 자성을 시설할 수 없습니까? 세존이시여. 무슨 인연을 까닭으로 보살의 10지는 사의이고 칭량이며 숫자이고 양이며 평등하고 불평등하다는 자성을 시설할 수 없습니까?

세존이시여. 무슨 인연을 까닭으로 5안은 사의이고 칭량이며 숫자이고 양이며 평등하고 불평등하다는 자성을 시설할 수 없고, 6신통도 역시 사의이고 칭량이며 숫자이고 양이며 평등하고 불평등하다는 자성을 시설할 수 없습니까? 세존이시여. 무슨 인연을 까닭으로 여래의 10력은 사의이고 칭량이며 숫자이고 양이며 평등하고 불평등하다는 자성을 시설할 수 없고, 4무소외·4무애해·대자·대비·대희·대사·18불불공법도 역시 사

의이고 칭량이며 숫자이고 양이며 평등하고 불평등하다는 자성을 시설할
수 없습니까?

　세존이시여. 무슨 인연을 까닭으로 무망실법은 사의이고 칭량이며
숫자이고 양이며 평등하고 불평등하다는 자성을 시설할 수 없고, 항주사
성도 역시 사의이고 칭량이며 숫자이고 양이며 평등하고 불평등하다는
자성을 시설할 수 없습니까? 세존이시여. 무슨 인연을 까닭으로 일체지는
사의이고 칭량이며 숫자이고 양이며 평등하고 불평등하다는 자성을 시설
할 수 없고, 도상지·일체상지도 역시 사의이고 칭량이며 숫자이고 양이며
평등하고 불평등하다는 자성을 시설할 수 없습니까?

　세존이시여. 무슨 인연을 까닭으로 일체의 다라니문은 사의이고 칭량
이며 숫자이고 양이며 평등하고 불평등하다는 자성을 시설할 수 없고,
일체의 삼마지문도 역시 사의이고 칭량이며 숫자이고 양이며 평등하고
불평등하다는 자성을 시설할 수 없습니까? 세존이시여. 무슨 인연을
까닭으로 예류과는 사의이고 칭량이며 숫자이고 양이며 평등하고 불평등
하다는 자성을 시설할 수 없고, 일래·불환·아라한과도 역시 사의이고
칭량이며 숫자이고 양이며 평등하고 불평등하다는 자성을 시설할 수
없습니까?

　세존이시여. 무슨 인연을 까닭으로 독각의 보리는 사의이고 칭량이며
숫자이고 양이며 평등하고 불평등하다는 자성을 시설할 수 없습니까?
세존이시여. 무슨 인연을 까닭으로 일체의 보살마하살의 행은 사의이고
칭량이며 숫자이고 양이며 평등하고 불평등하다는 자성을 시설할 수
없습니까? 세존이시여. 무슨 인연을 까닭으로 제불의 무상정등보리는
사의이고 칭량이며 숫자이고 양이며 평등하고 불평등하다는 자성을 시설
할 수 없습니까?"

　세존께서 말씀하셨다.

　"선현이여. 색의 자성(自性)이 불가사의(不可思議)하고 헤아릴 수 없으
며(不可稱量) 무수이고 무량하며(無數量) 무등등(無等等)이고 자성이 없는
(無自性) 까닭으로 색은 사의이고 칭량이며 숫자이고 양이며 평등하고

불평등하다는 자성을 시설할 수 없고, 수·상·행·식의 자성도 역시 불가사의하고 헤아릴 수 없으며 무수이고 무량하며 무등등이고 자성이 없는 까닭으로 수·상·행·식도 역시 사의이고 칭량이며 숫자이고 양이며 평등하고 불평등하다는 자성을 시설할 수 없느니라.

선현이여. 안처의 자성이 불가사의하고 헤아릴 수 없으며 무수이고 무량하며 무등등이고 자성이 없는 까닭으로 안처는 사의이고 칭량이며 숫자이고 양이며 평등하고 불평등하다는 자성을 시설할 수 없고, 이·비·설·신·의처의 자성도 역시 불가사의하고 헤아릴 수 없으며 무수이고 무량하며 무등등이고 자성이 없는 까닭으로 이·비·설·신·의처도 역시 사의이고 칭량이며 숫자이고 양이며 평등하고 불평등하다는 자성을 시설할 수 없느니라.

선현이여. 색처의 자성이 불가사의하고 헤아릴 수 없으며 무수이고 무량하며 무등등이고 자성이 없는 까닭으로 색처는 사의이고 칭량이며 숫자이고 양이며 평등하고 불평등하다는 자성을 시설할 수 없고, 성·향·미·촉·법처의 자성도 역시 불가사의하고 헤아릴 수 없으며 무수이고 무량하며 무등등이고 자성이 없는 까닭으로 성·향·미·촉·법처도 역시 사의이고 칭량이며 숫자이고 양이며 평등하고 불평등하다는 자성을 시설할 수 없느니라.

선현이여. 안계의 자성이 불가사의하고 헤아릴 수 없으며 무수이고 무량하며 무등등이고 자성이 없는 까닭으로 안계는 사의이고 칭량이며 숫자이고 양이며 평등하고 불평등하다는 자성을 시설할 수 없고, 색계·안식계, 나아가 안촉·안촉을 인연으로 생겨난 여러 수의 자성도 역시 불가사의하고 헤아릴 수 없으며 무수이고 무량하며 무등등이고 자성이 없는 까닭으로 색계, 나아가 안촉을 인연으로 생겨난 여러 수도 역시 사의이고 칭량이며 숫자이고 양이며 평등하고 불평등하다는 자성을 시설할 수 없느니라.

선현이여. 이계의 자성이 불가사의하고 헤아릴 수 없으며 무수이고 무량하며 무등등이고 자성이 없는 까닭으로 이계는 사의이고 칭량이며 숫자이고 양이며 평등하고 평등하지 않다는 자성을 시설할 수 없고, 성계·이식계, 나아가 이촉·이촉을 인연으로 생겨난 여러 수의 자성도 역시 불가사의하고 헤아릴 수 없으며 무수이고 무량하며 무등등이고 자성이 없는 까닭으로 성계, 나아가 이촉을 인연으로 생겨난 여러 수도 역시 사의이고 칭량이며 숫자이고 양이며 평등하고 평등하지 않다는 자성을 시설할 수 없느니라.

선현이여. 비계의 자성이 불가사의하고 헤아릴 수 없으며 무수이고 무량하며 무등등이고 자성이 없는 까닭으로 비계는 사의이고 칭량이며 숫자이고 양이며 평등하고 불평등하다는 자성을 시설할 수 없고, 향계·비식계, 나아가 비촉·비촉을 인연으로 생겨난 여러 수의 자성도 역시 불가사의하고 헤아릴 수 없으며 무수이고 무량하며 무등등이고 자성이 없는 까닭으로 향계, 나아가 비촉을 인연으로 생겨난 여러 수도 역시 사의이고 칭량이며 숫자이고 양이며 평등하고 불평등하다는 자성을 시설할 수 없느니라.

선현이여. 설계의 자성이 불가사의하고 헤아릴 수 없으며 무수이고 무량하며 무등등이고 자성이 없는 까닭으로 설계는 사의이고 칭량이며 숫자이고 양이며 평등하고 불평등하다는 자성을 시설할 수 없고, 미계·설식계, 나아가 설촉·설촉을 인연으로 생겨난 여러 수의 자성도 역시 불가사의하고 헤아릴 수 없으며 무수이고 무량하며 무등등이고 자성이 없는 까닭으로 미계, 나아가 설촉을 인연으로 생겨난 여러 수도 역시 사의이고 칭량이며 숫자이고 양이며 평등하고 불평등하다는 자성을 시설할 수 없느니라.

선현이여. 신계의 자성이 불가사의하고 헤아릴 수 없으며 무수이고 무량하며 무등등이고자성이 없는 까닭으로 신계는 사의이고 칭량이며 숫자이고 양이며 평등하고 불평등하다는 자성을 시설할 수 없고, 촉계·신식계, 나아가 신촉·신촉을 인연으로 생겨난 여러 수의 자성도 역시 불가사의하고 헤아릴 수 없으며 무수이고 무량하며 무등등이고 자성이 없는 까닭으로 촉계, 나아가 신촉을 인연으로 생겨난 여러 수도 역시 사의이고 칭량이며 숫자이고 양이며 평등하고 불평등하다는 자성을 시설할 수 없느니라.

선현이여. 의계의 자성이 불가사의하고 헤아릴 수 없으며 무수이고 무량하며 무등등이고 자성이 없는 까닭으로 의계는 사의이고 칭량이며 숫자이고 양이며 평등하고 불평등하다는 자성을 시설할 수 없고, 법계·의식계, 나아가 의촉·의촉을 인연으로 생겨난 여러 수의 자성도 역시 불가사의하고 헤아릴 수 없으며 무수이고 무량하며 무등등이고 자성이 없는 까닭으로 법계, 나아가 의촉을 인연으로 생겨난 여러 수도 역시 사의이고 칭량이며 숫자이고 양이며 평등하고평등하며 불평등하다는 자성을 시설할 수 없느니라.

선현이여. 지계의 자성이 불가사의하고 헤아릴 수 없으며 무수이고 무량하며 무등등이고 자성이 없는 까닭으로 지계는 사의이고 칭량이며 숫자이고 양이며 평등하고 불평등하다는 자성을 시설할 수 없고, 수·화·풍·공·식계의 자성도 역시 불가사의하고 헤아릴 수 없으며 무수이고 무량하며 무등등이고 자성이 없는 까닭으로 수·화·풍·공·식계도 역시 사의이고 칭량이며 숫자이고 양이며 평등하고 불평등하다는 자성을 시설할 수 없느니라.

선현이여. 무명의 자성이 불가사의하고 헤아릴 수 없으며 무수이고 무량하며 무등등이고 자성이 없는 까닭으로 무명은 사의이고 칭량이며 숫자이고 양이며 평등하고 불평등하다는 자성을 시설할 수 없고, 행·식·명색·육처·촉·수·애·취·유·생·노사의 수탄고우뇌의 자성도 역시 불가사의하고 헤아릴 수 없으며 무수이고 무량하며 무등등이고 자성이 없는 까닭으로 행, 나아가 노사의 수탄고우뇌도 역시 사의이고 칭량이며 숫자이고 양이며 평등하고 불평등하다는 자성을 시설할 수 없느니라.

선현이여. 보시바라밀다의 자성이 불가사의하고 헤아릴 수 없으며 무수이고 무량하며 무등등이고 자성이 없는 까닭으로 보시바라밀다는 사의이고 칭량이며 숫자이고 양이며 평등하고 불평등하다는 자성을 시설할 수 없고, 정계·안인·정진·정려·반야바라밀다의 자성도 역시 불가사의하고 헤아릴 수 없으며 무수이고 무량하며 무등등이고 자성이 없는 까닭으로 정계, 나아가 반야바라밀다도 역시 사사의이고 칭량이며 숫자이고 양이며 평등하고 불평등하다는 자성을 시설할 수 없느니라.

선현이여. 내공의 자성이 불가사의하고 헤아릴 수 없으며 무수이고 무량하며 무등등이고 자성이 없는 까닭으로 내공은 사의이고 칭량이며 숫자이고 양이며 평등하고 불평등하다는 자성을 시설할 수 없고, 외공·내외공·공공·대공·승의공·유위공·무위공·필경공·무제공·산공·무변이공·본성공·자상공·공상공·일체법공·불가득공·무성공·자성공·무성자성공의 자성도 역시 불가사의하고 헤아릴 수 없으며 무수이고 무량하며 무등등이고 자성이 없는 까닭으로 외공, 나아가 무성자성공도 역시 사의이고 칭량이며 숫자이고 양이며 평등하고 불평등하다는 자성을 시설할 수 없느니라.

선현이여. 진여의 자성이 불가사의하고 헤아릴 수 없으며 무수이고 무량하며 무등등이고 자성이 없는 까닭으로 진여는 사의이고 칭량이며 숫자이고 양이며 평등하고 불평등하다는 자성을 시설할 수 없고, 법계·법성·불허망성·불변이성·평등성·이생성·법정·법주·실제·허공계·부사의계의 자성도 역시 불가사의하고 헤아릴 수 없으며 무수이고 무량하며 무등등이고 자성이 없는 까닭으로 법계, 나아가 부사의계도 역시 사의이고 칭량이며 숫자이고 양이며 평등하고 불평등하다는 자성을 시설할 수 없느니라.

선현이여. 고성제의 자성이 불가사의하고 헤아릴 수 없으며 무수이고 무량하며 무등등이고 자성이 없는 까닭으로 고성제는 사의이고 칭량이며 숫자이고 양이며 평등하고 불평등하다는 자성을 시설할 수 없고, 집·멸·도성제의 자성도 역시 불가사의하고 헤아릴 수 없으며 무수이고 무량하며 무등등이고 자성이 없는 까닭으로 집·멸·도성제도 역시 사의이고 칭량이며 숫자이고 양이며 평등하고 불평등하다는 자성을 시설할 수 없느니라.

선현이여. 4정려의 자성이 불가사의하고 헤아릴 수 없으며 무수이고 무량하며 무등등이고 자성이 없는 까닭으로 4정려는 사의이고 칭량이며 숫자이고 양이며 평등하고 불평등하다는 자성을 시설할 수 없고, 4무량·4 무색정의 자성도 역시 불가사의하고 헤아릴 수 없으며 무수이고 무량하며 무등등이고 자성이 없는 까닭으로 4무량·4무색정도 역시 사의이고 칭량 이며 숫자이고 양이며 평등하고불평등하다는 자성을 시설할 수 없느니라.

선현이여. 8해탈의 자성이 불가사의하고 헤아릴 수 없으며 무수이고 무량하며 무등등이고 자성이 없는 까닭으로 8해탈은 사의이고 칭량이며 숫자이고 양이며 평등하고 불평등하다는 자성을 시설할 수 없고, 8승처·9 차제정·10변처의 자성도 역시 불가사의하고 헤아릴 수 없으며 무수이고 무량하며 무등등이고 자성이 없는 까닭으로 8승처·9차제정·10변처도 역시 사의이고 칭량이며 숫자이고 양이며 평등하고 불평등하다는 자성을 시설할 수 없느니라.

선현이여. 4념주의 자성이 불가사의하고 헤아릴 수 없으며 무수이고 무량하며 무등등이고 자성이 없는 까닭으로 4념주는 사의이고 칭량이며 숫자이고 양이며 평등하고 불평등하다는 자성을 시설할 수 없고, 4정단·4 신족·5근·5력·7등각지·8성도지의 자성도 역시 불가사의하고 헤아릴 수 없으며 무수이고 무량하며 무등등이고 자성이 없는 까닭으로 4정단·4신 족·5근·5력·7등각지·8성도지도 역시 사의이고 칭량이며 숫자이고 양이 며 평등하고 불평등하다는 자성을 시설할 수 없느니라.

선현이여. 공해탈문의 자성이 불가사의하고 헤아릴 수 없으며 무수이 고 무량하며 무등등이고 자성이 없는 까닭으로 공해탈문은 사의이고 칭량이며 숫자이고 양이며 평등하고 불평등하다는 자성을 시설할 수 없고, 무상·무원해탈문의 자성도 역시 불가사의하고 헤아릴 수 없으며 무수이고 무량하며 무등등이고 자성이 없는 까닭으로 무상·무원해탈문 도 역시 사의이고 칭량이며 숫자이고 양이며 평등하고 불평등하다는 자성을 시설할 수 없느니라.

선현이여. 보살의 10지의 자성이 불가사의하고 헤아릴 수 없으며 무수 이고 무량하며 무등등이고 자성이 없는 까닭으로 보살의 10지는 사의이고 칭량이며 숫자이고 양이며 평등하고 불평등하다는 자성을 시설할 수 없느니라. 선현이여. 5안의 자성이 불가사의하고 헤아릴 수 없으며 무수이고 무량하며 무등등이고 자성이 없는 까닭으로 5안은 사의이고 칭량이며 숫자이고 양이며 평등하고 불평등하다는 자성을 시설할 수 없고, 6신통의 자성도 역시 불가사의하고 헤아릴 수 없으며 무수이고 무량하며 무등등이고 자성이 없는 까닭으로 6신통도 역시 사의이고 칭량이며 숫자이고 양이며 평등하고 불평등하다는 자성을 시설할 수 없느니라.

선현이여. 여래의 10력의 자성이 불가사의하고 헤아릴 수 없으며 무수이고 무량하며 무등등이고 자성이 없는 까닭으로 여래의 10력은 사의이고 칭량이며 숫자이고 양이며 평등하고 불평등하다는 자성을 시설할 수 없고, 4무소외·4무애해·대자·대비·대희·대사·18불불공법의 자성도 역시 불가사의하고 헤아릴 수 없으며 무수이고 무량하며 무등등이고 자성이 없는 까닭으로 4무소외, 나아가 18불불공법도 역시 사의이고 칭량이며 숫자이고 양이며 평등하고 불평등하다는 자성을 시설할 수 없느니라.

선현이여. 무망실법의 자성이 불가사의하고 헤아릴 수 없으며 무수이고 무량하며 무등등이고 자성이 없는 까닭으로 무망실법은 사의이고 칭량이며 숫자이고 양이며 평등하고 불평등하다는 자성을 시설할 수 없고, 항주사성의 자성도 역시 불가사의하고 헤아릴 수 없으며 무수이고 무량하며 무등등이고 자성이 없는 까닭으로 항주사성도 역시 사의이고 칭량이며 숫자이고 양이며 평등하고 불평등하다는 자성을 시설할 수 없느니라.

선현이여. 일체지의 자성이 불가사의하고 헤아릴 수 없으며 무수이고 무량하며 무등등이고 자성이 없는 까닭으로 일체지는 사의이고 칭량이며 숫자이고 양이며 평등하고 불평등하다는 자성을 시설할 수 없고, 도상지·일체상지의 자성도 역시 불가사의하고 헤아릴 수 없으며 무수이고 무량하며 무등등이고 자성이 없는 까닭으로 도상지·일체상지도 역시 사의이고 칭량이며 숫자이고 양이며 평등하고 불평등하다는 자성을 시설할 수 없느니라.

선현이여. 일체의 다라니문의 자성이 불가사의하고 헤아릴 수 없으며 무수이고 무량하며 무등등이고 자성이 없는 까닭으로 일체의 다라니문은 사의이고 칭량이며 숫자이고 양이며 평등하고 불평등하다는 자성을 시설할 수 없고, 일체의 삼마지문의 자성도 역시 불가사의하고 헤아릴 수 없으며 무수이고 무량하며 무등등이고 자성이 없는 까닭으로 일체의 삼마지문도 역시 사의이고 칭량이며 숫자이고 양이며 평등하고 불평등하다는 자성을 시설할 수 없느니라.

선현이여. 예류과의 자성이 불가사의하고 헤아릴 수 없으며 무수이고 무량하며 무등등이고 자성이 없는 까닭으로 예류과는 사의이고 칭량이며 숫자이고 양이며 평등하고 불평등하다는 자성을 시설할 수 없고, 일래·불환·아라한과의 자성도 역시 불가사의하고 헤아릴 수 없으며 무수이고 무량하며 무등등이고 자성이 없는 까닭으로 일래·불환·아라한과도 역시 사의이고 칭량이며 숫자이고 양이며 평등하고 불평등하다는 자성을 시설할 수 없느니라.

선현이여. 독각의 보리의 자성이 불가사의하고 헤아릴 수 없으며 무수이고 무량하며 무등등이고 자성이 없는 까닭으로 독각의 보리는 사의이고 칭량이며 숫자이고 양이며 평등하고 불평등하다는 자성을 시설할 수 없느니라. 선현이여. 일체의 보살마하살의 행의 자성이 불가사의하고 헤아릴 수 없으며 무수이고 무량하며 무등등이고 자성이 없는 까닭으로 일체의 보살마하살의 행은 사의이고 칭량이며 숫자이고 양이며 평등하고 불평등하다는 자성을 시설할 수 없느니라.

선현이여. 제불의 무상정등보리의 자성이 불가사의하고 헤아릴 수 없으며 무수이고 무량하며 무등등이고 자성이 없는 까닭으로 제불의 무상정등보리는 사의이고 칭량이며 숫자이고 양이며 평등하고 불평등하다는 자성을 시설할 수 없느니라."

마하반야바라밀다경 제310권

42. 부사의등품(不思議等品)(3)

"선현이여. 그대의 뜻은 어떠한가? 색의 불가사의하고 헤아릴 수 없으며 무수이고 무량하며 무등등이고 자성이 없는 가운데에서 색을 얻을 수 있고, 수·상·행·식의 불가사의하고 헤아릴 수 없으며 무수이고 무량하며 무등등이고 자성이 없는 가운데에서 수·상·행·식을 얻을 수 있겠는가?

선현이여. 그대의 뜻은 어떠한가? 안처의 불가사의하고 헤아릴 수 없으며 무수이고 무량하며 무등등이고 자성이 없는 가운데에서 안처를 얻을 수 있고, 이·비·설·신·의처의 불가사의하고 헤아릴 수 없으며 무수이고 무량하며 무등등이고 자성이 없는 가운데에서 이·비·설·신·의처를 얻을 수 있겠는가?

선현이여. 그대의 뜻은 어떠한가? 색처의 불가사의하고 헤아릴 수 없으며 무수이고 무량하며 무등등이고 자성이 없는 가운데에서 색처를 얻을 수 있고, 성·향·미·촉·법처의 불가사의하고 헤아릴 수 없으며 무수이고 무량하며 무등등이고 자성이 없는 가운데에서 성·향·미·촉·법처를 얻을 수 있겠는가?

선현이여. 그대의 뜻은 어떠한가? 안계의 불가사의하고 헤아릴 수 없으며 무수이고 무량하며 무등등이고 자성이 없는 가운데에서 안계를 얻을 수 있고, 색계·안식계, 나아가 안촉·안촉을 인연으로 생겨난 여러 수의 불가사의하고 헤아릴 수 없으며 무수이고 무량하며 무등등이고 자성이 없는 가운데에서 색계, 나아가 안촉을 인연으로 생겨난 여러 수를 얻을 수 있겠는가?

선현이여. 그대의 뜻은 어떠한가? 이계의 불가사의하고 헤아릴 수 없으며 무수이고 무량하며 무등등이고 자성이 없는 가운데에서 이계를 얻을 수 있고, 성계·이식계, 나아가 이촉·이촉을 인연으로 생겨난 여러 수의 불가사의하고 헤아릴 수 없으며 무수이고 무량하며 무등등이고 자성이 없는 가운데에서 성계, 나아가 이촉을 인연으로 생겨난 여러 수를 얻을 수 있겠는가?

선현이여. 그대의 뜻은 어떠한가? 비계의 불가사의하고 헤아릴 수 없으며 무수이고 무량하며 무등등이고 자성이 없는 가운데에서 비계를 얻을 수 있고, 향계·비식계, 나아가 비촉·비촉을 인연으로 생겨난 여러 수의 불가사의하고 헤아릴 수 없으며 무수이고 무량하며 무등등이고 자성이 없는 가운데에서 향계, 나아가 비촉을 인연으로 생겨난 여러 수를 얻을 수 있겠는가?

선현이여. 그대의 뜻은 어떠한가? 설계의 불가사의하고 헤아릴 수 없으며 무수이고 무량하며 무등등이고 자성이 없는 가운데에서 설계를 얻을 수 있고, 미계·설식계, 나아가 설촉·설촉을 인연으로 생겨난 여러 수의 불가사의하고 헤아릴 수 없으며 무수이고 무량하며 무등등이고 자성이 없는 가운데에서 미계, 나아가 설촉을 인연으로 생겨난 여러 수를 얻을 수 있겠는가?

선현이여. 그대의 뜻은 어떠한가? 신계의 불가사의하고 헤아릴 수 없으며 무수이고 무량하며 무등등이고 자성이 없는 가운데에서 신계를 얻을 수 있고, 촉계·신식계, 나아가 신촉·신촉을 인연으로 생겨난 여러 수의 불가사의하고 헤아릴 수 없으며 무수이고 무량하며 무등등이고 자성이 없는 가운데에서 촉계, 나아가 신촉을 인연으로 생겨난 여러 수를 얻을 수 있겠는가?

선현이여. 그대의 뜻은 어떠한가? 의계의 불가사의하고 헤아릴 수 없으며 무수이고 무량하며 무등등이고 자성이 없는 가운데에서 의계를 얻을 수 있고, 법계·의식계, 나아가 의촉·의촉을 인연으로 생겨난 여러 수의 불가사의하고 헤아릴 수 없으며 무수이고 무량하며 무등등이고 자성이 없는 가운데에서 법계, 나아가 의촉을 인연으로 생겨난 여러 수를 얻을 수 있겠는가?

선현이여. 그대의 뜻은 어떠한가? 지계의 불가사의하고 헤아릴 수 없으며 무수이고 무량하며 무등등이고 자성이 없는 가운데에서 지계를 얻을 수 있고, 수·화·풍·공·식계의 불가사의하고 헤아릴 수 없으며 무수이고 무량하며 무등등이고 자성이 없는 가운데에서 수·화·풍·공·식계를 얻을 수 있겠는가?

선현이여. 그대의 뜻은 어떠한가? 무명의 불가사의하고 헤아릴 수 없으며 무수이고 무량하며 무등등이고 자성이 없는 가운데에서 무명을 얻을 수 있고, 행·식·명색·육처·촉·수·애·취·유·생·노사의 수탄고우뇌의 불가사의하고 헤아릴 수 없으며 무수이고 무량하며 무등등이고 자성이 없는 가운데에서 행, 나아가 노사의 수탄고우뇌를 얻을 수 있겠는가?

선현이여. 그대의 뜻은 어떠한가? 보시바라밀다의 불가사의하고 헤아릴 수 없으며 무수이고 무량하며 무등등이고 자성이 없는 가운데에서 보시바라밀다를 얻을 수 있고, 정계·안인·정진·정려·반야바라밀다의 불가사의하고 헤아릴 수 없으며 무수이고 무량하며 무등등이고 자성이 없는 가운데에서 정계, 나아가 반야바라밀다를 얻을 수 있겠는가?

선현이여. 그대의 뜻은 어떠한가? 내공의 불가사의하고 헤아릴 수 없으며 무수이고 무량하며 무등등이고 자성이 없는 가운데에서 내공을 얻을 수 있고, 외공·내외공·공공·대공·승의공·유위공·무위공·필경공·무제공·산공·무변이공·본성공·자상공·공상공·일체법공·불가득공·무성공·자성공·무성자성공의 불가사의하고 헤아릴 수 없으며 무수이고 무량하며 무등등이고 자성이 없는 가운데에서 외공, 나아가 무성자성공을 얻을 수 있겠는가?

선현이여. 그대의 뜻은 어떠한가? 진여의 불가사의하고 헤아릴 수 없으며 무수이고 무량하며 무등등이고 자성이 없는 가운데에서 진여를 얻을 수 있고, 법계·법성·불허망성·불변이성·평등성·이생성·법정·법주

·실제·허공계·부사의계의 불가사의하고 헤아릴 수 없으며 무수이고 무량하며 무등등이고 자성이 없는 가운데에서 법계, 나아가 부사의계를 얻을 수 있겠는가?

선현이여. 그대의 뜻은 어떠한가? 고성제의 불가사의하고 헤아릴 수 없으며 무수이고 무량하며 무등등이고 자성이 없는 가운데에서 고성제를 얻을 수 있고, 집·멸·도성제의 불가사의하고 헤아릴 수 없으며 무수이고 무량하며 무등등이고 자성이 없는 가운데에서 집·멸·도성제를 얻을 수 있겠는가?

선현이여. 그대의 뜻은 어떠한가? 4정려의 불가사의하고 헤아릴 수 없으며 무수이고 무량하며 무등등이고 자성이 없는 가운데에서 4정려를 얻을 수 있고, 4무량·4무색정의 불가사의하고 헤아릴 수 없으며 무수이고 무량하며 무등등이고 자성이 없는 가운데에서 4무량·4무색정을 얻을 수 있겠는가?

선현이여. 그대의 뜻은 어떠한가? 8해탈의 불가사의하고 헤아릴 수 없으며 무수이고 무량하며 무등등이고 자성이 없는 가운데에서 8해탈을 얻을 수 있고, 8승처·9차제정·10변처의 불가사의하고 헤아릴 수 없으며 무수이고 무량하며 무등등이고 자성이 없는 가운데에서 8승처·9차제정·10변처를 얻을 수 있겠는가?

선현이여. 그대의 뜻은 어떠한가? 4념주의 불가사의하고 헤아릴 수 없으며 무수이고 무량하며 무등등이고 자성이 없는 가운데에서 4념주를 얻을 수 있고, 4정단·4신족·5근·5력·7등각지·8성도지의 불가사의하고 헤아릴 수 없으며 무수이고 무량하며 무등등이고 자성이 없는 가운데에서 4정단, 나아가 8성도지를 얻을 수 있겠는가?

선현이여. 그대의 뜻은 어떠한가? 공해탈문의 불가사의하고 헤아릴 수 없으며 무수이고 무량하며 무등등이고 자성이 없는 가운데에서 공해탈문을 얻을 수 있고, 무상·무원해탈문의 불가사의하고 헤아릴 수 없으며 무수이고 무량하며 무등등이고 자성이 없는 가운데에서 무상·무원해탈문을 얻을 수 있겠는가? 선현이여. 그대의 뜻은 어떠한가? 보살의 10지의

불가사의하고 헤아릴 수 없으며 무수이고 무량하며 무등등이고 자성이
없는 가운데에서 보살의 10지를 얻을 수 있겠는가?

선현이여. 그대의 뜻은 어떠한가? 5안의 불가사의하고 헤아릴 수 없으
며 무수이고 무량하며 무등등이고 자성이 없는 가운데에서 5안을 얻을
수 있고, 6신통의 불가사의하고 헤아릴 수 없으며 무수이고 무량하며
무등등이고 자성이 없는 가운데에서 6신통을 얻을 수 있겠는가?

선현이여. 그대의 뜻은 어떠한가? 여래의 10력의 불가사의하고 헤아릴
수 없으며 무수이고 무량하며 무등등이고 자성이 없는 가운데에서 여래의
10력을 얻을 수 있고, 4무소외·4무애해·대자·대비·대희·대사·18불불공
법의 불가사의하고 헤아릴 수 없으며 무수이고 무량하며 무등등이고 자성이
없는 가운데에서 4무소외, 나아가 18불불공법을 얻을 수 있겠는가?

선현이여. 그대의 뜻은 어떠한가? 무망실법의 불가사의하고 헤아릴
수 없으며 무수이고 무량하며 무등등이고 자성이 없는 가운데에서 무망실
법을 얻을 수 있고, 항주사성의 불가사의하고 헤아릴 수 없으며 무수이고
무량하며 무등등이고 자성이 없는 가운데에서 항주사성을 얻을 수 있겠는가?

선현이여. 그대의 뜻은 어떠한가? 일체지의 불가사의하고 헤아릴 수
없으며 무수이고 무량하며 무등등이고 자성이 없는 가운데에서 일체지를
얻을 수 있고, 도상지·일체상지의 불가사의하고 헤아릴 수 없으며 무수이
고 무량하며 무등등이고 자성이 없는 가운데에서 도상지·일체상지를
얻을 수 있겠는가?

선현이여. 그대의 뜻은 어떠한가? 일체의 다라니문의 불가사의하고
헤아릴 수 없으며 무수이고 무량하며 무등등이고 자성이 없는 가운데에서
일체의 다라니문을 얻을 수 있고, 일체의 삼마지문의 불가사의하고 헤아
릴 수 없으며 무수이고 무량하며 무등등이고 자성이 없는 가운데에서
일체의 삼마지문을 얻을 수 있겠는가?

선현이여. 그대의 뜻은 어떠한가? 예류과의 불가사의하고 헤아릴 수
없으며 무수이고 무량하며 무등등이고 자성이 없는 가운데에서 예류과를
얻을 수 있고, 일래·불환·아라한과의 불가사의하고 헤아릴 수 없으며

무수이고 무량하며 무등등이고 자성이 없는 가운데에서 일래·불환·아라한과를 얻을 수 있겠는가?

선현이여. 그대의 뜻은 어떠한가? 독각의 보리의 불가사의하고 헤아릴 수 없으며 무수이고 무량하며 무등등이고 자성이 없는 가운데에서 독각의 보리를 얻을 수 있겠는가? 선현이여. 그대의 뜻은 어떠한가? 일체의 보살마하살의 행의 불가사의하고 헤아릴 수 없으며 무수이고 무량하며 무등등이고 자성이 없는 가운데에서 일체의 보살마하살의 행을 얻을 수 있겠는가?

선현이여. 그대의 뜻은 어떠한가? 제불의 무상정등보리의 행의 불가사의하고 헤아릴 수 없으며 무수이고 무량하며 무등등이고 자성이 없는 가운데에서 제불의 무상정등보리를 얻을 수 있겠는가?"

선현이 대답하여 말하였다.

"얻을 수 없습니다. 세존이시여."

세존께서 말씀하셨다.

"선현이여. 그와 같으니라. 그와 같으니라. 오히려 이러한 인연으로 일체법은 모두 불가사의하고 헤아릴 수 없고 무수이며 무량하고 무등등이니라. 선현이여. 일체법은 모두 불가사의하고 헤아릴 수 없고 무수이며 무량이고 무등등인 까닭으로, 일체의 여래·응공·정등각의 불법(佛法)·여래법(如來法)·자연법(自然法)·일체지지법(一切智智法)도 역시 불가사의하고 헤아릴 수 없고 무수이며 무량하고 무등등이니라.

선현이여. 일체의 여래·응공·정등각의 불법·여래법·자연법·일체지지법은 모두가 불가사의하나니, 사유(思議)를 소멸시키는 까닭이고, 헤아릴 수 없나니 헤아림(稱量)을 소멸시키는 까닭이며, 무수이고 무량하나니 숫자와 양을 소멸시키는 까닭이고, 무등등이 없나니 등등(等等)을 소멸시키는 까닭이니라. 선현이여. 오히려 이러한 인연으로 일체법도 역시 불가사의하고 헤아릴 수 없고 무수이며 무량하고 무등등이니라.

선현이여. 일체의 여래·응공·정등각의 불법·여래법·자연법·일체지지법은 모두가 불가사의하나니, 사유를 초과(超過)하는 까닭이고, 헤아릴

수 없나니 헤아림을 초과하는 까닭이며 수량이 없나니 수량을 초과하는
까닭이고, 무등등이 없나니 등등(等等)을 초과하는 까닭이니라. 선현이
여. 오히려 이러한 인연으로 일체법도 역시 불가사의하고 헤아릴 수
없고 무수이며 무량하고 무등등이니라.

　선현이여. 불가사의하다는 것은 다만 불가사의라는 증어(增語)가 있고,
헤아릴 수 없다는 것은 다만 헤아릴 수 없다는 증어가 있으며, 무수이고
무량하다는 것은 다만 숫자와 양이 없다는 증어가 있고, 무등등이라는
것은 다만 무등등이라는 증어가 있느니라. 선현이여. 오히려 이러한
인연으로 일체의 여래·응공·정등각의 불법·여래법·자연법·일체지지법
은 모두 불가사의하고 헤아릴 수 없고 무수이며 무량하고 무등등이니라.

　선현이여. 불가사의하다는 것은 허공이 불가사의와 같은 까닭이고,
헤아릴 수 없다는 것은 허공이 헤아릴 수 없는 것과 같은 까닭이며,
무수이고 무량하다는 것은 허공이 숫자와 양이 없다는 것과 같은 까닭이
고, 무등등이라는 것은 허공이 무등등과 같은 까닭이니라. 선현이여.
오히려 이러한 인연으로 일체의 여래·응공·정등각의 불법·여래법·자연
법·일체지지법은 모두 불가사의하고 헤아릴 수 없고 무수이며 무량이고
무등등이니라.

　선현이여. 일체의 여래·응공·정등각의 불법·여래법·자연법·일체지지
법은 성문이거나, 독각이거나, 세간의 천상·인간·아수라 등이 모두가
능히 사의하고 헤아리며 숫자와 양을 세거나 등등(等等)할 수 없느니라.
선현이여. 오히려 이러한 인연으로 일체의 여래·응공·정등각의 불법·여
래법·자연법·일체지지법은 모두 불가사의하고 헤아릴 수 없고 무수이며
무량이고 무등등이니라.”

　세존께서 이와 같이 불가사의하고 헤아릴 수 없고 무수이며 무량하고
무등등하게 설법하시는 때에, 대중의 가운데에 있었던 5백 명의 비구는
여러 번뇌를 받지 않아서 마음이 해탈을 증득하였고, 다시 2천 명의
비구니도 있었는데 역시 여러 번뇌를 받지 않아서 마음이 해탈을 증득하였
으며, 다시 6만 명의 우바색가(鄔波索迦)[1]가 있었는데 제법의 가운데에서

번뇌를 멀리하고 벗어나서 청정한 법안(法眼)이 생겨났고, 3만 7천 명의
우바사가(鄔波斯迦)2)가 있었는데 제법의 가운데에서 번뇌를 멀리하고
벗어나서 청정한 법안(法眼)이 생겨났으며, 다시 2만 명의 보살마하살이
있었는데 무생법인(無生法忍)3)을 증득하였고 현겁(賢劫)의 가운데에서
성불(作佛)한다는 수기(授記)를 받았다.

43. 판사품(辦事品)(1)

그때 구수 선현이 세존께 아뢰어 말하였다.
"세존이시여. 매우 깊은 반야바라밀다는 대사(大事)를 위한 까닭으로
세간에 출현(出現)하였고, 매우 깊은 반야바라밀다는 불가사의한 일을
위한 까닭으로 세간에 출현하였으며, 매우 깊은 반야바라밀다는 헤아릴
수 없는 일을 위한 까닭으로 세간에 출현하였고, 매우 깊은 반야바라밀다
는 무수이고 무량한 일을 위한 까닭으로 세간에 출현하였으며, 매우
깊은 반야바라밀다는 무등등의 일을 위한 까닭으로 세간에 출현하였습
니다."
세존께서 말씀하셨다.
"선현이여. 그와 같으니라. 그와 같으니라. 그대가 말한 것과 같으니라.

---

1) 산스크리트어 upāsaka의 음사이고, 근사남(近事男)·근선남(近善男)·신남(信男)·
청신사(淸信士)라고 번역한다. 출가하지 않은 재가의 남자인 신도를 가리킨다.
2) 산스크리트어 upāsika의 음사이고, 청신녀(淸信女)·근선녀(近善女) 등으로 번역
한다. 출가하지 않은 재가의 여자인 신도를 가리킨다.
3) 산스크리트어 anutpattika-dharma-kṣānti의 번역이고, 생겨나지도 않고 소멸하지
도 않는 불생불멸인 진여(眞如)의 이치를 무생법(無生法)이라고 말하며, 또는
인정한다는 뜻을 인(忍)이라고 말한다. 즉, 제법의 실상(實相)이 공하여 본래
생겨나거나 소멸함이 없는 적멸(寂滅)한 상태임을 깨닫는 공(空)의 지혜를 가리
킨다.

매우 깊은 반야바라밀다는 대사를 위한 까닭으로 세간에 출현하였고, 매우 깊은 반야바라밀다는 불가사의한 일을 위한 까닭으로 세간에 출현하였으며, 매우 깊은 반야바라밀다는 헤아릴 수 없는 일을 위한 까닭으로 세간에 출현하였고, 매우 깊은 반야바라밀다는 무수이고 무량한 일을 위한 까닭으로 세간에 출현하였으며, 매우 깊은 반야바라밀다는 무등등의 일을 위한 까닭으로 세간에 출현하였느니라.

왜 그러한가? 선현이여. 매우 깊은 반야바라밀다는 보시·정계·안인·정진·정려·반야바라밀다를 능히 성취(成辦)하게 하는 까닭이니라. 선현이여. 매우 깊은 반야바라밀다는 내공·외공·내외공·공공·대공·승의공·유위공·무위공·필경공·무제공·산공·무변이공·본성공·자상공·공상공·일체법공·불가득공·무성공·자성공·무성자성공을 능히 성취하게 하는 까닭이니라. 선현이여. 매우 깊은 반야바라밀다는 진여·법계·법성·불허망성·불변이성·평등성·이생성·법정·법주·실제·허공계·부사의계를 능히 성취하게 하는 까닭이니라.

선현이여. 매우 깊은 반야바라밀다는 고성제·집성제·멸성제·도성제를 능히 성취하게 하는 까닭이니라. 선현이여. 매우 깊은 반야바라밀다는 4정려·4무량·4무색정을 능히 성취하게 하는 까닭이니라. 선현이여. 매우 깊은 반야바라밀다는 8해탈·8승처·9차제정·10변처를 능히 성취하게 하는 까닭이니라. 선현이여. 매우 깊은 반야바라밀다는 4념주·4정단·4신족·5근·5력·7등각지·8성도지를 능히 성취하게 하는 까닭이니라. 선현이여. 매우 깊은 반야바라밀다는 공해탈문·무상해탈문·무원해탈문을 능히 성취하게 하는 까닭이니라.

선현이여. 매우 깊은 반야바라밀다는 보살의 10지를 능히 성취하게 하는 까닭이니라. 선현이여. 매우 깊은 반야바라밀다는 5안·6신통을 능히 성취하게 하는 까닭이니라. 선현이여. 매우 깊은 반야바라밀다는 여래의 10력·4무소외·4무애해·대자·대비·대희·대사·18불불공법을 능히 성취하게 하는 까닭이니라. 선현이여. 매우 깊은 반야바라밀다는 무망실법·항주사성을 능히 성취하게 하는 까닭이니라. 선현이여. 매우 깊은 반야바라밀다는 일체지·도상지·일체상지를 능히 성취하게 하는 까닭이니라.

선현이여. 매우 깊은 반야바라밀다는 일체의 다라니문·일체의 삼마지문을 능히 성취하게 하는 까닭이니라. 선현이여. 매우 깊은 반야바라밀다는 예류과·일래과·불환과·아라한과를 능히 성취하게 하는 까닭이니라. 선현이여. 매우 깊은 반야바라밀다는 독각의 보리를 능히 성취하게 하는 까닭이니라. 선현이여. 매우 깊은 반야바라밀다는 일체의 보살마하살의 행을 능히 성취하게 하는 까닭이니라. 선현이여. 매우 깊은 반야바라밀다는 제불의 무상정등보리를 능히 성취하게 하는 까닭이니라.

선현이여. 찰제리(刹帝利)의 관정(灌頂)한 대왕(大王)이 위덕(威德)이 자재(自在)하여 일체를 항복시키고서 여러 국사(國事)로써 대신에게 부촉(付囑)하였으므로, 팔짱을 끼고 무위(無爲)로 안온하고 쾌락한 것과 같이, 선현이여. 여래도 역시 그와 같아서 대법왕(大法王)이 되어 성문법이거나, 만약 독각법이거나, 만약 보살법이거나, 만약 제불법(諸佛法)으로써 모두 매우 깊은 반야바라밀다에 부촉하였으므로, 오히려 이러한 반야바라밀다로 일체의 사업(事業)을 능히 성취하게 하느니라.

이러한 까닭으로 선현이여. 매우 깊은 반야바라밀다는 큰 일을 위한 까닭으로 세간에 출현하였고, 매우 깊은 반야바라밀다는 불가사의한 일을 위한 까닭으로 세간에 출현하였으며, 매우 깊은 반야바라밀다는 헤아릴 수 없는 일을 위한 까닭으로 세간에 출현하였고, 매우 깊은 반야바라밀다는 무수이고 무량한 위한 까닭으로 세간에 출현하였으며, 매우 깊은 반야바라밀다는 무등등의 일을 위한 까닭으로 세간에 출현하였느니라.

그 까닭이 무엇인가? 선현이여. 매우 깊은 반야바라밀다는 색을 취(取)하지 않고 집착(著)하지 않는 까닭으로 세간에 출현하여 능히 일을 성취하고, 수·상·행·식도 취하지 않고 집착하지 않는 까닭으로 세간에 출현하여 능히 일을 성취하느니라. 선현이여. 매우 깊은 반야바라밀다는 안처를 취하지 않고 집착하지 않는 까닭으로 세간에 출현하여 능히 일을 성취하고, 이·비·설·신·의처도 취하지 않고 집착하지 않는 까닭으로 세간에 출현하여 능히 일을 성취하느니라.

선현이여. 매우 깊은 반야바라밀다는 색처를 취하지 않고 집착하지 않는 까닭으로 세간에 출현하여 능히 일을 성취하고, 성·향·미·촉·법처도 취하지 않고 집착하지 않는 까닭으로 세간에 출현하여 능히 일을 성취하느니라. 선현이여. 매우 깊은 반야바라밀다는 안계를 취하지 않고 집착하지 않는 까닭으로 세간에 출현하여 능히 일을 성취하고, 색계·안식계, 나아가 안촉·안촉을 인연으로 생겨난 여러 수도 취하지 않고 집착하지 않는 까닭으로 세간에 출현하여 능히 일을 성취하느니라.

선현이여. 매우 깊은 반야바라밀다는 이계를 취하지 않고 집착하지 않는 까닭으로 세간에 출현하여 능히 일을 성취하고, 성계·이식계, 나아가 이촉·이촉을 인연으로 생겨난 여러 수도 취하지 않고 집착하지 않는 까닭으로 세간에 출현하여 능히 일을 성취하느니라. 선현이여. 매우 깊은 반야바라밀다는 비계를 취하지 않고 집착하지 않는 까닭으로 세간에 출현하여 능히 일을 성취하고, 향계·비식계, 나아가 비촉·비촉을 인연으로 생겨난 여러 수도 취하지 않고 집착하지 않는 까닭으로 세간에 출현하여 능히 일을 성취하느니라.

선현이여. 매우 깊은 반야바라밀다는 설계를 취하지 않고 집착하지 않는 까닭으로 세간에 출현하여 능히 일을 성취하고, 미계·설식계, 나아가 설촉·설촉을 인연으로 생겨난 여러 수도 취하지 않고 집착하지 않는 까닭으로 세간에 출현하여 능히 일을 성취하느니라. 선현이여. 매우 깊은 반야바라밀다는 신계를 취하지 않고 집착하지 않는 까닭으로 세간에 출현하여 능히 일을 성취하고, 촉계·신식계, 나아가 신촉·신촉을 인연으로 생겨난 여러 수도 취하지 않고 집착하지 않는 까닭으로 세간에 출현하여 능히 일을 성취하느니라.

선현이여. 매우 깊은 반야바라밀다는 의계를 취하지 않고 집착하지 않는 까닭으로 세간에 출현하여 능히 일을 성취하고, 법계·의식계, 나아가 의촉·의촉을 인연으로 생겨난 여러 수도 취하지 않고 집착하지 않는 까닭으로 세간에 출현하여 능히 일을 성취하느니라. 선현이여. 매우

깊은 반야바라밀다는 지계를 취하지 않고 집착하지 않는 까닭으로 세간에
출현하여 능히 일을 성취하고, 수·화·풍·공·식계도 취하지 않고 집착하지
않는 까닭으로 세간에 출현하여 능히 일을 성취하느니라.

선현이여. 매우 깊은 반야바라밀다는 무명을 취하지 않고 집착하지
않는 까닭으로 세간에 출현하여 능히 일을 성취하고, 행·식·명색·육처·촉
·수·애·취·유·생·노사의 수탄고우뇌도 취하지 않고 집착하지 않는 까닭
으로 세간에 출현하여 능히 일을 성취하느니라. 선현이여. 매우 깊은
반야바라밀다는 보시바라밀다를 취하지 않고 집착하지 않는 까닭으로
세간에 출현하여 능히 일을 성취하고, 정계·안인·정진·정려·반야바라밀
다도 취하지 않고 집착하지 않는 까닭으로 세간에 출현하여 능히 일을
성취하느니라.

선현이여. 매우 깊은 반야바라밀다는 내공을 취하지 않고 집착하지 않는
까닭으로 세간에 출현하여 능히 일을 성취하고, 외공·내외공·공공·대공·
승의공·유위공·무위공·필경공·무제공·산공·무변이공·본성공·자상공·
공상공·일체법공·불가득공·무성공·자성공·무성자성공도 취하지 않고
집착하지 않는 까닭으로 세간에 출현하여 능히 일을 성취하느니라.

선현이여. 매우 깊은 반야바라밀다는 진여를 취하지 않고 집착하지
않는 까닭으로 세간에 출현하여 능히 일을 성취하고, 법계·법성·불허망성
·불변이성·평등성·이생성·법정·법주·실제·허공계·부사의계도 취하지
않고 집착하지 않는 까닭으로 세간에 출현하여 능히 일을 성취하느니라.
선현이여. 매우 깊은 반야바라밀다는 고성제를 취하지 않고 집착하지
않는 까닭으로 세간에 출현하여 능히 일을 성취하고, 집·멸·도성제도
취하지 않고 집착하지 않는 까닭으로 세간에 출현하여 능히 일을 성취하느
니라.

선현이여. 매우 깊은 반야바라밀다는 4정려를 취하지 않고 집착하지
않는 까닭으로 세간에 출현하여 능히 일을 성취하고, 4무량·4무색정도
취하지 않고 집착하지 않는 까닭으로 세간에 출현하여 능히 일을 성취하느
니라. 선현이여. 매우 깊은 반야바라밀다는 8해탈을 취하지 않고 집착하지

않는 까닭으로 세간에 출현하여 능히 일을 성취하고, 8승처·9차제정·10변처도 취하지 않고 집착하지 않는 까닭으로 세간에 출현하여 능히 일을 성취하느니라.

선현이여. 매우 깊은 반야바라밀다는 4념주를 취하지 않고 집착하지 않는 까닭으로 세간에 출현하여 능히 일을 성취하고, 4정단·4신족·5근·5력·7등각지·8성도지도 취하지 않고 집착하지 않는 까닭으로 세간에 출현하여 능히 일을 성취하느니라. 선현이여. 매우 깊은 반야바라밀다는 공해탈문을 취하지 않고 집착하지 않는 까닭으로 세간에 출현하여 능히 일을 성취하고, 무상·무원해탈문도 취하지 않고 집착하지 않는 까닭으로 세간에 출현하여 능히 일을 성취하느니라. 선현이여. 매우 깊은 반야바라밀다는 보살의 10지를 취하지 않고 집착하지 않는 까닭으로 세간에 출현하여 능히 일을 성취하느니라.

선현이여. 매우 깊은 반야바라밀다는 5안을 취하지 않고 집착하지 않는 까닭으로 세간에 출현하여 능히 일을 성취하고, 6신통도 취하지 않고 집착하지 않는 까닭으로 세간에 출현하여 능히 일을 성취하느니라. 선현이여. 매우 깊은 반야바라밀다는 여래의 10력을 취하지 않고 집착하지 않는 까닭으로 세간에 출현하여 능히 일을 성취하고, 4무소외·4무애해·대자·대비·대희·대사·18불불공법도 취하지 않고 집착하지 않는 까닭으로 세간에 출현하여 능히 일을 성취하느니라.

선현이여. 매우 깊은 반야바라밀다는 무망실법을 취하지 않고 집착하지 않는 까닭으로 세간에 출현하여 능히 일을 성취하고, 항주사성도 취하지 않고 집착하지 않는 까닭으로 세간에 출현하여 능히 일을 성취하느니라. 선현이여. 매우 깊은 반야바라밀다는 일체지를 취하지 않고 집착하지 않는 까닭으로 세간에 출현하여 능히 일을 성취하고, 도상지·일체상지도 취하지 않고 집착하지 않는 까닭으로 세간에 출현하여 능히 일을 성취하느니라.

선현이여. 매우 깊은 반야바라밀다는 일체의 다라니문을 취하지 않고 집착하지 않는 까닭으로 세간에 출현하여 능히 일을 성취하고, 일체의 삼마지문도 취하지 않고 집착하지 않는 까닭으로 세간에 출현하여 능히 일을 성취하느니라. 선현이여. 매우 깊은 반야바라밀다는 예류과를 취하지 않고 집착하지 않는 까닭으로 세간에 출현하여 능히 일을 성취하고, 일래·불환·아라한과도 취하지 않고 집착하지 않는 까닭으로 세간에 출현하여 능히 일을 성취하느니라.

선현이여. 매우 깊은 반야바라밀다는 독각의 보리를 취하지 않고 집착하지 않는 까닭으로 세간에 출현하여 능히 일을 성취하느니라. 선현이여. 매우 깊은 반야바라밀다는 일체의 보살마하살의 행을 취하지 않고 집착하지 않는 까닭으로 세간에 출현하여 능히 일을 성취하느니라. 선현이여. 매우 깊은 반야바라밀다는 제불의 무상정등보리를 취하지 않고 집착하지 않는 까닭으로 세간에 출현하여 능히 일을 성취하느니라."

그때 구수 선현이 세존께 아뢰어 말하였다.

"세존이시여. 어찌하여 매우 깊은 반야바라밀다는 세간에 출현하더라도 색을 취하지 않고 집착하지 않으며, 수·상·행·식도 취하지 않고 집착하지 않습니까? 세존이시여. 어찌하여 매우 깊은 반야바라밀다는세간에 출현하더라도 안처를 취하지 않고 집착하지 않으며, 이·비·설·신·의처도 취하지 않고 집착하지 않습니까? 세존이시여. 어찌하여 매우 깊은 반야바라밀다는 세간에 출현하더라도 색처를 취하지 않고 집착하지 않으며, 성·향·미·촉·법처도 취하지 않고 집착하지 않습니까?

세존이시여. 어찌하여 매우 깊은 반야바라밀다는 세간에 출현하더라도 안계를 취하지 않고 집착하지 않으며, 색계·안식계, 나아가 안촉·안촉을 인연으로 생겨난 여러 수도 취하지 않고 집착하지 않습니까? 세존이시여. 어찌하여 매우 깊은 반야바라밀다는 세간에 출현하더라도 이계를 취하지 않고 집착하지 않으며, 성계·이식계, 나아가 이촉·이촉을 인연으로 생겨난 여러 수도 취하지 않고 집착하지 않습니까?

세존이시여. 어찌하여 매우 깊은 반야바라밀다는 세간에 출현하더라도 비계를 취하지 않고 집착하지 않으며, 향계·비식계, 나아가 비촉·비촉을 인연으로 생겨난 여러 수도 취하지 않고 집착하지 않습니까? 세존이시여. 어찌하여 매우 깊은 반야바라밀다는 세간에 출현하더라도 설계를 취하지 않고 집착하지 않으며, 미계·설식계, 나아가 설촉·설촉을 인연으로 생겨난 여러 수도 취하지 않고 집착하지 않습니까?

세존이시여. 어찌하여 매우 깊은 반야바라밀다는 세간에 출현하더라도 신계를 취하지 않고 집착하지 않으며, 촉계·신식계, 나아가 신촉·신촉을 인연으로 생겨난 여러 수도 취하지 않고 집착하지 않습니까? 세존이시여. 어찌하여 매우 깊은 반야바라밀다는 세간에 출현하더라도 의계를 취하지 않고 집착하지 않으며, 법계·의식계, 나아가 의촉·의촉을 인연으로 생겨난 여러 수도 취하지 않고 집착하지 않습니까?

세존이시여. 어찌하여 매우 깊은 반야바라밀다는 세간에 출현하더라도 지계를 취하지 않고 집착하지 않으며, 수·화·풍·공·식계도 취하지 않고 집착하지 않습니까? 세존이시여. 어찌하여 매우 깊은 반야바라밀다는 세간에 출현하더라도 무명을 취하지 않고 집착하지 않으며, 행·식·명색·육처·촉·수·애·취·유·생·노사의 수탄고우뇌도 취하지 않고 집착하지 않습니까?

세존이시여. 어찌하여 매우 깊은 반야바라밀다는 세간에 출현하더라도 보시바라밀다를 취하지 않고 집착하지 않으며, 정계·안인·정진·정려·반야바라밀다도 취하지 않고 집착하지 않습니까? 세존이시여. 어찌하여 매우 깊은 반야바라밀다는 세간에 출현하더라도 내공을 취하지 않고 집착하지 않으며, 외공·내외공·공공·대공·승의공·유위공·무위공·필경공·무제공·산공·무변이공·본성공·자상공·공상공·일체법공·불가득공·무성공·자성공·무성자성공도 취하지 않고 집착하지 않습니까?

세존이시여. 어찌하여 매우 깊은 반야바라밀다는 세간에 출현하더라도 진여를 취하지 않고 집착하지 않으며, 법계·법성·불허망성·불변이성·평등성·이생성·법정·법주·실제·허공계·부사의계도 취하지 않고 집착하지 않습니까? 세존이시여. 어찌하여 매우 깊은 반야바라밀다는 세간에 출현하더라도 고성제를 취하지 않고 집착하지 않으며, 집·멸·도성제도 취하지 않고 집착하지 않습니까?

　세존이시여. 어찌하여 매우 깊은 반야바라밀다는 세간에 출현하더라도 4정려를 취하지 않고 집착하지 않으며, 4무량·4무색정도 취하지 않고 집착하지 않습니까? 세존이시여. 어찌하여 매우 깊은 반야바라밀다는 세간에 출현하더라도 8해탈을 취하지 않고 집착하지 않으며, 8승처·9차제정·10변처도 취하지 않고 집착하지 않습니까?

　세존이시여. 어찌하여 매우 깊은 반야바라밀다는 세간에 출현하더라도 4념주를 취하지 않고 집착하지 않으며, 4정단·4신족·5근·5력·7등각지·8성도지도 취하지 않고 집착하지 않습니까? 세존이시여. 어찌하여 매우 깊은 반야바라밀다는 세간에 출현하더라도 공해탈문을 취하지 않고 집착하지 않으며, 무상·무원해탈문도 취하지 않고 집착하지 않습니까? 세존이시여. 어찌하여 매우 깊은 반야바라밀다는 세간에 출현하더라도 보살의 10지를 취하지 않고 집착하지 않습니까?

　세존이시여. 어찌하여 매우 깊은 반야바라밀다는 세간에 ㄴ출현하더라도 5안을 취하지 않고 집착하지 않으며, 6신통도 취하지 않고 집착하지 않습니까? 세존이시여. 어찌하여 매우 깊은 반야바라밀다는 세간에 출현하더라도 여래의 10력을 취하지 않고 집착하지 않으며, 4무소외·4무애해·대자·대비·대희·대사·18불불공법도 취하지 않고 집착하지 않습니까?

　세존이시여. 어찌하여 매우 깊은 반야바라밀다는 세간에 출현하더라도 무망실법을 취하지 않고 집착하지 않으며, 항주사성도 취하지 않고 집착하지 않습니까? 세존이시여. 어찌하여 매우 깊은 반야바라밀다는 세간에 출현하더라도 일체지를 취하지 않고 집착하지 않으며, 도상지·일체상지도 취하지 않고 집착하지 않습니까?

　세존이시여. 어찌하여 매우 깊은 반야바라밀다는 세간에 출현하더라도 일체의 다라니문을 취하지 않고 집착하지 않으며, 일체의 삼마지문도 취하지 않고 집착하지 않습니까? 세존이시여. 어찌하여 매우 깊은 반야바라밀다는 세간에 출현하더라도 예류과를 취하지 않고 집착하지 않으며, 일래·불환·아라한과도 취하지 않고 집착하지 않습니까?

세존이시여. 어찌하여 매우 깊은 반야바라밀다는 세간에 출현하더라도 독각의 보리를 취하지 않고 집착하지 않습니까? 세존이시여. 어찌하여 매우 깊은 반야바라밀다는 세간에 출현하더라도 일체의 보살마하살의 행을 취하지 않고 집착하지 않습니까? 세존이시여. 어찌하여 매우 깊은 반야바라밀다는 세간에 출현하더라도 제불의 무상정등보리를 취하지 않고 집착하지 않습니까?”

세존께서 말씀하셨다.

“선현이여. (그대의)⁴⁾ 뜻은 어떠한가? 그대는 매우(頗) 색을 취할 수 있고 집착할 수 있다고 보는가? 매우 수·상·행·식도 취할 수 있고 집착할 수 있다고 보는가? 그대는 매우 무슨 법을 능히 취할 수 있고 집착할 수 있다고 보는가? 오히려 이러한 법을 취할 수 있고 집착할 수 있다고 보는가?”

선현이 대답하였다.

“아닙니다. 세존이시여.”

“선현이여. (그대의) 뜻은 어떠한가? 그대는 매우 안처를 취할 수 있고 집착할 수 있다고 보는가? 매우 이·비·설·신·의처도 취할 수 있고 집착할 수 있다고 보는가? 그대는 매우 무슨 법을 능히 취할 수 있고 집착할 수 있다고 보는가? 오히려 이러한 법을 취할 수 있고 집착할 수 있다고 보는가?”

선현이 대답하였다.

“아닙니다. 세존이시여.”

“선현이여. (그대의) 뜻은 어떠한가? 그대는 매우 색처를 취할 수 있고 집착할 수 있다고 보는가? 매우 성·향·미·촉·법처도 취할 수 있고 집착할 수 있다고 보는가? 그대는 매우 무슨 법을 능히 취할 수 있고 집착할 수 있다고 보는가? 오히려 이러한 법을 취할 수 있고 집착할 수 있다고 보는가?”

---

4) 원문에는 없으나, 앞의 문장을 참조하여 삽입하여 번역하였다.

선현이 대답하였다.

"아닙니다. 세존이시여."

"선현이여. (그대의) 뜻은 어떠한가? 그대는 매우 안계를 취할 수 있고 집착할 수 있다고 보는가? 매우 색계·안식계, 나아가 안촉·안촉을 인연으로 생겨난 여러 수도 취할 수 있고 집착할 수 있다고 보는가? 그대는 매우 무슨 법을 능히 취할 수 있고 집착할 수 있다고 보는가? 오히려 이러한 법을 취할 수 있고 집착할 수 있다고 보는가?"

선현이 대답하였다.

"아닙니다. 세존이시여."

"선현이여. (그대의) 뜻은 어떠한가? 그대는 매우 이계를 취할 수 있고 집착할 수 있다고 보는가? 매우 성계·이식계, 나아가 이촉·이촉을 인연으로 생겨난 여러 수도 취할 수 있고 집착할 수 있다고 보는가? 그대는 매우 무슨 법을 능히 취할 수 있고 집착할 수 있다고 보는가? 오히려 이러한 법을 취할 수 있고 집착할 수 있다고 보는가?"

선현이 대답하였다.

"아닙니다. 세존이시여."

"선현이여. (그대의) 뜻은 어떠한가? 그대는 매우 비계를 취할 수 있고 집착할 수 있다고 보는가? 매우 향계·비식계, 나아가 비촉·비촉을 인연으로 생겨난 여러 수도 취할 수 있고 집착할 수 있다고 보는가? 그대는 매우 무슨 법을 능히 취할 수 있고 집착할 수 있다고 보는가? 오히려 이러한 법을 취할 수 있고 집착할 수 있다고 보는가?"

선현이 대답하였다.

"아닙니다. 세존이시여."

"선현이여. (그대의) 뜻은 어떠한가? 그대는 매우 설계를 취할 수 있고 집착할 수 있다고 보는가? 매우 미계·설식계, 나아가 설촉·설촉을 인연으로 생겨난 여러 수도 취할 수 있고 집착할 수 있다고 보는가? 그대는 매우 무슨 법을 능히 취할 수 있고 집착할 수 있다고 보는가? 오히려 이러한 법을 취할 수 있고 집착할 수 있다고 보는가?"

선현이 대답하였다.

"아닙니다. 세존이시여."

"선현이여. (그대의) 뜻은 어떠한가? 그대는 매우 신계를 취할 수 있고 집착할 수 있다고 보는가? 매우 촉계·신식계, 나아가 신촉·신촉을 인연으로 생겨난 여러 수도 취할 수 있고 집착할 수 있다고 보는가? 그대는 매우 무슨 법을 능히 취할 수 있고 집착할 수 있다고 보는가? 오히려 이러한 법을 취할 수 있고 집착할 수 있다고 보는가?"

선현이 대답하였다.

"아닙니다. 세존이시여."

"선현이여. (그대의) 뜻은 어떠한가? 그대는 매우 의계를 취할 수 있고 집착할 수 있다고 보는가? 매우 법계·의식계, 나아가 의촉·의촉을 인연으로 생겨난 여러 수도 취할 수 있고 집착할 수 있다고 보는가? 그대는 매우 무슨 법을 능히 취할 수 있고 집착할 수 있다고 보는가? 오히려 이러한 법을 취할 수 있고 집착할 수 있다고 보는가?"

선현이 대답하였다.

"아닙니다. 세존이시여."

"선현이여. (그대의) 뜻은 어떠한가? 그대는 매우 지계를 취할 수 있고 집착할 수 있다고 보는가? 매우 수·화·풍·공·식계도 취할 수 있고 집착할 수 있다고 보는가? 그대는 매우 무슨 법을 능히 취할 수 있고 집착할 수 있다고 보는가? 오히려 이러한 법을 취할 수 있고 집착할 수 있다고 보는가?"

선현이 대답하였다.

"아닙니다. 세존이시여."

"선현이여. (그대의) 뜻은 어떠한가? 그대는 매우 무명을 취할 수 있고 집착할 수 있다고 보는가? 매우 행·식·명색·육처·촉·수·애·취·유·생·노사의 수탄고우뇌도 취할 수 있고 집착할 수 있다고 보는가? 그대는 매우 무슨 법을 능히 취할 수 있고 집착할 수 있다고 보는가? 오히려 이러한 법을 취할 수 있고 집착할 수 있다고 보는가?"

선현이 대답하였다.

"아닙니다. 세존이시여."

"선현이여. (그대의) 뜻은 어떠한가? 그대는 매우 보시바라밀다를 취할 수 있고 집착할 수 있다고 보는가? 매우 정계·안인·정진·정려·반야바라밀다도 취할 수 있고 집착할 수 있다고 보는가? 그대는 매우 무슨 법을 능히 취할 수 있고 집착할 수 있다고 보는가? 오히려 이러한 법을 취할 수 있고 집착할 수 있다고 보는가?"

선현이 대답하였다.

"아닙니다. 세존이시여."

"선현이여. (그대의) 뜻은 어떠한가? 그대는 매우 내공을 취할 수 있고 집착할 수 있다고 보는가? 매우 외공·내외공·공공·대공·승의공·유위공·무위공·필경공·무제공·산공·무변이공·본성공·자상공·공상공·일체법공·불가득공·무성공·자성공·무성자성공도 취할 수 있고 집착할 수 있다고 보는가? 그대는 매우 무슨 법을 능히 취할 수 있고 집착할 수 있다고 보는가? 오히려 이러한 법을 취할 수 있고 집착할 수 있다고 보는가?"

선현이 대답하였다.

"아닙니다. 세존이시여."

"선현이여. (그대의) 뜻은 어떠한가? 그대는 매우 진여를 취할 수 있고 집착할 수 있다고 보는가? 매우 법계·법성·불허망성·불변이성·평등성·이생성·법정·법주·실제·허공계·부사의계도 취할 수 있고 집착할 수 있다고 보는가? 그대는 매우 무슨 법을 능히 취할 수 있고 집착할 수 있다고 보는가? 오히려 이러한 법을 취할 수 있고 집착할 수 있다고 보는가?"

선현이 대답하였다.

"아닙니다. 세존이시여."

"선현이여. (그대의) 뜻은 어떠한가? 그대는 매우 고성제를 취할 수 있고 집착할 수 있다고 보는가? 매우 집·멸·도성제도 취할 수 있고 집착할 수 있다고 보는가? 그대는 매우 무슨 법을 능히 취할 수 있고 집착할 수 있다고 보는가? 오히려 이러한 법을 취할 수 있고 집착할 수 있다고 보는가?"

선현이 대답하였다.

"아닙니다. 세존이시여."

"선현이여. (그대의) 뜻은 어떠한가? 그대는 매우 4정려를 취할 수 있고 집착할 수 있다고 보는가? 매우 4무량·4무색정도 취할 수 있고 집착할 수 있다고 보는가? 그대는 매우 무슨 법을 능히 취할 수 있고 집착할 수 있다고 보는가? 오히려 이러한 법을 취할 수 있고 집착할 수 있다고 보는가?"

선현이 대답하였다.

"아닙니다. 세존이시여."

"선현이여. (그대의) 뜻은 어떠한가? 그대는 매우 8해탈을 취할 수 있고 집착할 수 있다고 보는가? 매우 8승처·9차제정·10변처도 취할 수 있고 집착할 수 있다고 보는가? 그대는 매우 무슨 법을 능히 취할 수 있고 집착할 수 있다고 보는가? 오히려 이러한 법을 취할 수 있고 집착할 수 있다고 보는가?"

선현이 대답하였다.

"아닙니다. 세존이시여."

"선현이여. (그대의) 뜻은 어떠한가? 그대는 매우 4념주를 취할 수 있고 집착할 수 있다고 보는가? 매우 4정단·4신족·5근·5력·7등각지·8성도지도 취할 수 있고 집착할 수 있다고 보는가? 그대는 매우 무슨 법을 능히 취할 수 있고 집착할 수 있다고 보는가? 오히려 이러한 법을 취할 수 있고 집착할 수 있다고 보는가?"

선현이 대답하였다.

"아닙니다. 세존이시여."

"선현이여. (그대의) 뜻은 어떠한가? 그대는 매우 공해탈문을 취할 수 있고 집착할 수 있다고 보는가? 매우 무상·무원해탈문도 취할 수 있고 집착할 수 있다고 보는가? 그대는 매우 무슨 법을 능히 취할 수 있고 집착할 수 있다고 보는가? 오히려 이러한 법을 취할 수 있고 집착할 수 있다고 보는가?"

선현이 대답하였다.

"아닙니다. 세존이시여."

"선현이여. (그대의) 뜻은 어떠한가? 그대는 매우 보살의 10지를 취할 수 있고 집착할 수 있다고 보는가? 그대는 매우 무슨 법을 능히 취할 수 있고 집착할 수 있다고 보는가? 오히려 이러한 법을 취할 수 있고 집착할 수 있다고 보는가?"

선현이 대답하였다.

"아닙니다. 세존이시여."

"선현이여. (그대의) 뜻은 어떠한가? 그대는 매우 5안을 취할 수 있고 집착할 수 있다고 보는가? 매우 6신통도 취할 수 있고 집착할 수 있다고 보는가? 그대는 매우 무슨 법을 능히 취할 수 있고 집착할 수 있다고 보는가? 오히려 이러한 법을 취할 수 있고 집착할 수 있다고 보는가?"

선현이 대답하였다.

"아닙니다. 세존이시여."

"선현이여. (그대의) 뜻은 어떠한가? 그대는 매우 여래의 10력을 취할 수 있고 집착할 수 있다고 보는가? 매우 4무소외·4무애해·대자·대비·대희·대사·18불불공법도 취할 수 있고 집착할 수 있다고 보는가? 그대는 매우 무슨 법을 능히 취할 수 있고 집착할 수 있다고 보는가? 오히려 이러한 법을 취할 수 있고 집착할 수 있다고 보는가?"

선현이 대답하였다.

"아닙니다. 세존이시여."

"선현이여. (그대의) 뜻은 어떠한가? 그대는 매우 무망실법을 취할 수 있고 집착할 수 있다고 보는가? 매우 항주사성도 취할 수 있고 집착할 수 있다고 보는가? 그대는 매우 무슨 법을 능히 취할 수 있고 집착할 수 있다고 보는가? 오히려 이러한 법을 취할 수 있고 집착할 수 있다고 보는가?"

선현이 대답하였다.

"아닙니다. 세존이시여."

"선현이여. (그대의) 뜻은 어떠한가? 그대는 매우 일체지를 취할 수 있고 집착할 수 있다고 보는가? 매우 도상지·일체상지도 취할 수 있고 집착할 수 있다고 보는가? 그대는 매우 무슨 법을 능히 취할 수 있고 집착할 수 있다고 보는가? 오히려 이러한 법을 취할 수 있고 집착할 수 있다고 보는가?"

선현이 대답하였다.

"아닙니다. 세존이시여."

"선현이여. (그대의) 뜻은 어떠한가? 그대는 매우 일체의 다라니문을 취할 수 있고 집착할 수 있다고 보는가? 매우 일체의 삼마지문도 취할 수 있고 집착할 수 있다고 보는가? 그대는 매우 무슨 법을 능히 취할 수 있고 집착할 수 있다고 보는가? 오히려 이러한 법을 취할 수 있고 집착할 수 있다고 보는가?"

선현이 대답하였다.

"아닙니다. 세존이시여."

"선현이여. (그대의) 뜻은 어떠한가? 그대는 매우 예류과를 취할 수 있고 집착할 수 있다고 보는가? 매우 일래·불환·아라한과도 취할 수 있고 집착할 수 있다고 보는가? 그대는 매우 무슨 법을 능히 취할 수 있고 집착할 수 있다고 보는가? 오히려 이러한 법을 취할 수 있고 집착할 수 있다고 보는가?"

선현이 대답하였다.

"아닙니다. 세존이시여."

"선현이여. (그대의) 뜻은 어떠한가? 그대는 매우 독각의 보리를 취할 수 있고 집착할 수 있다고 보는가? 그대는 매우 무슨 법을 능히 취할 수 있고 집착할 수 있다고 보는가? 오히려 이러한 법을 취할 수 있고 집착할 수 있다고 보는가?"

선현이 대답하였다.

"아닙니다. 세존이시여."

"선현이여. (그대의) 뜻은 어떠한가? 그대는 매우 일체의 보살마하살의 행을 취할 수 있고 집착할 수 있다고 보는가? 그대는 매우 무슨 법을 능히 취할 수 있고 집착할 수 있다고 보는가? 오히려 이러한 법을 취할 수 있고 집착할 수 있다고 보는가?"

선현이 대답하였다.

"아닙니다. 세존이시여."

"선현이여. (그대의) 뜻은 어떠한가? 그대는 매우 제불의 무상정등보리를 취할 수 있고 집착할 수 있다고 보는가? 그대는 매우 무슨 법을 능히 취할 수 있고 집착할 수 있다고 보는가? 오히려 이러한 법을 취할 수 있고 집착할 수 있다고 보는가?"

선현이 대답하였다.

"아닙니다. 세존이시여."

마하반야바라밀다경 제311권

43. 판사품(辦事品)(2)

세존께서 말씀하셨다.

"선현이여. 옳도다(善哉). 옳도다. 그와 같으니라. 그와 같으니라. 그대가 말한 것과 같으니라. 선현이여. 나(我)도 역시 색(色)을 취할 수 있고 집착할 수 있다고 보지 않으며, 수(受)·상(想)·행(行)·식(識)도 취할 수 있고 집착할 수 있다고 보지 않느니라. 나도 역시 무슨 법을 취할 수 있고 집착할 수 있다고 보지 않으며, 역시 오히려 이러한 법으로 취할 수 있고 집착할 수 있다고 보지 않느니라. 오히려 보지 않는 까닭으로 취하지 않고 취하지 않는 까닭으로 집착하지 않느니라.

선현이여. 나도 역시 안처(眼處)를 취할 수 있고 집착할 수 있다고 보지 않으며, 이(耳)·비(鼻)·설(舌)·신(身)·의처(意處)도 취할 수 있고 집착할 수 있다고 보지 않느니라. 나도 역시 무슨 법을 취할 수 있고 집착할 수 있다고 보지 않으며, 역시 오히려 이러한 법으로 취할 수 있고 집착할 수 있다고 보지 않느니라. 오히려 보지 않는 까닭으로 취하지 않고 취하지 않는 까닭으로 집착하지 않느니라.

선현이여. 나도 역시 색처(色處)를 취할 수 있고 집착할 수 있다고 보지 않으며, 성(聲)·향(香)·미(味)·촉(觸)·법처(法處)도 취할 수 있고 집착할 수 있다고 보지 않느니라. 나도 역시 무슨 법을 취할 수 있고 집착할 수 있다고 보지 않으며, 역시 오히려 이러한 법으로 취할 수 있고 집착할 수 있다고 보지 않느니라. 오히려 보지 않는 까닭으로 취하지 않고 취하지 않는 까닭으로 집착하지 않느니라.

선현이여. 나도 역시 안계(眼界)를 취할 수 있고 집착할 수 있다고 보지 않으며, 색계(色界)·안식계(眼識界), …… 나아가 …… 안촉(眼觸)·안촉을 인연으로 생겨난 여러 수(受)도 취할 수 있고 집착할 수 있다고 보지 않느니라. 나도 역시 무슨 법을 취할 수 있고 집착할 수 있다고 보지 않으며, 역시 오히려 이러한 법으로 취할 수 있고 집착할 수 있다고 보지 않느니라. 오히려 보지 않는 까닭으로 취하지 않고 취하지 않는 까닭으로 집착하지 않느니라.

선현이여. 나도 역시 이계(耳界)를 취할 수 있고 집착할 수 있다고 보지 않으며, 성계(聲界)·이식계(耳識界), …… 나아가 …… 이촉(耳觸)·이촉을 인연으로 생겨난 여러 수도 취할 수 있고 집착할 수 있다고 보지 않느니라. 나도 역시 무슨 법을 취할 수 있고 집착할 수 있다고 보지 않으며, 역시 오히려 이러한 법으로 취할 수 있고 집착할 수 있다고 보지 않느니라. 오히려 보지 않는 까닭으로 취하지 않고 취하지 않는 까닭으로 집착하지 않느니라.

선현이여. 나도 역시 비계(鼻界)를 취할 수 있고 집착할 수 있다고 보지 않으며, 향계(香界)·비식계(鼻識界), …… 나아가 …… 비촉(鼻觸)·비촉을 인연으로 생겨난 여러 수도 취할 수 있고 집착할 수 있다고 보지 않느니라. 나도 역시 무슨 법을 취할 수 있고 집착할 수 있다고 보지 않으며, 역시 오히려 이러한 법으로 취할 수 있고 집착할 수 있다고 보지 않느니라. 오히려 보지 않는 까닭으로 취하지 않고 취하지 않는 까닭으로 집착하지 않느니라.

선현이여. 나도 역시 설계(舌界)를 취할 수 있고 집착할 수 있다고 보지 않으며, 미계(味界)·설식계(舌識界), …… 나아가 …… 설촉(舌觸)·설촉을 인연으로 생겨난 여러 수도 취할 수 있고 집착할 수 있다고 보지 않느니라. 나도 역시 무슨 법을 취할 수 있고 집착할 수 있다고 보지 않으며, 역시 오히려 이러한 법으로 취할 수 있고 집착할 수 있다고 보지 않느니라. 오히려 보지 않는 까닭으로 취하지 않고 취하지 않는 까닭으로 집착하지 않느니라.

선현이여. 나도 역시 신계(身界)를 취할 수 있고 집착할 수 있다고 보지 않으며, 촉계(觸界)·신식계(身識界), …… 나아가 …… 신촉(身觸)·신촉을 인연으로 생겨난 여러 수도 취할 수 있고 집착할 수 있다고 보지 않느니라. 나도 역시 무슨 법을 취할 수 있고 집착할 수 있다고 보지 않으며, 역시 오히려 이러한 법으로 취할 수 있고 집착할 수 있다고 보지 않느니라. 오히려 보지 않는 까닭으로 취하지 않고 취하지 않는 까닭으로 집착하지 않느니라.

선현이여. 나도 역시 의계(意界)를 취할 수 있고 집착할 수 있다고 보지 않으며, 법계(法界)·의식계(意識界), …… 나아가 …… 의촉(意觸)·의촉을 인연으로 생겨난 여러 수도 취할 수 있고 집착할 수 있다고 보지 않느니라. 나도 역시 무슨 법을 취할 수 있고 집착할 수 있다고 보지 않으며, 역시 오히려 이러한 법으로 취할 수 있고 집착할 수 있다고 보지 않느니라. 오히려 보지 않는 까닭으로 취하지 않고 취하지 않는 까닭으로 집착하지 않느니라.

선현이여. 나도 역시 지계(地界)를 취할 수 있고 집착할 수 있다고 보지 않으며, 수(水)·화(火)·풍(風)·공(空)·식계(識界)도 취할 수 있고 집착할 수 있다고 보지 않느니라. 나도 역시 무슨 법을 취할 수 있고 집착할 수 있다고 보지 않으며, 역시 오히려 이러한 법으로 취할 수 있고 집착할 수 있다고 보지 않느니라. 오히려 보지 않는 까닭으로 취하지 않고 취하지 않는 까닭으로 집착하지 않느니라.

선현이여. 나도 역시 무명(無明)을 취할 수 있고 집착할 수 있다고 보지 않으며, 행(行)·식(識)·명색(名色)·육처(六處)·촉(觸)·수(受)·애(愛)·취(取)·유(有)·생(生)·노사(老死)의 수탄고우뇌(愁歎苦憂惱)도 취할 수 있고 집착할 수 있다고 보지 않느니라. 나도 역시 무슨 법을 취할 수 있고 집착할 수 있다고 보지 않으며, 역시 오히려 이러한 법으로 취할 수 있고 집착할 수 있다고 보지 않느니라. 오히려 보지 않는 까닭으로 취하지 않고 취하지 않는 까닭으로 집착하지 않느니라.

선현이여. 나도 역시 보시바라밀다(布施波羅蜜多)를 취할 수 있고 집착할 수 있다고 보지 않으며, 정계(淨戒)·안인(安忍)·정진(精進)·정려(靜慮)·반야바라밀다(般若波羅蜜多)도 취할 수 있고 집착할 수 있다고 보지 않느니라. 나도 역시 무슨 법을 취할 수 있고 집착할 수 있다고 보지 않으며, 역시 오히려 이러한 법으로 취할 수 있고 집착할 수 있다고 보지 않느니라. 오히려 보지 않는 까닭으로 취하지 않고 취하지 않는 까닭으로 집착하지 않느니라.

선현이여. 나도 역시 내공(內空)을 취할 수 있고 집착할 수 있다고 보지 않으며, 외공(外空)·내외공(內外空)·공공(空空)·대공(大空)·승의공(勝義空)·유위공(有爲空)·무위공(無爲空)·필경공(畢竟空)·무제공(無際空)·산공(散空)·무변이공(無變異空)·본성공(本性空)·자상공(自相空)·공상공(共相空)·일체법공(一切法空)·불가득공(不可得空)·무성공(無性空)·자성공(自性空)·무성자성공(無性自性空)도 취할 수 있고 집착할 수 있다고 보지 않느니라. 나도 역시 무슨 법을 취할 수 있고 집착할 수 있다고 보지 않으며, 역시 오히려 이러한 법으로 취할 수 있고 집착할 수 있다고 보지 않느니라. 오히려 보지 않는 까닭으로 취하지 않고 취하지 않는 까닭으로 집착하지 않느니라.

선현이여. 나도 역시 진여(眞如)를 취할 수 있고 집착할 수 있다고 보지 않으며, 법계(法界)·법성(法性)·불허망성(不虛妄性)·불변이성(不變異性)·평등성(平等性)·이생성(離生性)·법정(法定)·법주(法住)·실제(實際)·허공계(虛空界)·부사의계(不思議界)도 취할 수 있고 집착할 수 있다고 보지 않느니라. 나도 역시 무슨 법을 취할 수 있고 집착할 수 있다고 보지 않으며, 역시 오히려 이러한 법으로 취할 수 있고 집착할 수 있다고 보지 않느니라. 오히려 보지 않는 까닭으로 취하지 않고 취하지 않는 까닭으로 집착하지 않느니라.

선현이여. 나도 역시 고성제(苦聖諦)를 취할 수 있고 집착할 수 있다고 보지 않으며, 집(集)·멸(滅)·도성제(道聖諦)도 취할 수 있고 집착할 수 있다고 보지 않느니라. 나도 역시 무슨 법을 취할 수 있고 집착할 수 있다고 보지 않으며, 역시 오히려 이러한 법으로 취할 수 있고 집착할 수 있다고 보지 않느니라. 오히려 보지 않는 까닭으로 취하지 않고 취하지 않는 까닭으로 집착하지 않느니라.

선현이여. 나도 역시 4정려(四靜慮)를 취할 수 있고 집착할 수 있다고 보지 않으며, 4무량(四無量)·4무색정(四無色定)도 취할 수 있고 집착할 수 있다고 보지 않느니라. 나도 역시 무슨 법을 취할 수 있고 집착할 수 있다고 보지 않으며, 역시 오히려 이러한 법으로 취할 수 있고 집착할 수 있다고 보지 않느니라. 오히려 보지 않는 까닭으로 취하지 않고 취하지 않는 까닭으로 집착하지 않느니라.

선현이여. 나도 역시 8해탈(八解脫)을 취할 수 있고 집착할 수 있다고 보지 않으며, 8승처(勝處)·9차제정(九次第定)·10변처(十遍處)도 취할 수 있고 집착할 수 있다고 보지 않느니라. 나도 역시 무슨 법을 취할 수 있고 집착할 수 있다고 보지 않으며, 역시 오히려 이러한 법으로 취할 수 있고 집착할 수 있다고 보지 않느니라. 오히려 보지 않는 까닭으로 취하지 않고 취하지 않는 까닭으로 집착하지 않느니라.

선현이여. 나도 역시 4념주(四念住)를 취할 수 있고 집착할 수 있다고 보지 않으며, 4정단(四正斷)·4신족(四神足)·5근(五根)·5력(五力)·7등각지(七等覺支)·8성도지(八聖道支)도 취할 수 있고 집착할 수 있다고 보지 않느니라. 나도 역시 무슨 법을 취할 수 있고 집착할 수 있다고 보지 않으며, 역시 오히려 이러한 법으로 취할 수 있고 집착할 수 있다고 보지 않느니라. 오히려 보지 않는 까닭으로 취하지 않고 취하지 않는 까닭으로 집착하지 않느니라.

선현이여. 나도 역시 공해탈문(空解脫門)을 취할 수 있고 집착할 수 있다고 보지 않으며, 무상(無相)·무원해탈문(無願解脫門)도 취할 수 있고 집착할 수 있다고 보지 않느니라. 나도 역시 무슨 법을 취할 수 있고 집착할 수 있다고 보지 않으며, 역시 오히려 이러한 법으로 취할 수 있고 집착할 수 있다고 보지 않느니라. 오히려 보지 않는 까닭으로 취하지 않고 취하지 않는 까닭으로 집착하지 않느니라.

선현이여. 나도 역시 보살(菩薩)의 10지(十地)를 취할 수 있고 집착할 수 있다고 보지 않느니라. 나도 역시 무슨 법을 취할 수 있고 집착할 수 있다고 보지 않으며, 역시 오히려 이러한 법으로 취할 수 있고 집착할 수 있다고 보지 않느니라. 오히려 보지 않는 까닭으로 취하지 않고 취하지 않는 까닭으로 집착하지 않느니라.

선현이여. 나도 역시 5안(五眼)을 취할 수 있고 집착할 수 있다고 보지 않으며, 6신통(六神通)도 취할 수 있고 집착할 수 있다고 보지 않느니라. 나도 역시 무슨 법을 취할 수 있고 집착할 수 있다고 보지 않으며, 역시 오히려 이러한 법으로 취할 수 있고 집착할 수 있다고 보지 않느니라. 오히려 보지 않는 까닭으로 취하지 않고 취하지 않는 까닭으로 집착하지 않느니라.

선현이여. 나도 역시 여래(佛)의 10력(十力)을 취할 수 있고 집착할 수 있다고 보지 않으며, 4무소외(四無所畏)·4무애해(四無礙解)·대자(大慈)·대비(大悲)·대희(大喜)·대사(大捨)·18불불공법(十八佛不共法)도 취할 수 있고 집착할 수 있다고 보지 않느니라. 나도 역시 무슨 법을 취할 수 있고 집착할 수 있다고 보지 않으며, 역시 오히려 이러한 법으로 취할 수 있고 집착할 수 있다고 보지 않느니라. 오히려 보지 않는 까닭으로 취하지 않고 취하지 않는 까닭으로 집착하지 않느니라.

선현이여. 나도 역시 무망실법(無忘失法)을 취할 수 있고 집착할 수 있다고 보지 않으며, 항주사성(恒住捨性)도 취할 수 있고 집착할 수 있다고 보지 않느니라. 나도 역시 무슨 법을 취할 수 있고 집착할 수 있다고 보지 않으며, 역시 오히려 이러한 법으로 취할 수 있고 집착할 수 있다고 보지 않느니라. 오히려 보지 않는 까닭으로 취하지 않고 취하지 않는 까닭으로 집착하지 않느니라.

선현이여. 나도 역시 일체지(一切智)를 취할 수 있고 집착할 수 있다고 보지 않으며, 도상지(道相智)·일체상지(一切相智)도 취할 수 있고 집착할 수 있다고 보지 않느니라. 나도 역시 무슨 법을 취할 수 있고 집착할 수 있다고 보지 않으며, 역시 오히려 이러한 법으로 취할 수 있고 집착할 수 있다고 보지 않느니라. 오히려 보지 않는 까닭으로 취하지 않고 취하지 않는 까닭으로 집착하지 않느니라.

　선현이여. 나도 역시 일체(一切)의 다라니문(陀羅尼門)을 취할 수 있고 집착할 수 있다고 보지 않으며, 일체의 삼마지문(三摩地門)도 취할 수 있고 집착할 수 있다고 보지 않느니라. 나도 역시 무슨 법을 취할 수 있고 집착할 수 있다고 보지 않으며, 역시 오히려 이러한 법으로 취할 수 있고 집착할 수 있다고 보지 않느니라. 오히려 보지 않는 까닭으로 취하지 않고 취하지 않는 까닭으로 집착하지 않느니라.

　선현이여. 나도 역시 예류과(預流果)를 취할 수 있고 집착할 수 있다고 보지 않으며, 일래(一來)·불환(不還)·아라한과(阿羅漢果)도 취할 수 있고 집착할 수 있다고 보지 않느니라. 나도 역시 무슨 법을 취할 수 있고 집착할 수 있다고 보지 않으며, 역시 오히려 이러한 법으로 취할 수 있고 집착할 수 있다고 보지 않느니라. 오히려 보지 않는 까닭으로 취하지 않고 취하지 않는 까닭으로 집착하지 않느니라.

　선현이여. 나도 역시 독각(獨覺)의 보리(菩提)를 취할 수 있고 집착할 수 있다고 보지 않느니라. 나도 역시 무슨 법을 취할 수 있고 집착할 수 있다고 보지 않으며, 역시 오히려 이러한 법으로 취할 수 있고 집착할 수 있다고 보지 않느니라. 오히려 보지 않는 까닭으로 취하지 않고 취하지 않는 까닭으로 집착하지 않느니라.

　선현이여. 나도 역시 일체의 보살마하살(菩薩摩訶薩)의 행(行)을 취할 수 있고 집착할 수 있다고 보지 않느니라. 나도 역시 무슨 법을 취할 수 있고 집착할 수 있다고 보지 않으며, 역시 오히려 이러한 법으로 취할 수 있고 집착할 수 있다고 보지 않느니라. 오히려 보지 않는 까닭으로 취하지 않고 취하지 않는 까닭으로 집착하지 않느니라.

　선현이여. 나도 역시 제불(諸佛)의 무상정등보리(無上正等菩提)를 취할 수 있고 집착할 수 있다고 보지 않느니라. 나도 역시 무슨 법을 취할 수 있고 집착할 수 있다고 보지 않으며, 역시 오히려 이러한 법으로 취할 수 있고 집착할 수 있다고 보지 않느니라. 오히려 보지 않는 까닭으로 취하지 않고 취하지 않는 까닭으로 집착하지 않느니라.

선현이여. 나도 역시 일체의 여래·응공·정등각의 불성(佛性)·여래성(如來性)·자연법성(自然法性)·일체지지성(一切智智性)은 취할 수 있고 집착할 수 있다고 보지 않느니라. 나도 역시 무슨 법을 취할 수 있고 집착할 수 있다고 보지 않으며, 역시 오히려 이러한 법으로 취할 수 있고 집착할 수 있다고 보지 않느니라. 오히려 보지 않는 까닭으로 취하지 않고 취하지 않는 까닭으로 집착하지 않느니라.

이와 같은 까닭으로 선현이여. 보살마하살은 역시 색을 상응하여 취하지 않고 집착하지 않아야 하며, 수·상·행·식도 상응하여 취하지 않고 집착하지 않아야 하느니라. 보살마하살은 역시 안처를 상응하여 취하지 않고 집착하지 않아야 하며, 이·비·설·신·의처도 상응하여 취하지 않고 집착하지 않아야 하느니라. 보살마하살은 역시 색처를 상응하여 취하지 않고 집착하지 않아야 하며, 성·향·미·촉·법처도 상응하여 취하지 않고 집착하지 않아야 하느니라.

보살마하살은 역시 안계를 상응하여 취하지 않고 집착하지 않아야 하며, 색계·안식계, 나아가 안촉·안촉을 인연으로 생겨난 여러 수도 상응하여 취하지 않고 집착하지 않아야 하느니라. 보살마하살은 역시 이계를 상응하여 취하지 않고 집착하지 않아야 하며, 성계·이식계, 나아가 이촉·이촉을 인연으로 생겨난 여러 수도 상응하여 취하지 않고 집착하지 않아야 하느니라.

보살마하살은 역시 비계를 상응하여 취하지 않고 집착하지 않아야 하며, 향계·비식계, 나아가 비촉·비촉을 인연으로 생겨난 여러 수도 상응하여 취하지 않고 집착하지 않아야 하느니라. 보살마하살은 역시 설계를 상응하여 취하지 않고 집착하지 않아야 하며, 미계·설식계, 나아가 설촉·설촉을 인연으로 생겨난 여러 수도 상응하여 취하지 않고 집착하지 않아야 하느니라.

보살마하살은 역시 신계를 상응하여 취하지 않고 집착하지 않아야 하며, 촉계·신식계, 나아가 신촉·신촉을 인연으로 생겨난 여러 수도 상응하여 취하지 않고 집착하지 않아야 하느니라. 보살마하살은 역시 의계를 상응하여 취하지 않고 집착하지 않아야 하며, 법계·의식계, 나아가 의촉·의촉을 인연으로 생겨난 여러 수도 상응하여 취하지 않고 집착하지 않아야 하느니라.

보살마하살은 역시 지계를 상응하여 취하지 않고 집착하지 않아야 하며, 수·화·풍·공·식계도 상응하여 취하지 않고 집착하지 않아야 하느니라. 보살마하살은 역시 무명을 상응하여 취하지 않고 집착하지 않아야 하며, 행·식·명색·육처·촉·수·애·취·유·생·노사의 수탄고우뇌도 상응하여 취하지 않고 집착하지 않아야 하느니라. 보살마하살은 역시 보시바라밀다를 상응하여 취하지 않고 집착하지 않아야 하며, 정계·안인·정진·정려·반야바라밀다도 상응하여 취하지 않고 집착하지 않아야 하느니라.

보살마하살은 역시 내공을 상응하여 취하지 않고 집착하지 않아야 하며, 외공·내외공·공공·대공·승의공·유위공·무위공·필경공·무제공·산공·무변이공·본성공·자상공·공상공·일체법공·불가득공·무성공·자성공·무성자성공도 상응하여 취하지 않고 집착하지 않아야 하느니라. 보살마하살은 역시 진여를 상응하여 취하지 않고 집착하지 않아야 하며, 법계·법성·불허망성·불변이성·평등성·이생성·법정·법주·실제·허공계·부사의계도 상응하여 취하지 않고 집착하지 않아야 하느니라.

보살마하살은 역시 고성제를 상응하여 취하지 않고 집착하지 않아야 하며, 집·멸·도성제도 상응하여 취하지 않고 집착하지 않아야 하느니라. 보살마하살은 역시 4정려를 상응하여 취하지 않고 집착하지 않아야 하며, 4무량·4무색정도 상응하여 취하지 않고 집착하지 않아야 하느니라. 보살마하살은 역시 8해탈을 상응하여 취하지 않고 집착하지 않아야 하며, 8승처·9차제정·10변처도 상응하여 취하지 않고 집착하지 않아야 하느니라.

보살마하살은 역시 4념주를 상응하여 취하지 않고 집착하지 않아야 하며, 4정단·4신족·5근·5력·7등각지·8성도지도 상응하여 취하지 않고 집착하지 않아야 하느니라. 보살마하살은 역시 공해탈문을 상응하여 취하지 않고 집착하지 않아야 하며, 무상·무원해탈문도 상응하여 취하지 않고 집착하지 않아야 하느니라. 보살마하살은 역시 보살의 10지를 상응하여 취하지 않고 집착하지 않아야 하느니라.

보살마하살은 역시 5안을 상응하여 취하지 않고 집착하지 않아야 하며, 6신통도 상응하여 취하지 않고 집착하지 않아야 하느니라. 보살마하살은 역시 여래의 10력을 상응하여 취하지 않고 집착하지 않아야 하며, 4무소외·4무애해·대자·대비·대희·대사·18불불공법도 상응하여 취하지 않고 집착하지 않아야 하느니라. 보살마하살은 역시 무망실법을 상응하여 취하지 않고 집착하지 않아야 하며, 항주사성도 상응하여 취하지 않고 집착하지 않아야 하느니라.

보살마하살은 역시 일체지를 상응하여 취하지 않고 집착하지 않아야 하며, 도상지·일체상지도 상응하여 취하지 않고 집착하지 않아야 하느니라. 보살마하살은 역시 일체의 다라니문을 상응하여 취하지 않고 집착하지 않아야 하며, 일체의 삼마지문도 상응하여 취하지 않고 집착하지 않아야 하느니라. 보살마하살은 역시 예류과를 상응하여 취하지 않고 집착하지 않아야 하며, 일래·불환·아라한과도 상응하여 취하지 않고 집착하지 않아야 하느니라.

보살마하살은 역시 독각의 보리를 상응하여 취하지 않고 집착하지 않아야 하느니라. 보살마하살은 역시 일체의 보살마하살의 행을 상응하여 취하지 않고 집착하지 않아야 하느니라. 보살마하살은 역시 제불의 무상정등보리를 상응하여 취하지 않고 집착하지 않아야 하느니라."

그때 욕계와 색계의 여러 천자(天子)들이 세존께 아뢰어 말하였다. "세존이시여. 이와 같은 바라밀다는 가장 깊어서 보기 어렵고 깨닫기 어려우며 심사(尋思)할 수 없고 사유의 경계를 초월하며 적정(寂靜)하고 미묘(微妙)하며 자세하게 살펴야 하고 깊고 비밀스러우므로 총명(聰叡)하고 지혜로운 자라야 비로소 능히 명료하게 알 수 있습니다.

세존이시여. 만약 제유정들이 이와 같은 반야바라밀다를 깊이 신해(信解)하였다면, 이미 일찍이 과거에 무량한 제불께 공양하였고 제불의 처소

에서 큰 서원을 일으켜서 많은 선근(善根)을 심었으며 이미 무량한 선지식
(선지식)들에게 섭수되었던 것이므로, 비로소 능히 매우 깊은 반야바라밀
다를 깊이 신해한다고 마땅히 알아야 합니다.

세존이시여. 가사 삼천대천세계의 제유정의 부류들이 일체가 모두
수신행(隨信行)[1]·수법행(隨法行)[2]과 제팔(第八)의 예류(預流)·일래(一來)
·불환(不還)·아라한(阿羅漢)·독각(獨覺)을 성취하였더라도, 그들이 성취
한 만약 지혜(智)이거나, 만약 단절(斷)이라도 사람이 있어서 하루에 이
매우 깊은 반야바라밀다의 지혜(忍)를 즐겁게 사유하고 헤아리며 관찰하
는 것보다 못합니다. 이 사람이 이 매우 깊은 반야바라밀다의 처소에서
성취한 지혜는 그들의 지혜와 단절보다 수승(殊勝)하고 무량(無量)하며
무변(無邊)합니다.

왜 그러한가? 세존이시여. 여러 수신행이라는 것의 지혜와 단절은
모두 이것은 이미 무생법인(無生法忍)을 증득한 보살마하살의 지혜보다
적은 까닭입니다. 세존이시여. 여러 수신행·수법행과 제팔의 예류·일래·
불환·아라한·독각이 소유한 지혜와 단절은 모두 이것은 이미 무생법인을
증득한 보살마하살의 지혜보다 적은 까닭입니다.

그때 세존께서 천자들에게 알려 말씀하셨다.

"그와 같으니라. 그와 같으니라. 그대들이 말한 것과 같으니라. 수신행·
수법행과 제팔의 예류·일래·불환·아라한·독각들이 소유한 지혜와 단절
은 모두 이것은 이미 무생법인을 증득한 보살마하살의 지혜보다 적은
부분(分)이니라.

천자들이여. 마땅히 알지니라. 만약 선남자와 선여인 등이 잠시라도
이와 같은 매우 깊은 반야바라밀다를 듣고서 서사(書寫)하고 독송(讀誦)하

---

1) 산스크리트어 śraddhānusārin의 번역이고, 선지식(善知識)의 말을 통하여 불법(佛
法)을 듣고 믿으면서 수행하여 견도위에 들어가는 수행자를 말한다.
2) 산스크리트어 dharmānusārin의 번역이고, 선지식 등의 말을 통해 인지한 불법을
스스로가 삼장을 배우고 사유하여 간택한 뒤에 가르침에 따라 바르게 수행하여
견도위에 들어가는 수행자를 말한다.

며 수지(受持)하고 사유(思惟)하며 수습(修習)한다면, 이 선남자와 선여인 등은 빠르게 생사(生死)를 벗어나서 열반을 증득할 것이니, 나머지의 성문과 독각을 흔쾌하게 구하는 여러 선남자와 선여인 등이 반야바라밀다를 멀리 벗어나고 나머지의 경전을 만약 1겁(劫)이거나, 만약 1겁의 이상을 배우는 것보다 수승하느니라. 왜 그러한가? 천자들이여. 이 반야바라밀다의 매우 깊은 경전의 가운데에는 일체의 미묘하고 수승한 법을 널리 설하셨느니라.

여러 수신행·수법행과 제팔의 예류·일래·불환·아라한·독각·보살마하살들은 모두 상응하여 이것을 정근하면서 수학할 것이니, 일체의 여래·응공·정등각께서도 모두 이것을 의지하여 수학하셨으므로 무상정등보리를 이미 증득하셨고 마땅히 증득하실 것이며 현재도 증득하시느니라."

이때 여러 천자들은 함께 소리높여 말하였다.

"세존이시여. 이와 같은 반야바라밀다의 이것은 큰 바라밀다입니다. 세존이시여. 이와 같은 반야바라밀다의 이것은 불가사의한 바라밀다입니다. 세존이시여. 이와 같은 반야바라밀다의 이것은 헤아릴 수 없는 바라밀다입니다. 세존이시여. 이와 같은 반야바라밀다의 이것은 무수이고 무량한 바라밀다입니다. 세존이시여. 이와 같은 반야바라밀다의 이것은 무등등의 바라밀다입니다.

세존이시여. 여러 수신행이거나, 만약 수법행과 제팔의 예류·일래·불환·아라한·독각들이 모두 이와 같은 매우 깊은 반야바라밀다를 정근하면서 수학한다면 빠르게 생사를 벗어나서 열반을 증득할 것이며, 일체의 보살마하살도 모두 이와 같은 매우 깊은 반야바라밀다를 정근하면서 수학한다면 빠르게 무상정등보리를 증득할 것입니다. 세존이시여. 비록 여러 성문·독각·보살들이 모두 이와 같은 매우 깊은 반야바라밀다를 정근하면서 수학하여 각자 구경(究竟)을 증득하더라도 이 반야바라밀다는 증장하지도 않고 감소하지도 않습니다."

이때 욕계와 색계의 여러 천자들은 이렇게 말을 마치고서 세존 발에 머리 숙여 예경하였고 오른쪽으로 세 번을 돌았으며 세존께 하직하고 회중(會中)을 떠나서 천궁으로 돌아갔는데, 오래지 않아서 홀연히 사라졌다.

44. 중유품(衆喩品)(1)

그때 구수 선현이 세존께 아뢰어 말하였다.

"세존이시여. 만약 보살마하살이 이와 같은 매우 깊은 반야바라밀다를 설하는 것을 듣고서 깊은 신해(信解)가 생겨나서 다시 능히 서사(書寫)하고 독송(讀誦)하며 수지(受持)하고 사유(思惟)하며 수습(修習)한다면, 이 보살마하살은 어느 처소에서 은몰(隱沒)하였고 이 세간에 와서 태어났습니까?"

세존께서 말씀하셨다.

"선현이여. 만약 보살마하살이 이와 같은 매우 깊은 반야바라밀다를 설하는 것을 듣고서 깊은 신해가 생겨났고 겁내지도 않으며 나약하지도 않고 꺼리지도 않으며 두려워하지 않고 의심하지 않으며 미혹되지 않고 환희(歡喜)하고 애락(愛樂)하며 마음에 얽어두고서 매우 깊은 반야바라밀다가 소유한 의취(義趣)를 사유하며 만약 다녔거나, 만약 서 있거나, 만약 앉았거나, 만약 누워있으면서 일찍이 잠시도 버려두는 일이 없었고, 항상 법사(法師)를 따르면서 공경스럽게 청하여 물었는데, 새로 태어난 송아지가 어미 소를 떠나지 않는 것과 같았다면, 선현이여. 이 보살마하살은 반야바라밀다의 매우 깊은 의취를 구하기 위하여 결국 반야법사(般若法師)를 멀리 벗어나지 않을 것이고, 나아가 아직 매우 깊은 반야바라밀다의 경전이 손에 있어서 수지하고 독송하며 사유하고 수습하며 구경에 예리하게 통달할 것이며, 항상 법사를 따르면서 잠시도 버려두지 않을 것이니, 선현이여. 이 보살마하살은 인간세상에서 은몰하였고 인간세상의 가운데에 와서 태어났다고 마땅히 알지니라.

왜 그러한가? 선현이여. 이 보살승(菩薩乘)의 여러 선남자와 선여인 등이 이전의 세상에서 매우 깊은 반야바라밀다를 듣는 것을 즐거워하였고 듣고서 수지하고 독송하며 사유하고 정근하면서 수습하였으며, 다시 능히 서사하여 여러 보배로 장식(粧飾)하였으며, 또한 여러 종류의 상묘(上妙)한 꽃다발(花鬘)·바르는 향(塗香)·뿌리는 향(散香)·의복(衣服)·영락(瓔珞)·보배의 당기(寶幢)·보배의 번기(寶幡)·일산(蓋)·기악(伎樂)·등불(燈明)로써 공양하고 공경하였으며 존중하고 찬탄하였느니라. 오히려 이러한 선근으로 인취(人趣)에서 은몰하여 도리어 인간의 가운데에 태어났고, 이 반야바라밀다를 듣고서 깊은 신해가 생겨나서 다시 능히 서사하고 독송하며 수지하고 사유하며 수습하느니라."

구수 선현이 다시 세존께 아뢰어 말하였다.

"세존이시여. 많은 보살마하살이 있어서 이와 같은 수승한 공덕을 성취하고 다른 지방의 제불을 공양하고 받들어 섬기면서 그 처소에서 은몰하여 이 세간에 와서 태어나며, 이와 같은 매우 깊은 반야바라밀다를 설하는 것을 듣고서 깊은 신해가 생겨난다면 다시 능히 서사하고 독송하며 수지하고 사유하며 수습하면서 해태(懈怠)가 없습니까?"

세존께서 말씀하셨다.

"선현이여. 그와 같으니라. 그와 같으니라. 보살마하살이 있어서 이와 같은 수승한 공덕을 성취하고 다른 지방의 제불을 공양하고 받들어 섬기면서 그 처소에서 은몰하여 이 세간에 와서 태어나며, 이와 같은 매우 깊은 반야바라밀다를 설하는 것을 듣고서 깊은 신해가 생겨난다면, 다시 능히 서사하고 독송하며 수지하고 사유하며 수습하면서 무슨 해태도 없느니라.

그 까닭은 무엇인가? 이 보살마하살은 이전에 다른 지방의 무량한 여래의 처소에서 이와 같은 매우 깊은 반야바라밀다를 설하는 것을 듣고서 깊은 신해가 생겨난다면 다시 능히 서사하고 독송하며 수지하고 사유하며 수습하면서 어느 해태도 없었다면, 그는 이와 같은 선근의 힘을 탔던 까닭으로 그 처소에서 은몰하여 이 세간에 와서 태어났느니라.

다시 다음으로 선현이여. 역시 보살마하살이 있어서 도사다천(覩史多天)3)의 중동분(衆同分)4)에서 은몰하여 인간의 가운데에 와서 태어났다면, 그도 역시 이와 같은 수승한 공덕을 성취하였다고 마땅히 알지니라. 그 까닭은 무엇인가? 이 보살마하살은 이전의 세상인 이미 도사다천에서 미륵보살마하살(彌勒菩薩摩訶薩)의 처소에서 반야바라밀다의 매우 깊은 의취를 청하여 물었고, 그는 이와 같은 선근의 힘을 탔던 까닭으로 그 처소에서 은몰하여 이 세간에 와서 태어났으며, 이와 같은 매우 깊은 반야바라밀다를 설하는 것을 듣고서 깊은 신해가 생겨난다면 다시 능히 서사하고 독송하며 수지하고 사유하며 수습하면서 어느 해태도 없느니라.

다시 다음으로 선현이여. 보살승의 보특가라(補特伽羅)5)가 있는데, 비록 이전의 세상에서 반야바라밀다(般若波羅蜜多)를 얻어서 들었으나, 매우 깊은 의취를 청하여 묻지 않았으므로, 지금 인간의 가운데에 태어나서 이와 같은 매우 깊은 반야바라밀다를 설하는 것을 들었더라도 그 마음이 미혹되고 어리석으며 머뭇거리고 겁내면서 연약하거나, 혹은 다른 이해가 생겨나느니라.

다시 다음으로 선현이여. 보살승의 보특가라가 있는데, 비록 이전의 세상에서 정려바라밀다(精慮波羅蜜多)를 얻어서 들었으나, 매우 깊은 의취를 청하여 묻지 않았으므로, 지금 인간의 가운데에 태어나서 이와 같은 매우 깊은 반야바라밀다를 설하는 것을 들었더라도 그 마음이 미혹되고 어리석으며 머뭇거리고 겁내면서 연약하거나, 혹은 다른 이해가 생겨나느니라.

---

3) 산스크리트어 tuṣita의 음사이고, 도솔천을 가리킨다. 육계의 제4천으로, 내원(內院)과 외원(外院)이 있다고 한다.

4) 산스크리트어 nikāya-sabhāga의 번역이고, 유정으로서의 동등한 동류성(同類性)을 가리킨다. 즉 일체의 유정이 존재로서의 동등함(類等)을 지니고 전전(展轉)하는 것이다.

5) 산스크리트어 pudgala의 음사이고, 삭취취(數取趣)라고 번역한다. '인간', '중생', '자아(自我)' 등을 가리킨다.

다시 다음으로 선현이여. 보살승의 보특가라가 있는데, 비록 이전의 세상에서 정진바라밀다(精進波羅蜜多)를 얻어서 들었으나, 매우 깊은 의취를 청하여 묻지 않았으므로, 지금 인간의 가운데에 태어나서 이와 같은 매우 깊은 반야바라밀다를 설하는 것을 들었더라도 그 마음이 미혹되고 어리석으며 머뭇거리고 겁내면서 연약하거나, 혹은 다른 이해가 생겨나느니라.

다시 다음으로 선현이여. 보살승의 보특가라가 있는데, 비록 이전의 세상에 안인바라밀다(安忍波羅蜜多)를 얻어서 들었으나, 매우 깊은 의취를 청하여 묻지 않았으므로, 지금 인간의 가운데에 태어나서 이와 같은 매우 깊은 반야바라밀다를 설하는 것을 들었더라도 그 마음이 미혹되고 어리석으며 머뭇거리고 겁내면서 연약하거나, 혹은 다른 이해가 생겨나느니라.

다시 다음으로 선현이여. 보살승의 보특가라가 있는데, 비록 이전의 세상에서 정계바라밀다(淨戒波羅蜜多)를 얻어서 들었으나, 매우 깊은 의취를 청하여 묻지 않았으므로, 지금 인간의 가운데에 태어나서 이와 같은 매우 깊은 반야바라밀다를 설하는 것을 들었더라도 그 마음이 미혹되고 어리석으며 머뭇거리고 겁내면서 연약하거나, 혹은 다른 이해가 생겨나느니라.

다시 다음으로 선현이여. 보살승의 보특가라가 있는데, 비록 이전의 세상에서 보시바라밀다(布施波羅蜜多)를 얻어서 들었으나, 매우 깊은 의취를 청하여 묻지 않았으므로, 지금 인간의 가운데에 태어나서 이와 같은 매우 깊은 반야바라밀다를 설하는 것을 들었더라도 그 마음이 미혹되고 어리석으며 머뭇거리고 겁내면서 연약하거나, 혹은 다른 이해가 생겨나느니라.

다시 다음으로 선현이여. 보살승의 보특가라가 있는데, 비록 이전의 세상에서 내공(內空)·외공(外空)·내외공(內外空)·공공(空空)·대공(大空)·승의공(勝義空)·유위공(有爲空)·무위공(無爲空)·필경공(畢竟空)·무제공(無際空)·산공(散空)·무변이공(無變異空)·본성공(本性空)·자상공(自相空)

·공상공(共相空)·일체법공(一切法空)·불가득공(不可得空)·무성공(無性空)·자성공(自性空)·무성자성공(無性自性空)을 얻어서 들었으나, 매우 깊은 의취를 청하여 묻지 않았으므로, 지금 인간의 가운데에 태어나서 이와 같은 매우 깊은 반야바라밀다를 설하는 것을 들었더라도 그 마음이 미혹되고 어리석으며 머뭇거리고 겁내면서 연약하거나, 혹은 다른 이해가 생겨나느니라.

다시 다음으로 선현이여. 보살승의 보특가라가 있는데, 비록 이전의 세상에서 진여(眞如)·법계(法界)·법성(法性)·불허망성(不虛妄性)·불변이성(不變異性)·평등성(平等性)·이생성(離生性)·법정(法定)·법주(法住)·실제(實際)·허공계(虛空界)·부사의계(不思議界)를 얻어서 들었으나, 매우 깊은 의취를 청하여 묻지 않았으므로, 지금 인간의 가운데에 태어나서 이와 같은 매우 깊은 반야바라밀다를 설하는 것을 들었더라도 그 마음이 미혹되고 어리석으며 머뭇거리고 겁내면서 연약하거나, 혹은 다른 이해가 생겨나느니라.

다시 다음으로 선현이여. 보살승의 보특가라가 있는데, 비록 이전의 세상에서 고(苦)·집(集)·멸(滅)·도성제(道聖諦)를 얻어서 들었으나, 매우 깊은 의취를 청하여 묻지 않았으므로, 지금 인간의 가운데에 태어나서 이와 같은 매우 깊은 반야바라밀다를 설하는 것을 들었더라도 그 마음이 미혹되고 어리석으며 머뭇거리고 겁내면서 연약하거나, 혹은 다른 이해가 생겨나느니라.

다시 다음으로 선현이여. 보살승의 보특가라가 있는데, 비록 이전의 세상에서 4정려(四靜慮)를 얻어서 들었으나, 매우 깊은 의취를 청하여 묻지 않았으므로, 지금 인간의 가운데에 태어나서 이와 같은 매우 깊은 반야바라밀다를 설하는 것을 들었더라도 그 마음이 미혹되고 어리석으며 머뭇거리고 겁내면서 연약하거나, 혹은 다른 이해가 생겨나느니라.

다시 다음으로 선현이여. 보살승의 보특가라가 있는데, 비록 이전의 세상에서 4무량(四無量)을 얻어서 들었으나, 매우 깊은 의취를 청하여 묻지 않았으므로, 지금 인간의 가운데에 태어나서 이와 같은 매우 깊은 반야바라밀다를 설하는 것을 들었더라도 그 마음이 미혹되고 어리석으며 머뭇거리고 겁내면서 연약하거나, 혹은 다른 이해가 생겨나느니라.

다시 다음으로 선현이여. 보살승의 보특가라가 있는데, 비록 이전의 세상에서 4무색정(四無色定)을 얻어서 들었으나, 매우 깊은 의취를 청하여 묻지 않았으므로, 지금 인간의 가운데에 태어나서 이와 같은 매우 깊은 반야바라밀다를 설하는 것을 들었더라도 그 마음이 미혹되고 어리석으며 머뭇거리고 겁내면서 연약하거나, 혹은 다른 이해가 생겨나느니라.

다시 다음으로 선현이여. 보살승의 보특가라가 있는데, 비록 이전의 세상에서 8해탈(八解脫)·8승처(八勝處)를 얻어서 들었으나, 매우 깊은 의취를 청하여 묻지 않았으므로, 지금 인간의 가운데에 태어나서 이와 같은 매우 깊은 반야바라밀다를 설하는 것을 들었더라도 그 마음이 미혹되고 어리석으며 머뭇거리고 겁내면서 연약하거나, 혹은 다른 이해가 생겨나느니라.

다시 다음으로 선현이여. 보살승의 보특가라가 있는데, 비록 이전의 세상에서 9차제정(九次第定)을 얻어서 들었으나, 매우 깊은 의취를 청하여 묻지 않았으므로, 지금 인간의 가운데에 태어나서 이와 같은 매우 깊은 반야바라밀다를 설하는 것을 들었더라도 그 마음이 미혹되고 어리석으며 머뭇거리고 겁내면서 연약하거나, 혹은 다른 이해가 생겨나느니라.

다시 다음으로 선현이여. 보살승의 보특가라가 있는데, 비록 이전의 세상에서 10변처(十遍處)를 얻어서 들었으나, 매우 깊은 의취를 청하여 묻지 않았으므로, 지금 인간의 가운데에 태어나서 이와 같은 매우 깊은 반야바라밀다를 설하는 것을 들었더라도 그 마음이 미혹되고 어리석으며 머뭇거리고 겁내면서 연약하거나, 혹은 다른 이해가 생겨나느니라.

다시 다음으로 선현이여. 보살승의 보특가라가 있는데, 비록 이전의 세상에서 4념주(四念住)를 얻어서 들었으나, 매우 깊은 의취를 청하여 묻지 않았으므로, 지금 인간의 가운데에 태어나서 이와 같은 매우 깊은 반야바라밀다를 설하는 것을 들었더라도 그 마음이 미혹되고 어리석으며 머뭇거리고 겁내면서 연약하거나, 혹은 다른 이해가 생겨나느니라.

다시 다음으로 선현이여. 보살승의 보특가라가 있는데, 비록 이전의 세상에서 4정단(四正斷)을 얻어서 들었으나, 매우 깊은 의취를 청하여 묻지 않았으므로, 지금 인간의 가운데에 태어나서 이와 같은 매우 깊은 반야바라밀다를 설하는 것을 들었더라도 그 마음이 미혹되고 어리석으며 머뭇거리고 겁내면서 연약하거나, 혹은 다른 이해가 생겨나느니라.

다시 다음으로 선현이여. 보살승의 보특가라가 있는데, 비록 이전의 세상에서 4신족(四神足)을 얻어서 들었으나, 매우 깊은 의취를 청하여 묻지 않았으므로, 지금 인간의 가운데에 태어나서 이와 같은 매우 깊은 반야바라밀다를 설하는 것을 들었더라도 그 마음이 미혹되고 어리석으며 머뭇거리고 겁내면서 연약하거나, 혹은 다른 이해가 생겨나느니라.

다시 다음으로 선현이여. 보살승의 보특가라가 있는데, 비록 이전의 세상에서 5근(五根)을 얻어서 들었으나, 매우 깊은 의취를 청하여 묻지 않았으므로, 지금 인간의 가운데에 태어나서 이와 같은 매우 깊은 반야바라밀다를 설하는 것을 들었더라도 그 마음이 미혹되고 어리석으며 머뭇거리고 겁내면서 연약하거나, 혹은 다른 이해가 생겨나느니라.

다시 다음으로 선현이여. 보살승의 보특가라가 있는데, 비록 이전의 세상에서 5력(五力)을 얻어서 들었으나, 매우 깊은 의취를 청하여 묻지 않았으므로, 지금 인간의 가운데에 태어나서 이와 같은 매우 깊은 반야바라밀다를 설하는 것을 들었더라도 그 마음이 미혹되고 어리석으며 머뭇거리고 겁내면서 연약하거나, 혹은 다른 이해가 생겨나느니라.

다시 다음으로 선현이여. 보살승의 보특가라가 있는데, 비록 이전의 세상에서 7등각지(七等覺支)를 얻어서 들었으나, 매우 깊은 의취를 청하여 묻지 않았으므로, 지금 인간의 가운데에 태어나서 이와 같은 매우 깊은 반야바라밀다를 설하는 것을 들었더라도 그 마음이 미혹되고 어리석으며 머뭇거리고 겁내면서 연약하거나, 혹은 다른 이해가 생겨나느니라.

다시 다음으로 선현이여. 보살승의 보특가라가 있는데, 비록 이전의 세상에서 8성도지(八聖道支)를 얻어서 들었으나, 매우 깊은 의취를 청하여 묻지 않았으므로, 지금 인간의 가운데에 태어나서 이와 같은 매우 깊은 반야바라밀다를 설하는 것을 들었더라도 그 마음이 미혹되고 어리석으며 머뭇거리고 겁내면서 연약하거나, 혹은 다른 이해가 생겨나느니라.

다시 다음으로 선현이여. 보살승의 보특가라가 있는데, 비록 이전의 세상에서 공해탈문(空解脫門)·무상(無相)·무원해탈문(無願解脫門)을 얻어서 들었으나, 매우 깊은 의취를 청하여 묻지 않았으므로, 지금 인간의 가운데에 태어나서 이와 같은 매우 깊은 반야바라밀다를 설하는 것을 들었더라도 그 마음이 미혹되고 어리석으며 머뭇거리고 겁내면서 연약하거나, 혹은 다른 이해가 생겨나느니라.

다시 다음으로 선현이여. 보살승의 보특가라가 있는데, 비록 이전의 세상에서 보살(菩薩)의 10지(十地)를 얻어서 들었으나, 매우 깊은 의취를 청하여 묻지 않았으므로, 지금 인간의 가운데에 태어나서 이와 같은 매우 깊은 반야바라밀다를 설하는 것을 들었더라도 그 마음이 미혹되고 어리석으며 머뭇거리고 겁내면서 연약하거나, 혹은 다른 이해가 생겨나느니라.

다시 다음으로 선현이여. 보살승의 보특가라가 있는데, 비록 이전의 세상에서 5안(五眼)을 얻어서 들었으나, 매우 깊은 의취를 청하여 묻지 않았으므로, 지금 인간의 가운데에 태어나서 이와 같은 매우 깊은 반야바라밀다를 설하는 것을 들었더라도 그 마음이 미혹되고 어리석으며 머뭇거리고 겁내면서 연약하거나, 혹은 다른 이해가 생겨나느니라.

다시 다음으로 선현이여. 보살승의 보특가라가 있는데, 비록 이전의 세상에서 6신통(六神通)을 얻어서 들었으나, 매우 깊은 의취를 청하여 묻지 않았으므로, 지금 인간의 가운데에 태어나서 이와 같은 매우 깊은 반야바라밀다를 설하는 것을 들었더라도 그 마음이 미혹되고 어리석으며 머뭇거리고 겁내면서 연약하거나, 혹은 다른 이해가 생겨나느니라.

다시 다음으로 선현이여. 보살승의 보특가라가 있는데, 비록 이전의 세상에서 여래(佛)의 10력(十力)을 얻어서 들었으나, 매우 깊은 의취를 청하여 묻지 않았으므로, 지금 인간의 가운데에 태어나서 이와 같은 매우 깊은 반야바라밀다를 설하는 것을 들었더라도 그 마음이 미혹되고 어리석으며 머뭇거리고 겁내면서 연약하거나, 혹은 다른 이해가 생겨나느니라.

다시 다음으로 선현이여. 보살승의 보특가라가 있는데, 비록 이전의 세상에서 4무소외(四無所畏)를 얻어서 들었으나, 매우 깊은 의취를 청하여 묻지 않았으므로, 지금 인간의 가운데에 태어나서 이와 같은 매우 깊은 반야바라밀다를 설하는 것을 들었더라도 그 마음이 미혹되고 어리석으며 머뭇거리고 겁내면서 연약하거나, 혹은 다른 이해가 생겨나느니라.

다시 다음으로 선현이여. 보살승의 보특가라가 있는데, 비록 이전의 세상에서 4무애해(四無礙解)를 얻어서 들었으나, 매우 깊은 의취를 청하여 묻지 않았으므로, 지금 인간의 가운데에 태어나서 이와 같은 매우 깊은 반야바라밀다를 설하는 것을 들었더라도 그 마음이 미혹되고 어리석으며 머뭇거리고 겁내면서 연약하거나, 혹은 다른 이해가 생겨나느니라.

다시 다음으로 선현이여. 보살승의 보특가라가 있는데, 비록 이전의 세상에서 대자(大慈)·대비(大悲)·대희(大喜)·대사(大捨)를 얻어서 들었으나, 매우 깊은 의취를 청하여 묻지 않았으므로, 지금 인간의 가운데에 태어나서 이와 같은 매우 깊은 반야바라밀다를 설하는 것을 들었더라도 그 마음이 미혹되고 어리석으며 머뭇거리고 겁내면서 연약하거나, 혹은 다른 이해가 생겨나느니라.

다시 다음으로 선현이여. 보살승의 보특가라가 있는데, 비록 이전의 세상에서 18불불공법(十八佛不共法)을 얻어서 들었으나, 매우 깊은 의취를 청하여 묻지 않았으므로, 지금 인간의 가운데에 태어나서 이와 같은 매우 깊은 반야바라밀다를 설하는 것을 들었더라도 그 마음이 미혹되고 어리석으며 머뭇거리고 겁내면서 연약하거나, 혹은 다른 이해가 생겨나느니라.

다시 다음으로 선현이여. 보살승의 보특가라가 있는데, 비록 이전의 세상에서 무망실법(無忘失法)을 얻어서 들었으나, 매우 깊은 의취를 청하여 묻지 않았으므로, 지금 인간의 가운데에 태어나서 이와 같은 매우 깊은 반야바라밀다를 설하는 것을 들었더라도 그 마음이 미혹되고 어리석으며 머뭇거리고 겁내면서 연약하거나, 혹은 다른 이해가 생겨나느니라.

다시 다음으로 선현이여. 보살승의 보특가라가 있는데, 비록 이전의 세상에서 항주사성(恒住捨性)을 얻어서 들었으나, 매우 깊은 의취를 청하여 묻지 않았으므로, 지금 인간의 가운데에 태어나서 이와 같은 매우 깊은 반야바라밀다를 설하는 것을 들었더라도 그 마음이 미혹되고 어리석으며 머뭇거리고 겁내면서 연약하거나, 혹은 다른 이해가 생겨나느니라.

다시 다음으로 선현이여. 보살승의 보특가라가 있는데, 비록 이전의 세상에서 일체지(一切智)를 얻어서 들었으나, 매우 깊은 의취를 청하여 묻지 않았으므로, 지금 인간의 가운데에 태어나서 이와 같은 매우 깊은 반야바라밀다를 설하는 것을 들었더라도 그 마음이 미혹되고 어리석으며 머뭇거리고 겁내면서 연약하거나, 혹은 다른 이해가 생겨나느니라.

다시 다음으로 선현이여. 보살승의 보특가라가 있는데, 비록 이전의 세상에서 도상지(道相智)를 얻어서 들었으나, 매우 깊은 의취를 청하여 묻지 않았으므로, 지금 인간의 가운데에 태어나서 이와 같은 매우 깊은 반야바라밀다를 설하는 것을 들었더라도 그 마음이 미혹되고 어리석으며 머뭇거리고 겁내면서 연약하거나, 혹은 다른 이해가 생겨나느니라.

다시 다음으로 선현이여. 보살승의 보특가라가 있는데, 비록 이전의 세상에서 일체상지(一切相智)를 얻어서 들었으나, 매우 깊은 의취를 청하여 묻지 않았으므로, 지금 인간의 가운데에 태어나서 이와 같은 매우 깊은 반야바라밀다를 설하는 것을 들었더라도 그 마음이 미혹되고 어리석으며 머뭇거리고 겁내면서 연약하거나, 혹은 다른 이해가 생겨나느니라.

다시 다음으로 선현이여. 보살승의 보특가라가 있는데, 비록 이전의 세상에서 일체(一切)의 다라니문(陀羅尼門)을 얻어서 들었으나, 매우 깊은 의취를 청하여 묻지 않았으므로, 지금 인간의 가운데에 태어나서 이와 같은 매우 깊은 반야바라밀다를 설하는 것을 들었더라도 그 마음이 미혹되고 어리석으며 머뭇거리고 겁내면서 연약하거나, 혹은 다른 이해가 생겨나느니라.

다시 다음으로 선현이여. 보살승의 보특가라가 있는데, 비록 이전의 세상에서 일체의 삼마지문(三摩地門)을 얻어서 들었으나, 매우 깊은 의취를 청하여 묻지 않았으므로, 지금 인간의 가운데에 태어나서 이와 같은 매우 깊은 반야바라밀다를 설하는 것을 들었더라도 그 마음이 미혹되고 어리석으며 머뭇거리고 겁내면서 연약하거나, 혹은 다른 이해가 생겨나느니라.

다시 다음으로 선현이여. 보살승의 보특가라가 있는데, 비록 이전의 세상에서 일체의 보살마하살(菩薩摩訶薩)의 행(行)을 얻어서 들었으나, 매우 깊은 의취를 청하여 묻지 않았으므로, 지금 인간의 가운데에 태어나서 이와 같은 매우 깊은 반야바라밀다를 설하는 것을 들었더라도 그 마음이 미혹되고 어리석으며 머뭇거리고 겁내면서 연약하거나, 혹은 다른 이해가 생겨나느니라.

다시 다음으로 선현이여. 보살승의 보특가라가 있는데, 비록 이전의 세상에서 제불(諸佛)의 무상정등보리(無上正等菩提)를 얻어서 들었으나, 매우 깊은 의취를 청하여 묻지 않았으므로, 지금 인간의 가운데에 태어나서 이와 같은 매우 깊은 반야바라밀다를 설하는 것을 들었더라도 그 마음이 미혹되고 어리석으며 머뭇거리고 겁내면서 연약하거나, 혹은 다른 이해가 생겨나느니라."

"다시 다음으로 선현이여. 보살승의 보특가라가 있는데, 비록 이전의 세상에서 반야바라밀다를 듣고서 역시 매우 깊은 이치도 청하며 물었으나, 1일·2일·3일·4일·5일을 능히 수순(隨順)하면서 수행하지 않았으므로 지금 인간의 가운데에 태어나서 이와 같은 매우 깊은 반야바라밀다의 설하는 것을 들었다면, 1일, 나아가 5일까지는 그 마음이 견고하여 능히 무너뜨릴 자가 없을지라도, 만약 들었던 것을 벗어난다면, 갑자기 곧 퇴실(退失)하느니라.

왜 그러한가? 선현이여. 이 보살승의 보특가라는 오히려 이전의 세상에서 반야바라밀다를 얻어서 들었고 비록 다시 매우 깊은 의취를 청하여 물었으나, 설하신 것을 수순하여 수행하지 않았던 것과 같으므로 금생(今

生)에서 만약 착한 벗이 은근(慇懃)하게 권유(勸勵)한다면 곧 매우 깊은
반야바라밀다를 즐겁게 듣고서 받아들이고, 만약 착한 벗의 은근한 권유
가 없다면 곧 이 경전을 즐겁게 듣고 받아들이지 않느니라. 그들은 반야바
라밀다에서, 혹은 때에 즐겁게 듣거나, 혹은 때에 즐겁게 듣지 않으며,
혹은 때에 견고하고, 혹은 때에 퇴실하므로, 그 마음의 가벼운 움직임이
나아가고 물러나면서 항상하지 않는데, 도라면(堵羅綿)6)이 바람에 흩날리
는 것과 같으니라.

　선현이여. 이와 같은 보특가라는 대승경전을 일으켜서 나아가더라도
오래되지 않았고, 진실한 선지식(善知識)과 많이 친근하지 않았으며,
제불·세존께 일찍이 공양하지 않았고, 일찍이 매우 깊은 반야바라밀다를
수지하고 독송하며 서사하고 사유하며 연설하지 않았다고 마땅히 알지니라.

　선현이여. 이와 같은 이러한 보특가라는 일찍이 매우 깊은 반야바라밀
다를 수학(修學)하지 않았고, 일찍이 정려·정진·안인·정계·보시바라밀
다도 수학하지 않았으며, 일찍이 내공을 수학하지 않았고, 일찍이 외공·내
외공·공공·대공·승의공·유위공·무위공·필경공·무제공·산공·무변이
공·본성공·자상공·공상공·일체법공·불가득공·무성공·자성공·무성자
성공도 수학하지 않았으며, 일찍이 진여를 수학하지 않았고, 일찍이 법계·
법성·불허망성·불변이성·평등성·이생성·법정·법주·실제·허공계·부
사의계도 수학하지 않았느니라.

　일찍이 고성제를 수학하지 않았고, 일찍이 집·멸·도성제도 수학하지
않았으며, 일찍이 4정려를 수학하지 않았고, 일찍이 4무량과 4무색정도
수학하지 않았으며, 일찍이 8해탈을 수학하지 않았고, 일찍이 8승처·9차
제정·10변처도 수학하지 않았으며, 일찍이 4념주를 닦고 수학하지 않았
고, 일찍이 4정단·4신족·5근·5력·7등각지·8성도지도 수학하지 않았으
며, 일찍이 공해탈문을 수학하지 않았고 일찍이 무상·무원해탈문도 수학
하지 않았으며, 보살의 10지도 수학하지 않았느니라.

─────────────

6) 산스크리트어 Tūla의 음사이고, 목화솜을 가리킨다.

일찍이 5안을 수학하지 않았고 일찍이 6신통도 수학하지 않았으며, 일찍이 여래의 10력을 수학하지 않았고, 일찍이 4무소외·4무애해·대자·대비·대희·대사·18불불공법도 수학하지 않았으며, 일찍이 무망실법을 수학하지 않았고, 일찍이 항주사성도 수학하지 않았으며, 일찍이 일체지를 수학하지 않았고, 일찍이 도상지와 일체상지도 수학하지 않았으며, 일찍이 일체의 다라니문을 수학하지 않았고, 일찍이 일체의 삼마지문도 수학하지 않았느니라.

일찍이 예류과의 법을 수학하지 않았고, 일찍이 일래·불환·아라한과의 법도 수학하지 않았으며, 일찍이 독각의 보리법을 수학하지 않았고, 일찍이 일체의 보살마하살의 행도 수학하지 않았으며, 일찍이 제불의 무상정등보리도 수학하지 않았느니라.

선현이여. 이와 같은 보특가라는 새로운 대승에 나아가더라도 대승법에서 적은 부분의 신심·공경·애락(愛樂)을 성취하나니, 능히 매우 깊은 반야바라밀다를 서사하고 독송하며 수지하고 사유하며 수습하며 다른 사람을 위하여 연설하지 못한다고 마땅히 알지니라."

마하반야바라밀다경 제312권

44. 중유품(衆喩品)(2)

"다시 다음으로 선현이여. 보살승에 안주하는 선남자와 선여인 등이
만약 매우 깊은 반야바라밀다를 서사하지 않고 수지하지 않으며 독송하지
않고 사유하지 않으며 수습하지 않고 다른 사람을 위하여 연설하지 않았거
나, 만약 매우 깊은 반야바라밀다로써 다른 유정을 섭수(攝受)하지 않았거
나, 만약 정려·정진·안인·정계·보시바라밀다로써 다른 유정을 섭수하지
않았거나, 만약 내공으로써 다른 유정을 섭수하지 않았거나,

　만약 외공·내외공·공공·대공·승의공·유위공·무위공·필경공·무제공
·산공·무변이공·본성공·자상공·공상공·일체법공·불가득공·무성공·
자성공·무성자성공으로써 다른 유정을 섭수하지 않았거나, 만약 진여로
써 다른 유정을 섭수하지 않았거나, 만약 법계·법성·불허망성·불변이성·
평등성·이생성·법정·법주·실제·허공계·부사의계로써 다른 유정을 섭수
하지 않았거나, 만약 고성제로써 다른 유정을 섭수하지 않았거나, 만약
집·멸·도성제로써 다른 유정을 섭수하지 않았거나,

　만약 4정려로써 다른 유정을 섭수하지 않았거나, 만약 4무량·4무색정으
로써 다른 유정을 섭수하지 않았거나, 만약 8해탈로써 다른 유정을 섭수하
지 않았거나, 만약 8승처·9차제정·10변처로써 다른 유정을 섭수하지
않았거나, 만약 4념주로써 다른 유정을 섭수하지 않았거나, 만약 4정단·4
신족·5근·5력·7등각지·8성도지로써 다른 유정을 섭수하지 않았거나,
만약 공해탈문으로써 다른 유정을 섭수하지 않았거나, 만약 무상·무원해

탈문으로써 다른 유정을 섭수하지 않았거나,

만약 보살의 10지로써 다른 유정을 섭수하지 않았거나, 만약 5안으로써 다른 유정을 섭수하지 않았거나, 만약 6신통으로써 다른 유정을 섭수하지 않았거나, 만약 여래의 10력으로써 다른 유정을 섭수하지 않았거나, 만약 4무소외·4무애해·대자·대비·대희·대사·18불불공법으로써 다른 유정을 섭수하지 않았거나, 만약 무망실법으로써 다른 유정을 섭수하지 않았거나, 만약 항주사성으로써 다른 유정을 섭수하지 않았거나, 만약 일체지로써 다른 유정을 섭수하지 않았거나,

만약 도상지·일체상지로써 다른 유정을 섭수하지 않았거나, 만약 일체의 다라니문으로써 다른 유정을 섭수하지 않았거나, 만약 일체의 삼마지문으로써 다른 유정을 섭수하지 않았거나, 만약 예류과로써 다른 유정을 섭수하지 않았거나, 만약 일래·불환·아라한과로써 다른 유정을 섭수하지 않았거나, 만약 독각의 보리로써 다른 유정을 섭수하지 않았거나, 만약 일체의 보살마하살의 행으로써 다른 유정을 섭수하지 않았거나,

만약 제불의 무상정등보리로써 다른 유정을 섭수하지 않았다면, 선현이여. 이와 같이 보살승에 안주하는 선남자와 선여인 등은 오히려 이러한 인연으로 혹은 두 가지의 처소이거나 두 가지의 지위인 이를테면, 성문지(聲聞地)·독각지(獨覺地)의 하나를 쫓아서 떨어진다고 마땅히 알지니라.

선현이여. 보살승에 안주하는 선남자와 선여인 등이 만약 매우 깊은 반야바라밀다를 수순(隨順)하여 수행하지 않았거나, 만약 정려·정진·안인·정계·보시바라밀다로써 수순하여 수행하지 않았거나, 만약 내공으로써 수순하여 수행하지 않았거나, 만약 외공·내외공·공공·대공·승의공·유위공·무위공·필경공·무제공·산공·무변이공·본성공·자상공·공상공·일체법공·불가득공·무성공·자성공·무성자성공으로써 수순하여 수행하지 않았거나,

만약 진여로써 수순하여 수행하지 않았거나, 만약 법계·법성·불허망성·불변이성·평등성·이생성·법정·법주·실제·허공계·부사의계로써 수순

하여 수행하지 않았거나, 만약 고성제로써 수순하여 수행하지 않았거나, 만약 집·멸·도성제로써 수순하여 수행하지 않았거나, 만약 4정려로써 수순하여 수행하지 않았거나, 만약 4무량·4무색정으로써 수순하여 수행하지 않았거나, 만약 8해탈로써 수순하여 수행하지 않았거나, 만약 8승처·9차제정·10변처로써 수순하여 수행하지 않았거나, 만약 4념주로써 수순하여 수행하지 않았거나, 만약 4정단·4신족·5근·5력·7등각지·8성도지로써 수순하여 수행하지 않았거나,

만약 공해탈문으로써 수순하여 수행하지 않았거나, 만약 무상·무원해탈문으로써 수순하여 수행하지 않았거나, 만약 보살의 10지로써 수순하여 수행하지 않았거나, 만약 5안으로써 수순하여 수행하지 않았거나, 만약 6신통으로써 수순하여 수행하지 않았거나, 만약 여래의 10력으로써 수순하여 수행하지 않았거나, 만약 4무소외·4무애해·대자·대비·대희·대사·18불불공법으로써 수순하여 수행하지 않았거나, 만약 무망실법으로써 수순하여 수행하지 않았거나,

만약 항주사성으로써 수순하여 수행하지 않았거나, 만약 일체지로써 수순하여 수행하지 않았거나, 만약 도상지·일체상지로써 수순하여 수행하지 않았거나, 만약 일체의 다라니문으로써 수순하여 수행하지 않았거나, 만약 일체의 삼마지문으로써 수순하여 수행하지 않았거나, 만약 예류과로써 수순하여 수행하지 않았거나, 만약 일래·불환·아라한과로써 수순하여 수행하지 않았거나, 만약 독각의 보리로써 수순하여 수행하지 않았거나, 만약 일체의 보살마하살의 행으로써 수순하여 수행하지 않았거나,

만약 제불의 무상정등보리로써 수순하여 수행하지 않았다면, 선현이여. 이와 같이 보살승에 안주하는 선남자와 선여인 등은 오히려 이러한 인연으로 혹은 두 가지의 처소이거나 두 가지의 지위인 이를테면, 성문지이거나 독각지의 하나를 쫓아서 떨어진다고 마땅히 알지니라.

그 까닭은 무엇인가? 이 선남자와 선여인들은 매우 깊은 반야바라밀다를 능히 서사하지 않고 수지하지 않으며 독송하지 않고 사유하지 않으며 수습하지 않고, 역시 매우 깊은 반야바라밀다로써 능히 다른 유정을

섭수하지 않으며, 다시 매우 깊은 반야바라밀다를 능히 수순하여 수행하지 않느니라. 오히려 이러한 인연으로 혹은 두 가지의 처소이거나 두 가지의 지위인 이를테면, 성문지·독각지의 하나를 쫓아서 떨어진다고 마땅히 알지니라."

"다시 다음으로 선현이여. 큰 바다에서 타고 있던 배가 뒤집혔는데, 그 가운데에서 여러 사람들이 만약 나무를 취(取)하지 않거나, 기물(器物)을 취하지 않거나, 부낭(浮囊)1)을 취하지 않거나, 판자의 조각을 취하지 않거나, 죽은 시체를 취하지 않아서, 의지하여 붙잡는 것이 없다면, 결정적으로 익사(溺死)하고 그 해안에 이르지 못하는 것과 같으니라.

이와 같아서 선현이여. 큰 바다에서 타고 있던 배가 뒤집혔더라도 나무·기물·부낭·판자의 조각·죽은 시체를 취하였고. 의지하여 붙잡는 것으로 삼았다면, 이와 같은 부류들은 결국 빠져 죽지 않고 안은하게 큰 바다의 해안에 이르러서 손실도 없고 피해도 없으며 여러 미묘한 즐거움을 받는다고 마땅히 알지니라.

이와 같이 선현이여. 보살승에 안주하는 선남자와 선여인 등이 비록 대승에서 작은 부분의 신심·공경·애락(愛樂)을 성취하였더라도, 만약 매우 깊은 반야바라밀다를 서사하지 않고 수지하지 않으며 독송하지 않고 사유하지 않으며 수습하지 않았거나, 정려·정진·안인·정계·보시 바라밀다를 서사하지 않고 수지하지 않으며 독송하지 않고 사유하지 않으며 수습하지 않았는데 의지하며 쫓는 것으로써 삼았거나,

만약 내공을 서사하지 않고 수지하지 않으며 독송하지 않고 사유하지 않으며 수습하지 않았는데 의지하며 쫓는 것으로써 삼았거나, 만약 외공·내외공·공공·대공·승의공·유위공·무위공·필경공·무제공·산공·무변이공·본성공·자상공·공상공·일체법공·불가득공·무성공·자성공·무성자성공을 서사하지 않고 수지하지 않으며 독송하지 않고 사유하지 않으며

---

1) 헤엄치는 때에 물에 몸이 잘 뜨도록 사용하는 공기를 채운 기구로, 현대의 튜브를 가리킨다.

수습하지 않았는데 의지하며 쫓는 것으로써 삼았거나, 만약 진여를 서사
하지 않고 수지하지 않으며 독송하지 않고 사유하지 않으며 수습하지
않았는데 의지하며 쫓는 것으로써 삼았거나, 만약 법계·법성·불허망성·
불변이성·평등성·이생성·법정·법주·실제·허공계·부사의계를 서사하
지 않고 수지하지 않으며 독송하지 않고 사유하지 않으며 수습하지 않았는
데 의지하며 쫓는 것으로써 삼았거나,

　만약 고성제를 서사하지 않고 수지하지 않으며 독송하지 않고 사유하지
않으며 수습하지 않았는데 의지하며 쫓는 것으로써 삼았거나, 집·멸·도성
제를 서사하지 않고 수지하지 않으며 독송하지 않고 사유하지 않으며
수습하지 않았는데 의지하며 쫓는 것으로써 삼았거나, 만약 4정려를
서사하지 않고 수지하지 않으며 독송하지 않고 사유하지 않으며 수습하지
않았는데 의지하며 쫓는 것으로써 삼았거나, 만약 4무량·4무색정을 서사
하지 않고 수지하지 않으며 독송하지 않고 사유하지 않으며 수습하지
않았는데 의지하며 쫓는 것으로써 삼았거나,

　만약 8해탈을 서사하지 않고 수지하지 않으며 독송하지 않고 사유하지
않으며 수습하지 않았는데 의지하며 쫓는 것으로써 삼았거나, 만약
8승처·9차제정·10변처를 서사하지 않고 수지하지 않으며 독송하지 않고
사유하지 않으며 수습하지 않았는데 의지하며 쫓는 것으로써 삼았거나,
만약 4념주를 서사하지 않고 수지하지 않으며 독송하지 않고 사유하지
않으며 수습하지 않았는데 의지하며 쫓는 것으로써 삼았거나, 만약 4정단·
4신족·5근·5력·7등각지·8성도지를 서사하지 않고 수지하지 않으며 독송
하지 않고 사유하지 않으며 수습하지 않았는데 의지하며 쫓는 것으로써
삼았거나,

　만약 공해탈문을 서사하지 않고 수지하지 않으며 독송하지 않고 사유하
지 않으며 수습하지 않았는데 의지하며 쫓는 것으로써 삼았거나, 만약
무상·무원해탈문을 서사하지 않고 수지하지 않으며 독송하지 않고 사유
하지 않으며 수습하지 않았는데 의지하며 쫓는 것으로써 삼았거나, 만약
보살의 10지를 서사하지 않고 수지하지 않으며 독송하지 않고 사유하지

않으며 수습하지 않았는데 의지하며 쫓는 것으로써 삼았거나, 만약 5안을 서사하지 않고 수지하지 않으며 독송하지 않고 사유하지 않으며 수습하지 않았는데 의지하며 쫓는 것으로써 삼았거나, 만약 6신통을 서사하지 않고 수지하지 않으며 독송하지 않고 사유하지 않으며 수습하지 않았는데 의지하며 쫓는 것으로써 삼았거나,

만약 여래의 10력을 서사하지 않고 수지하지 않으며 독송하지 않고 사유하지 않으며 수습하지 않았는데 의지하며 쫓는 것으로써 삼았거나, 만약 4무소외·4무애해·대자·대비·대희·대사·18불불공법도 서사하지 않고 수지하지 않으며 독송하지 않고 사유하지 않으며 수습하지 않았는데 의지하며 쫓는 것으로써 삼았거나, 만약 무망실법을 서사하지 않고 수지하지 않으며 독송하지 않고 사유하지 않으며 수습하지 않았는데 의지하며 쫓는 것으로써 삼았거나, 만약 항주사성을 서사하지 않고 수지하지 않으며 독송하지 않고 사유하지 않으며 수습하지 않았는데 의지하며 쫓는 것으로써 삼았거나,

만약 일체지를 서사하지 않고 수지하지 않으며 독송하지 않고 사유하지 않으며 수습하지 않았는데 의지하며 쫓는 것으로써 삼았거나, 만약 도상지·일체상지도 서사하지 않고 수지하지 않으며 독송하지 않고 사유하지 않으며 수습하지 않았는데 의지하며 쫓는 것으로써 삼았거나, 만약 일체의 다라니문을 서사하지 않고 수지하지 않으며 독송하지 않고 사유하지 않으며 수습하지 않았는데 의지하며 쫓는 것으로써 삼았거나, 만약 일체의 삼마지문을 서사하지 않고 수지하지 않으며 독송하지 않고 사유하지 않으며 수습하지 않았는데 의지하며 쫓는 것으로써 삼았거나,

만약 일체의 보살마하살의 행을 서사하지 않고 수지하지 않으며 독송하지 않고 사유하지 않으며 수습하지 않았는데 의지하며 쫓는 것으로써 삼았거나, 만약 제불의 무상정등보리를 서사하지 않고 수지하지 않으며 독송하지 않고 사유하지 않으며 수습하지 않았는데 의지하며 쫓는 것으로써 삼았다면, 선현이여. 이와 같이 보살승에 안주하는 선남자와 선여인 등은 중도에서 쇠퇴하고 패배하므로, 무상정등보리를 증득하지

못하고 성문지·독각지에 퇴실하여 들어간다고 마땅히 알지니라.

선현이여. 보살승에 안주하는 선남자와 선여인 등이 비록 대승에서 원만(圓滿)·신심·공경·애락을 성취하였고, 만약 매우 깊은 반야바라밀다를 능히 서사하고 수지하며 독송하고 사유하며 수습하며 의지하면서 쫓는 것으로써 삼았다면, 정려·정진·안인·정계·보시바라밀다를 능히 서사하고 수지하며 독송하고 사유하며 수습하며 의지하면서 쫓는 것으로써 삼았거나, 만약 내공을 능히 서사하고 수지하며 독송하고 사유하며 수습하며 의지하면서 쫓는 것으로써 삼았거나, 만약 외공·내외공·공공·대공·승의공·유위공·무위공·필경공·무제공·산공·무변이공·본성공·자상공·공상공·일체법공·불가득공·무성공·자성공·무성자성공을 능히 서사하고 수지하며 독송하고 사유하며 수습하며 의지하면서 쫓는 것으로써 삼았거나,

만약 진여를 능히 서사하고 수지하며 독송하고 사유하며 수습하며 의지하면서 쫓는 것으로써 삼았거나, 만약 법계·법성·불허망성·불변이성·평등성·이생성·법정·법주·실제·허공계·부사의계를 능히 서사하고 수지하며 독송하고 사유하며 수습하며 의지하면서 쫓는 것으로써 삼았거나, 만약 고성제를 능히 서사하고 수지하며 독송하고 사유하며 수습하며 의지하면서 쫓는 것으로써 삼았거나, 집·멸·도성제를 능히 서사하고 수지하며 독송하고 사유하며 수습하며 의지하면서 쫓는 것으로써 삼았거나, 만약 4정려를 능히 서사하고 수지하며 독송하고 사유하며 수습하며 의지하면서 쫓는 것으로써 삼았거나, 만약 4무량·4무색정을 능히 서사하고 수지하며 독송하고 사유하며 수습하며 의지하면서 쫓는 것으로써 삼았거나,

만약 8해탈을 능히 서사하고 수지하며 독송하고 사유하며 수습하며 의지하면서 쫓는 것으로써 삼았거나, 만약 8승처·9차제정·10변처를 능히 서사하고 수지하며 독송하고 사유하며 수습하며 의지하면서 쫓는 것으로써 삼았거나, 만약 4념주를 능히 서사하고 수지하며 독송하고 사유하며

수습하며 의지하면서 쫓는 것으로써 삼았거나, 만약 4정단·4신족·5근·5
력·7등각지·8성도지를 능히 서사하고 수지하며 독송하고 사유하며 수습
하며 의지하면서 쫓는 것으로써 삼았거나, 만약 공해탈문을 능히 서사하
고 수지하며 독송하고 사유하며 수습하며 의지하면서 쫓는 것으로써
삼았거나, 만약 무상·무원해탈문을 능히 서사하고 수지하며 독송하고
사유하며 수습하며 의지하면서 쫓는 것으로써 삼았거나, 만약 보살의
10지를 능히 서사하고 수지하며 독송하고 사유하며 수습하며 의지하면서
쫓는 것으로써 삼았거나,

　만약 5안을 능히 서사하고 수지하며 독송하고 사유하며 수습하며 의지
하면서 쫓는 것으로써 삼았거나, 만약 6신통을 능히 서사하고 수지하며
독송하고 사유하며 수습하며 의지하면서 쫓는 것으로써 삼았거나, 만약
여래의 10력을 능히 서사하고 수지하며 독송하고 사유하며 수습하며
의지하면서 쫓는 것으로써 삼았거나, 만약 4무소외·4무애해·대자·대비·
대희·대사·18불불공법도 능히 서사하고 수지하며 독송하고 사유하며
수습하며 의지하면서 쫓는 것으로써 삼았거나, 만약 무망실법을 능히
서사하고 수지하며 독송하고 사유하며 수습하며 의지하면서 쫓는 것으로
써 삼았거나, 만약 항주사성을 능히 서사하고 수지하며 독송하고 사유하
며 수습하며 의지하면서 쫓는 것으로써 삼았거나,

　만약 일체지를 능히 서사하고 수지하며 독송하고 사유하며 수습하며
의지하면서 쫓는 것으로써 삼았거나, 만약 도상지·일체상지도 능히 서사
하고 수지하며 독송하고 사유하며 수습하며 의지하면서 쫓는 것으로써
삼았거나, 만약 일체의 다라니문을 능히 서사하고 수지하며 독송하고
사유하며 수습하며 의지하면서 쫓는 것으로써 삼았거나, 만약 일체의
삼마지문을 능히 서사하고 수지하며 독송하고 사유하며 수습하며 의지하
면서 쫓는 것으로써 삼았거나, 만약 일체의 보살마하살의 행을 능히
서사하고 수지하며 독송하고 사유하며 수습하며 의지하면서 쫓는 것으로
써 삼았거나,

　만약 제불의 무상정등보리를 능히 서사하고 수지하며 독송하고 사유하

며 수습하며 의지하면서 쫓는 것으로써 삼았다면, 선현이여. 이와 같이
보살승에 안주하는 선남자와 선여인 등은 결국 중도에서 퇴실하여서
성문지·독각지에 들어가지 않고 결정적으로 무상정등보리를 증득한다고
마땅히 알지니라."

"선현이여. 사람이 험악한 광야(曠野)를 지나가려고 하였는데 만약
자량(資糧)과 기구(器具)들을 섭수(攝受)하지 않았다면, 능히 안락한 국토
에 도달하지도 못하고 중도(中道)에서 고통스러우며 생명을 잃는 것과
같으니라.

이와 같이 선현이여. 보살승에 안주하는 선남자와 선여인 등이 설사
무상정등보리에서 신심이 있고 지혜(忍)가 있으며 청정한 마음이 있고
깊은 마음이 있으며 즐거운 욕망이 있고 수승한 이해가 있으며 버림(捨)이
있고 정진이 있더라도, 만약 매우 깊은 반야바라밀다를 섭수하지 않았거
나, 만약 정려·정진·안인·정계·보시바라밀다를 섭수하지 않았거나, 만약
내공을 섭수하지 않았거나, 만약 외공·내외공·공공·대공·승의공·유위공
·무위공·필경공·무제공·산공·무변이공·본성공·자상공·공상공·일체
법공·불가득공·무성공·자성공·무성자성공을 섭수하지 않았거나, 만약
진여를 섭수하지 않았거나,

만약 법계·법성·불허망성·불변이성·평등성·이생성·법정·법주·실제
·허공계·부사의계를 섭수하지 않았거나, 만약 고성제를 섭수하지 않았
거나, 만약 집·멸·도성제를 섭수하지 않았거나, 만약 4정려를 섭수하지
않았거나, 만약 4무량·4무색정을 섭수하지 않았거나, 만약 8해탈을 섭수
하지 않았거나, 만약 8승처·9차제정·10변처를 섭수하지 않았거나, 만약
4념주를 섭수하지 않았거나, 만약 4정단·4신족·5근·5력·7등각지·8성
도지를 섭수하지 않았거나, 만약 공해탈문을 섭수하지 않았거나, 만약
무상·무원해탈문을 섭수하지 않았거나, 만약 보살의 10지를 섭수하지
않았거나,

만약 5안을 섭수하지 않았거나, 만약 6신통을 섭수하지 않았거나,

만약 여래의 10력을 섭수하지 않았거나, 만약 4무소외·4무애해·대자·대비·대희·대사·18불불공법을 섭수하지 않았거나, 만약 무망실법을 섭수하지 않았거나, 만약 항주사성을 섭수하지 않았거나, 만약 일체지를 섭수하지 않았거나, 만약 도상지·일체상지를 섭수하지 않았거나, 만약 일체의 다라니문을 섭수하지 않았거나, 만약 일체의 삼마지문을 섭수하지 않았거나,

만약 일체의 보살마하살의 행을 섭수하지 않았거나, 만약 제불의 무상정등보리를 섭수하지 않았다면, 선현이여. 이와 같이 보살승에 안주하는 선남자와 선여인 등은 중도에서 쇠퇴하고 패배하므로, 무상정등보리를 증득하지 못하고 성문지·독각지에 퇴실하여 들어간다고 마땅히 알지니라.

선현이여. 사람이 험악한 광야를 지나가려고 하였는데 만약 능히 자량과 기구들을 섭수하였다면, 반드시 마땅하게 안락한 국토에 도달할 것이고 결국 중도에서 고통과 생명을 잃음을 만나지 않는 것과 같으니라.

이와 같이 선현이여. 보살승에 안주하는 선남자와 선여인 등이 설사 무상정등보리에서 신심이 있고 지혜가 있으며 청정한 마음이 있고 깊은 마음이 있으며 즐거운 욕망이 있고 수승한 이해가 있으며 버림이 있고 정진이 있었는데, 다시 능히 매우 깊은 반야바라밀다를 섭수하였거나, 다시 능히 정려·정진·안인·정계·보시바라밀다를 섭수하였거나,

다시 능히 내공을 섭수하였거나, 다시 능히 외공·내외공·공공·대공·승의공·유위공·무위공·필경공·무제공·산공·무변이공·본성공·자상공·공상공·일체법공·불가득공·무성공·자성공·무성자성공을 섭수하였거나, 다시 능히 진여를 섭수하였거나, 다시 능히 법계·법성·불허망성·불변이성·평등성·이생성·법정·법주·실제·허공계·부사의계를 섭수하였거나, 다시 능히 고성제를 섭수하였거나, 다시 능히 집·멸·도성제를 섭수하였거나, 다시 능히 4정려를 섭수하였거나, 다시 능히 4무량·4무색정을 섭수하였거나, 다시 능히 8해탈을 섭수하였거나, 다시 능히 8승처·9차제

정·10변처를 섭수하였거나,

만약 4념주를 섭수하였거나, 만약 4정단·4신족·5근·5력·7등각지·8성도지를 섭수하였거나, 다시 능히 공해탈문을 섭수하였거나, 다시 능히 무상·무원해탈문을 섭수하였거나, 다시 능히 보살의 10지를 섭수하였거나, 다시 능히 5안을 섭수하였거나, 다시 능히 6신통을 섭수하였거나, 다시 능히 여래의 10력을 섭수하였거나, 다시 능히 4무소외·4무애해·대자·대비·대회·대사·18불불공법을 섭수하였거나, 다시 능히 무망실법을 섭수하였거나, 다시 능히 항주사성을 섭수하였거나, 다시 능히 일체지를 섭수하였거나, 다시 능히 도상지·일체상지를 섭수하였거나,

다시 능히 일체의 다라니문을 섭수하였거나, 다시 능히 일체의 삼마지문을 섭수하였거나, 다시 능히 일체의 보살마하살의 행을 섭수하였거나, 다시 능히 제불의 무상정등보리를 섭수하였다면, 선현이여. 이와 같이 보살승에 안주하는 선남자와 선여인 등은 결국 중도에서 쇠퇴하지 않고 공허하지 않으며 퇴실하지 않고 패배하지 않으며 성문지·독각지를 초월하여 유정을 성숙시키고 불토를 청정하게 장엄하며 무상정등보리를 증득한다고 마땅히 알지니라."

"선현이여. 비유한다면 남자이거나, 혹은 여러 여인들이 굽지 않은 병(坏甁)을 지니고 강으로 나아가서 물을 취하였거나, 만약 연못이거나, 만약 우물이거나, 만약 샘물이거나, 만약 도랑에 나아가서 물을 취하였다면, 이 병은 오래지 않아서 부스러지고 깨진다고 마땅히 알지니라. 왜 그러한가? 이 병은 아직 굽지 않았으므로 담은 물을 감당하지 못하고 결국 흙으로 돌아가는 것과 같은 까닭이니라.

이와 같이 선현이여. 보살승에 안주하는 선남자와 선여인 등이 설사 무상정등보리에서 신심이 있고 지혜가 있으며 청정한 마음이 있고 깊은 마음이 있으며 즐거운 욕망이 있고 수승한 이해가 있으며 버림이 있고 정진이 있더라도, 만약 매우 깊은 반야바라밀다의 방편선교(方便善巧)를 섭수하지 않았거나, 만약 정려·정진·안인·정계·보시바라밀다의 방편선

교를 섭수하지 않았거나, 만약 내공의 방편선교를 섭수하지 않았거나,
만약 외공·내외공·공공·대공·승의공·유위공·무위공·필경공·무제공·
산공·무변이공·본성공·자상공·공상공·일체법공·불가득공·무성공·자
성공·무성자성공의 방편선교를 섭수하지 않았거나, 만약 진여의 방편선
교를 섭수하지 않았거나,

만약 법계·법성·불허망성·불변이성·평등성·이생성·법정·법주·실제
·허공계·부사의계의 방편선교를 섭수하지 않았거나, 만약 고성제의 방편
선교를 섭수하지 않았거나, 만약 집·멸·도성제의 방편선교를 섭수하지
않았거나, 만약 4정려의 방편선교를 섭수하지 않았거나, 만약 4무량·4무
색정의 방편선교를 섭수하지 않았거나, 만약 8해탈의 방편선교를 섭수하
지 않았거나, 만약 8승처·9차제정·10변처의 방편선교를 섭수하지 않았거
나, 만약 4념주의 방편선교를 섭수하지 않았거나, 만약 4정단·4신족·5근·
5력·7등각지·8성도지의 방편선교를 섭수하지 않았거나, 만약 공해탈문
의 방편선교를 섭수하지 않았거나, 만약 무상·무원해탈문의 방편선교를
섭수하지 않았거나,

만약 보살의 10지의 방편선교를 섭수하지 않았거나, 만약 5안의 방편선
교를 섭수하지 않았거나, 만약 6신통의 방편선교를 섭수하지 않았거나,
만약 여래의 10력의 방편선교를 섭수하지 않았거나, 만약 4무소외·4무애
해·대자·대비·대희·대사·18불불공법의 방편선교를 섭수하지 않았거나,
만약 무망실법의 방편선교를 섭수하지 않았거나, 만약 항주사성의 방편선
교를 섭수하지 않았거나, 만약 일체지의 방편선교를 섭수하지 않았거나,
만약 도상지·일체상지의 방편선교를 섭수하지 않았거나, 만약 일체의
다라니문의 방편선교를 섭수하지 않았거나, 만약 일체의 삼마지문의
방편선교를 섭수하지 않았거나, 만약 일체의 보살마하살의 행의 방편선교
를 섭수하지 않았거나,

만약 제불의 무상정등보리의 방편선교를 섭수하지 않았다면, 선현이
여. 이와 같이 보살승에 안주하는 선남자와 선여인 등은 중도에서 쇠퇴하
고 패배하므로, 무상정등보리를 증득하지 못하고 성문지·독각지에 퇴실

하여 들어간다고 마땅히 알지니라.

　선현이여. 비유한다면 남자이거나, 혹은 여러 여인들이 불에 구웠던
병을 지니고 강으로 나아가서 물을 취하였거나, 만약 연못이거나, 만약
우물이거나, 만약 샘물이거나, 만약 도랑에 나아가서 물을 취하였다면,
이 병은 결국 부스러지고 깨지지 않는다고 마땅히 알지니라. 왜 그러한가?
이 병은 잘 구웠으므로 담은 물을 감당하고 매우 견고(堅牢)한 것과
같은 까닭이니라.
　이와 같이 선현이여. 보살승에 안주하는 선남자와 선여인 등이 설사
무상정등보리에서 신심이 있고 지혜가 있으며 청정한 마음이 있고 깊은
마음이 있으며 즐거운 욕망이 있고 수승한 이해가 있으며 버림이 있고
정진이 있더라도, 다시 능히 매우 깊은 반야바라밀다의 방편선교를 섭수
하였거나, 만약 정려·정진·안인·정계·보시바라밀다의 방편선교를 섭수
하였거나, 다시 능히 내공의 방편선교를 섭수하였거나, 다시 능히 외공·내
외공·공공·대공·승의공·유위공·무위공·필경공·무제공·산공·무변이
공·본성공·자상공·공상공·일체법공·불가득공·무성공·자성공·무성자
성공의 방편선교를 섭수하였거나,
　다시 능히 진여의 방편선교를 섭수하였거나, 다시 능히 법계·법성·불허
망성·불변이성·평등성·이생성·법정·법주·실제·허공계·부사의계의 방
편선교를 섭수하였거나, 다시 능히 고성제의 방편선교를 섭수하였거나,
다시 능히 집·멸·도성제의 방편선교를 섭수하였거나, 다시 능히 4정려의
방편선교를 섭수하였거나, 다시 능히 4무량·4무색정의 방편선교를 섭수
하였거나, 다시 능히 8해탈의 방편선교를 섭수하였거나, 다시 능히 8승처·
9차제정·10변처의 방편선교를 섭수하였거나, 다시 능히 4념주의 방편선
교를 섭수하였거나, 다시 능히 4정단·4신족·5근·5력·7등각지·8성도지의
방편선교를 섭수하였거나, 다시 능히 공해탈문의 방편선교를 섭수하였거
나, 다시 능히 무상·무원해탈문의 방편선교를 섭수하였거나,
　다시 능히 보살의 10지의 방편선교를 섭수하였거나, 다시 능히 5안의

방편선교를 섭수하였거나, 다시 능히 6신통의 방편선교를 섭수하였거나, 다시 능히 여래의 10력의 방편선교를 섭수하였거나, 다시 능히 4무소외·4무애해·대자·대비·대희·대사·18불불공법의 방편선교를 섭수하였거나, 다시 능히 무망실법의 방편선교를 섭수하였거나, 다시 능히 항주사성의 방편선교를 섭수하였거나, 다시 능히 일체지의 방편선교를 섭수하였거나, 다시 능히 도상지·일체상지의 방편선교를 섭수하였거나, 다시 능히 일체의 다라니문의 방편선교를 섭수하였거나, 다시 능히 일체의 삼마지문의 방편선교를 섭수하였거나,

다시 능히 일체의 보살마하살의 행의 방편선교를 섭수하였거나, 다시 능히 제불의 무상정등보리의 방편선교를 섭수하였다면, 선현이여. 이와 같이 보살승에 안주하는 선남자와 선여인 등은 결국 중도에서 쇠퇴하지 않고 공허하지 않으며 퇴실하지 않고 패배하지 않으며 성문지·독각지를 초월하여 유정을 성숙시키고 불토를 청정하게 장엄하며 무상정등보리를 증득하는 것과 같다고 마땅히 알지니라.”

“선현이여. 비유한다면 상인(商人)이 있었고 교묘한 방편의 지혜가 없었으며, 배가 해안에 있었고 아직 장비를 수리하여 갖추지 못하였는데, 곧 재물을 가지고 그 배의 위에 안치(安置)하고서 물속으로 이끌어 들어갔고 빠르게 곧 나아갔다면, 선현이여. 이 배는 중도에서 파괴되어 침몰하여서 사람·배·재물이 각각 다른 곳에 흩어질 것이고 이와 같은 상인은 교묘한 방편의 지혜가 없었으므로, 목숨을 잃고 더불어 큰 재물과 보배를 잃는 것과 같다고 마땅히 알지니라.

이와 같이 선현이여. 보살승에 안주하는 선남자와 선여인 등이 설사 무상정등보리에서 신심이 있고 지혜가 있으며 청정한 마음이 있고 깊은 마음이 있으며 즐거운 욕망이 있고 수승한 이해가 있으며 버림이 있고 정진이 있더라도, 만약 매우 깊은 반야바라밀다의 방편선교를 섭수하지 않았거나, 만약 정려·정진·안인·정계·보시바라밀다의 방편선교를 섭수하지 않았거나, 만약 내공의 방편선교를 섭수하지 않았거나, 만약 외공·내

외공·공공·대공·승의공·유위공·무위공·필경공·무제공·산공·무변이
공·본성공·자상공·공상공·일체법공·불가득공·무성공·자성공·무성자
성공의 방편선교를 섭수하지 않았거나,

만약 진여의 방편선교를 섭수하지 않았거나, 만약 법계·법성·불허망성
·불변이성·평등성·이생성·법정·법주·실제·허공계·부사의계의 방편선
교를 섭수하지 않았거나, 만약 고성제의 방편선교를 섭수하지 않았거나,
만약 집·멸·도성제의 방편선교를 섭수하지 않았거나, 만약 4정려의 방편
선교를 섭수하지 않았거나, 만약 4무량·4무색정의 방편선교를 섭수하지
않았거나, 만약 8해탈의 방편선교를 섭수하지 않았거나, 만약 8승처·9차
제정·10변처의 방편선교를 섭수하지 않았거나, 만약 4념주의 방편선교를
섭수하지 않았거나, 만약 4정단·4신족·5근·5력·7등각지·8성도지의 방편
선교를 섭수하지 않았거나,

만약 공해탈문의 방편선교를 섭수하지 않았거나, 만약 무상·무원해탈
문의 방편선교를 섭수하지 않았거나, 만약 보살의 10지의 방편선교를
섭수하지 않았거나, 만약 5안의 방편선교를 섭수하지 않았거나, 만약
6신통의 방편선교를 섭수하지 않았거나, 만약 여래의 10력의 방편선교를
섭수하지 않았거나, 만약 4무소외·4무애해·대자·대비·대희·대사·18불
불공법의 방편선교를 섭수하지 않았거나, 만약 무망실법을 섭수하지
않았거나, 만약 항주사성의 방편선교를 섭수하지 않았거나, 만약 일체지
의 방편선교를 섭수하지 않았거나, 만약 도상지·일체상지의 방편선교를
섭수하지 않았거나,

만약 일체의 다라니문의 방편선교를 섭수하지 않았거나, 만약 일체의
삼마지문의 방편선교를 섭수하지 않았거나, 만약 일체의 보살마하살의
행의 방편선교를 섭수하지 않았거나, 만약 제불의 무상정등보리의 방편선
교를 섭수하지 않았다면, 선현이여. 이와 같이 보살승에 안주하는 선남자
와 선여인 등은 중도에서 쇠퇴하고 패배하므로 목숨을 잃고 더불어 큰
재물을 잃을 것이며, 중도에서 목숨을 잃는 자는 이를테면, 성문지·독각지
에 떨어지며, 재물과 보배라는 것을 잃는데 이를테면, 무상정등보리를

잃는 것과 같다고 마땅히 알지니라.

선현이여. 비유한다면 상인이 있었고 교묘한 방편의 지혜가 있었으며, 배가 해안에 있었고 이미 장비를 수리하여 갖추었으므로, 비로소 물에 이끌고 들어가서 뚫어진 구멍이 없는가를 살폈으며 뒤에 재물을 배의 위에 안치하고 떠나갔다면 선현이여. 이 배는 반드시 파괴되어 침몰하지 않으므로 사람과 물건이 가려는 처소에 안은하게 도달한다고 마땅히 알지니라.

이와 같이 선현이여. 보살승에 안주하는 선남자와 선여인 등이 설사 무상정등보리에서 신심이 있고 지혜가 있으며 청정한 마음이 있고 깊은 마음이 있으며 즐거운 욕망이 있고 수승한 이해가 있으며 버림이 있고 정진이 있더라도, 다시 능히 매우 깊은 반야바라밀다의 방편선교를 섭수하였거나, 다시 능히 정려·정진·안인·정계·보시바라밀다의 방편선교를 섭수하였거나, 다시 능히 내공의 방편선교를 섭수하였거나, 다시 능히 외공·내외공·공공·대공·승의공·유위공·무위공·필경공·무제공·산공·무변이공·본성공·자상공·공상공·일체법공·불가득공·무성공·자성공·무성자성공의 방편선교를 섭수하였거나,

다시 능히 진여의 방편선교를 섭수하였거나, 다시 능히 법계·법성·불허망성·불변이성·평등성·이생성·법정·법주·실제·허공계·부사의계의 방편선교를 섭수하였거나, 다시 능히 고성제의 방편선교를 섭수하였거나, 다시 능히 집·멸·도성제의 방편선교를 섭수하였거나, 다시 능히 4정려의 방편선교를 섭수하였거나, 다시 능히 4무량·4무색정의 방편선교를 섭수하였거나, 다시 능히 8해탈의 방편선교를 섭수하였거나, 다시 능히 8승처·9차제정·10변처의 방편선교를 섭수하였거나, 다시 능히 4념주의 방편선교를 섭수하였거나, 다시 능히 4정단·4신족·5근·5력·7등각지·8성도지의 방편선교를 섭수하였거나, 다시 능히 공해탈문의 방편선교를 섭수하였거나, 다시 능히 무상·무원해탈문의 방편선교를 섭수하였거나,

다시 능히 보살의 10지의 방편선교를 섭수하였거나, 다시 능히 5안의

방편선교를 섭수하였거나, 다시 능히 6신통의 방편선교를 섭수하였거나, 다시 능히 여래의 10력의 방편선교를 섭수하였거나, 만약 4무소외·4무애해·대자·대비·대희·대사·18불불공법의 방편선교를 섭수하였거나, 다시 능히 무망실법의 방편선교를 섭수하였거나, 다시 능히 항주사성의 방편선교를 섭수하였거나, 다시 능히 일체지의 방편선교를 섭수하였거나, 다시 능히 도상지·일체상지의 방편선교를 섭수하였거나, 다시 능히 일체의 다라니문의 방편선교를 섭수하였거나, 다시 능히 일체의 삼마지문의 방편선교를 섭수하였거나,

다시 능히 일체의 보살마하살의 행의 방편선교를 섭수하였거나, 다시 능히 제불의 무상정등보리의 방편선교를 섭수하였다면, 선현이여. 이와 같이 보살승에 안주하는 선남자와 선여인 등은 결국 중도에서 쇠퇴하지 않고 공허하지 않으며 퇴실하지 않고 패배하지 않으며 성문지·독각지를 초월하여 유정을 성숙시키고 불토를 청정하게 장엄하며 무상정등보리를 증득하는 것과 같다고 마땅히 알지니라."

"선현이여. 비유하건대 사람이 있어서 나이가 120살이었고 매우 늙고 쇠약하였으며 또한 여러 병이 추가되었는데 이를테면, 풍병(風病)·열병(熱病)·담병(痰病)이었고, 혹은 세 가지의 병이 뒤섞였다면 선현이여. 그대의 뜻은 어떠한가? 이 늙고 병든 사람이 대체로 평상에서 능히 스스로가 일어나겠는가?"

선현이 대답하여 말하였다.

"아닙니다. 세존이시여."

세존께서 말씀하셨다.

"선현이여. 이 사람을 설사 누가 부축하여 일으켜서 세우게 하였더라도, 역시 1구로사(俱盧舍)·2구로사·3구로사를 걸어갈 힘이 없느니라. 그 까닭은 무엇인가? 늙고 병든 것이 심한 까닭이니라.

이와 같이 선현이여. 보살승에 안주하는 선남자와 선여인 등이 설사 무상정등보리에서 신심이 있고 지혜가 있으며 청정한 마음이 있고 깊은

마음이 있으며 즐거운 욕망이 있고 수승한 이해가 있으며 버림이 있고 정진이 있더라도, 만약 매우 깊은 반야바라밀다의 방편선교를 섭수하지 않았거나, 만약 정려·정진·안인·정계·보시바라밀다의 방편선교를 섭수하지 않았거나, 만약 내공의 방편선교를 섭수하지 않았거나, 만약 외공·내외공·공공·대공·승의공·유위공·무위공·필경공·무제공·산공·무변이공·본성공·자상공·공상공·일체법공·불가득공·무성공·자성공·무성자성공의 방편선교를 섭수하지 않았거나,

만약 진여의 방편선교를 섭수하지 않았거나, 만약 법계·법성·불허망성·불변이성·평등성·이생성·법정·법주·실제·허공계·부사의계의 방편선교를 섭수하지 않았거나, 만약 고성제의 방편선교를 섭수하지 않았거나, 만약 집·멸·도성제의 방편선교를 섭수하지 않았거나, 만약 4정려의 방편선교를 섭수하지 않았거나, 만약 4무량·4무색정의 방편선교를 섭수하지 않았거나, 만약 8해탈의 방편선교를 섭수하지 않았거나, 만약 8승처·9차제정·10변처의 방편선교를 섭수하지 않았거나, 만약 4념주의 방편선교를 섭수하지 않았거나, 만약 4정단·4신족·5근·5력·7등각지·8성도지의 방편선교를 섭수하지 않았거나,

만약 공해탈문의 방편선교를 섭수하지 않았거나, 만약 무상·무원해탈문의 방편선교를 섭수하지 않았거나, 만약 보살의 10지의 방편선교를 섭수하지 않았거나, 만약 5안의 방편선교를 섭수하지 않았거나, 만약 6신통의 방편선교를 섭수하지 않았거나, 만약 여래의 10력의 방편선교를 섭수하지 않았거나, 만약 4무소외·4무애해·대자·대비·대희·대사·18불불공법의 방편선교를 섭수하지 않았거나, 만약 무망실법의 방편선교를 섭수하지 않았거나, 만약 항주사성의 방편선교를 섭수하지 않았거나, 만약 일체지의 방편선교를 섭수하지 않았거나, 만약 도상지·일체상지의 방편선교를 섭수하지 않았거나, 만약 일체의 다라니문의 방편선교를 섭수하지 않았거나,

만약 일체의 삼마지문의 방편선교를 섭수하지 않았거나, 만약 일체의 보살마하살의 행의 방편선교를 섭수하지 않았거나, 만약 제불의 무상정등

보리의 방편선교를 섭수하지 않았다면, 선현이여. 이와 같이 보살승에 안주하는 선남자와 선여인 등은 중도에서 쇠퇴하고 패배하므로 무상정등 보리를 증득하지 못하고 퇴실하여 성문지·독각지에 들어가느니라. 왜 그러한가? 매우 깊은 반야바라밀다, 나아가 제불의 무상정등보리를 섭수 하지 않음으로써 선교방편이 없는 까닭이니라.

　선현이여. 비유하건대 사람이 있어서 나이가 120살이었고 매우 늙고 쇠약하였으며 또한 여러 병이 추가되었는데 이를테면, 풍병·열병·담병이 었고, 혹은 세 가지의 병이 뒤섞였으므로 이 늙고 병든 사람은 평상에서 일어나서 다른 처소로 가려고 하였어도 스스로가 능히 할 수 없었으나, 건장한 두 사람이 있어서 각자 한 팔을 부축하여 서서히 일어나게 도와주 면서 '어려운 것이 없습니다. 가려고 하는 뜻을 따르십시오. 가십시다. 우리들 두 사람은 결국 서로를 버리지 않겠습니다.'라고 알려서 말하였다 면, 반드시 나아갈 처소에 안은하고 손해가 없이 도달하는 것과 같으니라.
　이와 같이 선현이여. 보살승에 안주하는 선남자와 선여인 등이 설사 무상정등보리에서 신심이 있고 지혜가 있으며 청정한 마음이 있고 깊은 마음이 있으며 즐거운 욕망이 있고 수승한 이해가 있으며 버림이 있고 정진이 있더라도, 다시 능히 매우 깊은 반야바라밀다의 방편선교를 섭수 하였거나, 만약 정려·정진·안인·정계·보시바라밀다의 방편선교를 섭수 하였거나, 다시 능히 내공의 방편선교를 섭수하였거나, 다시 능히 외공·내 외공·공공·대공·승의공·유위공·무위공·필경공·무제공·산공·무변이 공·본성공·자상공·공상공·일체법공·불가득공·무성공·자성공·무성자 성공의 방편선교를 섭수하였거나,
　다시 능히 진여의 방편선교를 섭수하였거나, 다시 능히 법계·법성·불허 망성·불변이성·평등성·이생성·법정·법주·실제·허공계·부사의계의 방 편선교를 섭수하였거나, 다시 능히 고성제의 방편선교를 섭수하였거나, 다시 능히 집·멸·도성제의 방편선교를 섭수하였거나, 다시 능히 4정려의 방편선교를 섭수하였거나, 다시 능히 4무량·4무색정의 방편선교를 섭수

하였거나, 다시 능히 8해탈의 방편선교를 섭수하였거나, 다시 능히 8승처·9차제정·10변처의 방편선교를 섭수하였거나, 다시 능히 4념주의 방편선교를 섭수하였거나, 다시 능히 4정단·4신족·5근·5력·7등각지·8성도지의 방편선교를 섭수하였거나,

다시 능히 공해탈문의 방편선교를 섭수하였거나, 다시 능히 무상·무원해탈문의 방편선교를 섭수하였거나, 다시 능히 보살의 10지의 방편선교를 섭수하였거나, 다시 능히 5안의 방편선교를 섭수하였거나, 다시 능히 6신통의 방편선교를 섭수하였거나, 다시 능히 여래의 10력의 방편선교를 섭수하였거나, 만약 4무소외·4무애해·대자·대비·대희·대사·18불불공법의 방편선교를 섭수하였거나, 다시 능히 무망실법의 방편선교를 섭수하였거나, 다시 능히 항주사성의 방편선교를 섭수하였거나, 다시 능히 일체지의 방편선교를 섭수하였거나, 다시 능히 도상지·일체상지의 방편선교를 섭수하였거나, 다시 능히 일체의 다라니문의 방편선교를 섭수하였거나, 다시 능히 일체의 삼마지문의 방편선교를 섭수하였거나,

다시 능히 일체의 보살마하살의 행의 방편선교를 섭수하였거나, 다시 능히 제불의 무상정등보리의 방편선교를 섭수하였다면, 선현이여. 이와 같이 보살승에 안주하는 선남자와 선여인 등은 결국 중도에서 쇠퇴하지 않고 공허하지 않으며 퇴실하지 않고 패배하지 않으며 성문지·독각지를 초월하여 유정을 성숙시키고 불토를 청정하게 장엄하며 무상정등보리를 증득하는 것과 같다고 마땅히 알지니라. 왜 그러한가? 매우 깊은 반야바라밀다, 나아가 제불의 무상정등보리를 능히 섭수하여 선교방편이 있는 까닭이니라."

그때 구수 선현이 세존께 아뢰어 말하였다.
"세존이시여. 무엇을 보살승에 안주하는 선남자와 선여인 등이 오히려 매우 깊은 반야바라밀다를 섭수하지 않는다고 말하고, 역시 방편선교를 섭수하지 않는 까닭으로 성문지이거나 독각지에 퇴실하여 떨어진다고 말합니까?"

"선현이여. 옳도다(善哉). 옳도다. 그대는 보살승에 안주하는 선남자와 선여인 등을 이익되고 안락하게 하기 위하여, 여래에게 이와 같은 중요한 일을 청하여 물었도다! 그대는 지금 자세하게 들을지니라. 그대를 위하여 마땅히 설하겠노라.

선현이여. 보살승인 선남자와 선여인 등이 있었고 초발심(初發心)부터 아(我)·아소(我所)에 집착하면서 보시바라밀다를 수행하였거나, 나·아소에 집착하면서 정계바라밀다를 수행하였거나, 나·아소에 집착하면서 안인바라밀다를 수행하였거나, 나·아소에 집착하면서 정진바라밀다를 수행하였거나, 나·아소에 집착하면서 정려바라밀다를 수행하였거나, 나·아소에 집착하면서 반야바라밀다를 수행하였다면, 선현이여. 이 선남자와 선여인 등은 보시를 수행하는 때에 '나는 능히 보시를 수행한다. 그는 내가 보시하는 것을 받았다. 나는 이와 같은 물건을 보시하였다.'라고 이와 같은 생각을 지은 것이고, 정계를 수행하는 때에 '나는 능히 계율을 지닌다. 계율인 이것은 내가 지은 것이다. 나는 이러한 계율을 성취하였다.'라고 이와 같은 생각을 지은 것이며, 인욕을 수행하는 때에 '나는 능히 인욕을 수행한다. 그것은 내가 인욕하는 것이다. 나는 이러한 인욕을 성취하였다.'라고 이와 같은 생각을 지은 것이고, 정진을 수행하는 때에 '나는 능히 정진한다. 나는 이를 위하여 정진한다. 나는 이러한 정진을 성취하였다.'라고 이와 같은 생각을 지은 것이며, 정려를 수행하는 때에 '나는 능히 정려를 수행한다. 나는 이것을 위하여 정려를 수행한다. 나는 이러한 정려를 성취하였다.'라고 이와 같은 생각을 지은 것이고, 반야를 수행하는 때에 '나는 지혜를 수행한다. 나는 이것을 위하여 지혜를 수행한다. 나는 이러한 지혜를 성취하였다.'라고 이와 같은 생각을 지은 것이니라.

다시 다음으로 선현이여. 이 보살승인 선남자와 선여인 등이 보시를 수행하는 때에 이러한 보시가 있다고 집착하고 오히려 이러한 보시를 집착하며 보시는 아소(我所)가 된다고 집착하느니라. 정계를 수행하는 때에 이러한 정계가 있다고 집착하고 오히려 이러한 정계를 집착하며

정계는 아소가 된다고 집착하느니라. 안인을 수행하는 때에 이러한 안인
이 있다고 집착하고 오히려 이러한 안인을 집착하며 안인이 아소가 된다고
집착하느니라.

정진을 수행하는 때에 이러한 정진이 있다고 집착하고 오히려 이러한
정진을 집착하며 정진은 아소가 된다고 집착하느니라. 정려를 수행하는
때에 이러한 정려가 있다고 집착하고 오히려 이러한 정려를 집착하며
정려는 아소가 된다고 집착하느니라. 반야를 수행하는 때에 이러한 반야
가 있다고 집착하고 오히려 이러한 반야를 집착하며 반야가 아소가 된다고
집착하느니라.

그 까닭은 무엇인가? 보시바라밀다의 가운데에는 이와 같은 분별이
없느니라. 왜 그러한가? 차안(此岸)과 피안(彼岸)2)을 멀리 벗어난 것이
보시바라밀다의 상(相)인 까닭이니라. 정계바라밀다의 가운데에는 이와
같은 분별이 없느니라. 왜 그러한가? 차안과 피안을 멀리 벗어난 것이
정계바라밀다의 상인 까닭이니라. 안인바라밀다의 가운데에는 이와 같은
분별이 없느니라. 왜 그러한가? 차안과 피안을 멀리 벗어난 것이 안인바라
밀다의 상인 까닭이니라.

정진바라밀다의 가운데에는 이와 같은 분별이 없느니라. 왜 그러한가?
차안과 피안을 멀리 벗어난 것이 정진바라밀다의 상인 까닭이니라. 정려
바라밀다의 가운데에는 이와 같은 분별이 없느니라. 왜 그러한가? 차안과
피안을 멀리 벗어난 것이 정려바라밀다의 상인 까닭이니라. 반야바라밀
다의 가운데에는 이와 같은 분별이 없느니라. 왜 그러한가? 차안과 피안을
멀리 벗어난 것이 반야바라밀다의 상인 까닭이니라.

선현이여. 이 보살승의 선남자와 선여인 등은 차안과 피안의 상을
알지 못하는 까닭으로 능히 보시바라밀다를 섭수하지 못하고 능히 정계·
안인·정진·정려·반야바라밀다를 섭수하지 못하며, 능히 내공을 섭수하

---

2) 차안은 생사(生死)의 고통(苦痛)이 있는 이 세상을 뜻하고, 피안은 번뇌(煩惱)를
　해탈(解脫)하여 열반(涅槃)에 이른 세계 또는 경지(境地)를 뜻한다.

지 못하고 능히 외공·내외공·공공·대공·승의공·유위공·무위공·필경공·
무제공·산공·무변이공·본성공·자상공·공상공·일체법공·불가득공·무
성공·자성공·무성자성공을 섭수하지 못하며, 능히 진여를 섭수하지 못하
고 능히 법계·법성·불허망성·불변이성·평등성·이생성·법정·법주·실제
·허공계·부사의계를 섭수하지 못하느니라.

능히 고성제를 섭수하지 못하고 능히 집·멸·도성제를 섭수하지 못하며,
능히 4정려를 섭수하지 못하고 능히 4무량과 4무색정을 섭수하지 못하며,
능히 8해탈을 섭수하지 못하고 능히 8승처·9차제정·10변처를 섭수하지
못하며, 능히 4념주를 섭수하지 못하고 능히 4정단·4신족·5근·5력·7등각
지·8성도지를 섭수하지 못하며, 능히 공해탈문을 섭수하지 못하고 능히
무상·무원해탈문을 섭수하지 못하며, 능히 보살의 10지를 섭수하지 못하
며, 능히 5안을 섭수하지 못하고 능히 6신통을 섭수하지 못하느니라.

능히 여래의 10력을 섭수하지 못하고 능히 4무소외·4무애해·대자·대
비·대희·대사·18불불공법을 섭수하지 못하며, 능히 무망실법을 섭수하
지 못하고 능히 항주사성을 섭수하지 못하며, 능히 일체지를 섭수하지
못하고 능히 도상지·일체상지를 섭수하지 못하며, 능히 일체의 다라니문
을 섭수하지 못하고 능히 일체의 삼마지문을 섭수하지 못하며, 능히
일체의 보살마하살의 행을 섭수하지 못하고 능히 제불의 무상정등보리를
섭수하지 못하느니라.

선현이여. 오히려 이러한 인연으로 이 보살승인 선남자와 선여인 등은
성문지·독각지에 떨어지므로 무상정등보리를 증득하지 못하느니라.”

마하반야바라밀다경 제313권

44. 중유품(衆喩品)(3)

구수 선현이 다시 세존께 아뢰어 말하였다.

"세존이시여. 무엇을 보살승에 안주하는 보특가라가 방편선교가 없다고 말합니까?"

세존께서 말씀하셨다.

"선현이여. 보살승인 보특가라가 있었는데 초발심부터 방편선교가 없으나 보시바라밀다를 수행하는 것이고, 방편선교가 없으나 정계바라밀다를 수행하는 것이며, 방편선교가 없으나 안인바라밀다를 수행하는 것이고, 방편선교가 없으나 정진바라밀다를 수행하는 것이며, 방편선교가 없으나 정려바라밀다를 수행하는 것이고, 방편선교가 없으나 반야바라밀다를 수행하는 것이니라.

선현이여. 보살승인 보특가라는 보시를 수행하는 때에 '나는 능히 보시를 수행한다. 그는 내가 보시하는 것을 받았다. 나는 이와 같은 물건을 보시하였다.'라고 이와 같은 생각을 짓는 것이고, 정계를 수행하는 때에 '나는 능히 계율을 지닌다. 계율인 이것은 내가 지은 것이다. 나는 이러한 계율을 성취하였다.'라고 이와 같은 생각을 짓는 것이며, 인욕을 수행하는 때에 '나는 능히 인욕을 수행한다. 그것은 내가 인욕하는 것이다. 나는 이러한 인욕을 성취하였다.'라고 이와 같은 생각을 짓는 것이고, 정진을 수행하는 때에 '나는 능히 정진한다. 나는 이를 위하여 정진한다. 나는 이 정진을 갖추었다.'라고 이와 같은 생각을 짓는 것이며, 정려를 수행하는 때에 '나는 능히 정려를 수행한다. 나는 이것을 위하여 정려를 수행한다. 나는 이러한 정려를 성취하였다.'라고 이와 같은 생각을 짓는 것이고, 반야를 수행하는 때에 '나는 지혜를 수행한다. 나는 이것을 위하여 지혜를 수행한다. 나는 이러한 지혜를 성취하였다.'라고 이와 같은 생각을 짓는 것이니라.

다시 다음으로 선현이여. 이 보살승인 선남자와 선여인 등은 보시를 수행하는 때에 이러한 보시가 있다고 집착하고 오히려 이러한 보시를 집착하며 보시는 아소(我所)가 된다고 집착하므로 교만(憍慢)이 생겨난 것이니라. 정계를 수행하는 때에 이러한 정계가 있다고 집착하고 오히려 이러한 정계를 집착하며 정계는 아소가 된다고 집착하므로 교만이 생겨난 것이니라. 안인을 수행하는 때에 이러한 안인이 있다고 집착하고 오히려 이러한 안인을 집착하며 안인이 아소가 된다고 집착하므로 교만이 생겨난 것이니라.

정진을 수행하는 때에 이러한 정진이 있다고 집착하고 오히려 이러한 정진을 집착하며 정진은 아소가 된다고 집착하므로 교만이 생겨난 것이니라. 정려를 수행하는 때에 이러한 정려가 있다고 집착하고 오히려 이러한 정려를 집착하며 정려는 아소가 된다고 집착하므로 교만이 생겨난 것이니라. 반야를 수행하는 때에 이러한 반야가 있다고 집착하고 오히려 이러한 반야를 집착하며 반야가 아소가 된다고 집착하므로 교만이 생겨난 것이니라.

그 까닭은 무엇인가? 보시바라밀다의 가운데에는 이와 같은 분별이 없고, 역시 그러한 분별과 같지 않으니라. 왜 그러한가? 이 피안에 이르는 것이 보시바라밀다의 상이 아닌 까닭이니라. 정계바라밀다의 가운데에는 이와 같은 분별이 없고, 역시 그러한 분별과 같지 않으니라. 왜 그러한가? 이 피안에 이르는 것이 정계바라밀다의 상이 아닌 까닭이니라. 안인바라밀다의 가운데에는 이와 같은 분별이 없고, 역시 그러한 분별과 같지 않으니라. 왜 그러한가? 이 피안에 이르는 것이 안인바라밀다의 상이 아닌 까닭이니라.

정진바라밀다의 가운데에는 이와 같은 분별이 없고, 역시 그러한 분별과 같지 않으니라. 왜 그러한가? 이 피안에 이르는 것이 정진바라밀다의 상이 아닌 까닭이니라. 정려바라밀다의 가운데에는 이와 같은 분별이 없고, 역시 그러한 분별과 같지 않으니라. 왜 그러한가? 이 피안에 이르는 것이 정려바라밀다의 상이 아닌 까닭이니라. 반야바라밀다의 가운데에는 이와 같은 분별이 없고, 역시 그러한 분별과 같지 않으니라. 왜 그러한가? 이 피안에 이르는 것이 반야바라밀다의 상이 아닌 까닭이니라.

선현이여. 이 보살승인 보특가라는 차안과 피안의 상을 알지 못하는 까닭으로 능히 보시바라밀다를 섭수하지 못하고 능히 정계·안인·정진·정려·반야바라밀다를 섭수하지 못하며, 능히 내공을 섭수하지 못하고 능히 외공·내외공·공공·대공·승의공·유위공·무위공·필경공·무제공·산공·무변이공·본성공·자상공·공상공·일체법공·불가득공·무성공·자성공·무성자성공을 섭수하지 못하며, 능히 진여를 섭수하지 못하고 능히 법계·법성·불허망성·불변이성·평등성·이생성·법정·법주·실제·허공계·부사의계를 섭수하지 못하느니라.

능히 고성제를 섭수하지 못하고 능히 집·멸·도성제를 섭수하지 못하며, 능히 4정려를 섭수하지 못하고 능히 4무량과 4무색정을 섭수하지 못하며, 능히 8해탈을 섭수하지 못하고 능히 8승처·9차제정·10변처를 섭수하지 못하며, 능히 4념주를 섭수하지 못하고 능히 4정단·4신족·5근·5력·7등각지·8성도지를 섭수하지 못하며, 능히 공해탈문을 섭수하지 못하고 능히 무상·무원해탈문을 섭수하지 못하며, 능히 보살의 10지를 섭수하지 못하느니라.

능히 5안을 섭수하지 못하고 능히 6신통을 섭수하지 못하며, 능히 여래의 10력을 섭수하지 못하고 능히 4무소외·4무애해·대자·대비·대희·대사·18불불공법을 섭수하지 못하며, 능히 무망실법을 섭수하지 못하고 능히 항주사성을 섭수하지 못하며, 능히 일체지를 섭수하지 못하고 능히 도상지·일체상지를 섭수하지 못하며, 능히 일체의 다라니문을 섭수하지 못하고 능히 일체의 삼마지문을 섭수하지 못하며, 능히 일체의 보살마하살의 행을 섭수하지 못하고 능히 제불의 무상정등보리를 섭수하지 못하느니라.

선현이여. 오히려 이러한 인연으로 이 보살승인 선남자와 선여인 등은 성문지이거나 독각지에 떨어지므로 무상정등보리를 증득하지 못하느니라."

구수 선현이 세존께 아뢰어 말하였다.

"세존이시여. 무엇을 보살승에 안주하는 선남자와 선여인 등이 능히 매우 깊은 반야바라밀다로써 섭수하고, 역시 능히 방편선교를 섭수하는 까닭으로 성문지나 독각지에 떨어지지 않고 빠르게 무상정등보리를 증득한다고 말합니까?"

세존께서 말씀하셨다.

"선현이여. 보살승인 여러 선남자와 선여인 등이 있었고 초발심부터 아(我)·아소(我所)의 집착을 벗어나서 보시바라밀다를 수행하고 나·아소의 집착을 벗어나서 정계바라밀다를 수행하며 나·아소의 집착을 벗어나서 안인바라밀다를 수행하고 나·아소의 집착을 벗어나서 정진바라밀다를 수행하며 나·아소의 집착을 벗어나서 정려바라밀다를 수행하고 나·아소의 집착을 벗어나서 반야바라밀다를 수행하는 것이니라.

선현이여. 이 선남자와 선여인 등은 보시를 수행하는 때에 '나는 능히 보시를 수행한다. 그는 내가 보시하는 것을 받았다. 나는 이와 같은 물건을 보시하였다.'라고 이와 같은 생각을 짓지 않고, 정계를 수행하는 때에 '나는 능히 계율을 지닌다. 계율인 이것은 내가 지은 것이다. 나는 이러한 계율을 성취하였다.'라고 이와 같이 생각을 짓지 않으며, 인욕을 수행하는 때에 '나는 능히 인욕을 수행한다. 그것은 내가 인욕하는 것이다. 나는 이러한 인욕을 성취하였다.'라고 이와 같이 생각을 짓지 않고, 정진을 수행하는 때에 '나는 능히 정진한다. 나는 이를 위하여 정진한다. 나는 이러한 정진을 갖추었다.'라고 이와 같이 생각을 짓지 않으며, 정려를 수행하는 때에 '나는 능히 정려를 수행한다. 나는 이것을 위하여 정려를 수행한다. 나는 이러한 정려를 성취하였다.'라고 이와 같이 생각을 짓지 않고, 반야를 수행하는 때에 '나는 지혜를 수행한다. 나는 이것을 위하여 지혜를 수행한다. 나는 이러한 지혜를 성취하였다.'라고 이와 같이 생각을 짓지 않느니라.

다시 다음으로 선현이여. 이 보살승인 선남자와 선여인 등은 보시를 수행하는 때에 이러한 보시가 있다고 집착하지 않고 오히려 이러한 보시라고 집착하지 않으며 보시는 아소가 된다고 집착하지 않느니라. 정계를 수행하는 때에 이러한 정계가 있다고 집착하지 않고 오히려 이러한 정계라고 집착하지 않으며 정계는 아소가 된다고 집착하지 않느니라. 안인을 수행하는 때에 이러한 안인이 있다고 집착하지 않고 오히려 이러한 안인이라고 집착하지 않으며 안인이 아소가 된다고 집착하지 않느니라.

정진을 수행하는 때에 이러한 정진이 있다고 집착하지 않고 오히려 이러한 정진이라고 집착하지 않으며 정진은 아소가 된다고 집착하지 않느니라. 정려를 수행하는 때에 이러한 정려가 있다고 집착하지 않고 오히려 이러한 정려라고 집착하지 않으며 정려는 아소가 된다고 집착하지 않느니라. 반야를 수행하는 때에 이러한 반야가 있다고 집착하지 않고 오히려 이러한 반야라고 집착하지 않으며 반야가 아소가 된다고 집착하지 않느니라.

그 까닭은 무엇인가? 보시바라밀다의 가운데에서는 이와 같은 분별을 일으키는 이러한 집착이 없느니라. 왜 그러한가? 차안과 피안을 멀리 벗어난 이것이 보시바라밀다의 상인 까닭이니라. 정계바라밀다의 가운데에서는 이와 같은 분별을 일으키는 이러한 집착이 없느니라. 왜 그러한가? 차안과 피안을 멀리 벗어난 이것이 정계바라밀다의 상인 까닭이니라. 안인바라밀다의 가운데에서는 이와 같은 분별을 일으키는 이러한 집착이 없느니라. 왜 그러한가? 차안과 피안을 멀리 벗어난 이것이 안인바라밀다의 상인 까닭이니라.

정진바라밀다의 가운데에서는 이와 같은 분별을 일으키는 이러한 집착

이 없느니라. 왜 그러한가? 차안과 피안을 멀리 벗어난 이것이 정진바라밀
다의 상인 까닭이니라. 정려바라밀다의 가운데에서는 이와 같은 분별을
일으키는 이러한 집착이 없느니라. 왜 그러한가? 차안과 피안을 멀리
벗어난 이것이 정려바라밀다의 상인 까닭이니라. 반야바라밀다의 가운데
에서는 이와 같은 분별을 일으키는 이러한 집착이 없느니라. 왜 그러한가?
차안과 피안을 멀리 벗어난 이것이 반야바라밀다의 상인 까닭이니라.

　선현이여. 이 보살승인 여러 선남자와 선여인 등은 이 차안과 피안의
상을 명료하게 아는 까닭으로 곧 보시·정계·안인·정진·정려·반야바라밀
다를 능히 섭수하여 성문지·독각지에 떨어지지 않고 빠르게 무상정등보
리를 증득하느니라. 다시 내공·외공·내외공·공공·대공·승의공·유위공·
무위공·필경공·무제공·산공·무변이공·본성공·자상공·공상공·일체법
공·불가득공·무성공·자성공·무성자성공을 능히 섭수하여 성문지·독각
지에 떨어지지 않고 빠르게 무상정등보리를 증득하느니라.
　다시 진여·법계·법성·불허망성·불변이성·평등성·이생성·법정·법주
·실제·허공계·부사의계를 능히 섭수하여 성문지·독각지에 떨어지지 않
고 빠르게 무상정등보리를 증득하느니라. 다시 고성제·집성제·멸성제·
도성제를 능히 섭수하여 성문지·독각지에 떨어지지 않고 빠르게 무상정
등보리를 증득하느니라. 다시 4정려·4무량·4무색정을 능히 섭수하여
성문지·독각지에 떨어지지 않고 빠르게 무상정등보리를 증득하느니라.
　다시 8해탈·8승처·9차제정·10변처를 능히 섭수하여 성문지·독각지
에 떨어지지 않고 빠르게 무상정등보리를 증득하느니라. 다시 4념주·4정
단·4신족·5근·5력·7등각지·8성도지를 능히 섭수하여 성문지·독각지
에 떨어지지 않고 빠르게 무상정등보리를 증득하느니라. 다시 공해탈문
·무상해탈문·무원해탈문을 능히 섭수하여 성문지·독각지에 떨어지지
않고 빠르게 무상정등보리를 증득하느니라. 다시 보살의 10지를 능히
섭수하여 성문지·독각지에 떨어지지 않고 빠르게 무상정등보리를 증득
하느니라.

　다시 5안과 6신통을 능히 섭수하여 성문지·독각지에 떨어지지 않고 빠르게 무상정등보리를 증득하느니라. 다시 여래의 10력·4무소외·4무애해·대자·대비·대희·대사·18불불공법을 능히 섭수하여 성문지·독각지에 떨어지지 않고 빠르게 무상정등보리를 증득하느니라. 다시 무망실법·항주사성을 능히 섭수하여 성문지·독각지에 떨어지지 않고 빠르게 무상정등보리를 증득하느니라. 다시 일체지·도상지·일체상지를 능히 섭수하여 성문지·독각지에 떨어지지 않고 빠르게 무상정등보리를 증득하느니라.

　다시 일체의 다라니문·일체의 삼마지문을 능히 섭수하여 성문지·독각지에 떨어지지 않고 빠르게 무상정등보리를 증득하느니라. 다시 일체의 보살마하살의 행을 능히 섭수하여 성문지·독각지에 떨어지지 않고 빠르게 무상정등보리를 증득하느니라. 다시 제불의 무상정등보리를 능히 섭수하여 성문지·독각지에 떨어지지 않고 빠르게 무상정등보리를 증득하느니라.”

　구수 선현이 다시 세존께 아뢰어 말하였다.
　“세존이시여. 무엇을 보살승에 안주하는 보특가라가 방편선교가 있다고 말합니까?”
　세존께서 말씀하셨다.
　“선현이여. 만약 보살승의 보특가라가 초발심부터 방편선교가 있어서 보시바라밀다를 수행하고 방편선교가 있어서 정계바라밀다를 수행하며 방편선교가 있어서 안인바라밀다를 수행하고 방편선교가 있어서 정진바라밀다를 수행하며 방편선교가 있어서 정려바라밀다를 수행하고 방편선교가 있어서 반야바라밀다를 수행하는 것이니라.

　선현이여. 이 보살승인 보특가라는 보시를 수행하는 때에 ‘나는 능히 보시를 수행한다. 그는 내가 보시하는 것을 받았다. 나는 이와 같은 물건을 보시하였다.’라고 이와 같은 생각을 짓지 않고, 정계를 수행하는 때에 ‘나는 능히 계율을 지닌다. 계율인 이것은 내가 지은 것이다. 나는 이러한 계율을 성취하였다.’라고 이와 같이 생각을 짓지 않으며, 인욕을 수행하는 때에 '나는 능히 인욕을 수행한다. 그것은 내가 인욕하는 것이다. 나는 이러한 인욕을 성취하였다.'라고 이와 같이 생각을 짓지 않고, 정진을 수행하는 때에 '나는 능히 정진한다. 나는 이를 위하여 정진한다. 나는 이 정진을 갖추었다.'라고 이와 같이 생각을 짓지 않으며, 정려를 수행하는 때에 '나는 능히 정려를 수행한다. 나는 이것을 위하여 정려를 수행한다. 나는 이러한 정려를 성취하였다.'라고 이와 같이 생각을 짓지 않고, 반야를 수행하는 때에 '나는 지혜를 수행한다. 나는 이것을 위하여 지혜를 수행한다. 나는 이러한 지혜를 성취하였다.'라고 이와 같이 생각을 짓지 않느니라.

다시 다음으로 선현이여. 이 보살승인 보특가라는 보시를 수행하는 때에 이러한 보시가 있다고 집착하지 않고 오히려 이러한 보시라고 집착하지 않으며 보시는 아소가 된다고 집착하지 않으며 교만하지 않으니라. 정계를 수행하는 때에 이러한 정계가 있다고 집착하지 않고 오히려 이러한 정계라고 집착하지 않으며 정계는 아소가 된다고 집착하지 않으며 교만하지 않으니라. 안인을 수행하는 때에 이러한 안인이 있다고 집착하지 않고 오히려 이러한 안인이라고 집착하지 않으며 안인이 아소가 된다고 집착하지 않으며 교만하지 않으니라.

정진을 수행하는 때에 이러한 정진이 있다고 집착하지 않고 오히려 이러한 정진이라고 집착하지 않으며 정진은 아소가 된다고 집착하지 않으며 교만하지 않으니라. 정려를 수행하는 때에 이러한 정려가 있다고 집착하지 않고 오히려 이러한 정려라고 집착하지 않으며 정려는 아소가 된다고 집착하지 않으며 교만하지 않으니라. 반야를 수행하는 때에 이러한 반야가 있다고 집착하지 않고 오히려 이러한 반야라고 집착하지 않으며 반야가 아소가 된다고 집착하지 않으며 교만하지 않으니라.

그 까닭은 무엇인가? 보시바라밀다의 가운데에서는 이와 같은 분별을 일으키는 이러한 집착이 없느니라. 왜 그러한가? 차안과 피안을 멀리 벗어난 이것이 보시바라밀다의 상인 까닭이니라. 정계바라밀다의 가운데에서는 이와 같은 분별을 일으키는 이러한 집착이 없느니라. 왜 그러한가? 차안과 피안을 멀리 벗어난 이것이 정계바라밀다의 상인 까닭이니라.

안인바라밀다의 가운데에서는 이와 같은 분별을 일으키는 이러한 집착이 없느니라. 왜 그러한가? 차안과 피안을 멀리 벗어난 이것이 안인바라밀다의 상인 까닭이니라.

정진바라밀다의 가운데에서는 이와 같은 분별을 일으키는 이러한 집착이 없느니라. 왜 그러한가? 차안과 피안을 멀리 벗어난 이것이 정진바라밀다의 상인 까닭이니라. 정려바라밀다의 가운데에서는 이와 같은 분별을 일으키는 이러한 집착이 없느니라. 왜 그러한가? 차안과 피안을 멀리 벗어난 이것이 정려바라밀다의 상인 까닭이니라. 반야바라밀다의 가운데에서는 이와 같은 분별을 일으키는 이러한 집착이 없느니라. 왜 그러한가? 차안과 피안을 멀리 벗어난 이것이 반야바라밀다의 상인 까닭이니라.

선현이여. 이 보살승인 여러 선남자와 선여인 등은 이 차안과 피안의 상을 명료하게 아는 까닭으로 곧 보시·정계·안인·정진·정려·반야바라밀다를 능히 섭수하여 성문지·독각지에 떨어지지 않고 빠르게 무상정등보리를 증득하느니라. 다시 내공·외공·내외공·공공·대공·승의공·유위공·무위공·필경공·무제공·산공·무변이공·본성공·자상공·공상공·일체법공·불가득공·무성공·자성공·무성자성공을 능히 섭수하여 성문지·독각지에 떨어지지 않고 빠르게 무상정등보리를 증득하느니라.

다시 진여·법계·법성·불허망성·불변이성·평등성·이생성·법정·법주·실제·허공계·부사의계를 능히 섭수하여 성문지·독각지에 떨어지지 않고 빠르게 무상정등보리를 증득하느니라. 다시 고성제·집성제·멸성제·도성제를 능히 섭수하여 성문지·독각지에 떨어지지 않고 빠르게 무상정등보리를 증득하느니라. 다시 4정려·4무량·4무색정을 능히 섭수하여 성문지·독각지에 떨어지지 않고 빠르게 무상정등보리를 증득하느니라.

다시 8해탈·8승처·9차제정·10변처를 능히 섭수하여 성문지·독각지에 떨어지지 않고 빠르게 무상정등보리를 증득하느니라. 다시 4념주·4정단·4신족·5근·5력·7등각지·8성도지를 능히 섭수하여 성문지·독각지에 떨어지지 않고 빠르게 무상정등보리를 증득하느니라. 다시 공해탈문·무상해탈문·무원해탈문을 능히 섭수하여 성문지·독각지에 떨어지지 않고 빠르게 무상정등보리를 증득하느니라. 다시 보살의 10지를 능히 섭수하여 성문지·독각지에 떨어지지 않고 빠르게 무상정등보리를 증득하느니라.

다시 5안과 6신통을 능히 섭수하여 성문지·독각지에 떨어지지 않고 빠르게 무상정등보리를 증득하느니라. 다시 여래의 10력·4무소외·4무애해·대자·대비·대희·대사·18불불공법을 능히 섭수하여 성문지·독각지에 떨어지지 않고 빠르게 무상정등보리를 증득하느니라. 다시 무망실법·항주사성을 능히 섭수하여 성문지·독각지에 떨어지지 않고 빠르게 무상정등보리를 증득하느니라. 다시 일체지·도상지·일체상지를 능히 섭수하여 성문지·독각지에 떨어지지 않고 빠르게 무상정등보리를 증득하느니라.

다시 일체의 다라니문·일체의 삼마지문을 능히 섭수하여 성문지·독각지에 떨어지지 않고 빠르게 무상정등보리를 증득하느니라. 다시 일체의 보살마하살의 행을 능히 섭수하여 성문지·독각지에 떨어지지 않고 빠르게 무상정등보리를 증득하느니라. 다시 제불의 무상정등보리를 능히 섭수하여 성문지·독각지에 떨어지지 않고 빠르게 무상정등보리를 증득하느니라.

이와 같이 선현이여. 보살승에 안주하는 여러 선남자와 선여인 등이 매우 깊은 반야바라밀다로써 능히 섭수하고 역시 방편선교로써 섭수하는 까닭으로 성문지·독각지에 떨어지지 않고 빠르게 무상정등보리를 증득하느니라."

45. 진선우품(眞善友品)(1)

그때 구수 선현이 세존께 아뢰어 말하였다.
"세존이시여. 초업(初業)인 보살마하살은 상응하여 무슨 반야바라밀다를 수학(修學)해야 합니까? 상응하여 무슨 정려바라밀다를 수학해야 합니까? 상응하여 무슨 정진바라밀다를 수학해야 합니까? 상응하여 무슨 안인바라밀다를 수학해야 합니까? 상응하여 무슨 정계바라밀다를 수학해야 합니까? 상응하여 무슨 보시바라밀다를 수학해야 합니까?"

세존께서 말씀하셨다.

"선현이여. 초업인 보살마하살이 만약 반야·정려·정진·안인·정계·보시바라밀다를 수학하고자 하였다면, 상응하여 먼저 반야·정려·정진·안인·정계·보시바라밀다를 능히 널리 선설(善說)하는 진실한 선지식(善知識)에게 친근하고 공양하며 공경해야 하나니 이를테면, 반야바라밀다의 매우 깊은 경전을 설하는 때라면 '오십시오. 선남자여! 그대가 보시하는 때에는 〈보시를 수행하는 것이 일체의 유정에게 널리 베풀어지고 같이 함께 무상정등보리에 회향(廻向)하게 하십시오.〉라고 상응하여 이렇게 생각을 지어야 하고, 그대는 지계하는 때에는 〈정계를 수행하는 것이 일체의 유정에게 널리 베풀어지고 같이 함께 무상정등보리에 회향하게 하십시오.〉라고 상응하여 이렇게 생각을 지어야 하며, 그대가 안인을 수행하는 때에는 〈안인을 수행하는 것이 일체의 유정에게 널리 베풀어지고 같이 함께 무상정등보리에 회향하게 하십시오.〉라고 상응하여 이렇게 생각을 지어야 하고, 그대가 정진하는 때에는 〈정진을 수행하는 것이 일체의 유정에게 널리 베풀어지고 같이 함께 무상정등보리에 회향하게 하십시오.〉라고 상응하여 이렇게 생각을 지어야 하며, 그대가 정려를 수행하는 때에는 〈정려를 수행하는 것이 일체의 유정에게 널리 베풀어지고 같이 함께 무상정등보리에 회향하게 하십시오.〉라고 상응하여 이렇게 생각을 지어야 하고, 그대가 반야를 수행하는 때에는 〈반야를 수행하는 것이 일체의 유정에게 널리 베풀어지고 같이 함께 무상정등보리에 회향하게 하십시오.〉라고 상응하여 이렇게 생각을 지어야 하느니라.

선남자여. 그대는 색(色)으로써 상응하여 무상정등보리(無上正等菩提)를 취(取)하지 않아야 하고, 역시 수(受)·상(想)·행(行)·식(識)으로써 상응하여 무상정등보리를 취하지 않아야 하느니라. 그 까닭은 무엇인가?
만약 색을 취하지 않는다면 곧 무상정등보리를 증득하고, 수·상·행·식을
취하지 않는다면 곧 무상정등보리를 증득하는 까닭이니라.

그대는 안처(眼處)로써 상응하여 무상정등보리를 취하지 않아야 하고,
역시 이(耳)·비(鼻)·설(舌)·신(身)·의처(意處)로써 상응하여 무상정등보
리를 취하지 않아야 하느니라. 그 까닭은 무엇인가? 만약 안처를 취하지
않는다면 곧 무상정등보리를 증득하고, 이·비·설·신·의처를 취하지 않는
다면 곧 무상정등보리를 증득하는 까닭이니라.

그대는 색처(色處)로써 상응하여 무상정등보리를 취하지 않아야 하고,
역시 성(聲)·향(香)·미(味)·촉(觸)·법처(法處)로써 상응하여 무상정등보
리를 취하지 않아야 하느니라. 그 까닭은 무엇인가? 만약 색처를 취하지
않는다면 곧 무상정등보리를 증득하고, 성·향·미·촉·법처를 취하지 않는
다면 곧 무상정등보리를 증득하는 까닭이니라.

그대는 안계(眼界)로써 상응하여 무상정등보리를 취하지 않아야 하고,
역시 색계(色界)·안식계(眼識界), …… 나아가 …… 안촉(眼觸)·안촉을 인
연으로 생겨난 여러 수(受)로써 상응하여 무상정등보리를 취하지 않아야
하느니라. 그 까닭은 무엇인가? 만약 안계를 취하지 않는다면 곧 무상정등
보리를 증득하고, 색계, 나아가 안촉을 인연으로 생겨난 여러 수를 취하지
않는다면 곧 무상정등보리를 증득하는 까닭이니라.

그대는 이계(耳界)로써 상응하여 무상정등보리를 취하지 않아야 하고,
역시 성계(聲界)·이식계(耳識界), …… 나아가 …… 이촉(耳觸)·이촉을 인
연으로 생겨난 여러 수로써 상응하여 무상정등보리를 취하지 않아야
하느니라. 그 까닭은 무엇인가? 만약 이계를 취하지 않는다면 곧 무상정등
보리를 증득하고, 성계, 나아가 이촉을 인연으로 생겨난 여러 수를 취하지
않는다면 곧 무상정등보리를 증득하는 까닭이니라.

그대는 비계(鼻界)로써 상응하여 무상정등보리를 취하지 않아야 하고,
역시 향계(香界)·비식계(鼻識界), …… 나아가 …… 비촉(鼻觸)·비촉을 인
연으로 생겨난 여러 수로써 상응하여 무상정등보리를 취하지 않아야

하느니라. 그 까닭은 무엇인가? 만약 비계를 취하지 않는다면 곧 무상정등보리를 증득하고, 향계, 나아가 비촉을 인연으로 생겨난 여러 수를 취하지 않는다면 곧 무상정등보리를 증득하는 까닭이니라.

그대는 설계(舌界)로써 상응하여 무상정등보리를 취하지 않아야 하고, 역시 미계(味界)·설식계(舌識界), …… 나아가 …… 설촉(舌觸)·설촉을 인연으로 생겨난 여러 수로써 상응하여 무상정등보리를 취하지 않아야 하느니라. 그 까닭은 무엇인가? 만약 설계를 취하지 않는다면 곧 무상정등보리를 증득하고, 미계, 나아가 설촉을 인연으로 생겨난 여러 수를 취하지 않는다면 곧 무상정등보리를 증득하는 까닭이니라.

그대는 신계(身界)로써 상응하여 무상정등보리를 취하지 않아야 하고, 역시 촉계(觸界)·신식계(身識界), …… 나아가 …… 신촉(身觸)·신촉을 인연으로 생겨난 여러 수로써 상응하여 무상정등보리를 취하지 않아야 하느니라. 그 까닭은 무엇인가? 만약 신계를 취하지 않는다면 곧 무상정등보리를 증득하고, 촉계, 나아가 신촉을 인연으로 생겨난 여러 수를 취하지 않는다면 곧 무상정등보리를 증득하는 까닭이니라.

그대는 의계(意界)로써 상응하여 무상정등보리를 취하지 않아야 하고, 역시 법계(法界)·의식계(意識界), …… 나아가 …… 의촉(意觸)·의촉을 인연으로 생겨난 여러 수로써 상응하여 무상정등보리를 취하지 않아야 하느니라. 그 까닭은 무엇인가? 만약 의계를 취하지 않는다면 곧 무상정등보리를 증득하고, 법계, 나아가 의촉을 인연으로 생겨난 여러 수를 취하지 않는다면 곧 무상정등보리를 증득하는 까닭이니라.

그대는 지계(地界)로써 상응하여 무상정등보리를 취하지 않아야 하고, 역시 수(水)·화(火)·풍(風)·공(空)·식계(識界)로써 상응하여 무상정등보리를 취하지 않아야 하느니라. 그 까닭은 무엇인가? 만약 지계를 취하지 않는다면 곧 무상정등보리를 증득하고, 수·화·풍·공·식계를 취하지 않는다면 곧 무상정등보리를 증득하는 까닭이니라.

그대는 무명(無明)으로써 상응하여 무상정등보리를 취하지 않아야 하고, 역시 행(行)·식(識)·명색(名色)·육처(六處)·촉(觸)·수(受)·애(愛)·취

(取)·유(有)·생(生)·노사(老死)의 수탄고우뇌(愁歎苦憂惱)로써 상응하여 무상정등보리를 취하지 않아야 하느니라. 그 까닭은 무엇인가? 만약 무명을 취하지 않는다면 곧 무상정등보리를 증득하고, 행, 나아가 노사의 수탄고우뇌를 취하지 않는다면 곧 무상정등보리를 증득하는 까닭이니라.

그대는 보시바라밀다(布施波羅密多)로써 상응하여 무상정등보리를 취하지 않아야 하고, 역시 정계(淨戒)·안인(安忍)·정진(精進)·정려(靜慮)·반야바라밀다(般若波羅密多)로써 상응하여 무상정등보리를 취하지 않아야 하느니라. 그 까닭은 무엇인가? 만약 보시바라밀다를 취하지 않는다면 곧 무상정등보리를 증득하고, 정계, 나아가 반야바라밀다를 취하지 않는다면 곧 무상정등보리를 증득하는 까닭이니라.

그대는 내공(內空)으로써 상응하여 무상정등보리를 취하지 않아야 하고, 역시 외공(外空)·내외공(內外空)·공공(空空)·대공(大空)·승의공(勝義空)·유위공(有爲空)·무위공(無爲空)·필경공(畢竟空)·무제공(無際空)·산공(散空)·무변이공(無變異空)·본성공(本性空)·자상공(自相空)·공상공(共相空)·일체법공(一切法空)·불가득공(不可得空)·무성공(無性空)·자성공(自性空)·무성자성공(無性自性空)으로써 상응하여 무상정등보리를 취하지 않아야 하느니라. 그 까닭은 무엇인가? 만약 내공을 취하지 않는다면 곧 무상정등보리를 증득하고, 외공, 나아가 무성자성공을 취하지 않는다면 곧 무상정등보리를 증득하는 까닭이니라.

그대는 진여(眞如)로써 상응하여 무상정등보리를 취하지 않아야 하고, 역시 법계(法界)·법성(法性)·불허망성(不虛妄性)·불변이성(不變異性)·평등성(平等性)·이생성(離生性)·법정(法定)·법주(法住)·실제(實際)·허공계(虛空界)·부사의계(不思議界)로써 상응하여 무상정등보리를 취하지 않아야 하느니라. 그 까닭은 무엇인가? 만약 진여를 취하지 않는다면 곧 무상정등보리를 증득하고, 법계, 나아가 부사의계를 취하지 않는다면 곧 무상정등보리를 증득하는 까닭이니라.

그대는 고성제(苦聖諦)로써 상응하여 무상정등보리를 취하지 않아야 하고, 역시 집(集)·멸(滅)·도성제(道聖諦)로써 상응하여 무상정등보리를 취하지 않아야 하느니라. 그 까닭은 무엇인가? 만약 고성제를 취하지 않는다면 곧 무상정등보리를 증득하고, 집·멸·도성제를 취하지 않는다면 곧 무상정등보리를 증득하는 까닭이니라.

그대는 4정려(四靜慮)로써 상응하여 무상정등보리를 취하지 않아야 하고, 역시 4무량(四無量)·4무색정(四無色定)으로써 상응하여 무상정등보리를 취하지 않아야 하느니라. 그 까닭은 무엇인가? 만약 4정려를 취하지 않는다면 곧 무상정등보리를 증득하고, 4무량·4무색정을 취하지 않는다면 곧 무상정등보리를 증득하는 까닭이니라.

그대는 8해탈(八解脫)로써 상응하여 무상정등보리를 취하지 않아야 하고, 역시 8승처(八勝處)·9차제정(九次第定)·10변처(十遍處)로써 상응하여 무상정등보리를 취하지 않아야 하느니라. 그 까닭은 무엇인가? 만약 8해탈을 취하지 않는다면 곧 무상정등보리를 증득하고, 8승처·9차제정·10변처를 취하지 않는다면 곧 무상정등보리를 증득하는 까닭이니라.

그대는 4념주(四念住)로써 상응하여 무상정등보리를 취하지 않아야 하고, 역시 4정단(四正斷)·4신족(四神足)·5근(五根)·5력(五力)·7등각지(七等覺支)·8성도지(八聖道支)로써 상응하여 무상정등보리를 취하지 않아야 하느니라. 그 까닭은 무엇인가? 만약 4념주를 취하지 않는다면 곧 무상정등보리를 증득하고, 4정단, 나아가 8성도지를 취하지 않는다면 곧 무상정등보리를 증득하는 까닭이니라.

그대는 공해탈문(空解脫門)으로써 상응하여 무상정등보리를 취하지 않아야 하고, 역시 무상(無相)·무원해탈문(無願解脫門)으로써 상응하여 무상정등보리를 취하지 않아야 하느니라. 그 까닭은 무엇인가? 만약 공해탈문을 취하지 않는다면 곧 무상정등보리를 증득하고, 무상·무원해탈문을 취하지 않는다면 곧 무상정등보리를 증득하는 까닭이니라.

그대는 보살(菩薩)의 10지(十地)로써 상응하여 무상정등보리를 취하지 않아야 하느니라. 그 까닭은 무엇인가? 만약 보살의 10지를 취하지 않는다면 곧 무상정등보리를 증득하는 까닭이니라.

그대는 5안(五眼)으로써 상응하여 무상정등보리를 취하지 않아야 하고,

역시 6신통(六神通)으로써 상응하여 무상정등보리를 취하지 않아야 하느
니라. 그 까닭은 무엇인가? 만약 5안을 취하지 않는다면 곧 무상정등보리
를 증득하고, 6신통을 취하지 않는다면 곧 무상정등보리를 증득하는
까닭이니라.

그대는 여래(佛)의 10력(十力)으로써 상응하여 무상정등보리를 취하지
않아야 하고, 역시 4무소외(四無所畏)·4무애해(四無礙解)·대자(大慈)·대
비(大悲)·대희(大喜)·대사(大捨)·18불불공법(十八佛不共法)으로써 상응
하여 무상정등보리를 취하지 않아야 하느니라. 그 까닭은 무엇인가?
만약 여래의 10력을 취하지 않는다면 곧 무상정등보리를 증득하고, 4무소
외·4무애해·대자·대비·대희·대사·18불불공법을 취하지 않는다면 곧 무
상정등보리를 증득하는 까닭이니라.

그대는 무망실법(無忘失法)으로써 상응하여 무상정등보리를 취하지
않아야 하고, 역시 항주사성(恒住捨性)으로써 상응하여 무상정등보리를
취하지 않아야 하느니라. 그 까닭은 무엇인가? 만약 무망실법을 취하지
않는다면 곧 무상정등보리를 증득하고, 항주사성을 취하지 않는다면
곧 무상정등보리를 증득하는 까닭이니라.

그대는 일체지(一切智)로써 상응하여 무상정등보리를 취하지 않아야
하고, 역시 도상지(道相智)·일체상지(一切相智)로써 상응하여 무상정등보
리를 취하지 않아야 하느니라. 그 까닭은 무엇인가? 만약 일체지를 취하지
않는다면 곧 무상정등보리를 증득하고, 도상지·일체상지를 취하지 않는
다면 곧 무상정등보리를 증득하는 까닭이니라.

그대는 일체(一切)의 다라니문(陀羅尼門)으로써 상응하여 무상정등보
리를 취하지 않아야 하고, 역시 일체의 삼마지문(三摩地門)으로써 상응하
여 무상정등보리를 취하지 않아야 하느니라. 그 까닭은 무엇인가? 만약
일체의 다라니문을 취하지 않는다면 곧 무상정등보리를 증득하고, 일체의
삼마지문을 취하지 않는다면 곧 무상정등보리를 증득하는 까닭이니라.

그대는 예류과(預流果)로써 상응하여 무상정등보리를 취하지 않아야
하고, 역시 일래(一來)·불환(不還)·아라한과(阿羅漢果)로써 상응하여 무상

정등보리를 취하지 않아야 하느니라. 그 까닭은 무엇인가? 만약 예류과를 취하지 않는다면 곧 무상정등보리를 증득하고, 일래·불환·아라한과를 취하지 않는다면 곧 무상정등보리를 증득하는 까닭이니라.

그대는 독각(獨覺)의 보리(菩提)로써 상응하여 무상정등보리를 취하지 않아야 하느니라. 그 까닭은 무엇인가? 만약 독각의 보리를 취하지 않는다면 곧 무상정등보리를 증득하는 까닭이니라. 그대는 일체의 보살마하살(菩薩摩訶薩)의 행(行)으로써 상응하여 무상정등보리를 취하지 않아야 하느니라. 그 까닭은 무엇인가? 만약 일체의 보살마하살의 행을 취하지 않는다면 곧 무상정등보리를 증득하는 까닭이니라.

그대는 제불(諸佛)의 무상정등보리(無上正等菩提)로써 상응하여 무상정등보리를 취하지 않아야 하느니라. 그 까닭은 무엇인가? 만약 제불의 무상정등보리를 취하지 않는다면 곧 무상정등보리를 증득하는 까닭이니라.”

“선남자여. 그대는 색에서 탐애(貪愛)가 생겨나지 않게 해야 하고, 역시 수·상·행·식에서도 탐애가 생겨나지 않게 해야 하느니라. 그 까닭은 무엇인가? 색·수·상·행·식으로써 탐애할 것이 아니니라. 왜 그러한가? 일체법으로써 자성(自性)은 공(空)한 까닭이니라. 선남자여. 그대는 안처에서 탐애가 생겨나지 않게 해야 하고, 역시 이·비·설·신·의처에서도 탐애가 생겨나지 않게 해야 하느니라. 그 까닭은 무엇인가? 안·이·비·설·신·의처로써 탐애할 것이 아니니라. 왜 그러한가? 일체법으로써 자성은 공한 까닭이니라.

선남자여. 그대는 색처에서 탐애가 생겨나지 않게 해야 하고, 역시 성·향·미·촉·법처에서도 탐애가 생겨나지 않게 해야 하느니라. 그 까닭은 무엇인가? 색·성·향·미·촉·법처로써 탐애할 것이 아니니라. 왜 그러한가? 일체법으로써 자성은 공한 까닭이니라. 선남자여. 그대는 안계에서 탐애가 생겨나지 않게 해야 하고, 역시 색계·안식계, 나아가 안촉·안촉을 인연으로 생겨난 여러 수에서도 탐애가 생겨나지 않게 해야 하느니라.

그 까닭은 무엇인가? 안계, 나아가 안촉을 인연으로 생겨난 여러 수로써 탐애할 것이 아니니라. 왜 그러한가? 일체법으로써 자성은 공한 까닭이니라.

선남자여. 그대는 이계에서 탐애가 생겨나지 않게 해야 하고, 역시 성계·이식계, 나아가 이촉·이촉을 인연으로 생겨난 여러 수에서도 탐애가 생겨나지 않게 해야 하느니라. 그 까닭은 무엇인가? 이계, 나아가 이촉을 인연으로 생겨난 여러 수로써 탐애할 것이 아니니라. 왜 그러한가? 일체법으로써 자성은 공한 까닭이니라. 선남자여. 그대는 비계에서 탐애가 생겨나지 않게 해야 하고, 역시 향계·비식계, 나아가 비촉·비촉을 인연으로 생겨난 여러 수에서도 탐애가 생겨나지 않게 해야 하느니라. 그 까닭은 무엇인가? 비계, 나아가 비촉을 인연으로 생겨난 여러 수로써 탐애할 것이 아니니라. 왜 그러한가? 일체법으로써 자성은 공한 까닭이니라.

선남자여. 그대는 설계에서 탐애가 생겨나지 않게 해야 하고, 역시 미계·설식계, 나아가 설촉·설촉을 인연으로 생겨난 여러 수에서도 탐애가 생겨나지 않게 해야 하느니라. 그 까닭은 무엇인가? 설계, 나아가 설촉을 인연으로 생겨난 여러 수로써 탐애할 것이 아니니라. 왜 그러한가? 일체법으로써 자성은 공한 까닭이니라. 선남자여. 그대는 신계에서 탐애가 생겨나지 않게 해야 하고, 역시 촉계·신식계, 나아가 신촉·신촉을 인연으로 생겨난 여러 수에서도 탐애가 생겨나지 않게 해야 하느니라. 그 까닭은 무엇인가? 신계, 나아가 신촉을 인연으로 생겨난 여러 수로써 탐애할 것이 아니니라. 왜 그러한가? 일체법으로써 자성은 공한 까닭이니라.

선남자여. 그대는 의계에서 탐애가 생겨나지 않게 해야 하고, 역시 법계·의식계, 나아가 의촉·의촉을 인연으로 생겨난 여러 수에서도 탐애가 생겨나지 않게 해야 하느니라. 그 까닭은 무엇인가? 의계, 나아가 의촉을 인연으로 생겨난 여러 수로써 탐애할 것이 아니니라. 왜 그러한가? 일체법으로써 자성은 공한 까닭이니라. 선남자여. 그대는 지계에서 탐애가 생겨나지 않게 해야 하고, 역시 수·화·풍·공·식계에서도 탐애가 생겨나지 않게 해야 하느니라. 그 까닭은 무엇인가? 지·수·화·풍·공·식계로써 탐애할 것이 아니니라. 왜 그러한가? 일체법으로써 자성은 공한 까닭이니라.

선남자여. 그대는 무명에서 탐애가 생겨나지 않게 해야 하고, 역시
행·식·명색·육처·촉·수·애·취·유·생·노사의 수탄고우뇌에서도 탐애가
생겨나지 않게 해야 하느니라. 그 까닭은 무엇인가? 무명, 나아가 노사의
수탄고우뇌로써 탐애할 것이 아니니라. 왜 그러한가? 일체법으로써 자성
은 공한 까닭이니라. 선남자여. 그대는 보시바라밀다에서 탐애가 생겨나
지 않게 해야 하고, 역시 정계·안인·정진·정려·반야바라밀다에서도 탐애
가 생겨나지 않게 해야 하느니라. 그 까닭은 무엇인가? 보시, 나아가
반야바라밀다로써 탐애할 것이 아니니라. 왜 그러한가? 일체법으로써
자성은 공한 까닭이니라.

선남자여. 그대는 내공에서 탐애가 생겨나지 않게 해야 하고, 역시
외공·내외공·공공·대공·승의공·유위공·무위공·필경공·무제공·산공·
무변이공·본성공·자상공·공상공·일체법공·불가득공·무성공·자성공·
무성자성공에서도 탐애가 생겨나지 않게 해야 하느니라. 그 까닭은 무엇
인가? 내공, 나아가 무성자성공으로써 탐애할 것이 아니니라. 왜 그러한
가? 일체법으로써 자성은 공한 까닭이니라.

선남자여. 그대는 진여에서 탐애가 생겨나지 않게 해야 하고, 역시
법계·법성·불허망성·불변이성·평등성·이생성·법정·법주·실제·허공
계·부사의계에서도 탐애가 생겨나지 않게 해야 하느니라. 그 까닭은
무엇인가? 진여, 나아가 부사의계로써 탐애할 것이 아니니라. 왜 그러한
가? 일체법으로써 자성은 공한 까닭이니라. 선남자여. 그대는 고성제에서
탐애가 생겨나지 않게 해야 하고, 역시 집·멸·도성제에서도 탐애가 생겨나
지 않게 해야 하느니라. 그 까닭은 무엇인가? 고·집·멸·도성제로써 탐애
할 것이 아니니라. 왜 그러한가? 일체법으로써 자성은 공한 까닭이니라.

선남자여. 그대는 4정려에서 탐애가 생겨나지 않게 해야 하고, 역시
4무량·4무색정에서도 탐애가 생겨나지 않게 해야 하느니라. 그 까닭은
무엇인가? 4정려·4무량·4무색정으로써 탐애할 것이 아니니라. 왜 그러한
가? 일체법으로써 자성은 공한 까닭이니라. 선남자여. 그대는 8해탈에서
탐애가 생겨나지 않게 해야 하고, 역시 8승처·9차제정·10변처에서도

탐애가 생겨나지 않게 해야 하느니라. 그 까닭은 무엇인가? 8해탈·8승처·9차제정·10변처로써 탐애할 것이 아니니라. 왜 그러한가? 일체법으로써 자성은 공한 까닭이니라.

선남자여. 그대는 4념주에서 탐애가 생겨나지 않게 해야 하고, 역시 4정단·4신족·5근·5력·7등각지·8성도지에서도 탐애가 생겨나지 않게 해야 하느니라. 그 까닭은 무엇인가? 4념주, 나아가 8성도지로써 탐애할 것이 아니니라. 왜 그러한가? 일체법으로써 자성은 공한 까닭이니라. 선남자여. 그대는 공해탈문에서 탐애가 생겨나지 않게 해야 하고, 역시 무상·무원해탈문에서도 탐애가 생겨나지 않게 해야 하느니라. 그 까닭은 무엇인가? 공·무상·무원해탈문으로써 탐애할 것이 아니니라. 왜 그러한가? 일체법으로써 자성은 공한 까닭이니라.

선남자여. 그대는 보살의 10지에서 탐애가 생겨나지 않게 해야 하느니라. 그 까닭은 무엇인가? 보살의 10지로써 탐애할 것이 아니니라. 왜 그러한가? 일체법으로써 자성은 공한 까닭이니라.

선남자여. 그대는 5안에서 탐애가 생겨나지 않게 해야 하고, 역시 6신통에서도 탐애가 생겨나지 않게 해야 하느니라. 그 까닭은 무엇인가? 5안·6신통으로써 탐애할 것이 아니니라. 왜 그러한가? 일체법으로써 자성은 공한 까닭이니라. 선남자여. 그대는 여래의 10력에서 탐애가 생겨나지 않게 해야 하고, 역시 4무소외·4무애해·대자·대비·대희·대사·18불불공법에서도 탐애가 생겨나지 않게 해야 하느니라. 그 까닭은 무엇인가? 여래의 10력, 나아가 18불불공법으로써 탐애할 것이 아니니라. 왜 그러한가? 일체법으로써 자성은 공한 까닭이니라.

선남자여. 그대는 무망실법에서 탐애가 생겨나지 않게 해야 하고, 역시 항주사성에서도 탐애가 생겨나지 않게 해야 하느니라. 그 까닭은 무엇인가? 무망실법·항주사성으로써 탐애할 것이 아니니라. 왜 그러한가? 일체법으로써 자성은 공한 까닭이니라. 선남자여. 그대는 일체지에서 탐애가 생겨나지 않게 해야 하고, 역시 도상지·일체상지에서도 탐애가 생겨나지 않게 해야 하느니라. 그 까닭은 무엇인가? 일체지·도상지·일체상지로써 탐애할 것이 아니니라. 왜 그러한가? 일체법으로써 자성은 공한 까닭이니라.

선남자여. 그대는 일체의 다라니문에서 탐애가 생겨나지 않게 해야 하고, 역시 일체의 삼마지문에서도 탐애가 생겨나지 않게 해야 하느니라. 그 까닭은 무엇인가? 일체의 다라니문·일체의 삼마지문으로써 탐애할 것이 아니니라. 왜 그러한가? 일체법으로써 자성은 공한 까닭이니라. 선남자여. 그대는 예류과에서 탐애가 생겨나지 않게 해야 하고, 역시 일래·불환·아라한과에서도 탐애가 생겨나지 않게 해야 하느니라. 그 까닭은 무엇인가? 예류·일래·불환·아라한과로써 탐애할 것이 아니니라. 왜 그러한가? 일체법으로써 자성은 공한 까닭이니라.

선남자여. 그대는 독각의 보리에서 탐애가 생겨나지 않게 해야 하느니라. 그 까닭은 무엇인가? 독각의 보리로써 탐애할 것이 아니니라. 왜 그러한가? 일체법으로써 자성은 공한 까닭이니라. 선남자여. 그대는 일체의 보살마하살의 행에서 탐애가 생겨나지 않게 해야 하느니라. 그 까닭은 무엇인가? 일체의 보살마하살의 행으로써 탐애할 것이 아니니라. 왜 그러한가? 일체법으로써 자성은 공한 까닭이니라.

선남자여. 그대는 제불의 무상정등보리에서 탐애가 생겨나지 않게 해야 하느니라. 그 까닭은 무엇인가? 제불의 무상정등보리로써 탐애할 것이 아니니라. 왜 그러한가? 일체법으로써 자성은 공한 까닭이니라."

마하반야바라밀다경 제314권

45. 진선우품(眞善友品)(2)

그때 구수 선현이 다시 세존께 아뢰어 말하였다.

"세존이시여. 제보살마하살은 어려운 일을 위하여 일체법의 자성이 공(空)한 가운데에서 무상정등보리를 간절하게 구하면서 증득하려고 합니다."

세존께서 말씀하셨다.

"그와 같으니라. 그와 같으니라. 그대가 말한 것과 같으니라. 제보살마하살은 어려운 일을 위하여 일체법의 자성이 공(空)한 가운데에서 무상정등보리를 간절하게 구하면서 증득하려고 하느니라.

선현이여. 제보살마하살은 비록 일체법이 환영과 같고 꿈과 같으며 메아리와 같고 형상과 같으며 빛과 같고 그림자와 같으며 아지랑이와 같고 변화한 일과 같으며 심향성(尋香城)과 같아서 자성이 모두 공하다고 알았을지라도, 세간(世間)에 뜻의 이익을 얻게 하기 위한 까닭으로 무상정등보리를 일으켜서 나아가는 것이고, 세간의 요익을 얻게 하기 위한 까닭으로 무상정등보리를 일으켜서 나아가는 것이고, 세간의 안락을 얻게 하기 위한 까닭으로 무상정등보리를 일으켜서 나아가는 것이고, 여러 세간을 구제(救拔)하려는 까닭으로 무상정등보리를 일으켜서 나아가는 것이며, 세간에 귀의처를 지어서 주기 위한 까닭으로 무상정등보리를 일으켜서 나아가는 것이고, 세간에 주택(舍宅)을 지어서 주기 위한 까닭으로 무상정등보리를 일으켜서 나아가는 것이며, 세간에 구경도(究竟

道)를 지어서 주기 위한 까닭으로 무상정등보리를 일으켜서 나아가는 것이고, 세간에 주저(洲渚)1)를 지어서 주기 위한 까닭으로 무상정등보리를 일으켜서 나아가는 것이며, 세간에 광명을 지어서 주기 위한 까닭으로 무상정등보리를 일으켜서 나아가는 것이고, 세간에 등불을 지어서 주기 위한 까닭으로 무상정등보리를 일으켜서 나아가는 것이며, 세간에 인도자(導師)를 지어서 주기 위한 까닭으로 무상정등보리를 일으켜서 나아가는 것이고, 세간에 장수(將帥)를 지어서 주기 위한 까닭으로 무상정등보리를 일으켜서 나아가는 것이며, 세간에 나아가는 처소를 지어서 주기 위한 까닭으로 무상정등보리를 일으켜서 나아가는 것이니라.”

구수 선현이 세존께 아뢰어 말하였다.

“세존이시여. 어찌 보살마하살은 세간에 뜻의 이익을 얻게 하기 위한 까닭으로 무상정등보리를 일으켜서 나아간다고 말합니까?”

세존께서 말씀하셨다.

“선현이여. 보살마하살이 일체의 유정들의 여러 고뇌(苦惱)하는 일을 해탈시키기 위하여 보시를 수행하면서 무상정등보리에 나아가는 것이고, 일체의 유정들의 여러 고뇌하는 일을 해탈시키기 위하여 정계를 수행하면서 무상정등보리에 나아가는 것이며, 보살마하살이 일체의 유정들의 여러 고뇌하는 일을 해탈시키기 위하여 안인을 수행하면서 무상정등보리에 나아가는 것이고, 일체의 유정들의 여러 고뇌하는 일을 해탈시키기 위하여 정진을 수행하면서 무상정등보리에 나아가는 것이며, 보살마하살이 일체의 유정들의 여러 고뇌하는 일을 해탈시키기 위하여 정려를 수행하면서 무상정등보리에 나아가는 것이고, 일체의 유정들의 여러 고뇌하는 일을 해탈시키기 위하여 반야를 수행하면서 무상정등보리에 나아가는 것이니라. 선현이여. 이것이 보살마하살이 세간에 뜻의 이익을 얻기 위한 까닭으로 무상정등보리를 일으켜서 나아가는 것이니라.”

---

1) 파도(波濤)가 밀려와서 부딪히는 강이나, 해안의 모래톱을 가리킨다.

구수 선현이 세존께 아뢰어 말하였다.

"세존이시여. 어찌 보살마하살은 세간에 요익을 얻게 하기 위한 까닭으로 무상정등보리를 일으켜서 나아간다고 말합니까?"

세존께서 말씀하셨다.

"선현이여. 보살마하살이 5취(五趣)²⁾에서 두려워하는 유정들을 구제하여 열반에서 두려움이 없는 피안(彼岸)에 내려놓기 위하여 무상정등보리를 일으켜서 나아가는 것이니라. 선현이여. 이것이 보살마하살이 세간에 요익을 얻기 위한 까닭으로 무상정등보리를 일으켜서 나아가는 것이니라."

구수 선현이 세존께 아뢰어 말하였다.

"세존이시여. 어찌 보살마하살은 세간에 안락을 얻게 하기 위한 까닭으로 무상정등보리를 일으켜서 나아간다고 말합니까?"

세존께서 말씀하셨다.

"선현이여. 보살마하살이 고통으로 근심하고 번뇌로 슬퍼하는 유정들을 구제하여 열반의 안은(安隱)한 피안에 내려놓기 위하여 무상정등보리를 일으켜서 나아가는 것이니라. 선현이여. 이것이 보살마하살이 세간에 안락을 얻기 위한 까닭으로 무상정등보리를 일으켜서 나아가는 것이니라."

구수 선현이 세존께 아뢰어 말하였다.

"세존이시여. 어찌 보살마하살은 여러 세간을 구제하기 위한 까닭으로 무상정등보리를 일으켜서 나아간다고 말합니까?"

세존께서 말씀하셨다.

"선현이여. 보살마하살이 유정들을 생사(生死)의 여러 고통에서 구제하기 위하여 무상정등보리를 일으켜서 나아가면서 보리를 얻은 때라면, 비로소 능히 고통을 단절하는 법을 여실하게 설할 수 있고, 유정들이 듣고서 3승의 가르침에 의지하여 점차로 수행한다면 해탈을 얻는 것이니

---

2) 중생이 선악(善惡)의 업보를 저지른 행위에 따라 받는다고 하는 다섯 가지의 세계인 지옥도(地獄道)·아귀도(餓鬼道)·축생도(畜生道)·인간도(人間道)·천상도(天上道)를 가리킨다.

라. 선현이여. 이것이 보살마하살이 여러 세간을 구제하기 위한 까닭으로 무상정등보리를 일으켜서 나아가는 것이니라.”

구수 선현이 세존께 아뢰어 말하였다.

“세존이시여. 어찌 보살마하살은 세간에 귀의처를 지어서 주기 위한 까닭으로 무상정등보리를 일으켜서 나아간다고 말합니까?”

세존께서 말씀하셨다.

“선현이여. 보살마하살이 일체의 태어나는 법·늙는 법·병드는 법·죽는 법·슬퍼하는 법·한탄하는 법·괴로운 법·근심하는 법·번뇌하는 법의 유정들을 태어나고 늙으며 병들고 죽으며 슬퍼하고 한탄하며 근심하고 번뇌하는 법에서 해탈시켜 무여의열반계(無餘依涅槃界)[3]에 안주시키기 위한 까닭으로 무상정등보리를 일으켜서 나아가는 것이니라. 선현이여. 이것이 보살마하살이 세간에 귀의처를 지어서 주기 위한 까닭으로 무상정등보리를 일으켜서 나아가는 것이니라.”

구수 선현이 세존께 아뢰어 말하였다.

“세존이시여. 어찌 보살마하살은 세간에 주택을 지어서 주기 위한 까닭으로 무상정등보리를 일으켜서 나아간다고 말합니까?”

세존께서 말씀하셨다.

“선현이여. 보살마하살이 일체법은 모두 화합(和合)하지 않는다고 설하기 위한 까닭으로 무상정등보리를 일으켜서 나아가는 것이니라. 선현이여. 이것이 보살마하살이 세간에 주택을 지어서 주기 위한 까닭으로 무상정등보리를 일으켜서 나아가는 것이니라.”

선현이 다시 말하였다.

“세존이시여. 어찌 일체법은 모두 화합하지 않는다고 말합니까?”

세존께서 말씀하셨다.

“선현이여. 색이 화합하지 않으므로 곧 색은 상속(相屬)[4]하지 않고,

---

3) 번뇌를 끊고 분별의 지혜를 벗어나 육신까지 소멸하고 적멸의 경계에 들어가는 열반의 경계를 가리킨다.

색이 상속하지 않으므로 곧 색은 생겨남(生)이 없으며, 색이 생겨남이 없으므로 곧 색은 소멸함이 없고, 색이 소멸함이 없으므로 곧 색은 화합하지 않느니라. 선현이여. 수·상·행·식이 화합하지 않으므로 곧 수·상·행·식은 상속하지 않고, 수·상·행·식이 상속하지 않으므로 곧 수·상·행·식은 생겨남이 없으며, 수·상·행·식이 생겨남이 없으므로 곧 수·상·행·식은 소멸함이 없고, 수·상·행·식이 소멸함이 없으므로 곧 수·상·행·식은 화합하지 않느니라.

선현이여. 안처가 화합하지 않으므로 곧 안처는 상속하지 않고, 안처가 상속하지 않으므로 곧 안처는 생겨남이 없으며, 안처가 생겨남이 없으므로 곧 안처는 소멸함이 없고, 안처가 소멸함이 없으므로 곧 안처는 화합하지 않느니라. 선현이여. 이·비·설·신·의처가 화합하지 않으므로 곧 이·비·설·신·의처는 상속하지 않고, 이·비·설·신·의처가 상속하지 않으므로 곧 이·비·설·신·의처는 생겨남이 없으며, 이·비·설·신·의처가 생겨남이 없으므로 곧 이·비·설·신·의처는 소멸함이 없고, 이·비·설·신·의처가 소멸함이 없으므로 곧 이·비·설·신·의처는 화합하지 않느니라.

선현이여. 색처가 화합하지 않으므로 곧 색처는 상속하지 않고, 색처가 상속하지 않으므로 곧 색처는 생겨남이 없으며, 색처가 생겨남이 없으므로 곧 색처는 소멸함이 없고, 색처가 소멸함이 없으므로 곧 색처는 화합하지 않느니라. 선현이여. 성·향·미·촉·법처가 화합하지 않으므로 곧 성·향·미·촉·법처는 상속하지 않고, 성·향·미·촉·법처가 상속하지 않으므로 곧 성·향·미·촉·법처는 생겨남이 없으며, 성·향·미·촉·법처가 생겨남이 없으므로 곧 성·향·미·촉·법처는 소멸함이 없고, 성·향·미·촉·법처가 소멸함이 없으므로 곧 성·향·미·촉·법처는 화합하지 않느니라.

선현이여. 안계가 화합하지 않으므로 곧 안계는 상속하지 않고, 안계가 상속하지 않으므로 곧 안계는 생겨남이 없으며, 안계가 생겨남이 없으므로 곧 안계는 소멸함이 없고, 안계가 소멸함이 없으므로 곧 안계는 화합하

---

4) 서로가 긴밀하게 연결된다는 뜻이다.

지 않느니라. 선현이여. 색계·안식계, 나아가 안촉·안촉을 인연으로 생겨
난 여러 수가 화합하지 않으므로 곧 색계, 나아가 안촉을 인연으로 생겨난
여러 수는 상속하지 않고, 색계, 나아가 안촉을 인연으로 생겨난 여러
수가 상속하지 않으므로 곧 색계, 나아가 안촉을 인연으로 생겨난 여러
수는 생겨남이 없으며, 색계, 나아가 안촉을 인연으로 생겨난 여러 수가
생겨남이 없으므로 곧 색계, 나아가 안촉을 인연으로 생겨난 여러 수는
소멸함이 없고, 색계, 나아가 안촉을 인연으로 생겨난 여러 수가 소멸함이
없으므로 곧 색계, 나아가 안촉을 인연으로 생겨난 여러 수는 화합하지
않느니라.

선현이여. 이계가 화합하지 않으므로 곧 이계는 상속하지 않고, 이계가
상속하지 않으므로 곧 이계는 생겨남이 없으며, 이계가 생겨남이 없으므
로 곧 이계는 소멸함이 없고, 이계가 소멸함이 없으므로 곧 이계는 화합하
지 않느니라. 선현이여. 성계·이식계, 나아가 이촉·이촉을 인연으로 생겨
난 여러 수가 화합하지 않으므로 곧 성계, 나아가 이촉을 인연으로 생겨난
여러 수는 상속하지 않고, 성계, 나아가 이촉을 인연으로 생겨난 여러
수가 상속하지 않으므로 곧 성계, 나아가 이촉을 인연으로 생겨난 여러
수는 생겨남이 없으며, 성계, 나아가 이촉을 인연으로 생겨난 여러 수가
생겨남이 없으므로 곧 성계, 나아가 이촉을 인연으로 생겨난 여러 수는
소멸함이 없고, 성계, 나아가 이촉을 인연으로 생겨난 여러 수가 소멸함이
없으므로 곧 성계, 나아가 이촉을 인연으로 생겨난 여러 수는 화합하지
않느니라.

선현이여. 비계가 화합하지 않으므로 곧 비계는 상속하지 않고, 비계가
상속하지 않으므로 곧 비계는 생겨남이 없으며, 비계가 생겨남이 없으므
로 곧 비계는 소멸함이 없고, 비계가 소멸함이 없으므로 곧 비계는 화합하
지 않느니라. 선현이여. 향계·비식계, 나아가 비촉·비촉을 인연으로 생겨
난 여러 수가 화합하지 않으므로 곧 향계, 나아가 비촉을 인연으로 생겨난
여러 수는 상속하지 않고, 향계, 나아가 비촉을 인연으로 생겨난 여러
수가 상속하지 않으므로 곧 향계, 나아가 비촉을 인연으로 생겨난 여러

수는 생겨남이 없으며, 향계, 나아가 비촉을 인연으로 생겨난 여러 수가 생겨남이 없으므로 곧 향계, 나아가 비촉을 인연으로 생겨난 여러 수는 소멸함이 없고, 향계, 나아가 비촉을 인연으로 생겨난 여러 수가 소멸함이 없으므로 곧 향계, 나아가 비촉을 인연으로 생겨난 여러 수는 화합하지 않느니라.

선현이여. 설계가 화합하지 않으므로 곧 설계는 상속하지 않고, 설계가 상속하지 않으므로 곧 설계는 생겨남이 없으며, 설계가 생겨남이 없으므로 곧 설계는 소멸함이 없고, 설계가 소멸함이 없으므로 곧 설계는 화합하지 않느니라. 선현이여. 미계·설식계, 나아가 설촉·설촉을 인연으로 생겨난 여러 수가 화합하지 않으므로 곧 미계, 나아가 설촉을 인연으로 생겨난 여러 수는 상속하지 않고, 미계, 나아가 설촉을 인연으로 생겨난 여러 수가 상속하지 않으므로 곧 미계, 나아가 설촉을 인연으로 생겨난 여러 수는 생겨남이 없으며, 미계, 나아가 설촉을 인연으로 생겨난 여러 수가 생겨남이 없으므로 곧 미계, 나아가 설촉을 인연으로 생겨난 여러 수는 소멸함이 없고, 미계, 나아가 설촉을 인연으로 생겨난 여러 수가 소멸함이 없으므로 곧 미계, 나아가 설촉을 인연으로 생겨난 여러 수는 화합하지 않느니라.

선현이여. 신계가 화합하지 않으므로 곧 신계는 상속하지 않고, 신계가 상속하지 않으므로 곧 신계는 생겨남이 없으며, 신계가 생겨남이 없으므로 곧 신계는 소멸함이 없고, 신계가 소멸함이 없으므로 곧 신계는 화합하지 않느니라. 선현이여. 촉계·신식계, 나아가 신촉·신촉을 인연으로 생겨난 여러 수가 화합하지 않으므로 곧 촉계, 나아가 신촉을 인연으로 생겨난 여러 수는 상속하지 않고, 촉계, 나아가 신촉을 인연으로 생겨난 여러 수가 상속하지 않으므로 곧 촉계, 나아가 신촉을 인연으로 생겨난 여러 수는 생겨남이 없으며, 촉계, 나아가 신촉을 인연으로 생겨난 여러 수가 생겨남이 없으므로 곧 촉계, 나아가 신촉을 인연으로 생겨난 여러 수는 소멸함이 없고, 촉계, 나아가 신촉을 인연으로 생겨난 여러 수가 소멸함이 없으므로 곧 촉계, 나아가 신촉을 인연으로 생겨난 여러 수는 화합하지 않느니라.

선현이여. 의계가 화합하지 않으므로 곧 의계는 상속하지 않고, 의계가 상속하지 않으므로 곧 의계는 생겨남이 없으며, 의계가 생겨남이 없으므로 곧 의계는 소멸함이 없고, 의계가 소멸함이 없으므로 곧 의계는 화합하지 않느니라. 선현이여. 법계·의식계, 나아가 의촉·의촉을 인연으로 생겨난 여러 수가 화합하지 않으므로 곧 법계, 나아가 의촉을 인연으로 생겨난 여러 수는 상속하지 않고, 법계, 나아가 의촉을 인연으로 생겨난 여러 수가 상속하지 않으므로 곧 법계, 나아가 의촉을 인연으로 생겨난 여러 수는 생겨남이 없으며, 법계, 나아가 의촉을 인연으로 생겨난 여러 수가 생겨남이 없으므로 곧 법계, 나아가 의촉을 인연으로 생겨난 여러 수는 소멸함이 없고, 법계, 나아가 의촉을 인연으로 생겨난 여러 수가 소멸함이 없으므로 곧 법계, 나아가 의촉을 인연으로 생겨난 여러 수는 화합하지 않느니라.

선현이여. 지계가 화합하지 않으므로 곧 지계는 상속하지 않고, 지계가 상속하지 않으므로 곧 지계는 생겨남이 없으며, 지계가 생겨남이 없으므로 곧 지계는 소멸함이 없고, 지계가 소멸함이 없으므로 곧 지계는 화합하지 않느니라. 선현이여. 수·화·풍·공·식계가 화합하지 않으므로 곧 수·화·풍·공·식계는 상속하지 않고, 수·화·풍·공·식계가 상속하지 않으므로 곧 수·화·풍·공·식계는 생겨남이 없으며, 수·화·풍·공·식계가 생겨남이 없으므로 곧 수·화·풍·공·식계는 소멸함이 없고, 수·화·풍·공·식계가 소멸함이 없으므로 곧 수·화·풍·공·식계는 화합하지 않느니라.

선현이여. 무명이 화합하지 않으므로 곧 무명은 상속하지 않고, 무명이 상속하지 않으므로 곧 무명은 생겨남이 없으며, 무명이 생겨남이 없으므로 곧 무명은 소멸함이 없고, 무명이 소멸함이 없으므로 곧 무명은 화합하지 않느니라. 선현이여. 행·식·명색·육처·촉·수·애·취·유·생·노사의 수탄고우뇌가 화합하지 않으므로 곧 행, 나아가 노사의 수탄고우뇌는 상속하지 않고, 행, 나아가 노사의 수탄고우뇌가 상속하지 않으므로 곧 행, 나아가 노사의 수탄고우뇌는 생겨남이 없으며, 행, 나아가 노사의 수탄고우뇌가 생겨남이 없으므로 곧 행, 나아가 노사의 수탄고우뇌는 소멸함이 없고, 행, 나아가 노사의 수탄고우뇌가 소멸함이 없으므로 곧 행, 나아가 노사의 수탄고우뇌는 화합하지 않느니라.

선현이여. 보시바라밀다가 화합하지 않으므로 곧 보시바라밀다는 상속하지 않고, 보시바라밀다가 상속하지 않으므로 곧 보시바라밀다는 생겨남이 없으며, 보시바라밀다가 생겨남이 없으므로 곧 보시바라밀다는 소멸함이 없고, 보시바라밀다가 소멸함이 없으므로 곧 보시바라밀다는 화합하지 않느니라. 선현이여. 정계·안인·정진·정려·반야바라밀다가 화합하지 않으므로 곧 정계, 나아가 반야바라밀다는 상속하지 않고, 정계, 나아가 반야바라밀다가 상속하지 않으므로 곧 정계, 나아가 반야바라밀다는 생겨남이 없으며, 정계, 나아가 반야바라밀다가 생겨남이 없으므로 곧 정계, 나아가 반야바라밀다는 소멸함이 없고, 정계, 나아가 반야바라밀다가 소멸함이 없으므로 곧 정계, 나아가 반야바라밀다는 화합하지 않느니라.

선현이여. 내공이 화합하지 않으므로 곧 내공은 상속하지 않고, 내공이 상속하지 않으므로 곧 내공은 생겨남이 없으며, 내공이 생겨남이 없으므로 곧 내공은 소멸함이 없고, 내공이 소멸함이 없으므로 곧 내공은 화합하지 않느니라. 선현이여. 외공·내외공·공공·대공·승의공·유위공·무위공·필경공·무제공·산공·무변이공·본성공·자상공·공상공·일체법공·불가득공·무성공·자성공·무성자성공이 화합하지 않으므로 곧 외공, 나아가 무성자성공은 상속하지 않고, 외공, 나아가 무성자성공이 상속하지 않으므로 곧 외공, 나아가 무성자성공은 생겨남이 없으며, 외공, 나아가 무성자성공이 생겨남이 없으므로 곧 외공, 나아가 무성자성공은 소멸함이 없고, 외공, 나아가 무성자성공이 소멸함이 없으므로 곧 외공, 나아가 무성자성공은 화합하지 않느니라.

선현이여. 진여가 화합하지 않으므로 곧 진여는 상속하지 않고, 진여가 상속하지 않으므로 곧 진여는 생겨남이 없으며, 진여가 생겨남이 없으므로 곧 진여는 소멸함이 없고, 진여가 소멸함이 없으므로 곧 진여는 화합하지 않느니라. 선현이여. 법계·법성·불허망성·불변이성·평등성·이생성·

법정·법주·실제·허공계·부사의계가 화합하지 않으므로 곧 법계, 나아가 부사의계는 상속하지 않고, 법계, 나아가 부사의계가 상속하지 않으므로 곧 법계, 나아가 부사의계는 생겨남이 없으며, 법계, 나아가 부사의계가 생겨남이 없으므로 곧 법계, 나아가 부사의계는 소멸함이 없고, 법계, 나아가 부사의계가 소멸함이 없으므로 곧 법계, 나아가 부사의계는 화합하지 않느니라.

선현이여. 고성제가 화합하지 않으므로 곧 고성제는 상속하지 않고, 고성제가 상속하지 않으므로 곧 고성제는 생겨남이 없으며, 고성제가 생겨남이 없으므로 곧 고성제는 소멸함이 없고, 고성제가 소멸함이 없으므로 곧 고성제는 화합하지 않느니라. 선현이여. 집·멸·도성제가 화합하지 않으므로 곧 집·멸·도성제는 상속하지 않고, 집·멸·도성제가 상속하지 않으므로 곧 집·멸·도성제는 생겨남이 없으며, 집·멸·도성제가 생겨남이 없으므로 곧 집·멸·도성제는 소멸함이 없고, 집·멸·도성제가 소멸함이 없으므로 곧 집·멸·도성제는 화합하지 않느니라.

선현이여. 4정려가 화합하지 않으므로 곧 4정려는 상속하지 않고, 4정려가 상속하지 않으므로 곧 4정려는 생겨남이 없으며, 4정려가 생겨남이 없으므로 곧 4정려는 소멸함이 없고, 4정려가 소멸함이 없으므로 곧 4정려는 화합하지 않느니라. 선현이여. 4무량·4무색정이 화합하지 않으므로 곧 4무량·4무색정은 상속하지 않고, 4무량·4무색정이 상속하지 않으므로 곧 4무량·4무색정은 생겨남이 없으며, 4무량·4무색정이 생겨남이 없으므로 곧 4무량·4무색정은 소멸함이 없고, 4무량·4무색정이 소멸함이 없으므로 곧 4무량·4무색정은 화합하지 않느니라.

선현이여. 8해탈이 화합하지 않으므로 곧 8해탈은 상속하지 않고, 8해탈이 상속하지 않으므로 곧 8해탈은 생겨남이 없으며, 8해탈이 생겨남이 없으므로 곧 8해탈은 소멸함이 없고, 8해탈이 소멸함이 없으므로 곧 8해탈은 화합하지 않느니라. 선현이여. 8승처·9차제정·10변처가 화합하지 않으므로 곧 8승처·9차제정·10변처는 상속하지 않고, 8승처·9차제정·10변처가 상속하지 않으므로 8승처·9차제정·10변처는 생겨남이 없으며, 8승처·9차제정·10변처가 생겨남이 없으므로 곧 8승처·9차제정·10변처는 소멸함이 없고, 8승처·9차제정·10변처가 소멸함이 없으므로 곧 8승처·9차제정·10변처는 화합하지 않느니라.

선현이여. 4념주가 화합하지 않으므로 곧 4념주는 상속하지 않고, 4념주가 상속하지 않으므로 곧 4념주는 생겨남이 없으며, 4념주가 생겨남이 없으므로 곧 4념주는 소멸함이 없고, 4념주가 소멸함이 없으므로 곧 4념주는 화합하지 않느니라. 선현이여. 4정단·4신족·5근·5력·7등각지·8성도지가 화합하지 않으므로 곧 4정단, 나아가 8성도지는 상속하지 않고, 4정단, 나아가 8성도지가 상속하지 않으므로 곧 4정단, 나아가 8성도지는 생겨남이 없으며, 4정단, 나아가 8성도지가 생겨남이 없으므로 곧 4정단, 나아가 8성도지는 소멸함이 없고, 4정단, 나아가 8성도지가 소멸함이 없으므로 곧 4정단, 나아가 8성도지는 화합하지 않느니라.

선현이여. 공해탈문이 화합하지 않으므로 곧 공해탈문은 상속하지 않고, 공해탈문이 상속하지 않으므로 곧 공해탈문은 생겨남이 없으며, 공해탈문이 생겨남이 없으므로 곧 공해탈문은 소멸함이 없고, 공해탈문이 소멸함이 없으므로 곧 공해탈문은 화합하지 않느니라. 선현이여. 무상·무원해탈문이 화합하지 않으므로 곧 무상·무원해탈문은 상속하지 않고, 무상·무원해탈문이 상속하지 않으므로 곧 무상·무원해탈문은 생겨남이 없으며, 무상·무원해탈문이 생겨남이 없으므로 곧 무상·무원해탈문은 소멸함이 없고, 무상·무원해탈문이 소멸함이 없으므로 곧 무상·무원해탈문은 화합하지 않느니라.

선현이여. 보살의 10지가 화합하지 않으므로 곧 보살의 10지는 상속하지 않고, 보살의 10지가 상속하지 않으므로 곧 보살의 10지는 생겨남이 없으며, 보살의 10지가 생겨남이 없으므로 곧 보살의 10지는 소멸함이 없고, 보살의 10지가 소멸함이 없으므로 곧 보살의 10지는 화합하지 않느니라.

선현이여. 5안이 화합하지 않으므로 곧 5안은 상속하지 않고, 5안이 상속하지 않으므로 곧 5안은 생겨남이 없으며, 5안이 생겨남이 없으므로 곧 5안은 소멸함이 없고, 5안이 소멸함이 없으므로 곧 5안은 화합하지 않느니라. 선현이여. 6신통이 화합하지 않으므로 곧 6신통은 상속하지 않고, 6신통이 상속하지 않으므로 곧 6신통은 생겨남이 없으며, 6신통이 생겨남이 없으므로 곧 6신통은 소멸함이 없고, 6신통이 소멸함이 없으므로 곧 6신통은 화합하지 않느니라.

선현이여. 여래의 10력이 화합하지 않으므로 곧 여래의 10력은 상속하지 않고, 여래의 10력이 상속하지 않으므로 곧 여래의 10력은 생겨남이 없으며, 여래의 10력이 생겨남이 없으므로 곧 여래의 10력은 소멸함이 없고, 여래의 10력이 소멸함이 없으므로 곧 여래의 10력은 화합하지 않느니라. 선현이여. 4무소외·4무애해·대자·대비·대희·대사·18불불공법이 화합하지 않으므로 곧 4무소외, 나아가 18불불공법은 상속하지 않고, 4무소외, 나아가 18불불공법이 상속하지 않으므로 곧 4무소외, 나아가 18불불공법은 생겨남이 없으며, 4무소외, 나아가 18불불공법이 생겨남이 없으므로 곧 4무소외, 나아가 18불불공법은 소멸함이 없고, 4무소외, 나아가 18불불공법이 소멸함이 없으므로 곧 4무소외, 나아가 18불불공법은 화합하지 않느니라.

선현이여. 무망실법이 화합하지 않으므로 곧 무망실법은 상속하지 않고, 무망실법이 상속하지 않으므로 곧 무망실법은 생겨남이 없으며, 무망실법이 생겨남이 없으므로 곧 무망실법은 소멸함이 없고, 무망실법이 소멸함이 없으므로 곧 무망실법은 화합하지 않느니라. 선현이여. 항주사성이 화합하지 않으므로 곧 항주사성은 상속하지 않고, 항주사성이 상속하지 않으므로 곧 항주사성은 생겨남이 없으며, 항주사성이 생겨남이 없으므로 곧 항주사성은 소멸함이 없고, 항주사성이 소멸함이 없으므로 곧 항주사성은 화합하지 않느니라.

선현이여. 일체지가 화합하지 않으므로 곧 일체지는 상속하지 않고, 일체지가 상속하지 않으므로 곧 일체지는 생겨남이 없으며, 일체지가 생겨남이 없으므로 곧 일체지는 소멸함이 없고, 일체지가 소멸함이 없으므로 곧 일체지는 화합하지 않느니라. 선현이여. 도상지·일체상지가 화합하지 않으므로 곧 도상지·일체상지는 상속하지 않고, 도상지·일체상지가 상속하지 않으므로 곧 도상지·일체상지는 생겨남이 없으며, 도상지·일체상지가 생겨남이 없으므로 곧 도상지·일체상지는 소멸함이 없고, 도상지·일체상지가 소멸함이 없으므로 곧 도상지·일체상지는 화합하지 않느니라.

선현이여. 일체의 다라니문이 화합하지 않으므로 곧 일체의 다라니문은 상속하지 않고, 일체의 다라니문이 상속하지 않으므로 곧 일체의 다라니문은 생겨남이 없으며, 일체의 다라니문이 생겨남이 없으므로 곧 일체의 다라니문은 소멸함이 없고, 일체의 다라니문이 소멸함이 없으므로 곧 일체의 다라니문은 화합하지 않느니라. 선현이여. 일체의 삼마지문이 화합하지 않으므로 곧 일체의 삼마지문은 상속하지 않고, 일체의 삼마지문이 상속하지 않으므로 곧 일체의 삼마지문은 생겨남이 없으며, 일체의 삼마지문이 생겨남이 없으므로 곧 일체의 삼마지문은 소멸함이 없고, 일체의 삼마지문이 소멸함이 없으므로 곧 일체의 삼마지문은 화합하지 않느니라.

선현이여. 예류과가 화합하지 않으므로 곧 예류과는 상속하지 않고, 예류과가 상속하지 않으므로 곧 예류과는 생겨남이 없으며, 예류과가 생겨남이 없으므로 곧 예류과는 소멸함이 없고, 예류과가 소멸함이 없으므로 곧 예류과는 화합하지 않느니라. 선현이여. 일래·불환·아라한과가 화합하지 않으므로 곧 일래·불환·아라한과는 상속하지 않고, 일래·불환·아라한과가 상속하지 않으므로 곧 일래·불환·아라한과는 생겨남이 없으며, 일래·불환·아라한과가 생겨남이 없으므로 곧 일래·불환·아라한과는 소멸함이 없고, 일래·불환·아라한과가 소멸함이 없으므로 곧 일래·불환·아라한과는 화합하지 않느니라.

선현이여. 독각의 보리가 화합하지 않으므로 곧 독각의 보리는 상속하지 않고, 독각의 보리가 상속하지 않으므로 곧 독각의 보리는 생겨남이 없으며, 독각의 보리가 생겨남이 없으므로 곧 독각의 보리는 소멸함이 없고, 독각의 보리가 소멸함이 없으므로 곧 독각의 보리는 화합하지

않느니라. 선현이여. 일체의 보살마하살의 행이 화합하지 않으므로 곧
일체의 보살마하살의 행은 상속하지 않고, 일체의 보살마하살의 행이
상속하지 않으므로 곧 일체의 보살마하살의 행은 생겨남이 없으며, 일체
의 보살마하살의 행이 생겨남이 없으므로 곧 일체의 보살마하살의 행은
소멸함이 없고, 일체의 보살마하살의 행이 소멸함이 없으므로 곧 일체의
보살마하살의 행은 화합하지 않느니라.

선현이여. 제불의 무상정등보리가 화합하지 않으므로 곧 제불의 무상
정등보리는 상속하지 않고, 제불의 무상정등보리가 상속하지 않으므로
곧 제불의 무상정등보리는 생겨남이 없으며, 제불의 무상정등보리가
생겨남이 없으므로 곧 제불의 무상정등보리는 소멸함이 없고, 제불의
무상정등보리가 소멸함이 없으므로 곧 제불의 무상정등보리는 화합하지
않느니라."

구수 선현이 세존께 아뢰어 말하였다.
"세존이시여. 어찌 보살마하살은 세간에 구경도(究竟道)[5]를 지어서
주기 위한 까닭으로 무상정등보리를 일으켜서 나아간다고 말합니까?"
세존께서 말씀하셨다.
"선현이여. 보살마하살이 무상정등보리를 일으키고 나아가서 유정들
을 위하여 이와 같은 법을 설하려는 것이니, 색의 구경(究竟)은 곧 색이
아니고 수·상·행·식의 구경도 곧 수·상·행·식이 아니며, 안처의 구경은
곧 안처가 아니고 이·비·설·신·의처의 구경도 곧 이·비·설·신·의처가
아니며, 색처의 구경은 곧 색처의 구경이 아니고 성·향·미·촉·법처의
구경도 곧 성·향·미·촉·법처가 아니니라.

안계의 구경은 곧 안계가 아니고 색계·안식계, 나아가 안촉·안촉을
인연으로 생겨난 여러 수의 구경도 곧 색계, 나아가 안촉을 인연으로

---

5) 산스크리트어 parāyana의 번역이고, '구경지(究竟地)', '구경위(究竟位)' 등으로
   번역된다. 대승(大乘)의 5위(五位, 또는 五道)의 다섯 번째의 계위이고, 보살의
   수행으로 증득하는 불과(佛果)를 가리킨다.

생겨난 여러 수가 아니며, 이계의 구경은 곧 이계가 아니고 성계·이식계, 나아가 이촉·이촉을 인연으로 생겨난 여러 수의 구경도 곧 성계 나아가 이촉을 인연으로 생겨난 여러 수가 아니며, 비계의 구경은 곧 비계의 구경이 아니고 향계·비식계, 나아가 비촉·비촉을 인연으로 생겨난 여러 수의 구경도 곧 향계, 나아가 비촉을 인연으로 생겨난 여러 수가 아니니라.

설계의 구경은 곧 설계가 아니고 미계·설식계, 나아가 설촉·설촉을 인연으로 생겨난 여러 수의 구경도 곧 미계, 나아가 설촉을 인연으로 생겨난 여러 수가 아니며, 신계의 구경은 곧 신계가 아니고 촉계·신식계, 나아가 신촉·신촉을 인연으로 생겨난 여러 수의 구경도 곧 촉계, 나아가 신촉을 인연으로 생겨난 여러 수가 아니며, 의계의 구경은 곧 의계의 구경이 아니고 법계·의식계, 나아가 의촉·의촉을 인연으로 생겨난 여러 수의 구경도 곧 법계, 나아가 의촉을 인연으로 생겨난 여러 수가 아니니라.

지계의 구경은 곧 지계가 아니고 수·화·풍·공·식계의 구경도 곧 수·화·풍·공·식계가 아니며, 무명의 구경은 곧 무명이 아니고 행·식·명색·육처·촉·수·애·취·유·생·노사의 수탄고우뇌의 구경도 곧 행, 나아가 노사의 수탄고우뇌가 아니며, 보시바라밀다의 구경은 곧 보시바라밀다의 구경이 아니고 정계·안인·정진·정려·반야바라밀다의 구경도 곧 정계, 나아가 반야바라밀다가 아니니라.

내공의 구경은 곧 내공이 아니고 외공·내외공·공공·대공·승의공·유위공·무위공·필경공·무제공·산공·무변이공·본성공·자상공·공상공·일체법공·불가득공·무성공·자성공·무성자성공의 구경도 곧 외공, 나아가 무성자성공이 아니며, 진여의 구경은 곧 진여가 아니고 법계·법성·불허망성·불변이성·평등성·이생성·법정·법주·실제·허공계·부사의계의 구경도 곧 법계, 나아가 부사의계가 아니며, 고성제의 구경은 곧 고성제가 아니고 집·멸·도성제의 구경도 곧 집·멸·도성제가 아니니라.

4정려의 구경은 곧 4정려가 아니고 4무량·4무색정의 구경도 곧 4무량·4무색정이 아니며, 8해탈의 구경은 곧 8해탈이 아니고 8승처·9차제정·10변처의 구경도 곧 8승처·9차제정·10변처가 아니며, 4념주의 구경은 곧

4념주가 아니고 4정단·4신족·5근·5력·7등각지·8성도지의 구경도 곧 4정
단, 나아가 8성도지가 아니며, 공해탈문의 구경은 곧 공해탈문이 아니고
무상·무원해탈문의 구경도 곧 무상·무원해탈문이 아니며, 10지의 구경은
곧 10지가 아니니라.

5안의 구경은 곧 5안이 아니고, 6신통의 구경은 곧 6신통이 아니며,
여래의 10력의 구경은 곧 여래의 10력이 아니고 4무소외·4무애해·대자·
대비·대희·대사·18불불공법의 구경도 곧 4무소외, 나아가 18불불공법이
아니며, 무망실법의 구경은 곧 무망실법이 아니고 항주사성의 구경도
곧 항주사성이 아니며, 일체지의 구경은 곧 일체지가 아니고 도상지·일체
상지의 구경도 곧 도상지·일체상지가 아니니라.

일체의 다라니문의 구경은 곧 일체의 다라니문이 아니고, 일체의 삼마
지문의 구경은 곧 일체의 삼마지문이 아니며, 예류과의 구경은 곧 예류과
가 아니고 일래·불환·아라한과의 구경도 곧 일래·불환·아라한과가 아니
며, 독각의 보리의 구경은 곧 독각의 보리가 아니고, 일체의 보살마하살의
행의 구경도 곧 일체의 보살마하살의 행이 아니며, 제불의 무상정등보리
의 구경은 곧 제불의 무상정등보리가 아니니라.

다시 다음으로 선현이여. 이것이 제법의 구경의 상이고, 일체의 법상(法
相)도 역시 이와 같으니라.”

구수 선현이 세존께 아뢰어 말하였다.

“세존이시여. 만약 일체의 법상(法相)이 구경상(究竟相)과 같은 것이라
면, 어찌 보살마하살은 일체법에서 상응하여 등각(等覺)을 나타낸다고
말합니까? 그 까닭은 무엇인가? 세존이시여. 색은 구경의 가운데에서
이를테면, ‘이것이 색이다.’라는 이와 같은 분별이 있지 않고, 수·상·행·식
은 구경의 가운데에서도 이를테면, ‘이것이 수·상·행·식이다.’라는 이와
같은 분별이 있지 않습니다.

세존이시여. 안처는 구경의 가운데에서 이를테면, ‘이것이 안처이다.’라
는 이와 같은 분별이 있지 않고, 이·비·설·신·의처는 구경의 가운데에서도

이를테면, '이것이 이·비·설·신·의처이다.'라는 이와 같은 분별이 있지 않습니다. 세존이시여. 색처는 구경의 가운데에서 이를테면, '이것이 색처이다.'라는 이와 같은 분별이 있지 않고, 성·향·미·촉·법처는 구경의 가운데에서도 이를테면, '이것이 성·향·미·촉·법처이다.'라는 이와 같은 분별이 있지 않습니다.

세존이시여. 안계는 구경의 가운데에서 이를테면, '이것이 안계이다.'라는 이와 같은 분별이 있지 않고, 색계·안식계, 나아가 안촉·안촉을 인연으로 생겨난 여러 수는 구경의 가운데에서도 이를테면, '이것이 색계, 나아가 안촉을 인연으로 생겨난 여러 수이다.'라는 이와 같은 분별이 있지 않습니다. 세존이시여. 이계는 구경의 가운데에서 이를테면, '이것이 이계이다.'라는 이와 같은 분별이 있지 않고, 성계·이식계, 나아가 이촉·이촉을 인연으로 생겨난 여러 수는 구경의 가운데에서도 이를테면, '이것이 성계, 나아가 이촉을 인연으로 생겨난 여러 수이다.'라는 이와 같은 분별이 있지 않습니다.

세존이시여. 비계는 구경의 가운데에서 이를테면, '이것이 비계이다.'라는 이와 같은 분별이 있지 않고, 향계·비식계, 나아가 비촉·비촉을 인연으로 생겨난 여러 수는 구경의 가운데에서도 이를테면, '이것이 향계, 나아가 비촉을 인연으로 생겨난 여러 수이다.'라는 이와 같은 분별이 있지 않습니다. 세존이시여. 설계는 구경의 가운데에서 이를테면, '이것이 설계이다.'라는 이와 같은 분별이 있지 않고, 미계·설식계, 나아가 설촉·설촉을 인연으로 생겨난 여러 수는 구경의 가운데에서도 이를테면, '이것이 미계, 나아가 설촉을 인연으로 생겨난 여러 수이다.'라는 이와 같은 분별이 있지 않습니다.

세존이시여. 신계는 구경의 가운데에서 이를테면, '이것이 신계이다.'라는 이와 같은 분별이 있지 않고, 촉계·신식계, 나아가 신촉·신촉을 인연으로 생겨난 여러 수는 구경의 가운데에서도 이를테면, '이것이 촉계, 나아가 신촉을 인연으로 생겨난 여러 수이다.'라는 이와 같은 분별이 있지 않습니다. 세존이시여. 의계는 구경의 가운데에서 이를테면, '이것이 의계이다.'

라는 이와 같은 분별이 있지 않고, 법계·의식계, 나아가 의촉·의촉을 인연으로 생겨난 여러 수는 구경의 가운데에서도 이를테면, '이것이 법계, 나아가 의촉을 인연으로 생겨난 여러 수이다.'라는 이와 같은 분별이 있지 않습니다.

세존이시여. 지계는 구경의 가운데에서 이를테면, '이것이 지계이다.'라는 이와 같은 분별이 있지 않고, 수·화·풍·공·식계는 구경의 가운데에서도 이를테면, '이것이 수·화·풍·공·식계이다.'라는 이와 같은 분별이 있지 않습니다. 세존이시여. 무명은 구경의 가운데에서 이를테면, '이것이 무명이다.'라는 이와 같은 분별이 있지 않고, 행·식·명색·육처·촉·수·애·취·유·생·노사의 수탄고우뇌는 구경의 가운데에서도 이를테면, '이것이 행, 나아가 노사의 수탄고우뇌이다.'라는 이와 같은 분별이 있지 않습니다.

세존이시여. 보시바라밀다는 구경의 가운데에서 이를테면, '이것이 보시바라밀다이다.'라는 이와 같은 분별이 있지 않고, 정계·안인·정진·정려·반야바라밀다는 구경의 가운데에서도 이를테면, '이것이 정계, 나아가 반야바라밀다이다.'라는 이와 같은 분별이 있지 않습니다. 세존이시여. 내공은 구경의 가운데에서 이를테면, '이것이 내공이다.'라는 이와 같은 분별이 있지 않고, 외공·내외공·공공·대공·승의공·유위공·무위공·필경공·무제공·산공·무변이공·본성공·자상공·공상공·일체법공·불가득공·무성공·자성공·무성자성공은 구경의 가운데에서도 이를테면, '이것이 내공, 나아가 무성자성공이다.'라는 이와 같은 분별이 있지 않습니다.

세존이시여. 진여는 구경의 가운데에서 이를테면, '이것이 진여이다.'라는 이와 같은 분별이 있지 않고, 법계·법성·불허망성·불변이성·평등성·이생성·법정·법주·실제·허공계·부사의계는 구경의 가운데에서도 이를테면, '이것이 법계, 나아가 부사의계이다.'라는 이와 같은 분별이 있지 않습니다. 세존이시여. 고성제는 구경의 가운데에서 이를테면, '이것이 고성제이다.'라는 이와 같은 분별이 있지 않고, 집·멸·도성제는 구경의 가운데에서도 이를테면, '이것이 집·멸·도성제이다.'라는 이와 같은 분별이 있지 않습니다.

　세존이시여. 4정려는 구경의 가운데에서 이를테면, '이것이 4정려이다.' 라는 이와 같은 분별이 있지 않고, 4무량·4무색정은 구경의 가운데에서도 이를테면, '이것이 4무량·4무색정이다.'라는 이와 같은 분별이 있지 않습니다. 세존이시여. 8해탈은 구경의 가운데에서 이를테면, '이것이 8해탈이다.'라는 이와 같은 분별이 있지 않고, 8승처·9차제정·10변처는 구경의 가운데에서도 이를테면, '이것이 8승처·9차제정·10변처이다.'라는 이와 같은 분별이 있지 않습니다.

　세존이시여. 4념주는 구경의 가운데에서 이를테면, '이것이 4념주이다.' 라는 이와 같은 분별이 있지 않고, 4정단·4신족·5근·5력·7등각지·8성도 지는 구경의 가운데에서도 이를테면, '이것이 4정단, 나아가 8성도지이다.' 라는 이와 같은 분별이 있지 않습니다. 세존이시여. 공해탈문은 구경의 가운데에서 이를테면, '이것이 공해탈문이다.'라는 이와 같은 분별이 있지 않고, 무상·무원해탈문은 구경의 가운데에서도 이를테면, '이것이 무상· 무원해탈문이다.'라는 이와 같은 분별이 있지 않습니다. 세존이시여. 보살의 10지는 구경의 가운데에서 이를테면, '이것이 보살의 10지이다.'라 는 이와 같은 분별이 있지 않습니다.

　세존이시여. 5안은 구경의 가운데에서 이를테면, '이것이 5안이다.'라 는 이와 같은 분별이 있지 않고, 6신통은 구경의 가운데에서도 이를테면, '이것이 6신통이다.'라는 이와 같은 분별이 있지 않습니다. 세존이시여. 여래의 10력은 구경의 가운데에서 이를테면, '이것이 여래의 10력이다.'라 는 이와 같은 분별이 있지 않고, 4무소외·4무애해·대자·대비·대희·대사· 18불불공법은 구경의 가운데에서도 이를테면, '이것이 4무소외, 나아가 18불불공법이다.'라는 이와 같은 분별이 있지 않습니다.

　세존이시여. 무망실법은 구경의 가운데에서 이를테면, '이것이 무망실 법이다.'라는 이와 같은 분별이 있지 않고, 항주사성은 구경의 가운데에서 도 이를테면, '이것이 항주사성이다.'라는 이와 같은 분별이 있지 않습니 다. 세존이시여. 일체지는 구경의 가운데에서 이를테면, '이것이 일체지이 다.'라는 이와 같은 분별이 있지 않고, 도상지·일체상지는 구경의 가운데에서도 이를테면, '이것이 도상지·일체상지이다.'라는 이와 같은 분별이 있지 않습니다.

세존이시여. 일체의 다라니문은 구경의 가운데에서 이를테면, '이것이 일체의 다라니문이다.'라는 이와 같은 분별이 있지 않고, 일체의 삼마지문은 구경의 가운데에서도 이를테면, '이것이 일체의 삼마지문이다.'라는 이와 같은 분별이 있지 않습니다. 세존이시여. 예류과는 구경의 가운데에서 이를테면, '이것이 예류과이다.'라는 이와 같은 분별이 있지 않고, 일래·불환·아라한과는 구경의 가운데에서도 이를테면, '이것이 일래·불환·아라한과이다.'라는 이와 같은 분별이 있지 않습니다.

세존이시여. 독각의 보리는 구경의 가운데에서 이를테면, '이것이 독각의 보리이다.'라는 이와 같은 분별이 있지 않습니다. 세존이시여. 일체의 보살마하살의 행은 구경의 가운데에서 이를테면, '이것이 일체의 보살마하살의 행이다.'라는 이와 같은 분별이 있지 않습니다. 세존이시여. 제불의 무상정등보리는 구경의 가운데에서 이를테면, '이것이 제불의 무상정등보리이다.'라는 이와 같은 분별이 있지 않습니다."

마하반야바라밀다경 제315권

45. 진선우품(眞善友品)(3)

세존께서 말씀하셨다.

"선현이여. 그와 같으니라. 그와 같으니라. 그대가 말한 것과 같으니라. 선현이여. 색은 구경(究竟)의 가운데에서 이를테면, '이것이 색이다.'라는 이와 같은 분별이 없고, 수·상·행·식은 구경의 가운데에서 이를테면, '이것이 수·상·행·식이다.'라는 이와 같은 분별이 없느니라.

선현이여. 안처는 구경의 가운데에서 이를테면, '이것이 안처이다.'라는 이와 같은 분별이 없고, 이·비·설·신·의처는 구경의 가운데에서도 이를테면, '이것이 이·비·설·신·의처이다.'라는 이와 같은 분별이 없느니라. 선현이여. 색처는 구경의 가운데에서 이를테면, '이것이 색처이다.'라는 이와 같은 분별이 없고, 성·향·미·촉·법처는 구경의 가운데에서도 이를테면, '이것이 성·향·미·촉·법처이다.'라는 이와 같은 분별이 없느니라.

선현이여. 안계는 구경의 가운데에서 이를테면, '이것이 안계이다.'라는 이와 같은 분별이 없고, 색계·안식계, 나아가 안촉·안촉을 인연으로 생겨난 여러 수는 구경의 가운데에서도 이를테면, '이것이 색계, 나아가 안촉을 인연으로 생겨난 여러 수이다.'라는 이와 같은 분별이 없느니라. 선현이여. 이계는 구경의 가운데에서 이를테면, '이것이 이계이다.'라는 이와 같은 분별이 없고, 성계·이식계, 나아가 이촉·이촉을 인연으로 생겨난 여러 수는 구경의 가운데에서도 이를테면, '이것이 성계, 나아가 이촉을 인연으로 생겨난 여러 수이다.'라는 이와 같은 분별이 없느니라.

선현이여. 비계는 구경의 가운데에서 이를테면, '이것이 비계이다.'라는 이와 같은 분별이 없고, 향계·비식계, 나아가 비촉·비촉을 인연으로 생겨 난 여러 수는 구경의 가운데에서도 이를테면, '이것이 향계, 나아가 비촉을 인연으로 생겨난 여러 수이다.'라는 이와 같은 분별이 없느니라. 선현이여. 설계는 구경의 가운데에서 이를테면, '이것이 설계이다.'라는 이와 같은 분별이 없고, 미계·설식계, 나아가 설촉·설촉을 인연으로 생겨난 여러 수는 구경의 가운데에서도 이를테면, '이것이 미계, 나아가 설촉을 인연으 로 생겨난 여러 수이다.'라는 이와 같은 분별이 없느니라.

선현이여. 신계는 구경의 가운데에서 이를테면, '이것이 신계이다.'라는 이와 같은 분별이 없고, 촉계·신식계, 나아가 신촉·신촉을 인연으로 생겨 난 여러 수는 구경의 가운데에서도 이를테면, '이것이 촉계, 나아가 신촉을 인연으로 생겨난 여러 수이다.'라는 이와 같은 분별이 없느니라. 선현이여. 의계는 구경의 가운데에서 이를테면, '이것이 의계이다.'라는 이와 같은 분별이 없고, 법계·의식계, 나아가 의촉·의촉을 인연으로 생겨난 여러 수는 구경의 가운데에서도 이를테면, '이것이 법계, 나아가 의촉을 인연으 로 생겨난 여러 수이다.'라는 이와 같은 분별이 없느니라.

선현이여. 지계는 구경의 가운데에서 이를테면, '이것이 지계이다.'라는 이와 같은 분별이 없고, 수·화·풍·공·식계는 구경의 가운데에서도 이를테 면, '이것이 수·화·풍·공·식계이다.'라는 이와 같은 분별이 없느니라. 선현이여. 무명은 구경의 가운데에서 이를테면, '이것이 무명이다.'라는 이와 같은 분별이 없고, 행·식·명색·육처·촉·수·애·취·유·생·노사의 수 탄고우뇌는 구경의 가운데에서도 이를테면, '이것이 행, 나아가 노사의 수탄고우뇌이다.'라는 이와 같은 분별이 없느니라.

선현이여. 보시바라밀다는 구경의 가운데에서 이를테면, '이것이 보시 바라밀다이다.'라는 이와 같은 분별이 없고, 정계·안인·정진·정려·반야 바라밀다는 구경의 가운데에서도 이를테면, '이것이 정계, 나아가 반야바 라밀다이다.'라는 이와 같은 분별이 없느니라. 선현이여. 내공은 구경의 가운데에서 이를테면, '이것이 내공이다.'라는 이와 같은 분별이 없고,

외공·내외공·공공·대공·승의공·유위공·무위공·필경공·무제공·산공·
무변이공·본성공·자상공·공상공·일체법공·불가득공·무성공·자성공·
무성자성공은 구경의 가운데에서도 이를테면, '이것이 내공, 나아가 무성
자성공이다.'라는 이와 같은 분별이 없느니라.

　선현이여. 진여는 구경의 가운데에서 이를테면, '이것이 진여이다.'라는
이와 같은 분별이 없고, 법계·법성·불허망성·불변이성·평등성·이생성·
법정·법주·실제·허공계·부사의계는 구경의 가운데에서도 이를테면, '이
것이 법계, 나아가 부사의계이다.'라는 이와 같은 분별이 없느니라. 선현이
여. 고성제는 구경의 가운데에서 이를테면, '이것이 고성제이다.'라는
이와 같은 분별이 없고, 집·멸·도성제는 구경의 가운데에서도 이를테면,
'이것이 집·멸·도성제이다.'라는 이와 같은 분별이 없느니라.

　선현이여. 4정려는 구경의 가운데에서 이를테면, '이것이 4정려이다.'
라는 이와 같은 분별이 없고, 4무량·4무색정은 구경의 가운데에서도
이를테면, '이것이 4무량·4무색정이다.'라는 이와 같은 분별이 없느니라.
선현이여. 8해탈은 구경의 가운데에서 이를테면, '이것이 8해탈이다.'라는
이와 같은 분별이 없고, 8승처·9차제정·10변처는 구경의 가운데에서도
이를테면, '이것이 8승처·9차제정·10변처이다.'라는 이와 같은 분별이
없느니라.

　선현이여. 4념주는 구경의 가운데에서 이를테면, '이것이 4념주이다.'
라는 이와 같은 분별이 없고, 4정단·4신족·5근·5력·7등각지·8성도지는
구경의 가운데에서도 이를테면, '이것이 4정단, 나아가 8성도지이다.'라는
이와 같은 분별이 없느니라. 선현이여. 공해탈문은 구경의 가운데에서
이를테면, '이것이 공해탈문이다.'라는 이와 같은 분별이 없고, 무상·무원
해탈문은 구경의 가운데에서도 이를테면, '이것이 무상·무원해탈문이다.'
라는 이와 같은 분별이 없느니라. 선현이여. 보살의 10지는 구경의
가운데에서 이를테면, '이것이 보살의 10지이다.'라는 이와 같은 분별이
없느니라.

　선현이여. 5안은 구경의 가운데에서 이를테면, '이것이 5안이다.'라는

이와 같은 분별이 없고, 6신통은 구경의 가운데에서도 이를테면, '이것이 6신통이다.'라는 이와 같은 분별이 없느니라. 선현이여. 여래의 10력은 구경의 가운데에서 이를테면, '이것이 여래의 10력이다.'라는 이와 같은 분별이 없고, 4무소외·4무애해·대자·대비·대희·대사·18불불공법은 구경의 가운데에서도 이를테면, '이것이 4무소외, 나아가 18불불공법이다.'라는 이와 같은 분별이 없느니라.

선현이여. 무망실법은 구경의 가운데에서 이를테면, '이것이 무망실법이다.'라는 이와 같은 분별이 없고, 항주사성은 구경의 가운데에서도 이를테면, '이것이 항주사성이다.'라는 이와 같은 분별이 없느니라. 선현이여. 일체지는 구경의 가운데에서 이를테면, '이것이 일체지이다.'라는 이와 같은 분별이 없고, 도상지·일체상지는 구경의 가운데에서도 이를테면, '이것이 도상지·일체상지이다.'라는 이와 같은 분별이 없느니라.

선현이여. 일체의 다라니문은 구경의 가운데에서 이를테면, '이것이 일체의 다라니문이다.'라는 이와 같은 분별이 없고, 일체의 삼마지문은 구경의 가운데에서도 이를테면, '이것이 일체의 삼마지문이다.'라는 이와 같은 분별이 없느니라. 선현이여. 예류과는 구경의 가운데에서 이를테면, '이것이 예류과이다.'라는 이와 같은 분별이 없고, 일래·불환·아라한과는 구경의 가운데에서도 이를테면, '이것이 일래·불환·아라한과이다.'라는 이와 같은 분별이 없느니라.

선현이여. 독각의 보리는 구경의 가운데에서 이를테면, '이것이 독각의 보리이다.'라는 이와 같은 분별이 없느니라. 선현이여. 일체의 보살마하살의 행은 구경의 가운데에서 이를테면, '이것이 일체의 보살마하살의 행이다.'라는 이와 같은 분별이 없느니라. 선현이여. 제불의 무상정등보리는 구경의 가운데에서 이를테면, '이것이 제불의 무상정등보리이다.'라는 이와 같은 분별이 없느니라.

선현이여. 이것이 보살마하살의 하기 어려운 일이니 이를테면, 비록 일체법이 모두 적멸(寂滅)한 상(相)이라고 관찰하였더라도, 침울하지도 않고 숨기지도 않으면서 '나는 이 법에서 등각(等覺)을 나타내었고 이미 무상정등보리를 증득하였으므로, 제유정들을 위하여 이와 같은 적정하고 미묘한 법을 널리 설하면서 열어서 보여주겠다.'라고 이렇게 생각을 하면서 말을 짓느니라. 선현이여. 이것이 보살마하살이 세간에서 구경의 길(究竟道)을 지으려고 하기 위한 까닭으로 무상정등보리를 일으켜서 나아가는 것이니라."

구수 선현이 세존께 아뢰어 말하였다.

"세존이시여. 어찌 보살마하살이 세간에게 주저(洲渚)를 지어서 주기 위한 까닭으로 무상정등보리를 일으켜서 나아간다고 말합니까?"

세존께서 말씀하셨다.

"선현이여. 비유한다면 큰 바다이거나, 크고 작은 강물의 가운데에서 높이 드러나서 사람이 거주할 수 있고 그 주위를 돌아가면서 물이 단절(斷絶)된 것과 같다면, 이것을 주저라고 이름하느니라. 이와 같이 선현이여. 색은 전제(前際)[1]와 후제(後際)[2]가 단절되었고 수·상·행·식도 전제와 후제가 단절되었으며, 안처는 전제와 후제가 단절되었고 이·비·설·신·의처도 전제와 후제가 단절되었으며, 색처는 전제와 후제가 단절되었고 성·향·미·촉·법처도 전제와 후제가 단절되었느니라.

안계는 전제와 후제가 단절되었고 색계·안식계, 나아가 안촉·안촉을 인연으로 생겨난 여러 수도 전제와 후제가 단절되었으며, 이계는 전제와 후제가 단절되었고 성계·이식계, 나아가 이촉·이촉을 인연으로 생겨난 여러 수도 전제와 후제가 단절되었으며, 비계는 전제와 후제가 단절되었고 향계·비식계, 나아가 비촉·비촉을 인연으로 생겨난 여러 수도 전제와 후제가 단절되었느니라.

설계는 전제와 후제가 단절되었고 미계·설식계, 나아가 설촉·설촉을 인연으로 생겨난 여러 수도 전제와 후제가 단절되었으며, 신계는 전제와 후제가 단절되었고 촉계·신식계, 나아가 신촉·신촉을 인연으로 생겨난

---

1) 3생(三生)의 하나이고, 전생(前生)을 가리키는 말이다.
2) 3생(三生)의 하나이고, 내생(來生)을 가리키는 말이다.

여러 수도 전제와 후제가 단절되었으며, 의계는 전제와 후제가 단절되었고 법계·의식계, 나아가 의촉·의촉을 인연으로 생겨난 여러 수도 전제와 후제가 단절되었느니라.

지계는 전제와 후제가 단절되었고 수·화·풍·공·식계도 전제와 후제가 단절되었으며, 무명은 전제와 후제가 단절되었고 행·식·명색·육처·촉·수·애·취·유·생·노사의 수탄고우뇌도 전제와 후제가 단절되었으며, 보시바라밀다는 전제와 후제가 단절되었고 정계·안인·정진·정려·반야바라밀다도 전제와 후제가 단절되었느니라.

내공은 전제와 후제가 단절되었고 외공·내외공·공공·대공·승의공·유위공·무위공·필경공·무제공·산공·무변이공·본성공·자상공·공상공·일체법공·불가득공·무성공·자성공·무성자성공도 전제와 후제가 단절되었으며, 진여는 전제와 후제가 단절되었고 법계·법성·불허망성·불변이성·평등성·이생성·법정·법주·실제·허공계·부사의계도 전제와 후제가 단절되었으며, 고성제는 전제와 후제가 단절되었고 집·멸·도성제도 전제와 후제가 단절되었느니라.

4정려는 전제와 후제가 단절되었고 4무량·4무색정도 전제와 후제가 단절되었으며, 8해탈은 전제와 후제가 단절되었고 8승처·9차제정·10변처도 전제와 후제가 단절되었으며, 4념주는 전제와 후제가 단절되었고 4정단·4신족·5근·5력·7등각지·8성도지도 전제와 후제가 단절되었으며, 공해탈문은 전제와 후제가 단절되었고 무상·무원해탈문도 전제와 후제가 단절되었으며, 보살의 10지는 전제와 후제가 단절되었느니라.

5안은 전제와 후제가 단절되었고 6신통도 전제와 후제가 단절되었으며, 여래의 10력은 전제와 후제가 단절되었고 4무소외·4무애해·대자·대비·대희·대사·18불불공법도 전제와 후제가 단절되었으며, 무망실법은 전제와 후제가 단절되었고 항주사성도 전제와 후제가 단절되었으며, 일체지는 전제와 후제가 단절되었고 도상지·일체상지도 전제와 후제가 단절되었으며, 일체의 다라니문은 전제와 후제가 단절되었고 일체의 삼마지문도 전제와 후제가 단절되었느니라.

예류과는 전제와 후제가 단절되었고 일래·불환·아라한과도 전제와 후제가 단절되었으며, 독각의 보리는 전제와 후제가 단절되었고, 일체의 보살마하살의 행도 전제와 후제가 단절되었으며, 제불의 무상정등보리는 전제와 후제가 단절되었느니라.

선현이여. 오히려 이러한 전제와 후제가 단절되었던 까닭으로 일체법이 단절된 것이니라. 선현이여. 이 일체법이 전제와 후제가 단절되었으므로, 곧 이것이 적멸(寂滅)이고, 곧 이것이 미묘(微妙)함이며, 곧 이것이 여실(如實)이나니 이를테면, 공하여 얻을 수 없으므로 도(道)가 단절되고 애욕을 끝마쳐서 남음이 없으며 염오를 영원히 소멸시키므로 열반이니라.

선현이여. 보살마하살이 무상정등보리를 구하여 증득하고서 유정들을 위하여 이와 같이 적멸하고 미묘한 법을 널리 설하고 보여주려는 것이니라. 선현이여. 이것이 보살마하살이 세간에게 주저를 지어서 주기 위한 까닭으로 무상정등보리를 일으켜서 나아가는 것이니라."

구수 선현이 세존께 아뢰어 말하였다.

"세존이시여. 어찌 보살마하살이 세간에 광명(光明)을 지어서 주기 위한 까닭으로 무상정등보리를 일으켜서 나아간다고 말합니까?"

세존께서 말씀하셨다.

"선현이여. 보살마하살이 장야(長夜)에 유정들이 무거운 암흑(黑暗)이라는 것의 무명(無明)인 알껍질(殼卵)을 깨뜨리기 위한 까닭으로, 유정들의 무지(無知)한 눈병을 치료하여 맑고 밝아지게 하기 위한 까닭으로, 일체의 어리석고 어두운 유정에게 광명을 지어서 주기 위한 까닭으로, 무상정등보리를 일으켜서 나아가는 것이니라. 선현이여. 이것이 보살마하살이 세간에 광명을 지어서 주기 위한 까닭으로, 무상정등보리를 일으켜서 나아가는 것이니라."

구수 선현이 세존께 아뢰어 말하였다.

"세존이시여. 어찌 보살마하살이 세간에 등불(燈炬)을 지어서 주기 위한 까닭으로 무상정등보리를 일으켜서 나아간다고 말합니까?"

세존께서 말씀하셨다.

"선현이여. 보살마하살이 유정들을 위하여 6바라밀다와 4섭사(四攝事)에 상응하는 경전의 진실한 의취(義趣)를 널리 설하면서 방편을 가르쳐서 인도하고 권유하면서 수학시키기 위하여 무상정등보리를 일으켜서 나아가는 것이니라. 선현이여. 이것이 보살마하살이 세간에 횃불을 지어서 주기 위한 까닭으로, 무상정등보리를 일으켜서 나아가는 것이니라."

구수 선현이 세존께 아뢰어 말하였다.

"세존이시여. 어찌 보살마하살이 세간에 인도자(導師)를 지어서 주기 위한 까닭으로 무상정등보리를 일으켜서 나아간다고 말합니까?"

세존께서 말씀하셨다.

"선현이여. 보살마하살이 삿된 도(邪道)를 향하여 나아가는 유정들에게 네 종류의 상응하지 않은 행과 처소의 행을 벗어나게 하고서 하나의 길을 설하여 바른 행으로 돌아가게 시키기 위한 까닭으로, 여러 가지에 염오된 자를 청정하게 하기 위한 까닭으로, 슬퍼하고 번뇌하는 자를 환희와 희열을 얻게 하기 위한 까닭으로, 근심하고 고통스러운 자를 환희와 안락을 얻게 하기 위한 까닭으로, 이치가 아닌 유정에게 이치와 같은 법을 얻게 하기 위한 까닭으로, 유전(流轉)하는 유정들이 열반을 증득하게 하기 위한 까닭으로, 무상정등보리를 일으켜서 나아가는 것이니라. 선현이여. 이것이 보살마하살이 세간에 인도자(導師)를 지어서 주기 위한 까닭으로, 무상정등보리를 일으켜서 나아가는 것이니라."

구수 선현이 세존께 아뢰어 말하였다.

"세존이시여. 어찌 보살마하살이 세간에 장수(將帥)를 지어서 주기 위한 까닭으로 무상정등보리를 일으켜서 나아간다고 말합니까?"

세존께서 말씀하셨다.

"선현이여. 보살마하살이 무상정등보리를 간절하게 구하는 것은, 유정들을 위하여 색은 생겨남이 없고(無生) 소멸함도 없으며(無滅) 염오가 없고(無染) 청정함도 없으며(無淨), 수·상·행·식은 생겨남이 없고 소멸함

도 없으며 염오가 없고 청정함도 없다고 널리 설하면서 열어서 보여주려는
것이니라.

유정들을 위하여 안처는 생겨남이 없고 소멸함도 없으며 염오가 없고
청정함도 없으며, 이·비·설·신·의처는 생겨남이 없고 소멸함도 없으며
염오가 없고 청정함도 없다고 널리 설하면서 열어서 보여주려는 것이니
라. 유정들을 위하여 색처는 생겨남이 없고 소멸함도 없으며 염오가
없고 청정함도 없으며, 성·향·미·촉·법처는 생겨남이 없고 소멸함도
없으며 염오가 없고 청정함도 없다고 널리 설하면서 열어서 보여주려는
것이니라.

유정들을 위하여 안계는 생겨남이 없고 소멸함도 없으며 염오가 없고
청정함도 없으며, 색계·안식계, 나아가 안촉·안촉을 인연으로 생겨난
여러 수는 생겨남이 없고 소멸함도 없으며 염오가 없고 청정함도 없다고
널리 설하면서 열어서 보여주려는 것이니라. 유정들을 위하여 이계는
생겨남이 없고 소멸함도 없으며 염오가 없고 청정함도 없으며, 성계·이식
계, 나아가 이촉·이촉을 인연으로 생겨난 여러 수는 생겨남이 없고 소멸함
도 없으며 염오가 없고 청정함도 없다고 널리 설하면서 열어서 보여주려는
것이니라.

유정들을 위하여 비계는 생겨남이 없고 소멸함도 없으며 염오가 없고
청정함도 없으며, 향계·비식계, 나아가 비촉·비촉을 인연으로 생겨난
여러 수는 생겨남이 없고 소멸함도 없으며 염오가 없고 청정함도 없다고
널리 설하면서 열어서 보여주려는 것이니라. 유정들을 위하여 설계는
생겨남이 없고 소멸함도 없으며 염오가 없고 청정함도 없으며, 미계·설식
계, 나아가 설촉·설촉을 인연으로 생겨난 여러 수는 생겨남이 없고 소멸함
도 없으며 염오가 없고 청정함도 없다고 널리 설하면서 열어서 보여주려는
것이니라.

유정들을 위하여 신계는 생겨남이 없고 소멸함도 없으며 염오가 없고
청정함도 없으며, 촉계·신식계, 나아가 신촉·신촉을 인연으로 생겨난
여러 수는 생겨남이 없고 소멸함도 없으며 염오가 없고 청정함도 없다고

널리 설하면서 열어서 보여주려는 것이니라. 유정들을 위하여 의계는 생겨남이 없고 소멸함도 없으며 염오가 없고 청정함도 없으며, 법계·의식계, 나아가 의촉·의촉을 인연으로 생겨난 여러 수는 생겨남이 없고 소멸함도 없으며 염오가 없고 청정함도 없다고 널리 설하면서 열어서 보여주려는 것이니라.

유정들을 위하여 지계는 생겨남이 없고 소멸함도 없으며 염오가 없고 청정함도 없으며, 수·화·풍·공·식계는 생겨남이 없고 소멸함도 없으며 염오가 없고 청정함도 없다고 널리 설하면서 열어서 보여주려는 것이니라. 유정들을 위하여 무명은 생겨남이 없고 소멸함도 없으며 염오가 없고 청정함도 없으며, 행·식·명색·육처·촉·수·애·취·유·생·노사의 수탄고우뇌는 생겨남이 없고 소멸함도 없으며 염오가 없고 청정함도 없다고 널리 설하면서 열어서 보여주려는 것이니라.

유정들을 위하여 보시바라밀다는 생겨남이 없고 소멸함도 없으며 염오가 없고 청정함도 없으며, 정계바라밀다는 생겨남이 없고 소멸함도 없으며 염오가 없고 청정함도 없다고 널리 설하면서 열어서 보여주려는 것이니라. 유정들을 위하여 안인바라밀다는 생겨남이 없고 소멸함도 없으며 염오가 없고 청정함도 없으며, 정진바라밀다는 생겨남이 없고 소멸함도 없으며 염오가 없고 청정함도 없다고 널리 설하면서 열어서 보여주려는 것이니라.

유정들을 위하여 정려바라밀다는 생겨남이 없고 소멸함도 없으며 염오가 없고 청정함도 없으며, 반야바라밀다는 생겨남이 없고 소멸함도 없으며 염오가 없고 청정함도 없다고 널리 설하면서 열어서 보여주려는 것이니라. 유정들을 위하여 방편선교바라밀다(方便善巧波羅密多)는 생겨남이 없고 소멸함도 없으며 염오가 없고 청정함도 없으며, 원바라밀다(願波羅密多)는 생겨남이 없고 소멸함도 없으며 염오가 없고 청정함도 없다고 널리 설하면서 열어서 보여주려는 것이니라.

유정들을 위하여 역바라밀다(力波羅密多)는 생겨남이 없고 소멸함도 없으며 염오가 없고 청정함도 없으며, 지바라밀다(智波羅密多)는 생겨남

이 없고 소멸함도 없으며 염오가 없고 청정함도 없다고 널리 설하면서
열어서 보여주려는 것이니라.

유정들을 위하여 내공은 생겨남이 없고 소멸함도 없으며 염오가 없고
청정함도 없으며, 외공·내외공·공공·대공·승의공·유위공·무위공·필경
공·무제공·산공·무변이공·본성공·자상공·공상공·일체법공·불가득공·
무성공·자성공·무성자성공은 생겨남이 없고 소멸함도 없으며 염오가
없고 청정함도 없다고 널리 설하면서 열어서 보여주려는 것이니라.

유정들을 위하여 진여는 생겨남이 없고 소멸함도 없으며 염오가 없고
청정함도 없으며, 법계·법성·불허망성·불변이성·평등성·이생성·법정·
법주·실제·허공계·부사의계는 생겨남이 없고 소멸함도 없으며 염오가
없고 청정함도 없다고 널리 설하면서 열어서 보여주려는 것이니라. 유정
들을 위하여 고성제는 생겨남이 없고 소멸함도 없으며 염오가 없고 청정함
도 없으며, 집·멸·도성제는 생겨남이 없고 소멸함도 없으며 염오가 없고
청정함도 없다고 널리 설하면서 열어서 보여주려는 것이니라.

유정들을 위하여 4정려는 생겨남이 없고 소멸함도 없으며 염오가 없고
청정함도 없으며, 4무량·4무색정은 생겨남이 없고 소멸함도 없으며 염오
가 없고 청정함도 없다고 널리 설하면서 열어서 보여주려는 것이니라.
유정들을 위하여 8해탈은 생겨남이 없고 소멸함도 없으며 염오가 없고
청정함도 없으며, 8승처·9차제정·10변처는 생겨남이 없고 소멸함도
없으며 염오가 없고 청정함도 없다고 널리 설하면서 열어서 보여주려는
것이니라.

유정들을 위하여 4념주는 생겨남이 없고 소멸함도 없으며 염오가 없고
청정함도 없으며, 4정단·4신족·5근·5력·7등각지·8성도지는 생겨남이
없고 소멸함도 없으며 염오가 없고 청정함도 없다고 널리 설하면서 열어서
보여주려는 것이니라. 유정들을 위하여 공해탈문은 생겨남이 없고 소멸
함도 없으며 염오가 없고 청정함도 없으며, 무상·무원해탈문은 생겨남이
없고 소멸함도 없으며 염오가 없고 청정함도 없다고 널리 설하면서 열어서
보여주려는 것이니라. 유정들을 위하여 보살의 10지는 생겨남이 없고

소멸함도 없으며 염오가 없고 청정함도 없다고 널리 설하면서 열어서 보여주려는 것이니라.

유정들을 위하여 5안은 생겨남이 없고 소멸함도 없으며 염오가 없고 청정함도 없으며, 6신통은 생겨남이 없고 소멸함도 없으며 염오가 없고 청정함도 없다고 널리 설하면서 열어서 보여주려는 것이니라. 유정들을 위하여 여래의 10력은 생겨남이 없고 소멸함도 없으며 염오가 없고 청정함도 없으며, 4무소외·4무애해·대자·대비·대희·대사·18불불공법은 생겨남이 없고 소멸함도 없으며 염오가 없고 청정함도 없다고 널리 설하면서 열어서 보여주려는 것이니라.

유정들을 위하여 무망실법은 생겨남이 없고 소멸함도 없으며 염오가 없고 청정함도 없으며, 항주사성은 생겨남이 없고 소멸함도 없으며 염오가 없고 청정함도 없다고 널리 설하면서 열어서 보여주려는 것이니라. 유정들을 위하여 일체지는 생겨남이 없고 소멸함도 없으며 염오가 없고 청정함도 없으며, 도상지·일체상지는 생겨남이 없고 소멸함도 없으며 염오가 없고 청정함도 없다고 널리 설하면서 열어서 보여주려는 것이니라.

유정들을 위하여 일체의 다라니문은 생겨남이 없고 소멸함도 없으며 염오가 없고 청정함도 없으며, 일체의 삼마지문은 생겨남이 없고 소멸함도 없으며 염오가 없고 청정함도 없다고 널리 설하면서 열어서 보여주려는 것이니라. 유정들을 위하여 예류과는 생겨남이 없고 소멸함도 없으며 염오가 없고 청정함도 없으며, 일래·불환·아라한과는 생겨남이 없고 소멸함도 없으며 염오가 없고 청정함도 없다고 널리 설하면서 열어서 보여주려는 것이니라.

유정들을 위하여 독각의 보리는 생겨남이 없고 소멸함도 없으며 염오가 없고 청정함도 없다고 널리 설하면서 열어서 보여주려는 것이니라. 유정들을 위하여 일체의 보살마하살의 행은 생겨남이 없고 소멸함도 없으며 염오가 없고 청정함도 없다고 널리 설하면서 열어서 보여주려는 것이니라. 유정들을 위하여 제불의 무상정등보리는 생겨남이 없고 소멸함도 없으며 염오가 없고 청정함도 없다고 널리 설하면서 열어서 보여주려는 것이니라.

선현이여. 이것이 보살마하살이 세간에 장수를 지어서 주기 위한 까닭으로, 무상정등보리를 일으켜서 나아가는 것이니라."

구수 선현이 세존께 아뢰어 말하였다.

"세존이시여. 어찌 보살마하살이 세간에 나아가는 처소를 지어서 주기 위한 까닭으로 무상정등보리를 일으켜서 나아간다고 말합니까?"

세존께서 말씀하셨다.

"선현이여. 보살마하살이 무상정등보리를 간절하게 구하는 것은, 유정들에게 색은 허공(虛空)으로써 나아가는 처소를 삼는다고 널리 설하면서 보여주기 위한 것이고, 수·상·행·식도 역시 허공으로써 나아가는 처소를 삼는다고 널리 설하면서 보여주기 위한 것이니라.

유정들에게 안처는 허공으로써 나아가는 처소를 삼는다고 널리 설하면서 보여주기 위한 것이고, 이·비·설·신·의처도 역시 허공으로써 나아가는 처소를 삼는다고 널리 설하면서 보여주기 위한 것이니라. 유정들에게 색처는 허공으로써 나아가는 처소를 삼는다고 널리 설하면서 보여주기 위한 것이고, 이·비·설·신·의처도 역시 허공으로써 나아가는 처소를 삼는다고 널리 설하면서 보여주기 위한 것이니라.

유정들에게 안계는 허공으로써 나아가는 처소를 삼는다고 널리 설하면서 보여주기 위한 것이고, 색계·안식계, 나아가 안촉·안촉을 인연으로 생겨난 여러 수도 역시 허공으로써 나아가는 처소를 삼는다고 널리 설하면서 보여주기 위한 것이니라. 유정들에게 이계는 허공으로써 나아가는 처소를 삼는다고 널리 설하면서 보여주기 위한 것이고, 성계·이식계, 나아가 이촉·이촉을 인연으로 생겨난 여러 수도 역시 허공으로써 나아가는 처소를 삼는다고 널리 설하면서 보여주기 위한 것이니라.

유정들에게 비계는 허공으로써 나아가는 처소를 삼는다고 널리 설하면서 보여주기 위한 것이고, 향계·비식계, 나아가 비촉·비촉을 인연으로 생겨난 여러 수도 역시 허공으로써 나아가는 처소를 삼는다고 널리 설하면서 보여주기 위한 것이니라. 유정들에게 설계는 허공으로써 나아가는 처소를 삼는다고 널리 설하면서 보여주기 위한 것이고, 미계·설식계, 나아가 설촉·설촉을 인연으로 생겨난 여러 수도 역시 허공으로써 나아가는 처소를 삼는다고 널리 설하면서 보여주기 위한 것이니라.

유정들에게 신계는 허공으로써 나아가는 처소를 삼는다고 널리 설하면서 보여주기 위한 것이고, 촉계·신식계, 나아가 신촉·신촉을 인연으로 생겨난 여러 수도 역시 허공으로써 나아가는 처소를 삼는다고 널리 설하면서 보여주기 위한 것이니라. 유정들에게 의계는 허공으로써 나아가는 처소를 삼는다고 널리 설하면서 보여주기 위한 것이고, 법계·의식계, 나아가 의촉·의촉을 인연으로 생겨난 여러 수도 역시 허공으로써 나아가는 처소를 삼는다고 널리 설하면서 보여주기 위한 것이니라.

유정들에게 지계는 허공으로써 나아가는 처소를 삼는다고 널리 설하면서 보여주기 위한 것이고, 수·화·풍·공·식계도 역시 허공으로써 나아가는 처소를 삼는다고 널리 설하면서 보여주기 위한 것이니라. 유정들에게 무명은 허공으로써 나아가는 처소를 삼는다고 널리 설하면서 보여주기 위한 것이고, 행·식·명색·육처·촉·수·애·취·유·생·노사의 수탄고우뇌도 역시 허공으로써 나아가는 처소를 삼는다고 널리 설하면서 보여주기 위한 것이니라.

유정들에게 보시바라밀다는 허공으로써 나아가는 처소를 삼는다고 널리 설하면서 보여주기 위한 것이고, 정계바라밀다는 허공으로써 나아가는 처소를 삼는다고 널리 설하면서 보여주기 위한 것이니라. 유정들에게 안인바라밀다는 허공으로써 나아가는 처소를 삼는다고 널리 설하면서 보여주기 위한 것이고, 정진바라밀다는 허공으로써 나아가는 처소를 삼는다고 널리 설하면서 보여주기 위한 것이니라.

유정들에게 정려바라밀다는 허공으로써 나아가는 처소를 삼는다고 널리 설하면서 보여주기 위한 것이고, 반야바라밀다는 허공으로써 나아가는 처소를 삼는다고 널리 설하면서 보여주기 위한 것이니라. 유정들에게 방편선교바라밀다는 허공으로써 나아가는 처소를 삼는다고 널리 설하면서 보여주기 위한 것이고, 원바라밀다는 허공으로써 나아가는 처소를 삼는다고 널리 설하면서 보여주기 위한 것이니라.

유정들에게 역바라밀다는 허공으로써 나아가는 처소를 삼는다고 널리 설하면서 보여주기 위한 것이고, 지바라밀다는 허공으로써 나아가는 처소를 삼는다고 널리 설하면서 보여주기 위한 것이니라.

유정들에게 내공은 허공으로써 나아가는 처소를 삼는다고 널리 설하면서 보여주기 위한 것이고, 외공·내외공·공공·대공·승의공·유위공·무위공·필경공·무제공·산공·무변이공·본성공·자상공·공상공·일체법공·불가득공·무성공·자성공·무성자성공도 역시 허공으로써 나아가는 처소를 삼는다고 널리 설하면서 보여주기 위한 것이니라.

유정들에게 진여는 허공으로써 나아가는 처소를 삼는다고 널리 설하면서 보여주기 위한 것이고, 법계·법성·불허망성·불변이성·평등성·이생성·법정·법주·실제·허공계·부사의계도 역시 허공으로써 나아가는 처소를 삼는다고 널리 설하면서 보여주기 위한 것이니라. 유정들에게 고성제는 허공으로써 나아가는 처소를 삼는다고 널리 설하면서 보여주기 위한 것이고, 집·멸·도성제도 역시 허공으로써 나아가는 처소를 삼는다고 널리 설하면서 보여주기 위한 것이니라.

유정들에게 4정려는 허공으로써 나아가는 처소를 삼는다고 널리 설하면서 보여주기 위한 것이고, 4무량·4무색정도 역시 허공으로써 나아가는 처소를 삼는다고 널리 설하면서 보여주기 위한 것이니라. 유정들에게 8해탈은 허공으로써 나아가는 처소를 삼는다고 널리 설하면서 보여주기 위한 것이고, 8승처·9차제정·10변처도 역시 허공으로써 나아가는 처소를 삼는다고 널리 설하면서 보여주기 위한 것이니라.

유정들에게 4념주는 허공으로써 나아가는 처소를 삼는다고 널리 설하면서 보여주기 위한 것이고, 4정단·4신족·5근·5력·7등각지·8성도지도 역시 허공으로써 나아가는 처소를 삼는다고 널리 설하면서 보여주기 위한 것이니라. 유정들에게 공해탈문은 허공으로써 나아가는 처소를 삼는다고 널리 설하면서 보여주기 위한 것이고, 무상·무원해탈문도 역시 허공으로써 나아가는 처소를 삼는다고 널리 설하면서 보여주기 위한 것이니라. 유정들에게 보살의 10지는 허공으로써 나아가는 처소를 삼는다고 널리 설하면서 보여주기 위한 것이니라.

유정들에게 5안은 허공으로써 나아가는 처소를 삼는다고 널리 설하면서 보여주기 위한 것이고, 6신통도 역시 허공으로써 나아가는 처소를 삼는다고 널리 설하면서 보여주기 위한 것이니라. 유정들에게 여래의 10력은 허공으로써 나아가는 처소를 삼는다고 널리 설하면서 보여주기 위한 것이고, 4무소외·4무애해·대자·대비·대희·대사·18불불공법도 역시 허공으로써 나아가는 처소를 삼는다고 널리 설하면서 보여주기 위한 것이니라.

유정들에게 무망실법은 허공으로써 나아가는 처소를 삼는다고 널리 설하면서 보여주기 위한 것이고, 항주사성도 역시 허공으로써 나아가는 처소를 삼는다고 널리 설하면서 보여주기 위한 것이니라. 유정들에게 일체지는 허공으로써 나아가는 처소를 삼는다고 널리 설하면서 보여주기 위한 것이고, 도상지·일체상지도 역시 허공으로써 나아가는 처소를 삼는다고 널리 설하면서 보여주기 위한 것이니라.

유정들에게 일체의 다라니문은 허공으로써 나아가는 처소를 삼는다고 널리 설하면서 보여주기 위한 것이고, 일체의 삼마지문도 역시 허공으로써 나아가는 처소를 삼는다고 널리 설하면서 보여주기 위한 것이니라. 유정들에게 예류과는 허공으로써 나아가는 처소를 삼는다고 널리 설하면서 보여주기 위한 것이고, 일래·불환·아라한과도 역시 허공으로써 나아가는 처소를 삼는다고 널리 설하면서 보여주기 위한 것이니라.

유정들에게 독각의 보리는 허공으로써 나아가는 처소를 삼는다고 널리 설하면서 보여주기 위한 것이니라. 유정들에게 일체의 보살마하살의 행은 허공으로써 나아가는 처소를 삼는다고 널리 설하면서 보여주기 위한 것이니라. 유정들에게 제불의 무상정등보리는 허공으로써 나아가는 처소를 삼는다고 널리 설하면서 보여주기 위한 것이니라."

"제유정들을 위하여 색은 나아가는(趣) 것이 아니고 나아가지 않는(不趣) 것도 아니라고 널리 설하면서 열어서 보여주는 것이니라. 왜 그러한가? 색으로써 자성은 공(空)하므로, 공한 가운데에서는 나아가는 것이 없고 나아가지 않는 것도 없는 까닭이고, 수·상·행·식도 역시 나아가는 것이 없고 나아가지 않는 것도 없다고 널리 설하면서 열어서 보여주는 것이니라. 왜 그러한가? 수·상·행·식으로써 자성은 공하므로, 공한 가운데에서는 나아가는 것이 없고 나아가지 않는 것도 없는 까닭이니라.

제유정들을 위하여 안처는 나아가는 것이 아니고 나아가지 않는 것도 아니라고 널리 설하면서 열어서 보여주는 것이니라. 왜 그러한가? 안처로써 자성은 공하므로, 공한 가운데에서는 나아가는 것이 없고 나아가지 않는 것도 없는 까닭이고, 이·비·설·신·의처도 역시 나아가는 것이 없고 나아가지 않는 것도 없다고 널리 설하면서 열어서 보여주는 것이니라. 왜 그러한가? 이·비·설·신·의처로써 자성은 공하므로, 공한 가운데에서는 나아가는 것이 없고 나아가지 않는 것도 없는 까닭이니라.

제유정들을 위하여 색처는 나아가는 것이 아니고 나아가지 않는 것도 아니라고 널리 설하면서 열어서 보여주는 것이니라. 왜 그러한가? 색처로써 자성은 공하므로, 공한 가운데에서는 나아가는 것이 없고 나아가지 않는 것도 없는 까닭이고, 성·향·미·촉·법처도 역시 나아가는 것이 없고 나아가지 않는 것도 없다고 널리 설하면서 열어서 보여주는 것이니라. 왜 그러한가? 성·향·미·촉·법처로써 자성은 공하므로, 공한 가운데에서는 나아가는 것이 없고 나아가지 않는 것도 없는 까닭이니라.

제유정들을 위하여 안계는 나아가는 것이 아니고 나아가지 않는 것도 아니라고 널리 설하면서 열어서 보여주는 것이니라. 왜 그러한가? 안계로써 자성은 공하므로, 공한 가운데에서는 나아가는 것이 없고 나아가지 않는 것도 없는 까닭이고, 색계·안식계, 나아가 안촉·안촉을 인연으로 생겨난 여러 수도 역시 나아가는 것이 없고 나아가지 않는 것도 없다고 널리 설하면서 열어서 보여주는 것이니라. 왜 그러한가? 색계, 나아가 안촉을 인연으로 생겨난 여러 수로써 자성은 공하므로, 공한 가운데에서는 나아가는 것이 없고 나아가지 않는 것도 없는 까닭이니라.

제유정들을 위하여 이계는 나아가는 것이 아니고 나아가지 않는 것도 아니라고 널리 설하면서 열어서 보여주는 것이니라. 왜 그러한가? 이계로써 자성은 공하므로, 공한 가운데에서는 나아가는 것이 없고 나아가지 않는 것도 없는 까닭이고, 성계·이식계, 나아가 이촉·이촉을 인연으로 생겨난 여러 수도 역시 나아가는 것이 없고 나아가지 않는 것도 없다고 널리 설하면서 열어서 보여주는 것이니라. 왜 그러한가? 성계, 나아가 이촉을 인연으로 생겨난 여러 수로써 자성은 공하므로, 공한 가운데에서는 나아가는 것이 없고 나아가지 않는 것도 없는 까닭이니라.

제유정들을 위하여 비계는 나아가는 것이 아니고 나아가지 않는 것도 아니라고 널리 설하면서 열어서 보여주는 것이니라. 왜 그러한가? 비계로써 자성은 공하므로, 공한 가운데에서는 나아가는 것이 없고 나아가지 않는 것도 없는 까닭이고, 향계·비식계, 나아가 비촉·비촉을 인연으로 생겨난 여러 수도 역시 나아가는 것이 없고 나아가지 않는 것도 없다고 널리 설하면서 열어서 보여주는 것이니라. 왜 그러한가? 향계, 나아가 비촉을 인연으로 생겨난 여러 수로써 자성은 공하므로, 공한 가운데에서는 나아가는 것이 없고 나아가지 않는 것도 없는 까닭이니라.

제유정들을 위하여 설계는 나아가는 것이 아니고 나아가지 않는 것도 아니라고 널리 설하면서 열어서 보여주는 것이니라. 왜 그러한가? 설계로써 자성은 공하므로, 공한 가운데에서는 나아가는 것이 없고 나아가지 않는 것도 없는 까닭이고, 미계·설식계, 나아가 설촉·설촉을 인연으로 생겨난 여러 수도 역시 나아가는 것이 없고 나아가지 않는 것도 없다고 널리 설하면서 열어서 보여주는 것이니라. 왜 그러한가? 미계, 나아가 설촉을 인연으로 생겨난 여러 수로써 자성은 공하므로, 공한 가운데에서는 나아가는 것이 없고 나아가지 않는 것도 없는 까닭이니라.

제유정들을 위하여 신계는 나아가는 것이 아니고 나아가지 않는 것도 아니라고 널리 설하면서 열어서 보여주는 것이니라. 왜 그러한가? 신계로써 자성은 공하므로, 공한 가운데에서는 나아가는 것이 없고 나아가지 않는 것도 없는 까닭이고, 촉계·신식계, 나아가 신촉·신촉을 인연으로 생겨난 여러 수도 역시 나아가는 것이 없고 나아가지 않는 것도 없다고 널리 설하면서 열어서 보여주는 것이니라. 왜 그러한가? 촉계, 나아가 신촉을 인연으로 생겨난 여러 수로써 자성은 공하므로, 공한 가운데에서는 나아가는 것이 없고 나아가지 않는 것도 없는 까닭이니라.

제유정들을 위하여 의계는 나아가는 것이 아니고 나아가지 않는 것도 아니라고 널리 설하면서 열어서 보여주는 것이니라. 왜 그러한가? 의계로써 자성은 공하므로, 공한 가운데에서는 나아가는 것이 없고 나아가지 않는 것도 없는 까닭이고, 법계·의식계, 나아가 의촉·의촉을 인연으로 생겨난 여러 수도 역시 나아가는 것이 없고 나아가지 않는 것도 없다고 널리 설하면서 열어서 보여주는 것이니라. 왜 그러한가? 법계, 나아가 의촉을 인연으로 생겨난 여러 수로써 자성은 공하므로, 공한 가운데에서는 나아가는 것이 없고 나아가지 않는 것도 없는 까닭이니라.

제유정들을 위하여 지계는 나아가는 것이 아니고 나아가지 않는 것도 아니라고 널리 설하면서 열어서 보여주는 것이니라. 왜 그러한가? 지계로써 자성은 공하므로, 공한 가운데에서는 나아가는 것이 없고 나아가지 않는 것도 없는 까닭이고, 수·화·풍·공·식계도 역시 나아가는 것이 없고 나아가지 않는 것도 없다고 널리 설하면서 열어서 보여주는 것이니라. 왜 그러한가? 수·화·풍·공·식계로써 자성은 공하므로, 공한 가운데에서는 나아가는 것이 없고 나아가지 않는 것도 없는 까닭이니라.

제유정들을 위하여 무명은 나아가는 것이 아니고 나아가지 않는 것도 아니라고 널리 설하면서 열어서 보여주는 것이니라. 왜 그러한가? 무명으로써 자성은 공하므로, 공한 가운데에서는 나아가는 것이 없고 나아가지 않는 것도 없는 까닭이고, 행·식·명색·육처·촉·수·애·취·유·생·노사의 수탄고우뇌도 역시 나아가는 것이 없고 나아가지 않는 것도 없다고 널리 설하면서 열어서 보여주는 것이니라. 왜 그러한가? 행, 나아가 노사의 수탄고우뇌로써 자성은 공하므로, 공한 가운데에서는 나아가는 것이 없고 나아가지 않는 것도 없는 까닭이니라.

제유정들을 위하여 보시바라밀다는 나아가는 것이 아니고 나아가지 않는 것도 아니라고 널리 설하면서 열어서 보여주는 것이니라. 왜 그러한가? 보시바라밀다로써 자성은 공하므로, 공한 가운데에서는 나아가는 것이 없고 나아가지 않는 것도 없는 까닭이니라. 제유정들을 위하여 정계바라밀다는 나아가는 것이 없고 나아가지 않는 것도 없다고 널리 설하면서 열어서 보여주는 것이니라. 왜 그러한가? 정계바라밀다로써 자성은 공하므로, 공한 가운데에서는 나아가는 것이 없고 나아가지 않는 것도 없는 까닭이니라.

제유정들을 위하여 안인바라밀다는 나아가는 것이 아니고 나아가지 않는 것도 아니라고 널리 설하면서 열어서 보여주는 것이니라. 왜 그러한가? 안인바라밀다로써 자성은 공하므로, 공한 가운데에서는 나아가는 것이 없고 나아가지 않는 것도 없는 까닭이니라. 제유정들을 위하여 정진바라밀다는 나아가는 것이 없고 나아가지 않는 것도 없다고 널리 설하면서 열어서 보여주는 것이니라. 왜 그러한가? 정진바라밀다로써 자성은 공하므로, 공한 가운데에서는 나아가는 것이 없고 나아가지 않는 것도 없는 까닭이니라.

제유정들을 위하여 정려바라밀다는 나아가는 것이 아니고 나아가지 않는 것도 아니라고 널리 설하면서 열어서 보여주는 것이니라. 왜 그러한가? 정려바라밀다로써 자성은 공하므로, 공한 가운데에서는 나아가는 것이 없고 나아가지 않는 것도 없는 까닭이니라. 제유정들을 위하여 반야바라밀다는 나아가는 것이 없고 나아가지 않는 것도 없다고 널리 설하면서 열어서 보여주는 것이니라. 왜 그러한가? 반야바라밀다로써 자성은 공하므로, 공한 가운데에서는 나아가는 것이 없고 나아가지 않는 것도 없는 까닭이니라.

제유정들을 위하여 방편선교바라밀다는 나아가는 것이 아니고 나아가지 않는 것도 아니라고 널리 설하면서 열어서 보여주는 것이니라. 왜 그러한가? 방편선교바라밀다로써 자성은 공하므로, 공한 가운데에서는 나아가는 것이 없고 나아가지 않는 것도 없는 까닭이니라. 제유정들을 위하여 원바라밀다는 나아가는 것이 없고 나아가지 않는 것도 없다고 널리 설하면서 열어서 보여주는 것이니라. 왜 그러한가? 원바라밀다로써 자성은 공하므로, 공한 가운데에서는 나아가는 것이 없고 나아가지 않는 것도 없는 까닭이니라.

제유정들을 위하여 역바라밀다는 나아가는 것이 아니고 나아가지 않는 것도 아니라고 널리 설하면서 열어서 보여주는 것이니라. 왜 그러한가? 역바라밀다로써 자성은 공하므로, 공한 가운데에서는 나아가는 것이 없고 나아가지 않는 것도 없는 까닭이니라. 제유정들을 위하여 지바라밀다는 나아가는 것이 없고 나아가지 않는 것도 없다고 널리 설하면서 열어서 보여주는 것이니라. 왜 그러한가? 지바라밀다로써 자성은 공하므로, 공한 가운데에서는 나아가는 것이 없고 나아가지 않는 것도 없는 까닭이니라.

제유정들을 위하여 내공은 나아가는 것이 아니고 나아가지 않는 것도 아니라고 널리 설하면서 열어서 보여주는 것이니라. 왜 그러한가? 내공으로써 자성은 공하므로, 공한 가운데에서는 나아가는 것이 없고 나아가지 않는 것도 없는 까닭이고, 외공·내외공·공공·대공·승의공·유위공·무위공·필경공·무제공·산공·무변이공·본성공·자상공·공상공·일체법공·불가득공·무성공·자성공·무성자성공도 역시 나아가는 것이 없고 나아가지 않는 것도 없다고 널리 설하면서 열어서 보여주는 것이니라. 왜 그러한가? 외공, 나아가 무성자성공으로써 자성은 공하므로, 공한 가운데에서는 나아가는 것이 없고 나아가지 않는 것도 없는 까닭이니라.

제유정들을 위하여 진여는 나아가는 것이 아니고 나아가지 않는 것도 아니라고 널리 설하면서 열어서 보여주는 것이니라. 왜 그러한가? 진여로써 자성은 공하므로, 공한 가운데에서는 나아가는 것이 없고 나아가지 않는 것도 없는 까닭이고, 법계·법성·불허망성·불변이성·평등성·이생성·법정·법주·실제·허공계·부사의계도 역시 나아가는 것이 없고 나아가지 않는 것도 없다고 널리 설하면서 열어서 보여주는 것이니라. 왜 그러한가? 법계, 나아가 부사의계로써 자성은 공하므로, 공한 가운데에서는 나아가는 것이 없고 나아가지 않는 것도 없는 까닭이니라.

제유정들을 위하여 고성제는 나아가는 것이 아니고 나아가지 않는 것도 아니라고 널리 설하면서 열어서 보여주는 것이니라. 왜 그러한가? 고성제로써 자성은 공하므로, 공한 가운데에서는 나아가는 것이 없고 나아가지 않는 것도 없는 까닭이고, 집·멸·도성제도 역시 나아가는 것이 없고 나아가지 않는 것도 없다고 널리 설하면서 열어서 보여주는 것이니라. 왜 그러한가? 집·멸·도성제로써 자성은 공하므로, 공한 가운데에서는 나아가는 것이 없고 나아가지 않는 것도 없는 까닭이니라.

제유정들을 위하여 4정려는 나아가는 것이 아니고 나아가지 않는 것도 아니라고 널리 설하면서 열어서 보여주는 것이니라. 왜 그러한가? 4정려로써 자성은 공하므로, 공한 가운데에서는 나아가는 것이 없고 나아가지 않는 것도 없는 까닭이고, 4무량·4무색정도 역시 나아가는 것이 없고 나아가지 않는 것도 없다고 널리 설하면서 열어서 보여주는 것이니라. 왜 그러한가? 4무량·4무색정으로써 자성은 공하므로, 공한 가운데에서는 나아가는 것이 없고 나아가지 않는 것도 없는 까닭이니라.

제유정들을 위하여 8해탈은 나아가는 것이 아니고 나아가지 않는 것도 아니라고 널리 설하면서 열어서 보여주는 것이니라. 왜 그러한가? 8해탈로써 자성은 공하므로, 공한 가운데에서는 나아가는 것이 없고 나아가지 않는 것도 없는 까닭이고, 8승처·9차제정·10변처도 역시 나아가는 것이 없고 나아가지 않는 것도 없다고 널리 설하면서 열어서 보여주는 것이니라. 왜 그러한가? 8승처·9차제정·10변처로써 자성은 공하므로, 공한 가운데에서는 나아가는 것이 없고 나아가지 않는 것도 없는 까닭이니라.

제유정들을 위하여 4념주는 나아가는 것이 아니고 나아가지 않는 것도 아니라고 널리 설하면서 열어서 보여주는 것이니라. 왜 그러한가? 4념주로써 자성은 공하므로, 공한 가운데에서는 나아가는 것이 없고 나아가지 않는 것도 없는 까닭이고, 4정단·4신족·5근·5력·7등각지·8성도지도 역시 나아가는 것이 없고 나아가지 않는 것도 없다고 널리 설하면서 열어서 보여주는 것이니라. 왜 그러한가? 4정단, 나아가 8성도지로써 자성은 공하므로, 공한 가운데에서는 나아가는 것이 없고 나아가지 않는 것도 없는 까닭이니라.

제유정들을 위하여 공해탈문은 나아가는 것이 아니고 나아가지 않는 것도 아니라고 널리 설하면서 열어서 보여주는 것이니라. 왜 그러한가? 공해탈문으로써 자성은 공하므로, 공한 가운데에서는 나아가는 것이 없고 나아가지 않는 것도 없는 까닭이고, 무상·무원해탈문도 역시 나아가는 것이 없고 나아가지 않는 것도 없다고 널리 설하면서 열어서 보여주는 것이니라. 왜 그러한가? 무상·무원해탈문으로써 자성은 공하므로, 공한 가운데에서는 나아가는 것이 없고 나아가지 않는 것도 없는 까닭이니라.

제유정들을 위하여 보살의 10지는 나아가는 것이 아니고 나아가지 않는 것도 아니라고 널리 설하면서 열어서 보여주는 것이니라. 왜 그러한가? 보살의 10지로써 자성은 공하므로, 공한 가운데에서는 나아가는 것이 없고 나아가지 않는 것도 없는 까닭이니라.

제유정들을 위하여 5안은 나아가는 것이 아니고 나아가지 않는 것도 아니라고 널리 설하면서 열어서 보여주는 것이니라. 왜 그러한가? 5안으로써 자성은 공하므로, 공한 가운데에서는 나아가는 것이 없고 나아가지 않는 것도 없는 까닭이고, 6신통도 역시 나아가는 것이 없고 나아가지 않는 것도 없다고 널리 설하면서 열어서 보여주는 것이니라. 왜 그러한가? 6신통으로써 자성은 공하므로, 공한 가운데에서는 나아가는 것이 없고 나아가지 않는 것도 없는 까닭이니라.

제유정들을 위하여 여래의 10력은 나아가는 것이 아니고 나아가지 않는 것도 아니라고 널리 설하면서 열어서 보여주는 것이니라. 왜 그러한가? 여래의 10력으로써 자성은 공하므로, 공한 가운데에서는 나아가는 것이 없고 나아가지 않는 것도 없는 까닭이고, 4무소외·4무애해·대자·대비·대희·대사·18불불공법도 역시 나아가는 것이 없고 나아가지 않는 것도 없다고 널리 설하면서 열어서 보여주는 것이니라. 왜 그러한가? 4무소외, 나아가 18불불공법으로써 자성은 공하므로, 공한 가운데에서는 나아가는 것이 없고 나아가지 않는 것도 없는 까닭이니라.

　제유정들을 위하여 무망실법은 나아가는 것이 아니고 나아가지 않는 것도 아니라고 널리 설하면서 열어서 보여주는 것이니라. 왜 그러한가? 무망실법으로써 자성은 공하므로, 공한 가운데에서는 나아가는 것이 없고 나아가지 않는 것도 없는 까닭이고, 항주사성도 역시 나아가는 것이 없고 나아가지 않는 것도 없다고 널리 설하면서 열어서 보여주는 것이니라. 왜 그러한가? 항주사성으로써 자성은 공하므로, 공한 가운데에서는 나아가는 것이 없고 나아가지 않는 것도 없는 까닭이니라.

　제유정들을 위하여 일체지는 나아가는 것이 아니고 나아가지 않는 것도 아니라고 널리 설하면서 열어서 보여주는 것이니라. 왜 그러한가? 일체지로써 자성은 공하므로, 공한 가운데에서는 나아가는 것이 없고 나아가지 않는 것도 없는 까닭이고, 도상지·일체상지도 역시 나아가는 것이 없고 나아가지 않는 것도 없다고 널리 설하면서 열어서 보여주는 것이니라. 왜 그러한가? 도상지·일체상지로써 자성은 공하므로, 공한 가운데에서는 나아가는 것이 없고 나아가지 않는 것도 없는 까닭이니라.

　제유정들을 위하여 일체의 다라니문은 나아가는 것이 아니고 나아가지 않는 것도 아니라고 널리 설하면서 열어서 보여주는 것이니라. 왜 그러한가? 일체의 다라니문으로써 자성은 공하므로, 공한 가운데에서는 나아가는 것이 없고 나아가지 않는 것도 없는 까닭이고, 일체의 삼마지문도 역시 나아가는 것이 없고 나아가지 않는 것도 없다고 널리 설하면서 열어서 보여주는 것이니라. 왜 그러한가? 일체의 삼마지문으로써 자성은 공하므로, 공한 가운데에서는 나아가는 것이 없고 나아가지 않는 것도 없는 까닭이니라.

　제유정들을 위하여 예류과는 나아가는 것이 아니고 나아가지 않는 것도 아니라고 널리 설하면서 열어서 보여주는 것이니라. 왜 그러한가? 예류과로써 자성은 공하므로, 공한 가운데에서는 나아가는 것이 없고 나아가지 않는 것도 없는 까닭이고, 일래·불환·아라한과도 역시 나아가는 것이 없고 나아가지 않는 것도 없다고 널리 설하면서 열어서 보여주는 것이니라. 왜 그러한가? 일래·불환·아라한과로써 자성은 공하므로, 공한 가운데에서는 나아가는 것이 없고 나아가지 않는 것도 없는 까닭이니라.

제유정들을 위하여 독각의 보리는 나아가는 것이 아니고 나아가지 않는 것도 아니라고 널리 설하면서 열어서 보여주는 것이니라. 왜 그러한 가? 독각의 보리로써 자성은 공하므로, 공한 가운데에서는 나아가는 것이 없고 나아가지 않는 것도 없는 까닭이니라. 제유정들을 위하여 일체의 보살마하살의 행은 나아가는 것이 아니고 나아가지 않는 것도 아니라고 널리 설하면서 열어서 보여주는 것이니라. 왜 그러한가? 일체의 보살마하살의 행으로써 자성은 공하므로, 공한 가운데에서는 나아가는 것이 없고 나아가지 않는 것도 없는 까닭이니라.

제유정들을 위하여 제불의 무상정등보리는 나아가는 것이 아니고 나아가지 않는 것도 아니라고 널리 설하면서 열어서 보여주는 것이니라. 왜 그러한가? 제불의 무상정등보리로써 자성은 공하므로, 공한 가운데에서는 나아가는 것이 없고 나아가지 않는 것도 없는 까닭이니라."

마하반야바라밀다경 제316권

45. 진선우품(眞善友品)(4)

"그 까닭이 무엇인가? 선현이여. 일체법은 모두가 공(空)으로써 세계(趣)를 삼는데, 그들은 이러한 세계를 초월(超越)할 수 없느니라. 왜 그러한가? 공의 가운데에서 세계와 세계가 아닌 것을 얻을 수 없는 까닭이니라. 선현이여. 일체법은 모두가 무상(無相)으로써 세계를 삼는데, 그들은 이러한 세계를 초월할 수 없느니라. 왜 그러한가? 무상의 가운데에서 세계와 세계가 아닌 것을 얻을 수 없는 까닭이니라.

선현이여. 일체법은 모두가 무원(無願)으로써 세계를 삼는데, 그들은 이러한 세계를 초월할 수 없느니라. 왜 그러한가? 공한 가운데에서 세계와 세계가 아닌 것을 얻을 수 없는 까닭이니라. 선현이여. 일체법은 모두가 일어남이 없는 것(無起)과 지음이 없는 것(無作)으로써 세계를 삼는데, 그들은 이러한 세계를 초월할 수 없느니라. 왜 그러한가? 공한 가운데에서 세계와 세계가 아닌 것을 얻을 수 없는 까닭이니라.

선현이여. 일체법은 모두가 생겨남이 없는 것(無生)과 소멸함이 없는 것(無滅)으로써 세계를 삼는데, 그들은 이러한 세계를 초월할 수 없느니라. 왜 그러한가? 공한 가운데에서 세계와 세계가 아닌 것을 얻을 수 없는 까닭이니라. 선현이여. 일체법은 모두가 염오가 없는 것(無染)과 청정함이 없는 것(無淨)으로써 세계를 삼는데, 그들은 이러한 세계를 초월할 수 없느니라. 왜 그러한가? 공한 가운데에서 세계와 세계가 아닌 것을 얻을 수 없는 까닭이니라.

선현이여. 일체법은 모두가 무소유(無所有)로써 세계를 삼는데, 그들은 이러한 세계를 초월할 수 없느니라. 왜 그러한가? 무소유의 가운데에서 세계와 세계가 아닌 것을 얻을 수 없는 까닭이니라. 선현이여. 일체법은 모두가 환영(幻)으로써 세계를 삼는데, 그들은 이러한 세계를 초월할 수 없느니라. 왜 그러한가? 환영의 가운데에서 세계와 세계가 아닌 것을 얻을 수 없는 까닭이니라.

선현이여. 일체법은 모두가 꿈(夢)으로써 세계를 삼는데, 그들은 이러한 세계를 초월할 수 없느니라. 왜 그러한가? 꿈의 가운데에서 세계와 세계가 아닌 것을 얻을 수 없는 까닭이니라. 선현이여. 일체법은 모두가 메아리(響)로써 세계를 삼는데, 그들은 이러한 세계를 초월할 수 없느니라. 왜 그러한가? 메아리의 가운데에서 세계와 세계가 아닌 것을 얻을 수 없는 까닭이니라.

선현이여. 일체법은 모두가 형상(像)으로써 세계를 삼는데, 그들은 이러한 세계를 초월할 수 없느니라. 왜 그러한가? 형상의 가운데에서 세계와 세계가 아닌 것을 얻을 수 없는 까닭이니라. 선현이여. 일체법은 모두가 그림자(光影)로써 세계를 삼는데, 그들은 이러한 세계를 초월할 수 없느니라. 왜 그러한가? 그림자의 가운데에서 세계와 세계가 아닌 것을 얻을 수 없는 까닭이니라.

선현이여. 일체법은 모두가 아지랑이(陽焰)로써 세계를 삼는데, 그들은 이러한 세계를 초월할 수 없느니라. 왜 그러한가? 아지랑이의 가운데에서 세계와 세계가 아닌 것을 얻을 수 없는 까닭이니라. 선현이여. 일체법은 모두가 변화한 일(變化事)로써 세계를 삼는데, 그들은 이러한 세계를 초월할 수 없느니라. 왜 그러한가? 변화한 일의 가운데에서 세계와 세계가 아닌 것을 얻을 수 없는 까닭이니라.

선현이여. 일체법은 모두가 심향성(尋香城)으로써 세계를 삼는데, 그들은 이러한 세계를 초월할 수 없느니라. 왜 그러한가? 심향성의 가운데에서 세계와 세계가 아닌 것을 얻을 수 없는 까닭이니라. 선현이여. 일체법은 모두가 무량(無量)과 무변(無邊)으로써 세계를 삼는데, 그들은 이러한 세계를 초월할 수 없느니라. 왜 그러한가? 무량과 무변의 가운데에서 세계와 세계가 아닌 것을 얻을 수 없는 까닭이니라.

선현이여. 일체법은 모두가 주지도 않고 취하지도 않는 것(不與不取)으로써 세계를 삼는데, 그들은 이러한 세계를 초월할 수 없느니라. 왜 그러한가? 주지도 않고 취하지도 않는 것의 가운데에서 세계와 세계가 아닌 것을 얻을 수 없는 까닭이니라. 선현이여. 일체법은 모두가 들어올리지 않고 내려놓지도 않는 것(不擧不下)으로써 세계를 삼는데, 그들은 이러한 세계를 초월할 수 없느니라. 왜 그러한가? 들어올리지도 않고 내려놓지도 않는 것의 가운데에서 세계와 세계가 아닌 것을 얻을 수 없는 까닭이니라.

선현이여. 일체법은 모두가 떠나가지 않고 돌아오지도 않는 것(無去無來)으로써 세계를 삼는데, 그들은 이러한 세계를 초월할 수 없느니라. 왜 그러한가? 떠나가지 않고 돌아오지도 않는 것의 가운데에서 세계와 세계가 아닌 것을 얻을 수 없는 까닭이니라. 선현이여. 일체법은 모두가 증장하지 않고 소멸하지도 않는 것(無增無滅)으로써 세계를 삼는데, 그들은 이러한 세계를 초월할 수 없느니라. 왜 그러한가? 증장하지 않고 소멸하지도 않는 것의 가운데에서 세계와 세계가 아닌 것을 얻을 수 없는 까닭이니라.

선현이여. 일체법은 모두가 들어가지 않고 나오지도 않는 것(不入不出)으로써 세계를 삼는데, 그들은 이러한 세계를 초월할 수 없느니라. 왜 그러한가? 들어가지 않고 나오지도 않는 것의 가운데에서 세계와 세계가 아닌 것을 얻을 수 없는 까닭이니라. 선현이여. 일체법은 모두가 모이지 않고 흩어지지도 않는 것(不集不散)으로써 세계를 삼는데, 그들은 이러한 세계를 초월할 수 없느니라. 왜 그러한가? 증장하지 않고 소멸하지도 않는 것의 가운데에서 세계와 세계가 아닌 것을 얻을 수 없는 까닭이니라.

선현이여. 일체법은 모두가 화합하지 않고 벗어나지도 않는 것(不合不離)으로써 세계를 삼는데, 그들은 이러한 세계를 초월할 수 없느니라. 왜 그러한가? 화합하지도 않고 벗어나지도 않는 것의 가운데에서 세계와 세계가 아닌 것을 얻을 수 없는 까닭이니라."

"선현이여. 일체법은 모두가 아(我)로써 세계를 삼는데, 그들은 이러한 세계를 초월할 수 없느니라. 왜 그러한가? 나는 반드시 결국에는 무소유인데, 하물며 세계와 세계가 아닌 것을 얻을 수 있겠는가? 선현이여. 일체법은 모두가 유정(有情)으로써 세계를 삼는데, 그들은 이러한 세계를 초월할 수 없느니라. 왜 그러한가? 유정은 반드시 결국에는 무소유인데, 하물며 세계와 세계가 아닌 것을 얻을 수 있겠는가?

선현이여. 일체법은 모두가 명자(命者)로써 세계를 삼는데, 그들은 이러한 세계를 초월할 수 없느니라. 왜 그러한가? 명자는 반드시 결국에는 무소유인데, 하물며 세계와 세계가 아닌 것을 얻을 수 있겠는가? 선현이여. 일체법은 모두가 생자(生者)로써 세계를 삼는데, 그들은 이러한 세계를 초월할 수 없느니라. 왜 그러한가? 생자는 반드시 결국에는 무소유인데, 하물며 세계와 세계가 아닌 것을 얻을 수 있겠는가?

선현이여. 일체법은 모두가 양자(養者)로써 세계를 삼는데, 그들은 이러한 세계를 초월할 수 없느니라. 왜 그러한가? 양자는 반드시 결국에는 무소유인데, 하물며 세계와 세계가 아닌 것을 얻을 수 있겠는가? 선현이여. 일체법은 모두가 장부(士夫)로써 세계를 삼는데, 그들은 이러한 세계를 초월할 수 없느니라. 왜 그러한가? 장부는 반드시 결국에는 무소유인데, 하물며 세계와 세계가 아닌 것을 얻을 수 있겠는가?

선현이여. 일체법은 모두가 보특가라(補特伽羅)로써 세계를 삼는데, 그들은 이러한 세계를 초월할 수 없느니라. 왜 그러한가? 보특가라는 반드시 결국에는 무소유인데, 하물며 세계와 세계가 아닌 것을 얻을 수 있겠는가? 선현이여. 일체법은 모두가 의생(意生)으로써 세계를 삼는데, 그들은 이러한 세계를 초월할 수 없느니라. 왜 그러한가? 의생은 반드시 결국에는 무소유인데, 하물며 세계와 세계가 아닌 것을 얻을 수 있겠는가?

선현이여. 일체법은 모두가 유동(儒童)으로써 세계를 삼는데, 그들은 이러한 세계를 초월할 수 없느니라. 왜 그러한가? 유동은 반드시 결국에는 무소유인데, 하물며 세계와 세계가 아닌 것을 얻을 수 있겠는가? 선현이여. 일체법은 모두가 작자(作者)로써 세계를 삼는데, 그들은 이러한 세계를 초월할 수 없느니라. 왜 그러한가? 작자는 반드시 결국에는 무소유인데, 하물며 세계와 세계가 아닌 것을 얻을 수 있겠는가?

선현이여. 일체법은 모두가 사작자(使作者)로써 세계를 삼는데, 그들은 이러한 세계를 초월할 수 없느니라. 왜 그러한가? 사작자는 반드시 결국에는 무소유인데, 하물며 세계와 세계가 아닌 것을 얻을 수 있겠는가? 선현이여. 일체법은 모두가 수자(受者)로써 세계를 삼는데, 그들은 이러한 세계를 초월할 수 없느니라. 왜 그러한가? 수자는 반드시 결국에는 무소유인데, 하물며 세계와 세계가 아닌 것을 얻을 수 있겠는가?

선현이여. 일체법은 모두가 사수자(使受者)로써 세계를 삼는데, 그들은 이러한 세계를 초월할 수 없느니라. 왜 그러한가? 사수자는 반드시 결국에는 무소유인데, 하물며 세계와 세계가 아닌 것을 얻을 수 있겠는가? 선현이여. 일체법은 모두가 기자(起者)로써 세계를 삼는데, 그들은 이러한 세계를 초월할 수 없느니라. 왜 그러한가? 기자는 반드시 결국에는 무소유인데, 하물며 세계와 세계가 아닌 것을 얻을 수 있겠는가?

선현이여. 일체법은 모두가 사기자(使起者)로써 세계를 삼는데, 그들은 이러한 세계를 초월할 수 없느니라. 왜 그러한가? 사기자는 반드시 결국에는 무소유인데, 하물며 세계와 세계가 아닌 것을 얻을 수 있겠는가? 선현이여. 일체법은 모두가 지자(知者)로써 세계를 삼는데, 그들은 이러한 세계를 초월할 수 없느니라. 왜 그러한가? 지자는 반드시 결국에는 무소유인데, 하물며 세계와 세계가 아닌 것을 얻을 수 있겠는가?

선현이여. 일체법은 모두가 견자(見者)로써 세계를 삼는데, 그들은 이러한 세계를 초월할 수 없느니라. 왜 그러한가? 견자는 반드시 결국에는 무소유인데, 하물며 세계와 세계가 아닌 것을 얻을 수 있겠는가? 선현이여. 일체법은 모두가 항상(常)함으로써 세계를 삼는데, 그들은 이러한 세계를 초월할 수 없느니라. 왜 그러한가? 항상함은 반드시 결국에는 무소유인데, 하물며 세계와 세계가 아닌 것을 얻을 수 있겠는가?

선현이여. 일체법은 모두가 즐거움(樂)으로써 세계를 삼는데, 그들은 이러한 세계를 초월할 수 없느니라. 왜 그러한가? 즐거움은 반드시 결국에는 무소유인데, 하물며 세계와 세계가 아닌 것을 얻을 수 있겠는가? 선현이여. 일체법은 모두가 아(我)로써 세계를 삼는데, 그들은 이러한 세계를 초월할 수 없느니라. 왜 그러한가? 나는 반드시 결국에는 무소유인데, 하물며 세계와 세계가 아닌 것을 얻을 수 있겠는가?

선현이여. 일체법은 모두가 청정(淨)으로써 세계를 삼는데, 그들은 이러한 세계를 초월할 수 없느니라. 왜 그러한가? 즐거움은 반드시 결국에는 무소유인데, 하물며 세계와 세계가 아닌 것을 얻을 수 있겠는가? 선현이여. 일체법은 모두가 무상(無常)으로써 세계를 삼는데, 그들은 이러한 세계를 초월할 수 없느니라. 왜 그러한가? 무상함은 반드시 결국에는 무소유인데, 하물며 세계와 세계가 아닌 것을 얻을 수 있겠는가?

선현이여. 일체법은 모두가 괴로움(苦)으로써 세계를 삼는데, 그들은 이러한 세계를 초월할 수 없느니라. 왜 그러한가? 괴로움은 반드시 결국에는 무소유인데, 하물며 세계와 세계가 아닌 것을 얻을 수 있겠는가? 선현이여. 일체법은 모두가 무아(無我)로써 세계를 삼는데, 그들은 이러한 세계를 초월할 수 없느니라. 왜 그러한가? 나는 반드시 결국에는 무소유인데, 하물며 세계와 세계가 아닌 것을 얻을 수 있겠는가?

선현이여. 일체법은 모두가 부정(不淨)으로써 세계를 삼는데, 그들은 이러한 세계를 초월할 수 없느니라. 왜 그러한가? 부정은 반드시 결국에는 무소유인데, 하물며 세계와 세계가 아닌 것을 얻을 수 있겠는가? 선현이여. 일체법은 모두가 탐욕의 일(貪事)로써 세계를 삼는데, 그들은 이러한 세계를 초월할 수 없느니라. 왜 그러한가? 탐욕은 반드시 결국에는 무소유인데, 하물며 세계와 세계가 아닌 것을 얻을 수 있겠는가?

선현이여. 일체법은 모두가 성냄의 일(瞋事)로써 세계를 삼는데, 그들은 이러한 세계를 초월할 수 없느니라. 왜 그러한가? 성냄의 일은 반드시 결국에는 무소유인데, 하물며 세계와 세계가 아닌 것을 얻을 수 있겠는가?

선현이여. 일체법은 모두가 어리석음의 일(癡事)로써 세계를 삼는데, 그들은 이러한 세계를 초월할 수 없느니라. 왜 그러한가? 어리석음의 일은 반드시 결국에는 무소유인데, 하물며 세계와 세계가 아닌 것을 얻을 수 있겠는가?

선현이여. 일체법은 모두가 보고 지었던 것의 일(見所作事)로써 세계를 삼는데, 그들은 이러한 세계를 초월할 수 없느니라. 왜 그러한가? 보고 지었던 것의 일은 반드시 결국에는 무소유인데, 하물며 세계와 세계가 아닌 것을 얻을 수 있겠는가? 선현이여. 일체법은 모두가 진여(眞如)로써 세계를 삼는데, 그들은 이러한 세계를 초월할 수 없느니라. 왜 그러한가? 진여는 반드시 결국에는 무소유인데, 하물며 세계와 세계가 아닌 것을 얻을 수 있겠는가?

선현이여. 일체법은 모두가 법계(法界)로써 세계를 삼는데, 그들은 이러한 세계를 초월할 수 없느니라. 왜 그러한가? 법계는 반드시 결국에는 무소유인데, 하물며 세계와 세계가 아닌 것을 얻을 수 있겠는가? 선현이여. 일체법은 모두가 법성(法性)으로써 세계를 삼는데, 그들은 이러한 세계를 초월할 수 없느니라. 왜 그러한가? 법성은 반드시 결국에는 무소유인데, 하물며 세계와 세계가 아닌 것을 얻을 수 있겠는가?

선현이여. 일체법은 모두가 불허망성(不虛妄性)으로써 세계를 삼는데, 그들은 이러한 세계를 초월할 수 없느니라. 왜 그러한가? 불허망성은 반드시 결국에는 무소유인데, 하물며 세계와 세계가 아닌 것을 얻을 수 있겠는가? 선현이여. 일체법은 모두가 불변이성(不變異性)으로써 세계를 삼는데, 그들은 이러한 세계를 초월할 수 없느니라. 왜 그러한가? 불변이성은 반드시 결국에는 무소유인데, 하물며 세계와 세계가 아닌 것을 얻을 수 있겠는가?

선현이여. 일체법은 모두가 평등성(平等性)으로써 세계를 삼는데, 그들은 이러한 세계를 초월할 수 없느니라. 왜 그러한가? 평등성은 반드시 결국에는 무소유인데, 하물며 세계와 세계가 아닌 것을 얻을 수 있겠는가? 선현이여. 일체법은 모두가 이생성(異生性)으로써 세계를 삼는데, 그들은 이러한 세계를 초월할 수 없느니라. 왜 그러한가? 이생성은 반드시 결국에는 무소유인데, 하물며 세계와 세계가 아닌 것을 얻을 수 있겠는가?

선현이여. 일체법은 모두가 법정(法定)으로써 세계를 삼는데, 그들은 이러한 세계를 초월할 수 없느니라. 왜 그러한가? 법정은 반드시 결국에는 무소유인데, 하물며 세계와 세계가 아닌 것을 얻을 수 있겠는가? 선현이여. 일체법은 모두가 법주(法住)로서 세계를 삼는데, 그들은 이러한 세계를 초월할 수 없느니라. 왜 그러한가? 법주는 반드시 결국에는 무소유인데, 하물며 세계와 세계가 아닌 것을 얻을 수 있겠는가?

선현이여. 일체법은 모두가 실제(實際)로써 세계를 삼는데, 그들은 이러한 세계를 초월할 수 없느니라. 왜 그러한가? 실제는 반드시 결국에는 무소유인데, 하물며 세계와 세계가 아닌 것을 얻을 수 있겠는가? 선현이여. 일체법은 모두가 허공계(虛空界)로써 세계를 삼는데, 그들은 이러한 세계를 초월할 수 없느니라. 왜 그러한가? 허공계는 반드시 결국에는 무소유인데, 하물며 세계와 세계가 아닌 것을 얻을 수 있겠는가?

선현이여. 일체법은 모두가 부사의계(不思議界)로써 세계를 삼는데, 그들은 이러한 세계를 초월할 수 없느니라. 왜 그러한가? 부사의계는 반드시 결국에는 무소유인데, 하물며 세계와 세계가 아닌 것을 얻을 수 있겠는가? 선현이여. 일체법은 모두가 부동(不動)으로써 세계를 삼는데, 그들은 이러한 세계를 초월할 수 없느니라. 왜 그러한가? 부동은 반드시 결국에는 무소유인데, 하물며 세계와 세계가 아닌 것을 얻을 수 있겠는가?"

"선현이여. 일체법은 모두가 색(色)으로써 세계를 삼는데, 그들은 이러한 세계를 초월할 수 없느니라. 왜 그러한가? 색은 반드시 결국에는 무소유인데, 하물며 세계와 세계가 아닌 것을 얻을 수 있겠는가? 선현이여. 일체법은 모두가 수(受)·상(想)·행(行)·식(識)으로써 세계를 삼는데, 그들은 이러한 세계를 초월할 수 없느니라. 왜 그러한가? 수·상·행·식은 반드시 결국에는 무소유인데, 하물며 세계와 세계가 아닌 것을 얻을 수 있겠는가?

선현이여. 일체법은 모두가 안처(眼處)로써 세계를 삼는데, 그들은 이러한 세계를 초월할 수 없느니라. 왜 그러한가? 안처는 반드시 결국에는 무소유인데, 하물며 세계와 세계가 아닌 것을 얻을 수 있겠는가? 선현이여. 일체법은 모두가 이(耳)·비(鼻)·설(舌)·신(身)·의처(意處)로써 세계를 삼는데, 그들은 이러한 세계를 초월할 수 없느니라. 왜 그러한가? 이·비·설·신·의처는 반드시 결국에는 무소유인데, 하물며 세계와 세계가 아닌 것을 얻을 수 있겠는가?

선현이여. 일체법은 모두가 색처(色處)로써 세계를 삼는데, 그들은 이러한 세계를 초월할 수 없느니라. 왜 그러한가? 색처는 반드시 결국에는 무소유인데, 하물며 세계와 세계가 아닌 것을 얻을 수 있겠는가? 선현이여. 일체법은 모두가 성(聲)·향(香)·미(味)·촉(觸)·법처(法處)로써 세계를 삼는데, 그들은 이러한 세계를 초월할 수 없느니라. 왜 그러한가? 성·향·미·촉·법처는 반드시 결국에는 무소유인데, 하물며 세계와 세계가 아닌 것을 얻을 수 있겠는가?

선현이여. 일체법은 모두가 안계(眼界)로써 세계를 삼는데, 그들은 이러한 세계를 초월할 수 없느니라. 왜 그러한가? 안계는 반드시 결국에는 무소유인데, 하물며 세계와 세계가 아닌 것을 얻을 수 있겠는가? 선현이여. 일체법은 모두가 이(耳)·비(鼻)·설(舌)·신(身)·의계(意界)로써 세계를 삼는데, 그들은 이러한 세계를 초월할 수 없느니라. 왜 그러한가? 이·비·설·신·의계는 반드시 결국에는 무소유인데, 하물며 세계와 세계가 아닌 것을 얻을 수 있겠는가?

선현이여. 일체법은 모두가 색계(色界)로써 세계를 삼는데, 그들은 이러한 세계를 초월할 수 없느니라. 왜 그러한가? 색계는 반드시 결국에는 무소유인데, 하물며 세계와 세계가 아닌 것을 얻을 수 있겠는가? 선현이여. 일체법은 모두가 성(聲)·향(香)·미(味)·촉(觸)·법계(法界)로써 세계를 삼는데, 그들은 이러한 세계를 초월할 수 없느니라. 왜 그러한가? 성·향·미·촉·법계는 반드시 결국에는 무소유인데, 하물며 세계와 세계가 아닌 것을 얻을 수 있겠는가?

선현이여. 일체법은 모두가 안식계(眼識界)로써 세계를 삼는데, 그들은
이러한 세계를 초월할 수 없느니라. 왜 그러한가? 안식계는 반드시 결국에
는 무소유인데, 하물며 세계와 세계가 아닌 것을 얻을 수 있겠는가?
선현이여. 일체법은 모두가 이(耳)·비(鼻)·설(舌)·신(身)·의식계(意識界)
로써 세계를 삼는데, 그들은 이러한 세계를 초월할 수 없느니라. 왜
그러한가? 이·비·설·신·의식계는 반드시 결국에는 무소유인데, 하물며
세계와 세계가 아닌 것을 얻을 수 있겠는가?

선현이여. 일체법은 모두가 안촉(眼觸)으로써 세계를 삼는데, 그들은
이러한 세계를 초월할 수 없느니라. 왜 그러한가? 안촉은 반드시 결국에는
무소유인데, 하물며 세계와 세계가 아닌 것을 얻을 수 있겠는가? 선현이
여. 일체법은 모두가 이(耳)·비(鼻)·설(舌)·신(身)·의촉(意觸)으로써 세계
를 삼는데, 그들은 이러한 세계를 초월할 수 없느니라. 왜 그러한가?
이·비·설·신·의촉은 반드시 결국에는 무소유인데, 하물며 세계와 세계가
아닌 것을 얻을 수 있겠는가?

선현이여. 일체법은 모두가 안촉을 인연으로 생겨난 수(受)로써 세계를
삼는데, 그들은 이러한 세계를 초월할 수 없느니라. 왜 그러한가? 안촉은
반드시 결국에는 무소유인데, 하물며 세계와 세계가 아닌 것을 얻을
수 있겠는가? 선현이여. 일체법은 모두가 이·비·설·신·의촉을 인연으
로 생겨난 수로써 세계를 삼는데, 그들은 이러한 세계를 초월할 수
없느니라. 왜 그러한가? 이·비·설·신·의촉을 인연으로 생겨난 수는
반드시 결국에는 무소유인데, 하물며 세계와 세계가 아닌 것을 얻을
수 있겠는가?

선현이여. 일체법은 모두가 지계(地界)로써 세계를 삼는데, 그들은
이러한 세계를 초월할 수 없느니라. 왜 그러한가? 지계는 반드시 결국에는
무소유인데, 하물며 세계와 세계가 아닌 것을 얻을 수 있겠는가? 선현이
여. 일체법은 모두가 수(水)·화(火)·풍(風)·공(空)·식계(識界)로써 세계를
삼는데, 그들은 이러한 세계를 초월할 수 없느니라. 왜 그러한가? 수·화·

풍·공·식계는 반드시 결국에는 무소유인데, 하물며 세계와 세계가 아닌 것을 얻을 수 있겠는가?

선현이여. 일체법은 모두가 무명(無明)으로써 세계를 삼는데, 그들은 이러한 세계를 초월할 수 없느니라. 왜 그러한가? 무명은 반드시 결국에는 무소유인데, 하물며 세계와 세계가 아닌 것을 얻을 수 있겠는가? 선현이여. 일체법은 모두가 행(行)·식(識)·명색(名色)·육처(六處)·촉(觸)·수(受)·애(愛)·취(取)·유(有)·생(生)·노사(老死)로써 세계를 삼는데, 그들은 이러한 세계를 초월할 수 없느니라. 왜 그러한가? 행, 나아가 노사는 반드시 결국에는 무소유인데, 하물며 세계와 세계가 아닌 것을 얻을 수 있겠는가?

선현이여. 일체법은 모두가 보시바라밀다(布施波羅蜜多)로써 세계를 삼는데, 그들은 이러한 세계를 초월할 수 없느니라. 왜 그러한가? 보시바라밀다는 반드시 결국에는 무소유인데, 하물며 세계와 세계가 아닌 것을 얻을 수 있겠는가? 선현이여. 일체법은 모두가 정계바라밀다(淨戒波羅蜜多)로써 세계를 삼는데, 그들은 이러한 세계를 초월할 수 없느니라. 왜 그러한가? 정계바라밀다는 반드시 결국에는 무소유인데, 하물며 세계와 세계가 아닌 것을 얻을 수 있겠는가?

선현이여. 일체법은 모두가 안인바라밀다(安忍波羅蜜多)로써 세계를 삼는데, 그들은 이러한 세계를 초월할 수 없느니라. 왜 그러한가? 안인바라밀다는 반드시 결국에는 무소유인데, 하물며 세계와 세계가 아닌 것을 얻을 수 있겠는가? 선현이여. 일체법은 모두가 정진바라밀다(精進波羅蜜多)로써 세계를 삼는데, 그들은 이러한 세계를 초월할 수 없느니라. 왜 그러한가? 정진바라밀다는 반드시 결국에는 무소유인데, 하물며 세계와 세계가 아닌 것을 얻을 수 있겠는가?

선현이여. 일체법은 모두가 정려바라밀다(靜慮波羅蜜多)로써 세계를 삼는데, 그들은 이러한 세계를 초월할 수 없느니라. 왜 그러한가? 정려바라밀다는 반드시 결국에는 무소유인데, 하물며 세계와 세계가 아닌 것을 얻을 수 있겠는가? 선현이여. 일체법은 모두가 반야바라밀다(般若波羅蜜多)로써 세계를 삼는데, 그들은 이러한 세계를 초월할 수 없느니라. 왜 그러한가? 반야바라밀다는 반드시 결국에는 무소유인데, 하물며 세계와 세계가 아닌 것을 얻을 수 있겠는가?

선현이여. 일체법은 모두가 내공(內空)으로써 세계를 삼는데, 그들은 이러한 세계를 초월할 수 없느니라. 왜 그러한가? 내공은 반드시 결국에는 무소유인데, 하물며 세계와 세계가 아닌 것을 얻을 수 있겠는가? 선현이여. 일체법은 모두가 외공(外空)으로써 세계를 삼는데, 그들은 이러한 세계를 초월할 수 없느니라. 왜 그러한가? 외공은 반드시 결국에는 무소유인데, 하물며 세계와 세계가 아닌 것을 얻을 수 있겠는가?

선현이여. 일체법은 모두가 내외공(內外空)으로써 세계를 삼는데, 그들은 이러한 세계를 초월할 수 없느니라. 왜 그러한가? 내외공은 반드시 결국에는 무소유인데, 하물며 세계와 세계가 아닌 것을 얻을 수 있겠는가? 선현이여. 일체법은 모두가 공공(空空)으로써 세계를 삼는데, 그들은 이러한 세계를 초월할 수 없느니라. 왜 그러한가? 공공은 반드시 결국에는 무소유인데, 하물며 세계와 세계가 아닌 것을 얻을 수 있겠는가?

선현이여. 일체법은 모두가 대공(大空)으로써 세계를 삼는데, 그들은 이러한 세계를 초월할 수 없느니라. 왜 그러한가? 대공은 반드시 결국에는 무소유인데, 하물며 세계와 세계가 아닌 것을 얻을 수 있겠는가? 선현이여. 일체법은 모두가 승의공(勝義空)으로써 세계를 삼는데, 그들은 이러한 세계를 초월할 수 없느니라. 왜 그러한가? 승의공은 반드시 결국에는 무소유인데, 하물며 세계와 세계가 아닌 것을 얻을 수 있겠는가?

선현이여. 일체법은 모두가 유위공(有爲空)으로써 세계를 삼는데, 그들은 이러한 세계를 초월할 수 없느니라. 왜 그러한가? 유위공은 반드시 결국에는 무소유인데, 하물며 세계와 세계가 아닌 것을 얻을 수 있겠는가? 선현이여. 일체법은 모두가 무위공(無爲空)으로써 세계를 삼는데, 그들은 이러한 세계를 초월할 수 없느니라. 왜 그러한가? 무위공은 반드시 결국에는 무소유인데, 하물며 세계와 세계가 아닌 것을 얻을 수 있겠는가?

선현이여. 일체법은 모두가 필경공(畢竟空)으로써 세계를 삼는데, 그들은 이러한 세계를 초월할 수 없느니라. 왜 그러한가? 필경공은 반드시 결국에는 무소유인데, 하물며 세계와 세계가 아닌 것을 얻을 수 있겠는가? 선현이여. 일체법은 모두가 무제공(無際空)으로써 세계를 삼는데, 그들은 이러한 세계를 초월할 수 없느니라. 왜 그러한가? 무제공은 반드시 결국에는 무소유인데, 하물며 세계와 세계가 아닌 것을 얻을 수 있겠는가?

선현이여. 일체법은 모두가 산공(散空)으로써 세계를 삼는데, 그들은 이러한 세계를 초월할 수 없느니라. 왜 그러한가? 산공은 반드시 결국에는 무소유인데, 하물며 세계와 세계가 아닌 것을 얻을 수 있겠는가? 선현이여. 일체법은 모두가 무변이공(無變異空)으로써 세계를 삼는데, 그들은 이러한 세계를 초월할 수 없느니라. 왜 그러한가? 무변이공은 반드시 결국에는 무소유인데, 하물며 세계와 세계가 아닌 것을 얻을 수 있겠는가?

선현이여. 일체법은 모두가 본성공(本性空)으로써 세계를 삼는데, 그들은 이러한 세계를 초월할 수 없느니라. 왜 그러한가? 본성공은 반드시 결국에는 무소유인데, 하물며 세계와 세계가 아닌 것을 얻을 수 있겠는가? 선현이여. 일체법은 모두가 자상공(自相空)으로써 세계를 삼는데, 그들은 이러한 세계를 초월할 수 없느니라. 왜 그러한가? 자상공은 반드시 결국에는 무소유인데, 하물며 세계와 세계가 아닌 것을 얻을 수 있겠는가?

선현이여. 일체법은 모두가 공상공(共相空)으로써 세계를 삼는데, 그들은 이러한 세계를 초월할 수 없느니라. 왜 그러한가? 공상공은 반드시 결국에는 무소유인데, 하물며 세계와 세계가 아닌 것을 얻을 수 있겠는가? 선현이여. 일체법은 모두가 일체법공(一切法空)으로써 세계를 삼는데, 그들은 이러한 세계를 초월할 수 없느니라. 왜 그러한가? 일체법공은 반드시 결국에는 무소유인데, 하물며 세계와 세계가 아닌 것을 얻을 수 있겠는가?

선현이여. 일체법은 모두가 불가득공(不可得空)으로써 세계를 삼는데, 그들은 이러한 세계를 초월할 수 없느니라. 왜 그러한가? 불가득공은 반드시 결국에는 무소유인데, 하물며 세계와 세계가 아닌 것을 얻을 수 있겠는가? 선현이여. 일체법은 모두가 무성공(無性空)으로써 세계를 삼는데, 그들은 이러한 세계를 초월할 수 없느니라. 왜 그러한가? 무성공은 반드시 결국에는 무소유인데, 하물며 세계와 세계가 아닌 것을 얻을 수 있겠는가?

선현이여. 일체법은 모두가 자성공(自性空)으로써 세계를 삼는데, 그들은 이러한 세계를 초월할 수 없느니라. 왜 그러한가? 자성공은 반드시 결국에는 무소유인데, 하물며 세계와 세계가 아닌 것을 얻을 수 있겠는가? 선현이여. 일체법은 모두가 무성자성공(無性自性空)으로써 세계를 삼는데, 그들은 이러한 세계를 초월할 수 없느니라. 왜 그러한가? 무성자성공은 반드시 결국에는 무소유인데, 하물며 세계와 세계가 아닌 것을 얻을 수 있겠는가?

선현이여. 일체법은 모두가 4념주(四念住)로써 세계를 삼는데, 그들은 이러한 세계를 초월할 수 없느니라. 왜 그러한가? 4념주는 반드시 결국에는 무소유인데, 하물며 세계와 세계가 아닌 것을 얻을 수 있겠는가? 선현이여. 일체법은 모두가 4정단(四正斷)으로써 세계를 삼는데, 그들은 이러한 세계를 초월할 수 없느니라. 왜 그러한가? 4정단은 반드시 결국에는 무소유인데, 하물며 세계와 세계가 아닌 것을 얻을 수 있겠는가?

선현이여. 일체법은 모두가 4신족(四神足)으로써 세계를 삼는데, 그들은 이러한 세계를 초월할 수 없느니라. 왜 그러한가? 4신족은 반드시 결국에는 무소유인데, 하물며 세계와 세계가 아닌 것을 얻을 수 있겠는가? 선현이여. 일체법은 모두가 5근(五根)으로써 세계를 삼는데, 그들은 이러한 세계를 초월할 수 없느니라. 왜 그러한가? 5근은 반드시 결국에는 무소유인데, 하물며 세계와 세계가 아닌 것을 얻을 수 있겠는가?

선현이여. 일체법은 모두가 5력(五力)으로써 세계를 삼는데, 그들은 이러한 세계를 초월할 수 없느니라. 왜 그러한가? 5력은 반드시 결국에는 무소유인데, 하물며 세계와 세계가 아닌 것을 얻을 수 있겠는가? 선현이여. 일체법은 모두가 7등각지(七等覺支)로써 세계를 삼는데, 그들은 이러한 세계를 초월할 수 없느니라. 왜 그러한가? 7등각지는 반드시 결국에는 무소유인데, 하물며 세계와 세계가 아닌 것을 얻을 수 있겠는가?

선현이여. 일체법은 모두가 8성도지(八聖道支)로써 세계를 삼는데, 그들은 이러한 세계를 초월할 수 없느니라. 왜 그러한가? 8성도지는 반드시 결국에는 무소유인데, 하물며 세계와 세계가 아닌 것을 얻을 수 있겠는가?

선현이여. 일체법은 모두가 고성제(苦聖諦)로써 세계를 삼는데, 그들은 이러한 세계를 초월할 수 없느니라. 왜 그러한가? 고성제는 반드시 결국에는 무소유인데, 하물며 세계와 세계가 아닌 것을 얻을 수 있겠는가?

선현이여. 일체법은 모두가 집성제(集聖諦)로써 세계를 삼는데, 그들은 이러한 세계를 초월할 수 없느니라. 왜 그러한가? 집성제는 반드시 결국에는 무소유인데, 하물며 세계와 세계가 아닌 것을 얻을 수 있겠는가?

선현이여. 일체법은 모두가 멸성제(苦聖諦)로써 세계를 삼는데, 그들은 이러한 세계를 초월할 수 없느니라. 왜 그러한가? 멸성제는 반드시 결국에는 무소유인데, 하물며 세계와 세계가 아닌 것을 얻을 수 있겠는가?

선현이여. 일체법은 모두가 도성제(道聖諦)로써 세계를 삼는데, 그들은 이러한 세계를 초월할 수 없느니라. 왜 그러한가? 도성제는 반드시 결국에는 무소유인데, 하물며 세계와 세계가 아닌 것을 얻을 수 있겠는가?

선현이여. 일체법은 모두가 4정려(四靜慮)로써 세계를 삼는데, 그들은 이러한 세계를 초월할 수 없느니라. 왜 그러한가? 4정려는 반드시 결국에는 무소유인데, 하물며 세계와 세계가 아닌 것을 얻을 수 있겠는가?

선현이여. 일체법은 모두가 4무량(四無量)으로써 세계를 삼는데, 그들은 이러한 세계를 초월할 수 없느니라. 왜 그러한가? 4무량은 반드시 결국에는 무소유인데, 하물며 세계와 세계가 아닌 것을 얻을 수 있겠는가?

선현이여. 일체법은 모두가 4무색정(四無色定)으로써 세계를 삼는데, 그들은 이러한 세계를 초월할 수 없느니라. 왜 그러한가? 4무색정은 반드시 결국에는 무소유인데, 하물며 세계와 세계가 아닌 것을 얻을 수 있겠는가?

선현이여. 일체법은 모두가 8해탈(八解脫)으로써 세계를 삼는데, 그들은 이러한 세계를 초월할 수 없느니라. 왜 그러한가? 8해탈은 반드시 결국에는 무소유인데, 하물며 세계와 세계가 아닌 것을 얻을 수 있겠는가?

선현이여. 일체법은 모두가 8승처(八勝處)로써 세계를 삼는데, 그들은 이러한 세계를 초월할 수 없느니라. 왜 그러한가? 8승처는 반드시 결국에는 무소유인데, 하물며 세계와 세계가 아닌 것을 얻을 수 있겠는가?

선현이여. 일체법은 모두가 9차제정(九次第定)으로써 세계를 삼는데, 그들은 이러한 세계를 초월할 수 없느니라. 왜 그러한가? 9차제정은 반드시 결국에는 무소유인데, 하물며 세계와 세계가 아닌 것을 얻을 수 있겠는가? 선현이여. 일체법은 모두가 10변처(十遍處)로써 세계를 삼는데, 그들은 이러한 세계를 초월할 수 없느니라. 왜 그러한가? 10변처는 반드시 결국에는 무소유인데, 하물며 세계와 세계가 아닌 것을 얻을 수 있겠는가?

선현이여. 일체법은 모두가 공해탈문(空解脫門)으로써 세계를 삼는데, 그들은 이러한 세계를 초월할 수 없느니라. 왜 그러한가? 공해탈문은 반드시 결국에는 무소유인데, 하물며 세계와 세계가 아닌 것을 얻을 수 있겠는가? 선현이여. 일체법은 모두가 무상(無相)·무원해탈문(無願解脫門)으로써 세계를 삼는데, 그들은 이러한 세계를 초월할 수 없느니라. 왜 그러한가? 무상·무원해탈문은 반드시 결국에는 무소유인데, 하물며 세계와 세계가 아닌 것을 얻을 수 있겠는가?

선현이여. 일체법은 모두가 5안(五眼)으로써 세계를 삼는데, 그들은 이러한 세계를 초월할 수 없느니라. 왜 그러한가? 5안은 반드시 결국에는 무소유인데, 하물며 세계와 세계가 아닌 것을 얻을 수 있겠는가? 선현이여. 일체법은 모두가 6신통(六神通)으로써 세계를 삼는데, 그들은 이러한 세계를 초월할 수 없느니라. 왜 그러한가? 6신통은 반드시 결국에는 무소유인데, 하물며 세계와 세계가 아닌 것을 얻을 수 있겠는가?

선현이여. 일체법은 모두가 삼마지문(三摩地門)으로써 세계를 삼는데, 그들은 이러한 세계를 초월할 수 없느니라. 왜 그러한가? 삼마지문은 반드시 결국에는 무소유인데, 하물며 세계와 세계가 아닌 것을 얻을 수 있겠는가? 선현이여. 일체법은 모두가 다라니문(陀羅尼門)으로써 세계를 삼는데, 그들은 이러한 세계를 초월할 수 없느니라. 왜 그러한가? 다라니문은 반드시 결국에는 무소유인데, 하물며 세계와 세계가 아닌 것을 얻을 수 있겠는가?

선현이여. 일체법은 모두가 여래(佛)의 10력(十力)으로써 세계를 삼는
데, 그들은 이러한 세계를 초월할 수 없느니라. 왜 그러한가? 여래의
10력은 반드시 결국에는 무소유인데, 하물며 세계와 세계가 아닌 것을
얻을 수 있겠는가? 선현이여. 일체법은 모두가 4무소외로써 세계를 삼는
데, 그들은 이러한 세계를 초월할 수 없느니라. 왜 그러한가? 4무소외는
반드시 결국에는 무소유인데, 하물며 세계와 세계가 아닌 것을 얻을
수 있겠는가?

선현이여. 일체법은 모두가 4무애해(四無礙解)로써 세계를 삼는데, 그
들은 이러한 세계를 초월할 수 없느니라. 왜 그러한가? 4무애해는 반드시
결국에는 무소유인데, 하물며 세계와 세계가 아닌 것을 얻을 수 있겠는가?
선현이여. 일체법은 모두가 대자(大慈)로써 세계를 삼는데, 그들은 이러한
세계를 초월할 수 없느니라. 왜 그러한가? 대자는 반드시 결국에는 무소유
인데, 하물며 세계와 세계가 아닌 것을 얻을 수 있겠는가?

선현이여. 일체법은 모두가 대비(大悲)·대희(大喜)·대사(大捨)로써 세
계를 삼는데, 그들은 이러한 세계를 초월할 수 없느니라. 왜 그러한가?
대비·대희·대사는 반드시 결국에는 무소유인데, 하물며 세계와 세계가
아닌 것을 얻을 수 있겠는가? 선현이여. 일체법은 모두가 18불불공법(十八
佛不共法)으로써 세계를 삼는데, 그들은 이러한 세계를 초월할 수 없느니
라. 왜 그러한가? 18불불공법은 반드시 결국에는 무소유인데, 하물며
세계와 세계가 아닌 것을 얻을 수 있겠는가?

선현이여. 일체법은 모두가 예류과(預流果)로써 세계를 삼는데, 그들은
이러한 세계를 초월할 수 없느니라. 왜 그러한가? 예류과는 반드시 결국에
는 무소유인데, 하물며 세계와 세계가 아닌 것을 얻을 수 있겠는가?
선현이여. 일체법은 모두가 일래(一來)·불환(不還)·아라한과(阿羅漢果)로
써 세계를 삼는데, 그들은 이러한 세계를 초월할 수 없느니라. 왜 그러한
가? 일래·불환·아라한과는 반드시 결국에는 무소유인데, 하물며 세계와
세계가 아닌 것을 얻을 수 있겠는가?

선현이여. 일체법은 모두가 독각(獨覺)의 보리(菩提)로써 세계를 삼는데, 그들은 이러한 세계를 초월할 수 없느니라. 왜 그러한가? 독각의 보리는 반드시 결국에는 무소유인데, 하물며 세계와 세계가 아닌 것을 얻을 수 있겠는가? 선현이여. 일체법은 모두가 일체의 보살마하살의 행으로써 세계를 삼는데, 그들은 이러한 세계를 초월할 수 없느니라. 왜 그러한가? 일체의 보살마하살의 행은 반드시 결국에는 무소유인데, 하물며 세계와 세계가 아닌 것을 얻을 수 있겠는가?

선현이여. 일체법은 모두가 제불(諸佛)의 무상정등보리(無上正等菩提)로써 세계를 삼는데, 그들은 이러한 세계를 초월할 수 없느니라. 왜 그러한가? 제불의 무상정등보리는 반드시 결국에는 무소유인데, 하물며 세계와 세계가 아닌 것을 얻을 수 있겠는가? 선현이여. 일체법은 모두가 일체의 여래(如來)·응공(應供)·정등각(正等覺)으로써 세계를 삼는데, 그들은 이러한 세계를 초월할 수 없느니라. 왜 그러한가? 일체의 여래·응공·정등각은 반드시 결국에는 무소유인데, 하물며 세계와 세계가 아닌 것을 얻을 수 있겠는가?

선현이여. 일체법은 모두가 일체지(一切智)로써 세계를 삼는데, 그들은 이러한 세계를 초월할 수 없느니라. 왜 그러한가? 일체지는 반드시 결국에는 무소유인데, 하물며 세계와 세계가 아닌 것을 얻을 수 있겠는가? 선현이여. 일체법은 모두가 도상지(道相智)로써 세계를 삼는데, 그들은 이러한 세계를 초월할 수 없느니라. 왜 그러한가? 도상지는 반드시 결국에는 무소유인데, 하물며 세계와 세계가 아닌 것을 얻을 수 있겠는가?

선현이여. 일체법은 모두가 일체상지(一切相智)로써 세계를 삼는데, 그들은 이러한 세계를 초월할 수 없느니라. 왜 그러한가? 일체상지(一切相智)는 반드시 결국에는 무소유인데, 하물며 세계와 세계가 아닌 것을 얻을 수 있겠는가? 이와 같이 선현이여. 보살마하살이 세간에게 나아갈 처소를 지어서 주기 위한 까닭으로 무상정등보리를 일으켜서 나아가느니라."

46. 취지품(趣智品)(1)

그때 구수 선현이 세존께 아뢰어 말하였다.

"세존이시여. 누가 이와 같은 매우 깊은 반야바라밀다에서 능히 신해(信解)가 생겨납니까?"

세존께서 말씀하셨다.

"선현이여. 만약 보살마하살이 오랫동안 무상정등보리에서 뜻을 일으키고 나아가면서 구하였고 정근하면서 수행하였고, 이미 일찍이 백천의 구지(俱胝)·나유타(那庚多)의 여래께 공양하였으며, 제불의 처소에서 큰 서원을 일으켜서 선근(善根)이 순수하게 무르익었고, 무량한 선한 벗의 섭수되었던 것의 까닭이라면, 비로소 이와 같은 매우 깊은 반야바라밀다에서 능히 신해가 생겨나느니라."

그때 구수 선현이 다시 세존께 아뢰어 말하였다.

"세존이시여. 만약 보살마하살이 이와 같은 매우 깊은 반야바라밀다를 능히 신해가 생겨난 자라면, 무슨 자성(性)이고 무슨 상(相)이며 무슨 형상(狀)이고 무슨 용모(貌)입니까?"

세존께서 말씀하셨다.

"선현이여. 이 보살마하살은 탐(貪)·진(瞋)·치(癡)를 조복(調伏)한 성품으로 성품을 삼았고, 탐·진·치를 멀리 벗어난 상으로 상을 삼았으며, 탐·진·치를 멀리 벗어난 형상으로 형상을 삼았고, 탐·진·치를 멀리 벗어난 용모로 용모를 삼았느니라.

다시 다음으로 선현이여. 이 보살마하살은 탐욕이 있고 탐욕이 없거나, 성냄이 있고 성냄이 없거나, 어리석음이 있고 어리석음이 없는 것을 조복한 성품으로 성품을 삼았고, 탐욕이 있고 탐욕을 멀리 벗어났거나, 성냄이 있고 성냄을 멀리 벗어났거나, 어리석음이 있고 멀리 어리석음을 벗어난 상으로 상을 삼았으며, 탐욕이 있고 탐욕을 멀리 벗어났거나, 성냄이 있고 성냄을 멀리 벗어났거나, 어리석음이 있고 어리석음을 멀리 벗어난 형상으로 형상을 삼았고, 탐욕이 있고 탐욕을 멀리 벗어났거나, 성냄이 있고 성냄을 멀리 벗어났거나, 어리석음이 있고 어리석음을 멀리 벗어난 용모로 용모를 삼았느니라.

선현이여. 만약 보살마하살이 이와 같은 성품의 형상과 용모를 성취하였다면, 비로소 이와 같은 매우 깊은 반야바라밀다에서 능히 신해가 생겨날 수 있느니라."

그때 구수 선현이 세존께 아뢰어 말하였다.

"세존이시여. 만약 보살마하살이 이와 같은 매우 깊은 반야바라밀다에서 능히 신해하였다면 마땅히 어느 처소로 나아갑니까?"

세존께서 말씀하셨다.

"선현이여. 이 보살마하살은 일체지지(一切智智)로 나아가느니라."

구수 선현이 다시 세존께 아뢰어 말하였다.

"세존이시여. 만약 보살마하살이 일체지지에 나아간다면, 능히 일체의 유정들이 귀의하고 나아가는 처소가 될 것입니다."

세존께서 말씀하셨다.

"선현이여. 그와 같으니라. 그와 같으니라. 보살마하살이 이 매우 깊은 반야바라밀다를 능히 신해한다면 곧 능히 일체지지를 향하여 나아갈 수 있고, 만약 일체지지를 향하여 나아갈 수 있다면, 이것은 곧 능히 일체의 유정들이 귀의하고 나아가는 처소가 되느니라."

선현이 다시 말하였다.

"세존이시여. 이 보살마하살은 능히 어려운 일을 하였는데, 이와 같은 견고한 갑옷을 입고 투구를 쓰고서 '나는 마땅히 일체의 유정들을 제도하여 해탈시키고, 모두에게 구경의 열반을 증득하게 하겠다.'라고 말한 것이고, 비록 유정들에게 이러한 일을 지었으나, 모두 유정을 시설(施設)하였다고 보지 않는 것입니다."

세존께서 말씀하셨다.

"선현이여. 그와 같으니라. 그와 같으니라. 그대가 말한 것과 같으니라.

이 보살마하살은 능히 어려운 일을 하였는데, 이와 같은 견고한 갑옷을 입고 투구를 쓰고서 '나는 마땅히 일체의 유정들을 제도하여 해탈시키고, 모두에게 구경의 열반을 증득하게 하겠다.'라고 말한 것이고, 비록 유정들에게 이러한 일을 지었으나, 모두 유정을 시설하였다고 보지 않느니라.

다시 다음으로 선현이여. 이 보살마하살이 입었던 갑옷과 썼던 투구는 색(色)에 속(屬)하지 않느니라. 왜 그러한가? 색은 반드시 결국에는 무소유이고 보살도 아니며 갑옷과 투구도 아닌 까닭으로, 그 갑옷과 투구는 색에 속하지 않는다고 설하고, 이 보살마하살이 입었던 갑옷과 썼던 투구는 수(受)·상(想)·행(行)·식(識)에 속하지 않느니라. 왜 그러한가? 수·상·행·식은 반드시 결국에는 무소유이고 보살도 아니며 갑옷과 투구도 아닌 까닭으로, 그 갑옷과 투구는 수·상·행·식에 속하지 않는다고 설하느니라.

선현이여. 이 보살마하살이 입었던 갑옷과 썼던 투구는 안처(眼處)에 속하지 않느니라. 왜 그러한가? 안처는 반드시 결국에는 무소유이고 보살도 아니며 갑옷과 투구도 아닌 까닭으로, 그 갑옷과 투구는 안처에 속하지 않는다고 설하고, 이 보살마하살이 입었던 갑옷과 썼던 투구는 이(耳)·비(鼻)·설(舌)·신(身)·의처(意處)에 속하지 않느니라. 왜 그러한가? 이·비·설·신·의처는 반드시 결국에는 무소유이고 보살도 아니며 갑옷과 투구도 아닌 까닭으로, 그 갑옷과 투구는 이·비·설·신·의처에 속하지 않는다고 설하느니라.

선현이여. 이 보살마하살이 입었던 갑옷과 썼던 투구는 색처(色處)에 속하지 않느니라. 왜 그러한가? 색처는 반드시 결국에는 무소유이고 보살도 아니며 갑옷과 투구도 아닌 까닭으로, 그 갑옷과 투구는 색처에 속하지 않는다고 설하고, 이 보살마하살이 입었던 갑옷과 썼던 투구는 성(聲)·향(香)·미(味)·촉(觸)·법처(法處)에 속하지 않느니라. 왜 그러한가? 성·향·미·촉·법처는 반드시 결국에는 무소유이고 보살도 아니며 갑옷과 투구도 아닌 까닭으로, 그 갑옷과 투구는 성·향·미·촉·법처에 속하지 않는다고 설하느니라.

　선현이여. 이 보살마하살이 입었던 갑옷과 썼던 투구는 안계(眼界)에
속하지 않느니라. 왜 그러한가? 안계는 반드시 결국에는 무소유이고
보살도 아니며 갑옷과 투구도 아닌 까닭으로, 그 갑옷과 투구는 안계에
속하지 않는다고 설하고, 이 보살마하살이 입었던 갑옷과 썼던 투구는
이(耳)·비(鼻)·설(舌)·신(身)·의계(意界)에 속하지 않느니라. 왜 그러한
가? 이·비·설·신·의계는 반드시 결국에는 무소유이고 보살도 아니며
갑옷과 투구도 아닌 까닭으로, 그 갑옷과 투구는 이·비·설·신·의계에
속하지 않는다고 설하느니라.

　선현이여. 이 보살마하살이 입었던 갑옷과 썼던 투구는 색계(色界)에
속하지 않느니라. 왜 그러한가? 색계는 반드시 결국에는 무소유이고
보살도 아니며 갑옷과 투구도 아닌 까닭으로, 그 갑옷과 투구는 색계에
속하지 않는다고 설하고, 이 보살마하살이 입었던 갑옷과 썼던 투구는
성(聲)·향(香)·미(味)·촉(觸)·법계(界)에 속하지 않느니라. 왜 그러한가?
성·향·미·촉·법계는 반드시 결국에는 무소유이고 보살도 아니며 갑옷과
투구도 아닌 까닭으로, 그 갑옷과 투구는 성·향·미·촉·법계에 속하지
않는다고 설하느니라.

　선현이여. 이 보살마하살이 입었던 갑옷과 썼던 투구는 안식계(眼識界)
에 속하지 않느니라. 왜 그러한가? 안식계는 반드시 결국에는 무소유이고
보살도 아니며 갑옷과 투구도 아닌 까닭으로, 그 갑옷과 투구는 안식계에
속하지 않는다고 설하고, 이 보살마하살이 입었던 갑옷과 썼던 투구는
이(耳)·비(鼻)·설(舌)·신(身)·의식계(意識界)에 속하지 않느니라. 왜 그러
한가? 이·비·설·신·의식계는 반드시 결국에는 무소유이고 보살도 아니며
갑옷과 투구도 아닌 까닭으로, 그 갑옷과 투구는 이·비·설·신·의식계에
속하지 않는다고 설하느니라.

　선현이여. 이 보살마하살이 입었던 갑옷과 썼던 투구는 안촉(眼觸)에
속하지 않느니라. 왜 그러한가? 안촉은 반드시 결국에는 무소유이고
보살도 아니며 갑옷과 투구도 아닌 까닭으로, 그 갑옷과 투구는 안촉에
속하지 않는다고 설하고, 이 보살마하살이 입었던 갑옷과 썼던 투구는

이(耳)·비(鼻)·설(舌)·신(身)·의촉(意觸)에 속하지 않느니라. 왜 그러한가? 이·비·설·신·의촉은 반드시 결국에는 무소유이고 보살도 아니며 갑옷과 투구도 아닌 까닭으로, 그 갑옷과 투구는 이·비·설·신·의촉에 속하지 않는다고 설하느니라.

선현이여. 이 보살마하살이 입었던 갑옷과 썼던 투구는 안촉(眼觸)을 인연으로 생겨난 여러 수(受)에 속하지 않느니라. 왜 그러한가? 안촉을 인연으로 생겨난 여러 수는 반드시 결국에는 무소유이고 보살도 아니며 갑옷과 투구도 아닌 까닭으로, 그 갑옷과 투구는 안촉을 인연으로 생겨난 여러 수에 속하지 않는다고 설하고, 이 보살마하살이 입었던 갑옷과 썼던 투구는 이(耳)·비(鼻)·설(舌)·신(身)·의촉(意觸)을 인연으로 생겨난 여러 수에 속하지 않느니라. 왜 그러한가? 이·비·설·신·의촉을 인연으로 생겨난 여러 수는 반드시 결국에는 무소유이고 보살도 아니며 갑옷과 투구도 아닌 까닭으로, 그 갑옷과 투구는 이·비·설·신·의촉을 인연으로 생겨난 여러 수에 속하지 않는다고 설하느니라.

선현이여. 이 보살마하살이 입었던 갑옷과 썼던 투구는 지계(地界)에 속하지 않느니라. 왜 그러한가? 지계는 반드시 결국에는 무소유이고 보살도 아니며 갑옷과 투구도 아닌 까닭으로, 그 갑옷과 투구는 지계에 속하지 않는다고 설하고, 이 보살마하살이 입었던 갑옷과 썼던 투구는 수(水)·화(火)·풍(風)·공(空)·식계(識界)에 속하지 않느니라. 왜 그러한가? 수·화·풍·공·식계는 반드시 결국에는 무소유이고 보살도 아니며 갑옷과 투구도 아닌 까닭으로, 그 갑옷과 투구는 수·화·풍·공·식계에 속하지 않는다고 설하느니라.

선현이여. 이 보살마하살이 입었던 갑옷과 썼던 투구는 무명(無明)에 속하지 않느니라. 왜 그러한가? 무명은 반드시 결국에는 무소유이고 보살도 아니며 갑옷과 투구도 아닌 까닭으로, 그 갑옷과 투구는 무명에 속하지 않는다고 설하고, 이 보살마하살이 입었던 갑옷과 썼던 투구는 행(行)·식(識)·명색(名色)·육처(六處)·촉(觸)·수(受)·애(愛)·취(取)·유(有)·생(生)·노사(老死)에 속하지 않느니라. 왜 그러한가? 행, 나아가 노사는 반드시 결국에는 무소유이고 보살도 아니며 갑옷과 투구도 아닌 까닭으로, 그 갑옷과 투구는 행, 나아가 노사에 속하지 않는다고 설하느니라.

선현이여. 이 보살마하살이 입었던 갑옷과 썼던 투구는 아(我)에 속하지 않느니라. 왜 그러한가? 나는 반드시 결국에는 무소유이고 보살도 아니며 갑옷과 투구도 아닌 까닭으로, 그 갑옷과 투구는 나에게 속하지 않는다고 설하고, 이 보살마하살이 입었던 갑옷과 썼던 투구는 유정(有情)·명자(命者)·생자(生者)·양자(養者)·사부(士夫)·보특가라(補特伽羅)·의생(意生)·유동(孺童)·작자(作者)·수자(受者)·지자(知者)·견자(見者)에 속하지 않느니라. 왜 그러한가? 유정, 나아가 견자는 반드시 결국에는 무소유이고 보살도 아니며 갑옷과 투구도 아닌 까닭으로, 그 갑옷과 투구는 유정, 나아가 견자에 속하지 않는다고 설하느니라."

마하반야바라밀다경 제317권

46. 취지품(趣智品)(2)

"선현이여. 이 보살마하살이 입었던 갑옷과 썼던 투구는 보시바라밀다 (布施波羅蜜多)에 속하지 않느니라. 왜 그러한가? 보시바라밀다는 반드시 결국에는 무소유이고 보살도 아니며 갑옷과 투구도 아닌 까닭으로, 그 갑옷과 투구는 보시바라밀다에 속하지 않는다고 설하고, 이 보살마하살이 입었던 갑옷과 썼던 투구는 정계(淨戒)·안인(安忍)·정진(精進)·정려(靜慮) ·반야바라밀다(般若波羅蜜多)에 속하지 않느니라. 왜 그러한가? 정계, 나아가 반야바라밀다는 반드시 결국에는 무소유이고 보살도 아니며 갑옷 과 투구도 아닌 까닭으로, 그 갑옷과 투구는 정계, 나아가 반야바라밀다에 속하지 않는다고 설하느니라.

선현이여. 이 보살마하살이 입었던 갑옷과 썼던 투구는 내공(內空)에 속하지 않느니라. 왜 그러한가? 내공은 반드시 결국에는 무소유이고 보살도 아니며 갑옷과 투구도 아닌 까닭으로, 그 갑옷과 투구는 내공에 속하지 않는다고 설하고, 이 보살마하살이 입었던 갑옷과 썼던 투구는 외공(外空)·내외공(內外空)·공공(空空)·대공(大空)·승의공(勝義空)·유위 공(有爲空)·무위공(無爲空)·필경공(畢竟空)·무제공(無際空)·산공(散空)· 무변이공(無變異空)·본성공(本性空)·자상공(自相空)·공상공(共相空)·일 체법공(一切法空)·불가득공(不可得空)·무성공(無性空)·자성공(自性空)· 무성자성공(無性自性空)에 속하지 않느니라. 왜 그러한가? 외공, 나아가 무성자성공은 반드시 결국에는 무소유이고 보살도 아니며 갑옷과 투구도

아닌 까닭으로, 그 갑옷과 투구는 외공, 나아가 무성자성공에 속하지
않는다고 설하느니라.

선현이여. 이 보살마하살이 입었던 갑옷과 썼던 투구는 진여(眞如)에
속하지 않느니라. 왜 그러한가? 진여는 반드시 결국에는 무소유이고
보살도 아니며 갑옷과 투구도 아닌 까닭으로, 그 갑옷과 투구는 진여에
속하지 않는다고 설하고, 이 보살마하살이 입었던 갑옷과 썼던 투구는
법계(法界)·법성(法性)·불허망성(不虛妄性)·불변이성(不變異性)·평등성
(平等性)·이생성(離生性)·법정(法定)·법주(法住)·실제(實際)·허공계(虛空
界)·부사의계(不思議界)에 속하지 않느니라. 왜 그러한가? 법계, 나아가
부사의계는 반드시 결국에는 무소유이고 보살도 아니며 갑옷과 투구도
아닌 까닭으로, 그 갑옷과 투구는 법계, 나아가 부사의계에 속하지 않는다
고 설하느니라.

선현이여. 이 보살마하살이 입었던 갑옷과 썼던 투구는 4념주(四念住)
에 속하지 않느니라. 왜 그러한가? 4념주는 반드시 결국에는 무소유이고
보살도 아니며 갑옷과 투구도 아닌 까닭으로, 그 갑옷과 투구는 4념주에
속하지 않는다고 설하고, 이 보살마하살이 입었던 갑옷과 썼던 투구는
4정단(四正斷)·4신족(四神足)·5근(五根)·5력(五力)·7등각지(七等覺支)·8
성도지(八聖道支)에 속하지 않느니라. 왜 그러한가? 4정단, 나아가 8성도
지는 반드시 결국에는 무소유이고 보살도 아니며 갑옷과 투구도 아닌
까닭으로, 그 갑옷과 투구는 4정단, 나아가 8성도지에 속하지 않는다고
설하느니라.

선현이여. 이 보살마하살이 입었던 갑옷과 썼던 투구는 고성제(苦聖諦)
에 속하지 않느니라. 왜 그러한가? 고성제는 반드시 결국에는 무소유이
고 보살도 아니며 갑옷과 투구도 아닌 까닭으로, 그 갑옷과 투구는
고성제에 속하지 않는다고 설하고, 이 보살마하살이 입었던 갑옷과
썼던 투구는 집(集)·멸(滅)·도성제(道聖諦)에 속하지 않느니라. 왜 그러한
가? 집·멸·도성제는 반드시 결국에는 무소유이고 보살도 아니며 갑옷과
투구도 아닌 까닭으로, 그 갑옷과 투구는 집·멸·도성제에 속하지 않는다

고 설하느니라.

선현이여. 이 보살마하살이 입었던 갑옷과 썼던 투구는 4정려(四靜慮)에 속하지 않느니라. 왜 그러한가? 4정려는 반드시 결국에는 무소유이고 보살도 아니며 갑옷과 투구도 아닌 까닭으로, 그 갑옷과 투구는 4정려에 속하지 않는다고 설하느니라. 선현이여. 이 보살마하살이 입었던 갑옷과 썼던 투구는 4무량(四無量)에 속하지 않느니라. 왜 그러한가? 4무량은 반드시 결국에는 무소유이고 보살도 아니며 갑옷과 투구도 아닌 까닭으로, 그 갑옷과 투구는 4무량에 속하지 않는다고 설하느니라. 선현이여. 이 보살마하살이 입었던 갑옷과 썼던 투구는 4무색정(四無色定)에 속하지 않느니라. 왜 그러한가? 4무색정은 반드시 결국에는 무소유이고 보살도 아니며 갑옷과 투구도 아닌 까닭으로, 그 갑옷과 투구는 4무색정에 속하지 않는다고 설하느니라.

선현이여. 이 보살마하살이 입었던 갑옷과 썼던 투구는 8해탈(八解脫)에 속하지 않느니라. 왜 그러한가? 8해탈은 반드시 결국에는 무소유이고 보살도 아니며 갑옷과 투구도 아닌 까닭으로, 그 갑옷과 투구는 8해탈에 속하지 않는다고 설하느니라. 선현이여. 이 보살마하살이 입었던 갑옷과 썼던 투구는 8승처(八勝處)에 속하지 않느니라. 왜 그러한가? 8승처는 반드시 결국에는 무소유이고 보살도 아니며 갑옷과 투구도 아닌 까닭으로, 그 갑옷과 투구는 8승처에 속하지 않는다고 설하느니라. 선현이여. 이 보살마하살이 입었던 갑옷과 썼던 투구는 9차제정(九次第定)에 속하지 않느니라. 왜 그러한가? 9차제정은 반드시 결국에는 무소유이고 보살도 아니며 갑옷과 투구도 아닌 까닭으로, 그 갑옷과 투구는 9차제정에 속하지 않는다고 설하느니라. 선현이여. 이 보살마하살이 입었던 갑옷과 썼던 투구는 10변처(十遍處)에 속하지 않느니라. 왜 그러한가? 10변처는 반드시 결국에는 무소유이고 보살도 아니며 갑옷과 투구도 아닌 까닭으로, 그 갑옷과 투구는 10변처에 속하지 않는다고 설하느니라.

선현이여. 이 보살마하살이 입었던 갑옷과 썼던 투구는 공해탈문(空解脫門)에 속하지 않느니라. 왜 그러한가? 공해탈문은 반드시 결국에는

무소유이고 보살도 아니며 갑옷과 투구도 아닌 까닭으로, 그 갑옷과
투구는 공해탈문에 속하지 않는다고 설하느니라. 선현이여. 이 보살마하
살이 입었던 갑옷과 썼던 투구는 무상(無相)·무원해탈문(無願解脫門)에
속하지 않느니라. 왜 그러한가? 무상·무원해탈문은 반드시 결국에는
무소유이고 보살도 아니며 갑옷과 투구도 아닌 까닭으로, 그 갑옷과
투구는 무상·무원해탈문에 속하지 않는다고 설하느니라.

선현이여. 이 보살마하살이 입었던 갑옷과 썼던 투구는 5안(五眼)에
속하지 않느니라. 왜 그러한가? 5안은 반드시 결국에는 무소유이고 보살
도 아니며 갑옷과 투구도 아닌 까닭으로, 그 갑옷과 투구는 5안에 속하지
않는다고 설하느니라. 선현이여. 이 보살마하살이 입었던 갑옷과 썼던
투구는 6신통(六神通)에 속하지 않느니라. 왜 그러한가? 6신통은 반드시
결국에는 무소유이고 보살도 아니며 갑옷과 투구도 아닌 까닭으로, 그
갑옷과 투구는 6신통에 속하지 않는다고 설하느니라.

선현이여. 이 보살마하살이 입었던 갑옷과 썼던 투구는 일체(一切)의
삼마지문(三摩地門)에 속하지 않느니라. 왜 그러한가? 일체의 삼마지문은
반드시 결국에는 무소유이고 보살도 아니며 갑옷과 투구도 아닌 까닭으로,
그 갑옷과 투구는 일체의 삼마지문에 속하지 않는다고 설하느니라. 선현
이여. 이 보살마하살이 입었던 갑옷과 썼던 투구는 일체의 다라니문(陀羅
尼門)에 속하지 않느니라. 왜 그러한가? 일체의 다라니문은 반드시 결국에
는 무소유이고 보살도 아니며 갑옷과 투구도 아닌 까닭으로, 그 갑옷과
투구는 일체의 다라니문에 속하지 않는다고 설하느니라.

선현이여. 이 보살마하살이 입었던 갑옷과 썼던 투구는 여래(佛)의
10력(十力)에 속하지 않느니라. 왜 그러한가? 여래의 10력은 반드시 결국
에는 무소유이고 보살도 아니며 갑옷과 투구도 아닌 까닭으로, 그 갑옷과
투구는 여래의 10력에 속하지 않는다고 설하고, 이 보살마하살이 입었던
갑옷과 썼던 투구는 4무소외(四無所畏)·4무애해(四無礙解)·대자(大慈)·대
비(大悲)·대희(大喜)·대사(大捨)·18불불공법(十八佛不共法)에 속하지 않
느니라. 왜 그러한가? 4무소외, 나아가 18불불공법은 반드시 결국에는

무소유이고 보살도 아니며 갑옷과 투구도 아닌 까닭으로, 그 갑옷과 투구는 4무소외, 나아가 18불불공법에 속하지 않는다고 설하느니라.

선현이여. 이 보살마하살이 입었던 갑옷과 썼던 투구는 예류과(預流果)에 속하지 않느니라. 왜 그러한가? 예류과는 반드시 결국에는 무소유이고 보살도 아니며 갑옷과 투구도 아닌 까닭으로, 그 갑옷과 투구는 예류과에 속하지 않는다고 설하고, 이 보살마하살이 입었던 갑옷과 썼던 투구는 일래(一來)·불환(不還)·아라한과(阿羅漢果)에 속하지 않느니라. 왜 그러한가? 일래·불환·아라한과는 반드시 결국에는 무소유이고 보살도 아니며 갑옷과 투구도 아닌 까닭으로, 그 갑옷과 투구는 일래·불환·아라한과에 속하지 않는다고 설하느니라.

선현이여. 이 보살마하살이 입었던 갑옷과 썼던 투구는 독각(獨覺)의 보리(菩提)에 속하지 않느니라. 왜 그러한가? 독각의 보리는 반드시 결국에는 무소유이고 보살도 아니며 갑옷과 투구도 아닌 까닭으로, 그 갑옷과 투구는 독각의 보리에 속하지 않는다고 설하느니라.

선현이여. 이 보살마하살이 입었던 갑옷과 썼던 투구는 일체지(一切智)에 속하지 않느니라. 왜 그러한가? 일체지는 반드시 결국에는 무소유이고 보살도 아니며 갑옷과 투구도 아닌 까닭으로, 그 갑옷과 투구는 일체지에 속하지 않는다고 설하고, 이 보살마하살이 입었던 갑옷과 썼던 투구는 도상지(道相智)·일체상지(一切相智)에 속하지 않느니라. 왜 그러한가? 도상지·일체상지는 반드시 결국에는 무소유이고 보살도 아니며 갑옷과 투구도 아닌 까닭으로, 그 갑옷과 투구는 도상지·일체상지에 속하지 않는다고 설하느니라.

선현이여. 이 보살마하살이 입었던 갑옷과 썼던 투구는 일체법(一切法)에 속하지 않느니라. 왜 그러한가? 일체법은 반드시 결국에는 무소유이고 보살도 아니며 갑옷과 투구도 아닌 까닭으로, 그 갑옷과 투구는 일체법에 속하지 않는다고 설하느니라.

선현이여. 이 보살마하살은 반야바라밀다를 수행하여 이와 같은 견고한 갑옷을 입고 투구를 쓰고서 '나는 마땅히 일체의 유정들을 제도하여 해탈시키고, 모두에게 구경의 열반을 증득하게 하겠다.'라고 말하느니라."

구수 선현이 세존께 아뢰어 말하였다.

"세존이시여. 만약 보살마하살이 이와 같은 견고한 갑옷을 입고 투구를 쓰고서 '나는 마땅히 일체의 유정들을 제도하여 모두가 반열반(般涅槃)을 증득하도록 하겠다.'라고 알리는 자라면, 성문(聲聞)·독각(獨覺)의 두 지위 (地位)에 떨어지지 않을 것입니다.

세존이시여. 만약 보살마하살이 이와 같은 견고한 갑옷을 입고 투구를 쓰고서 '나는 마땅히 일체의 유정들을 제도하여 모두가 반열반(般涅槃)을 증득하도록 하겠다.'라고 알리는 자라면, 이 보살마하살은 마땅히 성문이 거나 독각의 지위의 두 지위에 떨어지는 처소도 없고 허용되는 것도 없습니다. 그 까닭은 무엇인가? 세존이시여. 이 보살마하살은 유정을 안립(安立)시키는 한계를 구분하지 않았으나, 이와 같은 견고한 갑옷을 입고 투구를 썼습니다."

세존께서 말씀하셨다.

"선현이여. 그대는 무슨 의취(義趣)로 관찰하여 '만약 보살마하살이 이와 같은 견고한 갑옷을 입고 투구를 쓰고서 깊은 반야바라밀다를 행한다 면, 성문이거나 독각의 지위의 두 지위에 떨어지지 않는다.'라고 이러한 말을 지었는가?"

선현이 대답하여 말하였다.

"세존이시여. 이 보살마하살은 작은 분량의 유정을 제도하여 해탈시키 기 위하여 갑옷을 입고 투구를 썼던 것이 아니고, 역시 작은 분량의 지혜를 구하기 위하여 갑옷을 입고 투구를 썼던 것이 아닙니다. 그 까닭은 무엇인가? 세존이시여. 이 보살마하살은 일체의 유정들을 구제하여 반열 반에 들어가게 시키기 위하여 갑옷을 입고 투구를 썼던 것이고, 이 보살마 하살은 다만 일체지지를 구하고 얻기 위하여 갑옷을 입고 투구를 썼던 것입니다. 이러한 까닭으로 이 보살마하살은 성문지·독각지에 떨어지지 않습니다."

세존께서 말씀하셨다.

"선현이여. 그와 같으니라. 그와 같으니라. 그대가 말한 것과 같으니라. 이 보살마하살은 작은 분량의 유정을 제도하여 해탈시키기 위하여 갑옷을 입고 투구를 썼던 것이 아니고, 역시 작은 분량의 지혜를 구하기 위한 까닭으로 갑옷을 입고 투구를 썼던 것이 아니니라. 이 보살마하살은 일체의 유정들을 구제(救拔)하여 반열반에 들어가게 시키기 위하여 갑옷을 입고 투구를 썼던 것이고, 이 보살마하살은 다만 일체지지를 구하고 얻기 위하여 갑옷을 입고 투구를 썼던 것이니라. 이러한 까닭으로 이 보살마하살은 성문지·독각지에 떨어지지 않느니라."

그때 구수 선현이 세존께 아뢰어 말하였다.

"세존이시여. 이와 같은 반야바라밀다는 최고로 매우 깊게 되었으므로, 능히 수행하는 자가 없고 역시 수행할 법도 없으며 수행할 처소도 없으며 역시 오히려 이것을 수습하여 얻는 것도 없습니다. 그 까닭은 무엇인가? 세존이시여. 이 반야바라밀다의 매우 깊은 의취의 가운데에서는 능히 수행하는 자가 없고 역시 수행할 법이거나, 만약 수행할 처소이거나, 만약 오히려 이것을 수습한다고 이름할 수 있는 작은 분량의 진실한 법도 없습니다.

세존이시여. 만약 허공을 수행한다면, 이것이 반야바라밀다를 수행하는 것입니다. 세존이시여. 만약 일체법을 수행한다면, 이것이 반야바라밀다를 수행하는 것입니다. 세존이시여. 만약 실제하지 않은 법(不實法)을 수행한다면, 이것이 반야바라밀다를 수행하는 것입니다. 세존이시여. 만약 무소유(無所有)를 수행한다면, 이것이 반야바라밀다를 수행하는 것입니다. 세존이시여. 만약 섭수(攝受)를 수행한다면, 이것이 반야바라밀다를 수행하는 것입니다. 세존이시여. 만약 없애고 떨쳐버리는(除遣) 것을 수행한다면, 이것이 반야바라밀다를 수행하는 것입니다."

세존께서 말씀하셨다.

"선현이여. 무엇을 없애고 떨쳐버리며 수행하면서 반야바라밀다의 수행으로 삼는가?"

선현이 대답하여 말하였다.

"세존이시여. 색을 없애고 떨쳐버리며 수행한다면 이것이 반야바라밀
다를 수행하는 것이고, 수·상·행·식을 없애고 떨쳐버리며 수행한다면
이것이 반야바라밀다를 수행하는 것입니다. 세존이시여. 안처를 없애고
떨쳐버리며 수행한다면 이것이 반야바라밀다를 수행하는 것이고, 이·비·
설·신·의처를 없애고 떨쳐버리며 수행한다면 이것이 반야바라밀다를
수행하는 것입니다.

세존이시여. 색처를 없애고 떨쳐버리며 수행한다면 이것이 반야바라밀
다를 수행하는 것이고, 성·향·미·촉·법처를 없애고 떨쳐버리며 수행한다
면 이것이 반야바라밀다를 수행하는 것입니다. 세존이시여. 안계를 없애
고 떨쳐버리며 수행한다면 이것이 반야바라밀다를 수행하는 것이고,
이·비·설·신·의계를 없애고 떨쳐버리며 수행한다면 이것이 반야바라밀
다를 수행하는 것입니다.

세존이시여. 색계를 없애고 떨쳐버리며 수행한다면 이것이 반야바라밀
다를 수행하는 것이고, 성·향·미·촉·법계를 없애고 떨쳐버리며 수행한다
면 이것이 반야바라밀다를 수행하는 것입니다. 세존이시여. 안식계를
없애고 떨쳐버리며 수행한다면 이것이 반야바라밀다를 수행하는 것이고,
이·비·설·신·의식계를 없애고 떨쳐버리며 수행한다면 이것이 반야바라
밀다를 수행하는 것입니다.

세존이시여. 안촉을 없애고 떨쳐버리며 수행한다면 이것이 반야바라밀
다를 수행하는 것이고, 이·비·설·신·의촉을 없애고 떨쳐버리며 수행한다
면 이것이 반야바라밀다를 수행하는 것입니다. 세존이시여. 안촉을 인연
으로 생겨난 여러 수를 없애고 떨쳐버리며 수행한다면 이것이 반야바라
밀다를 수행하는 것이고, 이·비·설·신·의촉을 인연으로 생겨난 여러
수를 없애고 떨쳐버리며 수행한다면 이것이 반야바라밀다를 수행하는
것입니다.

세존이시여. 지계를 없애고 떨쳐버리며 수행한다면 이것이 반야바라밀
다를 수행하는 것이고, 수·화·풍·공·식계를 없애고 떨쳐버리며 수행한다

면 이것이 반야바라밀다를 수행하는 것입니다. 세존이시여. 무명을 없애고 떨쳐버리며 수행한다면 이것이 반야바라밀다를 수행하는 것이고, 행·식·명색·육처·촉·수·애·취·유·생·노사를 없애고 떨쳐버리며 수행한다면 이것이 반야바라밀다를 수행하는 것입니다.

세존이시여. 아(我)를 없애고 떨쳐버리며 수행한다면 이것이 반야바라밀다를 수행하는 것이고, 유정·명자·생자·양자·사부·보특가라·의생·유동·작자·수자·지자·견자를 없애고 떨쳐버리며 수행한다면 이것이 반야바라밀다를 수행하는 것입니다. 세존이시여. 보시바라밀다를 없애고 떨쳐버리며 수행한다면 이것이 반야바라밀다를 수행하는 것이고, 정계·안인·정진·정려·반야바라밀다를 없애고 떨쳐버리며 수행한다면 이것이 반야바라밀다를 수행하는 것입니다.

세존이시여. 내공을 없애고 떨쳐버리며 수행한다면 이것이 반야바라밀다를 수행하는 것이고, 외공·내외공·공공·대공·승의공·유위공·무위공·필경공·무제공·산공·무변이공·본성공·자상공·공상공·일체법공·불가득공·무성공·자성공·무성자성공을 없애고 떨쳐버리며 수행한다면 이것이 반야바라밀다를 수행하는 것입니다. 세존이시여. 진여를 없애고 떨쳐버리며 수행한다면 이것이 반야바라밀다를 수행하는 것이고, 법계·법성·불허망성·불변이성·평등성·이생성·법정·법주·실제·허공계·부사의계를 없애고 떨쳐버리며 수행한다면 이것이 반야바라밀다를 수행하는 것입니다.

세존이시여. 4념주를 없애고 떨쳐버리며 수행한다면 이것이 반야바라밀다를 수행하는 것이고, 4정단·4신족·5근·5력·7등각지·8성도지를 없애고 떨쳐버리며 수행한다면 이것이 반야바라밀다를 수행하는 것입니다. 세존이시여. 고성제를 없애고 떨쳐버리며 수행한다면 이것이 반야바라밀다를 수행하는 것이고, 집·멸·도성제를 없애고 떨쳐버리며 수행한다면 이것이 반야바라밀다를 수행하는 것입니다.

세존이시여. 4정려를 없애고 떨쳐버리며 수행한다면 이것이 반야바라밀다를 수행하는 것입니다. 세존이시여. 4무량을 없애고 떨쳐버리며 수행한다면 이것이 반야바라밀다를 수행하는 것입니다. 세존이시여. 4무색정을 없애고 떨쳐버리며 수행한다면 이것이 반야바라밀다를 수행하는 것입니다. 세존이시여. 8해탈을 없애고 떨쳐버리며 수행한다면 이것이 반야바라밀다를 수행하는 것입니다. 세존이시여. 8승처를 없애고 떨쳐버리며 수행한다면 이것이 반야바라밀다를 수행하는 것입니다. 세존이시여. 9차제정을 없애고 떨쳐버리며 수행한다면 이것이 반야바라밀다를 수행하는 것입니다.

세존이시여. 10변처를 없애고 떨쳐버리며 수행한다면 이것이 반야바라밀다를 수행하는 것입니다. 세존이시여. 공해탈문을 없애고 떨쳐버리며 수행한다면 이것이 반야바라밀다를 수행하는 것입니다. 세존이시여. 무상·무원해탈문을 없애고 떨쳐버리며 수행한다면 이것이 반야바라밀다를 수행하는 것입니다. 세존이시여. 5안을 없애고 떨쳐버리며 수행한다면 이것이 반야바라밀다를 수행하는 것입니다. 세존이시여. 6신통을 없애고 떨쳐버리며 수행한다면 이것이 반야바라밀다를 수행하는 것입니다.

세존이시여. 삼마지문을 없애고 떨쳐버리며 수행한다면 이것이 반야바라밀다를 수행하는 것입니다. 세존이시여. 다라니문을 없애고 떨쳐버리며 수행한다면 이것이 반야바라밀다를 수행하는 것입니다. 세존이시여. 여래의 10력을 없애고 떨쳐버리며 수행한다면 이것이 반야바라밀다를 수행하는 것이고, 4무소외·4무애해·대자·대비·대희·대사·18불불공법을 없애고 떨쳐버리며 수행한다면 이것이 반야바라밀다를 수행하는 것입니다.

세존이시여. 예류과를 없애고 떨쳐버리며 수행한다면 이것이 반야바라밀다를 수행하는 것이고, 일래·불환·아라한과를 없애고 떨쳐버리며 수행한다면 이것이 반야바라밀다를 수행하는 것입니다. 세존이시여. 독각의 보리를 없애고 떨쳐버리며 수행한다면 이것이 반야바라밀다를 수행하는 것입니다. 세존이시여. 일체지를 없애고 떨쳐버리며 수행한다면 이것이 반야바라밀다를 수행하는 것입니다. 세존이시여. 도상지·일체상지를 없애고 떨쳐버리며 수행한다면 이것이 반야바라밀다를 수행하는 것입니다."

세존께서 말씀하셨다.

"선현이여. 그와 같으니라. 그와 같으니라. 그대가 말한 것과 같으니라. 선현이여. 색을 없애고 떨쳐버리며 수행한다면 이것이 반야바라밀다를 수행하는 것이고, 수·상·행·식을 없애고 떨쳐버리며 수행한다면 이것이 반야바라밀다를 수행하는 것이니라. 선현이여. 안처를 없애고 떨쳐버리며 수행한다면 이것이 반야바라밀다를 수행하는 것이고, 이·비·설·신·의처를 없애고 떨쳐버리며 수행한다면 이것이 반야바라밀다를 수행하는 것이니라.

선현이여. 색처를 없애고 떨쳐버리며 수행한다면 이것이 반야바라밀다를 수행하는 것이고, 성·향·미·촉·법처를 없애고 떨쳐버리며 수행한다면 이것이 반야바라밀다를 수행하는 것이니라. 선현이여. 안계를 없애고 떨쳐버리며 수행한다면 이것이 반야바라밀다를 수행하는 것이고, 이·비·설·신·의계를 없애고 떨쳐버리며 수행한다면 이것이 반야바라밀다를 수행하는 것이니라.

선현이여. 색계를 없애고 떨쳐버리며 수행한다면 이것이 반야바라밀다를 수행하는 것이고, 성·향·미·촉·법계를 없애고 떨쳐버리며 수행한다면 이것이 반야바라밀다를 수행하는 것이니라. 선현이여. 안식계를 없애고 떨쳐버리며 수행한다면 이것이 반야바라밀다를 수행하는 것이고, 이·비·설·신·의식계를 없애고 떨쳐버리며 수행한다면 이것이 반야바라밀다를 수행하는 것이니라.

선현이여. 안촉을 없애고 떨쳐버리며 수행한다면 이것이 반야바라밀다를 수행하는 것이고, 이·비·설·신·의촉을 없애고 떨쳐버리며 수행한다면 이것이 반야바라밀다를 수행하는 것이니라. 선현이여. 안촉을 인연으로 생겨난 여러 수를 없애고 떨쳐버리며 수행한다면 이것이 반야바라밀다를 수행하는 것이고, 이·비·설·신·의촉을 인연으로 생겨난 여러 수를 없애고 떨쳐버리며 수행한다면 이것이 반야바라밀다를 수행하는 것이니라.

선현이여. 지계를 없애고 떨쳐버리며 수행한다면 이것이 반야바라밀다를 수행하는 것이고, 수·화·풍·공·식계를 없애고 떨쳐버리며 수행한다면 이것이 반야바라밀다를 수행하는 것이니라. 선현이여. 무명을 없애고 떨쳐버리며 수행한다면 이것이 반야바라밀다를 수행하는 것이고, 행·식·명색·육처·촉·수·애·취·유·생·노사를 없애고 떨쳐버리며 수행한다면 이것이 반야바라밀다를 수행하는 것이니라.

선현이여. 아를 없애고 떨쳐버리며 수행한다면 이것이 반야바라밀다를 수행하는 것이고, 유정·명자·생자·양자·사부·보특가라·의생·유동·작자·수자·지자·견자를 없애고 떨쳐버리며 수행한다면 이것이 반야바라밀다를 수행하는 것이니라. 선현이여. 보시바라밀다를 없애고 떨쳐버리며 수행한다면 이것이 반야바라밀다를 수행하는 것이고, 정계·안인·정진·정려·반야바라밀다를 없애고 떨쳐버리며 수행한다면 이것이 반야바라밀다를 수행하는 것이니라.

선현이여. 내공을 없애고 떨쳐버리며 수행한다면 이것이 반야바라밀다를 수행하는 것이고, 외공·내외공·공공·대공·승의공·유위공·무위공·필경공·무제공·산공·무변이공·본성공·자상공·공상공·일체법공·불가득공·무성공·자성공·무성자성공을 없애고 떨쳐버리며 수행한다면 이것이 반야바라밀다를 수행하는 것이니라. 선현이여. 진여를 없애고 떨쳐버리며 수행한다면 이것이 반야바라밀다를 수행하는 것이고, 법계·법성·불허망성·불변이성·평등성·이생성·법정·법주·실제·허공계·부사의계를 없애고 떨쳐버리며 수행한다면 이것이 반야바라밀다를 수행하는 것이니라.

선현이여. 4념주를 없애고 떨쳐버리며 수행한다면 이것이 반야바라밀다를 수행하는 것이고, 4정단·4신족·5근·5력·7등각지·8성도지를 없애고 떨쳐버리며 수행한다면 이것이 반야바라밀다를 수행하는 것이니라. 선현이여. 고성제를 없애고 떨쳐버리며 수행한다면 이것이 반야바라밀다를 수행하는 것이고, 집·멸·도성제를 없애고 떨쳐버리며 수행한다면 이것이 반야바라밀다를 수행하는 것이니라.

선현이여. 4정려를 없애고 떨쳐버리며 수행한다면 이것이 반야바라밀다를 수행하는 것이니라. 선현이여. 4무량을 없애고 떨쳐버리며 수행한다면 이것이 반야바라밀다를 수행하는 것이니라. 선현이여. 4무색정을 없애고 떨쳐버리며 수행한다면 이것이 반야바라밀다를 수행하는 것이니라. 선현이여. 8해탈을 없애고 떨쳐버리며 수행한다면 이것이 반야바라밀다를 수행하는 것이니라. 선현이여. 8승처를 없애고 떨쳐버리며 수행한다면 이것이 반야바라밀다를 수행하는 것이니라. 선현이여. 9차제정을 없애고 떨쳐버리며 수행한다면 이것이 반야바라밀다를 수행하는 것이니라.

선현이여. 10변처를 없애고 떨쳐버리며 수행한다면 이것이 반야바라밀다를 수행하는 것이니라. 선현이여. 공해탈문을 없애고 떨쳐버리며 수행한다면 이것이 반야바라밀다를 수행하는 것이니라. 선현이여. 무상·무원해탈문을 없애고 떨쳐버리며 수행한다면 이것이 반야바라밀다를 수행하는 것이니라. 선현이여. 5안을 없애고 떨쳐버리며 수행한다면 이것이 반야바라밀다를 수행하는 것이니라. 선현이여. 6신통을 없애고 떨쳐버리며 수행한다면 이것이 반야바라밀다를 수행하는 것이니라.

선현이여. 삼마지문을 없애고 떨쳐버리며 수행한다면 이것이 반야바라밀다를 수행하는 것이니라. 선현이여. 다라니문을 없애고 떨쳐버리며 수행한다면 이것이 반야바라밀다를 수행하는 것이니라. 선현이여. 여래의 10력을 없애고 떨쳐버리며 수행한다면 이것이 반야바라밀다를 수행하는 것이고, 4무소외·4무애해·대자·대비·대희·대사·18불불공법을 없애고 떨쳐버리며 수행한다면 이것이 반야바라밀다를 수행하는 것이니라.

선현이여. 예류과를 없애고 떨쳐버리며 수행한다면 이것이 반야바라밀다를 수행하는 것이고, 일래·불환·아라한과를 없애고 떨쳐버리며 수행한다면 이것이 반야바라밀다를 수행하는 것이니라. 선현이여. 독각의 보리를 없애고 떨쳐버리며 수행한다면 이것이 반야바라밀다를 수행하는 것이니라. 선현이여. 일체지를 없애고 떨쳐버리며 수행한다면 이것이 반야바라밀다를 수행하는 것이니라. 선현이여. 도상지·일체상지를 없애고 떨쳐버리며 수행한다면 이것이 반야바라밀다를 수행하는 것이니라."

그때 세존께서 다시 구수 선현에게 말씀하셨다.

"선현이여. 매우 깊은 반야바라밀다에 상응하여 의지하면서 불퇴전(不退轉)의 보살마하살을 시험(試驗)하여 알아야 하느니라. 만약 보살마하살이 깊은 반야바라밀다에서 집착이 생겨나지 않는다면, 이 자를 불퇴전의 보살마하살로 삼는다고 마땅히 알아야 하느니라. 선현이여. 매우 깊은 정려바라밀다에 상응하여 의지하면서 불퇴전의 보살마하살을 시험하여 알아야 하느니라. 만약 보살마하살이 깊은 정려바라밀다에서 집착이 생겨나지 않는다면, 이 자를 불퇴전의 보살마하살로 삼는다고 마땅히 알아야 하느니라.

선현이여. 매우 깊은 정진바라밀다에 상응하여 의지하면서 불퇴전의 보살마하살을 시험하여 알아야 하느니라. 만약 보살마하살이 깊은 정진바라밀다에서 집착이 생겨나지 않는다면, 이 자를 불퇴전의 보살마하살로 삼는다고 마땅히 알아야 하느니라. 선현이여. 매우 깊은 안인바라밀다에 상응하여 의지하면서 불퇴전의 보살마하살을 시험하여 알아야 하느니라. 만약 보살마하살이 깊은 안인바라밀다에서 집착이 생겨나지 않는다면, 이 자를 불퇴전의 보살마하살로 삼는다고 마땅히 알아야 하느니라.

선현이여. 매우 깊은 정계바라밀다에 상응하여 의지하면서 불퇴전의 보살마하살을 시험하여 알아야 하느니라. 만약 보살마하살이 깊은 정계바라밀다에서 집착이 생겨나지 않는다면, 이 자를 불퇴전의 보살마하살로 삼는다고 마땅히 알아야 하느니라. 선현이여. 매우 깊은 보시바라밀다에 상응하여 의지하면서 불퇴전의 보살마하살을 시험하여 알아야 하느니라. 만약 보살마하살이 깊은 보시바라밀다에서 집착이 생겨나지 않는다면, 이 자를 불퇴전의 보살마하살로 삼는다고 마땅히 알아야 하느니라.

선현이여. 내공에 상응하여 의지하면서 불퇴전의 보살마하살을 시험하여 알아야 하느니라. 만약 보살마하살이 깊은 내공에서 집착이 생겨나지 않는다면, 이 자를 불퇴전의 보살마하살로 삼는다고 마땅히 알아야 하고, 외공·내외공·공공·대공·승의공·유위공·무위공·필경공·무제공·산공·무변이공·본성공·자상공·공상공·일체법공·불가득공·무성공·자성공·무성자성공에 상응하여 의지하면서 불퇴전의 보살마하살을 시험하여

알아야 하느니라. 만약 보살마하살이 외공, 나아가 무성자성공에서 집착
이 생겨나지 않는다면, 이 자를 불퇴전의 보살마하살로 삼는다고 마땅히
알아야 하느니라.

선현이여. 진여에 상응하여 의지하면서 불퇴전의 보살마하살을 시험하
여 알아야 하느니라. 만약 보살마하살이 깊은 진여에서 집착이 생겨나지
않는다면, 이 자를 불퇴전의 보살마하살로 삼는다고 마땅히 알아야 하고,
법계·법성·불허망성·불변이성·평등성·이생성·법정·법주·실제·허공
계·부사의계에 상응하여 의지하면서 불퇴전의 보살마하살을 시험하여
알아야 하느니라. 만약 보살마하살이 법계, 나아가 부사의계에서 집착이
생겨나지 않는다면, 이 자를 불퇴전의 보살마하살로 삼는다고 마땅히
알아야 하느니라.

선현이여. 4념주에 상응하여 의지하면서 불퇴전의 보살마하살을 시험
하여 알아야 하느니라. 만약 보살마하살이 4념주에서 집착이 생겨나지
않는다면, 이 자를 불퇴전의 보살마하살로 삼는다고 마땅히 알아야 하고,
4정단·4신족·5근·5력·7등각지·8성도지에 상응하여 의지하면서 불퇴전
의 보살마하살을 시험하여 알아야 하느니라. 만약 보살마하살이 4정단,
나아가 8성도지에서 집착이 생겨나지 않는다면, 이 자를 불퇴전의 보살마
하살로 삼는다고 마땅히 알아야 하느니라.

선현이여. 고성제에 상응하여 의지하면서 불퇴전의 보살마하살을 시험
하여 알아야 하느니라. 만약 보살마하살이 고성제에서 집착이 생겨나지
않는다면, 이 자를 불퇴전의 보살마하살로 삼는다고 마땅히 알아야 하고,
집·멸·도성제에 상응하여 의지하면서 불퇴전의 보살마하살을 시험하여
알아야 하느니라. 만약 보살마하살이 집·멸·도성제에서 집착이 생겨나지
않는다면, 이 자를 불퇴전의 보살마하살로 삼는다고 마땅히 알아야 하느
니라.

선현이여. 4정려에 상응하여 의지하면서 불퇴전의 보살마하살을 시험
하여 알아야 하느니라. 만약 보살마하살이 4정려에서 집착이 생겨나지
않는다면, 이 자를 불퇴전의 보살마하살로 삼는다고 마땅히 알아야 하느

니라. 선현이여. 4무량에 상응하여 의지하면서 불퇴전의 보살마하살을 시험하여 알아야 하느니라. 만약 보살마하살이 4무량에서 집착이 생겨나지 않는다면, 이 자를 불퇴전의 보살마하살로 삼는다고 마땅히 알아야 하느니라.

선현이여. 4무색정에 상응하여 의지하면서 불퇴전의 보살마하살을 시험하여 알아야 하느니라. 만약 보살마하살이 4무색정에서 집착이 생겨나지 않는다면, 이 자를 불퇴전의 보살마하살로 삼는다고 마땅히 알아야 하느니라. 선현이여. 8해탈에 상응하여 의지하면서 불퇴전의 보살마하살을 시험하여 알아야 하느니라. 만약 보살마하살이 8해탈에서 집착이 생겨나지 않는다면, 이 자를 불퇴전의 보살마하살로 삼는다고 마땅히 알아야 하느니라.

선현이여. 8승처에 상응하여 의지하면서 불퇴전의 보살마하살을 시험하여 알아야 하느니라. 만약 보살마하살이 8승처에서 집착이 생겨나지 않는다면, 이 자를 불퇴전의 보살마하살로 삼는다고 마땅히 알아야 하느니라. 선현이여. 9차제정에 상응하여 의지하면서 불퇴전의 보살마하살을 시험하여 알아야 하느니라. 만약 보살마하살이 9차제정에서 집착이 생겨나지 않는다면, 이 자를 불퇴전의 보살마하살로 삼는다고 마땅히 알아야 하느니라. 선현이여. 10변처에 상응하여 의지하면서 불퇴전의 보살마하살을 시험하여 알아야 하느니라. 만약 보살마하살이 10변처에서 집착이 생겨나지 않는다면, 이 자를 불퇴전의 보살마하살로 삼는다고 마땅히 알아야 하느니라.

선현이여. 공해탈문에 상응하여 의지하면서 불퇴전의 보살마하살을 시험하여 알아야 하느니라. 만약 보살마하살이 공해탈문에서 집착이 생겨나지 않는다면, 이 자를 불퇴전의 보살마하살로 삼는다고 마땅히 알아야 하고, 무상·무원해탈문에 상응하여 의지하면서 불퇴전의 보살마하살을 시험하여 알아야 하느니라. 만약 보살마하살이 무상·무원해탈문에서 집착이 생겨나지 않는다면, 이 자를 불퇴전의 보살마하살로 삼는다고 마땅히 알아야 하느니라.

선현이여. 5안에 상응하여 의지하면서 불퇴전의 보살마하살을 시험하여 알아야 하느니라. 만약 보살마하살이 5안에서 집착이 생겨나지 않는다면, 이 자를 불퇴전의 보살마하살로 삼는다고 마땅히 알아야 하느니라. 선현이여. 6신통에 상응하여 의지하면서 불퇴전의 보살마하살을 시험하여 알아야 하느니라. 만약 보살마하살이 6신통에서 집착이 생겨나지 않는다면, 이 자를 불퇴전의 보살마하살로 삼는다고 마땅히 알아야 하느니라.

선현이여. 삼마지문에 상응하여 의지하면서 불퇴전의 보살마하살을 시험하여 알아야 하느니라. 만약 보살마하살이 삼마지문에서 집착이 생겨나지 않는다면, 이 자를 불퇴전의 보살마하살로 삼는다고 마땅히 알아야 하느니라. 선현이여. 다라니문에 상응하여 의지하면서 불퇴전의 보살마하살을 시험하여 알아야 하느니라. 만약 보살마하살이 다라니문에서 집착이 생겨나지 않는다면, 이 자를 불퇴전의 보살마하살로 삼는다고 마땅히 알아야 하느니라.

선현이여. 여래의 10력에 상응하여 의지하면서 불퇴전의 보살마하살을 시험하여 알아야 하느니라. 만약 보살마하살이 여래의 10력에서 집착이 생겨나지 않는다면, 이 자를 불퇴전의 보살마하살로 삼는다고 마땅히 알아야 하고, 4무소외·4무애해·대자·대비·대희·대사·18불불공법에 상응하여 의지하면서 불퇴전의 보살마하살을 시험하여 알아야 하느니라. 만약 보살마하살이 4무소외, 나아가 18불불공법에서 집착이 생겨나지 않는다면, 이 자를 불퇴전의 보살마하살로 삼는다고 마땅히 알아야 하느니라.

선현이여. 일체지에 상응하여 의지하면서 불퇴전의 보살마하살을 시험하여 알아야 하느니라. 만약 보살마하살이 일체지에서 집착이 생겨나지 않는다면, 이 자를 불퇴전의 보살마하살로 삼는다고 마땅히 알아야 하고, 도상지·일체상지에 상응하여 의지하면서 불퇴전의 보살마하살을 시험하여 알아야 하느니라. 만약 보살마하살이 도상지·일체상지에서 집착이 생겨나지 않는다면, 이 자를 불퇴전의 보살마하살로 삼는다고 마땅히 알아야 하느니라."

"선현이여. 여러 세간(諸有)에서 불퇴전의 보살마하살이 깊은 반야바라
밀다를 행하는 때에, 다른 사람의 말과 다른 사람들의 교칙(敎勅)1)을
보고서 진실한 법요(法要)로써 삼지 않느니라. 선현이여. 여러 세간에서
불퇴전의 보살마하살이 깊은 반야바라밀다를 행하는 때에, 탐욕의 마음으
로 견인(牽引)하는 것으로 삼지 않고 성내는 마음으로 견인하는 것으로
삼지 않으며 어리석은 마음으로 견인하는 것으로 삼지 않고 교만한 마음으
로 견인하는 것으로 삼지 않으며 여러 종류의 나머지가 섞인 염오의
마음으로 견인하는 것으로 삼지 않느니라.
　선현이여. 여러 세간에서 불퇴전의 보살마하살이 깊은 반야바라밀다를
행하는 때에, 보시바라밀다를 벗어나지 않고 정계바라밀다를 벗어나지
않으며 안인바라밀다를 벗어나지 않고 정진바라밀다를 벗어나지 않으며
정려바라밀다를 벗어나지 않고 반야바라밀다를 벗어나지 않느니라.
　선현이여. 여러 세간에서 불퇴전의 보살마하살이 이와 같은 매우 깊은
반야바라밀다의 설법을 들었다면, 그 마음이 놀라지도 않고 두려워하지도
않으며 겁내지도 않고 침울하지도 않으며 숨기지도 않고 역시 물러나서
버리지도 않으며, 깊은 반야바라밀다에서 환희하면서 즐겁게 듣고서
수지하고 독송하며 구경에 예리하게 통달(究竟通利)하고 계념(繫念)2)하
면서 사유하며 설하신 것과 같이 수행하면서 일찍이 싫증과 게으름이
없느니라.
　선현이여. 마땅히 알지니라. 이와 같은 불퇴전의 보살마하살은 이전의
세상에서 이미 매우 깊은 반야바라밀다가 소유한 의취(義趣)를 물었고
듣고서 수지하고 독송하며 이치와 같이 사유하였느니라. 왜 그러한가?
선현이여. 오히려 이러한 불퇴전의 보살마하살이 이와 같은 매우 깊은
반야바라밀다의 설법을 들었다면, 그 마음이 놀라지도 않고 두려워하지도

---

1) '세존의 가르침' 또는 '교계(敎誡)'를 가리킨다.
2) 한곳에 생각을 집중하거나, 또는 마음에 간직하고 잊지 않는 것이다.

않으며 겁내지도 않고 침울하지도 않으며 숨기지도 않고 역시 물러나서 버리지도 않으며, 깊은 반야바라밀다에서 환희하면서 즐겁게 듣고서 수지하고 독송하며 구경에 예리하게 통달하고 생각을 붙잡아서 사유하며 설하신 것과 같이 수행하면서 싫증과 게으름이 없었던 까닭이니라."

구수 선현이 세존께 아뢰어 말하였다.
"세존이시여. 만약 보살마하살이 이와 같은 매우 깊은 반야바라밀다의 설법을 들었다면, 그 마음이 놀라지도 않고 두려워하지도 않으며 겁내지도 않고 침울하지도 않으며 숨기지도 않고 역시 물러나서 버리지도 않는다면, 이 보살마하살은 어찌 매우 깊은 반야바라밀다를 수행한다고 말합니까?"
세존께서 말씀하셨다.
"선현이여. 이 보살마하살은 일체지지(一切智智)에 상속(相續)하고 수순(隨順)하며 나아가면서 향하고(趣向) 접근하며 들어가면서(臨入) 상응하여 이와 같은 깊은 반야바라밀다를 수행해야 하느니라."
"세존이시여. 이 보살마하살은 어찌 일체지지를 상속하고 수순하며 나아가면서 향하고 접근하며 들어가면서 깊은 반야바라밀다를 수행한다고 말합니까?"
"선현이여. 보살마하살이 공(空)을 상속하고 수순하며 나아가면서 향하고 접근하며 들어가면서 깊은 반야바라밀다를 수행한다면, 이것이 보살마하살이 일체지지에 상속하고 수순하며 나아가면서 향하고 접근하며 들어가면서 깊은 반야바라밀다를 수행하는 것이니라. 선현이여. 보살마하살이 무상(無相)에 상속하고 수순하며 나아가면서 향하고 접근하며 들어가면서 깊은 반야바라밀다를 수행한다면, 이것이 보살마하살이 일체지지에 상속하고 수순하며 나아가면서 향하고 접근하며 들어가면서 깊은 반야바라밀다를 수행하는 것이니라.
선현이여. 보살마하살이 무원(無願)에 상속하고 수순하며 나아가면서 향하고 접근하며 들어가면서 깊은 반야바라밀다를 수행한다면, 이것이 보살마하살이 일체지지에 상속하고 수순하며 나아가면서 향하고 접근하며 들어가면서 깊은 반야바라밀다를 수행하는 것이니라. 선현이여. 보살마하살이 허공(虛空)에 상속하고 수순하며 나아가면서 향하고 접근하며 들어가면서 깊은 반야바라밀다를 수행한다면, 이것이 보살마하살이 일체지지에 상속하고 수순하며 나아가면서 향하고 접근하며 들어가면서 깊은 반야바라밀다를 수행하는 것이니라.

선현이여. 보살마하살이 무소유(無所有)에 상속하고 수순하며 나아가면서 향하고 접근하며 들어가면서 깊은 반야바라밀다를 수행한다면, 이것이 보살마하살이 일체지지에 상속하고 수순하며 나아가면서 향하고 접근하며 들어가면서 깊은 반야바라밀다를 수행하는 것이니라. 선현이여. 보살마하살이 생겨남이 없고(無生) 소멸함도 없는 것(無滅)에 상속하고 수순하며 나아가면서 향하고 접근하며 들어가면서 깊은 반야바라밀다를 수행한다면, 이것이 보살마하살이 일체지지에 상속하고 수순하며 나아가면서 향하고 접근하며 들어가면서 깊은 반야바라밀다를 수행하는 것이니라.

선현이여. 보살마하살이 염오가 없고(無染) 청정함도 없는 것(無淨)에 상속하고 수순하며 나아가면서 향하고 접근하며 들어가면서 깊은 반야바라밀다를 수행한다면, 이것이 보살마하살이 일체지지에 상속하고 수순하며 나아가면서 향하고 접근하며 들어가면서 깊은 반야바라밀다를 수행하는 것이니라. 선현이여. 보살마하살이 진여(眞如)에 상속하고 수순하며 나아가면서 향하고 접근하며 들어가면서 깊은 반야바라밀다를 수행한다면, 이것이 보살마하살이 일체지지에 상속하고 수순하며 나아가면서 향하고 접근하며 들어가면서 깊은 반야바라밀다를 수행하는 것이니라.

선현이여. 보살마하살이 법계(法界)에 상속하고 수순하며 나아가면서 향하고 접근하며 들어가면서 깊은 반야바라밀다를 수행한다면, 이것이 보살마하살이 일체지지에 상속하고 나아가면서 향하고 접근하며 들어가면서 깊은 반야바라밀다를 수행하는 것이니라. 선현이여. 보살마하살이 법성(法性)에 상속하고 수순하며 나아가면서 향하고 접근하며 들어가면서 깊은 반야바라밀다를 수행한다면, 이것이 보살마하살이 일체지지에 상속하고 수순하며 나아가면서 향하고 접근하며 들어가면서 깊은 반야바라밀다를 수행하는 것이니라.

선현이여. 보살마하살이 불허망성(不虛妄性)에 상속하고 수순하며 나아가면서 향하고 접근하며 들어가면서 깊은 반야바라밀다를 수행한다면, 이것이 보살마하살이 일체지지에 상속하고 수순하며 나아가면서 향하고 접근하며 들어가면서 깊은 반야바라밀다를 수행하는 것이니라. 선현이여. 보살마하살이 불변이성(不變異性)에 상속하고 수순하며 나아가면서 향하고 접근하며 들어가면서 깊은 반야바라밀다를 수행한다면, 이것이 보살마하살이 일체지지에 상속하고 수순하며 나아가면서 향하고 접근하며 들어가면서 깊은 반야바라밀다를 수행하는 것이니라.

선현이여. 보살마하살이 평등성(平等性)에 상속하고 수순하며 나아가면서 향하고 접근하며 들어가면서 깊은 반야바라밀다를 수행한다면, 이것이 보살마하살이 일체지지에 상속하고 수순하며 나아가면서 향하고 접근하며 들어가면서 깊은 반야바라밀다를 수행하는 것이니라. 선현이여. 보살마하살이 이생성(異生性)에 상속하고 나아가면서 향하고 접근하며 들어가면서 깊은 반야바라밀다를 수행한다면, 이것이 보살마하살이 일체지지에 상속하고 수순하며 나아가면서 향하고 접근하며 들어가면서 깊은 반야바라밀다를 수행하는 것이니라.

선현이여. 보살마하살이 법정(法定)에 상속하고 수순하며 나아가면서 향하고 접근하며 들어가면서 깊은 반야바라밀다를 수행한다면, 이것이 보살마하살이 일체지지에 상속하고 수순하며 나아가면서 향하고 접근하며 들어가면서 깊은 반야바라밀다를 수행하는 것이니라. 선현이여. 보살마하살이 법주(法住)에 상속하고 나아가면서 향하고 접근하며 들어가면서 깊은 반야바라밀다를 수행한다면, 이것이 보살마하살이 일체지지에 상속하고 수순하며 나아가면서 향하고 접근하며 들어가면서 깊은 반야바라밀다를 수행하는 것이니라.

선현이여. 보살마하살이 실제(實際)에 상속하고 수순하며 나아가면서 향하고 접근하며 들어가면서 깊은 반야바라밀다를 수행한다면, 이것이 보살마하살이 일체지지에 상속하고 수순하며 나아가면서 향하고 접근하며 들어가면서 깊은 반야바라밀다를 수행하는 것이니라. 선현이여. 보살마하살이 허공계(虛空界)에 상속하고 수순하며 나아가면서 향하고 접근하며 들어가면서 깊은 반야바라밀다를 수행한다면, 이것이 보살마하살이 일체지지에 상속하고 수순하며 나아가면서 향하고 접근하며 들어가면서 깊은 반야바라밀다를 수행하는 것이니라.

선현이여. 보살마하살이 부사의계(不思議界)에 상속하고 수순하며 나아가면서 향하고 접근하며 들어가면서 깊은 반야바라밀다를 수행한다면, 이것이 보살마하살이 일체지지에 상속하고 수순하며 나아가면서 향하고 접근하며 들어가면서 깊은 반야바라밀다를 수행하는 것이니라. 선현이여. 보살마하살이 무조작(無造作)에 상속하고 수순하며 나아가면서 향하고 접근하며 들어가면서 깊은 반야바라밀다를 수행한다면, 이것이 보살마하살이 일체지지에 상속하고 수순하며 나아가면서 향하고 접근하며 들어가면서 깊은 반야바라밀다를 수행하는 것이니라.

선현이여. 보살마하살이 환영(幻)에 상속하고 수순하며 나아가면서 향하고 접근하며 들어가면서 깊은 반야바라밀다를 수행한다면, 이것이 보살마하살이 일체지지에 상속하고 수순하며 나아가면서 향하고 접근하며 들어가면서 깊은 반야바라밀다를 수행하는 것이니라. 선현이여. 보살마하살이 꿈(夢)에 상속하고 수순하며 나아가면서 향하고 접근하며 들어가면서 깊은 반야바라밀다를 수행한다면, 이것이 보살마하살이 일체지지에 상속하고 수순하며 나아가면서 향하고 접근하며 들어가면서 깊은 반야바라밀다를 수행하는 것이니라.

선현이여. 보살마하살이 메아리(響)에 상속하고 수순하며 나아가면서 향하고 접근하며 들어가면서 깊은 반야바라밀다를 수행한다면, 이것이 보살마하살이 일체지지에 상속하고 수순하며 나아가면서 향하고 접근하며 들어가면서 깊은 반야바라밀다를 수행하는 것이니라. 선현이여. 보살마하살이 형상(像)에 상속하고 수순하며 나아가면서 향하고 접근하며 들어가면서 깊은 반야바라밀다를 수행한다면, 이것이 보살마하살이 일체지지에 상속하고 수순하며 나아가면서 향하고 접근하며 들어가면서 깊은 반야바라밀다를 수행하는 것이니라.

선현이여. 보살마하살이 그림자(光影)에 상속하고 수순하며 나아가면서 향하고 접근하며 들어가면서 깊은 반야바라밀다를 수행한다면, 이것이 보살마하살이 일체지지에 상속하고 수순하며 나아가면서 향하고 접근하며 들어가면서 깊은 반야바라밀다를 수행하는 것이니라. 선현이여. 보살마하살이 아지랑이(陽焰)에 상속하고 수순하며 나아가면서 향하고 접근하며 들어가면서 깊은 반야바라밀다를 수행한다면, 이것이 보살마하살이 일체지지에 상속하고 수순하며 나아가면서 향하고 접근하며 들어가면서 깊은 반야바라밀다를 수행하는 것이니라.

선현이여. 보살마하살이 변화된 일(變化事)에 상속하고 수순하며 나아가면서 향하고 접근하며 들어가면서 깊은 반야바라밀다를 수행한다면, 이것이 보살마하살이 일체지지에 상속하고 수순하며 나아가면서 향하고 접근하며 들어가면서 깊은 반야바라밀다를 수행하는 것이니라. 선현이여. 보살마하살이 심향성(尋香城)에 상속하고 수순하며 나아가면서 향하고 접근하며 들어가면서 깊은 반야바라밀다를 수행한다면, 이것이 보살마하살이 일체지지에 상속하고 수순하며 나아가면서 향하고 접근하며 들어가면서 깊은 반야바라밀다를 수행하는 것이니라."

마하반야바라밀다경 제318권

46. 취지품(趣智品)(3)

그때 구수 선현이 세존께 아뢰어 말하였다.

"세존이시여. 세존께서 성하신 것과 같이, 만약 보살마하살이 공(空)·무상(無相)·무원(無願)·허공(虛空)·무소유(無所有)·생겨남이 없고 소멸함도 없는 것(無生無滅)·염오가 없고 청정함도 없는 것(無染無淨)·진여(眞如)·법계(法界)·법성(法性)·불허망성(不虛妄性)·불변이성(不變異性)·평등성(平等性)·이생성(離生性)·법정(法定)·법주(法住)·실제(實際)·허공계(虛空界)·부사의계(不思議界)·무조작(無造作)·환영(幻)·꿈(夢)·메아리(響)·형상(像)·그림자(光影)·아지랑이(陽焰)·변화된 일(變化事)·심향성(尋香城)에 상속하고 수순하며 나아가면서 향하고 접근하며 들어가면서 깊은 반야바라밀다를 수행하였고, 이것을 보살마하살이 일체지지에 상속하고 수순하며 나아가면서 향하고 접근하며 들어가면서 깊은 반야바라밀다를 수행하는 자라면, 세존이시여. 이 보살마하살은 색을 수행으로 삼습니까? 수·상·행·식을 수행으로 삼습니까? 세존이시여. 이 보살마하살은 안처를 수행으로 삼습니까? 이·비·설·신·의처를 수행으로 삼습니까?

세존이시여. 이 보살마하살은 색처를 수행으로 삼습니까? 성·향·미·촉·법처를 수행으로 삼습니까? 세존이시여. 이 보살마하살은 안계를 수행으로 삼습니까? 이·비·설·신·의계를 수행으로 삼습니까? 세존이시여. 이 보살마하살은 색계를 수행으로 삼습니까? 성·향·미·촉·법계를 수행으로 삼습니까? 세존이시여. 이 보살마하살은 안식계를 수행으로 삼습니까? 이·비·설·신·의식계를 수행으로 삼습니까?

　세존이시여. 이 보살마하살은 안촉을 수행으로 삼습니까? 이·비·설·신·의촉을 수행으로 삼습니까? 세존이시여. 이 보살마하살은 안촉을 인연으로 생겨난 수를 수행으로 삼습니까? 이·비·설·신·의촉을 인연으로 생겨난 여러 수를 수행으로 삼습니까? 세존이시여. 이 보살마하살은 지계를 수행으로 삼습니까? 수·화·풍·공·식계를 수행으로 삼습니까? 세존이시여. 이 보살마하살은 무명을 수행으로 삼습니까? 행·식·명색·육처·촉·수·애·취·유·생·노사를 수행으로 삼습니까? 세존이시여. 이 보살마하살은 보시바라밀다를 수행으로 삼습니까? 정계·안인·정진·정려·반야바라밀다를 수행으로 삼습니까?

　세존이시여. 이 보살마하살은 내공을 수행으로 삼습니까? 외공·내외공·공공·대공·승의공·유위공·무위공·필경공·무제공·산공·무변이공·본성공·자상공·공상공·일체법공·불가득공·무성공·자성공·무성자성공을 수행으로 삼습니까? 세존이시여. 이 보살마하살은 진여를 수행으로 삼습니까? 법계·법성·불허망성·불변이성·평등성·이생성·법정·법주·실제·허공계·부사의계를 수행으로 삼습니까? 세존이시여. 이 보살마하살은 4념주를 수행으로 삼습니까? 4정단·4신족·5근·5력·7등각지·8성도지를 수행으로 삼습니까?

　세존이시여. 이 보살마하살은 고성제를 수행으로 삼습니까? 집·멸·도성제를 수행으로 삼습니까? 세존이시여. 이 보살마하살은 4정려를 수행으로 삼습니까? 세존이시여. 이 보살마하살은 4무량을 수행으로 삼습니까? 세존이시여. 이 보살마하살은 4무색정을 수행으로 삼습니까? 세존이시여. 이 보살마하살은 8해탈을 수행으로 삼습니까? 세존이시여. 이 보살마하살은 8승처를 수행으로 삼습니까? 세존이시여. 이 보살마하살은 9차제정을 수행으로 삼습니까? 세존이시여. 이 보살마하살은 10변처를 수행으로 삼습니까? 세존이시여. 이 보살마하살은 공해탈문을 수행으로 삼습니까? 무상·무원해탈문을 수행으로 삼습니까?

　세존이시여. 이 보살마하살은 5안을 수행으로 삼습니까? 세존이시여.

이 보살마하살은 6신통을 수행으로 삼습니까? 세존이시여. 이 보살마하살은 삼마지문을 수행으로 삼습니까? 세존이시여. 이 보살마하살은 다라니문을 수행으로 삼습니까? 세존이시여. 이 보살마하살은 여래의 10력을 수행으로 삼습니까? 4무소외·4무애해·대자·대비·대희·대사·18불불공법을 수행으로 삼습니까? 세존이시여. 이 보살마하살은 일체지를 수행으로 삼습니까? 도상지·일체상지를 수행으로 삼습니까?"

세존께서 말씀하셨다.

"선현이여. 이 보살마하살은 색을 수행하지 않고, 수·상·행·식도 수행하지 않느니라. 선현이여. 이 보살마하살은 안처를 수행하지 않고, 이·비·설·신·의처도 수행하지 않느니라. 선현이여. 이 보살마하살은 색처를 수행하지 않고, 성·향·미·촉·법처도 수행하지 않느니라. 선현이여. 이 보살마하살은 안계를 수행하지 않고, 이·비·설·신·의계를 수행하지 않느니라. 선현이여. 이 보살마하살은 색계를 수행하지 않고, 성·향·미·촉·법계를 수행하지 않느니라.

선현이여. 이 보살마하살은 안식계를 수행하지 않고, 이·비·설·신·의식계를 수행하지 않느니라. 선현이여. 이 보살마하살은 안촉을 수행하지 않고, 이·비·설·신·의촉을 수행하지 않느니라. 선현이여. 이 보살마하살은 안촉을 인연으로 생겨난 여러 수를 수행하지 않고, 이·비·설·신·의촉을 인연으로 생겨난 여러 수를 수행하지 않느니라. 선현이여. 이 보살마하살은 지계를 수행하지 않고, 수·화·풍·공·식계를 수행하지 않느니라. 선현이여. 이 보살마하살은 무명을 수행하지 않고, 행·식·명색·육처·촉·수·애·취·유·생·노사를 수행하지 않느니라.

선현이여. 이 보살마하살은 보시바라밀다를 수행하지 않고, 정계·안인·정진·정려·반야바라밀다를 수행하지 않느니라. 선현이여. 이 보살마하살은 내공을 수행하지 않고, 외공·내외공·공공·대공·승의공·유위공·무위공·필경공·무제공·산공·무변이공·본성공·자상공·공상공·일체법공·불가득공·무성공·자성공·무성자성공을 수행하지 않느니라. 선현이여. 이 보살마하살은 진여를 수행하지 않고, 법계·법성·불허망성·불변이성·평등성·이생성·법정·법주·실제·허공계·부사의계를 수행하지 않느니라.

선현이여. 이 보살마하살은 4념주를 수행하지 않고, 4정단·4신족·5근·5력·7등각지·8성도지를 수행하지 않느니라. 선현이여. 이 보살마하살은 고성제를 수행하지 않고, 집·멸·도성제를 수행하지 않느니라. 선현이여. 이 보살마하살은 4정려를 수행하지 않느니라. 선현이여. 이 보살마하살은 4무량을 수행하지 않느니라. 선현이여. 이 보살마하살은 4무색정을 수행하지 않느니라. 선현이여. 이 보살마하살은 8해탈을 수행하지 않느니라.

선현이여. 이 보살마하살은 8승처를 수행하지 않느니라. 선현이여. 이 보살마하살은 9차제정을 수행하지 않느니라. 선현이여. 이 보살마하살은 10변처를 수행하지 않느니라. 선현이여. 이 보살마하살은 공해탈문을 수행하지 않고, 무상·무원해탈문을 수행하지 않느니라. 선현이여. 이 보살마하살은 5안을 수행하지 않느니라. 선현이여. 이 보살마하살은 6신통을 수행하지 않느니라. 선현이여. 이 보살마하살은 삼마지문을 수행하지 않느니라. 선현이여. 이 보살마하살은 다라니문을 수행하지 않느니라.

선현이여. 이 보살마하살은 여래의 10력을 수행하지 않고, 4무소외·4무애해·대자·대비·대희·대사·18불불공법을 수행하지 않느니라. 선현이여. 이 보살마하살은 일체지를 수행하지 않고, 도상지·일체상지를 수행하지 않느니라.

그 까닭은 무엇인가? 선현이여. 이 보살마하살이 수순하고 나아가면서 향하고 접근하며 들어가는 것인 일체지지는 능히 짓는 것이 없고 능히 파괴하는 것이 없으며 돌아오는 처소가 없고 떠나가는 처소도 없으며, 역시 머무르는 처소가 없고 방향도 없으며 지역도 없고 숫자도 없으며 양(量)도 없고 떠나가는 것도 없고 돌아오는 것도 없느니라.

선현이여. 이와 같은 일체지지는 이미 숫자도 없으며 분량도 없고 떠나가는 것이거나 돌아오는 것도 얻을 수 없으므로, 역시 능히 증득할 수 없느니라. 선현이여. 이와 같은 일체지지는 색으로써 증득할 수 없고, 수·상·행·식으로써 증득할 수 없느니라. 선현이여. 이와 같은 일체지지는 안처로써 증득할 수 없고, 이·비·설·신·의처로써 증득할 수 없느니라. 선현이여. 이와 같은 일체지지는 색처로써 증득할 수 없고, 성·향·미·촉· 법처로써 증득할 수 없느니라.

선현이여. 이와 같은 일체지지는 안식계로써 증득할 수 없고, 이·비·설· 신·의식계로써 증득할 수 없느니라. 선현이여. 이와 같은 일체지지는 안촉으로써 증득할 수 없고, 이·비·설·신·의촉으로써 증득할 수 없느니 라. 선현이여. 이와 같은 일체지지는 안촉을 인연으로 생겨난 여러 수로써 증득할 수 없고, 이·비·설·신·의촉을 인연으로 생겨난 여러 수로써 증득할 수 없느니라.

선현이여. 이와 같은 일체지지는 지계로써 증득할 수 없고, 수·화·풍·공 ·식계로써 증득할 수 없느니라. 선현이여. 이와 같은 일체지지는 무명으로 써 증득할 수 없고, 행·식·명색·육처·촉·수·애·취·유·생·노사로써 증득 할 수 없느니라. 선현이여. 이와 같은 일체지지는 보시바라밀다로써 증득할 수 없고, 정계·안인·정진·정려·반야바라밀다로써 증득할 수 없느 니라.

선현이여. 이와 같은 일체지지는 내공으로써 증득할 수 없고, 외공·내외 공·공공·대공·승의공·유위공·무위공·필경공·무제공·산공·무변이공· 본성공·자상공·공상공·일체법공·불가득공·무성공·자성공·무성자성 공으로써 증득할 수 없느니라. 선현이여. 이와 같은 일체지지는 진여로써 증득할 수 없고, 법계·법성·불허망성·불변이성·평등성·이생성·법정·법 주·실제·허공계·부사의계로써 증득할 수 없느니라.

선현이여. 이와 같은 일체지지는 4념주로써 증득할 수 없고, 4정단·4신 족·5근·5력·7등각지·8성도지로써 증득할 수 없느니라. 선현이여. 이와 같은 일체지지는 고성제로써 증득할 수 없고, 집·멸·도성제로써 증득할 수 없느니라. 선현이여. 이와 같은 일체지지는 4정려로써 증득할 수 없느니라. 선현이여. 이와 같은 일체지지는 4무량으로써 증득할 수 없느니 라. 선현이여. 이와 같은 일체지지는 4무색정으로써 증득할 수 없느니라.

선현이여. 이와 같은 일체지지는 8해탈로써 증득할 수 없느니라. 선현이여. 이와 같은 일체지지는 8승처로써 증득할 수 없느니라. 선현이여. 이와 같은 일체지지는 9차제정으로써 증득할 수 없느니라. 선현이여. 이와 같은 일체지지는 10변처로써 증득할 수 없느니라. 선현이여. 이와 같은 일체지지는 공해탈문으로써 증득할 수 없고, 무상·무원해탈문으로써 증득할 수 없느니라. 선현이여. 이와 같은 일체지지는 5안으로써 증득할 수 없느니라. 선현이여. 이와 같은 일체지지는 6신통으로써 증득할 수 없느니라.

선현이여. 이와 같은 일체지지는 삼마지문으로써 증득할 수 없느니라. 선현이여. 이와 같은 일체지지는 다라니문으로써 증득할 수 없느니라. 선현이여. 이와 같은 일체지지는 여래의 10력으로써 증득할 수 없고, 일래·불환·아라한과로써 증득할 수 없느니라. 선현이여. 이와 같은 일체지지는 예류과로써 증득할 수 없고, 4무소외·4무애해·대자·대비·대희·대사·18불불공법으로써 증득할 수 없느니라. 선현이여. 이와 같은 일체지지는 독각의 보리로써 증득할 수 없느니라. 선현이여. 이와 같은 일체지지는 일체지로써 증득할 수 없고, 도상지·일체상지로써 증득할 수 없느니라.

왜 그러한가? 선현이여. 색은 곧 이것이 일체지지이고, 수·상·행·식도 곧 이것이 일체지지이니라. 선현이여. 안처는 곧 이것이 일체지지이고, 이·비·설·신·의처도 곧 이것이 일체지지이니라. 선현이여. 색처는 곧 이것이 일체지지이고, 성·향·미·촉·법처도 곧 이것이 일체지지이니라. 선현이여. 안계는 곧 이것이 일체지지이고, 이·비·설·신·의계도 곧 이것이 일체지지이니라.

선현이여. 색계는 곧 이것이 일체지지이고, 성·향·미·촉·법계도 곧 이것이 일체지지이니라. 선현이여. 안식계는 곧 이것이 일체지지이고, 이·비·설·신·의식계도 곧 이것이 일체지지이니라. 선현이여. 안촉은 곧 이것이 일체지지이고, 이·비·설·신·의촉도 곧 이것이 일체지지이니라. 선현이여. 안촉을 인연으로 생겨난 여러 수는 곧 이것이 일체지지이고, 이·비·설·신·의촉을 인연으로 생겨난 여러 수는 곧 이것이 일체지지이니라.

선현이여. 지계는 곧 이것이 일체지지이고, 수·화·풍·공·식계도 곧 이것이 일체지지이니라. 선현이여. 무명은 곧 이것이 일체지지이고, 행· 식·명색·육처·촉·수·애·취·유·생·노사도 곧 이것이 일체지지이니라. 선 현이여. 보시바라밀다는 곧 이것이 일체지지이고, 정계·안인·정진·정려· 반야바라밀다도 곧 이것이 일체지지이니라.

선현이여. 내공은 곧 이것이 일체지지이고, 외공·내외공·공공·대공·승 의공·유위공·무위공·필경공·무제공·산공·무변이공·본성공·자상공· 공상공·일체법공·불가득공·무성공·자성공·무성자성공도 곧 이것이 일 체지지이니라. 선현이여. 진여는 곧 이것이 일체지지이고, 법계·법성·불 허망성·불변이성·평등성·이생성·법정·법주·실제·허공계·부사의계도 곧 이것이 일체지지이니라.

선현이여. 4념주는 곧 이것이 일체지지이고, 4정단·4신족·5근·5력·7 등각지·8성도지도 곧 이것이 일체지지이니라. 선현이여. 고성제는 곧 이것이 일체지지이고, 집·멸·도성제도 곧 이것이 일체지지이니라. 선현 이여. 4정려는 곧 이것이 일체지지이니라. 선현이여. 4무량은 곧 이것이 일체지지이니라. 선현이여. 4무색정은 곧 이것이 일체지지이니라.

선현이여. 8해탈은 곧 이것이 일체지지이니라. 선현이여. 8승처는 곧 이것이 일체지지이니라. 선현이여. 9차제정은 곧 이것이 일체지지이니 라. 선현이여. 10변처는 곧 이것이 일체지지이니라. 선현이여. 공해탈문 은 곧 이것이 일체지지이고, 무상·무원해탈문도 곧 이것이 일체지지이니 라. 선현이여. 5안은 곧 이것이 일체지지이니라. 선현이여. 6신통은 곧 이것이 일체지지이니라. 선현이여. 삼마지문은 곧 이것이 일체지지이니 라. 선현이여. 다라니문은 곧 이것이 일체지지이니라.

선현이여. 여래의 10력은 곧 이것이 일체지지이고, 4무소외·4무애해· 대자·대비·대희·대사·18불불공법도 곧 이것이 일체지지이니라. 선현이 여. 예류과는 곧 이것이 일체지지이고, 일래·불환·아라한과도 곧 이것이 일체지지이니라. 선현이여. 독각의 보리는 곧 이것이 일체지지이니라. 선현이여. 일체지는 곧 이것이 일체지지이고, 도상지·일체상지도 곧 이것이 일체지지이니라.

그 까닭은 무엇인가? 선현이여. 만약 색의 진여(眞如)이거나, 만약 일체지지의 진여이거나, 만약 일체법의 진여이더라도, 모두가 하나의 진여이고 무이(無二)이며 차별이 없고(無別), 만약 수·상·행·식의 진여이거나, 만약 일체지지의 진여이거나, 만약 일체법의 진여이더라도, 모두가 하나의 진여이고 무이이며 차별이 없느니라.

선현이여. 만약 안처의 진여이거나, 만약 일체지지의 진여이거나, 만약 일체법의 진여이더라도, 모두가 하나의 진여이고 무이이며 차별이 없고, 만약 이·비·설·신·의처의 진여이거나, 만약 일체지지의 진여이거나, 만약 일체법의 진여이더라도, 모두가 하나의 진여이고 무이이며 차별이 없느니라.

선현이여. 만약 색처의 진여이거나, 만약 일체지지의 진여이거나, 만약 일체법의 진여이더라도, 모두가 하나의 진여이고 무이이며 차별이 없고, 만약 성·향·미·촉·법처의 진여이거나, 만약 일체지지의 진여이거나, 만약 일체법의 진여이더라도, 모두가 하나의 진여이고 무이이며 차별이 없느니라.

선현이여. 만약 안계의 진여이거나, 만약 일체지지의 진여이거나, 만약 일체법의 진여이더라도, 모두가 하나의 진여이고 무이이며 차별이 없고, 만약 이·비·설·신·의계의 진여이거나, 만약 일체지지의 진여이거나, 만약 일체법의 진여이더라도, 모두가 하나의 진여이고 무이이며 차별이 없느니라.

선현이여. 만약 색계의 진여이거나, 만약 일체지지의 진여이거나, 만약 일체법의 진여이더라도, 모두가 하나의 진여이고 무이이며 차별이 없고, 만약 성·향·미·촉·법계의 진여이거나, 만약 일체지지의 진여이거나, 만약 일체법의 진여이더라도, 모두가 하나의 진여이고 무이이며 차별이 없느니라.

선현이여. 만약 안식계의 진여이거나, 만약 일체지지의 진여이거나, 만약 일체법의 진여이더라도, 모두가 하나의 진여이고 무이이며 차별이 없고, 만약 이·비·설·신·의식계의 진여이거나, 만약 일체지지의 진여이거나, 만약 일체법의 진여이더라도, 모두가 하나의 진여이고 무이이며 차별이 없느니라.

선현이여. 만약 안촉의 진여이거나, 만약 일체지지의 진여이거나, 만약 일체법의 진여이더라도, 모두가 하나의 진여이고 무이이며 차별이 없고, 만약 이·비·설·신·의촉의 진여이거나, 만약 일체지지의 진여이거나, 만약 일체법의 진여이더라도, 모두가 하나의 진여이고 무이이며 차별이 없느니라.

선현이여. 만약 안촉을 인연으로 생겨난 여러 수의 진여이거나, 만약 일체지지의 진여이거나, 만약 일체법의 진여이더라도, 모두가 하나의 진여이고 무이이며 차별이 없고, 만약 이·비·설·신·의촉을 인연으로 생겨난 여러 수의 진여이거나, 만약 일체지지의 진여이거나, 만약 일체법의 진여이더라도, 모두가 하나의 진여이고 무이이며 차별이 없느니라.

선현이여. 만약 지계의 진여이거나, 만약 일체지지의 진여이거나, 만약 일체법의 진여이더라도, 모두가 하나의 진여이고 무이이며 차별이 없고, 만약 수·화·풍·공·식계의 진여이거나, 만약 일체지지의 진여이거나, 만약 일체법의 진여이더라도, 모두가 하나의 진여이고 무이이며 차별이 없느니라.

선현이여. 만약 무명의 진여이거나, 만약 일체지지의 진여이거나, 만약 일체법의 진여이더라도, 모두가 하나의 진여이고 무이이며 차별이 없고, 만약 행·식·명색·육처·촉·수·애·취·유·생·노사의 진여이거나, 만약 일체지지의 진여이거나, 만약 일체법의 진여이더라도, 모두가 하나의 진여이고 무이이며 차별이 없느니라.

선현이여. 만약 보시바라밀다의 진여이거나, 만약 일체지지의 진여이거나, 만약 일체법의 진여이더라도, 모두가 하나의 진여이고 무이이며 차별이 없고, 만약 정계·안인·정진·정려·반야바라밀다의 진여이거나, 만약 일체지지의 진여이거나, 만약 일체법의 진여이더라도, 모두가 하나의 진여이고 무이이며 차별이 없느니라.

선현이여. 만약 내공의 진여이거나, 만약 일체지지의 진여이거나, 만약 일체법의 진여이더라도, 모두가 하나의 진여이고 무이이며 차별이 없고, 만약 외공·내외공·공공·대공·승의공·유위공·무위공·필경공·무제공·산공·무변이공·본성공·자상공·공상공·일체법공·불가득공·무성공·자성공·무성자성공의 진여이거나, 만약 일체지지의 진여이거나, 만약 일체법의 진여이더라도, 모두가 하나의 진여이고 무이이며 차별이 없느니라.

선현이여. 만약 진여의 진여이거나, 만약 일체지지의 진여이거나, 만약 일체법의 진여이더라도, 모두가 하나의 진여이고 무이이며 차별이 없고, 만약 법계·법성·불허망성·불변이성·평등성·이생성·법정·법주·실제·허공계·부사의계의 진여이거나, 만약 일체지지의 진여이거나, 만약 일체법의 진여이더라도, 모두가 하나의 진여이고 무이이며 차별이 없느니라.

선현이여. 만약 4념주의 진여이거나, 만약 일체지지의 진여이거나, 만약 일체법의 진여이더라도, 모두가 하나의 진여이고 무이이며 차별이 없고, 만약 4정단·4신족·5근·5력·7등각지·8성도지의 진여이거나, 만약 일체지지의 진여이거나, 만약 일체법의 진여이더라도, 모두가 하나의 진여이고 무이이며 차별이 없느니라.

선현이여. 만약 고성제의 진여이거나, 만약 일체지지의 진여이거나, 만약 일체법의 진여이더라도, 모두가 하나의 진여이고 무이이며 차별이 없고, 만약 집·멸·도성제의 진여이거나, 만약 일체지지의 진여이거나, 만약 일체법의 진여이더라도, 모두가 하나의 진여이고 무이이며 차별이 없느니라.

선현이여. 만약 4정려의 진여이거나, 만약 일체지지의 진여이거나, 만약 일체법의 진여이더라도, 모두가 하나의 진여이고 무이이며 차별이 없느니라. 선현이여. 만약 4무량의 진여이거나, 만약 일체지지의 진여이거나, 만약 일체법의 진여이더라도, 모두가 하나의 진여이고 무이이며 차별이 없느니라. 선현이여. 만약 4무색정의 진여이거나, 만약 일체지지의 진여이거나, 만약 일체법의 진여이더라도, 모두가 하나의 진여이고 무이이며 차별이 없느니라.

선현이여. 만약 8해탈의 진여이거나, 만약 일체지지의 진여이거나, 만약 일체법의 진여이더라도, 모두가 하나의 진여이고 무이이며 차별이 없느니라. 선현이여. 만약 8승처의 진여이거나, 만약 일체지지의 진여이거나, 만약 일체법의 진여이더라도, 모두가 하나의 진여이고 무이이며 차별이 없느니라.

선현이여. 만약 9차제정의 진여이거나, 만약 일체지지의 진여이거나, 만약 일체법의 진여이더라도, 모두가 하나의 진여이고 무이이며 차별이 없느니라. 선현이여. 만약 10변처의 진여이거나, 만약 일체지지의 진여이거나, 만약 일체법의 진여이더라도, 모두가 하나의 진여이고 무이이며 차별이 없느니라.

선현이여. 만약 공해탈문의 진여이거나, 만약 일체지지의 진여이거나, 만약 일체법의 진여이더라도, 모두가 하나의 진여이고 무이이며 차별이 없고, 만약 무상·무원해탈문의 진여이거나, 만약 일체지지의 진여이거나, 만약 일체법의 진여이더라도, 모두가 하나의 진여이고 무이이며 차별이 없느니라.

만약 5안의 진여이거나, 만약 일체지지의 진여이거나, 만약 일체법의 진여이더라도, 모두가 하나의 진여이고 무이이며 차별이 없느니라. 선현이여. 만약 6신통의 진여이거나, 만약 일체지지의 진여이거나, 만약 일체법의 진여이더라도, 모두가 하나의 진여이고 무이이며 차별이 없느니라.

만약 삼마지문의 진여이거나, 만약 일체지지의 진여이거나, 만약 일체법의 진여이더라도, 모두가 하나의 진여이고 무이이며 차별이 없느니라. 선현이여. 만약 다라니문의 진여이거나, 만약 일체지지의 진여이거나, 만약 일체법의 진여이더라도, 모두가 하나의 진여이고 무이이며 차별이 없느니라.

선현이여. 만약 여래의 10력의 진여이거나, 만약 일체지지의 진여이거나, 만약 일체법의 진여이더라도, 모두가 하나의 진여이고 무이이며 차별이 없고, 만약 4무소외·4무애해·대자·대비·대희·대사·18불불공법의 진여이거나, 만약 일체지지의 진여이거나, 만약 일체법의 진여이더라도,

모두가 하나의 진여이고 무이이며 차별이 없느니라.

선현이여. 만약 예류과의 진여이거나, 만약 일체지지의 진여이거나, 만약 일체법의 진여이더라도, 모두가 하나의 진여이고 무이이며 차별이 없고, 만약 일래·불환·아라한과의 진여이거나, 만약 일체지지의 진여이거나, 만약 일체법의 진여이더라도, 모두가 하나의 진여이고 무이이며 차별이 없느니라.

선현이여. 만약 독각의 보리의 진여이거나, 만약 일체지지의 진여이거나, 만약 일체법의 진여이더라도, 모두가 하나의 진여이고 무이이며 차별이 없느니라. 선현이여. 만약 일체지의 진여이거나, 만약 일체지지의 진여이거나, 만약 일체법의 진여이더라도, 모두가 하나의 진여이고 무이이며 차별이 없고, 만약 도상지·일체상지의 진여이거나, 만약 일체지지의 진여이거나, 만약 일체법의 진여이더라도, 모두가 하나의 진여이고 무이이며 차별이 없느니라."

47. 진여품(眞如品)(1)

그때 욕계와 색계의 여러 천자(天子)들이 각자 천상(天上)의 다갈라향(多揭羅香)[1]·다마라향(多摩羅香)[2]·전단향(旃檀香)의 가루 등을 지녔고, 다시 천상의 올발라화(嗢鉢羅華)·발특마화(鉢特摩華)·구모다화(拘某陀華)·분다리화(奔陀利華)·미묘향화(美妙香華)·미묘음화(美妙音華)·대미묘음화(大美妙音華)를 지니고서 멀리서 세존의 위에 뿌렸으며 세존의

---

1) 산스크리트어 tagara의 음사이고, '다가류향(多伽留香)', '다겁라향(多劫羅香)' 등으로 음역한다. '작근(作根)', '불몰(不沒)', '목향(木香)' 등으로 의역하고, 다가라수(多伽羅樹)로 제조한 향을 가리킨다.
2) 산스크리트어 Tamāla의 음사이고, 광곽(廣藿)의 잎으로 제조한 향을 가리킨다.

처소로 와서 나아갔고 두 발에 머리 숙여 예경하고 물러나서 한쪽에 앉았으며 아뢰어 말하였다.

"세존이시여. 이와 같은 반야바라밀다(般若波羅蜜多)는 최고로 매우 깊으므로 보기도 어렵고 깨닫기도 어려우며 심사(尋思)3)할 수도 없고 심사의 경계를 뛰어넘으며 미묘하고 깊으며 적정하고 총명(聰敏)하므로 지혜로운 자가 능히 아는 것이며, 여러 세간에서는 곧 세존의 무상정등보리(無上正等菩提)를 갑자기 능히 믿고서 받아들일 수 없습니다. 일체의 여래·응공·정등각께서는 이 반야바라밀다의 매우 깊은 경전의 가운데에서 모두 이렇게 지어서 설하셨습니다.

'색(色)이 곧 일체지지(一切智智)이고 일체지지는 곧 이것이 색이며, 수(受)·상(想)·행(行)·식(識)이 곧 일체지지이고 일체지지는 곧 이것이 수·상·행·식이니라. 안처(眼處)가 곧 일체지지이고 일체지지는 곧 이것이 안처이며, 이(耳)·비(鼻)·설(舌)·신(身)·의처(意處)가 곧 일체지지이고 일체지지는 곧 이것이 이·비·설·신·의처이니라. 색처(色處)가 곧 일체지지이고 일체지지는 곧 이것이 색처이며, 성(聲)·향(香)·미(味)·촉(觸)·법처(法處)가 곧 일체지지이고 일체지지는 곧 이것이 성·향·미·촉·법처이니라.

안계(眼界)가 곧 일체지지이고 일체지지는 곧 이것이 안계이며, 이(耳)·비(鼻)·설(舌)·신(身)·의계(意界)가 곧 일체지지이고 일체지지는 곧 이것이 이·비·설·신·의계이니라. 색계(色界)가 곧 일체지지이고 일체지지는 곧 이것이 색계이며, 성(聲)·향(香)·미(味)·촉(觸)·법계(法界)가 곧 일체지지이고 일체지지는 곧 이것이 성·향·미·촉·법계이니라. 안식계(眼識界)가 곧 일체지지이고 일체지지는 곧 이것이 안식계이며, 이(耳)·비(鼻)·설(舌)·신(身)·의식계(意識界)가 곧 일체지지이고 일체지지는 곧 이것이 이·비·설·신·의식계이니라.

안촉(眼觸)이 곧 일체지지이고 일체지지는 곧 이것이 안촉이며, 이(耳)·

---

3) 산스크리트어 Paryeṣaṇā의 번역이고, 심사(尋思)는 심(尋)과 사(伺)의 마음작용을 통칭하며, 이치를 깊이 사색(思索)하는 것이다.

비(鼻)·설(舌)·신(身)·의촉(意觸)이 곧 일체지지이고 일체지지는 곧 이것이 이·비·설·신·의촉이니라. 안촉을 인연으로 생겨난 여러 수가 곧 일체지지이고 일체지지는 곧 이것이 안촉을 인연으로 생겨난 여러 수이며, 이·비·설·신·의촉을 인연으로 생겨난 여러 수가 곧 일체지지이고 일체지지는 곧 이것이 이·비·설·신·의촉을 인연으로 생겨난 여러 수이니라.

지계(地界)가 곧 일체지지이고 일체지지는 곧 이것이 지계이며, 수(水)·화(火)·풍(風)·공(空)·식계(識界)가 곧 일체지지이고 일체지지는 곧 이것이 수·화·풍·공·식계이니라. 무명(無明)이 곧 일체지지이고 일체지지는 곧 이것이 무명이며, 행(行)·식(識)·명색(名色)·육처(六處)·촉(觸)·수(受)·애(愛)·취(取)·유(有)·생(生)·노사(老死)가 곧 일체지지이고 일체지지는 곧 이것이 행, 나아가 노사이니라. 보시바라밀다(布施波羅蜜多)가 곧 일체지지이고 일체지지는 곧 이것이 보시바라밀다이며, 정계(淨戒)·안인(安忍)·정진(精進)·정려(靜慮)·반야바라밀다(般若波羅蜜多)가 곧 일체지지이고 일체지지는 곧 이것이 정계, 나아가 반야바라밀다이니라.

내공(內空)이 곧 일체지지이고 일체지지는 곧 이것이 내공이며, 외공(外空)·내외공(內外空)·공공(空空)·대공(大空)·승의공(勝義空)·유위공(有爲空)·무위공(無爲空)·필경공(畢竟空)·무제공(無際空)·산공(散空)·무변이공(無變異空)·본성공(本性空)·자상공(自相空)·공상공(共相空)·일체법공(一切法空)·불가득공(不可得空)·무성공(無性空)·자성공(自性空)·무성자성공(無性自性空)이 곧 일체지지이고 일체지지는 곧 이것이 외공, 나아가 무성자성공이니라.

진여(眞如)가 곧 일체지지이고 일체지지는 곧 이것이 진여이며, 법계(法界)·법성(法性)·불허망성(不虛妄性)·불변이성(不變異性)·평등성(平等性)·이생성(離生性)·법정(法定)·법주(法住)·실제(實際)·허공계(虛空界)·부사의계(不思議界)가 곧 일체지지이고 일체지지는 곧 이것이 법계, 나아가 부사의계이니라. 4념주(四念住)가 곧 일체지지이고 일체지지는 곧 이것이 4념주이며, 4정단(四正斷)·4신족(四神足)·5근(五根)·5력(五力)·7등각지(七等覺支)·8성도지(八聖道支)가 곧 일체지지이고 일체지지는 곧 이것이

4정단, 나아가 8성도지이니라.

고성제(苦聖諦)가 곧 일체지지이고 일체지지는 곧 이것이 고성제이며, 집(集)·멸(滅)·도성제(道聖諦)가 곧 일체지지이고 일체지지는 곧 이것이 집·멸·도성제이니라. 4정려(四靜慮)가 곧 일체지지이고 일체지지는 곧 이것이 4정려이며, 4무량(四無量)이 곧 일체지지이고 일체지지는 곧 이것이 4무량이며, 4무색정(四無色定)이 곧 일체지지이고 일체지지는 곧 이것이 4무색정이니라.

8해탈(八解脫)이 곧 일체지지이고 일체지지는 곧 이것이 8해탈이며, 8승처(八勝處)가 곧 일체지지이고 일체지지는 곧 이것이 8승처이며, 9차제정(九次第定)이 곧 일체지지이고 일체지지는 곧 이것이 9차제정이며, 10변처(十遍處)가 곧 일체지지이고 일체지지는 곧 이것이 10변처이니라. 공해탈문(空解脫門)이 곧 일체지지이고 일체지지는 곧 이것이 공해탈문이며, 무상(無相)·무원해탈문(無願解脫門)이 곧 일체지지이고 일체지지는 곧 이것이 무상·무원해탈문이니라.

5안(五眼)이 곧 일체지지이고 일체지지는 곧 이것이 5안이며, 6신통(六神通)이 곧 일체지지이고 일체지지는 곧 이것이 6신통이니라. 삼마지문(三摩地門)이 곧 일체지지이고 일체지지는 곧 이것이 삼마지문이며, 다라니문(陀羅尼門)이 곧 일체지지이고 일체지지는 곧 이것이 다라니문이니라. 여래(佛)의 10력(十力)이 곧 일체지지이고 일체지지는 곧 이것이 여래의 10력이며, 4무소외(四無所畏)·4무애해(四無礙解)·대자(大慈)·대비(大悲)·대희(大喜)·대사(大捨)·18불불공법(十八佛不共法)이 곧 일체지지이고 일체지지는 곧 이것이 4무소외, 나아가 18불불공법이니라.

예류과(預流果)가 곧 일체지지이고 일체지지는 곧 이것이 예류과이며, 일래(一來)·불환(不還)·아라한과(阿羅漢果)가 곧 일체지지이고 일체지지는 곧 이것이 일래·불환·아라한과이니라. 독각(獨覺)의 보리(菩提)가 곧 일체지지이고 일체지지가 곧 이것이 독각의 보리이니라. 일체지(一切智)가 곧 일체지지이고 일체지지는 곧 이것이 일체지이며, 도상지(道相智)·일체상지(一切相智)가 곧 일체지지이고 일체지지는 곧 이것이 도상지·일체

상지이니라. 제불(諸佛)의 무상정등보리(無上正等菩提)가 곧 일체지지이
고 일체지지는 곧 이것이 제불의 무상정등보리이니라.'

　그 까닭은 무엇인가? 만약 색의 진여이거나, 만약 일체지지의 진여이거
나, 만약 일체법의 진여이더라도, 모두가 하나의 진여이고 무이(無二)이며
분별이 없고(無別) 역시 궁극적인 소멸(窮盡)도 없으며, 수·상·행·식의
진여이거나, 만약 일체지지의 진여이거나, 만약 일체법의 진여이더라도,
모두가 하나의 진여이고 무이이며 분별이 없고 역시 궁극적인 소멸도
없습니다.
　만약 안처의 진여이거나, 만약 일체지지의 진여이거나, 만약 일체법의
진여이더라도, 모두가 하나의 진여이고 무이이며 분별이 없고 역시 궁극
적인 소멸도 없으며, 이·비·설·신·의처의 진여이거나, 만약 일체지지의
진여이거나, 만약 일체법의 진여이더라도, 모두가 하나의 진여이고 무이
이며 분별이 없고 역시 궁극적인 소멸도 없습니다.
　만약 색처의 진여이거나, 만약 일체지지의 진여이거나, 만약 일체법의
진여이더라도, 모두가 하나의 진여이고 무이이며 분별이 없고 역시 궁극
적인 소멸도 없으며, 성·향·미·촉·법처의 진여이거나, 만약 일체지지의
진여이거나, 만약 일체법의 진여이더라도, 모두가 하나의 진여이고 무이
이며 분별이 없고 역시 궁극적인 소멸도 없습니다.
　만약 안계의 진여이거나, 만약 일체지지의 진여이거나, 만약 일체법의
진여이더라도, 모두가 하나의 진여이고 무이이며 분별이 없고 역시 궁극
적인 소멸도 없으며, 이·비·설·신·의계의 진여이거나, 만약 일체지지의
진여이거나, 만약 일체법의 진여이더라도, 모두가 하나의 진여이고 무이
이며 분별이 없고 역시 궁극적인 소멸도 없습니다.
　만약 색계의 진여이거나, 만약 일체지지의 진여이거나, 만약 일체법의
진여이더라도, 모두가 하나의 진여이고 무이이며 분별이 없고 역시 궁극
적인 소멸도 없으며, 성·향·미·촉·법계의 진여이거나, 만약 일체지지의
진여이거나, 만약 일체법의 진여이더라도, 모두가 하나의 진여이고 무이

이며 분별이 없고 역시 궁극적인 소멸도 없습니다.

만약 안식계의 진여이거나, 만약 일체지지의 진여이거나, 만약 일체법의 진여이더라도, 모두가 하나의 진여이고 무이이며 분별이 없고 역시 궁극적인 소멸도 없으며, 이·비·설·신·의식계의 진여이거나, 만약 일체지지의 진여이거나, 만약 일체법의 진여이더라도, 모두가 하나의 진여이고 무이이며 분별이 없고 역시 궁극적인 소멸도 없습니다.

만약 안촉의 진여이거나, 만약 일체지지의 진여이거나, 만약 일체법의 진여이더라도, 모두가 하나의 진여이고 무이이며 분별이 없고 역시 궁극적인 소멸도 없으며, 이·비·설·신·의촉의 진여이거나, 만약 일체지지의 진여이거나, 만약 일체법의 진여이더라도, 모두가 하나의 진여이고 무이이며 분별이 없고 역시 궁극적인 소멸도 없습니다.

만약 안촉을 인연으로 생겨난 여러 수의 진여이거나, 만약 일체지지의 진여이거나, 만약 일체법의 진여이더라도, 모두가 하나의 진여이고 무이이며 분별이 없고 역시 궁극적인 소멸도 없으며, 이·비·설·신·의촉을 인연으로 생겨난 여러 수의 진여이거나, 만약 일체지지의 진여이거나, 만약 일체법의 진여이더라도, 모두가 하나의 진여이고 무이이며 분별이 없고 역시 궁극적인 소멸도 없습니다.

만약 지계의 진여이거나, 만약 일체지지의 진여이거나, 만약 일체법의 진여이더라도, 모두가 하나의 진여이고 무이이며 분별이 없고 역시 궁극적인 소멸도 없으며, 수·화·풍·공·식계의 진여이거나, 만약 일체지지의 진여이거나, 만약 일체법의 진여이더라도, 모두가 하나의 진여이고 무이이며 분별이 없고 역시 궁극적인 소멸도 없습니다.

만약 무명의 진여이거나, 만약 일체지지의 진여이거나, 만약 일체법의 진여이더라도, 모두가 하나의 진여이고 무이이며 분별이 없고 역시 궁극적인 소멸도 없으며, 행·식·명색·육처·촉·수·애·취·유·생·노사의 진여이거나, 만약 일체지지의 진여이거나, 만약 일체법의 진여이더라도, 모두가 하나의 진여이고 무이이며 분별이 없고 역시 궁극적인 소멸도 없습니다.

만약 보시바라밀다의 진여이거나, 만약 일체지지의 진여이거나, 만약 일체법의 진여이더라도, 모두가 하나의 진여이고 무이이며 분별이 없고 역시 궁극적인 소멸도 없으며, 정계·안인·정진·정려·반야바라밀다의 진여이거나, 만약 일체지지의 진여이거나, 만약 일체법의 진여이더라도, 모두가 하나의 진여이고 무이이며 분별이 없고 역시 궁극적인 소멸도 없습니다.

만약 내공의 진여이거나, 만약 일체지지의 진여이거나, 만약 일체법의 진여이더라도, 모두가 하나의 진여이고 무이이며 분별이 없고 역시 궁극적인 소멸도 없으며, 외공·내외공·공공·대공·승의공·유위공·무위공·필경공·무제공·산공·무변이공·본성공·자상공·공상공·일체법공·불가득공·무성공·자성공·무성자성공의 진여이거나, 만약 일체지지의 진여이거나, 만약 일체법의 진여이더라도, 모두가 하나의 진여이고 무이이며 분별이 없고 역시 궁극적인 소멸도 없습니다.

만약 진여의 진여이거나, 만약 일체지지의 진여이거나, 만약 일체법의 진여이더라도, 모두가 하나의 진여이고 무이이며 분별이 없고 역시 궁극적인 소멸도 없으며, 법계·법성·불허망성·불변이성·평등성·이생성·법정·법주·실제·허공계·부사의계의 진여이거나, 만약 일체지지의 진여이거나, 만약 일체법의 진여이더라도, 모두가 하나의 진여이고 무이이며 분별이 없고 역시 궁극적인 소멸도 없습니다.

만약 4념주의 진여이거나, 만약 일체지지의 진여이거나, 만약 일체법의 진여이더라도, 모두가 하나의 진여이고 무이이며 분별이 없고 역시 궁극적인 소멸도 없으며, 4정단·4신족·5근·5력·7등각지·8성도지의 진여이거나, 만약 일체지지의 진여이거나, 만약 일체법의 진여이더라도, 모두가 하나의 진여이고 무이이며 분별이 없고 역시 궁극적인 소멸도 없습니다.

만약 고성제의 진여이거나, 만약 일체지지의 진여이거나, 만약 일체법의 진여이더라도, 모두가 하나의 진여이고 무이이며 분별이 없고 역시 궁극적인 소멸도 없으며, 집·멸·도성제의 진여이거나, 만약 일체지지의 진여이거나, 만약 일체법의 진여이더라도, 모두가 하나의 진여이고 무이이며 분별이 없고 역시 궁극적인 소멸도 없습니다.

만약 4정려의 진여이거나, 만약 일체지지의 진여이거나, 만약 일체법의 진여이더라도, 모두가 하나의 진여이고 무이이며 분별이 없고 역시 궁극적인 소멸도 없으며, 만약 4무량의 진여이거나, 만약 일체지지의 진여이거나, 만약 일체법의 진여이더라도, 모두가 하나의 진여이고 무이이며 분별이 없고 역시 궁극적인 소멸도 없으며, 4무색정의 진여이거나, 만약 일체지지의 진여이거나, 만약 일체법의 진여이더라도, 모두가 하나의 진여이고 무이이며 분별이 없고 역시 궁극적인 소멸도 없습니다.

만약 8해탈의 진여이거나, 만약 일체지지의 진여이거나, 만약 일체법의 진여이더라도, 모두가 하나의 진여이고 무이이며 분별이 없고 역시 궁극적인 소멸도 없으며, 만약 8승처의 진여이거나, 만약 일체지지의 진여이거나, 만약 일체법의 진여이더라도, 모두가 하나의 진여이고 무이이며 분별이 없고 역시 궁극적인 소멸도 없습니다.

만약 9차제정의 진여이거나, 만약 일체지지의 진여이거나, 만약 일체법의 진여이더라도, 모두가 하나의 진여이고 무이이며 분별이 없고 역시 궁극적인 소멸도 없으며, 만약 10변처의 진여이거나, 만약 일체지지의 진여이거나, 만약 일체법의 진여이더라도, 모두가 하나의 진여이고 무이이며 분별이 없고 역시 궁극적인 소멸도 없습니다.

만약 공해탈문의 진여이거나, 만약 일체지지의 진여이거나, 만약 일체법의 진여이더라도, 모두가 하나의 진여이고 무이이며 차별이 없고 역시 궁극적인 사라짐도 없으며, 만약 무상·무원해탈문의 진여이거나, 만약 일체지지의 진여이거나, 만약 일체법의 진여이더라도, 모두가 하나의 진여이고 무이이며 차별이 없고 역시 궁극적인 사라짐도 없습니다.

만약 5안의 진여이거나, 만약 일체지지의 진여이거나, 만약 일체법의 진여이더라도, 모두가 하나의 진여이고 무이이며 분별이 없고 역시 궁극적인 소멸도 없으며, 만약 6신통의 진여이거나, 만약 일체지지의 진여이거나, 만약 일체법의 진여이더라도, 모두가 하나의 진여이고 무이이며 분별이 없고 역시 궁극적인 소멸도 없습니다.

만약 삼마지문의 진여이거나, 만약 일체지지의 진여이거나, 만약 일체 법의 진여이더라도, 모두가 하나의 진여이고 무이이며 분별이 없고 역시 궁극적인 소멸도 없으며, 만약 다라니문의 진여이거나, 만약 일체지지의 진여이거나, 만약 일체법의 진여이더라도, 모두가 하나의 진여이고 무이 이며 분별이 없고 역시 궁극적인 소멸도 없습니다.

만약 여래의 10력의 진여이거나, 만약 일체지지의 진여이거나, 만약 일체법의 진여이더라도, 모두가 하나의 진여이고 무이이며 분별이 없고 역시 궁극적인 소멸도 없으며, 만약 4무소외·4무애해·대자·대비·대희· 대사·18불불공법의 진여이거나, 만약 일체지지의 진여이거나, 만약 일체 법의 진여이더라도, 모두가 하나의 진여이고 무이이며 분별이 없고 역시 궁극적인 소멸도 없습니다.

만약 예류과의 진여이거나, 만약 일체지지의 진여이거나, 만약 일체법 의 진여이더라도, 모두가 하나의 진여이고 무이이며 분별이 없고 역시 궁극적인 소멸도 없으며, 만약 일래·불환·아라한과의 진여이거나, 만약 일체지지의 진여이거나, 만약 일체법의 진여이더라도, 모두가 하나의 진여이고 무이이며 분별이 없고 역시 궁극적인 소멸도 없습니다. 만약 독각의 보리의 진여이거나, 만약 일체지지의 진여이거나, 만약 일체법의 진여이더라도, 모두가 하나의 진여이고 무이이며 분별이 없고 역시 궁극 적인 소멸도 없습니다.

만약 일체지의 진여이거나, 만약 일체지지의 진여이거나, 만약 일체법 의 진여이더라도, 모두가 하나의 진여이고 무이이며 분별이 없고 역시 궁극적인 소멸도 없으며, 만약 도상지·일체상지의 진여이거나, 만약 일체 지지의 진여이거나, 만약 일체법의 진여이더라도, 모두가 하나의 진여이 고 무이이며 분별이 없고 역시 궁극적인 소멸도 없습니다. 만약 제불의 무상정등보리의 진여이거나, 만약 일체지지의 진여이거나, 만약 일체법 의 진여이더라도, 모두가 하나의 진여이고 무이이며 분별이 없고 역시 궁극적인 소멸도 없습니다."

마하반야바라밀다경 제319권

47. 진여품(眞如品)(2)

그때 세존께서는 욕계와 색계의 여러 천자들에게 알려 말씀하셨다.
"그와 같으니라. 그와 같으니라. 그대들이 말한 것과 같으니라. 여러
천자들이여. 색이 곧 일체지지이고 일체지지는 곧 이것이 색이며, 수·상·
행·식이 곧 일체지지이고 일체지지는 곧 이것이 수·상·행·식이니라.
여러 천자들이여. 안처가 곧 일체지지이고 일체지지는 곧 이것이 안처이
며, 이·비·설·신·의처가 곧 일체지지이고 일체지지는 곧 이것이 이·비·설
·신·의처이니라. 여러 천자들이여. 색처가 곧 일체지지이고 일체지지는
곧 이것이 색처이며, 성·향·미·촉·법처가 곧 일체지지이고 일체지지는
곧 이것이 성·향·미·촉·법처이니라.
여러 천자들이여. 안계가 곧 일체지지이고 일체지지는 곧 이것이 안계
이며, 이·비·설·신·의계가 곧 일체지지이고 일체지지는 곧 이것이 이·비·
설·신·의계이니라. 여러 천자들이여. 색계가 곧 일체지지이고 일체지지
는 곧 이것이 색계이며, 성·향·미·촉·법계가 곧 일체지지이고 일체지지는
곧 이것이 성·향·미·촉·법계이니라. 여러 천자들이여. 안식계가 곧 일체
지지이고 일체지지는 곧 이것이 안식계이며, 이·비·설·신·의식계가 곧
일체지지이고 일체지지는 곧 이것이 이·비·설·신·의식계이니라.
여러 천자들이여. 안촉이 곧 일체지지이고 일체지지는 곧 이것이 안촉
이며, 이·비·설·신·의촉이 곧 일체지지이고 일체지지는 곧 이것이 이·비·
설·신·의촉이니라. 여러 천자들이여. 안촉을 인연으로 생겨난 여러 수가

곧 일체지지이고 일체지지는 곧 이것이 안촉을 인연으로 생겨난 여러 수이며, 이·비·설·신·의촉을 인연으로 생겨난 여러 수가 곧 일체지지이고 일체지지는 곧 이것이 이·비·설·신·의촉을 인연으로 생겨난 여러 수이니라.

여러 천자들이여. 지계가 곧 일체지지이고 일체지지는 곧 이것이 지계이며, 수·화·풍·공·식계가 곧 일체지지이고 일체지지는 곧 이것이 수·화·풍·공·식계이니라. 여러 천자들이여. 무명이 곧 일체지지이고 일체지지는 곧 이것이 무명이며, 행·식·명색·육처·촉·수·애·취·유·생·노사가 곧 일체지지이고 일체지지는 곧 이것이 행, 나아가 노사이니라. 여러 천자들이여. 보시바라밀다가 곧 일체지지이고 일체지지는 곧 이것이 보시바라밀다이며, 정계·안인·정진·정려·반야바라밀다가 곧 일체지지이고 일체지지는 곧 이것이 정계, 나아가 반야바라밀다이니라.

여러 천자들이여. 내공이 곧 일체지지이고 일체지지는 곧 이것이 내공이며, 외공·내외공·공공·대공·승의공·유위공·무위공·필경공·무제공·산공·무변이공·본성공·자상공·공상공·일체법공·불가득공·무성공·자성공·무성자성공이 곧 일체지지이고 일체지지는 곧 이것이 외공, 나아가 무성자성공이니라. 여러 천자들이여. 진여가 곧 일체지지이고 일체지지는 곧 이것이 진여이며, 법계·법성·불허망성·불변이성·평등성·이생성·법정·법주·실제·허공계·부사의계가 곧 일체지지이고 일체지지는 곧 이것이 법계, 나아가 부사의계이니라.

여러 천자들이여. 4념주가 곧 일체지지이고 일체지지는 곧 이것이 4념주이며, 4정단·4신족·5근·5력·7등각지·8성도지가 곧 일체지지이고 일체지지는 곧 이것이 4정단, 나아가 8성도지이니라. 여러 천자들이여. 고성제가 곧 일체지지이고 일체지지는 곧 이것이 고성제이며, 집·멸·도성제가 곧 일체지지이고 일체지지는 곧 이것이 집·멸·도성제이니라. 여러 천자들이여. 4정려가 곧 일체지지이고 일체지지는 곧 이것이 4정려이니라. 여러 천자들이여. 4무량이 곧 일체지지이고 일체지지는 곧 이것이 4무량이니라.

여러 천자들이여. 4무색정이 곧 일체지지이고 일체지지는 곧 이것이 4무색정이니라. 여러 천자들이여. 8해탈이 곧 일체지지이고 일체지지는 곧 이것이 8해탈이니라. 여러 천자들이여. 8승처가 곧 일체지지이고 일체지지는 곧 이것이 8승처이니라. 여러 천자들이여. 9차제정이 곧 일체지지이고 일체지지는 곧 이것이 9차제정이니라. 여러 천자들이여. 10변처가 곧 일체지지이고 일체지지는 곧 이것이 10변처이니라. 여러 천자들이여. 공해탈문이 곧 일체지지이고 일체지지는 곧 이것이 공해탈문이며, 무상·무원해탈문이 곧 일체지지이고 일체지지는 곧 이것이 무상·무원해탈문이니라.

여러 천자들이여. 5안이 곧 일체지지이고 일체지지는 곧 이것이 5안이니라. 여러 천자들이여. 6신통이 곧 일체지지이고 일체지지는 곧 이것이 6신통이니라. 여러 천자들이여. 삼마지문이 곧 일체지지이고 일체지지는 곧 이것이 삼마지문이니라. 여러 천자들이여. 다라니문이 곧 일체지지이고 일체지지는 곧 이것이 다라니문이니라. 여래의 10력이 곧 일체지지이고 일체지지는 곧 이것이 여래의 10력이며, 4무소외·4무애해·대자·대비·대희·대사·18불불공법이 곧 일체지지이고 일체지지는 곧 이것이 4무소외, 나아가 18불불공법이니라.

여러 천자들이여. 예류과가 곧 일체지지이고 일체지지는 곧 이것이 예류과이며, 일래·불환·아라한과가 곧 일체지지이고 일체지지는 곧 이것이 일래·불환·아라한과이니라. 여러 천자들이여. 독각의 보리가 곧 일체지지이고 일체지지는 곧 이것이 독각의 보리이니라. 여러 천자들이여. 일체지가 곧 일체지지이고 일체지지는 곧 이것이 일체지이며, 도상지·일체상지가 곧 일체지지이고 일체지지는 곧 이것이 도상지·일체상지이니라. 여러 천자들이여. 제불의 무상정등보리가 곧 일체지지이고 일체지지는 곧 이것이 제불의 무상정등보리이니라.

그 까닭은 무엇인가? 여러 천자들이여. 만약 색의 진여이거나, 만약 일체지지의 진여이거나, 만약 일체법의 진여이더라도, 모두가 하나의 진여이고 무이이며 분별이 없고 역시 궁극적인 끝마침(窮盡)도 없으며,

수·상·행·식의 진여이거나, 만약 일체지지의 진여이거나, 만약 일체법의
진여이더라도, 모두가 하나의 진여이고 무이이며 분별이 없고 역시 궁극
적인 끝마침도 없느니라.

　여러 천자들이여. 만약 안처의 진여이거나, 만약 일체지지의 진여이거
나, 만약 일체법의 진여이더라도, 모두가 하나의 진여이고 무이이며 분별
이 없고 역시 궁극적인 끝마침도 없으며, 이·비·설·신·의처의 진여이거
나, 만약 일체지지의 진여이거나, 만약 일체법의 진여이더라도, 모두가
하나의 진여이고 무이이며 분별이 없고 역시 궁극적인 끝마침도 없느니라.

　여러 천자들이여. 만약 색처의 진여이거나, 만약 일체지지의 진여이거
나, 만약 일체법의 진여이더라도, 모두가 하나의 진여이고 무이이며 분별
이 없고 역시 궁극적인 끝마침도 없으며, 성·향·미·촉·법처의 진여이거
나, 만약 일체지지의 진여이거나, 만약 일체법의 진여이더라도, 모두가
하나의 진여이고 무이이며 분별이 없고 역시 궁극적인 끝마침도 없느니라.

　여러 천자들이여. 만약 안계의 진여이거나, 만약 일체지지의 진여이거
나, 만약 일체법의 진여이더라도, 모두가 하나의 진여이고 무이이며 분별
이 없고 역시 궁극적인 끝마침도 없으며, 이·비·설·신·의계의 진여이거
나, 만약 일체지지의 진여이거나, 만약 일체법의 진여이더라도, 모두가
하나의 진여이고 무이이며 분별이 없고 역시 궁극적인 끝마침도 없느니라.

　여러 천자들이여. 만약 색계의 진여이거나, 만약 일체지지의 진여이거
나, 만약 일체법의 진여이더라도, 모두가 하나의 진여이고 무이이며 분별
이 없고 역시 궁극적인 끝마침도 없으며, 성·향·미·촉·법계의 진여이거
나, 만약 일체지지의 진여이거나, 만약 일체법의 진여이더라도, 모두가
하나의 진여이고 무이이며 분별이 없고 역시 궁극적인 끝마침도 없느니라.

　여러 천자들이여. 만약 안식계의 진여이거나, 만약 일체지지의 진여이
거나, 만약 일체법의 진여이더라도, 모두가 하나의 진여이고 무이이며
분별이 없고 역시 궁극적인 끝마침도 없으며, 이·비·설·신·의식계의
진여이거나, 만약 일체지지의 진여이거나, 만약 일체법의 진여이더라도,
모두가 하나의 진여이고 무이이며 분별이 없고 역시 궁극적인 끝마침도

없느니라.

　여러 천자들이여. 만약 안촉의 진여이거나, 만약 일체지지의 진여이거나, 만약 일체법의 진여이더라도, 모두가 하나의 진여이고 무이이며 분별이 없고 역시 궁극적인 끝마침도 없으며, 이·비·설·신·의촉의 진여이거나, 만약 일체지지의 진여이거나, 만약 일체법의 진여이더라도, 모두가 하나의 진여이고 무이이며 분별이 없고 역시 궁극적인 끝마침도 없느니라.

　여러 천자들이여. 만약 안촉을 인연으로 생겨난 여러 수의 진여이거나, 만약 일체지지의 진여이거나, 만약 일체법의 진여이더라도, 모두가 하나의 진여이고 무이이며 분별이 없고 역시 궁극적인 끝마침도 없으며, 이·비·설·신·의촉을 인연으로 생겨난 여러 수의 진여이거나, 만약 일체지지의 진여이거나, 만약 일체법의 진여이더라도, 모두가 하나의 진여이고 무이이며 분별이 없고 역시 궁극적인 끝마침도 없느니라.

　만약 지계의 진여이거나, 만약 일체지지의 진여이거나, 만약 일체법의 진여이더라도, 모두가 하나의 진여이고 무이이며 분별이 없고 역시 궁극적인 끝마침도 없으며, 수·화·풍·공·식계의 진여이거나, 만약 일체지지의 진여이거나, 만약 일체법의 진여이더라도, 모두가 하나의 진여이고 무이이며 분별이 없고 역시 궁극적인 끝마침도 없느니라.

　여러 천자들이여. 만약 무명의 진여이거나, 만약 일체지지의 진여이거나, 만약 일체법의 진여이더라도, 모두가 하나의 진여이고 무이이며 분별이 없고 역시 궁극적인 끝마침도 없으며, 행·식·명색·육처·촉·수·애·취·유·생·노사의 진여이거나, 만약 일체지지의 진여이거나, 만약 일체법의 진여이더라도, 모두가 하나의 진여이고 무이이며 분별이 없고 역시 궁극적인 끝마침도 없느니라.

　여러 천자들이여. 만약 보시바라밀다의 진여이거나, 만약 일체지지의 진여이거나, 만약 일체법의 진여이더라도, 모두가 하나의 진여이고 무이이며 분별이 없고 역시 궁극적인 끝마침도 없으며, 정계·안인·정진·정려·반야바라밀다의 진여이거나, 만약 일체지지의 진여이거나, 만약 일체법의 진여이더라도, 모두가 하나의 진여이고 무이이며 분별이 없고 역시 궁극적인 끝마침도 없느니라.

여러 천자들이여. 만약 내공의 진여이거나, 만약 일체지지의 진여이거나, 만약 일체법의 진여이더라도, 모두가 하나의 진여이고 무이이며 분별이 없고 역시 궁극적인 끝마침도 없으며, 외공·내외공·공공·대공·승의공·유위공·무위공·필경공·무제공·산공·무변이공·본성공·자상공·공상공·일체법공·불가득공·무성공·자성공·무성자성공의 진여이거나, 만약 일체지지의 진여이거나, 만약 일체법의 진여이더라도, 모두가 하나의 진여이고 무이이며 분별이 없고 역시 궁극적인 끝마침도 없느니라.

여러 천자들이여. 만약 진여의 진여이거나, 만약 일체지지의 진여이거나, 만약 일체법의 진여이더라도, 모두가 하나의 진여이고 무이이며 분별이 없고 역시 궁극적인 끝마침도 없으며, 법계·법성·불허망성·불변이성·평등성·이생성·법정·법주·실제·허공계·부사의계의 진여이거나, 만약 일체지지의 진여이거나, 만약 일체법의 진여이더라도, 모두가 하나의 진여이고 무이이며 분별이 없고 역시 궁극적인 끝마침도 없느니라.

여러 천자들이여. 만약 4념주의 진여이거나, 만약 일체지지의 진여이거나, 만약 일체법의 진여이더라도, 모두가 하나의 진여이고 무이이며 분별이 없고 역시 궁극적인 끝마침도 없으며, 4정단·4신족·5근·5력·7등각지·8성도지의 진여이거나, 만약 일체지지의 진여이거나, 만약 일체법의 진여이더라도, 모두가 하나의 진여이고 무이이며 분별이 없고 역시 궁극적인 끝마침도 없느니라.

여러 천자들이여. 만약 고성제의 진여이거나, 만약 일체지지의 진여이거나, 만약 일체법의 진여이더라도, 모두가 하나의 진여이고 무이이며 분별이 없고 역시 궁극적인 끝마침도 없으며, 집·멸·도성제의 진여이거나, 만약 일체지지의 진여이거나, 만약 일체법의 진여이더라도, 모두가 하나의 진여이고 무이이며 분별이 없고 역시 궁극적인 끝마침도 없느니라.

여러 천자들이여. 만약 4정려의 진여이거나, 만약 일체지지의 진여이거나, 만약 일체법의 진여이더라도, 모두가 하나의 진여이고 무이이며 분별이 없고 역시 궁극적인 끝마침도 없느니라. 여러 천자들이여. 만약 4무량

의 진여이거나, 만약 일체지지의 진여이거나, 만약 일체법의 진여이더라
도, 모두가 하나의 진여이고 무이이며 분별이 없고 역시 궁극적인 끝마침
도 없느니라. 여러 천자들이여. 4무색정의 진여이거나, 만약 일체지지의
진여이거나, 만약 일체법의 진여이더라도, 모두가 하나의 진여이고 무이
이며 분별이 없고 역시 궁극적인 끝마침도 없느니라.

여러 천자들이여. 만약 8해탈의 진여이거나, 만약 일체지지의 진여이거
나, 만약 일체법의 진여이더라도, 모두가 하나의 진여이고 무이이며 분별
이 없고 역시 궁극적인 끝마침도 없느니라. 여러 천자들이여. 만약 8승처
의 진여이거나, 만약 일체지지의 진여이거나, 만약 일체법의 진여이더라
도, 모두가 하나의 진여이고 무이이며 분별이 없고 역시 궁극적인 끝마침
도 없느니라.

여러 천자들이여. 만약 9차제정의 진여이거나, 만약 일체지지의 진여이
거나, 만약 일체법의 진여이더라도, 모두가 하나의 진여이고 무이이며
분별이 없고 역시 궁극적인 끝마침도 없느니라. 여러 천자들이여. 만약
10변처의 진여이거나, 만약 일체지지의 진여이거나, 만약 일체법의 진여
이더라도, 모두가 하나의 진여이고 무이이며 분별이 없고 역시 궁극적인
끝마침도 없느니라.

여러 천자들이여. 만약 공해탈문의 진여이거나, 만약 일체지지의 진여
이거나, 만약 일체법의 진여이더라도, 모두가 하나의 진여이고 무이이며
분별이 없고 역시 궁극적인 끝마침도 없으며, 만약 무상·무원해탈문의
진여이거나, 만약 일체지지의 진여이거나, 만약 일체법의 진여이더라도,
모두가 하나의 진여이고 무이이며 분별이 없고 역시 궁극적인 끝마침도
없느니라.

여러 천자들이여. 만약 5안의 진여이거나, 만약 일체지지의 진여이거
나, 만약 일체법의 진여이더라도, 모두가 하나의 진여이고 무이이며 분별
이 없고 역시 궁극적인 끝마침도 없느니라. 여러 천자들이여. 만약 6신통
의 진여이거나, 만약 일체지지의 진여이거나, 만약 일체법의 진여이더라
도, 모두가 하나의 진여이고 무이이며 분별이 없고 역시 궁극적인 끝마침

도 없느니라.

여러 천자들이여. 만약 삼마지문의 진여이거나, 만약 일체지지의 진여
이거나, 만약 일체법의 진여이더라도, 모두가 하나의 진여이고 무이이며
분별이 없고 역시 궁극적인 끝마침도 없으며, 만약 다라니문의 진여이거
나, 만약 일체지지의 진여이거나, 만약 일체법의 진여이더라도, 모두가
하나의 진여이고 무이이며 분별이 없고 역시 궁극적인 끝마침도 없느니라.

여러 천자들이여. 만약 여래의 10력의 진여이거나, 만약 일체지지의
진여이거나, 만약 일체법의 진여이더라도, 모두가 하나의 진여이고 무이
이며 분별이 없고 역시 궁극적인 끝마침도 없으며, 만약 4무소외·4무애해·
대자·대비·대희·대사·18불불공법의 진여이거나, 만약 일체지지의 진여
이거나, 만약 일체법의 진여이더라도, 모두가 하나의 진여이고 무이이며
분별이 없고 역시 궁극적인 끝마침도 없느니라.

여러 천자들이여. 만약 예류과의 10력의 진여이거나, 만약 일체지지의
진여이거나, 만약 일체법의 진여이더라도, 모두가 하나의 진여이고 무이
이며 분별이 없고 역시 궁극적인 끝마침도 없으며, 만약 일래·불환·아라한
과의 진여이거나, 만약 일체지지의 진여이거나, 만약 일체법의 진여이더
라도, 모두가 하나의 진여이고 무이이며 분별이 없고 역시 궁극적인
끝마침도 없느니라. 여러 천자들이여. 만약 독각의 보리의 진여이거나,
만약 일체지지의 진여이거나, 만약 일체법의 진여이더라도, 모두가 하나
의 진여이고 무이이며 분별이 없고 역시 궁극적인 끝마침도 없느니라.

여러 천자들이여. 만약 일체지의 10력의 진여이거나, 만약 일체지지의
진여이거나, 만약 일체법의 진여이더라도, 모두가 하나의 진여이고 무이
이며 분별이 없고 역시 궁극적인 끝마침도 없으며, 만약 도상지·일체상지
의 진여이거나, 만약 일체지지의 진여이거나, 만약 일체법의 진여이더라
도, 모두가 하나의 진여이고 무이이며 분별이 없고 역시 궁극적인 끝마침
도 없느니라. 여러 천자들이여. 만약 제불의 무상정등보리의 진여이거나,
만약 일체지지의 진여이거나, 만약 일체법의 진여이더라도, 모두가 하나
의 진여이고 무이이며 분별이 없고 역시 궁극적인 끝마침도 없느니라."

"여러 천자들이여. 나는 이러한 의취를 관찰하였으므로 마음이 항상 적정에 나아가고 설법을 즐거워하지 않느니라. 그 까닭은 무엇인가? 이 법은 매우 깊어서 보기도 어렵고 깨닫기도 어려우며 심사할 수 없고 심사하는 경계를 뛰어넘으며 미묘하고 깊으며 적정하여 총명하고 지혜로운 자가 능히 아는 것이며, 여러 세간들은 이를테면, 깊은 반야바라밀다는 곧 이것이 여래·응공·정등각께서 증득하신 무상정등보리라는 것을 능히 믿고서 받들 수 없느니라.

여러 천자들이여. 이와 같은 무상정등보리는 능히 증득할 수 없고 증득되는 것도 아니며 증득하는 처소도 없고 증득하는 때도 없느니라. 여러 천자들이여. 이 법은 깊고 미묘하여 불이(不二)이면서 현행(現行)하나니, 여러 세간들이 비교하면서 헤아릴 것이 아니니라.

여러 천자들이여. 허공이 매우 깊은 까닭으로 이 법도 매우 깊고, 진여가 매우 깊은 까닭으로 이 법도 매우 깊으며, 법계(法界)가 매우 깊은 까닭으로 이 법도 매우 깊고, 법성(法性)이 매우 깊은 까닭으로 이 법도 매우 깊으며, 불허망성(不虛妄性)이 매우 깊은 까닭으로 이 법도 매우 깊고, 불변이성(不變異性)이 매우 깊은 까닭으로 이 법도 매우 깊으며, 평등성(平等性)이 매우 깊은 까닭으로 이 법도 매우 깊고, 이생성(離生性)이 매우 깊은 까닭으로 이 법도 매우 깊으며, 법정(法定)이 매우 깊은 까닭으로 이 법도 매우 깊고, 법주(法住)가 매우 깊은 까닭으로 이 법도 매우 깊으며, 실제(實際)가 매우 깊은 까닭으로 이 법도 매우 깊고, 허공계(虛空界)가 매우 깊은 까닭으로 이 법도 매우 깊으며, 부사의계(不思議界)가 매우 깊은 까닭으로 이 법도 매우 깊으니라.

여러 천자들이여. 무량(無量)하고 무변(無邊)하며 매우 깊은 까닭으로 이 법도 매우 깊고, 왔던 것이 없고 떠났던 것도 없어서(無來無去) 매우 깊은 까닭으로 이 법도 매우 깊으며, 생겨남이 없고 소멸함도 없어서(無生無滅) 매우 깊은 까닭으로 이 법도 매우 깊고, 염오가 없고 청정함도 없어서(無染無淨) 매우 깊은 까닭으로 이 법도 매우 깊으며, 알 수 없고 얻는 것도 없어서(無知無得) 매우 깊은 까닭으로 이 법도 매우 깊고, 세움도 없고 지음도 없어서(無造無作) 매우 깊은 까닭으로 이 법도 매우 깊으니라.

여러 천자들이여. 아(我)가 매우 깊은 까닭으로 이 법도 매우 깊고, 유정(有情)이 매우 깊은 까닭으로 이 법도 매우 깊으며, 명자(命者)가 매우 깊은 까닭으로 이 법도 매우 깊고, 생자(生者)가 매우 깊은 까닭으로 이 법도 매우 깊으며, 양자(養者)가 매우 깊은 까닭으로 이 법도 매우 깊고, 장부(士夫)가 매우 깊은 까닭으로 이 법도 매우 깊으며, 보특가라(補特伽羅)가 매우 깊은 까닭으로 이 법도 매우 깊고, 의생(意生)이 매우 깊은 까닭으로 이 법도 매우 깊으며, 유동(儒童)이 매우 깊은 까닭으로 이 법도 매우 깊고, 작자(作者)가 매우 깊은 까닭으로 이 법도 매우 깊으며, 수자(受者)가 매우 깊은 까닭으로 이 법도 매우 깊고, 지자(知者)가 매우 깊은 까닭으로 이 법도 매우 깊으며, 견자(見者)가 매우 깊은 까닭에 이 법도 매우 깊으니라.

여러 천자들이여. 색이 매우 깊은 까닭으로 이 법도 매우 깊고, 수·상·행·식이 매우 깊은 까닭에 이 법도 매우 깊으니라. 여러 천자들이여. 안처가 매우 깊은 까닭으로 이 법도 매우 깊고, 이·비·설·신·의처가 매우 깊은 까닭으로 이 법도 매우 깊으니라. 여러 천자들이여. 색처가 매우 깊은 까닭으로 이 법도 매우 깊고, 성·향·미·촉·법처가 매우 깊은 까닭으로 이 법도 매우 깊으니라.

여러 천자들이여. 안계가 매우 깊은 까닭으로 이 법도 매우 깊고, 이·비·설·신·의계가 매우 깊은 까닭으로 이 법도 매우 깊으니라. 여러 천자들이여. 색계가 매우 깊은 까닭으로 이 법도 매우 깊고, 성·향·미·촉·법계가 매우 깊은 까닭으로 이 법도 매우 깊으니라. 여러 천자들이여. 안식계가 매우 깊은 까닭으로 이 법도 매우 깊고, 이·비·설·신·의식계가 매우 깊은 까닭으로 이 법도 매우 깊으니라.

여러 천자들이여. 안촉이 매우 깊은 까닭으로 이 법도 매우 깊고, 이·비·설·신·의촉이 매우 깊은 까닭으로 이 법도 매우 깊으니라. 여러 천자들이여. 안촉을 인연으로 생겨난 여러 수가 매우 깊은 까닭으로 이 법도 매우 깊고, 이·비·설·신·의촉을 인연으로 생겨난 여러 수가 매우 깊은 까닭으로 이 법도 매우 깊으니라. 여러 천자들이여. 지계가 매우 깊은 까닭으로 이 법도 매우 깊고, 수·화·풍·공·식계가 매우 깊은 까닭으로 이 법도 매우 깊으니라.

여러 천자들이여. 무명이 매우 깊은 까닭으로 이 법도 매우 깊고, 행·식·명색·육처·촉·수·애·취·유·생·노사가 매우 깊은 까닭으로 이 법도 매우 깊으니라. 여러 천자들이여. 보시바라밀다가 매우 깊은 까닭으로 이 법도 매우 깊고, 정계바라밀다가 매우 깊은 까닭으로 이 법도 매우 깊으며, 안인바라밀다가 매우 깊은 까닭으로 이 법도 매우 깊고, 정진바라밀다가 매우 깊은 까닭으로 이 법도 매우 깊으며, 정려바라밀다가 매우 깊은 까닭으로 이 법도 매우 깊고, 반야바라밀다가 매우 깊은 까닭으로 이 법도 매우 깊으니라.

여러 천자들이여. 내공이 매우 깊은 까닭으로 이 법도 매우 깊고, 외공·내외공·공공·대공·승의공·유위공·무위공·필경공·무제공·산공·무변이공·본성공·자상공·공상공·일체법공·불가득공·무성공·자성공·무성자성공이 매우 깊은 까닭으로 이 법도 매우 깊으니라. 여러 천자들이여. 4념주가 매우 깊은 까닭으로 이 법도 매우 깊고, 4정단·4신족·5근·5력·7등각지·8성도지가 매우 깊은 까닭으로 이 법도 매우 깊으니라. 여러 천자들이여. 고성제가 매우 깊은 까닭으로 이 법도 매우 깊고, 집·멸·도성제가 매우 깊은 까닭으로 이 법도 매우 깊으니라.

여러 천자들이여. 4정려가 매우 깊은 까닭으로 이 법도 매우 깊고, 4무량이 매우 깊은 까닭으로 이 법도 매우 깊으며, 4무색정이 매우 깊은 까닭으로 이 법도 매우 깊으니라. 여러 천자들이여. 8해탈이 매우 깊은 까닭으로 이 법도 매우 깊고, 8승처가 매우 깊은 까닭으로 이 법도 매우 깊으며, 9차제정이 매우 깊은 까닭으로 이 법도 매우 깊고, 10변처가 매우 깊은 까닭으로 이 법도 매우 깊으니라. 여러 천자들이여. 공해탈문이 매우 깊은 까닭으로 이 법도 매우 깊고, 무상·무원해탈문이 매우 깊은 까닭으로 이 법도 매우 깊으니라.

여러 천자들이여. 5안이 매우 깊은 까닭으로 이 법도 매우 깊고, 6신통이 매우 깊은 까닭으로 이 법도 매우 깊으니라. 여러 천자들이여. 삼마지문이 매우 깊은 까닭으로 이 법도 매우 깊고, 다라니문이 매우 깊은 까닭으로 이 법도 매우 깊으니라. 여러 천자들이여. 여래의 10력이 매우 깊은 까닭으로 이 법도 매우 깊고, 4무소외·4무애해·대자·대비·대희·대사·18불불공법이 매우 깊은 까닭으로 이 법도 매우 깊으니라.

여러 천자들이여. 예류과가 매우 깊은 까닭으로 이 법도 매우 깊고, 일래·불환·아라한과가 매우 깊은 까닭으로 이 법도 매우 깊으니라. 여러 천자들이여. 독각의 보리가 매우 깊은 까닭으로 이 법도 매우 깊으니라. 여러 천자들이여. 일체지가 매우 깊은 까닭으로 이 법도 매우 깊고, 도상지·일체상지가 매우 깊은 까닭으로 이 법도 매우 깊으니라. 여러 천자들이여. 일체의 불법이 매우 깊은 까닭으로 이 법도 매우 깊으니라.”

그때 욕계와 색계의 천자들이 세존께 아뢰어 말하였다.

“세존이시여. 이렇게 설하신 법이라는 것은 매우 깊고 미묘하여서 여러 세간들이 갑자기 능히 믿고 받아들이지 못합니다. 세존이시여. 이렇게 깊고 미묘한 법은 색을 섭수하여 취(取)하기 위한 까닭으로 설하시지 않았고 색을 잊어버리고 버리기 위한 까닭으로 설하시지 않았으며, 수·상·행·식을 섭수하여 취하기 위한 까닭으로 설하시지 않았고 수·상·행·식을 잊어버리고 버리기 위한 까닭으로 설하시지 않았습니다.

세존이시여. 이렇게 깊고 미묘한 법은 안처를 섭수하여 취하기 위한 까닭으로 설하시지 않았고 안처를 잊어버리고 버리기 위한 까닭으로 설하시지 않았으며, 이·비·설·신·의처를 섭수하여 취하기 위한 까닭으로 설하시지 않았고 이·비·설·신·의처를 잊어버리고 버리기 위한 까닭으로 설하시지 않았습니다.

세존이시여. 이렇게 깊고 미묘한 법은 색처를 섭수하여 취하기 위한 까닭으로 설하시지 않았고 색처를 잊어버리고 버리기 위한 까닭으로 설하시지 않았으며, 성·향·미·촉·법처를 섭수하여 취하기 위한 까닭으로 설하시지 않았고 성·향·미·촉·법처를 잊어버리고 버리기 위한 까닭으로 설하시지 않았습니다.

세존이시여. 이렇게 깊고 미묘한 법은 안계를 섭수하여 취하기 위한 까닭으로 설하시지 않았고 안계를 잊어버리고 버리기 위한 까닭으로 설하시지 않았으며, 이·비·설·신·의계를 섭수하여 취하기 위한 까닭으로 설하시지 않았고 이·비·설·신·의계를 잊어버리고 버리기 위한 까닭으로 설하시지 않았습니다.

세존이시여. 이렇게 깊고 미묘한 법은 색계를 섭수하여 취하기 위한 까닭으로 설하시지 않았고 색계를 잊어버리고 버리기 위한 까닭으로 설하시지 않았으며, 성·향·미·촉·법계를 섭수하여 취하기 위한 까닭으로 설하시지 않았고 성·향·미·촉·법계를 잊어버리고 버리기 위한 까닭으로 설하시지 않았습니다.

세존이시여. 이렇게 깊고 미묘한 법은 안식계를 섭수하여 취하기 위한 까닭으로 설하시지 않았고 안식계를 잊어버리고 버리기 위한 까닭으로 설하시지 않았으며, 이·비·설·신·의식계를 섭수하여 취하기 위한 까닭으로 설하시지 않았고 이·비·설·신·의식계를 잊어버리고 버리기 위한 까닭으로 설하시지 않았습니다.

세존이시여. 이렇게 깊고 미묘한 법은 안촉을 섭수하여 취하기 위한 까닭으로 설하시지 않았고 안촉을 잊어버리고 버리기 위한 까닭으로 설하시지 않았으며, 이·비·설·신·의촉을 섭수하여 취하기 위한 까닭으로 설하시지 않았고 이·비·설·신·의촉을 잊어버리고 버리기 위한 까닭으로 설하시지 않았습니다.

세존이시여. 이렇게 깊고 미묘한 법은 안촉을 인연으로 생겨난 여러 수를 섭수하여 취하기 위한 까닭으로 설하시지 않았고 안촉을 인연으로 생겨난 여러 수를 잊어버리고 버리기 위한 까닭으로 설하시지 않았으며, 이·비·설·신·의촉을 인연으로 생겨난 여러 수를 섭수하여 취하기 위한 까닭으로 설하시지 않았고 이·비·설·신·의촉을 인연으로 생겨난 여러 수를 잊어버리고 버리기 위한 까닭으로 설하시지 않았습니다.

세존이시여. 이렇게 깊고 미묘한 법은 지계를 섭수하여 취하기 위한 까닭으로 설하시지 않았고 지계를 잊어버리고 버리기 위한 까닭으로 설하시지 않았으며, 수·화·풍·공·식계를 섭수하여 취하기 위한 까닭으로 설하시지 않았고 수·화·풍·공·식계를 잊어버리고 버리기 위한 까닭으로 설하시지 않았습니다.

세존이시여. 이렇게 깊고 미묘한 법은 무명을 섭수하여 취하기 위한 까닭으로 설하시지 않았고 무명을 잊어버리고 버리기 위한 까닭으로 설하시지 않았으며, 행·식·명색·육처·촉·수·애·취·유·생·노사를 섭수하여 취하기 위한 까닭으로 설하시지 않았고 행, 나아가 노사를 잊어버리고 버리기 위한 까닭으로 설하시지 않았습니다.

세존이시여. 이렇게 깊고 미묘한 법은 보시바라밀다를 섭수하여 취하기 위한 까닭으로 설하시지 않았고 보시바라밀다를 잊어버리고 버리기 위한 까닭으로 설하시지 않았으며, 정계바라밀다를 섭수하여 취하기 위한 까닭으로 설하시지 않았고 정계바라밀다를 잊어버리고 버리기 위한 까닭으로 설하시지 않았으며, 안인바라밀다를 섭수하여 취하기 위한 까닭으로 설하시지 않았고 안인바라밀다를 잊어버리고 버리기 위한 까닭으로 설하시지 않았으며, 정진바라밀다를 섭수하여 취하기 위한 까닭으로 설하시지 않았고 정진바라밀다를 잊어버리고 버리기 위한 까닭으로 설하시지 않았으며, 정려바라밀다를 섭수하여 취하기 위한 까닭으로 설하시지 않았고 정려바라밀다를 잊어버리고 버리기 위한 까닭으로 설하시지 않았으며, 반야바라밀다를 섭수하여 취하기 위한 까닭으로 설하시지 않았고 반야바라밀다를 잊어버리고 버리기 위한 까닭으로 설하시지 않았습니다.

세존이시여. 이렇게 깊고 미묘한 법은 내공을 섭수하여 취하기 위한 까닭으로 설하시지 않았고 내공을 잊어버리고 버리기 위한 까닭으로 설하시지 않았으며, 외공·내외공·공공·대공·승의공·유위공·무위공·필경공·무제공·산공·무변이공·본성공·자상공·공상공·일체법공·불가득공·무성공·자성공·무성자성공을 섭수하여 취하기 위한 까닭으로 설하시지 않았고 외공, 나아가 무성자성공을 잊어버리고 버리기 위한 까닭으로 설하시지 않았습니다.

세존이시여. 이렇게 깊고 미묘한 법은 진여를 섭수하여 취하기 위한
까닭으로 설하시지 않았고 진여를 잊어버리고 버리기 위한 까닭으로
설하시지 않았으며, 법계·법성·불허망성·불변이성·평등성·이생성·법
정·법주·실제·허공계·부사의계를 섭수하여 취하기 위한 까닭으로 설하
시지 않았고 법계, 나아가 부사의계를 잊어버리고 버리기 위한 까닭으로
설하시지 않았습니다.

세존이시여. 이렇게 깊고 미묘한 법은 4념주를 섭수하여 취하기 위한
까닭으로 설하시지 않았고 4념주를 잊어버리고 버리기 위한 까닭으로
설하시지 않았으며, 4정단·4신족·5근·5력·7등각지·8성도지를 섭수하여
취하기 위한 까닭으로 설하시지 않았고 4정단, 나아가 8성도지를 잊어버
리고 버리기 위한 까닭으로 설하시지 않았습니다.

세존이시여. 이렇게 깊고 미묘한 법은 고성제를 섭수하여 취하기 위한
까닭으로 설하시지 않았고 고성제를 잊어버리고 버리기 위한 까닭으로
설하시지 않았으며, 집·멸·도성제를 섭수하여 취하기 위한 까닭으로
설하시지 않았고 집·멸·도성제를 잊어버리고 버리기 위한 까닭으로 설하
시지 않았습니다.

세존이시여. 이렇게 깊고 미묘한 법은 4정려를 섭수하여 취하기 위한
까닭으로 설하시지 않았고 4정려를 잊어버리고 버리기 위한 까닭으로
설하시지 않았으며, 4무량을 섭수하여 취하기 위한 까닭으로 설하시지
않았고 4무량을 잊어버리고 버리기 위한 까닭으로 설하시지 않았으며,
4무색정을 섭수하여 취하기 위한 까닭으로 설하시지 않았고 4무색정을
잊어버리고 버리기 위한 까닭으로 설하시지 않았습니다.

세존이시여. 이렇게 깊고 미묘한 법은 8해탈을 섭수하여 취하기 위한
까닭으로 설하시지 않았고 8해탈을 잊어버리고 버리기 위한 까닭으로
설하시지 않았으며, 8승처를 섭수하여 취하기 위한 까닭으로 설하시지
않았고 8승처를 잊어버리고 버리기 위한 까닭으로 설하시지 않았으며,
9차제정을 섭수하여 취하기 위한 까닭으로 설하시지 않았고 9차제정을
잊어버리고 버리기 위한 까닭으로 설하시지 않았으며, 10변처를 섭수하여

취하기 위한 까닭으로 설하시지 않았고 10변처를 잊어버리고 버리기 위한 까닭으로 설하시지 않았습니다.

세존이시여. 이렇게 깊고 미묘한 법은 공해탈문을 섭수하여 취하기 위한 까닭으로 설하시지 않았고 공해탈문을 잊어버리고 버리기 위한 까닭으로 설하시지 않았으며, 무상·무원해탈문을 섭수하여 취하기 위한 까닭으로 설하시지 않았고 무상·무원해탈문을 잊어버리고 버리기 위한 까닭으로 설하시지 않았습니다. 세존이시여. 이렇게 깊고 미묘한 법은 5안을 섭수하여 취하기 위한 까닭으로 설하시지 않았고 5안을 잊어버리고 버리기 위한 까닭으로 설하시지 않았으며, 6신통을 섭수하여 취하기 위한 까닭으로 설하시지 않았고 6신통을 잊어버리고 버리기 위한 까닭으로 설하시지 않았습니다.

세존이시여. 이렇게 깊고 미묘한 법은 삼마지문을 섭수하여 취하기 위한 까닭으로 설하시지 않았고 삼마지문을 잊어버리고 버리기 위한 까닭으로 설하시지 않았으며, 다라니문을 섭수하여 취하기 위한 까닭으로 설하시지 않았고 다라니문을 잊어버리고 버리기 위한 까닭으로 설하시지 않았습니다.

세존이시여. 이렇게 깊고 미묘한 법은 여래의 10력을 섭수하여 취하기 위한 까닭으로 설하시지 않았고 여래의 10력을 잊어버리고 버리기 위한 까닭으로 설하시지 않았으며, 4무소외·4무애해·대자·대비·대희·대사·18불불공법을 섭수하여 취하기 위한 까닭으로 설하시지 않았고 4무소외, 나아가 18불불공법을 잊어버리고 버리기 위한 까닭으로 설하시지 않았습니다.

세존이시여. 이렇게 깊고 미묘한 법은 예류과를 섭수하여 취하기 위한 까닭으로 설하시지 않았고 예류과를 잊어버리고 버리기 위한 까닭으로 설하시지 않았으며, 일래·불환·아라한과를 섭수하여 취하기 위한 까닭으로 설하시지 않았고 일래·불환·아라한과를 잊어버리고 버리기 위한 까닭으로 설하시지 않았습니다. 세존이시여. 이렇게 깊고 미묘한 법은 독각의 보리를 섭수하여 취하기 위한 까닭으로 설하시지 않았고 독각의 보리를 잊어버리고 버리기 위한 까닭으로 설하시지 않았습니다.

세존이시여. 이렇게 깊고 미묘한 법은 일체지를 섭수하여 취하기 위한 까닭으로 설하시지 않았고 일체지를 잊어버리고 버리기 위한 까닭으로 설하시지 않았으며, 도상지·일체상지를 섭수하여 취하기 위한 까닭으로 설하시지 않았고 도상지·일체상지를 잊어버리고 버리기 위한 까닭으로 설하시지 않았습니다. 세존이시여. 이렇게 깊고 미묘한 법은 일체의 불법을 섭수하여 취하기 위한 까닭으로 설하시지 않았고 일체의 불법을 잊어버리고 버리기 위한 까닭으로 설하시지 않았습니다."

"세존이시여. 여러 세간의 유정들은 아(我)·아소(我所)를 많이 섭수하여 취하면서 수행하거나, 아·아소에 일으키고 수행하면서 집착하는데 이를테면, 색은 이것이 아이고, 이것이 아소이며, 수·상·행·식은 이것이 아이고, 이것이 아소라는 것입니다. 안처는 이것이 아이고, 이것이 아소이며, 이·비·설·신·의처는 이것이 아이고, 이것이 아소라는 것입니다. 색처는 이것이 아이고, 이것이 아소이며, 성·향·미·촉·법처는 이것이 아이고, 이것이 아소라는 것입니다.

안계는 이것이 아이고, 이것이 아소이며, 이·비·설·신·의계는 이것이 아이고, 이것이 아소라는 것입니다. 색계는 이것이 아이고, 이것이 아소이며, 성·향·미·촉·법계는 이것이 아이고, 이것이 아소라는 것입니다. 안식계는 이것이 아이고, 이것이 아소이며, 이·비·설·신·의식계는 이것이 아이고, 이것이 아소라는 것입니다.

안촉은 이것이 아이고, 이것이 아소이며, 이·비·설·신·의촉은 이것이 아이고, 이것이 아소라는 것입니다. 안촉을 인연으로 생겨난 여러 수는 이것이 아이고, 이것이 아소이며, 이·비·설·신·의촉을 인연으로 생겨난 여러 수는 이것이 아이고, 이것이 아소라는 것입니다.

지계는 이것이 아이고, 이것이 아소이며, 수·화·풍·공·식계는 이것이 아이고, 이것이 아소라는 것입니다. 무명은 이것이 아이고, 이것이 아소이며, 행·식·명색·육처·촉·수·애·취·유·생·노사는 이것이 아이고, 이것이 아소라는 것입니다. 보시바라밀다는 이것이 아이고, 이것이 아소이며, 정계·안인·정진·정려·반야바라밀다는 이것이 아이고, 이것이 아소라는 것입니다.

내공은 이것이 아이고, 이것이 아소이며, 외공·내외공·공공·대공·승의 공·유위공·무위공·필경공·무제공·산공·무변이공·본성공·자상공·공 상공·일체법공·불가득공·무성공·자성공·무성자성공은 이것이 아이고, 이것이 아소라는 것입니다. 진여는 이것이 아이고, 이것이 아소이며, 법계·법성·불허망성·불변이성·평등성·이생성·법정·법주·실제·허공 계·부사의계는 이것이 아이고, 이것이 아소라는 것입니다.

4념주는 이것이 아이고, 이것이 아소이며, 4정단·4신족·5근·5력·7등각 지·8성도지는 이것이 아이고, 이것이 아소라는 것입니다. 고성제는 이것 이 아이고, 이것이 아소이며, 집·멸·도성제는 이것이 아이고, 이것이 아소라는 것입니다. 4정려는 이것이 아이고, 이것이 아소이며, 4무량은 이것이 아이고, 이것이 아소이며, 4무색정은 이것이 아이고, 이것이 아소 라는 것입니다.

8해탈은 이것이 아이고, 이것이 아소이며, 8승처는 이것이 아이고, 이것이 아소이며, 9차제정은 이것이 아이고, 이것이 아소이며, 10변처는 이것이 아이고, 이것이 아소라는 것입니다. 공해탈문은 이것이 아이고, 이것이 아소이며, 무상·무원해탈문은 이것이 아이고, 이것이 아소라는 것입니다. 5안은 이것이 아이고, 이것이 아소이며, 6신통은 이것이 아이고, 이것이 아소라는 것입니다. 삼마지문은 이것이 아이고, 이것이 아소이며, 다라니문은 이것이 아이고, 이것이 아소라는 것입니다.

여래의 10력은 이것이 아이고, 이것이 아소이며, 4무소외·4무애해·대 자·대비·대희·대사·18불불공법은 이것이 아이고, 이것이 아소라는 것입 니다. 예류과는 이것이 아이고, 이것이 아소이며, 일래·불환·아라한과는 이것이 아이고, 이것이 아소라는 것입니다. 독각의 보리는 이것이 아이고, 이것이 아소라는 것입니다. 일체지는 이것이 아이고, 이것이 아소이며, 도상지·일체상지는 이것이 아이고, 이것이 아소라는 것입니다.”

그때 세존께서 여러 천자들에게 알려 말씀하셨다.

"그와 같으니라. 그와 같으니라. 그대들이 말한 것과 같으니라. 여러 천자들이여. 이 깊고 미묘한 법은 색을 섭수하여 취하기 위한 까닭으로 설하지 않았고 색을 잊어버리고 버리기 위한 까닭으로 설하지 않았으며, 수·상·행·식을 섭수하여 취하기 위한 까닭으로 설하지 않았고, 수·상·행·식을 잊어버리고 버리기 위한 까닭으로 설하지 않았느니라.

여러 천자들이여. 이 깊고 미묘한 법은 안처를 섭수하여 취하기 위한 까닭으로 설하지 않았고 안처를 잊어버리고 버리기 위한 까닭으로 설하지 않았으며, 이·비·설·신·의처를 섭수하여 취하기 위한 까닭으로 설하지 않았고, 이·비·설·신·의처를 잊어버리고 버리기 위한 까닭으로 설하지 않았느니라.

여러 천자들이여. 이 깊고 미묘한 법은 색처를 섭수하여 취하기 위한 까닭으로 설하지 않았고 색처를 잊어버리고 버리기 위한 까닭으로 설하지 않았으며, 성·향·미·촉·법처를 섭수하여 취하기 위한 까닭으로 설하지 않았고, 성·향·미·촉·법처를 잊어버리고 버리기 위한 까닭으로 설하지 않았느니라.

여러 천자들이여. 이 깊고 미묘한 법은 안계를 섭수하여 취하기 위한 까닭으로 설하지 않았고 안계를 잊어버리고 버리기 위한 까닭으로 설하지 않았으며, 이·비·설·신·의계를 섭수하여 취하기 위한 까닭으로 설하지 않았고, 이·비·설·신·의계를 잊어버리고 버리기 위한 까닭으로 설하지 않았느니라.

여러 천자들이여. 이 깊고 미묘한 법은 색계를 섭수하여 취하기 위한 까닭으로 설하지 않았고 색계를 잊어버리고 버리기 위한 까닭으로 설하지 않았으며, 성·향·미·촉·법계를 섭수하여 취하기 위한 까닭으로 설하지 않았고, 성·향·미·촉·법계를 잊어버리고 버리기 위한 까닭으로 설하지 않았느니라.

여러 천자들이여. 이 깊고 미묘한 법은 안식계를 섭수하여 취하기 위한 까닭으로 설하지 않았고 안식계를 잊어버리고 버리기 위한 까닭으로 설하지 않았으며, 이·비·설·신·의식계를 섭수하여 취하기 위한 까닭으로 설하지 않았고, 이·비·설·신·의식계를 잊어버리고 버리기 위한 까닭으로 설하지 않았느니라.

여러 천자들이여. 이 깊고 미묘한 법은 안촉을 인연으로 생겨난 여러 수를 섭수하여 취하기 위한 까닭으로 설하지 않았고 안촉을 인연으로 생겨난 여러 수를 잊어버리고 버리기 위한 까닭으로 설하지 않았으며, 이·비·설·신·의촉을 인연으로 생겨난 여러 수를 섭수하여 취하기 위한 까닭으로 설하지 않았고, 이·비·설·신·의촉을 인연으로 생겨난 여러 수를 잊어버리고 버리기 위한 까닭으로 설하지 않았느니라.

여러 천자들이여. 이 깊고 미묘한 법은 지계를 섭수하여 취하기 위한 까닭으로 설하지 않았고 지계를 잊어버리고 버리기 위한 까닭으로 설하지 않았으며, 수·화·풍·공·식계를 섭수하여 취하기 위한 까닭으로 설하지 않았고, 수·화·풍·공·식계를 잊어버리고 버리기 위한 까닭으로 설하지 않았느니라.

여러 천자들이여. 이 깊고 미묘한 법은 무명을 섭수하여 취하기 위한 까닭으로 설하지 않았고 무명을 잊어버리고 버리기 위한 까닭으로 설하지 않았으며, 행·식·명색·육처·촉·수·애·취·유·생·노사를 섭수하여 취하기 위한 까닭으로 설하지 않았고, 행, 나아가 노사를 잊어버리고 버리기 위한 까닭으로 설하지 않았느니라.

여러 천자들이여. 이 깊고 미묘한 법은 보시바라밀다를 섭수하여 취하기 위한 까닭으로 설하지 않았고 보시바라밀다를 잊어버리고 버리기 위한 까닭으로 설하지 않았으며, 정계바라밀다를 섭수하여 취하기 위한 까닭으로 설하지 않았고 정계바라밀다를 잊어버리고 버리기 위한 까닭으로 설하지 않았으며, 안인바라밀다를 섭수하여 취하기 위한 까닭으로 설하지 않았고 안인바라밀다를 잊어버리고 버리기 위한 까닭으로 설하지 않았으며, 정진바라밀다를 섭수하여 취하기 위한 까닭으로 설하지 않았고 정진바라밀다를 잊어버리고 버리기 위한 까닭으로 설하지 않았으며, 정려바라밀다를 섭수하여 취하기 위한 까닭으로 설하지 않았고 정려바라

밀다를 잊어버리고 버리기 위한 까닭으로 설하지 않았으며, 반야바라밀다
를 섭수하여 취하기 위한 까닭으로 설하지 않았고 반야바라밀다를 잊어버
리고 버리기 위한 까닭으로 설하지 않았느니라.

여러 천자들이여. 이 깊고 미묘한 법은 내공을 섭수하여 취하기 위한
까닭으로 설하지 않았고 내공을 잊어버리고 버리기 위한 까닭으로 설하지
않았으며, 외공·내외공·공공·대공·승의공·유위공·무위공·필경공·무제
공·산공·무변이공·본성공·자상공·공상공·일체법공·불가득공·무성공·
자성공·무성자성공을 섭수하여 취하기 위한 까닭으로 설하지 않았고,
외공, 나아가 무성자성공을 잊어버리고 버리기 위한 까닭으로 설하지
않았느니라.

여러 천자들이여. 이 깊고 미묘한 법은 진여를 섭수하여 취하기 위한
까닭으로 설하지 않았고 진여를 잊어버리고 버리기 위한 까닭으로 설하지
않았으며, 법계·법성·불허망성·불변이성·평등성·이생성·법정·법주·실
제·허공계·부사의계를 섭수하여 취하기 위한 까닭으로 설하지 않았고,
법계, 나아가 부사의계를 잊어버리고 버리기 위한 까닭으로 설하지 않았
느니라.

여러 천자들이여. 이 깊고 미묘한 법은 4념주를 섭수하여 취하기 위한
까닭으로 설하지 않았고 4념주를 잊어버리고 버리기 위한 까닭으로 설하
지 않았으며, 4정단·4신족·5근·5력·7등각지·8성도지를 섭수하여 취하기
위한 까닭으로 설하지 않았고, 4정단, 나아가 8성도지를 잊어버리고
버리기 위한 까닭으로 설하지 않았느니라.

여러 천자들이여. 이 깊고 미묘한 법은 고성제를 섭수하여 취하기
위한 까닭으로 설하지 않았고 고성제를 잊어버리고 버리기 위한 까닭으로
설하지 않았으며, 집·멸·도성제를 섭수하여 취하기 위한 까닭으로 설하지
않았고, 집·멸·도성제를 잊어버리고 버리기 위한 까닭으로 설하지 않았느
니라.

여러 천자들이여. 이 깊고 미묘한 법은 4정려를 섭수하여 취하기 위한
까닭으로 설하지 않았고 4정려를 잊어버리고 버리기 위한 까닭으로 설하

지 않았으며, 4무량을 섭수하여 취하기 위한 까닭으로 설하지 않았고 4무량을 잊어버리고 버리기 위한 까닭으로 설하지 않았으며, 4무색정을 섭수하여 취하기 위한 까닭으로 설하지 않았고 4무색정을 잊어버리고 버리기 위한 까닭으로 설하지 않았느니라.

여러 천자들이여. 이 깊고 미묘한 법은 8해탈을 섭수하여 취하기 위한 까닭으로 설하지 않았고 8해탈을 잊어버리고 버리기 위한 까닭으로 설하지 않았으며, 8승처를 섭수하여 취하기 위한 까닭으로 설하지 않았고 8승처를 잊어버리고 버리기 위한 까닭으로 설하지 않았으며, 9차제정을 섭수하여 취하기 위한 까닭으로 설하지 않았고 9차제정을 잊어버리고 버리기 위한 까닭으로 설하지 않았으며, 10변처를 섭수하여 취하기 위한 까닭으로 설하지 않았고 10변처를 잊어버리고 버리기 위한 까닭으로 설하지 않았느니라.

여러 천자들이여. 이 깊고 미묘한 법은 공해탈문을 섭수하여 취하기 위한 까닭으로 설하지 않았고 공해탈문을 잊어버리고 버리기 위한 까닭으로 설하지 않았으며, 무상·무원해탈문을 섭수하여 취하기 위한 까닭으로 설하지 않았고, 무상·무원해탈문을 잊어버리고 버리기 위한 까닭으로 설하지 않았느니라.

여러 천자들이여. 이 깊고 미묘한 법은 5안을 섭수하여 취하기 위한 까닭으로 설하지 않았고 5안을 잊어버리고 버리기 위한 까닭으로 설하지 않았으며, 6신통을 섭수하여 취하기 위한 까닭으로 설하지 않았고 6신통을 잊어버리고 버리기 위한 까닭으로 설하지 않았느니라.

여러 천자들이여. 이 깊고 미묘한 법은 삼마지문을 섭수하여 취하기 위한 까닭으로 설하지 않았고 삼마지문을 잊어버리고 버리기 위한 까닭으로 설하지 않았으며, 다라니문을 섭수하여 취하기 위한 까닭으로 설하지 않았고, 다라니문을 잊어버리고 버리기 위한 까닭으로 설하지 않았느니라.

여러 천자들이여. 이 깊고 미묘한 법은 여래의 10력을 섭수하여 취하기 위한 까닭으로 설하지 않았고 여래의 10력을 잊어버리고 버리기 위한

까닭으로 설하지 않았으며, 4무소외·4무애해·대자·대비·대희·대사·18
불불공법을 섭수하여 취하기 위한 까닭으로 설하지 않았고 4무소외,
나아가 18불불공법을 잊어버리고 버리기 위한 까닭으로 설하지 않았느
니라.

여러 천자들이여. 이 깊고 미묘한 법은 예류과를 섭수하여 취하기
위한 까닭으로 설하지 않았고 예류과를 잊어버리고 버리기 위한 까닭으로
설하지 않았으며, 일래·불환·아라한과를 섭수하여 취하기 위한 까닭으로
설하지 않았고, 일래·불환·아라한과를 잊어버리고 버리기 위한 까닭으로
설하지 않았느니라. 여러 천자들이여. 독각의 보리를 섭수하여 취하기
위한 까닭으로 설하지 않았고, 독각의 보리를 잊어버리고 버리기 위한
까닭으로 설하지 않았느니라.

여러 천자들이여. 이 깊고 미묘한 법은 일체지를 섭수하여 취하기
위한 까닭으로 설하지 않았고 일체지를 잊어버리고 버리기 위한 까닭으로
설하지 않았으며, 도상지·일체상지를 섭수하여 취하기 위한 까닭으로
설하지 않았고 도상지·일체상지를 잊어버리고 버리기 위한 까닭으로
설하지 않았느니라. 여러 천자들이여. 일체의 불법을 섭수하여 취하기
위한 까닭으로 설하지 않았고, 일체의 불법을 잊어버리고 버리기 위한
까닭으로 설하지 않았느니라."

마하반야바라밀다경 제320권

47. 진여품(眞如品)(3)

"여러 천자들이여. 여러 세간의 유정들은 아(我)·아소(我所)를 많이 섭수하여 취하면서 수행하거나, 아·아소에 일으키고 수행하면서 집착하는데 이를테면, 색은 이것이 아이고, 이것이 아소이며, 수·상·행·식은 이것이 아이고, 이것이 아소라는 것이니라. 안처는 이것이 아이고, 이것이 아소이며, 이·비·설·신·의처는 이것이 아이고, 이것이 아소라는 것이니라. 색처는 이것이 아이고, 이것이 아소이며, 성·향·미·촉·법처는 이것이 아이고, 이것이 아소라는 것이니라.

안계는 이것이 아이고, 이것이 아소이며, 이·비·설·신·의계는 이것이 아이고, 이것이 아소라는 것이니라. 색계는 이것이 아이고, 이것이 아소이며, 성·향·미·촉·법계는 이것이 아이고, 이것이 아소라는 것이니라. 안식계는 이것이 아이고, 이것이 아소이며, 이·비·설·신·의식계는 이것이 아이고, 이것이 아소라는 것이니라.

안촉은 이것이 아이고, 이것이 아소이며, 이·비·설·신·의촉은 이것이 아이고, 이것이 아소라는 것이니라. 안촉을 인연으로 생겨난 여러 수는 이것이 아이고, 이것이 아소이며, 이·비·설·신·의촉을 인연으로 생겨난 여러 수는 이것이 아이고, 이것이 아소라는 것이니라.

지계는 이것이 아이고, 이것이 아소이며, 수·화·풍·공·식계는 이것이 아이고, 이것이 아소라는 것이니라. 무명은 이것이 아이고, 이것이 아소이며, 행·식·명색·육처·촉·수·애·취·유·생·노사는 이것이 아이고, 이것이 아소라는 것이니라. 보시바라밀다는 이것이 아이고, 이것이 아소이며, 정계·안인·정진·정려·반야바라밀다는 이것이 아이고, 이것이 아소라는 것이니라.

내공은 이것이 아이고, 이것이 아소이며, 외공·내외공·공공·대공·승의공·유위공·무위공·필경공·무제공·산공·무변이공·본성공·자상공·공상공·일체법공·불가득공·무성공·자성공·무성자성공은 이것이 아이고, 이것이 아소라는 것이니라. 진여는 이것이 아이고, 이것이 아소이며, 법계·법성·불허망성·불변이성·평등성·이생성·법정·법주·실제·허공계·부사의계는 이것이 아이고, 이것이 아소라는 것이니라.

4념주는 이것이 아이고, 이것이 아소이며, 4정단·4신족·5근·5력·7등각지·8성도지는 이것이 아이고, 이것이 아소라는 것이니라. 고성제는 이것이 아이고, 이것이 아소이며, 집·멸·도성제는 이것이 아이고, 이것이 아소라는 것이니라. 4정려는 이것이 아이고, 이것이 아소이며, 4무량은 이것이 아이고, 이것이 아소이며, 4무색정은 이것이 아이고, 이것이 아소라는 것이니라.

8해탈은 이것이 아이고, 이것이 아소이며, 8승처는 이것이 아이고, 이것이 아소이며, 9차제정은 이것이 아이고, 이것이 아소이며, 10변처는 이것이 아이고, 이것이 아소라는 것이니라. 공해탈문은 이것이 아이고, 이것이 아소이며, 무상·무원해탈문은 이것이 아이고, 이것이 아소라는 것이니라. 5안은 이것이 아이고, 이것이 아소이며, 6신통은 이것이 아이고, 이것이 아소라는 것이니라. 삼마지문은 이것이 아이고, 이것이 아소이며, 다라니문은 이것이 아이고, 이것이 아소라는 것이니라.

여래의 10력은 이것이 아이고, 이것이 아소이며, 4무소외·4무애해·대자·대비·대희·대사·18불불공법은 이것이 아이고, 이것이 아소라는 것이니라. 예류과는 이것이 아이고, 이것이 아소이며, 일래·불환·아라한과는 이것이 아고, 이것이 아소라는 것이니라. 독각의 보리는 이것이 아이고, 이것이 아소라는 것이니라. 일체지는 이것이 아이고, 이것이 아소이며, 도상지·일체상지 이것이 아이고, 이것이 아소라는 것이니라."

"여러 천자들이여. 만약 보살이 색(色)을 섭수하여 취하기 위한 까닭으로 수행하고 색을 잊어버리고 버리기 위한 까닭으로 수행하며, 수(受)·상(想)·행(行)·식(識)을 섭수하여 취하기 위한 까닭으로 수행하고 수·상·행·식을 잊어버리고 버리기 위한 까닭으로 수행한다면, 이 보살은 능히 반야바라밀다를 수행하지 못하고, 역시 능히 정려·정진·안인·정계·보시바라밀다도 수행하지 못하느니라.

이 보살은 내공을 능히 증득하지 못하고, 역시 능히 외공·내외공·공공·대공·승의공·유위공·무위공·필경공·무제공·산공·무변이공·본성공·자상공·공상공·일체법공·불가득공·무성공·자성공·무성자성공도 증득하지 못하느니라. 이 보살은 진여를 능히 증득하지 못하고, 역시 능히 법계·법성·불허망성·불변이성·평등성·이생성·법정·법주·실제·허공계·부사의계도 증득하지 못하느니라.

이 보살은 4념주를 능히 수행하지 못하고, 역시 능히 4정단·4신족·5근·5력·7등각지·8성도지도 수행하지 못하느니라. 이 보살은 능히 고성제를 증득하지 못하고, 역시 능히 집·멸·도성제도 증득하지 못하느니라. 이 보살은 능히 4정려를 수행하지 못하고, 역시 능히 4무량·4무색정도 수행하지 못하느니라. 이 보살은 능히 8해탈을 수행하지 못하고, 역시 능히 8승처·9차제정·10변처도 수행하지 못하느니라.

이 보살은 능히 공해탈문을 수행하지 못하고, 역시 능히 무상·무원해탈문도 수행하지 못하느니라. 이 보살은 능히 5안을 수행하지 못하고, 역시 능히 6신통도 수행하지 못하느니라. 이 보살은 삼마지문을 능히 수행하지 못하고, 역시 다라니문도 능히 수행하지 못하느니라. 이 보살은 능히 여래의 10력을 수행하지 못하고, 역시 능히 4무소외·4무애해·대자·대비·대희·대사·18불불공법도 수행하지 못하느니라. 이 보살은 능히 일체지를 수행하지 못하고, 역시 능히 도상지·일체상지도 수행하지 못하느니라.

여러 천자들이여. 만약 보살이 안처를 섭수하여 취하기 위한 까닭으로 수행하고 안처를 잊어버리고 버리기 위한 까닭으로 수행하며, 이·비·설·

신·의처를 섭수하여 취하기 위한 까닭으로 수행하고 이·비·설·신·의처를 잊어버리고 버리기 위한 까닭으로 수행한다면, 이 보살은 능히 반야바라밀다를 수행하지 못하고, 역시 능히 정려·정진·안인·정계·보시바라밀다도 수행하지 못하느니라.

이 보살은 내공을 능히 증득하지 못하고, 역시 능히 외공·내외공·공공·대공·승의공·유위공·무위공·필경공·무제공·산공·무변이공·본성공·자상공·공상공·일체법공·불가득공·무성공·자성공·무성자성공도 증득하지 못하느니라. 이 보살은 진여를 능히 증득하지 못하고, 역시 능히 법계·법성·불허망성·불변이성·평등성·이생성·법정·법주·실제·허공계·부사의계도 증득하지 못하느니라.

이 보살은 4념주를 능히 수행하지 못하고, 역시 능히 4정단·4신족·5근·5력·7등각지·8성도지도 수행하지 못하느니라. 이 보살은 능히 고성제를 증득하지 못하고, 역시 능히 집·멸·도성제도 증득하지 못하느니라. 이 보살은 능히 4정려를 수행하지 못하고, 역시 능히 4무량·4무색정도 수행하지 못하느니라. 이 보살은 능히 8해탈을 수행하지 못하고, 역시 능히 8승처·9차제정·10변처도 수행하지 못하느니라.

이 보살은 능히 공해탈문을 수행하지 못하고, 역시 능히 무상·무원해탈문도 수행하지 못하느니라. 이 보살은 능히 5안을 수행하지 못하고, 역시 능히 6신통도 수행하지 못하느니라. 이 보살은 삼마지문을 능히 수행하지 못하고, 역시 다라니문도 능히 수행하지 못하느니라. 이 보살은 능히 여래의 10력을 수행하지 못하고, 역시 능히 4무소외·4무애해·대자·대비·대희·대사·18불불공법도 수행하지 못하느니라. 이 보살은 능히 일체지를 수행하지 못하고, 역시 능히 도상지·일체상지도 수행하지 못하느니라.

여러 천자들이여. 만약 보살이 색처를 섭수하여 취하기 위한 까닭으로 수행하고 색처를 잊어버리고 버리기 위한 까닭으로 수행하며, 성·향·미·촉·법처를 섭수하여 취하기 위한 까닭으로 수행하고 성·향·미·촉·법처를 잊어버리고 버리기 위한 까닭으로 수행한다면, 이 보살은 능히 반야바라밀다를 수행하지 못하고, 역시 능히 정려·정진·안인·정계·보시 바라밀다도 수행하지 못하느니라.

이 보살은 내공을 능히 증득하지 못하고, 역시 능히 외공·내외공·공공·대공·승의공·유위공·무위공·필경공·무제공·산공·무변이공·본성공·자상공·공상공·일체법공·불가득공·무성공·자성공·무성자성공도 증득하지 못하느니라. 이 보살은 진여를 능히 증득하지 못하고, 역시 능히 법계·법성·불허망성·불변이성·평등성·이생성·법정·법주·실제·허공계·부사의계도 증득하지 못하느니라.

이 보살은 4념주를 능히 수행하지 못하고, 역시 능히 4정단·4신족·5근·5력·7등각지·8성도지도 수행하지 못하느니라. 이 보살은 능히 고성제를 증득하지 못하고, 역시 능히 집·멸·도성제도 증득하지 못하느니라. 이 보살은 능히 4정려를 수행하지 못하고, 역시 능히 4무량·4무색정도 수행하지 못하느니라. 이 보살은 능히 8해탈을 수행하지 못하고, 역시 능히 8승처·9차제정·10변처도 수행하지 못하느니라.

이 보살은 능히 공해탈문을 수행하지 못하고, 역시 능히 무상·무원해탈문도 수행하지 못하느니라. 이 보살은 능히 5안을 수행하지 못하고, 역시 능히 6신통도 수행하지 못하느니라. 이 보살은 삼마지문을 능히 수행하지 못하고, 역시 다라니문도 능히 수행하지 못하느니라. 이 보살은 능히 여래의 10력을 수행하지 못하고, 역시 능히 4무소외·4무애해·대자·대비·대희·대사·18불불공법도 수행하지 못하느니라. 이 보살은 능히 일체지를 수행하지 못하고, 역시 능히 도상지·일체상지도 수행하지 못하느니라.

여러 천자들이여. 만약 보살이 안계를 섭수하여 취하기 위한 까닭으로 수행하고 안계를 잊어버리고 버리기 위한 까닭으로 수행하며, 이·비·설·신·의계를 섭수하여 취하기 위한 까닭으로 수행하고 이·비·설·신·의계를 잊어버리고 버리기 위한 까닭으로 수행한다면, 이 보살은 능히 반야바라밀다를 수행하지 못하고, 역시 능히 정려·정진·안인·정계·보시바라밀다도 수행하지 못하느니라.

이 보살은 내공을 능히 증득하지 못하고, 역시 능히 외공·내외공·공공·
대공·승의공·유위공·무위공·필경공·무제공·산공·무변이공·본성공·
자상공·공상공·일체법공·불가득공·무성공·자성공·무성자성공도 증득
하지 못하느니라. 이 보살은 진여를 능히 증득하지 못하고, 역시 능히
법계·법성·불허망성·불변이성·평등성·이생성·법정·법주·실제·허공
계·부사의계도 증득하지 못하느니라.

이 보살은 4념주를 능히 수행하지 못하고, 역시 능히 4정단·4신족·5근·5
력·7등각지·8성도지도 수행하지 못하느니라. 이 보살은 능히 고성제를
증득하지 못하고, 역시 능히 집·멸·도성제도 증득하지 못하느니라. 이
보살은 능히 4정려를 수행하지 못하고, 역시 능히 4무량·4무색정도 수행
하지 못하느니라. 이 보살은 능히 8해탈을 수행하지 못하고, 역시 능히
8승처·9차제정·10변처도 수행하지 못하느니라.

이 보살은 능히 공해탈문을 수행하지 못하고, 역시 능히 무상·무원해탈
문도 수행하지 못하느니라. 이 보살은 능히 5안을 수행하지 못하고, 역시
능히 6신통도 수행하지 못하느니라. 이 보살은 삼마지문을 능히 수행하지
못하고, 역시 다라니문도 능히 수행하지 못하느니라. 이 보살은 능히
여래의 10력을 수행하지 못하고, 역시 능히 4무소외·4무애해·대자·대비·
대희·대사·18불불공법도 수행하지 못하느니라. 이 보살은 능히 일체지를
수행하지 못하고, 역시 능히 도상지·일체상지도 수행하지 못하느니라.

여러 천자들이여. 만약 보살이 색계를 섭수하여 취하기 위한 까닭으로
수행하고 색계를 잊어버리고 버리기 위한 까닭으로 수행하며, 성·향·미·
촉·법계를 섭수하여 취하기 위한 까닭으로 수행하고 성·향·미·촉·법계를
잊어버리고 버리기 위한 까닭으로 수행한다면, 이 보살은 능히 반야바라
밀다를 수행하지 못하고, 역시 능히 정려·정진·안인·정계·보시 바라밀다
도 수행하지 못하느니라.

이 보살은 내공을 능히 증득하지 못하고, 역시 능히 외공·내외공·공공·
대공·승의공·유위공·무위공·필경공·무제공·산공·무변이공·본성공·
자상공·공상공·일체법공·불가득공·무성공·자성공·무성자성공도 증득

하지 못하느니라. 이 보살은 진여를 능히 증득하지 못하고, 역시 능히
법계·법성·불허망성·불변이성·평등성·이생성·법정·법주·실제·허공
계·부사의계도 증득하지 못하느니라.

이 보살은 4념주를 능히 수행하지 못하고, 역시 능히 4정단·4신족·5근·5
력·7등각지·8성도지도 수행하지 못하느니라. 이 보살은 능히 고성제를
증득하지 못하고, 역시 능히 집·멸·도성제도 증득하지 못하느니라. 이
보살은 능히 4정려를 수행하지 못하고, 역시 능히 4무량·4무색정도 수행
하지 못하느니라. 이 보살은 능히 8해탈을 수행하지 못하고, 역시 능히
8승처·9차제정·10변처도 수행하지 못하느니라.

이 보살은 능히 공해탈문을 수행하지 못하고, 역시 능히 무상·무원해탈
문도 수행하지 못하느니라. 이 보살은 능히 5안을 수행하지 못하고,
역시 능히 6신통도 수행하지 못하느니라. 이 보살은 삼마지문을 능히
수행하지 못하고, 역시 다라니문도 능히 수행하지 못하느니라. 이 보살은
능히 여래의 10력을 수행하지 못하고, 역시 능히 4무소외·4무애해·대자·
대비·대희·대사·18불불공법도 수행하지 못하느니라. 이 보살은 능히
일체지를 수행하지 못하고, 역시 능히 도상지·일체상지도 수행하지 못하
느니라.

여러 천자들이여. 만약 보살이 안식계를 섭수하여 취하기 위한 까닭으
로 수행하고 안식계를 잊어버리고 버리기 위한 까닭으로 수행하며, 이·비·
설·신·의식계를 섭수하여 취하기 위한 까닭으로 수행하고 이·비·설·신·
의식계를 잊어버리고 버리기 위한 까닭으로 수행한다면, 이 보살은 능히
반야바라밀다를 수행하지 못하고, 역시 능히 정려·정진·안인·정계·보시
바라밀다도 수행하지 못하느니라.

이 보살은 내공을 능히 증득하지 못하고, 역시 능히 외공·내외공·공공·
대공·승의공·유위공·무위공·필경공·무제공·산공·무변이공·본성공·
자상공·공상공·일체법공·불가득공·무성공·자성공·무성자성공도 증득
하지 못하느니라. 이 보살은 진여를 능히 증득하지 못하고, 역시 능히
법계·법성·불허망성·불변이성·평등성·이생성·법정·법주·실제·허공

계·부사의계도 증득하지 못하느니라.

이 보살은 4념주를 능히 수행하지 못하고, 역시 능히 4정단·4신족·5근·5력·7등각지·8성도지도 수행하지 못하느니라. 이 보살은 능히 고성제를 증득하지 못하고, 역시 능히 집·멸·도성제도 증득하지 못하느니라. 이 보살은 능히 4정려를 수행하지 못하고, 역시 능히 4무량·4무색정도 수행하지 못하느니라. 이 보살은 능히 8해탈을 수행하지 못하고, 역시 능히 8승처·9차제정·10변처도 수행하지 못하느니라.

이 보살은 능히 공해탈문을 수행하지 못하고, 역시 능히 무상·무원해탈문도 수행하지 못하느니라. 이 보살은 능히 5안을 수행하지 못하고, 역시 능히 6신통도 수행하지 못하느니라. 이 보살은 삼마지문을 능히 수행하지 못하고, 역시 다라니문도 능히 수행하지 못하느니라. 이 보살은 능히 여래의 10력을 수행하지 못하고, 역시 능히 4무소외·4무애해·대자·대비·대희·대사·18불불공법도 수행하지 못하느니라. 이 보살은 능히 일체지를 수행하지 못하고, 역시 능히 도상지·일체상지도 수행하지 못하느니라.

여러 천자들이여. 만약 보살이 안촉을 섭수하여 취하기 위한 까닭으로 수행하고 안촉을 잊어버리고 버리기 위한 까닭으로 수행하며, 이·비·설·신·의촉을 섭수하여 취하기 위한 까닭으로 수행하고 이·비·설·신·의촉을 잊어버리고 버리기 위한 까닭으로 수행한다면, 이 보살은 능히 반야바라밀다를 수행하지 못하고, 역시 능히 정려·정진·안인·정계·보시 바라밀다도 수행하지 못하느니라.

이 보살은 내공을 능히 증득하지 못하고, 역시 능히 외공·내외공·공공·대공·승의공·유위공·무위공·필경공·무제공·산공·무변이공·본성공·자상공·공상공·일체법공·불가득공·무성공·자성공·무성자성공도 증득하지 못하느니라. 이 보살은 진여를 능히 증득하지 못하고, 역시 능히 법계·법성·불허망성·불변이성·평등성·이생성·법정·법주·실제·허공계·부사의계도 증득하지 못하느니라.

이 보살은 4념주를 능히 수행하지 못하고, 역시 능히 4정단·4신족·5근·5

력·7등각지·8성도지도 수행하지 못하느니라. 이 보살은 능히 고성제를 증득하지 못하고, 역시 능히 집·멸·도성제도 증득하지 못하느니라. 이 보살은 능히 4정려를 수행하지 못하고, 역시 능히 4무량·4무색정도 수행하지 못하느니라. 이 보살은 능히 8해탈을 수행하지 못하고, 역시 능히 8승처·9차제정·10변처도 수행하지 못하느니라.

이 보살은 능히 공해탈문을 수행하지 못하고, 역시 능히 무상·무원해탈문도 수행하지 못하느니라. 이 보살은 능히 5안을 수행하지 못하고, 역시 능히 6신통도 수행하지 못하느니라. 이 보살은 삼마지문을 능히 수행하지 못하고, 역시 다라니문도 능히 수행하지 못하느니라. 이 보살은 능히 여래의 10력을 수행하지 못하고, 역시 능히 4무소외·4무애해·대자·대비·대희·대사·18불불공법도 수행하지 못하느니라. 이 보살은 능히 일체지를 수행하지 못하고, 역시 능히 도상지·일체상지도 수행하지 못하느니라.

여러 천자들이여. 만약 보살이 안촉을 인연으로 생겨난 여러 수(受)를 섭수하여 취하기 위한 까닭으로 수행하고 안촉을 인연으로 생겨난 여러 수를 잊어버리고 버리기 위한 까닭으로 수행하며, 이·비·설·신·의촉을 인연으로 생겨난 여러 수를 섭수하여 취하기 위한 까닭으로 수행하고 이·비·설·신·의촉을 인연으로 생겨난 여러 수를 잊어버리고 버리기 위한 까닭으로 수행한다면, 이 보살은 능히 반야바라밀다를 수행하지 못하고, 역시 능히 정려·정진·안인·정계·보시바라밀다도 수행하지 못하느니라.

이 보살은 내공을 능히 증득하지 못하고, 역시 능히 외공·내외공·공공·대공·승의공·유위공·무위공·필경공·무제공·산공·무변이공·본성공·자상공·공상공·일체법공·불가득공·무성공·자성공·무성자성공도 증득하지 못하느니라. 이 보살은 진여를 능히 증득하지 못하고, 역시 능히 법계·법성·불허망성·불변이성·평등성·이생성·법정·법주·실제·허공계·부사의계도 증득하지 못하느니라.

이 보살은 4념주를 능히 수행하지 못하고, 역시 능히 4정단·4신족·5근·5력·7등각지·8성도지도 수행하지 못하느니라. 이 보살은 능히 고성제를 증득하지 못하고, 역시 능히 집·멸·도성제도 증득하지 못하느니라. 이

보살은 능히 4정려를 수행하지 못하고, 역시 능히 4무량·4무색정도 수행
하지 못하느니라. 이 보살은 능히 8해탈을 수행하지 못하고, 역시 능히
8승처·9차제정·10변처도 수행하지 못하느니라.

이 보살은 능히 공해탈문을 수행하지 못하고, 역시 능히 무상·무원해탈
문도 수행하지 못하느니라. 이 보살은 능히 5안을 수행하지 못하고,
역시 능히 6신통도 수행하지 못하느니라. 이 보살은 삼마지문을 능히
수행하지 못하고, 역시 다라니문도 능히 수행하지 못하느니라. 이 보살은
능히 여래의 10력을 수행하지 못하고, 역시 능히 4무소외·4무애해·대자·
대비·대희·대사·18불불공법도 수행하지 못하느니라. 이 보살은 능히
일체지를 수행하지 못하고, 역시 능히 도상지·일체상지도 수행하지 못하
느니라.

여러 천자들이여. 만약 보살이 지계를 섭수하여 취하기 위한 까닭으로
수행하고 지계를 잊어버리고 버리기 위한 까닭으로 수행하며, 수·화·풍·
공·식계를 섭수하여 취하기 위한 까닭으로 수행하고 수·화·풍·공·식계를
잊어버리고 버리기 위한 까닭으로 수행한다면, 이 보살은 능히 반야바라
밀다를 수행하지 못하고, 역시 능히 정려·정진·안인·정계·보시바라밀다
도 수행하지 못하느니라.

이 보살은 내공을 능히 증득하지 못하고, 역시 능히 외공·내외공·공공·
대공·승의공·유위공·무위공·필경공·무제공·산공·무변이공·본성공·
자상공·공상공·일체법공·불가득공·무성공·자성공·무성자성공도 증득
하지 못하느니라. 이 보살은 진여를 능히 증득하지 못하고, 역시 능히
법계·법성·불허망성·불변이성·평등성·이생성·법정·법주·실제·허공
계·부사의계도 증득하지 못하느니라.

이 보살은 4념주를 능히 수행하지 못하고, 역시 능히 4정단·4신족·5근·5
력·7등각지·8성도지도 수행하지 못하느니라. 이 보살은 능히 고성제를
증득하지 못하고, 역시 능히 집·멸·도성제도 증득하지 못하느니라. 이
보살은 능히 4정려를 수행하지 못하고, 역시 능히 4무량·4무색정도 수행
하지 못하느니라. 이 보살은 능히 8해탈을 수행하지 못하고, 역시 능히

8승처·9차제정·10변처도 수행하지 못하느니라.

이 보살은 능히 공해탈문을 수행하지 못하고, 역시 능히 무상·무원해탈문도 수행하지 못하느니라. 이 보살은 능히 5안을 수행하지 못하고, 역시 능히 6신통도 수행하지 못하느니라. 이 보살은 삼마지문을 능히 수행하지 못하고, 역시 다라니문도 능히 수행하지 못하느니라. 이 보살은 능히 여래의 10력을 수행하지 못하고, 역시 능히 4무소외·4무애해·대자·대비·대희·대사·18불불공법도 수행하지 못하느니라. 이 보살은 능히 일체지를 수행하지 못하고, 역시 능히 도상지·일체상지도 수행하지 못하느니라.

여러 천자들이여. 만약 보살이 무명(無明)을 섭수하여 취하기 위한 까닭으로 수행하고 무명을 잊어버리고 버리기 위한 까닭으로 수행하며, 행·식·명색·육처·촉·수·애·취·유·생·노사를 섭수하여 취하기 위한 까닭으로 수행하고 행, 나아가 노사를 잊어버리고 버리기 위한 까닭으로 수행한다면, 이 보살은 능히 반야바라밀다를 수행하지 못하고, 역시 능히 정려·정진·안인·정계·보시바라밀다도 수행하지 못하느니라.

이 보살은 내공을 능히 증득하지 못하고, 역시 능히 외공·내외공·공공·대공·승의공·유위공·무위공·필경공·무제공·산공·무변이공·본성공·자상공·공상공·일체법공·불가득공·무성공·자성공·무성자성공도 증득하지 못하느니라. 이 보살은 진여를 능히 증득하지 못하고, 역시 능히 법계·법성·불허망성·불변이성·평등성·이생성·법정·법주·실제·허공계·부사의계도 증득하지 못하느니라.

이 보살은 4념주를 능히 수행하지 못하고, 역시 능히 4정단·4신족·5근·5력·7등각지·8성도지도 수행하지 못하느니라. 이 보살은 능히 고성제를 증득하지 못하고, 역시 능히 집·멸·도성제도 증득하지 못하느니라. 이 보살은 능히 4정려를 수행하지 못하고, 역시 능히 4무량·4무색정도 수행하지 못하느니라. 이 보살은 능히 8해탈을 수행하지 못하고, 역시 능히 8승처·9차제정·10변처도 수행하지 못하느니라.

이 보살은 능히 공해탈문을 수행하지 못하고, 역시 능히 무상·무원해탈

문도 수행하지 못하느니라. 이 보살은 능히 5안을 수행하지 못하고, 역시 능히 6신통도 수행하지 못하느니라. 이 보살은 삼마지문을 능히 수행하지 못하고, 역시 다라니문도 능히 수행하지 못하느니라. 이 보살은 능히 여래의 10력을 수행하지 못하고, 역시 능히 4무소외·4무애해·대자· 대비·대희·대사·18불불공법도 수행하지 못하느니라. 이 보살은 능히 일체지를 수행하지 못하고, 역시 능히 도상지·일체상지도 수행하지 못하 느니라.

여러 천자들이여. 만약 보살이 보시바라밀다를 섭수하여 취하기 위한 까닭으로 수행하고 보시바라밀다를 잊어버리고 버리기 위한 까닭으로 수행하며, 정계·안인·정진·정려·반야바라밀다를 섭수하여 취하기 위한 까닭으로 수행하고 정계, 나아가 반야바라밀다를 잊어버리고 버리기 위한 까닭으로 수행한다면, 이 보살은 능히 반야바라밀다를 수행하지 못하고, 역시 능히 정려·정진·안인·정계·보시바라밀다도 수행하지 못하 느니라.

이 보살은 내공을 능히 증득하지 못하고, 역시 능히 외공·내외공·공공· 대공·승의공·유위공·무위공·필경공·무제공·산공·무변이공·본성공· 자상공·공상공·일체법공·불가득공·무성공·자성공·무성자성공도 증득 하지 못하느니라. 이 보살은 진여를 능히 증득하지 못하고, 역시 능히 법계·법성·불허망성·불변이성·평등성·이생성·법정·법주·실제·허공 계·부사의계도 증득하지 못하느니라.

이 보살은 4념주를 능히 수행하지 못하고, 역시 능히 4정단·4신족·5근·5 력·7등각지·8성도지도 수행하지 못하느니라. 이 보살은 능히 고성제를 증득하지 못하고, 역시 능히 집·멸·도성제도 증득하지 못하느니라. 이 보살은 능히 4정려를 수행하지 못하고, 역시 능히 4무량·4무색정도 수행 하지 못하느니라. 이 보살은 능히 8해탈을 수행하지 못하고, 역시 능히 8승처·9차제정·10변처도 수행하지 못하느니라.

이 보살은 능히 공해탈문을 수행하지 못하고, 역시 능히 무상·무원해탈 문도 수행하지 못하느니라. 이 보살은 능히 5안을 수행하지 못하고,

역시 능히 6신통도 수행하지 못하느니라. 이 보살은 삼마지문을 능히 수행하지 못하고, 역시 다라니문도 능히 수행하지 못하느니라. 이 보살은 능히 여래의 10력을 수행하지 못하고, 역시 능히 4무소외·4무애해·대자·대비·대희·대사·18불불공법도 수행하지 못하느니라. 이 보살은 능히 일체지를 수행하지 못하고, 역시 능히 도상지·일체상지도 수행하지 못하느니라.

여러 천자들이여. 만약 보살이 내공을 섭수하여 취하기 위한 까닭으로 수행하고 내공을 잊어버리고 버리기 위한 까닭으로 수행하며, 외공·내외공·공공·대공·승의공·유위공·무위공·필경공·무제공·산공·무변이공·본성공·자상공·공상공·일체법공·불가득공·무성공·자성공·무성자성공을 섭수하여 취하기 위한 까닭으로 수행하고 외공, 나아가 무성자성공을 잊어버리고 버리기 위한 까닭으로 수행한다면, 이 보살은 능히 반야바라밀다를 수행하지 못하고, 역시 능히 정려·정진·안인·정계·보시바라밀다도 수행하지 못하느니라.

이 보살은 내공을 능히 증득하지 못하고, 역시 능히 외공·내외공·공공·대공·승의공·유위공·무위공·필경공·무제공·산공·무변이공·본성공·자상공·공상공·일체법공·불가득공·무성공·자성공·무성자성공도 증득하지 못하느니라. 이 보살은 진여를 능히 증득하지 못하고, 역시 능히 법계·법성·불허망성·불변이성·평등성·이생성·법정·법주·실제·허공계·부사의계도 증득하지 못하느니라.

이 보살은 4념주를 능히 수행하지 못하고, 역시 능히 4정단·4신족·5근·5력·7등각지·8성도지도 수행하지 못하느니라. 이 보살은 능히 고성제를 증득하지 못하고, 역시 능히 집·멸·도성제도 증득하지 못하느니라. 이 보살은 능히 4정려를 수행하지 못하고, 역시 능히 4무량·4무색정도 수행하지 못하느니라. 이 보살은 능히 8해탈을 수행하지 못하고, 역시 능히 8승처·9차제정·10변처도 수행하지 못하느니라.

이 보살은 능히 공해탈문을 수행하지 못하고, 역시 능히 무상·무원해탈문도 수행하지 못하느니라. 이 보살은 능히 5안을 수행하지 못하고,

역시 능히 6신통도 수행하지 못하느니라. 이 보살은 삼마지문을 능히 수행하지 못하고, 역시 다라니문도 능히 수행하지 못하느니라. 이 보살은 능히 여래의 10력을 수행하지 못하고, 역시 능히 4무소외·4무애해·대자· 대비·대희·대사·18불불공법도 수행하지 못하느니라. 이 보살은 능히 일체지를 수행하지 못하고, 역시 능히 도상지·일체상지도 수행하지 못하느니라.

여러 천자들이여. 만약 보살이 진여(眞如)를 섭수하여 취하기 위한 까닭으로 수행하고 진여를 잊어버리고 버리기 위한 까닭으로 수행하며, 법계(法界)·법성(法性)·불허망성(不虛妄性)·불변이성(不變異性)·평등성(平等性)·이생성(離生性)·법정(法定)·법주(法住)·실제(實際)·허공계(虛空界)·부사의계(不思議界)를 섭수하여 취하기 위한 까닭으로 수행하고 법계, 나아가 부사의계를 잊어버리고 버리기 위한 까닭으로 수행한다면, 이 보살은 능히 반야바라밀다를 수행하지 못하고, 역시 능히 정려·정진·안인·정계·보시바라밀다도 수행하지 못하느니라.

이 보살은 내공을 능히 증득하지 못하고, 역시 능히 외공·내외공·공공·대공·승의공·유위공·무위공·필경공·무제공·산공·무변이공·본성공·자상공·공상공·일체법공·불가득공·무성공·자성공·무성자성공도 증득하지 못하느니라. 이 보살은 진여를 능히 증득하지 못하고, 역시 능히 법계·법성·불허망성·불변이성·평등성·이생성·법정·법주·실제·허공계·부사의계도 증득하지 못하느니라.

이 보살은 4념주를 능히 수행하지 못하고, 역시 능히 4정단·4신족·5근·5력·7등각지·8성도지도 수행하지 못하느니라. 이 보살은 능히 고성제를 증득하지 못하고, 역시 능히 집·멸·도성제도 증득하지 못하느니라. 이 보살은 능히 4정려를 수행하지 못하고, 역시 능히 4무량·4무색정도 수행하지 못하느니라. 이 보살은 능히 8해탈을 수행하지 못하고, 역시 능히 8승처·9차제정·10변처도 수행하지 못하느니라.

이 보살은 능히 공해탈문을 수행하지 못하고, 역시 능히 무상·무원해탈

문도 수행하지 못하느니라. 이 보살은 능히 5안을 수행하지 못하고, 역시 능히 6신통도 수행하지 못하느니라. 이 보살은 삼마지문을 능히 수행하지 못하고, 역시 다라니문도 능히 수행하지 못하느니라. 이 보살은 능히 여래의 10력을 수행하지 못하고, 역시 능히 4무소외·4무애해·대자· 대비·대희·대사·18불불공법도 수행하지 못하느니라. 이 보살은 능히 일체지를 수행하지 못하고, 역시 능히 도상지·일체상지도 수행하지 못하느니라.

여러 천자들이여. 만약 보살이 4념주(四念住)를 섭수하여 취하기 위한 까닭으로 수행하고 4념주를 잊어버리고 버리기 위한 까닭으로 수행하며, 4정단(四正斷)·4신족(四神足)·5근(五根)·5력(五力)·7등각지(七等覺支)·8 성도지(八聖道支)를 섭수하여 취하기 위한 까닭으로 수행하고 4정단, 나아가 8성도지를 잊어버리고 버리기 위한 까닭으로 수행한다면, 이 보살은 능히 반야바라밀다를 수행하지 못하고, 역시 능히 정려·정진·안인 ·정계·보시바라밀다도 수행하지 못하느니라.

이 보살은 내공을 능히 증득하지 못하고, 역시 능히 외공·내외공·공공· 대공·승의공·유위공·무위공·필경공·무제공·산공·무변이공·본성공· 자상공·공상공·일체법공·불가득공·무성공·자성공·무성자성공도 증득 하지 못하느니라. 이 보살은 진여를 능히 증득하지 못하고, 역시 능히 법계·법성·불허망성·불변이성·평등성·이생성·법정·법주·실제·허공 계·부사의계도 증득하지 못하느니라.

이 보살은 4념주를 능히 수행하지 못하고, 역시 능히 4정단·4신족·5근·5 력·7등각지·8성도지도 수행하지 못하느니라. 이 보살은 능히 고성제를 증득하지 못하고, 역시 능히 집·멸·도성제도 증득하지 못하느니라. 이 보살은 능히 4정려를 수행하지 못하고, 역시 능히 4무량·4무색정도 수행 하지 못하느니라. 이 보살은 능히 8해탈을 수행하지 못하고, 역시 능히 8승처·9차제정·10변처도 수행하지 못하느니라.

이 보살은 능히 공해탈문을 수행하지 못하고, 역시 능히 무상·무원해탈

문도 수행하지 못하느니라. 이 보살은 능히 5안을 수행하지 못하고, 역시 능히 6신통도 수행하지 못하느니라. 이 보살은 삼마지문을 능히 수행하지 못하고, 역시 다라니문도 능히 수행하지 못하느니라. 이 보살은 능히 여래의 10력을 수행하지 못하고, 역시 능히 4무소외·4무애해·대자· 대비·대희·대사·18불불공법도 수행하지 못하느니라. 이 보살은 능히 일체지를 수행하지 못하고, 역시 능히 도상지·일체상지도 수행하지 못하 느니라.

여러 천자들이여. 만약 보살이 고성제를 섭수하여 취하기 위한 까닭으로 수행하고 고성제를 잊어버리고 버리기 위한 까닭으로 수행하며, 집·멸· 도성제를 섭수하여 취하기 위한 까닭으로 수행하고 집·멸·도성제를 잊어 버리고 버리기 위한 까닭으로 수행한다면, 이 보살은 능히 반야바라밀다 를 수행하지 못하고, 역시 능히 정려·정진·안인·정계·보시바라밀다도 수행하지 못하느니라.

이 보살은 내공을 능히 증득하지 못하고, 역시 능히 외공·내외공·공공· 대공·승의공·유위공·무위공·필경공·무제공·산공·무변이공·본성공· 자상공·공상공·일체법공·불가득공·무성공·자성공·무성자성공도 증득 하지 못하느니라. 이 보살은 진여를 능히 증득하지 못하고, 역시 능히 법계·법성·불허망성·불변이성·평등성·이생성·법정·법주·실제·허공 계·부사의계도 증득하지 못하느니라.

이 보살은 4념주를 능히 수행하지 못하고, 역시 능히 4정단·4신족·5근·5 력·7등각지·8성도지도 수행하지 못하느니라. 이 보살은 능히 고성제를 증득하지 못하고, 역시 능히 집·멸·도성제도 증득하지 못하느니라. 이 보살은 능히 4정려를 수행하지 못하고, 역시 능히 4무량·4무색정도 수행 하지 못하느니라. 이 보살은 능히 8해탈을 수행하지 못하고, 역시 능히 8승처·9차제정·10변처도 수행하지 못하느니라.

이 보살은 능히 공해탈문을 수행하지 못하고, 역시 능히 무상·무원해탈 문도 수행하지 못하느니라. 이 보살은 능히 5안을 수행하지 못하고, 역시 능히 6신통도 수행하지 못하느니라. 이 보살은 삼마지문을 능히 수행하지 못하고, 역시 다라니문도 능히 수행하지 못하느니라. 이 보살은 능히 여래의 10력을 수행하지 못하고, 역시 능히 4무소외·4무애해·대자·대비·대희·대사·18불불공법도 수행하지 못하느니라. 이 보살은 능히 일체지를 수행하지 못하고, 역시 능히 도상지·일체상지도 수행하지 못하느니라.

여러 천자들이여. 만약 보살이 4정려(四靜慮)를 섭수하여 취하기 위한 까닭으로 수행하고 4정려를 잊어버리고 버리기 위한 까닭으로 수행하며, 4무량(四無量)·4무색정(四無色定)을 섭수하여 취하기 위한 까닭으로 수행하고 4무량·4무색정을 잊어버리고 버리기 위한 까닭으로 수행한다면, 이 보살은 능히 반야바라밀다를 수행하지 못하고, 역시 능히 정려·정진·안인·정계·보시바라밀다도 수행하지 못하느니라.

이 보살은 내공을 능히 증득하지 못하고, 역시 능히 외공·내외공·공공·대공·승의공·유위공·무위공·필경공·무제공·산공·무변이공·본성공·자상공·공상공·일체법공·불가득공·무성공·자성공·무성자성공도 증득하지 못하느니라. 이 보살은 진여를 능히 증득하지 못하고, 역시 능히 법계·법성·불허망성·불변이성·평등성·이생성·법정·법주·실제·허공계·부사의계도 증득하지 못하느니라.

이 보살은 4념주를 능히 수행하지 못하고, 역시 능히 4정단·4신족·5근·5력·7등각지·8성도지도 수행하지 못하느니라. 이 보살은 능히 고성제를 증득하지 못하고, 역시 능히 집·멸·도성제도 증득하지 못하느니라. 이 보살은 능히 4정려를 수행하지 못하고, 역시 능히 4무량·4무색정도 수행하지 못하느니라. 이 보살은 능히 8해탈을 수행하지 못하고, 역시 능히 8승처·9차제정·10변처도 수행하지 못하느니라.

이 보살은 능히 공해탈문을 수행하지 못하고, 역시 능히 무상·무원해탈문도 수행하지 못하느니라. 이 보살은 능히 5안을 수행하지 못하고, 역시 능히 6신통도 수행하지 못하느니라. 이 보살은 삼마지문을 능히 수행하지 못하고, 역시 다라니문도 능히 수행하지 못하느니라. 이 보살은

능히 여래의 10력을 수행하지 못하고, 역시 능히 4무소외·4무애해·대자·
대비·대희·대사·18불불공법도 수행하지 못하느니라. 이 보살은 능히
일체지를 수행하지 못하고, 역시 능히 도상지·일체상지도 수행하지 못하
느니라.

　여러 천자들이여. 만약 보살이 8해탈(八解脫)을 섭수하여 취하기 위한
까닭으로 수행하고 8해탈을 잊어버리고 버리기 위한 까닭으로 수행하며,
8승처(八勝處)·9차제정(九次第定)·10변처(十遍處)를 섭수하여 취하기 위
한 까닭으로 수행하고 8승처·9차제정·10변처를 잊어버리고 버리기 위한
까닭으로 수행한다면, 이 보살은 능히 반야바라밀다를 수행하지 못하고,
역시 능히 정려·정진·안인·정계·보시바라밀다도 수행하지 못하느니라.
　이 보살은 내공을 능히 증득하지 못하고, 역시 능히 외공·내외공·공공·
대공·승의공·유위공·무위공·필경공·무제공·산공·무변이공·본성공·
자상공·공상공·일체법공·불가득공·무성공·자성공·무성자성공도 증득
하지 못하느니라. 이 보살은 진여를 능히 증득하지 못하고, 역시 능히
법계·법성·불허망성·불변이성·평등성·이생성·법정·법주·실제·허공
계·부사의계도 증득하지 못하느니라.
　이 보살은 4념주를 능히 수행하지 못하고, 역시 능히 4정단·4신족·5근·5
력·7등각지·8성도지도 수행하지 못하느니라. 이 보살은 능히 고성제를
증득하지 못하고, 역시 능히 집·멸·도성제도 증득하지 못하느니라. 이
보살은 능히 4정려를 수행하지 못하고, 역시 능히 4무량·4무색정도 수행
하지 못하느니라. 이 보살은 능히 8해탈을 수행하지 못하고, 역시 능히
8승처·9차제정·10변처도 수행하지 못하느니라.
　이 보살은 능히 공해탈문을 수행하지 못하고, 역시 능히 무상·무원해탈
문도 수행하지 못하느니라. 이 보살은 능히 5안을 수행하지 못하고,
역시 능히 6신통도 수행하지 못하느니라. 이 보살은 능히 삼마지문을
능히 수행하지 못하고, 역시 다라니문도 능히 수행하지 못하느니라.
이 보살은 능히 여래의 10력을 수행하지 못하고, 역시 능히 4무소외·4무애

해·대자·대비·대희·대사·18불불공법도 수행하지 못하느니라. 이 보살은 능히 일체지를 수행하지 못하고, 역시 능히 도상지·일체상지도 수행하지 못하느니라.

여러 천자들이여. 만약 보살이 공해탈문을 섭수하여 취하기 위한 까닭으로 수행하고 공해탈문을 잊어버리고 버리기 위한 까닭으로 수행하며, 무상·무원해탈문을 섭수하여 취하기 위한 까닭으로 수행하고 무상·무원해탈문을 잊어버리고 버리기 위한 까닭으로 수행한다면, 이 보살은 능히 반야바라밀다를 수행하지 못하고, 역시 능히 정려·정진·안인·정계·보시바라밀다도 수행하지 못하느니라.

이 보살은 내공을 능히 증득하지 못하고, 역시 능히 외공·내외공·공공·대공·승의공·유위공·무위공·필경공·무제공·산공·무변이공·본성공·자상공·공상공·일체법공·불가득공·무성공·자성공·무성자성공도 증득하지 못하느니라. 이 보살은 진여를 능히 증득하지 못하고, 역시 능히 법계·법성·불허망성·불변이성·평등성·이생성·법정·법주·실제·허공계·부사의계도 증득하지 못하느니라.

이 보살은 4념주를 능히 수행하지 못하고, 역시 능히 4정단·4신족·5근·5력·7등각지·8성도지도 수행하지 못하느니라. 이 보살은 능히 고성제를 증득하지 못하고, 역시 능히 집·멸·도성제도 증득하지 못하느니라. 이 보살은 능히 4정려를 수행하지 못하고, 역시 능히 4무량·4무색정도 수행하지 못하느니라. 이 보살은 능히 8해탈을 수행하지 못하고, 역시 능히 8승처·9차제정·10변처도 수행하지 못하느니라.

이 보살은 능히 공해탈문을 수행하지 못하고, 역시 능히 무상·무원해탈문도 수행하지 못하느니라. 이 보살은 능히 5안을 수행하지 못하고, 역시 능히 6신통도 수행하지 못하느니라. 이 보살은 삼마지문을 능히 수행하지 못하고, 역시 다라니문도 능히 수행하지 못하느니라. 이 보살은 능히 여래의 10력을 수행하지 못하고, 역시 능히 4무소외·4무애해·대자·대비·대희·대사·18불불공법도 수행하지 못하느니라. 이 보살은 능히 일체지를 수행하지 못하고, 역시 능히 도상지·일체상지도 수행하지 못하

느니라.

여러 천자들이여. 만약 보살이 5안(五眼)을 섭수하여 취하기 위한 까닭으로 수행하고 5안을 잊어버리고 버리기 위한 까닭으로 수행하며, 6신통(六神通)을 섭수하여 취하기 위한 까닭으로 수행하고 6신통을 잊어버리고 버리기 위한 까닭으로 수행한다면, 이 보살은 능히 반야바라밀다를 수행하지 못하고, 역시 능히 정려·정진·안인·정계·보시바라밀다도 수행하지 못하느니라.

이 보살은 내공을 능히 증득하지 못하고, 역시 능히 외공·내외공·공공·대공·승의공·유위공·무위공·필경공·무제공·산공·무변이공·본성공·자상공·공상공·일체법공·불가득공·무성공·자성공·무성자성공도 증득하지 못하느니라. 이 보살은 진여를 능히 증득하지 못하고, 역시 능히 법계·법성·불허망성·불변이성·평등성·이생성·법정·법주·실제·허공계·부사의계도 증득하지 못하느니라.

이 보살은 4념주를 능히 수행하지 못하고, 역시 능히 4정단·4신족·5근·5력·7등각지·8성도지도 수행하지 못하느니라. 이 보살은 능히 고성제를 증득하지 못하고, 역시 능히 집·멸·도성제도 증득하지 못하느니라. 이 보살은 능히 4정려를 수행하지 못하고, 역시 능히 4무량·4무색정도 수행하지 못하느니라. 이 보살은 능히 8해탈을 수행하지 못하고, 역시 능히 8승처·9차제정·10변처도 수행하지 못하느니라.

이 보살은 능히 공해탈문을 수행하지 못하고, 역시 능히 무상·무원해탈문도 수행하지 못하느니라. 이 보살은 능히 5안을 수행하지 못하고, 역시 능히 6신통도 수행하지 못하느니라. 이 보살은 삼마지문을 능히 수행하지 못하고, 역시 다라니문도 능히 수행하지 못하느니라. 이 보살은 능히 여래의 10력을 수행하지 못하고, 역시 능히 4무소외·4무애해·대자·대비·대희·대사·18불불공법도 수행하지 못하느니라. 이 보살은 능히 일체지를 수행하지 못하고, 역시 능히 도상지·일체상지도 수행하지 못하느니라."

마하반야바라밀다경 제321권

47. 진여품(眞如品)(4)

"여러 천자들이여. 만약 보살이 삼마지문(三摩地門)을 섭수하여 취하기 위한 까닭으로 수행하고 삼마지문을 잊어버리고 버리기 위한 까닭으로 수행하며, 다라니문(陀羅尼門)을 섭수하여 취하기 위한 까닭으로 수행하고 다라니문을 잊어버리고 버리기 위한 까닭으로 수행한다면, 이 보살은 능히 반야바라밀다를 수행하지 못하고, 역시 능히 정려·정진·안인·정계·보시바라밀다도 수행하지 못하느니라.

이 보살은 내공을 능히 증득하지 못하고, 역시 능히 외공·내외공·공공·대공·승의공·유위공·무위공·필경공·무제공·산공·무변이공·본성공·자상공·공상공·일체법공·불가득공·무성공·자성공·무성자성공도 증득하지 못하느니라. 이 보살은 진여를 능히 증득하지 못하고, 역시 능히 법계·법성·불허망성·불변이성·평등성·이생성·법정·법주·실제·허공계·부사의계도 증득하지 못하느니라.

이 보살은 4념주를 능히 수행하지 못하고, 역시 능히 4정단·4신족·5근·5력·7등각지·8성도지도 수행하지 못하느니라. 이 보살은 능히 고성제를 증득하지 못하고, 역시 능히 집·멸·도성제도 증득하지 못하느니라. 이 보살은 능히 4정려를 수행하지 못하고, 역시 능히 4무량·4무색정도 수행하지 못하느니라. 이 보살은 능히 8해탈을 수행하지 못하고, 역시 능히 8승처·9차제정·10변처도 수행하지 못하느니라.

이 보살은 능히 공해탈문을 수행하지 못하고, 역시 능히 무상·무원해탈

문도 수행하지 못하느니라. 이 보살은 능히 5안을 수행하지 못하고, 역시 능히 6신통도 수행하지 못하느니라. 이 보살은 삼마지문을 능히 수행하지 못하고, 역시 다라니문도 능히 수행하지 못하느니라. 이 보살은 능히 여래의 10력을 수행하지 못하고, 역시 능히 4무소외·4무애해·대자·대비·대희·대사·18불불공법도 수행하지 못하느니라. 이 보살은 능히 일체지를 수행하지 못하고, 역시 능히 도상지·일체상지도 수행하지 못하느니라.

여러 천자들이여. 만약 보살이 여래(佛)의 10력(十力)을 섭수하여 취하기 위한 까닭으로 수행하고 여래의 10력을 잊어버리고 버리기 위한 까닭으로 수행하며, 4무소외(四無所畏)·4무애해(四無礙解)·대자(大慈)·대비(大悲)·대희(大喜)·대사(大捨)·18불불공법(十八佛不共法)을 섭수하여 취하기 위한 까닭으로 수행하고 4무소외, 나아가 18불불공법을 잊어버리고 버리기 위한 까닭으로 수행한다면, 이 보살은 능히 반야바라밀다를 수행하지 못하고, 역시 능히 정려·정진·안인·정계·보시바라밀다도 수행하지 못하느니라.

이 보살은 내공을 능히 증득하지 못하고, 역시 능히 외공·내외공·공공·대공·승의공·유위공·무위공·필경공·무제공·산공·무변이공·본성공·자상공·공상공·일체법공·불가득공·무성공·자성공·무성자성공도 증득하지 못하느니라. 이 보살은 진여를 능히 증득하지 못하고, 역시 능히 법계·법성·불허망성·불변이성·평등성·이생성·법정·법주·실제·허공계·부사의계도 증득하지 못하느니라.

이 보살은 4념주를 능히 수행하지 못하고, 역시 능히 4정단·4신족·5근·5력·7등각지·8성도지도 수행하지 못하느니라. 이 보살은 능히 고성제를 증득하지 못하고, 역시 능히 집·멸·도성제도 증득하지 못하느니라. 이 보살은 능히 4정려를 수행하지 못하고, 역시 능히 4무량·4무색정도 수행하지 못하느니라. 이 보살은 능히 8해탈을 수행하지 못하고, 역시 능히 8승처·9차제정·10변처도 수행하지 못하느니라.

이 보살은 능히 공해탈문을 수행하지 못하고, 역시 능히 무상·무원해탈문도 수행하지 못하느니라. 이 보살은 능히 5안을 수행하지 못하고, 역시 능히 6신통도 수행하지 못하느니라. 이 보살은 삼마지문을 능히 수행하지 못하고, 역시 다라니문도 능히 수행하지 못하느니라. 이 보살은 능히 여래의 10력을 수행하지 못하고, 역시 능히 4무소외·4무애해·대자·대비·대희·대사·18불불공법도 수행하지 못하느니라. 이 보살은 능히 일체지를 수행하지 못하고, 역시 능히 도상지·일체상지도 수행하지 못하느니라.

여러 천자들이여. 만약 보살이 독각(獨覺)의 보리(菩提)를 섭수하여 취하기 위한 까닭으로 수행하고 독각의 보리를 잊어버리고 버리기 위한 까닭으로 수행한다면, 이 보살은 능히 반야바라밀다를 수행하지 못하고, 역시 능히 정려·정진·안인·정계·보시바라밀다도 수행하지 못하느니라.

이 보살은 내공을 능히 증득하지 못하고, 역시 능히 외공·내외공·공공·대공·승의공·유위공·무위공·필경공·무제공·산공·무변이공·본성공·자상공·공상공·일체법공·불가득공·무성공·자성공·무성자성공도 증득하지 못하느니라. 이 보살은 진여를 능히 증득하지 못하고, 역시 능히 법계·법성·불허망성·불변이성·평등성·이생성·법정·법주·실제·허공계·부사의계도 증득하지 못하느니라.

이 보살은 4념주를 능히 수행하지 못하고, 역시 능히 4정단·4신족·5근·5력·7등각지·8성도지도 수행하지 못하느니라. 이 보살은 능히 고성제를 증득하지 못하고, 역시 능히 집·멸·도성제도 증득하지 못하느니라. 이 보살은 능히 4정려를 수행하지 못하고, 역시 능히 4무량·4무색정도 수행하지 못하느니라. 이 보살은 능히 8해탈을 수행하지 못하고, 역시 능히 8승처·9차제정·10변처도 수행하지 못하느니라.

이 보살은 능히 공해탈문을 수행하지 못하고, 역시 능히 무상·무원해탈문도 수행하지 못하느니라. 이 보살은 능히 5안을 수행하지 못하고, 역시 능히 6신통도 수행하지 못하느니라. 이 보살은 삼마지문을 능히

수행하지 못하고, 역시 다라니문도 능히 수행하지 못하느니라. 이 보살은
능히 여래의 10력을 수행하지 못하고, 역시 능히 4무소외·4무애해·대자·
대비·대희·대사·18불불공법도 수행하지 못하느니라. 이 보살은 능히
일체지를 수행하지 못하고, 역시 능히 도상지·일체상지도 수행하지 못하
느니라.

　여러 천자들이여. 만약 보살이 일체지(一切智)를 섭수하여 취하기 위한
까닭으로 수행하고 일체지를 잊어버리고 버리기 위한 까닭으로 수행하며,
도상지(道相智)·일체상지(一切相智)를 섭수하여 취하기 위한 까닭으로
수행하고 도상지·일체상지를 잊어버리고 버리기 위한 까닭으로 수행한
다면, 이 보살은 능히 반야바라밀다를 수행하지 못하고, 역시 능히 정려·정
진·안인·정계·보시바라밀다도 수행하지 못하느니라.
　이 보살은 내공을 능히 증득하지 못하고, 역시 능히 외공·내외공·공공·
대공·승의공·유위공·무위공·필경공·무제공·산공·무변이공·본성공·
자상공·공상공·일체법공·불가득공·무성공·자성공·무성자성공도 증득
하지 못하느니라. 이 보살은 진여를 능히 증득하지 못하고, 역시 능히
법계·법성·불허망성·불변이성·평등성·이생성·법정·법주·실제·허공
계·부사의계도 증득하지 못하느니라.
　이 보살은 4념주를 능히 수행하지 못하고, 역시 능히 4정단·4신족·5근·5
력·7등각지·8성도지도 수행하지 못하느니라. 이 보살은 능히 고성제를
증득하지 못하고, 역시 능히 집·멸·도성제도 증득하지 못하느니라. 이
보살은 능히 4정려를 수행하지 못하고, 역시 능히 4무량·4무색정도 수행
하지 못하느니라. 이 보살은 능히 8해탈을 수행하지 못하고, 역시 능히
8승처·9차제정·10변처도 수행하지 못하느니라.
　이 보살은 능히 공해탈문을 수행하지 못하고, 역시 능히 무상·무원해탈
문도 수행하지 못하느니라. 이 보살은 능히 5안을 수행하지 못하고,
역시 능히 6신통도 수행하지 못하느니라. 이 보살은 삼마지문을 능히
수행하지 못하고, 역시 다라니문도 능히 수행하지 못하느니라. 이 보살은

능히 여래의 10력을 수행하지 못하고, 역시 능히 4무소외·4무애해·대자·
대비·대희·대사·18불불공법도 수행하지 못하느니라. 이 보살은 능히
일체지를 수행하지 못하고, 역시 능히 도상지·일체상지도 수행하지 못하
느니라."

그때 구수 선현이 세존께 아뢰어 말하였다.
"세존이시여. 이러한 깊고 미묘한 법은 일체법을 수순(隨順)합니다.
이러한 깊고 미묘한 법은 무엇 등의 일체법을 수순합니까? 세존이시여.
이러한 깊고 미묘한 법은 반야바라밀다를 수순하고, 역시 정려·정진·안인
·정계·보시바라밀다를 수순합니다. 세존이시여. 이러한 깊고 미묘한
법은 내공을 수순하고, 역시 외공·내외공·공공·대공·승의공·유위공·무
위공·필경공·무제공·산공·무변이공·본성공·자상공·공상공·일체법공·
불가득공·무성공·자성공·무성자성공을 수순합니다.
세존이시여. 이러한 깊고 미묘한 법은 진여를 수순하고, 역시 법계·법성
·불허망성·불변이성·평등성·이생성·법정·법주·실제·허공계·부사의
계를 수순합니다. 세존이시여. 이러한 깊고 미묘한 법은 4념주를 수순하
고, 역시 4정단·4신족·5근·5력·7등각지·8성도지를 수순합니다. 세존이
시여. 이러한 깊고 미묘한 법은 고성제를 수순하고, 역시 집·멸·도성제를
수순합니다. 세존이시여. 이러한 깊고 미묘한 법은 4정려를 수순하고,
역시 4무량·4무색정을 수순합니다. 세존이시여. 이러한 깊고 미묘한
법은 8해탈을 수순하고, 역시 8승처·9차제정·10변처를 수순합니다.
세존이시여. 이러한 깊고 미묘한 법은 공해탈문을 수순하고, 역시
무상·무원해탈문을 수순합니다. 세존이시여. 이러한 깊고 미묘한 법은
5안을 수순하고, 역시 6신통을 수순합니다. 세존이시여. 이러한 깊고
미묘한 법은 삼마지문을 수순하고, 역시 다라니문을 수순합니다. 세존이
시여. 이러한 깊고 미묘한 법은 여래의 10력을 수순하고, 역시 4무소외·4
무애해·대자·대비·대희·대사·18불불공법을 수순합니다. 세존이시여.
이러한 깊고 미묘한 법은 일체지를 수순하고, 역시 도상지·일체상지를

수순합니다.

세존이시여. 이러한 깊고 미묘한 법은 모두 장애가 없습니다. 이러한 깊고 미묘한 법은 무엇에서 장애가 없겠습니까? 세존이시여. 이러한 깊고 미묘한 법은 색에서 장애가 없고, 수·상·행·식에서 장애가 없습니다. 세존이시여. 이러한 깊고 미묘한 법은 안처에서 장애가 없고, 이·비·설·신·의처에서 장애가 없습니다. 세존이시여. 이러한 깊고 미묘한 법은 색처에 장애가 없고, 성·향·미·촉·법처에서 장애가 없습니다.

세존이시여. 이러한 깊고 미묘한 법은 안계에서 장애가 없고, 이·비·설·신·의계에서 장애가 없습니다. 세존이시여. 이러한 깊고 미묘한 법은 색계에서 장애가 없고, 성·향·미·촉·법계에서 장애가 없습니다. 세존이시여. 이러한 깊고 미묘한 법은 안식계에서 장애가 없고, 이·비·설·신·의식계에서 장애가 없습니다. 세존이시여. 이러한 깊고 미묘한 법은 안촉에서 장애가 없고, 이·비·설·신·의촉에서 장애가 없습니다.

세존이시여. 이러한 깊고 미묘한 법은 안촉을 인연으로 생겨난 여러 수에서 장애가 없고, 이·비·설·신·의촉을 인연으로 생겨난 여러 수에서 장애가 없습니다. 세존이시여. 이러한 깊고 미묘한 법은 지계에서 장애가 없고, 수·화·풍·공·식계에서 장애가 없습니다. 세존이시여. 이러한 깊고 미묘한 법은 무명에서 장애가 없고, 행·식·명색·육처·촉·수·애·취·유·생·노사에서 장애가 없습니다. 세존이시여. 이러한 깊고 미묘한 법은 보시바라밀다에서 장애가 없고, 정계·안인·정진·정려·반야바라밀다에서 장애가 없습니다.

세존이시여. 이러한 깊고 미묘한 법은 내공에서 장애가 없고, 외공·내외공·공공·대공·승의공·유위공·무위공·필경공·무제공·산공·무변이공·본성공·자상공·공상공·일체법공·불가득공·무성공·자성공·무성자성공에서 장애가 없습니다. 세존이시여. 이러한 깊고 미묘한 법은 진여에서 장애가 없고, 법계·법성·불허망성·불변이성·평등성·이생성·법정·법주·실제·허공계·부사의계에서 장애가 없습니다. 세존이시여. 이러한 깊고 미묘한 법은 4념주에서 장애가 없고, 4정단·4신족·5근·5력·7등각지·8성도지에서 장애가 없습니다.

세존이시여. 이러한 깊고 미묘한 법은 고성제에서 장애가 없고, 집·멸·도성제에서 장애가 없습니다. 세존이시여. 이러한 깊고 미묘한 법은 4정려에서 장애가 없고, 4무량·4무색정에서 장애가 없습니다. 세존이시여. 이러한 깊고 미묘한 법은 8해탈에서 장애가 없고, 8승처·9차제정·10변처에서 장애가 없습니다. 세존이시여. 이러한 깊고 미묘한 법은 공해탈문에서 장애가 없고, 무상·무원해탈문에서 장애가 없습니다. 세존이시여. 이러한 깊고 미묘한 법은 5안에서 장애가 없고, 6신통에서 장애가 없습니다.

세존이시여. 이러한 깊고 미묘한 법은 삼마지문에서 장애가 없고, 다라니문에서 장애가 없습니다. 세존이시여. 이러한 깊고 미묘한 법은 여래의 10력에서 장애가 없고, 4무소외·4무애해·대자·대비·대희·대사·18불불공법에서 장애가 없습니다. 세존이시여. 이러한 깊고 미묘한 법은 예류과에서 장애가 없고, 일래과·불환과·아라한과에서 장애가 없습니다. 세존이시여. 이러한 깊고 미묘한 법은 독각의 보리에서 장애가 없습니다. 세존이시여. 이러한 깊고 미묘한 법은 일체지에서 장애가 없고, 도상지·일체상지에서 장애가 없습니다.

세존이시여. 이 깊고 묘한 법은 장애가 없음으로써 상(相)을 삼습니다. 왜 그러한가? 세존이시여. 허공은 평등(平等)한 자성인 까닭이고, 진여는 평등한 자성인 까닭이며, 법계는 평등한 자성인 까닭이고, 법성은 평등한 자성인 까닭이며, 불허망성은 평등한 자성인 까닭이고, 불변이성은 평등한 자성인 까닭이며, 평등성은 평등한 자성인 까닭이고, 이생성은 평등한 자성인 까닭이며, 법정은 평등한 자성인 까닭이고, 법주는 평등한 자성인 까닭이며, 실제는 평등한 자성인 까닭이고, 허공계는 평등한 자성인 까닭이며, 부사의계는 평등한 자성인 까닭이고, 공(空)·무상(無相)·무원(無願)은 평등한 자성인 까닭이며, 세움도 없고(無造) 지음도 없음(無作)이 평등한 자성인 까닭이고, 염오가 없고(無染) 청정함도 없음(無淨)이 평등한 자성인 까닭입니다.

세존이시여. 이 깊고 미묘한 법은 생겨남도 없고(無生) 소멸함도 없습니다(無滅). 왜 그러한가? 세존이시여. 색은 생겨남이 없고 소멸함도 없는 까닭이고, 수·상·행·식도 생겨남이 없고 소멸함도 없는 까닭입니다. 세존이시여. 안처는 생겨남이 없고 소멸함도 없는 까닭이고, 이·비·설·신·의처도 생겨남이 없고 소멸함도 없는 까닭입니다. 세존이시여. 색처는 생겨남이 없고 소멸함도 없는 까닭이고, 성·향·미·촉·법처도 생겨남이 없고 소멸함도 없는 까닭입니다.

세존이시여. 안계는 생겨남이 없고 소멸함도 없는 까닭이고, 이·비·설·신·의계도 생겨남이 없고 소멸함도 없는 까닭입니다. 세존이시여. 색계는 생겨남이 없고 소멸함도 없는 까닭이고, 성·향·미·촉·법계도 생겨남이 없고 소멸함도 없는 까닭입니다. 세존이시여. 안식계는 생겨남이 없고 소멸함도 없는 까닭이고, 이·비·설·신·의식계도 생겨남이 없고 소멸함도 없는 까닭입니다. 세존이시여. 안촉은 생겨남이 없고 소멸함도 없는 까닭이고, 이·비·설·신·의촉도 생겨남이 없고 소멸함도 없는 까닭입니다.

세존이시여. 안촉을 인연으로 생겨난 여러 수는 생겨남이 없고 소멸함도 없는 까닭이고, 이·비·설·신·의촉을 인연으로 생겨난 여러 수도 생겨남이 없고 소멸함도 없는 까닭입니다. 세존이시여. 지계는 생겨남이 없고 소멸함도 없는 까닭이고, 수·화·풍·공·식계도 생겨남이 없고 소멸함도 없는 까닭입니다. 세존이시여. 무명은 생겨남이 없고 소멸함도 없는 까닭이고, 행·식·명색·육처·촉·수·애·취·유·생·노사도 생겨남이 없고 소멸함도 없는 까닭입니다.

세존이시여. 보시바라밀다는 생겨남이 없고 소멸함도 없는 까닭이고, 정계·안인·정진·정려·반야바라밀다도 생겨남이 없고 소멸함도 없는 까닭입니다. 세존이시여. 내공은 생겨남이 없고 소멸함도 없는 까닭이고, 외공·내외공·공공·대공·승의공·유위공·무위공·필경공·무제공·산공·무변이공·본성공·자상공·공상공·일체법공·불가득공·무성공·자성공·무성자성공도 생겨남이 없고 소멸함도 없는 까닭입니다. 세존이시여. 진여는 생겨남이 없고 소멸함도 없는 까닭이고, 법계·법성·불허망성·불

변이성·평등성·이생성·법정·법주·실제·허공계·부사의계도 생겨남이
없고 소멸함도 없는 까닭입니다.

　세존이시여. 4념주는 생겨남이 없고 소멸함도 없는 까닭이고, 4정단·4
신족·5근·5력·7등각지·8성도지도 생겨남이 없고 소멸함도 없는 까닭입
니다. 세존이시여. 고성제는 생겨남이 없고 소멸함도 없는 까닭이고,
집·멸·도성제도 생겨남이 없고 소멸함도 없는 까닭입니다. 세존이시여.
4정려는 생겨남이 없고 소멸함도 없는 까닭이고, 4무량·4무색정도 생겨남
이 없고 소멸함도 없는 까닭입니다. 세존이시여. 8해탈은 생겨남이 없고
소멸함도 없는 까닭이고, 8승처·9차제정·10변처도 생겨남이 없고 소멸함
도 없는 까닭입니다.

　세존이시여. 공해탈문은 생겨남이 없고 소멸함도 없는 까닭이고, 무상·
무원해탈문도 생겨남이 없고 소멸함도 없는 까닭입니다. 세존이시여.
5안은 생겨남이 없고 소멸함도 없는 까닭이고, 6신통도 생겨남이 없고
소멸함도 없는 까닭입니다. 세존이시여. 삼마지문은 생겨남이 없고 소멸
함도 없는 까닭이고, 다라니문도 생겨남이 없고 소멸함도 없는 까닭입니
다. 세존이시여. 여래의 10력은 생겨남이 없고 소멸함도 없는 까닭이고,
4무소외·4무애해·대자·대비·대희·대사·18불불공법도 생겨남이 없고
소멸함도 없는 까닭입니다.

　세존이시여. 예류과는 생겨남이 없고 소멸함도 없는 까닭이고, 일래·불
환·아라한과도 생겨남이 없고 소멸함도 없는 까닭입니다. 세존이시여.
독각의 보리는 생겨남이 없고 소멸함도 없는 까닭입니다. 세존이시여.
일체지는 생겨남이 없고 소멸함도 없는 까닭이고, 도상지·일체상지도
생겨남이 없고 소멸함도 없는 까닭입니다.

　세존이시여. 이 깊고 미묘한 법은 모두 발자취(足跡)가 없습니다. 왜
그러한가? 세존이시여. 색의 발자취는 얻을 수 없는 까닭이고, 수·상·행·
식의 발자취도 얻을 수 없는 까닭입니다. 세존이시여. 안처의 발자취는
얻을 수 없는 까닭이고, 이·비·설·신·의처의 발자취도 얻을 수 없는

까닭입니다. 세존이시여. 색처의 발자취는 얻을 수 없는 까닭이고, 성·향·미·촉·법처의 발자취도 얻을 수 없는 까닭입니다.

세존이시여. 안계의 발자취는 얻을 수 없는 까닭이고, 이·비·설·신·의계의 발자취도 얻을 수 없는 까닭입니다. 세존이시여. 색계의 발자취는 얻을 수 없는 까닭이고, 성·향·미·촉·법계의 발자취도 얻을 수 없는 까닭입니다. 세존이시여. 안식계의 발자취는 얻을 수 없는 까닭이고, 이·비·설·신·의식계의 발자취도 얻을 수 없는 까닭입니다.

세존이시여. 안촉의 발자취는 얻을 수 없는 까닭이고, 이·비·설·신·의촉의 발자취도 얻을 수 없는 까닭입니다. 세존이시여. 안촉을 인연으로 생겨난 여러 수의 발자취는 얻을 수 없는 까닭이고, 이·비·설·신·의촉을 인연으로 생겨난 여러 수의 발자취도 얻을 수 없는 까닭입니다. 세존이시여. 지계의 발자취는 얻을 수 없는 까닭이고, 수·화·풍·공·식계의 발자취도 얻을 수 없는 까닭입니다.

세존이시여. 무명의 발자취는 얻을 수 없는 까닭이고, 행·식·명색·육처·촉·수·애·취·유·생·노사의 발자취도 얻을 수 없는 까닭입니다. 세존이시여. 보시바라밀다의 발자취는 얻을 수 없는 까닭이고, 정계·안인·정진·정려·반야바라밀다의 발자취도 얻을 수 없는 까닭입니다. 세존이시여. 내공의 발자취는 얻을 수 없는 까닭이고, 외공·내외공·공공·대공·승의공·유위공·무위공·필경공·무제공·산공·무변이공·본성공·자상공·공상공·일체법공·불가득공·무성공·자성공·무성자성공의 발자취도 얻을 수 없는 까닭입니다.

세존이시여. 진여의 발자취는 얻을 수 없는 까닭이고, 법계·법성·불허망성·불변이성·평등성·이생성·법정·법주·실제·허공계·부사의계의 발자취도 얻을 수 없는 까닭입니다. 세존이시여. 4념주의 발자취는 얻을 수 없는 까닭이고, 4정단·4신족·5근·5력·7등각지·8성도지의 발자취도 얻을 수 없는 까닭입니다. 세존이시여. 고성제의 발자취는 얻을 수 없는 까닭이고, 집·멸·도성제의 발자취도 얻을 수 없는 까닭입니다.

세존이시여. 4정려의 발자취는 얻을 수 없는 까닭이고, 4무량·4무색정의 발자취도 얻을 수 없는 까닭입니다. 세존이시여. 8해탈의 발자취는 얻을 수 없는 까닭이고, 8승처·9차제정·10변처의 발자취도 얻을 수 없는 까닭입니다. 세존이시여. 공해탈문의 발자취는 얻을 수 없는 까닭이고, 무상·무원해탈문의 발자취도 얻을 수 없는 까닭입니다.

세존이시여. 5안의 발자취는 얻을 수 없는 까닭이고, 6신통의 발자취도 얻을 수 없는 까닭입니다. 세존이시여. 삼마지문의 발자취는 얻을 수 없는 까닭이고, 다라니문의 발자취도 얻을 수 없는 까닭입니다. 세존이시여. 여래의 10력의 발자취는 얻을 수 없는 까닭이고, 4무소외·4무애해·대자·대비·대희·대사·18불불공법의 발자취도 얻을 수 없는 까닭입니다.

세존이시여. 예류과의 발자취는 얻을 수 없는 까닭이고, 일래·불환·아라한과의 발자취도 얻을 수 없는 까닭입니다. 세존이시여. 독각의 보리의 발자취는 얻을 수 없는 까닭입니다. 세존이시여. 일체지의 발자취는 얻을 수 없는 까닭이고, 도상지·일체상지의 발자취도 얻을 수 없는 까닭입니다.”

그때 욕계와 색계의 천자들이 다시 세존께 아뢰어 말하였다.

“세존이시여. 상좌(上座)인 선현(善現)은 여래를 따라서 출현한 세존의 진실한 제자입니다. 그 까닭은 무엇인가? 상좌인 선현께서 여러 설법하신 것인 일체가 모두 공과 상응하는 까닭입니다.”

그때 선현이 욕계와 색계의 여러 천자들에게 말하였다.

“그대들 천자들이여. 나 선현이 여래를 따라서 출생한 세존의 진실한 제자라고 말하였는데, 어찌 선현은 여래를 따라서 출생하였다고 말하겠습니까? 이를테면, 여래의 진여를 따라서 출생한 까닭입니다. 그 까닭은 무엇인가? 여래의 진여는 왔던 것이 없고 떠나가는 것도 없으며, 상좌인 선현의 진여도 역시 그와 같아서 왔던 것이 없고 떠나가는 것도 없습니다. 오히려 이러한 까닭으로 상좌인 선현이 여래를 따라서 출생하였다고 말합니다.

다시 다음으로 여래의 진여는 일체법의 진여이고 일체법의 진여는 곧 여래의 진여이므로, 이와 같은 진여는 진여의 자성이 없고 역시 진여가 아닌 자성도 없는데, 상좌인 선현의 진여도 역시 그와 같습니다. 오히려 이러한 까닭으로 상좌인 선현이 여래를 따라서 출생하였다고 말합니다.

다시 다음으로 여래의 진여는 상주(常住)를 상(相)으로 삼는데, 상좌인 선현의 진여도 역시 그와 같아서 상주를 상으로 삼습니다. 오히려 이러한 까닭으로 상좌인 선현이 여래를 따라서 출생하였다고 말합니다. 다시 다음으로 여래의 진여는 변이(變異)가 없고 분별(分別)이 없어서 일체법에 두루 전전(展轉)하는데, 상좌인 선현의 진여도 역시 그와 같아서 변이가 없고 분별이 없습니다. 오히려 이러한 까닭으로 상좌인 선현이 여래를 따라서 출생하였다고 말합니다.

다시 다음으로 여래의 진여는 가애(罣礙)[1]하는 것이 없고 일체법의 진여도 역시 가애하는 것이 없으며, 만약 여래의 진여이거나, 만약 일체법의 진여라도 동일(同一)한 진여이므로 무이(無二)이고 분별도 없으며 세움이 없고 지음도 없습니다. 이와 같은 진여는 항상 진여의 상이고 진여의 상이 아닌 때가 없으며, 항상 진여의 상으로써 진여의 상이 아닌 때가 없으므로 무이이고 분별도 없는데, 상좌인 선현의 진여도 역시 그와 같습니다. 오히려 이러한 까닭으로 상좌인 선현이 여래를 따라서 출생하였다고 말합니다.

다시 다음으로 여래의 진여는 일체의 처소에서 억념(憶念)[2]이 없고 분별도 없는데, 상좌인 선현의 진여도 역시 그와 같아서 일체의 처소에서 억념이 없고 분별이 없습니다. 오히려 이러한 까닭으로 상좌인 선현이 여래를 따라서 출생하였다고 말합니다. 다시 다음으로 여래의 진여는 분별도 없고 다른 것(異)도 없어서 얻을 수 없는데, 상좌인 선현의 진여도 역시 그와 같아서 분별도 없고 다른 것도 없습니다. 오히려 이러한 까닭으로 상좌인 선현이 여래를 따라서 출생하였다고 말합니다.

---

1) 산스크리트어 āvaraṇa의 번역이고, 장애·걸림·방해 등을 뜻한다. 깨달음을 방해하는 장애를 가리킨다.
2) 산스크리트어 smṛti의 번역이고, 마음속으로 기억하여 잊지 않는 것이다.

다시 다음으로 여래의 진여는 일체법의 진여를 벗어나지 않고 일체법의 진여는 여래의 진여를 벗어나지 않으므로 이와 같은 진여는 항상 진여의 상이고 진여의 상이 아닌 때가 없는데, 상좌인 선현의 진여도 역시 그와 같습니다. 오히려 이러한 까닭으로 상좌인 선현이 여래를 따라서 출생하였다고 말합니다. 비록 여래를 따라서 출생하였더라도 출생한 것이 없는데, 선현의 진여로써 여래와 다르지 않은 까닭입니다.

다시 다음으로 여래의 진여는 과거가 아니고 미래도 아니며 현재도 아니고, 일체법의 진여도 역시 과거가 아니며 미래도 아니고 현재도 아닌데, 상좌인 선현의 진여도 역시 그와 같습니다. 오히려 이러한 까닭으로 상좌인 선현이 여래를 따라서 출생하였다고 말합니다.

다시 다음으로 과거의 진여가 평등한 까닭으로 여래의 진여도 평등하고, 여래의 진여가 평등한 까닭으로 과거의 진여도 평등하며, 미래의 진여가 평등한 까닭으로 여래의 진여도 평등하고, 여래의 진여가 평등한 까닭으로 미래의 진여도 평등하며, 현재의 진여가 평등한 까닭으로 여래의 진여도 평등하고, 여래의 진여가 평등한 까닭으로 현재의 진여가 평등하므로, 만약 과거·미래·현재의 진여가 평등하거나, 만약 여래의 진여가 평등하더라도, 동일(同一)하게 진여가 평등하므로 무이이고 분별도 없습니다.

다시 다음으로 색의 진여가 평등한 까닭으로 여래의 진여도 평등하고 여래의 진여가 평등한 까닭으로 색의 진여도 평등하며, 수·상·행·식의 진여가 평등한 까닭으로 여래의 진여도 평등하고 여래의 진여가 평등한 까닭으로 수·상·행·식의 진여도 평등하므로, 만약 색의 진여가 평등하거나, 만약 수·상·행·식의 진여가 평등하거나, 만약 여래의 진여가 평등하더라도, 동일하게 진여가 평등하므로 무이이고 분별도 없습니다.

다시 다음으로 안처의 진여가 평등한 까닭으로 여래의 진여도 평등하고 여래의 진여가 평등한 까닭으로 안처의 진여도 평등하며, 이·비·설·신·의처의 진여가 평등한 까닭으로 여래의 진여도 평등하고 여래의 진여가 평등한 까닭으로 이·비·설·신·의처의 진여도 평등하므로, 만약 안처의 진여가 평등하거나, 만약 이·비·설·신·의처의 진여가 평등하거나, 만약 여래의 진여가 평등하더라도, 동일하게 진여가 평등하므로 무이이고 분별도 없습니다.

다시 다음으로 색처의 진여가 평등한 까닭으로 여래의 진여도 평등하고 여래의 진여가 평등한 까닭으로 색처의 진여도 평등하며, 성·향·미·촉·법처의 진여가 평등한 까닭으로 여래의 진여도 평등하고 여래의 진여가 평등한 까닭으로 성·향·미·촉·법처의 진여도 평등하므로, 만약 색처의 진여가 평등하거나, 만약 성·향·미·촉·법처의 진여가 평등하거나, 만약 여래의 진여가 평등하더라도, 동일하게 진여가 평등하므로 무이이고 분별도 없습니다.

다시 다음으로 안계의 진여가 평등한 까닭으로 여래의 진여도 평등하고 여래의 진여가 평등한 까닭으로 안계의 진여도 평등하며, 이·비·설·신·의계의 진여가 평등한 까닭으로 여래의 진여도 평등하고 여래의 진여가 평등한 까닭으로 이·비·설·신·의계의 진여도 평등하므로, 만약 안계의 진여가 평등하거나, 만약 이·비·설·신·의계의 진여가 평등하거나, 만약 여래의 진여가 평등하더라도, 동일하게 진여가 평등하므로 무이이고 분별도 없습니다.

다시 다음으로 색계의 진여가 평등한 까닭으로 여래의 진여도 평등하고 여래의 진여가 평등한 까닭으로 색계의 진여도 평등하며, 성·향·미·촉·법계의 진여가 평등한 까닭으로 여래의 진여도 평등하고 여래의 진여가 평등한 까닭으로 성·향·미·촉·법계의 진여도 평등하므로, 만약 색계의 진여가 평등하거나, 만약 성·향·미·촉·법계의 진여가 평등하거나, 만약 여래의 진여가 평등하더라도, 동일하게 진여가 평등하므로 무이이고 분별도 없습니다.

다시 다음으로 안식계의 진여가 평등한 까닭으로 여래의 진여도 평등하고 여래의 진여가 평등한 까닭으로 안식계의 진여도 평등하며, 이·비·설·신·의식계의 진여가 평등한 까닭으로 여래의 진여도 평등하고 여래의 진여가 평등한 까닭으로 이·비·설·신·의식계의 진여도 평등하므로, 만약 안식계의 진여가 평등하거나, 만약 이·비·설·신·의식계의 진여가 평등하거나, 만약 여래의 진여가 평등하더라도, 동일하게 진여가 평등하므로 무이이고 분별도 없습니다.

다시 다음으로 안촉의 진여가 평등한 까닭으로 여래의 진여도 평등하고 여래의 진여가 평등한 까닭으로 안촉의 진여도 평등하며, 이·비·설·신·의촉의 진여가 평등한 까닭으로 여래의 진여도 평등하고 여래의 진여가 평등한 까닭으로 이·비·설·신·의촉의 진여도 평등하므로, 만약 안촉의 진여가 평등하거나, 만약 이·비·설·신·의촉의 진여가 평등하거나, 만약 여래의 진여가 평등하더라도, 동일하게 진여가 평등하므로 무이이고 분별도 없습니다.

다시 다음으로 안촉을 인연으로 생겨난 여러 수의 진여가 평등한 까닭으로 여래의 진여도 평등하고 여래의 진여가 평등한 까닭으로 안촉을 인연으로 생겨난 여러 수의 진여도 평등하며, 이·비·설·신·의촉을 인연으로 생겨난 여러 수의 진여가 평등한 까닭으로 여래의 진여도 평등하고 여래의 진여가 평등한 까닭으로 이·비·설·신·의촉을 인연으로 생겨난 여러 수의 진여도 평등하므로, 만약 안촉을 인연으로 생겨난 여러 수의 진여가 평등하거나, 만약 이·비·설·신·의촉을 인연으로 생겨난 여러 수의 진여가 평등하거나, 만약 여래의 진여가 평등하더라도, 동일하게 진여가 평등하므로 무이이고 분별도 없습니다.

다시 다음으로 지계의 진여가 평등한 까닭으로 여래의 진여도 평등하고 여래의 진여가 평등한 까닭으로 지계의 진여도 평등하며, 수·화·풍·공·식계의 진여가 평등한 까닭으로 여래의 진여도 평등하고 여래의 진여가 평등한 까닭으로 수·화·풍·공·식계의 진여도 평등하므로, 만약 지계의 진여가 평등하거나, 만약 수·화·풍·공·식계의 진여가 평등하거나, 만약 여래의 진여가 평등하더라도, 동일하게 진여가 평등하므로 무이이고 분별도 없습니다.

다시 다음으로 무명의 진여가 평등한 까닭으로 여래의 진여도 평등하고 여래의 진여가 평등한 까닭으로 무명의 진여도 평등하며, 행·식·명색·육처·촉·수·애·취·유·생·노사의 진여가 평등한 까닭으로 여래의 진여도 평등하고 여래의 진여가 평등한 까닭으로 행, 나아가 노사의 진여도 평등하므로, 만약 무명의 진여가 평등하거나, 만약 행, 나아가 노사의 진여가 평등하거나, 만약 여래의 진여가 평등하더라도, 동일하게 진여가 평등하므로 무이이고 분별도 없습니다.

다시 다음으로 보시바라밀다의 진여가 평등한 까닭으로 여래의 진여도 평등하고 여래의 진여가 평등한 까닭으로 보시바라밀다의 진여도 평등하며, 정계·안인·정진·정려·반야바라밀다의 진여가 평등한 까닭으로 여래의 진여도 평등하고 여래의 진여가 평등한 까닭으로 정계, 나아가 반야바라밀다의 진여도 평등하므로, 만약 보시바라밀다의 진여가 평등하거나, 만약 정계, 나아가 반야바라밀다의 진여가 평등하거나, 만약 여래의 진여가 평등하더라도, 동일하게 진여가 평등하므로 무이이고 분별도 없습니다.

다시 다음으로 내공의 진여가 평등한 까닭으로 여래의 진여도 평등하고 여래의 진여가 평등한 까닭으로 내공의 진여도 평등하며, 외공·내외공·공공·대공·승의공·유위공·무위공·필경공·무제공·산공·무변이공·본성공·자상공·공상공·일체법공·불가득공·무성공·자성공·무성자성공의 진여가 평등한 까닭으로 여래의 진여도 평등하고 여래의 진여가 평등한 까닭으로 외공, 나아가 무성자성공의 진여도 평등하므로, 만약 내공의 진여가 평등하거나, 만약 외공, 나아가 무성자성공의 진여가 평등하거나, 만약 여래의 진여가 평등하더라도, 동일하게 진여가 평등하므로 무이이고 분별도 없습니다.

다시 다음으로 진여의 진여가 평등한 까닭으로 여래의 진여도 평등하고 여래의 진여가 평등한 까닭으로 진여의 진여도 평등하며, 법계·법성·불허망성·불변이성·평등성·이생성·법정·법주·실제·허공계·부사의계의 진여가 평등한 까닭으로 여래의 진여도 평등하고 여래의 진여가 평등한 까닭으로 법계, 나아가 부사의계의 진여도 평등하므로, 만약 진여의 진여가 평등하거나, 만약 법계, 나아가 부사의계의 진여가 평등하거나, 만약 여래의 진여가 평등하더라도, 동일하게 진여가 평등하므로 무이이고 분별도 없습니다.

다시 다음으로 4념주의 진여가 평등한 까닭으로 여래의 진여도 평등하고 여래의 진여가 평등한 까닭으로 4념주의 진여도 평등하며, 4정단·4신족·5근·5력·7등각지·8성도지의 진여가 평등한 까닭으로 여래의 진여도 평등하고 여래의 진여가 평등한 까닭으로 4정단, 나아가 8성도지의 진여도 평등하므로, 만약 4념주의 진여가 평등하거나, 만약 4정단, 나아가 8성도지의 진여가 평등하거나, 만약 여래의 진여가 평등하더라도, 동일하게 진여가 평등하므로 무이이고 분별도 없습니다.

다시 다음으로 고성제의 진여가 평등한 까닭으로 여래의 진여도 평등하고 여래의 진여가 평등한 까닭으로 고성제의 진여도 평등하며, 집·멸·도성제의 진여가 평등한 까닭으로 여래의 진여도 평등하고 여래의 진여가 평등한 까닭으로 집·멸·도성제의 진여도 평등하므로, 만약 고성제의 진여가 평등하거나, 만약 집·멸·도성제의 진여가 평등하거나, 만약 여래의 진여가 평등하더라도, 동일하게 진여가 평등하므로 무이이고 분별도 없습니다.

다시 다음으로 4정려의 진여가 평등한 까닭으로 여래의 진여도 평등하고 여래의 진여가 평등한 까닭으로 4정려의 진여도 평등하며, 4무량·4무색정의 진여가 평등한 까닭으로 여래의 진여도 평등하고 여래의 진여가 평등한 까닭으로 4무량·4무색정의 진여도 평등하므로, 만약 4정려의 진여가 평등하거나, 만약 4무량·4무색정의 진여가 평등하거나, 만약 여래의 진여가 평등하더라도, 동일하게 진여가 평등하므로 무이이고 분별도 없습니다.

다시 다음으로 8해탈의 진여가 평등한 까닭으로 여래의 진여도 평등하고 여래의 진여가 평등한 까닭으로 8해탈의 진여도 평등하며, 8승처·9차제정·10변처의 진여가 평등한 까닭으로 여래의 진여도 평등하고 여래의 진여가 평등한 까닭으로 8승처·9차제정·10변처의 진여도 평등하므로,

만약 8해탈의 진여가 평등하거나, 만약 8승처·9차제정·10변처의 진여가 평등하거나, 만약 여래의 진여가 평등하더라도, 동일하게 진여가 평등하므로 무이이고 분별도 없습니다.

다시 다음으로 공해탈문의 진여가 평등한 까닭으로 여래의 진여도 평등하고 여래의 진여가 평등한 까닭으로 공해탈문의 진여도 평등하며, 무상·무원해탈문의 진여가 평등한 까닭으로 여래의 진여도 평등하고 여래의 진여가 평등한 까닭으로 무상·무원해탈문의 진여도 평등하므로, 만약 공해탈문의 진여가 평등하거나, 만약 무상·무원해탈문의 진여가 평등하거나, 만약 여래의 진여가 평등하더라도, 동일하게 진여가 평등하므로 무이이고 분별도 없습니다.

다시 다음으로 5안의 진여가 평등한 까닭으로 여래의 진여도 평등하고 여래의 진여가 평등한 까닭으로 5안의 진여도 평등하며, 6신통의 진여가 평등한 까닭으로 여래의 진여도 평등하고 여래의 진여가 평등한 까닭으로 6신통의 진여도 평등하므로, 만약 5안의 진여가 평등하거나, 만약 6신통의 진여가 평등하거나, 만약 여래의 진여가 평등하더라도, 동일하게 진여가 평등하므로 무이이고 분별도 없습니다.

다시 다음으로 삼마지문의 진여가 평등한 까닭으로 여래의 진여도 평등하고 여래의 진여가 평등한 까닭으로 삼마지문의 진여도 평등하며, 다라니문의 진여가 평등한 까닭으로 여래의 진여도 평등하고 여래의 진여가 평등한 까닭으로 다라니문의 진여도 평등하므로, 만약 삼마지문의 진여가 평등하거나, 만약 다라니문의 진여가 평등하거나, 만약 여래의 진여가 평등하더라도, 동일하게 진여가 평등하므로 무이이고 분별도 없습니다.

다시 다음으로 여래의 10력의 진여가 평등한 까닭으로 여래의 진여도 평등하고 여래의 진여가 평등한 까닭으로 여래의 10력의 진여도 평등하며, 4무소외·4무애해·대자·대비·대희·대사·18불불공법의 진여가 평등한 까닭으로 여래의 진여도 평등하고 여래의 진여가 평등한 까닭으로 4무소외, 나아가 18불불공법의 진여도 평등하므로, 만약 여래의 10력의 진여가 평등하거나, 만약 4무소외, 나아가 18불불공법의 진여가 평등하거나, 만약 여래의 진여가 평등하더라도, 동일하게 진여가 평등하므로 무이이고 분별도 없습니다.

다시 다음으로 예류과의 진여가 평등한 까닭으로 여래의 진여도 평등하고 여래의 진여가 평등한 까닭으로 예류과의 진여도 평등하며, 일래·불환·아라한과의 진여가 평등한 까닭으로 여래의 진여도 평등하고 여래의 진여가 평등한 까닭으로 일래·불환·아라한과의 진여도 평등하므로, 만약 예류과의 진여가 평등하거나, 만약 일래·불환·아라한과의 진여가 평등하거나, 만약 여래의 진여가 평등하더라도, 동일하게 진여가 평등하므로 무이이고 분별도 없습니다.

다시 다음으로 독각의 보리의 진여가 평등한 까닭으로 여래의 진여도 평등하고 여래의 진여가 평등한 까닭으로 독각의 보리의 진여도 평등하므로, 만약 독각의 보리의 진여가 평등하거나, 만약 여래의 진여가 평등하더라도, 동일하게 진여가 평등하므로 무이이고 분별도 없습니다.

다시 다음으로 일체지의 진여가 평등한 까닭으로 여래의 진여도 평등하고 여래의 진여가 평등한 까닭으로 일체지의 진여도 평등하며, 도상지·일체상지의 진여가 평등한 까닭으로 여래의 진여도 평등하고 여래의 진여가 평등한 까닭으로 도상지·일체상지의 진여도 평등하므로, 만약 일체지의 진여가 평등하거나, 만약 도상지·일체상지의 진여가 평등하거나, 만약 여래의 진여가 평등하더라도, 동일하게 진여가 평등하므로 무이이고 분별도 없습니다.

여러 천자들이여. 보살마하살이 현재에 이와 같은 일체법의 진여가 평등함을 증득하였던 까닭으로 여래·응공·정등각이라는 명호로 설하는데, 상좌인 선현도 이러한 진여에서 능히 깊이 신해하고 있습니다. 오히려 이러한 까닭으로 상좌인 선현이 여래를 따라서 출생하였다고 말합니다."

마하반야바라밀다경 제322권

47. 진여품(眞如品)(5)

이와 같은 진여의 상을 바르게 설하는 때에, 이 삼천대천세계에서 여섯 종류로 변동(變動)하였는데, 동쪽이 솟아나면 서쪽이 가라앉았고 서쪽이 솟아나면 동쪽이 가라앉았으며 남쪽이 솟아나면 북쪽이 가라앉았고 북쪽이 솟아나면 남쪽이 가라앉았으며 중간이 솟아나면 변두리가 가라앉았고 변두리가 솟아나면 중간이 가라앉았다.

이때 욕계와 색계의 천자들은 다시 천상(天上)의 다갈라향(多揭羅香)·다마라향(多摩羅香)·전단향(旃檀香)의 가루 등을 지녔고, 다시 천상의 올발라화(嗢鉢羅華)·발특마화(鉢特摩華)·구모다화(拘某陀華)·분다리화(奔陀利華)·미묘향화(美妙香華)·미묘음화(美妙音華)·대미묘음화(大美妙音華)로써 세존과 선현의 위에 받들어 흩뿌리고서 세존께 아뢰어 말하였다.

"매우 기이합니다. 세존이시여. 미증유(未曾有)입니다. 상좌인 선현은 오히려 진여를 까닭으로 여래를 따라서 출생하였습니다."

그때 선현이 욕계와 색계의 천자들에게 알려 말하였다.

"천자들이여. 마땅히 아십시오. 상좌인 선현은 오히려 색을 까닭으로 여래를 따라서 출생하지 않았고, 오히려 색의 진여를 까닭으로 여래를 따라서 출생하지 않았으며, 색을 벗어난 까닭으로 여래를 따라서 출생하지 않았고, 색의 진여를 벗어난 까닭으로 여래를 따라서 출생하지 않았으며, 오히려 수·상·행·식을 까닭으로 여래를 따라서 출생하지 않았고,

오히려 수·상·행·식의 진여를 까닭으로 여래를 따라서 출생하지 않았으며, 수·상·행·식을 벗어난 까닭으로 여래를 따라서 출생하지 않았고, 수·상·행·식의 진여를 벗어난 까닭으로 여래를 따라서 출생하지 않았습니다.

천자들이여. 마땅히 아십시오. 상좌인 선현은 오히려 안처를 까닭으로 여래를 따라서 출생하지 않았고, 오히려 안처의 진여를 까닭으로 여래를 따라서 출생하지 않았으며, 안처를 벗어난 까닭으로 여래를 따라서 출생하지 않았고, 안처의 진여를 벗어난 까닭으로 여래를 따라서 출생하지 않았으며, 오히려 이·비·설·신·의처를 까닭으로 여래를 따라서 출생하지 않았고, 오히려 이·비·설·신·의처의 진여를 까닭으로 여래를 따라서 출생하지 않았으며, 이·비·설·신·의처를 벗어난 까닭으로 여래를 따라서 출생하지 않았고, 이·비·설·신·의처의 진여를 벗어난 까닭으로 여래를 따라서 출생하지 않았습니다.

천자들이여. 마땅히 아십시오. 상좌인 선현은 오히려 색처를 까닭으로 여래를 따라서 출생하지 않았고, 오히려 색처의 진여를 까닭으로 여래를 따라서 출생하지 않았으며, 색처를 벗어난 까닭으로 여래를 따라서 출생하지 않았고, 색처의 진여를 벗어난 까닭으로 여래를 따라서 출생하지 않았으며, 오히려 성·향·미·촉·법처를 까닭으로 여래를 따라서 출생하지 않았고, 오히려 성·향·미·촉·법처의 진여를 까닭으로 여래를 따라서 출생하지 않았으며, 성·향·미·촉·법처를 벗어난 까닭으로 여래를 따라서 출생하지 않았고, 성·향·미·촉·법처의 진여를 벗어난 까닭으로 여래를 따라서 출생하지 않았습니다.

천자들이여. 마땅히 아십시오. 상좌인 선현은 오히려 안계를 까닭으로 여래를 따라서 출생하지 않았고, 오히려 안계의 진여를 까닭으로 여래를 따라서 출생하지 않았으며, 안계를 벗어난 까닭으로 여래를 따라서 출생하지 않았고, 안계의 진여를 벗어난 까닭으로 여래를 따라서 출생하지 않았으며, 오히려 이·비·설·신·의계를 까닭으로 여래를 따라서 출생하지 않았고, 오히려 이·비·설·신·의계의 진여를 까닭으로 여래를 따라서

출생하지 않았으며, 이·비·설·신·의계를 벗어난 까닭으로 여래를 따라서
출생하지 않았고, 이·비·설·신·의계의 진여를 벗어난 까닭으로 여래를
따라서 출생하지 않았습니다.

천자들이여. 마땅히 아십시오. 상좌인 선현은 오히려 색계를 까닭으로
여래를 따라서 출생하지 않았고, 오히려 색계의 진여를 까닭으로 여래를
따라서 출생하지 않았으며, 색계를 벗어난 까닭으로 여래를 따라서 출생
하지 않았고, 색계의 진여를 벗어난 까닭으로 여래를 따라서 출생하지
않았으며, 오히려 성·향·미·촉·법계를 까닭으로 여래를 따라서 출생하지
않았고, 오히려 성·향·미·촉·법계의 진여를 까닭으로 여래를 따라서
출생하지 않았으며, 성·향·미·촉·법계를 벗어난 까닭으로 여래를 따라서
출생하지 않았고, 성·향·미·촉·법계의 진여를 벗어난 까닭으로 여래를
따라서 출생하지 않았습니다.

천자들이여. 마땅히 아십시오. 상좌인 선현은 오히려 안식계를 까닭으
로 여래를 따라서 출생하지 않았고, 오히려 안계의 진여를 까닭으로
여래를 따라서 출생하지 않았으며, 안식계를 벗어난 까닭으로 여래를
따라서 출생하지 않았고, 안식계의 진여를 벗어난 까닭으로 여래를 따라
서 출생하지 않았으며, 오히려 이·비·설·신·의식계를 까닭으로 여래를
따라서 출생하지 않았고, 오히려 이·비·설·신·의식계의 진여를 까닭으로
여래를 따라서 출생하지 않았으며, 이·비·설·신·의식계를 벗어난 까닭으
로 여래를 따라서 출생하지 않았고, 이·비·설·신·의식계의 진여를 벗어난
까닭으로 여래를 따라서 출생하지 않았습니다.

천자들이여. 마땅히 아십시오. 상좌인 선현은 오히려 안촉을 까닭으로
여래를 따라서 출생하지 않았고, 오히려 안촉의 진여를 까닭으로 여래를
따라서 출생하지 않았으며, 안촉을 벗어난 까닭으로 여래를 따라서 출생
하지 않았고, 안촉의 진여를 벗어난 까닭으로 여래를 따라서 출생하지
않았으며, 오히려 이·비·설·신·의촉을 까닭으로 여래를 따라서 출생하지
않았고, 오히려 이·비·설·신·의촉의 진여를 까닭으로 여래를 따라서
출생하지 않았으며, 이·비·설·신·의촉을 벗어난 까닭으로 여래를 따라서

출생하지 않았고, 이·비·설·신·의촉의 진여를 벗어난 까닭으로 여래를 따라서 출생하지 않았습니다.

천자들이여. 마땅히 아십시오. 상좌인 선현은 오히려 안촉을 인연으로 생겨난 여러 수를 까닭으로 여래를 따라서 출생하지 않았고, 오히려 안촉을 인연으로 생겨난 여러 수의 진여를 까닭으로 여래를 따라서 출생하지 않았으며, 안촉을 인연으로 생겨난 여러 수를 벗어난 까닭으로 여래를 따라서 출생하지 않았고, 안촉을 인연으로 생겨난 여러 수의 진여를 벗어난 까닭으로 여래를 따라서 출생하지 않았으며, 오히려 이·비·설·신·의촉을 인연으로 생겨난 여러 수를 까닭으로 여래를 따라서 출생하지 않았고, 오히려 이·비·설·신·의촉을 인연으로 생겨난 여러 수의 진여를 까닭으로 여래를 따라서 출생하지 않았으며, 이·비·설·신·의촉을 인연으로 생겨난 여러 수를 벗어난 까닭으로 여래를 따라서 출생하지 않았고, 이·비·설·신·의촉을 인연으로 생겨난 여러 수의 진여를 벗어난 까닭으로 여래를 따라서 출생하지 않았습니다.

천자들이여. 마땅히 아십시오. 상좌인 선현은 오히려 지계를 까닭으로 여래를 따라서 출생하지 않았고, 오히려 지계의 진여를 까닭으로 여래를 따라서 출생하지 않았으며, 지계를 벗어난 까닭으로 여래를 따라서 출생하지 않았고, 지계의 진여를 벗어난 까닭으로 여래를 따라서 출생하지 않았으며, 오히려 수·화·풍·공·식계를 까닭으로 여래를 따라서 출생하지 않았고, 오히려 수·화·풍·공·식계의 진여를 까닭으로 여래를 따라서 출생하지 않았으며, 수·화·풍·공·식계를 벗어난 까닭으로 여래를 따라서 출생하지 않았고, 수·화·풍·공·식계의 진여를 벗어난 까닭으로 여래를 따라서 출생하지 않았습니다.

천자들이여. 마땅히 아십시오. 상좌인 선현은 오히려 무명을 까닭으로 여래를 따라서 출생하지 않았고, 오히려 무명의 진여를 까닭으로 여래를 따라서 출생하지 않았으며, 무명을 벗어난 까닭으로 여래를 따라서 출생하지 않았고, 무명의 진여를 벗어난 까닭으로 여래를 따라서 출생하지 않았으며, 오히려 행·식·명색·육처·촉·수·애·취·유·생·노사를 까닭으

로 여래를 따라서 출생하지 않았고, 오히려 행, 나아가 노사의 진여를
까닭으로 여래를 따라서 출생하지 않았으며, 행, 나아가 노사를 벗어난
까닭으로 여래를 따라서 출생하지 않았고, 행, 나아가 노사의 진여를
벗어난 까닭으로 여래를 따라서 출생하지 않았습니다.

 천자들이여. 마땅히 아십시오. 상좌인 선현은 오히려 나(我)를 까닭으
로 여래를 따라서 출생하지 않았고, 오히려 나의 진여를 까닭으로 여래를
따라서 출생하지 않았으며, 나를 벗어난 까닭으로 여래를 따라서 출생하
지 않았고, 나의 진여를 벗어난 까닭으로 여래를 따라서 출생하지 않았으
며, 오히려 유정·명자·생자·양자·사부·보특가라·의생·유동·작자·수자·
지자·견자를 까닭으로 여래를 따라서 출생하지 않았고, 오히려 유정,
나아가 견자의 진여를 까닭으로 여래를 따라서 출생하지 않았으며,
유정, 나아가 견자를 벗어난 까닭으로 여래를 따라서 출생하지 않았고,
유정, 나아가 견자의 진여를 벗어난 까닭으로 여래를 따라서 출생하지
않았습니다.

 천자들이여. 마땅히 아십시오. 상좌인 선현은 오히려 보시바라밀다를
까닭으로 여래를 따라서 출생하지 않았고, 오히려 보시바라밀다의 진여를
까닭으로 여래를 따라서 출생하지 않았으며, 보시바라밀다를 벗어난
까닭으로 여래를 따라서 출생하지 않았고, 보시바라밀다의 진여를 벗어난
까닭으로 여래를 따라서 출생하지 않았으며, 오히려 정계·안인·정진·정
려·반야바라밀다를 까닭으로 여래를 따라서 출생하지 않았고, 오히려
정계, 나아가 반야바라밀다의 진여를 까닭으로 여래를 따라서 출생하지
않았으며, 정계, 나아가 반야바라밀다를 벗어난 까닭으로 여래를 따라서
출생하지 않았고, 정계, 나아가 반야바라밀다의 진여를 벗어난 까닭으로
여래를 따라서 출생하지 않았습니다.

 천자들이여. 마땅히 아십시오. 상좌인 선현은 오히려 내공을 까닭으로
여래를 따라서 출생하지 않았고, 오히려 내공의 진여를 까닭으로 여래를
따라서 출생하지 않았으며, 내공을 벗어난 까닭으로 여래를 따라서 출생
하지 않았고, 내공의 진여를 벗어난 까닭으로 여래를 따라서 출생하지

않았으며, 오히려 외공·내외공·공공·대공·승의공·유위공·무위공·필경공·무제공·산공·무변이공·본성공·자상공·공상공·일체법공·불가득공·무성공·자성공·무성자성공을 까닭으로 여래를 따라서 출생하지 않았고, 오히려 외공, 나아가 무성자성공의 진여를 까닭으로 여래를 따라서 출생하지 않았으며, 외공, 나아가 무성자성공을 벗어난 까닭으로 여래를 따라서 출생하지 않았고, 외공, 나아가 무성자성공의 진여를 벗어난 까닭으로 여래를 따라서 출생하지 않았습니다.

천자들이여. 마땅히 아십시오. 상좌인 선현은 오히려 진여를 까닭으로 여래를 따라서 출생하지 않았고, 오히려 진여의 진여를 까닭으로 여래를 따라서 출생하지 않았으며, 진여를 벗어난 까닭으로 여래를 따라서 출생하지 않았고, 진여의 진여를 벗어난 까닭으로 여래를 따라서 출생하지 않았으며, 오히려 법계·법성·불허망성·불변이성·평등성·이생성·법정·법주·실제·허공계·부사의계를 까닭으로 여래를 따라서 출생하지 않았고, 오히려 법계, 나아가 부사의계의 진여를 까닭으로 여래를 따라서 출생하지 않았으며, 법계, 나아가 부사의계를 벗어난 까닭으로 여래를 따라서 출생하지 않았고, 법계, 나아가 부사의계의 진여를 벗어난 까닭으로 여래를 따라서 출생하지 않았습니다.

천자들이여. 마땅히 아십시오. 상좌인 선현은 오히려 4념주를 까닭으로 여래를 따라서 출생하지 않았고, 오히려 4념주의 진여를 까닭으로 여래를 따라서 출생하지 않았으며, 4념주를 벗어난 까닭으로 여래를 따라서 출생하지 않았고, 4념주의 진여를 벗어난 까닭으로 여래를 따라서 출생하지 않았으며, 오히려 4정단·4신족·5근·5력·7등각지·8성도지를 까닭으로 여래를 따라서 출생하지 않았고, 오히려 4정단, 나아가 8성도지의 진여를 까닭으로 여래를 따라서 출생하지 않았으며, 4정단, 나아가 8성도지를 벗어난 까닭으로 여래를 따라서 출생하지 않았고, 4정단, 나아가 8성도지의 진여를 벗어난 까닭으로 여래를 따라서 출생하지 않았습니다.

천자들이여. 마땅히 아십시오. 상좌인 선현은 오히려 고성제를 까닭으로 여래를 따라서 출생하지 않았고, 오히려 고성제의 진여를 까닭으로 여래를 따라서 출생하지 않았으며, 고성제를 벗어난 까닭으로 여래를 따라서 출생하지 않았고, 고성제의 진여를 벗어난 까닭으로 여래를 따라서 출생하지 않았으며, 집·멸·도성제를 까닭으로 여래를 따라서 출생하지 않았고, 오히려 집·멸·도성제의 진여를 까닭으로 여래를 따라서 출생하지 않았으며, 오히려 집·멸·도성제를 벗어난 까닭으로 여래를 따라서 출생하지 않았고, 집·멸·도성제의 진여를 벗어난 까닭으로 여래를 따라서 출생하지 않았습니다.

천자들이여. 마땅히 아십시오. 상좌인 선현은 오히려 4정려를 까닭으로 여래를 따라서 출생하지 않았고, 오히려 4정려의 진여를 까닭으로 여래를 따라서 출생하지 않았으며, 4정려를 벗어난 까닭으로 여래를 따라서 출생하지 않았고, 4정려의 진여를 벗어난 까닭으로 여래를 따라서 출생하지 않았으며, 오히려 4무량·4무색정을 까닭으로 여래를 따라서 출생하지 않았고, 오히려 4무량·4무색정의 진여를 까닭으로 여래를 따라서 출생하지 않았으며, 4무량·4무색정을 벗어난 까닭으로 여래를 따라서 출생하지 않았고, 4무량·4무색정의 진여를 벗어난 까닭으로 여래를 따라서 출생하지 않았습니다.

천자들이여. 마땅히 아십시오. 상좌인 선현은 오히려 8해탈을 까닭으로 여래를 따라서 출생하지 않았고, 오히려 8해탈의 진여를 까닭으로 여래를 따라서 출생하지 않았으며, 8해탈을 벗어난 까닭으로 여래를 따라서 출생하지 않았고, 8해탈의 진여를 벗어난 까닭으로 여래를 따라서 출생하지 않았으며, 오히려 8승처·9차제정·10변처를 까닭으로 여래를 따라서 출생하지 않았고, 오히려 8승처·9차제정·10변처의 진여를 까닭으로 여래를 따라서 출생하지 않았으며, 8승처·9차제정·10변처를 벗어난 까닭으로 여래를 따라서 출생하지 않았고, 8승처·9차제정·10변처의 진여를 벗어난 까닭으로 여래를 따라서 출생하지 않았습니다.

천자들이여. 마땅히 아십시오. 상좌인 선현은 오히려 공해탈문을 까닭으로 여래를 따라서 출생하지 않았고, 오히려 공해탈문의 진여를 까닭으로 여래를 따라서 출생하지 않았으며, 공해탈문을 벗어난 까닭으로 여래를 따라서 출생하지 않았고, 공해탈문의 진여를 벗어난 까닭으로 여래를 따라서 출생하지 않았으며, 오히려 무상·무원해탈문을 까닭으로 여래를 따라서 출생하지 않았고, 오히려 무상·무원해탈문의 진여를 까닭으로 여래를 따라서 출생하지 않았으며, 무상·무원해탈문을 벗어난 까닭으로 여래를 따라서 출생하지 않았고, 무상·무원해탈문의 진여를 벗어난 까닭으로 여래를 따라서 출생하지 않았습니다.

천자들이여. 마땅히 아십시오. 상좌인 선현은 오히려 5안을 까닭으로 여래를 따라서 출생하지 않았고, 오히려 5안의 진여를 까닭으로 여래를 따라서 출생하지 않았으며, 5안을 벗어난 까닭으로 여래를 따라서 출생하지 않았고, 5안의 진여를 벗어난 까닭으로 여래를 따라서 출생하지 않았으며, 오히려 6신통을 까닭으로 여래를 따라서 출생하지 않았고, 오히려 6신통의 진여를 까닭으로 여래를 따라서 출생하지 않았으며, 6신통을 벗어난 까닭으로 여래를 따라서 출생하지 않았고, 6신통의 진여를 벗어난 까닭으로 여래를 따라서 출생하지 않았습니다.

천자들이여. 마땅히 아십시오. 상좌인 선현은 오히려 삼마지문을 까닭으로 여래를 따라서 출생하지 않았고, 오히려 삼마지문의 진여를 까닭으로 여래를 따라서 출생하지 않았으며, 삼마지문을 벗어난 까닭으로 여래를 따라서 출생하지 않았고, 삼마지문의 진여를 벗어난 까닭으로 여래를 따라서 출생하지 않았으며, 다라니문을 까닭으로 여래를 따라서 출생하지 않았고, 오히려 다라니문의 진여를 까닭으로 여래를 따라서 출생하지 않았으며, 다라니문을 벗어난 까닭으로 여래를 따라서 출생하지 않았고, 다라니문의 진여를 벗어난 까닭으로 여래를 따라서 출생하지 않았습니다.

천자들이여. 마땅히 아십시오. 상좌인 선현은 오히려 여래의 10력을 까닭으로 여래를 따라서 출생하지 않았고, 오히려 여래의 10력의 진여를 까닭으로 여래를 따라서 출생하지 않았으며, 여래의 10력을 벗어난 까닭으로 여래를 따라서 출생하지 않았고, 여래의 10력의 진여를 벗어난 까닭으로 여래를 따라서 출생하지 않았으며, 오히려 4무소외·4무애해·대자·대비·대희·대사·18불불공법을 까닭으로 여래를 따라서 출생하지 않앉고, 오히려 4무소외, 나아가 18불불공법의 진여를 까닭으로 여래를 따라서 출생하지 않았으며, 4무소외, 나아가 18불불공법을 벗어난 까닭으로 여래를 따라서 출생하지 않았고, 4무소외, 나아가 18불불공법의 진여를 벗어난 까닭으로 여래를 따라서 출생하지 않았습니다.

천자들이여. 마땅히 아십시오. 상좌인 선현은 오히려 예류과를 까닭으로 여래를 따라서 출생하지 않았고, 오히려 예류과의 진여를 까닭으로 여래를 따라서 출생하지 않았으며, 예류과를 벗어난 까닭으로 여래를 따라서 출생하지 않았고, 예류과의 진여를 벗어난 까닭으로 여래를 따라서 출생하지 않았으며, 오히려 일래·불환·아라한과를 까닭으로 여래를 따라서 출생하지 않았고, 오히려 일래·불환·아라한과의 진여를 까닭으로 여래를 따라서 출생하지 않았으며, 일래·불환·아라한과를 벗어난 까닭으로 여래를 따라서 출생하지 않았고, 일래·불환·아라한과의 진여를 벗어난 까닭으로 여래를 따라서 출생하지 않았습니다.

천자들이여. 마땅히 아십시오. 상좌인 선현은 오히려 독각의 보리를 까닭으로 여래를 따라서 출생하지 않았고, 오히려 독각의 보리의 진여를 까닭으로 여래를 따라서 출생하지 않았으며, 독각의 보리를 벗어난 까닭으로 여래를 따라서 출생하지 않았고, 독각의 보리의 진여를 벗어난 까닭으로 여래를 따라서 출생하지 않았습니다.

천자들이여. 마땅히 아십시오. 상좌인 선현은 오히려 일체지를 까닭으로 여래를 따라서 출생하지 않았고, 오히려 일체지의 진여를 까닭으로 여래를 따라서 출생하지 않았으며, 일체지를 벗어난 까닭으로 여래를 따라서 출생하지 않았고, 일체지의 진여를 벗어난 까닭으로 여래를 따라서 출생하지 않았으며, 오히려 도상지·일체상지를 까닭으로 여래를 따라서 출생하지 않았고, 오히려 도상지·일체상지의 진여를 까닭으로 여래를 따라서 출생하지 않았으며, 도상지·일체상지를 벗어난 까닭으로 여래를 따라서 출생하지 않았고, 도상지·일체상지의 진여를 벗어난 까닭으로 여래를 따라서 출생하지 않았습니다.

천자들이여. 마땅히 아십시오. 상좌인 선현은 오히려 유위(有爲)를 까닭으로 여래를 따라서 출생하지 않았고, 오히려 유위의 진여를 까닭으로 여래를 따라서 출생하지 않았으며, 유위를 벗어난 까닭으로 여래를 따라서 출생하지 않았고, 유위의 진여를 벗어난 까닭으로 여래를 따라서 출생하지 않았습니다.

천자들이여. 마땅히 아십시오. 상좌인 선현은 오히려 무위(無爲)를 까닭으로 여래를 따라서 출생하지 않았고, 오히려 무위의 진여를 까닭으로 여래를 따라서 출생하지 않았으며, 무위를 벗어난 까닭으로 여래를 따라서 출생하지 않았고, 무위의 진여를 벗어난 까닭으로 여래를 따라서 출생하지 않았습니다.

왜 그러한가? 천자들이여. 이 일체법은 여러 따라서 출생하였던 자와 만약 따라서 출생하는 처소도 모두 무소유(無所有)이므로, 오히려 이러한 따라서 출생하였던 자와 따라서 출생하는 처소도 모두 얻을 수 없는 까닭입니다."

그때 구수 사리자(舍利子)가 세존께 아뢰어 말하였다.
"세존이시여. 제법의 진여(眞如)·법계(法界)·법성(法性)·불허망성(不虛妄性)·불변이성(不變異性)·평등성(平等性)·이생성(離生性)·법정(法定)·법주(法住)·실제(實際)·허공계(虛空界)·부사의계(不思議界)는 모두가 최고로 매우 깊습니다.

세존이시여. 이 가운데에서 색을 얻을 수 없고 색의 진여도 역시 얻을 수 없습니다. 왜 그러한가? 이 가운데에서 색을 오히려 얻을 수 없는데, 하물며 색의 진여를 얻을 수 있겠습니까? 이 가운데에서 수·상·행·식을 얻을 수 없고 수·상·행·식의 진여도 역시 얻을 수 없습니다. 왜 그러한가? 이 가운데에서 수·상·행·식을 오히려 얻을 수 없는데, 하물며 수·상·행·식의 진여를 얻을 수 있겠습니까?

세존이시여. 이 가운데에서 안처를 얻을 수 없고 안처의 진여도 역시 얻을 수 없습니다. 왜 그러한가? 이 가운데에서 안처를 오히려 얻을 수 없는데, 하물며 안처의 진여를 얻을 수 있겠습니까? 이 가운데에서 이·비·설·신·의처를 얻을 수 없고 이·비·설·신·의처의 진여도 역시 얻을 수 없습니다. 왜 그러한가? 이 가운데에서 이·비·설·신·의처를 오히려 얻을 수 없는데, 하물며 이·비·설·신·의처의 진여를 얻을 수 있겠습니까?

세존이시여. 이 가운데에서 색처를 얻을 수 없고 색처의 진여도 역시 얻을 수 없습니다. 왜 그러한가? 이 가운데에서 색처를 오히려 얻을 수 없는데, 하물며 색처의 진여를 얻을 수 있겠습니까? 이 가운데에서 성·향·미·촉·법처를 얻을 수 없고 성·향·미·촉·법처의 진여도 역시 얻을 수 없습니다. 왜 그러한가? 이 가운데에서 성·향·미·촉·법처를 오히려 얻을 수 없는데, 하물며 성·향·미·촉·법처의 진여를 얻을 수 있겠습니까?

세존이시여. 이 가운데에서 안계를 얻을 수 없고 안계의 진여도 역시 얻을 수 없습니다. 왜 그러한가? 이 가운데에서 안계를 오히려 얻을 수 없는데, 하물며 안계의 진여를 얻을 수 있겠습니까? 이 가운데에서 이·비·설·신·의계를 얻을 수 없고 이·비·설·신·의계의 진여도 역시 얻을 수 없습니다. 왜 그러한가? 이 가운데에서 이·비·설·신·의계를 오히려 얻을 수 없는데, 하물며 이·비·설·신·의계의 진여를 얻을 수 있겠습니까?

세존이시여. 이 가운데에서 색계를 얻을 수 없고 색계의 진여도 역시 얻을 수 없습니다. 왜 그러한가? 이 가운데에서 색계를 오히려 얻을 수 없는데, 하물며 색계의 진여를 얻을 수 있겠습니까? 이 가운데에서 성·향·미·촉·법계를 얻을 수 없고 성·향·미·촉·법계의 진여도 역시 얻을 수 없습니다. 왜 그러한가? 이 가운데에서 성·향·미·촉·법계를 오히려 얻을 수 없는데, 하물며 성·향·미·촉·법계의 진여를 얻을 수 있겠습니까?

세존이시여. 이 가운데에서 안식계를 얻을 수 없고 안식계의 진여도 역시 얻을 수 없습니다. 왜 그러한가? 이 가운데에서 안식계를 오히려 얻을 수 없는데, 하물며 안식계의 진여를 얻을 수 있겠습니까? 이 가운데에서 이·비·설·신·의식계를 얻을 수 없고 이·비·설·신·의식계의 진여도 역시 얻을 수 없습니다. 왜 그러한가? 이 가운데에서 이·비·설·신·의식계를 오히려 얻을 수 없는데, 하물며 이·비·설·신·의식계의 진여를 얻을 수 있겠습니까?

세존이시여. 이 가운데에서 안촉을 얻을 수 없고 안촉의 진여도 역시 얻을 수 없습니다. 왜 그러한가? 이 가운데에서 안촉을 오히려 얻을 수 없는데, 하물며 안촉의 진여를 얻을 수 있겠습니까? 이 가운데에서 이·비·설·신·의촉을 얻을 수 없고 이·비·설·신·의촉의 진여도 역시 얻을 수 없습니다. 왜 그러한가? 이 가운데에서 이·비·설·신·의촉을 오히려 얻을 수 없는데, 하물며 이·비·설·신·의촉의 진여를 얻을 수 있겠습니까?

세존이시여. 이 가운데에서 안촉을 인연으로 생겨난 수를 얻을 수 없고 안촉을 인연으로 생겨난 수의 진여도 역시 얻을 수 없습니다. 왜 그러한가? 이 가운데에서 안촉을 인연으로 생겨난 수를 오히려 얻을 수 없는데, 하물며 안촉을 인연으로 생겨난 수의 진여를 얻을 수 있겠습니까? 이 가운데에서 이·비·설·신·의촉을 인연으로 생겨난 수를 얻을 수 없고 이·비·설·신·의촉을 인연으로 생겨난 수의 진여도 역시 얻을 수 없습니다. 왜 그러한가? 이 가운데에서 이·비·설·신·의촉을 인연으로 생겨난 수를 오히려 얻을 수 없는데, 하물며 이·비·설·신·의촉을 인연으로 생겨난 수의 진여를 얻을 수 있겠습니까?

세존이시여. 이 가운데에서 지계를 얻을 수 없고 지계의 진여도 역시 얻을 수 없습니다. 왜 그러한가? 이 가운데에서 지계를 오히려 얻을 수 없는데, 하물며 지계의 진여를 얻을 수 있겠습니까? 이 가운데에서 수·화·풍·공·식계를 얻을 수 없고 수·화·풍·공·식계의 진여도 역시 얻을 수 없습니다. 왜 그러한가? 이 가운데에서 수·화·풍·공·식계를 오히려 얻을 수 없는데, 하물며 수·화·풍·공·식계의 진여를 얻을 수 있겠습니까?

세존이시여. 이 가운데에서 무명을 얻을 수 없고 무명의 진여도 역시 얻을 수 없습니다. 왜 그러한가? 이 가운데에서 무명을 오히려 얻을 수 없는데, 하물며 무명의 진여를 얻을 수 있겠습니까? 이 가운데에서 행·식·명색·육처·촉·수·애·취·유·생·노사를 얻을 수 없고 행, 나아가 노사의 진여도 역시 얻을 수 없습니다. 왜 그러한가? 이 가운데에서 행, 나아가 노사를 오히려 얻을 수 없는데, 하물며 행, 나아가 노사의 진여를 얻을 수 있겠습니까?

세존이시여. 이 가운데에서 보시바라밀다를 얻을 수 없고 보시바라밀다의 진여도 역시 얻을 수 없습니다. 왜 그러한가? 이 가운데에서 보시바라밀다를 오히려 얻을 수 없는데, 하물며 보시바라밀다의 진여를 얻을 수 있겠습니까? 이 가운데에서 정계·안인·정진·정려·반야바라밀다를 얻을 수 없고 정계, 나아가 반야바라밀다의 진여도 역시 얻을 수 없습니다. 왜 그러한가? 이 가운데에서 정계, 나아가 반야바라밀다를 오히려 얻을 수 없는데, 하물며 정계, 나아가 반야바라밀다의 진여를 얻을 수 있겠습니까?

세존이시여. 이 가운데에서 내공을 얻을 수 없고 내공의 진여도 역시 얻을 수 없습니다. 왜 그러한가? 이 가운데에서 내공을 오히려 얻을 수 없는데, 하물며 내공의 진여를 얻을 수 있겠습니까? 이 가운데에서 외공·내외공·공공·대공·승의공·유위공·무위공·필경공·무제공·산공·무변이공·본성공·자상공·공상공·일체법공·불가득공·무성공·자성공·무성자성공을 얻을 수 없고 외공, 나아가 무성자성공의 진여도 역시 얻을 수 없습니다. 왜 그러한가? 이 가운데에서 외공, 나아가 무성자성공을 오히려 얻을 수 없는데, 하물며 외공, 나아가 무성자성공의 진여를 얻을 수 있겠습니까?

세존이시여. 이 가운데에서 진여를 얻을 수 없고 진여의 진여도 역시 얻을 수 없습니다. 왜 그러한가? 이 가운데에서 진여를 오히려 얻을 수 없는데, 하물며 진여의 진여를 얻을 수 있겠습니까? 이 가운데에서 법계·법성·불허망성·불변이성·평등성·이생성·법정·법주·실제·허공계·부사의계를 얻을 수 없고 법계, 나아가 부사의계의 진여도 역시 얻을 수 없습니다. 왜 그러한가? 이 가운데에서 법계, 나아가 부사의계를 오히려 얻을 수 없는데, 하물며 법계, 나아가 부사의계의 진여를 얻을 수 있겠습니까?

세존이시여. 이 가운데에서 4념주를 얻을 수 없고 4념주의 진여도 역시 얻을 수 없습니다. 왜 그러한가? 이 가운데에서 4념주를 오히려 얻을 수 없는데, 하물며 4념주의 진여를 얻을 수 있겠습니까? 이 가운데에서 4정단·4신족·5근·5력·7등각지·8성도지를 얻을 수 없고 4정단, 나아가 8성도지의 진여도 역시 얻을 수 없습니다. 왜 그러한가? 이 가운데에서 4정단, 나아가 8성도지를 오히려 얻을 수 없는데, 하물며 4정단, 나아가 8성도지의 진여를 얻을 수 있겠습니까?

세존이시여. 이 가운데에서 고성제를 얻을 수 없고 고성제의 진여도 역시 얻을 수 없습니다. 왜 그러한가? 이 가운데에서 고성제를 오히려 얻을 수 없는데, 하물며 고성제의 진여를 얻을 수 있겠습니까? 이 가운데에서 집·멸·도성제를 얻을 수 없고 집·멸·도성제의 진여도 역시 얻을 수 없습니다. 왜 그러한가? 이 가운데에서 집·멸·도성제를 오히려 얻을 수 없는데, 하물며 집·멸·도성제의 진여를 얻을 수 있겠습니까?

세존이시여. 이 가운데에서 4정려를 얻을 수 없고 4정려의 진여도 역시 얻을 수 없습니다. 왜 그러한가? 이 가운데에서 4정려를 오히려 얻을 수 없는데, 하물며 4정려의 진여를 얻을 수 있겠습니까? 이 가운데에서 4무량·4무색정을 얻을 수 없고 4무량·4무색정의 진여도 역시 얻을 수 없습니다. 왜 그러한가? 이 가운데에서 4무량·4무색정을 오히려 얻을 수 없는데, 하물며 4무량·4무색정의 진여를 얻을 수 있겠습니까?

세존이시여. 이 가운데에서 8해탈을 얻을 수 없고 8해탈의 진여도 역시 얻을 수 없습니다. 왜 그러한가? 이 가운데에서 8해탈을 오히려 얻을 수 없는데, 하물며 8해탈의 진여를 얻을 수 있겠습니까? 이 가운데에서 8승처·9차제정·10변처를 얻을 수 없고 8승처·9차제정·10변처의 진여도 역시 얻을 수 없습니다. 왜 그러한가? 이 가운데에서 8승처·9차제정·10변처를 오히려 얻을 수 없는데, 하물며 8승처·9차제정·10변처의 진여를 얻을 수 있겠습니까?

세존이시여. 이 가운데에서 공해탈문을 얻을 수 없고 공해탈문의 진여도 역시 얻을 수 없습니다. 왜 그러한가? 이 가운데에서 공해탈문을 오히려 얻을 수 없는데, 하물며 공해탈문의 진여를 얻을 수 있겠습니까? 이 가운데에서 무상·무원해탈문을 얻을 수 없고 무상·무원해탈문의 진여도 역시 얻을 수 없습니다. 왜 그러한가? 이 가운데에서 무상·무원해탈문

을 오히려 얻을 수 없는데, 하물며 무상·무원해탈문의 진여를 얻을 수
있겠습니까?

세존이시여. 이 가운데에서 5안을 얻을 수 없고 5안의 진여도 역시
얻을 수 없습니다. 왜 그러한가? 이 가운데에서 5안을 오히려 얻을 수
없는데, 하물며 5안의 진여를 얻을 수 있겠습니까? 이 가운데에서 6신통을
얻을 수 없고 6신통의 진여도 역시 얻을 수 없습니다. 왜 그러한가?
이 가운데에서 6신통을 오히려 얻을 수 없는데, 하물며 6신통의 진여를
얻을 수 있겠습니까?

세존이시여. 이 가운데에서 삼마지문을 얻을 수 없고 삼마지문의 진여
도 역시 얻을 수 없습니다. 왜 그러한가? 이 가운데에서 삼마지문을
오히려 얻을 수 없는데, 하물며 삼마지문의 진여를 얻을 수 있겠습니까?
이 가운데에서 다라니문을 얻을 수 없고 다라니문의 진여도 역시 얻을
수 없습니다. 왜 그러한가? 이 가운데에서 다라니문을 오히려 얻을 수
없는데, 하물며 다라니문의 진여를 얻을 수 있겠습니까?

세존이시여. 이 가운데에서 여래의 10력을 얻을 수 없고 여래의 10력의
진여도 역시 얻을 수 없습니다. 왜 그러한가? 이 가운데에서 여래의
10력을 오히려 얻을 수 없는데, 하물며 여래의 10력의 진여를 얻을 수
있겠습니까? 이 가운데에서 4무소외·4무애해·대자·대비·대희·대사·18
불불공법을 얻을 수 없고 4무소외, 나아가 18불불공법의 진여도 역시
얻을 수 없습니다. 왜 그러한가? 이 가운데에서 4무소외, 나아가 18불불공
법을 오히려 얻을 수 없는데, 하물며 4무소외, 나아가 18불불공법의
진여를 얻을 수 있겠습니까?

세존이시여. 이 가운데에서 예류과를 얻을 수 없고 예류과의 진여도
역시 얻을 수 없습니다. 왜 그러한가? 이 가운데에서 예류과를 오히려
얻을 수 없는데, 하물며 예류과의 진여를 얻을 수 있겠습니까? 이 가운데에
서 일래·불환·아라한과를 얻을 수 없고 일래·불환·아라한과의 진여도
역시 얻을 수 없습니다. 왜 그러한가? 이 가운데에서 일래·불환·아라한과
를 오히려 얻을 수 없는데, 하물며 일래·불환·아라한과의 진여를 얻을

수 있겠습니까?

세존이시여. 이 가운데에서 독각의 보리를 얻을 수 없고 독각의 보리의 진여도 역시 얻을 수 없습니다. 왜 그러한가? 이 가운데에서 독각의 보리를 오히려 얻을 수 없는데, 하물며 독각의 보리의 진여를 얻을 수 있겠습니까?

세존이시여. 이 가운데에서 일체지를 얻을 수 없고 일체지의 진여도 역시 얻을 수 없습니다. 왜 그러한가? 이 가운데에서 일체지를 오히려 얻을 수 없는데, 하물며 일체지의 진여를 얻을 수 있겠습니까? 이 가운데에서 도상지·일체상지를 얻을 수 없고 도상지·일체상지의 진여도 역시 얻을 수 없습니다. 왜 그러한가? 이 가운데에서 도상지·일체상지를 오히려 얻을 수 없는데, 하물며 도상지·일체상지의 진여를 얻을 수 있겠습니까?"

세존께서 말씀하셨다.

"사리자여. 그와 같으니라. 그와 같으니라. 그대가 말한 것과 같으니라. 제법의 진여·법계·법성·불허망성·불변이성·평등성·이생성·법정·법주·실제·허공계·부사의계는 모두가 최고로 매우 깊으니라.

사리자여. 이 가운데에서 색을 얻을 수 없고 색의 진여도 역시 얻을 수 없느니라. 왜 그러한가? 이 가운데에서 색을 오히려 얻을 수 없는데, 하물며 색의 진여를 얻을 수 있겠는가! 이 가운데에서 수·상·행·식을 얻을 수 없고 수·상·행·식의 진여도 역시 얻을 수 없느니라. 왜 그러한가? 이 가운데에서 수·상·행·식을 오히려 얻을 수 없는데, 하물며 수·상·행·식의 진여를 얻을 수 있겠는가!

사리자여. 이 가운데에서 안처를 얻을 수 없고 안처의 진여도 역시 얻을 수 없느니라. 왜 그러한가? 이 가운데에서 안처를 오히려 얻을 수 없는데, 하물며 안처의 진여를 얻을 수 있겠는가! 이 가운데에서 이·비·설·신·의처를 얻을 수 없고 이·비·설·신·의처의 진여도 역시 얻을 수 없느니라. 왜 그러한가? 이 가운데에서 이·비·설·신·의처를 오히려 얻을 수 없는데, 하물며 이·비·설·신·의처의 진여를 얻을 수 있겠는가!

사리자여. 이 가운데에서 색처를 얻을 수 없고 색처의 진여도 역시 얻을 수 없느니라. 왜 그러한가? 이 가운데에서 색처를 오히려 얻을 수 없는데, 하물며 색처의 진여를 얻을 수 있겠는가! 이 가운데에서 성·향·미·촉·법처를 얻을 수 없고 성·향·미·촉·법처의 진여도 역시 얻을 수 없느니라. 왜 그러한가? 이 가운데에서 성·향·미·촉·법처를 오히려 얻을 수 없는데, 하물며 성·향·미·촉·법처의 진여를 얻을 수 있겠는가!

사리자여. 이 가운데에서 안계를 얻을 수 없고 안계의 진여도 역시 얻을 수 없느니라. 왜 그러한가? 이 가운데에서 안계를 오히려 얻을 수 없는데, 하물며 안계의 진여를 얻을 수 있겠는가! 이 가운데에서 이·비·설·신·의계를 얻을 수 없고 이·비·설·신·의계의 진여도 역시 얻을 수 없느니라. 왜 그러한가? 이 가운데에서 이·비·설·신·의계를 오히려 얻을 수 없는데, 하물며 이·비·설·신·의계의 진여를 얻을 수 있겠는가!

사리자여. 이 가운데에서 색계를 얻을 수 없고 색계의 진여도 역시 얻을 수 없느니라. 왜 그러한가? 이 가운데에서 색계를 오히려 얻을 수 없는데, 하물며 색계의 진여를 얻을 수 있겠는가! 이 가운데에서 성·향·미·촉·법계를 얻을 수 없고 성·향·미·촉·법계의 진여도 역시 얻을 수 없느니라. 왜 그러한가? 이 가운데에서 성·향·미·촉·법계를 오히려 얻을 수 없는데, 하물며 성·향·미·촉·법계의 진여를 얻을 수 있겠는가!

사리자여. 이 가운데에서 안식계를 얻을 수 없고 안식계의 진여도 역시 얻을 수 없느니라. 왜 그러한가? 이 가운데에서 안식계를 오히려 얻을 수 없는데, 하물며 안식계의 진여를 얻을 수 있겠는가! 이 가운데에서 이·비·설·신·의식계를 얻을 수 없고 이·비·설·신·의식계의 진여도 역시 얻을 수 없느니라. 왜 그러한가? 이 가운데에서 이·비·설·신·의식계를 오히려 얻을 수 없는데, 하물며 이·비·설·신·의식계의 진여를 얻을 수 있겠는가!

사리자여. 이 가운데에서 안촉을 얻을 수 없고 안촉의 진여도 역시 얻을 수 없느니라. 왜 그러한가? 이 가운데에서 안촉을 오히려 얻을 수 없는데, 하물며 안촉의 진여를 얻을 수 있겠는가! 이 가운데에서 이·비·설·신·의촉을 얻을 수 없고 이·비·설·신·의촉의 진여도 역시 얻을 수 없느니라. 왜 그러한가? 이 가운데에서 이·비·설·신·의촉을 오히려 얻을 수 없는데, 하물며 이·비·설·신·의촉의 진여를 얻을 수 있겠는가!

사리자여. 이 가운데에서 안촉을 인연으로 생겨난 수를 얻을 수 없고 안촉을 인연으로 생겨난 수의 진여도 역시 얻을 수 없느니라. 왜 그러한가? 이 가운데에서 안촉을 인연으로 생겨난 수를 오히려 얻을 수 없는데, 하물며 안촉을 인연으로 생겨난 수의 진여를 얻을 수 있겠는가! 이 가운데에서 이·비·설·신·의촉을 인연으로 생겨난 수를 얻을 수 없고 이·비·설·신·의촉을 인연으로 생겨난 수의 진여도 역시 얻을 수 없느니라. 왜 그러한가? 이 가운데에서 이·비·설·신·의촉을 인연으로 생겨난 수를 오히려 얻을 수 없는데, 하물며 이·비·설·신·의촉을 인연으로 생겨난 수의 진여를 얻을 수 있겠는가!

사리자여. 이 가운데에서 지계를 얻을 수 없고 지계의 진여도 역시 얻을 수 없느니라. 왜 그러한가? 이 가운데에서 지계를 오히려 얻을 수 없는데, 하물며 지계의 진여를 얻을 수 있겠는가! 이 가운데에서 수·화·풍·공·식계를 얻을 수 없고 수·화·풍·공·식계의 진여도 역시 얻을 수 없느니라. 왜 그러한가? 이 가운데에서 수·화·풍·공·식계를 오히려 얻을 수 없는데, 하물며 수·화·풍·공·식계의 진여를 얻을 수 있겠는가!

사리자여. 이 가운데에서 무명을 얻을 수 없고 무명의 진여도 역시 얻을 수 없느니라. 왜 그러한가? 이 가운데에서 무명을 오히려 얻을 수 없는데, 하물며 무명의 진여를 얻을 수 있겠는가! 이 가운데에서 행·식·명색·육처·촉·수·애·취·유·생·노사를 얻을 수 없고 행, 나아가 노사의 진여도 역시 얻을 수 없느니라. 왜 그러한가? 이 가운데에서 행, 나아가 노사를 오히려 얻을 수 없는데, 하물며 행, 나아가 노사의 진여를 얻을 수 있겠는가!

사리자여. 이 가운데에서 보시바라밀다를 얻을 수 없고 보시바라밀다의 진여도 역시 얻을 수 없느니라. 왜 그러한가? 이 가운데에서 보시바라밀다를 오히려 얻을 수 없는데, 하물며 보시바라밀다의 진여를 얻을 수 있겠는가! 이 가운데에서 정계·안인·정진·정려·반야바라밀다를 얻을 수 없고 정계, 나아가 반야바라밀다의 진여도 역시 얻을 수 없느니라. 왜 그러한가? 이 가운데에서 정계, 나아가 반야바라밀다를 오히려 얻을 수 없는데, 하물며 정계, 나아가 반야바라밀다의 진여를 얻을 수 있겠는가!

사리자여. 이 가운데에서 내공을 얻을 수 없고 내공의 진여도 역시 얻을 수 없느니라. 왜 그러한가? 이 가운데에서 내공을 오히려 얻을 수 없는데, 하물며 내공의 진여를 얻을 수 있겠는가! 이 가운데에서 외공·내외공·공공·대공·승의공·유위공·무위공·필경공·무제공·산공·무변이공·본성공·자상공·공상공·일체법공·불가득공·무성공·자성공·무성자성공을 얻을 수 없고 외공, 나아가 무성자성공의 진여도 역시 얻을 수 없느니라. 왜 그러한가? 이 가운데에서 외공, 나아가 무성자성공을 오히려 얻을 수 없는데, 하물며 외공, 나아가 무성자성공의 진여를 얻을 수 있겠는가!

사리자여. 이 가운데에서 진여를 얻을 수 없고 진여의 진여도 역시 얻을 수 없느니라. 왜 그러한가? 이 가운데에서 진여를 오히려 얻을 수 없는데, 하물며 진여의 진여를 얻을 수 있겠는가! 이 가운데에서 법계·법성·불허망성·불변이성·평등성·이생성·법정·법주·실제·허공계·부사의계를 얻을 수 없고 법계, 나아가 부사의계의 진여도 역시 얻을 수 없느니라. 왜 그러한가? 이 가운데에서 법계, 나아가 부사의계를 오히려 얻을 수 없는데, 하물며 법계, 나아가 부사의계의 진여를 얻을 수 있겠는가!

사리자여. 이 가운데에서 4념주를 얻을 수 없고 4념주의 진여도 역시 얻을 수 없느니라. 왜 그러한가? 이 가운데에서 4념주를 오히려 얻을 수 없는데, 하물며 4념주의 진여를 얻을 수 있겠는가! 이 가운데에서 4정단·4신족·5근·5력·7등각지·8성도지를 얻을 수 없고 4정단, 나아가 8성도지의 진여도 역시 얻을 수 없느니라. 왜 그러한가? 이 가운데에서 4정단, 나아가 8성도지를 오히려 얻을 수 없는데, 하물며 4정단, 나아가 8성도지의 진여를 얻을 수 있겠는가!

사리자여. 이 가운데에서 고성제를 얻을 수 없고 고성제의 진여도 역시 얻을 수 없느니라. 왜 그러한가? 이 가운데에서 고성제를 오히려 얻을 수 없는데, 하물며 고성제의 진여를 얻을 수 있겠는가! 이 가운데에서 집·멸·도성제를 얻을 수 없고 집·멸·도성제의 진여도 역시 얻을 수 없느니라. 왜 그러한가? 이 가운데에서 집·멸·도성제를 오히려 얻을 수 없는데, 하물며 집·멸·도성제의 진여를 얻을 수 있겠는가!

사리자여. 이 가운데에서 4정려를 얻을 수 없고 4정려의 진여도 역시 얻을 수 없느니라. 왜 그러한가? 이 가운데에서 4정려를 오히려 얻을 수 없는데, 하물며 4정려의 진여를 얻을 수 있겠는가! 이 가운데에서 4무량·4무색정을 얻을 수 없고 4무량·4무색정의 진여도 역시 얻을 수 없느니라. 왜 그러한가? 이 가운데에서 4무량·4무색정을 오히려 얻을 수 없는데, 하물며 4무량·4무색정의 진여를 얻을 수 있겠는가!

사리자여. 이 가운데에서 8해탈을 얻을 수 없고 8해탈의 진여도 역시 얻을 수 없느니라. 왜 그러한가? 이 가운데에서 8해탈을 오히려 얻을 수 없는데, 하물며 8해탈의 진여를 얻을 수 있겠는가! 이 가운데에서 8승처·9차제정·10변처를 얻을 수 없고 8승처·9차제정·10변처의 진여도 역시 얻을 수 없느니라. 왜 그러한가? 이 가운데에서 8승처·9차제정·10변처를 오히려 얻을 수 없는데, 하물며 8승처·9차제정·10변처의 진여를 얻을 수 있겠는가!

사리자여. 이 가운데에서 공해탈문을 얻을 수 없고 공해탈문의 진여도 역시 얻을 수 없느니라. 왜 그러한가? 이 가운데에서 공해탈문을 오히려 얻을 수 없는데, 하물며 공해탈문의 진여를 얻을 수 있겠는가! 이 가운데에서 무상·무원해탈문을 얻을 수 없고 무상·무원해탈문의 진여도 역시 얻을 수 없느니라. 왜 그러한가? 이 가운데에서 무상·무원해탈문을 오히려 얻을 수 없는데, 하물며 무상·무원해탈문의 진여를 얻을 수 있겠는가!

사리자여. 이 가운데에서 5안을 얻을 수 없고 5안의 진여도 역시 얻을 수 없느니라. 왜 그러한가? 이 가운데에서 5안을 오히려 얻을 수 없는데, 하물며 5안의 진여를 얻을 수 있겠는가! 이 가운데에서 6신통을 얻을 수 없고 6신통의 진여도 역시 얻을 수 없느니라. 왜 그러한가? 이 가운데에서 6신통을 오히려 얻을 수 없는데, 하물며 6신통의 진여를 얻을 수 있겠는가!

사리자여. 이 가운데에서 삼마지문을 얻을 수 없고 삼마지문의 진여도 역시 얻을 수 없느니라. 왜 그러한가? 이 가운데에서 삼마지문을 오히려 얻을 수 없는데, 하물며 삼마지문의 진여를 얻을 수 있겠는가! 이 가운데에서 다라니문을 얻을 수 없고 다라니문의 진여도 역시 얻을 수 없느니라. 왜 그러한가? 이 가운데에서 다라니문을 오히려 얻을 수 없는데, 하물며 다라니문의 진여를 얻을 수 있겠는가!

사리자여. 이 가운데에서 여래의 10력을 얻을 수 없고 여래의 10력의 진여도 역시 얻을 수 없느니라. 왜 그러한가? 이 가운데에서 여래의 10력을 오히려 얻을 수 없는데, 하물며 여래의 10력의 진여를 얻을 수 있겠는가! 이 가운데에서 4무소외·4무애해·대자·대비·대희·대사·18불불공법을 얻을 수 없고 4무소외, 나아가 18불불공법의 진여도 역시 얻을 수 없느니라. 왜 그러한가? 이 가운데에서 4무소외, 나아가 18불불공법을 오히려 얻을 수 없는데, 하물며 4무소외, 나아가 18불불공법의 진여를 얻을 수 있겠는가!

사리자여. 이 가운데에서 예류과를 얻을 수 없고 예류과의 진여도 역시 얻을 수 없느니라. 왜 그러한가? 이 가운데에서 예류과를 오히려 얻을 수 없는데, 하물며 예류과의 진여를 얻을 수 있겠는가! 이 가운데에서 일래·불환·아라한과를 얻을 수 없고 일래·불환·아라한과의 진여도 역시 얻을 수 없느니라. 왜 그러한가? 이 가운데에서 일래·불환·아라한과를 오히려 얻을 수 없는데, 하물며 일래·불환·아라한과의 진여를 얻을 수 있겠는가!

사리자여. 이 가운데에서 독각의 보리를 얻을 수 없고 독각의 보리의 진여도 역시 얻을 수 없느니라. 왜 그러한가? 이 가운데에서 독각의 보리를 오히려 얻을 수 없는데, 하물며 독각의 보리의 진여를 얻을 수 있겠는가!

사리자여. 이 가운데에서 일체지를 얻을 수 없고 일체지의 진여도 역시 얻을 수 없느니라. 왜 그러한가? 이 가운데에서 일체지를 오히려 얻을 수 없는데, 하물며 일체지의 진여를 얻을 수 있겠는가! 이 가운데에서 도상지·일체상지를 얻을 수 없고 도상지·일체상지의 진여도 역시 얻을 수 없느니라. 왜 그러한가? 이 가운데에서 도상지·일체상지를 오히려 얻을 수 없는데, 하물며 의 진여를 얻을 수 있겠는가!"

이 진여의 상을 설하시는 때에, 대중의 가운데에서 1만2천 명의 비구(苾芻)는 여러 번뇌(諸漏)를 영원히 마치고서 마음에서 해탈을 증득하여 아라한(阿羅漢)을 성취하였고, 5백 명의 비구니(苾芻尼)는 번민(塵垢)을 멀리 벗어나서 제법의 가운데에서 청정한 법안(法眼)이 생겨났으며, 5백 명의 보살마하살(菩薩摩訶薩)은 무생법인(無生法忍)을 증득하였고, 6만 명의 보살(菩薩)[1]은 여러 번뇌(諸漏)를 영원히 마치고서 마음에서 해탈을 증득하여 아라한을 성취하였다.

그때 세존께서 사리자에게 알려 말씀하셨다.
"이러한 6만 명의 보살들은 이미 과거에서 5백 명의 제불께 친근하고 공양하였으며 한 명·한 명의 여래(佛)의 처소에서 큰 서원을 일으켰고 바른 신심으로 출가하였었느니라. 비록 보시·정계·안인·정진·정려바라밀다를 수행하였으나, 그렇지만 반야바라밀다를 섭수하지 않았고 역시 방편선교(方便善巧)의 힘을 섭수하지 않았던 까닭으로, 별도의 다른 생각을 일으켰고 별도의 다른 행을 수행하였느니라.

보시를 수행하는 때에 '이것은 보시이고, 이것은 재물이며, 이자는 받는 자이고, 나는 능히 보시한다.'라고 이와 같이 생각을 지었고, 정계를 수행하는 때에 '이것은 정계이고, 이것은 죄업이며, 이것은 호지(護持)할 경계이고, 나는 능히 지계(持戒)한다.'라고 이와 같이 생각을 지었으며, 안인을 수행하는 때에 '이것은 안인이고, 이것은 장애를 안인하는 것이며, 이것은 안인의 경계이고, 나는 능히 안인한다.'라고 이와 같이 생각을

---

1) 본 문장에서는 보리살타(菩提薩埵, Bodhisattva)의 사전(辭典)적인 의미인 '깨달음을 구하는 유정'으로 해석하는 것이 합당하겠다.

지었고, 정진을 수행하는 때에 '이것은 정진이고, 이것은 해태(懈怠)이며, 이것이 수행할 것이고, 나는 능히 정진한다.'라고 이와 같이 생각을 지었으며, 정려를 수행하는 때에 '이것은 정려이고, 이것이 어지러운 움직임(亂動)이며, 이것은 수행할 것이고, 나는 능히 정려를 수행한다.'라고 이와 같이 생각을 지었느니라.

그들은 반야바라밀다를 벗어났고 방편선교의 힘도 벗어났던 까닭으로 별도의 다른 생각에 의지하였고, 보시·정계·안인·정진·정려와는 별도로 다르게 수행한 까닭으로 보살의 정성이생(正性離生)의 지위에 들어가서 증득하지 못하였으며, 오히려 보살의 정성이생의 지위에 들어가서 증득하지 못하였던 까닭으로 예류과를 증득하였고 점차로 나아가서 아라한의 과위에 이르렀느니라.

사리자여. 이 제보살들은 비록 보살도(菩薩道)인 공(空)·무상(無相)·무원해탈문(無願解脫門)이 있었을지라도 반야바라밀다와 방편선교의 힘을 멀리 벗어났던 까닭으로 실제(實際)[2]에서 성문과(聲聞果)를 지어서 증득하였으며 취하였느니라."

---

2) 산스크리트어 bhūta-koti의 번역이고, '실재', '진실의 영역', '한계' 등을 뜻한다.

마하반야바라밀다경 제323권

47. 진여품(眞如品)(6)

그때 사리자가 세존께 아뢰어 말하였다.

"세존이시여. 무슨 인연을 까닭으로 제보살들이 있어서 공·무상·무원해탈문을 수행하면서 반야바라밀다를 섭수하지 않았고 방편선교의 힘이 없었어도 곧 실제를 증득하여 성문과(聲聞果)이거나, 혹은 독각의 보리를 취하였으며, 제보살들이 있어서 공·무상·무원해탈문을 수행하면서 반야바라밀다를 섭수하였고 방편선교의 힘이 있었다면 실제를 증득하지 않았을지라도, 무상정등보리에 나아갑니까?"

세존께서 말씀하셨다.

"사리자여. 만약 제보살들이 일체지지(一切智智)의 마음을 멀리 벗어나서 공·무상·무원해탈문을 수행하였고, 이 보살들은 반야바라밀다를 섭수하지 않았으며 방편선교의 힘이 없었던 까닭이라면, 곧 실제를 증득하고서 성문과(聲聞果)이거나, 혹은 독각의 보리를 취하느니라. 사리자여. 만약 제보살들이 일체지지의 마음을 벗어나지 않고 공·무상·무원해탈문을 수행하였고, 이 보살들은 반야바라밀다를 섭수하였으며 방편선교의 힘이 있었던 까닭이라면, 능히 보살의 정성이생(正性離生)의 지위에 들어가서 아뇩다라삼먁삼보리를 증득하느니라.

사리자여. 비유한다면 새가 있어서 몸의 길이와 크기가 100의 유선나(踰繕那)이었거나, 혹은 200의 유선나, 나아가 500의 유선나이었고, 그렇지만 날개가 없는 것과 같았는데, 이 새가 삼십삼천(三十三天)에서 섬부주(贍部

洲)에 몸을 던져서 내려오며 나아가면서 그 중도(中道)에서 '나는 다시 삼십삼천의 위로 돌아가겠다.'라고 곧 이렇게 생각을 지었다면, 사리자여. 그대의 뜻은 어떠한가? 이 새가 능히 삼십삼천으로 돌아갈 수 있겠는가?"

사리자가 말하였다.

"아닙니다. 세존이시여."

세존께서 말씀하셨다.

"사리자여. 이 새가 중도에서 '섬부주에 이르더라도 마땅히 내 몸에 손상이 없고 번민도 없게 하십시오.'라고 혹은 이렇게 소원을 지었다면 사리자여. 그대의 뜻은 어떠한가? 이 새는 마침내 소원하는 것을 얻을 수 있겠는가?"

사리자가 말하였다.

"아닙니다. 세존이시여. 이 새가 섬부주에 이르렀던 때라면, 그 몸은 결정적으로 손상이 있고 번민이 있으며, 혹은 죽음에 이르거나, 혹은 죽는 고통에 가깝습니다. 왜 그러한가? 세존이시여. 이 새는 몸이 크고 먼 곳에서 떨어졌으나 날개가 없었던 까닭입니다."

세존께서 말씀하셨다.

"사리자여. 그와 같으니라. 그와 같으니라. 그대가 말한 것과 같으니라. 사리자여. 제보살들이 있었고 역시 다시 그와 같아서 비록 긍가사(殑伽沙)의 숫자의 대겁(大劫)이 지나도록 정근하면서 보시·정계·안인·정진·정려를 수행하였고, 역시 공·무상·무원해탈문도 수행하였으며, 광대(廣大)한 불사를 지었고, 광대한 마음을 일으켜서 무량하고 섭수할 수 없는 미묘한 무상정등보리라는 것을 증득하고자 하였더라도, 그렇지만 반야바라밀다가 없었고 방편선교의 힘을 멀리 벗어났던 까닭이라면, 곧 성문지이거나, 혹은 독각지에 떨어지느니라.

왜 그러한가? 사리자여. 이 제보살들은 일체지지의 마음을 멀리 벗어났으므로 비록 많은 겁을 지나도록 보시·정계·안인·정진·정려를 정근하면서 수행하였고, 역시 공·무상·무원해탈문을 수행하였더라도 반야바라밀다가 없고, 역시 방편선교의 힘도 없었던 까닭이라면, 마침내 성문지이거나, 혹은 독각지에 떨어지느니라.

사리자여. 이 제보살들은 비록 과거·미래·현재의 일체의 여래·응공·정등각들의 계온(戒蘊)·정온(定蘊)·혜온(慧蘊)·해탈온(解脫蘊)·해탈지견온(解脫智見蘊)을 억념하고서 공경하고 공양하며 수순하면서 수행하였더라도 그 가운데서 상(相)을 집착하고 취하였던 까닭이라면, 능히 제여래·응공·정등각들의 계온·정온·혜온·해탈온·해탈지견온의 진실한 공덕을 바르게 이해하지 못하느니라.

사리자여. 이 제보살들은 여래의 공덕을 바르게 이해하지 못하는 까닭으로 비록 보살도(菩薩道)인 공·무상·무원해탈문의 소리를 들었더라도, 이 소리에 의지하여 그의 상을 집착하면서 취하고 상을 집착하고 취하고서 무상정등보리에 회향하였다면, 이 제보살들이 이와 같이 회향하였으므로 무상정등보리를 증득하지 못하고 성문지이거나, 혹은 독각지에 안주하느니라.

왜 그러한가? 사리자여. 이 제보살들은 반야바라밀다가 없고, 역시 방편선교의 힘도 없었던 까닭이라면, 비록 여러 종류의 처소에서 선근을 수행하고 무상정등보리에 회향하였어도 성문지이거나, 혹은 독각지에 안주하느니라.

사리자여. 제보살들이 있었고 초발심부터 항상 일체지지의 마음을 벗어나지 않았고 보시·정계·안인·정진·정려를 정근하면서 수행하였으며 반야바라밀다와 방편선교를 벗어나지 않았고, 비록 과거·미래·현재의 일체의 여래·응공·정등각들의 계온·정온·혜온·해탈온·해탈지견온을 생각하였어도 상을 취하지 않았으며, 비록 공·무상·무원해탈문을 수행하였더라도 역시 상을 취하지 않았고, 비록 스스로와 다른 사람의 여러 종류의 공덕과 선근을 생각하면서 제유정들과 함께 무상정등보리에 공동으로 회향하였으므로, 역시 상을 취하지 않느니라.

사리자여. 마땅히 알지니라. 이 보살마하살은 성문지·독각지에 안주하지 않고 곧 무상정등보리에 나아가느니라. 왜 그러한가? 사리자여. 이 보살마하살은 초발심부터 나아가 구경(究竟)에 이르기까지 항상 능히 일체지지의 마음을 멀리 벗어나지 않았으므로 비록 보시를 수행하였어도 상을 취하지 않았고, 비록 정계·안인·정진·정려·반야를 수행하였어도 역시 상을 취하지 않았으며, 비록 과거·미래·현재의 일체의 여래·응공·정등각들께서 소유하신 계온·정온·혜온·해탈온·해탈지견온을 생각하였어도 역시 상을 취하지 않았고, 비록 일체의 보살도인 공·무상·무원해탈문을 수행하였어도 역시 상을 취하지 않았느니라.

사리자여. 이 보살마하살은 방편선교가 있었던 까닭으로 상을 벗어난 마음으로써 보시바라밀다를 수행하였고, 상을 벗어난 마음으로써 정계·안인·정진·정려·반야바라밀다를 수행하였느니라. 사리자여. 이 보살마하살은 방편선교가 있었던 까닭으로 상을 벗어난 마음으로써 내공에 안주하였고, 상을 벗어난 마음으로써 외공·내외공·공공·대공·승의공·유위공·무위공·필경공·무제공·산공·무변이공·본성공·자상공·공상공·일체법공·불가득공·무성공·자성공·무성자성공에 안주하였느니라.

사리자여. 이 보살마하살은 방편선교가 있었던 까닭으로 상을 벗어난 마음으로써 진여에 안주하였고, 상을 벗어난 마음으로써 법계·법성·불허망성·불변이성·평등성·이생성·법정·법주·실제·허공계·부사의계에 안주하였느니라. 사리자여. 이 보살마하살은 방편선교가 있었던 까닭으로 상을 벗어난 마음으로써 4념주를 수행하였고, 상을 벗어난 마음으로써 4정단·4신족·5근·5력·7등각지·8성도지를 수행하였느니라.

사리자여. 이 보살마하살은 방편선교가 있었던 까닭으로 상을 벗어난 마음으로써 고성제에 안주하였고, 상을 벗어난 마음으로써 집·멸·도성제에 안주하였느니라. 사리자여. 이 보살마하살은 방편선교가 있었던 까닭으로 상을 벗어난 마음으로써 4정려를 수행하였고, 상을 벗어난 마음으로써 4무량·4무색정을 수행하였느니라. 사리자여. 이 보살마하살은 방편선교가 있었던 까닭으로 상을 벗어난 마음으로써 8해탈을 수행하였고, 상을 벗어난 마음으로써 8승처·9차제정·10변처를 수행하였느니라.

사리자여. 이 보살마하살은 방편선교가 있었던 까닭으로 상을 벗어난 마음으로써 공해탈문을 수행하였고, 상을 벗어난 마음으로써 무상·무원해탈문을 수행하였느니라. 사리자여. 이 보살마하살은 방편선교가 있었던 까닭으로 상을 벗어난 마음으로써 5안을 수행하였고, 상을 벗어난 마음으로써 6신통을 수행하였느니라. 사리자여. 이 보살마하살은 방편선교가 있었던 까닭으로 상을 벗어난 마음으로써 삼마지문을 수행하였고, 상을 벗어난 마음으로써 다라니문을 수행하였느니라.

사리자여. 이 보살마하살은 방편선교가 있었던 까닭으로 상을 벗어난 마음으로써 여래의 10력을 수행하였고, 상을 벗어난 마음으로써 4무소외·4무애해·대자·대비·대희·대사·18불불공법을 수행하였느니라. 사리자여. 이 보살마하살은 방편선교가 있었던 까닭으로 상을 벗어난 마음으로써 일체지를 수행하였고, 상을 벗어난 마음으로써 도상지·일체상지를 수행하였느니라."

그때 사리자가 세존께 아뢰어 말하였다.

"세존이시여. 제가 세존께서 설하셨던 것의 의취(義趣)를 이해하였던 것과 같다면, 만약 보살마하살이 초발심부터 나아가 구경에 이르기까지 반야바라밀다를 섭수하고 방편선교의 힘을 벗어나지 않는다면, 이 보살마하살은 반드시 무상정등보리에 가깝습니다.

왜 그러한가? 세존이시여. 이 보살마하살은 초발심부터 나아가 구경에 이르기까지 모두 적은 법이라도 얻을 수 있다고 보지 않는데 이를테면, 만약 능히 증득하였거나, 만약 증득되었던 것이거나, 만약 증득하는 처소이거나, 만약 증득하는 때이거나, 만약 오히려 이것을 증득하였더라도 모두 얻을 수 없나니, 만약 색이거나, 만약 수·상·행·식이라도 모두 얻을 수 없고, 만약 안처이거나, 만약 이·비·설·신·의처라도 모두 얻을 수 없으며, 만약 색처이거나, 만약 성·향·미·촉·법처라도 모두 얻을 수 없습니다.

만약 안계이거나, 만약 이·비·설·신·의계라도 모두 얻을 수 없고, 만약 색계이거나, 만약 성·향·미·촉·법계라도 모두 얻을 수 없고, 만약 안식계이거나, 만약 이·비·설·신·의식계라도 모두 얻을 수 없고, 만약 안촉을 인연으로 생겨난 여러 수이거나, 만약 이·비·설·신·의촉이라도 모두 얻을 수 없으며, 만약 안촉이거나, 만약 이·비·설·신·의촉을 인연으로 생겨난 여러 수라도 모두 얻을 수 없습니다.

만약 지계이거나, 만약 수·화·풍·공·식계라도 모두 얻을 수 없고, 만약 무명이거나, 만약 행·식·명색·육처·촉·수·애·취·유·생·노사라도 모두 얻을 수 없고, 만약 보시바라밀다이거나, 만약 정계·안인·정진·정려·반야바라밀다라도 모두 얻을 수 없고, 만약 내공이거나, 만약 외공·내외공·공공·대공·승의공·유위공·무위공·필경공·무제공·산공·무변이공·본성공·자상공·공상공·일체법공·불가득공·무성공·자성공·무성자성공이라도 모두 얻을 수 없습니다.

만약 진여이거나, 만약 법계·법성·불허망성·불변이성·평등성·이생성·법정·법주·실제·허공계·부사의계라도 모두 얻을 수 없고, 만약 4념주이거나, 만약 4정단·4신족·5근·5력·7등각지·8성도지라도 모두 얻을 수 없고, 만약 고성제이거나, 만약 집·멸·도성제라도 모두 얻을 수 없고, 만약 4정려거나, 만약 4무량·4무색정이라도 모두 얻을 수 없으며, 만약 8해탈이거나, 만약 8승처·9차제정·10변처라도 모두 얻을 수 없으며, 만약 공해탈문이거나, 만약 무상·무원해탈문이라도 모두 얻을 수 없습니다.

만약 5안이거나, 만약 6신통이라도 모두 얻을 수 없고, 만약 삼마지문이거나, 만약 다라니문이라도 모두 얻을 수 없으며, 만약 여래의 10력이거나, 만약 4무소외·4무애해·대자·대비·대희·대사·18불불공법이라도 모두 얻을 수 없고, 만약 예류과이거나, 만약 일래·불환·아라한과라도 모두 얻을 수 없으며, 만약 독각의 보리라도 모두 얻을 수 없고, 만약 일체지이거나, 만약 도상지·일체상지라도 모두 얻을 수 없습니다.

세존이시여. 보살승(菩薩乘)의 선남자와 선여인 등이 있었고 반야바라밀다와 방편선교를 멀리 벗어났는데, 그렇지만 무상정등보리를 구한다면 그는 구하였던 것에서 무상정등보리를 혹은 얻거나, 얻지 못한다고 마땅히 알아야 합니다.

왜 그러한가? 세존이시여. 이 보살승인 선남자와 선여인 등은 반야바라

밀다와 방편선교를 멀리 벗어났고, 보시·정계·안인·정진·정려·반야바라
밀다를 수행하는 것에서 모두 상을 취하였던 까닭입니다. 내공·외공·내외
공·공공·대공·승의공·유위공·무위공·필경공·무제공·산공·무변이공·
본성공·자상공·공상공·일체법공·불가득공·무성공·자성공·무성자성
공에 안주하는 것에서 모두 상을 취하였던 까닭이고, 진여와 법계·법성·불
허망성·불변이성·평등성·이생성·법정·법주·실제·허공계·부사의계를
안주하는 것에서 모두 상을 취하였던 까닭입니다.

　4념주·4정단·4신족·5근·5력·7등각지·8성도지를 수행하는 것에서 모
두 상을 취하였던 까닭이고, 고·집·멸·도성제를 안주하는 것에서 모두
상을 취하였던 까닭이며, 4정려·4무량·4무색정을 수행하는 것에서 모두
상을 취하였던 까닭이고, 8해탈·8승처·9차제정·10변처를 수행하는 것에
서 모두 상을 취하였던 까닭이고, 공·무상·무원해탈문을 수행하는 것에서
모두 상을 취하였던 까닭이며 5안·6신통을 수행하는 것에서 모두 상을
취하였던 까닭입니다.

　삼마지문·다라니문을 수행하는 것에서 모두 상을 취하였던 까닭이고,
여래의 10력·4무소외·4무애해·대자·대비·대희·대사·18불불공법을 수
행하는 것에서 모두 상을 취하였던 까닭이며, 일체지·도상지·일체상지를
수행하는 것에서 모두 상을 취하였던 까닭입니다.

　세존이시여. 오히려 이러한 인연으로 이 보살승인 선남자와 선여인
등은 모두 무상정등보리에서 혹은 얻거나 얻지 못합니다. 세존이시여.
오히려 이러한 인연으로 만약 보살마하살이 무상정등보리를 증득하고자
하였다면, 결정적으로 반야바라밀다와 방편선교를 상응하여 멀리 벗어나
지 않아야 합니다.”

　“세존이시여. 이 보살마하살은 반야바라밀다와 방편선교에 안주하면
서 얻을 수 없는 것을 수용하여 방편으로 삼고서 무상(無相)으로써 함께
마음을 행하면서 상응하여 보시바라밀다를 수행해야 하고, 상응하여
정계·안인·정진·정려·반야바라밀다를 수행해야 합니다.

세존이시여. 이 보살마하살은 반야바라밀다와 방편선교에 안주하면서 얻을 수 없는 것을 수용하여 방편으로 삼고서 무상으로써 함께 마음을 행하면서 상응하여 내공에 안주해야 하고, 상응하여 외공·내외공·공공· 대공·승의공·유위공·무위공·필경공·무제공·산공·무변이공·본성공· 자상공·공상공·일체법공·불가득공·무성공·자성공·무성자성공에 안주해야 합니다.

세존이시여. 이 보살마하살은 반야바라밀다와 방편선교에 안주하면서 얻을 수 없는 것을 수용하여 방편으로 삼고서 무상으로써 함께 마음을 행하면서 상응하여 진여에 안주해야 하고, 상응하여 법계·법성·불허망성 ·불변이성·평등성·이생성·법정·법주·실제·허공계·부사의계에 안주해야 합니다.

세존이시여. 이 보살마하살은 반야바라밀다와 방편선교에 안주하면서 얻을 수 없는 것을 수용하여 방편으로 삼고서 무상으로써 함께 마음을 행하면서 상응하여 4념주를 수행해야 하고, 상응하여 4정단·4신족·5근·5력·7등각지·8성도지를 수행해야 합니다. 세존이시여. 이 보살마하살은 반야바라밀다와 방편선교에 안주하면서 얻을 수 없는 것을 수용하여 방편으로 삼고서 무상으로써 함께 마음을 행하면서 상응하여 고성제에 안주해야 하고, 상응하여 집·멸·도성제에 안주해야 합니다.

세존이시여. 이 보살마하살은 반야바라밀다와 방편선교에 안주하면서 얻을 수 없는 것을 수용하여 방편으로 삼고서 무상으로써 함께 마음을 행하면서 상응하여 4정려를 수행해야 하고, 상응하여 4무량·4무색정을 수행해야 합니다. 세존이시여. 이 보살마하살은 반야바라밀다와 방편선교에 안주하면서 얻을 수 없는 것을 수용하여 방편으로 삼고서 무상으로써 함께 마음을 행하면서 상응하여 8해탈을 수행해야 하고, 상응하여 8승처·9차제정·10변처를 수행해야 합니다.

세존이시여. 이 보살마하살은 반야바라밀다와 방편선교에 안주하면서 얻을 수 없는 것을 수용하여 방편으로 삼고서 무상으로써 함께 마음을 행하면서 상응하여 공해탈문을 수행해야 하고, 상응하여 무상·무원해탈문을 수행해야 합니다. 세존이시여. 이 보살마하살은 반야바라밀다와 방편선교에 안주하면서 얻을 수 없는 것을 수용하여 방편으로 삼고서 무상으로써 함께 마음을 행하면서 상응하여 5안을 수행해야 하고, 상응하여 6신통을 수행해야 합니다.

세존이시여. 이 보살마하살은 반야바라밀다와 방편선교에 안주하면서 얻을 수 없는 것을 수용하여 방편으로 삼고서 무상으로써 함께 마음을 행하면서 상응하여 삼마지문을 수행해야 하고, 상응하여 다라니문을 수행해야 합니다. 세존이시여. 이 보살마하살은 반야바라밀다와 방편선교에 안주하면서 얻을 수 없는 것을 수용하여 방편으로 삼고서 무상으로써 함께 마음을 행하면서 상응하여 여래의 10력을 수행해야 하고, 상응하여 4무소외·4무애해·대자·대비·대희·대사·18불불공법을 수행해야 합니다.

세존이시여. 이 보살마하살은 반야바라밀다와 방편선교에 안주하면서 얻을 수 없는 것을 수용하여 방편으로 삼고서 무상으로써 함께 마음을 행하면서 상응하여 일체지를 수행해야 하고, 상응하여 도상지·일체상지를 수행해야 합니다. 세존이시여. 만약 보살마하살이 반야바라밀다와 방편선교에 안주하면서 얻을 수 없는 것을 수용하여 방편으로 삼고서 무상으로써 함께 마음을 행하면서 이와 같은 일체의 불법에 안주한다면, 반드시 무상정등보리를 증득할 것입니다.”

그때 욕계와 색계의 천자들이 세존께 아뢰어 말하였다.
“세존이시여. 제불의 무상정등보리는 신해(信解)가 지극히 어렵고 증득(證得)도 매우 어렵습니다. 그 까닭은 무엇인가? 제보살마하살이 일체법에서 자상(自相)과 공상(共相)을 모두 상응하여 증득하고 알아야 비로소 구하는 무상정등보리라는 것을 능히 획득(獲得)할 수 있을지라도, 제보살이 알았던 법상(法相)이라는 것은 모두 무소유이고 모두 얻을 수 없습니다.”
그때 세존께서 천자들에게 알려 말씀하셨다.

"그와 같으니라. 그와 같으니라. 그대들이 말한 것과 같으니라. 제불의 무상정등보리는 신해가 지극히 어렵고 증득도 매우 어려우니라. 천자들이여. 마땅히 알지니라. 나도 역시 현재에 일체의 법상(法相)을 깨달아서 무상정등보리를 증득하였으나, 모든 수승한 의취(勝義)의 법상을 증득하지 못하여 설할 수 없으므로 명자(名字)를 삼아서 설하는 것이고, 이것은 능히 증득하였고 이것은 증득되는 것이며 이것은 증득하는 처소이고 이것은 증득하는 때이며 오히려 이것은 증득하였다고 명자를 삼아서 설하는 것이니라. 왜 그러한가? 천자들이여. 일체법으로써 반드시 결국에는 청정한 까닭이고 유위(有爲)와 무위(無爲)는 반드시 결국에는 공(空)한 까닭이니라."

그때 구수 선현이 세존께 아뢰어 말하였다.

"세존이시여. 세존께서는 제불의 무상정등보리는 지극히 신해가 어렵고 매우 증득이 어렵다고 설하신 것과 같은데, 제가 세존께서 설하신 의취를 사유(思惟)하는 것과 같다면, 제불의 무상정등보리는 신해가 지극히 쉽고 증득도 매우 쉽습니다.

그 까닭은 무엇인가? 만약 능히 무법(無法)을 신해하였고 능히 증득하였으며 무법은 증득되는 것이고 증득하는 처소는 있지 않으며 증득하는 때가 없고, 역시 오히려 이것이 증득되는 것이 있지 않으므로 곧 구하였던 무상정등보리라는 것을 능히 증득하는 것입니다.

왜 그러한가? 세존이시여. 일체법으로써 모두 반드시 결국에는 공하고 반드시 결국에는 공한 가운데에서는 모두 능히 증득하였다고 이름할 수 있는 법이 있지 않고 증득되는 것이라고 이름할 법이 없으며 증득하는 처소라고 이름할 수 있는 법이 있지 않고 증득하는 때라고 이름할 법이 없으며 오히려 이것은 증득하였던 것이 있었다고 이름할 법이 없습니다.

그 까닭은 무엇인가? 제법은 모두 공하여 만약 증장하거나, 만약 감소하더라도 모두 무소유이고 모두 얻을 수 없습니다. 세존이시여. 제보살마하살이 수행하는 것인 보시·정계·안인·정진·정려·반야바라밀다는 모두 무소유이고 모두 얻을 수 없습니다. 세존이시여. 제보살마하살이 안주하는 것인 내공·외공·내외공·공공·대공·승의공·유위공·무위공·필경공·무제공·산공·무변이공·본성공·자상공·공상공·일체법공·불가득공·무성공·자성공·무성자성공은 모두 무소유이고 모두 얻을 수 없습니다.

세존이시여. 제보살마하살이 안주하는 것인 법계·법성·불허망성·불변이성·평등성·이생성·법정·법주·실제·허공계·부사의계는 모두 무소유이고 모두 얻을 수 없습니다. 세존이시여. 제보살마하살이 수행하는 것인 4념주·4정단·4신족·5근·5력·7등각지·8성도지는 모두 무소유이고 모두 얻을 수 없습니다. 세존이시여. 제보살마하살이 안주하는 것인 고·집·멸·도성제는 모두 무소유이고 모두 얻을 수 없습니다.

세존이시여. 제보살마하살이 수행하는 것인 4정려·4무량·4무색정은 모두 무소유이고 모두 얻을 수 없습니다. 세존이시여. 제보살마하살이 수행하는 것인 8해탈·8승처·9차제정·10변처는 모두 무소유이고 모두 얻을 수 없습니다. 세존이시여. 제보살마하살이 수행하는 것인 공·무상·무원해탈문은 모두 무소유이고 모두 얻을 수 없습니다. 제보살마하살이 수행하는 것인 5안·6신통은 모두 무소유이고 모두 얻을 수 없습니다.

세존이시여. 제보살마하살이 수행하는 것인 삼마지문·다라니문은 모두 무소유이고 모두 얻을 수 없습니다. 세존이시여. 제보살마하살이 수행하는 것인 여래의 10력·4무소외·4무애해·대자·대비·대희·대사·18불불공법은 모두 무소유이고 모두 얻을 수 없습니다. 세존이시여. 제보살마하살이 수행하는 것인 일체지·도상지·일체상지는 모두 무소유이고 모두 얻을 수 없습니다.

세존이시여. 제보살마하살이 관찰하였던 것의 제법이 만약 유색(有色)이었거나, 만약 무색(無色)이었거나, 만약 유견(有見)이었거나, 만약 무견(無見)이었거나, 만약 유대(有對)이었거나, 만약 무대(無對)이었거나, 만약 유루(有漏)이었거나, 만약 무루(無漏)이었거나, 만약 유위(有爲)이었거나, 만약 무위(無爲)이었더라도 모두 무소유이고 모두 얻을 수 없습니다.

세존이시여. 이러한 인연으로써 저는 세존께서 설하신 의취(義趣)라는

것인 제불의 무상정등보리는 신해가 지극히 쉽고 증득하기도 매우 쉽다고
사유하나니, 제보살마하살은 그 가운데에서 신해가 어렵고 증득하기도
어렵다고 말하는 것에 상응하지 않아야 합니다.

그 까닭은 무엇인가? 세존이시여. 색은 색의 자성(自性)이 공(空)하고,
수·상·행·식은 수·상·행·식의 자성이 공합니다. 세존이시여. 안처는 안처
의 자성이 공하고, 이·비·설·신·의처는 이·비·설·신·의처의 자성이 공합
니다. 세존이시여. 색처는 색처의 자성이 공하고, 성·향·미·촉·법처는
성·향·미·촉·법처의 자성이 공합니다. 세존이시여. 안계는 안계의 자성
이 공하고, 이·비·설·신·의계는 이·비·설·신·의계의 자성이 공합니다.

세존이시여. 색계는 색계의 자성이 공하고, 성·향·미·촉·법계는 성·향·
미·촉·법계의 자성이 공합니다. 세존이시여. 안식계는 안식계의 자성이
공하고, 이·비·설·신·의식계는 이·비·설·신·의식계의 자성이 공합니다.
세존이시여. 안촉은 안촉의 자성이 공하고, 이·비·설·신·의촉은 이·비·설
·신·의촉의 자성이 공합니다. 세존이시여. 안촉을 인연으로 생겨난 여러
수는 안촉을 인연으로 생겨난 여러 수의 자성이 공하고, 이·비·설·신·의촉
을 인연으로 생겨난 여러 수는 이·비·설·신·의촉을 인연으로 생겨난
여러 수의 자성이 공합니다.

세존이시여. 지계는 지계의 자성이 공하고, 수·화·풍·공·식계는 성·향·
미·촉·법계의 자성이 공합니다. 세존이시여. 무명은 무명의 자성이 공하
고, 행·식·명색·육처·촉·수·애·취·유·생·노사는 행, 나아가 노사의 자성
이 공합니다. 세존이시여. 보시바라밀다는 보시바라밀다의 자성이 공하
고, 정계·안인·정진·정려·반야바라밀다는 정계, 나아가 반야바라밀다의
자성이 공합니다.

세존이시여. 내공은 내공의 자성이 공하고, 외공·내외공·공공·대공·승
의공·유위공·무위공·필경공·무제공·산공·무변이공·본성공·자상공·
공상공·일체법공·불가득공·무성공·자성공·무성자성공은 외공, 나아가
무성자성공의 자성이 공합니다. 세존이시여. 진여는 진여의 자성이 공하
고, 법계·법성·불허망성·불변이성·평등성·이생성·법정·법주·실제·허

공계·부사의계는 법계, 나아가 부사의계의 자성이 공합니다.

세존이시여. 4념주는 4념주의 자성이 공하고, 4정단·4신족·5근·5력·7등각지·8성도지는 4정단, 나아가 8성도지의 자성이 공합니다. 세존이시여. 고성제는 고성제의 자성이 공하고, 집·멸·도성제는 집·멸·도성제의 자성이 공합니다. 세존이시여. 4정려는 4정려의 자성이 공하고, 4무량·4무색정은 4무량·4무색정의 자성이 공합니다. 세존이시여. 8해탈은 8해탈의 자성이 공하고, 8승처·9차제정·10변처는 8승처·9차제정·10변처의 자성이 공합니다.

세존이시여. 공해탈문은 공해탈문의 자성이 공하고, 무상·무원해탈문은 무상·무원해탈문의 자성이 공합니다. 세존이시여. 5안은 5안의 자성이 공하고, 6신통은 6신통의 자성이 공합니다. 세존이시여. 삼마지문은 삼마지문의 자성이 공하고, 다라니문은 다라니문의 자성이 공합니다. 세존이시여. 여래의 10력은 여래의 10력의 자성이 공하고, 4무소외·4무애해·대자·대비·대희·대사·18불불공법은 4무소외, 나아가 18불불공법의 자성이 공합니다.

세존이시여. 공해탈문은 공해탈문의 자성이 공하고, 무상·무원해탈문은 무상·무원해탈문의 자성이 공합니다. 세존이시여. 예류과는 예류과의 자성이 공하고, 일래·불환·아라한과는 일래·불환·아라한과의 자성이 공합니다. 세존이시여. 독각의 보리는 독각의 보리의 자성이 공합니다. 세존이시여. 일체지는 일체지의 자성이 공하고, 도상지·일체상지는 도상지·일체상지의 자성이 공합니다.

세존이시여. 만약 보살마하살이 이와 같은 자성이 공에서 깊은 신해가 생겨나서 전도(顚倒)가 없고 지혜(知)를 증득한다면, 곧 무상정등보리를 증득합니다. 오히려 이러한 인연을 까닭으로 저는 무상정등보리는 신해가 어렵지 않고 증득하는 것도 어렵지 않다고 말하였습니다.”

그때 사리자가 선현에게 논평하여 말하였다.

“구수 선현이여. 오히려 이러한 인연으로 제불의 무상정등보리는 신해가 지극히 어렵고 증득하는 것도 매우 어렵습니다. 그 까닭은 무엇인가? 제보살마하살은 일체법이 모두 자성이 없고 모두 허공과 같다고 관찰해야 합니다. 비유한다면 허공이 '나는 마땅히 신해하여 빠르게 무상정등보리를 증득하겠다.'라고 이렇게 생각을 짓지 않는 것과 같이, 제보살마하살도 역시 '나는 마땅히 신해하여 빠르게 무상정등보리를 증득하겠다.'라고 이렇게 생각을 짓지 않을 것입니다.

왜 그러한가? 선현이여. 제법은 모두 허공 등과 같이 공하고, 제보살마하살은 요컨대 일체법은 허공 등과 같다고 신해하고 더불어 능히 지혜를 얻어야 비로소 무상정등보리를 증득합니다.

선현이여. 만약 보살마하살이 일체법은 모두 허공 등과 같이 공하다고 신해하였고 곧 무상정등보리에서 쉬운 신해가 생겨났으며 쉽게 증득한 자라면, 곧 긍가사(殑伽沙) 등의 보살마하살들이 큰 공덕의 갑옷을 입고 무상정등보리를 일으키고 나아가면서 그 중간에서 퇴굴(退屈)[1]하지 않아야 합니다. 그러므로 무상정등보리는 신해가 지극히 어렵고 증득도 매우 어렵다고 알 수 있습니다."

그때 구수 선현이 존자 사리자에게 알려 말하였다.

"사리자여. 그대의 뜻은 어떻습니까? 색(色)은 무상정등보리에서 퇴굴이 있습니까?"

사리자가 말하였다.

"없습니다. 선현이여."

"사리자여. 그대의 뜻은 어떻습니까? 수(受)·상(想)·행(行)·식(識)은 무상정등보리에서 퇴굴이 있습니까?"

사리자가 말하였다.

"없습니다. 선현이여."

"사리자여. 그대의 뜻은 어떻습니까? 색을 벗어난 법이 있다면 무상정등보리에서 퇴굴이 있습니까?"

---

1) 수행하면서 굴복하고 마음에서 물러나는 것이다.

사리자가 말하였다.

"없습니다. 선현이여."

"사리자여. 그대의 뜻은 어떻습니까? 수·상·행·식을 벗어난 법이 있다면 무상정등보리에서 퇴굴이 있습니까?"

사리자가 말하였다.

"없습니다. 선현이여."

"사리자여. 그대의 뜻은 어떻습니까? 색의 진여가 무상정등보리에서 퇴굴이 있습니까?"

사리자가 말하였다.

"없습니다. 선현이여."

"사리자여. 그대의 뜻은 어떻습니까? 수·상·행·식의 진여가 무상정등보리에서 퇴굴이 있습니까?"

사리자가 말하였다.

"없습니다. 선현이여."

"사리자여. 그대의 뜻은 어떻습니까? 색의 진여를 벗어난 법이 있다면 무상정등보리에서 퇴굴이 있습니까?"

사리자가 말하였다.

"없습니다. 선현이여."

"사리자여. 그대의 뜻은 어떻습니까? 수·상·행·식의 진여를 벗어난 법이 있다면 무상정등보리에서 퇴굴이 있습니까?"

사리자가 말하였다.

"없습니다. 선현이여."

"사리자여. 그대의 뜻은 어떻습니까? 안처(眼處)는 무상정등보리에서 퇴굴이 있습니까?"

사리자가 말하였다.

"없습니다. 선현이여."

"사리자여. 그대의 뜻은 어떻습니까? 이(耳)·비(鼻)·설(舌)·신(身)·의처(意處)는 무상정등보리에서 물러나거나 굴복함이 있습니까?"

사리자가 말하였다.

"없습니다. 선현이여."

"사리자여. 그대의 뜻은 어떻습니까? 안처를 벗어난 법이 있다면 무상정등보리에서 퇴굴이 있습니까?"

사리자가 말하였다.

"없습니다. 선현이여."

"사리자여. 그대의 뜻은 어떻습니까? 이·비·설·신·의처를 벗어난 법이 있다면 무상정등보리에서 퇴굴이 있습니까?"

사리자가 말하였다.

"없습니다. 선현이여."

"사리자여. 그대의 뜻은 어떻습니까? 안처의 진여가 무상정등보리에서 퇴굴이 있습니까?"

사리자가 말하였다.

"없습니다. 선현이여."

"사리자여. 그대의 뜻은 어떻습니까? 이·비·설·신·의처의 진여가 무상정등보리에서 퇴굴이 있습니까?"

사리자가 말하였다.

"없습니다. 선현이여."

"사리자여. 그대의 뜻은 어떻습니까? 안처의 진여를 벗어난 법이 있다면 무상정등보리에서 퇴굴이 있습니까?"

사리자가 말하였다.

"없습니다. 선현이여."

"사리자여. 그대의 뜻은 어떻습니까? 이·비·설·신·의처의 진여를 벗어난 법이 있다면 무상정등보리에서 퇴굴이 있습니까?"

사리자가 말하였다.

"없습니다. 선현이여."

"사리자여. 그대의 뜻은 어떻습니까? 색처(色處)는 무상정등보리에서 퇴굴이 있습니까?"

사리자가 말하였다.

"없습니다. 선현이여."

"사리자여. 그대의 뜻은 어떻습니까? 성(聲)·향(香)·미(味)·촉(觸)·법 처(法處)는 무상정등보리에서 퇴굴이 있습니까?"

사리자가 말하였다.

"없습니다. 선현이여."

"사리자여. 그대의 뜻은 어떻습니까? 색처를 벗어난 법이 있다면 무상 정등보리에서 퇴굴이 있습니까?"

사리자가 말하였다.

"없습니다. 선현이여."

"사리자여. 그대의 뜻은 어떻습니까? 성·향·미·촉·법처를 벗어난 법이 있다면 무상정등보리에서 퇴굴이 있습니까?"

사리자가 말하였다.

"없습니다. 선현이여."

"사리자여. 그대의 뜻은 어떻습니까? 색처의 진여가 무상정등보리에서 퇴굴이 있습니까?"

사리자가 말하였다.

"없습니다. 선현이여."

"사리자여. 그대의 뜻은 어떻습니까? 성·향·미·촉·법처의 진여가 무상 정등보리에서 퇴굴이 있습니까?"

사리자가 말하였다.

"없습니다. 선현이여."

"사리자여. 그대의 뜻은 어떻습니까? 색처의 진여를 벗어난 법이 있다 면 무상정등보리에서 퇴굴이 있습니까?"

사리자가 말하였다.

"없습니다. 선현이여."

"사리자여. 그대의 뜻은 어떻습니까? 성·향·미·촉·법처의 진여를 벗어 난 법이 있다면 무상정등보리에서 퇴굴이 있습니까?"

사리자가 말하였다.

"없습니다. 선현이여."

"사리자여. 그대의 뜻은 어떻습니까? 안계(眼界)는 무상정등보리에서 퇴굴이 있습니까?"

사리자가 말하였다.

"없습니다. 선현이여."

"사리자여. 그대의 뜻은 어떻습니까? 이(耳)·비(鼻)·설(舌)·신(身)·의계(意界)는 무상정등보리에서 퇴굴이 있습니까?"

사리자가 말하였다.

"없습니다. 선현이여."

"사리자여. 그대의 뜻은 어떻습니까? 안계를 벗어난 법이 있다면 무상정등보리에서 퇴굴이 있습니까?"

사리자가 말하였다.

"없습니다. 선현이여."

"사리자여. 그대의 뜻은 어떻습니까? 이·비·설·신·의계를 벗어난 법이 있다면 무상정등보리에서 퇴굴이 있습니까?"

사리자가 말하였다.

"없습니다. 선현이여."

"사리자여. 그대의 뜻은 어떻습니까? 안계의 진여가 무상정등보리에서 퇴굴이 있습니까?"

사리자가 말하였다.

"없습니다. 선현이여."

"사리자여. 그대의 뜻은 어떻습니까? 이·비·설·신·의계의 진여가 무상정등보리에서 퇴굴이 있습니까?"

사리자가 말하였다.

"없습니다. 선현이여."

"사리자여. 그대의 뜻은 어떻습니까? 안계의 진여를 벗어난 법이 있다면 무상정등보리에서 퇴굴이 있습니까?"

사리자가 말하였다.

"없습니다. 선현이여."

"사리자여. 그대의 뜻은 어떻습니까? 이·비·설·신·의계의 진여를 벗어난 법이 있다면 무상정등보리에서 퇴굴이 있습니까?"

사리자가 말하였다.

"없습니다. 선현이여."

"사리자여. 그대의 뜻은 어떻습니까? 색계(色界)는 무상정등보리에서 퇴굴이 있습니까?"

사리자가 말하였다.

"없습니다. 선현이여."

"사리자여. 그대의 뜻은 어떻습니까? 성(聲)·향(香)·미(味)·촉(觸)·법계(法界)는 무상정등보리에서 퇴굴이 있습니까?"

사리자가 말하였다.

"없습니다. 선현이여."

"사리자여. 그대의 뜻은 어떻습니까? 색계를 벗어난 법이 있다면 무상정등보리에서 퇴굴이 있습니까?"

사리자가 말하였다.

"없습니다. 선현이여."

"사리자여. 그대의 뜻은 어떻습니까? 성·향·미·촉·법계를 벗어난 법이 있다면 무상정등보리에서 퇴굴이 있습니까?"

사리자가 말하였다.

"없습니다. 선현이여."

"사리자여. 그대의 뜻은 어떻습니까? 색계의 진여가 무상정등보리에서 퇴굴이 있습니까?"

사리자가 말하였다.

"없습니다. 선현이여."

"사리자여. 그대의 뜻은 어떻습니까? 성·향·미·촉·법계의 진여가 무상정등보리에서 퇴굴이 있습니까?"

사리자가 말하였다.

"없습니다. 선현이여."

"사리자여. 그대의 뜻은 어떻습니까? 색계의 진여를 벗어난 법이 있다면 무상정등보리에서 퇴굴이 있습니까?"

사리자가 말하였다.

"없습니다. 선현이여."

"사리자여. 그대의 뜻은 어떻습니까? 성·향·미·촉·법계의 진여를 벗어난 법이 있다면 무상정등보리에서 퇴굴이 있습니까?"

사리자가 말하였다.

"없습니다. 선현이여."

"사리자여. 그대의 뜻은 어떻습니까? 안식계(眼識界)는 무상정등보리에서 퇴굴이 있습니까?"

사리자가 말하였다.

"없습니다. 선현이여."

"사리자여. 그대의 뜻은 어떻습니까? 이(耳)·비(鼻)·설(舌)·신(身)·의식계(意識界)는 무상정등보리에서 퇴굴이 있습니까?"

사리자가 말하였다.

"없습니다. 선현이여."

"사리자여. 그대의 뜻은 어떻습니까? 안식계를 벗어난 법이 있다면 무상정등보리에서 퇴굴이 있습니까?"

사리자가 말하였다.

"없습니다. 선현이여."

"사리자여. 그대의 뜻은 어떻습니까? 이·비·설·신·의식계를 벗어난 법이 있다면 무상정등보리에서 퇴굴이 있습니까?"

사리자가 말하였다.

"없습니다. 선현이여."

"사리자여. 그대의 뜻은 어떻습니까? 안식계의 진여가 무상정등보리에서 퇴굴이 있습니까?"

사리자가 말하였다.

"없습니다. 선현이여."

"사리자여. 그대의 뜻은 어떻습니까? 이·비·설·신·의식계의 진여가 무상정등보리에서 퇴굴이 있습니까?"

사리자가 말하였다.

"없습니다. 선현이여."

"사리자여. 그대의 뜻은 어떻습니까? 안식계의 진여를 벗어난 법이 있다면 무상정등보리에서 퇴굴이 있습니까?"

사리자가 말하였다.

"없습니다. 선현이여."

"사리자여. 그대의 뜻은 어떻습니까? 이·비·설·신·의식계의 진여를 벗어난 법이 있다면 무상정등보리에서 퇴굴이 있습니까?"

사리자가 말하였다.

"없습니다. 선현이여."

"사리자여. 그대의 뜻은 어떻습니까? 안촉(眼觸)은 무상정등보리에서 퇴굴이 있습니까?"

사리자가 말하였다.

"없습니다. 선현이여."

"사리자여. 그대의 뜻은 어떻습니까? 이(耳)·비(鼻)·설(舌)·신(身)·의촉(意觸)은 무상정등보리에서 퇴굴이 있습니까?"

사리자가 말하였다.

"없습니다. 선현이여."

"사리자여. 그대의 뜻은 어떻습니까? 안촉을 벗어난 법이 있다면 무상정등보리에서 퇴굴이 있습니까?"

사리자가 말하였다.

"없습니다. 선현이여."

"사리자여. 그대의 뜻은 어떻습니까? 이·비·설·신·의촉을 벗어난 법이 있다면 무상정등보리에서 퇴굴이 있습니까?"

사리자가 말하였다.

"없습니다. 선현이여."

"사리자여. 그대의 뜻은 어떻습니까? 안촉의 진여가 무상정등보리에서 퇴굴이 있습니까?"

사리자가 말하였다.

"없습니다. 선현이여."

"사리자여. 그대의 뜻은 어떻습니까? 이·비·설·신·의촉의 진여가 무상정등보리에서 퇴굴이 있습니까?"

사리자가 말하였다.

"없습니다. 선현이여."

"사리자여. 그대의 뜻은 어떻습니까? 안촉의 진여를 벗어난 법이 있다면 무상정등보리에서 퇴굴이 있습니까?"

사리자가 말하였다.

"없습니다. 선현이여."

"사리자여. 그대의 뜻은 어떻습니까? 이·비·설·신·의촉의 진여를 벗어난 법이 있다면 무상정등보리에서 퇴굴이 있습니까?"

사리자가 말하였다.

"없습니다. 선현이여."

"사리자여. 그대의 뜻은 어떻습니까? 안촉(眼觸)을 인연으로 생겨난 여러 수(受)는 무상정등보리에서 퇴굴이 있습니까?"

사리자가 말하였다.

"없습니다. 선현이여."

"사리자여. 그대의 뜻은 어떻습니까? 이(耳)·비(鼻)·설(舌)·신(身)·의촉(意觸)을 인연으로 생겨난 여러 수는 무상정등보리에서 퇴굴이 있습니까?"

사리자가 말하였다.

"없습니다. 선현이여."

"사리자여. 그대의 뜻은 어떻습니까? 안촉을 인연으로 생겨난 여러 수를 벗어난 법이 있다면 무상정등보리에서 퇴굴이 있습니까?"

사리자가 말하였다.

"없습니다. 선현이여."

"사리자여. 그대의 뜻은 어떻습니까? 이·비·설·신·의촉을 인연으로 생겨난 여러 수를 벗어난 법이 있다면 무상정등보리에서 퇴굴이 있습니까?"

사리자가 말하였다.

"없습니다. 선현이여."

"사리자여. 그대의 뜻은 어떻습니까? 안촉을 인연으로 생겨난 여러 수의 진여가 무상정등보리에서 퇴굴이 있습니까?"

사리자가 말하였다.

"없습니다. 선현이여."

"사리자여. 그대의 뜻은 어떻습니까? 이·비·설·신·의촉을 인연으로 생겨난 여러 수의 진여가 무상정등보리에서 퇴굴이 있습니까?"

사리자가 말하였다.

"없습니다. 선현이여."

"사리자여. 그대의 뜻은 어떻습니까? 안촉을 인연으로 생겨난 여러 수의 진여를 벗어난 법이 있다면 무상정등보리에서 퇴굴이 있습니까?"

사리자가 말하였다.

"없습니다. 선현이여."

"사리자여. 그대의 뜻은 어떻습니까? 이·비·설·신·의촉을 인연으로 생겨난 여러 수의 진여를 벗어난 법이 있다면 무상정등보리에서 퇴굴이 있습니까?"

사리자가 말하였다.

"없습니다. 선현이여."

"사리자여. 그대의 뜻은 어떻습니까? 지계(地界)는 무상정등보리에서 퇴굴이 있습니까?"

사리자가 말하였다.

"없습니다. 선현이여."

"사리자여. 그대의 뜻은 어떻습니까? 수(水)·화(火)·풍(風)·공(空)·식
계(識界)는 무상정등보리에서 퇴굴이 있습니까?"

사리자가 말하였다.

"없습니다. 선현이여."

"사리자여. 그대의 뜻은 어떻습니까? 지계를 벗어난 법이 있다면 무상
정등보리에서 퇴굴이 있습니까?"

사리자가 말하였다.

"없습니다. 선현이여."

"사리자여. 그대의 뜻은 어떻습니까? 수·화·풍·공·식계를 벗어난 법이
있다면 무상정등보리에서 퇴굴이 있습니까?"

사리자가 말하였다.

"없습니다. 선현이여."

"사리자여. 그대의 뜻은 어떻습니까? 지계의 진여가 무상정등보리에서
퇴굴이 있습니까?"

사리자가 말하였다.

"없습니다. 선현이여."

"사리자여. 그대의 뜻은 어떻습니까? 수·화·풍·공·식계의 진여가 무상
정등보리에서 퇴굴이 있습니까?"

사리자가 말하였다.

"없습니다. 선현이여."

"사리자여. 그대의 뜻은 어떻습니까? 지계의 진여를 벗어난 법이 있다
면 무상정등보리에서 퇴굴이 있습니까?"

사리자가 말하였다.

"없습니다. 선현이여."

"사리자여. 그대의 뜻은 어떻습니까? 수·화·풍·공·식계의 진여를 벗어
난 법이 있다면 무상정등보리에서 퇴굴이 있습니까?"

사리자가 말하였다.

"없습니다. 선현이여."

"사리자여. 그대의 뜻은 어떻습니까? 무명(無明)은 무상정등보리에서 퇴굴이 있습니까?"

사리자가 말하였다.

"없습니다. 선현이여."

"사리자여. 그대의 뜻은 어떻습니까? 행(行)·식(識)·명색(名色)·육처(六處)·촉(觸)·수(受)·애(愛)·취(取)·유(有)·생(生)·노사(老死)는 무상정등보리에서 퇴굴이 있습니까?"

사리자가 말하였다.

"없습니다. 선현이여."

"사리자여. 그대의 뜻은 어떻습니까? 무명을 벗어난 법이 있다면 무상정등보리에서 퇴굴이 있습니까?"

사리자가 말하였다.

"없습니다. 선현이여."

"사리자여. 그대의 뜻은 어떻습니까? 행, 나아가 노사를 벗어난 법이 있다면 무상정등보리에서 퇴굴이 있습니까?"

사리자가 말하였다.

"없습니다. 선현이여."

"사리자여. 그대의 뜻은 어떻습니까? 무명의 진여가 무상정등보리에서 퇴굴이 있습니까?"

사리자가 말하였다.

"없습니다. 선현이여."

"사리자여. 그대의 뜻은 어떻습니까? 행, 나아가 노사의 진여가 무상정등보리에서 퇴굴이 있습니까?"

사리자가 말하였다.

"없습니다. 선현이여."

"사리자여. 그대의 뜻은 어떻습니까? 무명의 진여를 벗어난 법이 있다면 무상정등보리에서 퇴굴이 있습니까?"

사리자가 말하였다.

"없습니다. 선현이여."

"사리자여. 그대의 뜻은 어떻습니까? 행, 나아가 노사의 진여를 벗어난 법이 있다면 무상정등보리에서 퇴굴이 있습니까?"

사리자가 말하였다.

"없습니다. 선현이여."

마하반야바라밀다경 제324권

47. 진여품(眞如品)(7)

"사리자여. 그대의 뜻은 어떻습니까? 보시바라밀다(布施波羅蜜多)는 무상정등보리에서 퇴굴이 있습니까?"

사리자가 말하였다.

"없습니다. 선현이여."

"사리자여. 그대의 뜻은 어떻습니까? 정계(淨戒)·안인(安忍)·정진(精進)·정려(靜慮)·반야바라밀다(般若波羅蜜多)는 무상정등보리에서 퇴굴이 있습니까?"

사리자가 말하였다.

"없습니다. 선현이여."

"사리자여. 그대의 뜻은 어떻습니까? 보시바라밀다를 벗어난 법이 있다면 무상정등보리에서 퇴굴이 있습니까?"

사리자가 말하였다.

"없습니다. 선현이여."

"사리자여. 그대의 뜻은 어떻습니까? 정계, 나아가 반야바라밀다를 벗어난 법이 있다면 무상정등보리에서 퇴굴이 있습니까?"

사리자가 말하였다.

"없습니다. 선현이여."

"사리자여. 그대의 뜻은 어떻습니까? 보시바라밀다의 진여가 무상정등보리에서 퇴굴이 있습니까?"

사리자가 말하였다.

"없습니다. 선현이여."

"사리자여. 그대의 뜻은 어떻습니까? 정계, 나아가 반야바라밀다의 진여가 무상정등보리에서 퇴굴이 있습니까?"

사리자가 말하였다.

"없습니다. 선현이여."

"사리자여. 그대의 뜻은 어떻습니까? 보시바라밀다의 진여를 벗어난 법이 있다면 무상정등보리에서 퇴굴이 있습니까?"

사리자가 말하였다.

"없습니다. 선현이여."

"사리자여. 그대의 뜻은 어떻습니까? 정계, 나아가 반야바라밀다의 진여를 벗어난 법이 있다면 무상정등보리에서 퇴굴이 있습니까?"

사리자가 말하였다.

"없습니다. 선현이여."

"사리자여. 그대의 뜻은 어떻습니까? 내공(內空)은 무상정등보리에서 퇴굴이 있습니까?"

사리자가 말하였다.

"없습니다. 선현이여."

"사리자여. 그대의 뜻은 어떻습니까? 외공(外空)·내외공(內外空)·공공(空空)·대공(大空)·승의공(勝義空)·유위공(有爲空)·무위공(無爲空)·필경공(畢竟空)·무제공(無際空)·산공(散空)·무변이공(無變異空)·본성공(本性空)·자상공(自相空)·공상공(共相空)·일체법공(一切法空)·불가득공(不可得空)·무성공(無性空)·자성공(自性空)·무성자성공(無性自性空)은 무상정등보리에서 퇴굴이 있습니까?"

사리자가 말하였다.

"없습니다. 선현이여."

"사리자여. 그대의 뜻은 어떻습니까? 내공을 벗어난 법이 있다면 무상정등보리에서 퇴굴이 있습니까?"

사리자가 말하였다.

"없습니다. 선현이여."

"사리자여. 그대의 뜻은 어떻습니까? 외공, 나아가 무성자성공을 벗어난 법이 있다면 무상정등보리에서 퇴굴이 있습니까?"

사리자가 말하였다.

"없습니다. 선현이여."

"사리자여. 그대의 뜻은 어떻습니까? 내공의 진여가 무상정등보리에서 퇴굴이 있습니까?"

사리자가 말하였다.

"없습니다. 선현이여."

"사리자여. 그대의 뜻은 어떻습니까? 외공, 나아가 무성자성공의 진여가 무상정등보리에서 퇴굴이 있습니까?"

사리자가 말하였다.

"없습니다. 선현이여."

"사리자여. 그대의 뜻은 어떻습니까? 내공의 진여를 벗어난 법이 있다면 무상정등보리에서 퇴굴이 있습니까?"

사리자가 말하였다.

"없습니다. 선현이여."

"사리자여. 그대의 뜻은 어떻습니까? 외공, 나아가 무성자성공의 진여를 벗어난 법이 있다면 무상정등보리에서 퇴굴이 있습니까?"

사리자가 말하였다.

"없습니다. 선현이여."

"사리자여. 그대의 뜻은 어떻습니까? 진여(眞如)는 무상정등보리에서 퇴굴이 있습니까?"

사리자가 말하였다.

"없습니다. 선현이여."

"사리자여. 그대의 뜻은 어떻습니까? 법계(法界)·법성(法性)·불허망성(不虛妄性)·불변이성(不變異性)·평등성(平等性)·이생성(離生性)·법정(法

定)·법주(法住)·실제(實際)·허공계(虛空界)·부사의계(不思議界)는 무상정등보리에서 퇴굴이 있습니까?"

사리자가 말하였다.

"없습니다. 선현이여."

"사리자여. 그대의 뜻은 어떻습니까? 진여를 벗어난 법이 있다면 무상정등보리에서 퇴굴이 있습니까?"

사리자가 말하였다.

"없습니다. 선현이여."

"사리자여. 그대의 뜻은 어떻습니까? 법계, 나아가 부사의계를 벗어난 법이 있다면 무상정등보리에서 퇴굴이 있습니까?"

사리자가 말하였다.

"없습니다. 선현이여."

"사리자여. 그대의 뜻은 어떻습니까? 진여의 진여가 무상정등보리에서 퇴굴이 있습니까?"

사리자가 말하였다.

"없습니다. 선현이여."

"사리자여. 그대의 뜻은 어떻습니까? 법계, 나아가 부사의계의 진여가 무상정등보리에서 퇴굴이 있습니까?"

사리자가 말하였다.

"없습니다. 선현이여."

"사리자여. 그대의 뜻은 어떻습니까? 진여의 진여를 벗어난 법이 있다면 무상정등보리에서 퇴굴이 있습니까?"

사리자가 말하였다.

"없습니다. 선현이여."

"사리자여. 그대의 뜻은 어떻습니까? 법계, 나아가 부사의계의 진여를 벗어난 법이 있다면 무상정등보리에서 퇴굴이 있습니까?"

사리자가 말하였다.

"없습니다. 선현이여."

"사리자여. 그대의 뜻은 어떻습니까? 4념주(四念住)는 무상정등보리에서 퇴굴이 있습니까?"

사리자가 말하였다.

"없습니다. 선현이여."

"사리자여. 그대의 뜻은 어떻습니까? 4정단(四正斷)·4신족(四神足)·5근(五根)·5력(五力)·7등각지(七等覺支)·8성도지(八聖道支)는 무상정등보리에서 퇴굴이 있습니까?"

사리자가 말하였다.

"없습니다. 선현이여."

"사리자여. 그대의 뜻은 어떻습니까? 4념주를 벗어난 법이 있다면 무상정등보리에서 퇴굴이 있습니까?"

사리자가 말하였다.

"없습니다. 선현이여."

"사리자여. 그대의 뜻은 어떻습니까? 4정단, 나아가 8성도지를 벗어난 법이 있다면 무상정등보리에서 퇴굴이 있습니까?"

사리자가 말하였다.

"없습니다. 선현이여."

"사리자여. 그대의 뜻은 어떻습니까? 4념주의 진여가 무상정등보리에서 퇴굴이 있습니까?"

사리자가 말하였다.

"없습니다. 선현이여."

"사리자여. 그대의 뜻은 어떻습니까? 4정단, 나아가 8성도지의 진여가 무상정등보리에서 퇴굴이 있습니까?"

사리자가 말하였다.

"없습니다. 선현이여."

"사리자여. 그대의 뜻은 어떻습니까? 4념주의 진여를 벗어난 법이 있다면 무상정등보리에서 퇴굴이 있습니까?"

사리자가 말하였다.

"없습니다. 선현이여."

"사리자여. 그대의 뜻은 어떻습니까? 4정단, 나아가 8성도지의 진여를 벗어난 법이 있다면 무상정등보리에서 퇴굴이 있습니까?"

사리자가 말하였다.

"없습니다. 선현이여."

"사리자여. 그대의 뜻은 어떻습니까? 고성제(苦聖諦)는 무상정등보리에서 퇴굴이 있습니까?"

사리자가 말하였다.

"없습니다. 선현이여."

"사리자여. 그대의 뜻은 어떻습니까? 집(集)·멸(滅)·도성제(道聖諦)는 무상정등보리에서 퇴굴이 있습니까?"

사리자가 말하였다.

"없습니다. 선현이여."

"사리자여. 그대의 뜻은 어떻습니까? 고성제를 벗어난 법이 있다면 무상정등보리에서 퇴굴이 있습니까?"

사리자가 말하였다.

"없습니다. 선현이여."

"사리자여. 그대의 뜻은 어떻습니까? 집·멸·도성제를 벗어난 법이 있다면 무상정등보리에서 퇴굴이 있습니까?"

사리자가 말하였다.

"없습니다. 선현이여."

"사리자여. 그대의 뜻은 어떻습니까? 고성제의 진여가 무상정등보리에서 퇴굴이 있습니까?"

사리자가 말하였다.

"없습니다. 선현이여."

"사리자여. 그대의 뜻은 어떻습니까? 집·멸·도성제의 진여가 무상정등보리에서 퇴굴이 있습니까?"

사리자가 말하였다.

"없습니다. 선현이여."

"사리자여. 그대의 뜻은 어떻습니까? 고성제의 진여를 벗어난 법이 있다면 무상정등보리에서 퇴굴이 있습니까?"

사리자가 말하였다.

"없습니다. 선현이여."

"사리자여. 그대의 뜻은 어떻습니까? 집·멸·도성제의 진여를 벗어난 법이 있다면 무상정등보리에서 퇴굴이 있습니까?"

사리자가 말하였다.

"없습니다. 선현이여."

"사리자여. 그대의 뜻은 어떻습니까? 4정려(四靜慮)는 무상정등보리에서 퇴굴이 있습니까?"

사리자가 말하였다.

"없습니다. 선현이여."

"사리자여. 그대의 뜻은 어떻습니까? 4무량(四無量)·4무색정(四無色定)은 무상정등보리에서 퇴굴이 있습니까?"

사리자가 말하였다.

"없습니다. 선현이여."

"사리자여. 그대의 뜻은 어떻습니까? 4정려를 벗어난 법이 있다면 무상정등보리에서 퇴굴이 있습니까?"

사리자가 말하였다.

"없습니다. 선현이여."

"사리자여. 그대의 뜻은 어떻습니까? 4무량·4무색정을 벗어난 법이 있다면 무상정등보리에서 퇴굴이 있습니까?"

사리자가 말하였다.

"없습니다. 선현이여."

"사리자여. 그대의 뜻은 어떻습니까? 4정려의 진여가 무상정등보리에서 퇴굴이 있습니까?"

사리자가 말하였다.

"없습니다. 선현이여."

"사리자여. 그대의 뜻은 어떻습니까? 4무량·4무색정의 진여가 무상정등보리에서 퇴굴이 있습니까?"

사리자가 말하였다.

"없습니다. 선현이여."

"사리자여. 그대의 뜻은 어떻습니까? 4정려의 진여를 벗어난 법이 있다면 무상정등보리에서 물러나는 굴복이 있습니까?"

사리자가 말하였다.

"없습니다. 선현이여."

"사리자여. 그대의 뜻은 어떻습니까? 4무량·4무색정의 진여를 벗어난 법이 있다면 무상정등보리에서 퇴굴이 있습니까?"

사리자가 말하였다.

"없습니다. 선현이여."

"사리자여. 그대의 뜻은 어떻습니까? 8해탈(八解脫)은 무상정등보리에서 퇴굴이 있습니까?"

사리자가 말하였다.

"없습니다. 선현이여."

"사리자여. 그대의 뜻은 어떻습니까? 8승처(八勝處)·9차제정(九次第定)·10변처(十遍處)는 무상정등보리에서 퇴굴이 있습니까?"

사리자가 말하였다.

"없습니다. 선현이여."

"사리자여. 그대의 뜻은 어떻습니까? 8해탈을 벗어난 법이 있다면 무상정등보리에서 퇴굴이 있습니까?"

사리자가 말하였다.

"없습니다. 선현이여."

"사리자여. 그대의 뜻은 어떻습니까? 8승처·9차제정·10변처를 벗어난 법이 있다면 무상정등보리에서 퇴굴이 있습니까?"

사리자가 말하였다.

"없습니다. 선현이여."

"사리자여. 그대의 뜻은 어떻습니까? 8해탈의 진여가 무상정등보리에서 퇴굴이 있습니까?"

사리자가 말하였다.

"없습니다. 선현이여."

"사리자여. 그대의 뜻은 어떻습니까? 8승처·9차제정·10변처의 진여가 무상정등보리에서 퇴굴이 있습니까?"

사리자가 말하였다.

"없습니다. 선현이여."

"사리자여. 그대의 뜻은 어떻습니까? 8해탈의 진여를 벗어난 법이 있다면 무상정등보리에서 퇴굴이 있습니까?"

사리자가 말하였다.

"없습니다. 선현이여."

"사리자여. 그대의 뜻은 어떻습니까? 8승처·9차제정·10변처의 진여를 벗어난 법이 있다면 무상정등보리에서 퇴굴이 있습니까?"

사리자가 말하였다.

"없습니다. 선현이여."

"사리자여. 그대의 뜻은 어떻습니까? 공해탈문(空解脫門)은 무상정등보리에서 퇴굴이 있습니까?"

사리자가 말하였다.

"없습니다. 선현이여."

"사리자여. 그대의 뜻은 어떻습니까? 무상(無相)·무원해탈문(無願解脫門)은 무상정등보리에서 퇴굴이 있습니까?"

사리자가 말하였다.

"없습니다. 선현이여."

"사리자여. 그대의 뜻은 어떻습니까? 공해탈문을 벗어난 법이 있다면 무상정등보리에서 퇴굴이 있습니까?"

사리자가 말하였다.

"없습니다. 선현이여."

"사리자여. 그대의 뜻은 어떻습니까? 무상·무원해탈문을 벗어난 법이 있다면 무상정등보리에서 퇴굴이 있습니까?"

사리자가 말하였다.

"없습니다. 선현이여."

"사리자여. 그대의 뜻은 어떻습니까? 공해탈문의 진여가 무상정등보리에서 퇴굴이 있습니까?"

사리자가 말하였다.

"없습니다. 선현이여."

"사리자여. 그대의 뜻은 어떻습니까? 무상·무원해탈문의 진여가 무상정등보리에서 퇴굴이 있습니까?"

사리자가 말하였다.

"없습니다. 선현이여."

"사리자여. 그대의 뜻은 어떻습니까? 공해탈문의 진여를 벗어난 법이 있다면 무상정등보리에서 퇴굴이 있습니까?"

사리자가 말하였다.

"없습니다. 선현이여."

"사리자여. 그대의 뜻은 어떻습니까? 무상·무원해탈문의 진여를 벗어난 법이 있다면 무상정등보리에서 퇴굴이 있습니까?"

사리자가 말하였다.

"없습니다. 선현이여."

"사리자여. 그대의 뜻은 어떻습니까? 5안(五眼)은 무상정등보리에서 퇴굴이 있습니까?"

사리자가 말하였다.

"없습니다. 선현이여."

"사리자여. 그대의 뜻은 어떻습니까? 6신통(六神通)은 무상정등보리에서 퇴굴이 있습니까?"

사리자가 말하였다.

"없습니다. 선현이여."

"사리자여. 그대의 뜻은 어떻습니까? 5안을 벗어난 법이 있다면 무상정등보리에서 퇴굴이 있습니까?"

사리자가 말하였다.

"없습니다. 선현이여."

"사리자여. 그대의 뜻은 어떻습니까? 6신통을 벗어난 법이 있다면 무상정등보리에서 퇴굴이 있습니까?"

사리자가 말하였다.

"없습니다. 선현이여."

"사리자여. 그대의 뜻은 어떻습니까? 5안의 진여가 무상정등보리에서 퇴굴이 있습니까?"

사리자가 말하였다.

"없습니다. 선현이여."

"사리자여. 그대의 뜻은 어떻습니까? 6신통의 진여가 무상정등보리에서 퇴굴이 있습니까?"

사리자가 말하였다.

"없습니다. 선현이여."

"사리자여. 그대의 뜻은 어떻습니까? 5안의 진여를 벗어난 법이 있다면 무상정등보리에서 퇴굴이 있습니까?"

사리자가 말하였다.

"없습니다. 선현이여."

"사리자여. 그대의 뜻은 어떻습니까? 6신통의 진여를 벗어난 법이 있다면 무상정등보리에서 퇴굴이 있습니까?"

사리자가 말하였다.

"없습니다. 선현이여."

"사리자여. 그대의 뜻은 어떻습니까? 삼마지문(三摩地門)은 무상정등보리에서 퇴굴이 있습니까?"

사리자가 말하였다.

"없습니다. 선현이여."

"사리자여. 그대의 뜻은 어떻습니까? 다라니문(陀羅尼門)은 무상정등보리에서 퇴굴이 있습니까?"

사리자가 말하였다.

"없습니다. 선현이여."

"사리자여. 그대의 뜻은 어떻습니까? 삼마지문을 벗어난 법이 있다면 무상정등보리에서 퇴굴이 있습니까?"

사리자가 말하였다.

"없습니다. 선현이여."

"사리자여. 그대의 뜻은 어떻습니까? 다라니문을 벗어난 법이 있다면 무상정등보리에서 퇴굴이 있습니까?"

사리자가 말하였다.

"없습니다. 선현이여."

"사리자여. 그대의 뜻은 어떻습니까? 삼마지문의 진여가 무상정등보리에서 퇴굴이 있습니까?"

사리자가 말하였다.

"없습니다. 선현이여."

"사리자여. 그대의 뜻은 어떻습니까? 다라니문의 진여가 무상정등보리에서 퇴굴이 있습니까?"

사리자가 말하였다.

"없습니다. 선현이여."

"사리자여. 그대의 뜻은 어떻습니까? 삼마지문의 진여를 벗어난 법이 있다면 무상정등보리에서 퇴굴이 있습니까?"

사리자가 말하였다.

"없습니다. 선현이여."

"사리자여. 그대의 뜻은 어떻습니까? 다라니문의 진여를 벗어난 법이 있다면 무상정등보리에서 퇴굴이 있습니까?"

사리자가 말하였다.

“없습니다. 선현이여.”

“사리자여. 그대의 뜻은 어떻습니까? 여래(佛)의 10력(十力)은 무상정
등보리에서 퇴굴이 있습니까?”

사리자가 말하였다.

“없습니다. 선현이여.”

“사리자여. 그대의 뜻은 어떻습니까? 4무소외(四無所畏)·4무애해(四無
礙解)·대자(大慈)·대비(大悲)·대희(大喜)·대사(大捨)·18불불공법(十八佛
不共法)은 무상정등보리에서 퇴굴이 있습니까?”

사리자가 말하였다.

“없습니다. 선현이여.”

“사리자여. 그대의 뜻은 어떻습니까? 여래의 10력을 벗어난 법이 있다
면 무상정등보리에서 퇴굴이 있습니까?”

사리자가 말하였다.

“없습니다. 선현이여.”

“사리자여. 그대의 뜻은 어떻습니까? 4무소외, 나아가 18불불공법을
벗어난 법이 있다면 무상정등보리에서 퇴굴이 있습니까?”

사리자가 말하였다.

“없습니다. 선현이여.”

“사리자여. 그대의 뜻은 어떻습니까? 여래의 10력의 진여가 무상정등보
리에서 퇴굴이 있습니까?”

사리자가 말하였다.

“없습니다. 선현이여.”

“사리자여. 그대의 뜻은 어떻습니까? 4무소외, 나아가 18불불공법의
진여가 무상정등보리에서 퇴굴이 있습니까?”

사리자가 말하였다.

“없습니다. 선현이여.”

“사리자여. 그대의 뜻은 어떻습니까? 여래의 10력의 진여를 벗어난
법이 있다면 무상정등보리에서 퇴굴이 있습니까?”

사리자가 말하였다.

"없습니다. 선현이여."

"사리자여. 그대의 뜻은 어떻습니까? 4무소외, 나아가 18불불공법의 진여를 벗어난 법이 있다면 무상정등보리에서 퇴굴이 있습니까?"

사리자가 말하였다.

"없습니다. 선현이여."

"사리자여. 그대의 뜻은 어떻습니까? 예류과(預流果)는 무상정등보리에서 퇴굴이 있습니까?"

사리자가 말하였다.

"없습니다. 선현이여."

"사리자여. 그대의 뜻은 어떻습니까? 일래(一來)·불환(不還)·아라한과(阿羅漢果)는 무상정등보리에서 퇴굴이 있습니까?"

사리자가 말하였다.

"없습니다. 선현이여."

"사리자여. 그대의 뜻은 어떻습니까? 예류과를 벗어난 법이 있다면 무상정등보리에서 퇴굴이 있습니까?"

사리자가 말하였다.

"없습니다. 선현이여."

"사리자여. 그대의 뜻은 어떻습니까? 일래·불환·아라한과를 벗어난 법이 있다면 무상정등보리에서 퇴굴이 있습니까?"

사리자가 말하였다.

"없습니다. 선현이여."

"사리자여. 그대의 뜻은 어떻습니까? 예류과의 진여가 무상정등보리에서 퇴굴이 있습니까?"

사리자가 말하였다.

"없습니다. 선현이여."

"사리자여. 그대의 뜻은 어떻습니까? 일래·불환·아라한과의 진여가 무상정등보리에서 퇴굴이 있습니까?"

사리자가 말하였다.

"없습니다. 선현이여."

"사리자여. 그대의 뜻은 어떻습니까? 예류과의 진여를 벗어난 법이 있다면 무상정등보리에서 퇴굴이 있습니까?"

사리자가 말하였다.

"없습니다. 선현이여."

"사리자여. 그대의 뜻은 어떻습니까? 일래·불환·아라한과의 진여를 벗어난 법이 있다면 무상정등보리에서 퇴굴이 있습니까?"

사리자가 말하였다.

"없습니다. 선현이여."

"사리자여. 그대의 뜻은 어떻습니까? 독각(獨覺)의 보리(菩提)는 무상정등보리에서 퇴굴이 있습니까?"

사리자가 말하였다.

"없습니다. 선현이여."

"사리자여. 그대의 뜻은 어떻습니까? 독각의 보리를 벗어난 법이 있다면 무상정등보리에서 퇴굴이 있습니까?"

사리자가 말하였다.

"없습니다. 선현이여."

"사리자여. 그대의 뜻은 어떻습니까? 일체지(一切智)는 무상정등보리에서 퇴굴이 있습니까?"

사리자가 말하였다.

"없습니다. 선현이여."

"사리자여. 그대의 뜻은 어떻습니까? 도상지(道相智)·일체상지(一切相智)는 무상정등보리에서 퇴굴이 있습니까?"

사리자가 말하였다.

"없습니다. 선현이여."

"사리자여. 그대의 뜻은 어떻습니까? 일체지를 벗어난 법이 있다면 무상정등보리에서 퇴굴이 있습니까?"

사리자가 말하였다.

"없습니다. 선현이여."

"사리자여. 그대의 뜻은 어떻습니까? 도상지·일체상지를 벗어난 법이 있다면 무상정등보리에서 퇴굴이 있습니까?"

사리자가 말하였다.

"없습니다. 선현이여."

"사리자여. 그대의 뜻은 어떻습니까? 일체지의 진여가 무상정등보리에서 퇴굴이 있습니까?"

사리자가 말하였다.

"없습니다. 선현이여."

"사리자여. 그대의 뜻은 어떻습니까? 도상지·일체상지의 진여가 무상정등보리에서 퇴굴이 있습니까?"

사리자가 말하였다.

"없습니다. 선현이여."

"사리자여. 그대의 뜻은 어떻습니까? 일체지의 진여를 벗어난 법이 있다면 무상정등보리에서 퇴굴이 있습니까?"

사리자가 말하였다.

"없습니다. 선현이여."

"사리자여. 그대의 뜻은 어떻습니까? 도상지·일체상지의 진여를 벗어난 법이 있다면 무상정등보리에서 퇴굴이 있습니까?"

사리자가 말하였다.

"없습니다. 선현이여."

그때 구수 선현이 사리자에게 알려 말하였다.

"만약 일체법이 진리(諦)인 까닭으로, 머무르는(住) 까닭으로, 모두 무소유이고 모두 얻을 수 없는데, 무엇 등의 법이 무상정등보리에서 퇴굴이 있다고 말할 수 있겠습니까?"

그때 사리자가 선현에게 알려 말하였다.

"그대(仁者)가 설한 것과 같다면, 무생법인(無生法忍)의 가운데에서 모두 어떠한 법도 없고, 역시 보살은 무상정등보리에서도 퇴굴이 있다고 설할 수 없습니다. 만약 그와 같다면 무슨 까닭으로 세존께서는 세 종류에 안주하는 보살승(菩薩乘)의 보특가라(補特伽羅)를 다만 상응하여 하나라고 설하셨습니까? 또한 그대가 설한 것과 같다면, 3승인 보살의 차별은 상응하여 없어야 하고 다만 상응하여 하나의 정등각승(正等覺乘)이 있어야 합니다."

그때 구수 만자자(滿慈子)가 사리자에게 알려 말하였다.

"선현에게 '하나의 보살승이 있다고 생각하고 인정(認定)합니까?'라고 상응하게 물으십시오. 그러한 뒤에 상응하여 3승을 건립(建立)한 차별이 없거나, 다만 상응하여 하나의 정등각승(正等覺乘)이 있다고 힐난할 수 있습니다."

그때 사리자가 선현에게 물어 말하였다.

"하나의 보살승이 있다고 생각하고 인정합니까?"

그때 선현이 사리자에게 알려 말하였다.

"사리자여. 그대의 뜻은 어떻습니까? 일체법의 진여의 가운데에 세 종류로 머무는 보살승인 보특가라의 차별된 상이 있습니까? 이를테면, 무상정등보리에서 결정적으로 물러나는 굴복이 있는 것과 결정적으로 물러나는 굴복이 없는 것과 결정되지 않은 것입니다."

사리자가 말하였다.

"없습니다. 선현이여."

"사리자여. 그대의 뜻은 어떻습니까? 일체법의 진여의 가운데에 세 종류로 머무는 보살승인 보특가라의 차별된 상이 있다고 생각합니까? 이를테면, 성문승의 보살이거나, 독각승의 보살이거나, 정등각승의 보살입니다."

사리자가 말하였다.

"아닙니다. 선현이여."

"사리자여. 그대의 뜻은 어떻습니까? 일체법의 진여의 가운데에 진실로 하나의 결정적으로 물러나는 굴복이 없는 보살승이 있다고 생각합니까?"

"아닙니다. 선현이여."

"사리자여. 그대의 뜻은 어떻습니까? 일체법의 진여의 가운데에 진실로 하나의 정등각승인 제보살이 있다고 생각합니까?"

"아닙니다. 선현이여."

"사리자여. 그대의 뜻은 어떻습니까? 제법의 진여에 한 가지가 있거나, 두 가지가 있거나, 세 가지의 상이 있다고 생각합니까?"

"아닙니다. 선현이여."

"사리자여. 그대의 뜻은 어떻습니까? 일체법의 진여의 가운데에 하나의 법이 있다고 생각하거나, 하나의 법을 얻을 수 있다고 생각합니까?"

"아닙니다. 선현이여."

그때 선현이 사리자에게 알려 말하였다.

"만약 일체법이 진리인 까닭으로, 머무르는 까닭으로, 모두 무소유이고 모두 얻을 수 없다면, 어찌하여 사리자께서는 '이와 같은 보살은 여래의 무상정등보리에서 결정적으로 퇴굴이 있다, 이와 같은 보살은 여래의 무상정등보리에서 결정적으로 퇴굴이 없다. 이와 같은 보살은 여래의 무상정등보리에서 결정적으로 정해져 있지 않다. 이와 같은 보살은 이것이 성문승이다, 이와 같은 보살은 이것이 독각승이다, 이와 같은 보살은 이것이 정등각승이다. 이와 같이 세 가지이다, 이와 같이 한 가지이다.'라고 이렇게 생각하고서 말하니까?

사리자여. 만약 보살마하살이 일체법에서 모두 얻을 수 없다면, 일체법의 진여에서도 역시 모두 얻을 수 없다고 잘 능히 신해하여 모두 얻을 수 없고, 제보살에게도 역시 얻을 수 없으며, 제불의 무상정등보리에서도 얻을 수 없나니, 이것이 진실로 보살마하살이 된다고 마땅히 아십시오.

사리자여. 만약 보살마하살이 이와 같은 제법의 진여가 얻을 수 없는 상과 같다는 설법을 듣고서 그 마음이 놀라지 않고 두려워하지 않으며 겁내지 않고 의심하지 않으며 후회하지 않고 물러나지 않으며 숨기지 않는다면, 이 보살마하살은 빠르게 무상정등보리를 얻습니다."

그때 세존께서 구수 선현에게 알려 말씀하셨다.

"선현이여. 옳도다. 옳도다. 그대는 지금 제보살마하살을 위하여 법요를 잘 설하였느니라. 그대가 설한 것은 모두 이와 같은 여래의 위신력(威神力)의 가피(加被)이고, 그대의 자력(自力)은 아니니라.

선현이여. 만약 보살마하살이 법에서 진여가 얻을 수 없는 상이라는 깊은 신해가 생겨나서 일체법의 차별이 없는 상을 알았거나, 이와 같은 제법의 진여가 얻을 수 없는 상과 같다는 설법을 듣고서 그 마음이 놀라지 않고 두려워하지 않으며 겁내지 않고 의심하지 않으며 후회하지 않고 물러나지 않으며 숨기지 않는다면, 이 보살마하살은 빠르게 무상정등보리를 얻느니라."

그때 사리자가 세존께 아뢰어 말하였다.

"세존이시여. 만약 보살마하살이 이러한 법을 성취한다면, 빠르게 아뇩다라삼먁삼보리를 증득합니까?"

세존께서 말씀하셨다.

"사리자여. 그와 같으니라. 그와 같으니라. 만약 보살마하살이 이러한 법을 성취한다면, 빠르게 아뇩다라삼먁삼보리를 증득하고 성문지·독각지에 떨어지지 않느니라."

48. 보살주품(菩薩住品)(1)

그때 구수 선현이 부처님께 아뢰어 말하였다.

"세존이시여. 만약 보살마하살이 무상정등보리를 얻고자 하였다면, 마땅히 어디에 안주(安住)하고 상응하여 어떻게 안주해야 합니까?"

세존께서 말씀하셨다.

"선현이여. 만약 보살마하살이 무상정등보리를 얻고자 하였다면, 마땅

히 일체의 유정들에게 평등(平等)한 마음으로 안주해야 하고 상응하여
불평등(不平等)한 마음으로 안주하지 않아야 하며, 마땅히 일체의 유정들
에게 평등한 마음을 일으켜야 하고 상응하여 불평등한 마음을 일으키지
않아야 하며, 마땅히 일체의 유정들에게 평등한 마음으로써 함께 말해야
하고 상응하여 불평등한 마음으로써 함께 말하지 않아야 하며, 마땅히
일체의 유정들에게 대자(大慈)의 마음을 일으켜야 하고 상응하여 진에(瞋
恚)의 마음을 일으키지 않아야 하며, 마땅히 일체의 유정들에게 대자의
마음으로써 함께 말해야 하고 상응하여 성내는 마음으로 함께 말하지
않아야 하며, 마땅히 일체의 유정들에게 대비(大悲)의 마음을 일으켜야
하고 상응하여 번뇌시키고 해치는 마음을 일으키지 않아야 하며, 마땅히
일체의 유정들에게 대비의 마음으로써 함께 말해야 하고 상응하여 번뇌시
키고 해치는 마음으로써 함께 말하지 않아야 하느니라.

　마땅히 일체의 유정들에게 대희(大喜)의 마음을 일으켜야 하고 상응하
여 질투(嫉妒)하는 마음을 일으키지 않아야 하며, 마땅히 일체의 유정들에
게 대희의 마음으로써 함께 말해야 하고 상응하여 질투하는 마음으로써
함께 말하지 않아야 하며, 마땅히 일체의 유정들에게 대사(大捨)의 마음을
일으켜야 하고 상응하여 편당(偏黨)1)의 마음을 일으키지 않아야 하며,
마땅히 일체의 유정들에게 대사의 마음으로써 함께 말해야 하고 상응하여
편당의 마음으로써 함께 말하지 않아야 하며, 마땅히 일체의 유정들에게
공경하는 마음을 일으켜야 하고 상응하여 교만한 마음을 일으키지 않아야
하며, 마땅히 일체의 유정들에게 공경하는 마음으로써 함께 말해야 하고
상응하여 교만한 마음으로써 함께 말하지 않아야 하며, 마땅히 일체의
유정들에게 질직(質直)2)한 마음을 일으켜야 하고 상응하여 아첨하고
속이는 마음을 일으키지 않아야 하며, 마땅히 일체의 유정들에게 질직한
마음으로써 함께 말해야 하고 상응하여 아첨하고 속이는 마음으로써
함께 말하지 않아야 하느니라.

---

1) 하나의 붕당(朋黨)에 치우치는 마음을 뜻한다.
2) 소박(素朴)하고 정직한 마음을 뜻한다.

　마땅히 일체의 유정들에게 유연(調柔)한 마음을 일으켜야 하고 상응하여 견고하고 단단한(剛彊) 마음을 일으키지 않아야 하며, 마땅히 일체의 유정들에게 유연한 마음으로 함께 말해야 하고 상응하여 견고하고 단단한 마음으로 함께 말하지 않아야 하며, 마땅히 일체의 유정들에게 이익(利益)되는 마음을 일으켜야 하고 상응하여 이익되지 않는 마음을 일으키지 않아야 하며, 마땅히 일체의 유정들에게 이익되는 마음으로써 함께 말해야 하고 상응하여 이익되지 않는 마음으로 함께 말하지 않아야 하며, 마땅히 일체의 유정들에게 안락(安樂)한 마음을 일으켜야 하고 상응하여 안락하지 않은 마음을 일으키지 않아야 하며, 마땅히 일체의 유정들에게 안락한 마음으로써 함께 말해야 하고 상응하여 안락하지 않은 마음으로써 함께 말하지 않아야 하며, 마땅히 일체의 유정들에게 장애가 없는 마음을 일으켜야 하고 상응하여 장애가 있는 마음을 일으키지 않아야 하며, 마땅히 일체의 유정들에게 장애가 없는 마음으로써 말해야 하고 상응하여 장애가 있는 마음으로써 함께 말하지 않아야 하느니라.

　마땅히 일체의 유정들에게 부모와 같고 형제와 같으며 자매와 같고 아들·딸과 같으며 친족(親族)과 같다는 마음을 일으켜야 하고 역시 이러한 마음으로써 상응하여 그와 함께 말해야 하며, 마땅히 일체의 유정들에게 벗이라는 마음을 일으켜야 하고 역시 이러한 마음으로써 상응하여 그와 함께 말해야 하며, 마땅히 일체의 유정들에게 친교사(親敎師)와 같고 궤범사(軌範師)와 같으며 제자와 같고 동학(同學)과 같다는 마음을 일으켜야 하고 역시 이러한 마음으로써 상응하여 그와 함께 말해야 하며, 마땅히 일체의 유정들에게 예류(預流)·일래(一來)·불환(不還)·아라한이라는 마음을 일으켜야 하고 역시 이러한 마음으로써 상응하여 그와 함께 말해야 하며, 마땅히 일체의 유정들에게 독각(獨覺)이라는 마음을 일으켜야 하고 역시 이러한 마음으로써 상응하여 그와 함께 말해야 하며, 마땅히 일체의 유정들에게 보살마하살이라는 마음을 일으켜야 하고 역시 이러한 마음으로써 상응하여 그와 함께 말해야 하느니라.

　마땅히 일체의 유정들에게 여래·응공·정등각이라는 마음을 일으켜야

하고 역시 이러한 마음으로써 상응하여 그와 함께 말해야 하며, 마땅히
일체의 유정들에게 상응하여 공양하고 공경하며 존중하고 찬탄하는 마음
을 일으켜야 하고 역시 이러한 마음으로써 상응하여 그와 함께 말해야
하며, 마땅히 일체의 유정들에게 상응하여 구제(救濟)하고 연민(憐愍)하여
감싸서 보호하는 마음을 일으켜야 하고 역시 이러한 마음으로써 상응하여
그와 함께 말해야 하며, 마땅히 일체의 유정들에게 반드시 결국에는
공(空)하고 무소유이므로 얻을 수 없다는 마음을 일으켜야 하고 역시
이러한 마음으로써 상응하여 그와 함께 말해야 하며, 마땅히 일체의
유정들에게 공(空)이고 무상(無相)이며 무원(無願)이라는 마음을 일으켜
야 하고 역시 이러한 마음으로써 상응하여 그와 함께 말해야 하느니라.
  선현이여. 만약 보살마하살이 무상정등보리를 얻고자 하였다면, 얻을
수 없는 것으로써 방편으로 삼아서 마땅히 이것에 안주해야 하느니라."

  "다시 다음으로 선현이여. 만약 보살마하살이 무상정등보리를 얻고자
하였다면, 상응하여 스스로가 생명을 해치는 것을 벗어나고 역시 다른
사람에게 권유하여 생명을 해치는 것을 벗어나게 하며, 생명을 해치는
것을 벗어나는 법을 항상 바르게 찬양(稱揚)하고 생명을 해치는 것을
벗어나는 자를 환희(歡喜)하면서 찬탄(讚歎)해야 하며, 상응하여 스스로가
주지 않았는데 취하는 것(不與取)과 욕망의 삿된 행(欲邪行)을 벗어나고
역시 다른 사람에게 권유하여 주지 않았는데 취하는 것과 삿된 행을
벗어나게 하며, 주지 않았는데 취하는 것과 삿된 행을 벗어나는 법을
항상 바르게 찬양하고 역시 주지 않았는데 취하는 것과 삿된 행을 벗어나
는 자를 환희하면서 찬탄해야 하느니라.
  선현이여. 만약 보살마하살이 무상정등보리를 얻고자 하였다면, 상응
하여 스스로가 헛되고 속이는 말(虛誑語)을 벗어나고 역시 다른 사람에게
권유하여 헛되고 속이는 말을 벗어나게 하며, 헛되고 속이는 말을 벗어나
는 법을 항상 바르게 찬양하고 헛되고 속이는 말을 벗어나는 자를 환희하
면서 찬탄해야 하며, 스스로가 추악한 말(麤惡語)·이간하는 말(離間語)·잡

스럽고 지저분한 말(雜穢語)을 벗어나고 역시 다른 사람에게 권유하여
추악한 말·이간하는 말·잡스럽고 지저분한 말을 벗어나게 하며, 추악한
말·이간하는 말·잡스럽고 지저분한 말을 벗어나는 법을 항상 바르게
찬양하고 추악한 말·이간하는 말·잡스럽고 지저분한 말을 벗어난 자를
환희하면서 찬탄해야 하느니라.

선현이여. 만약 보살마하살이 무상정등보리를 얻고자 하였다면, 상응
하여 스스로가 탐욕을 벗어나고 역시 다른 사람에게 권유하여 탐욕을
벗어나게 하며, 탐욕을 벗어나는 법을 항상 바르게 찬양하고 탐욕을
벗어난 자를 환희하면서 찬탄해야 하며, 스스로가 진에(瞋恚)와 삿된
견해를 벗어나고 역시 다른 사람에게 권유하여 진에와 삿된 견해를 벗어나
게 해야 하며, 진에와 삿된 견해를 벗어나는 법을 항상 바르게 찬양하고
진에와 삿된 견해를 벗어난 자를 환희하면서 찬탄해야 하느니라.

선현이여. 만약 보살마하살이 무상정등보리를 얻고자 하였다면, 상응
하여 스스로가 초정려(初靜慮)를 수행하고 역시 다른 사람에게 권유하여
초정려를 수행하게 해야 하며, 초정려를 수행하는 법을 항상 바르게
찬양하고 초정려를 수행하는 자를 환희하면서 찬탄해야 하며, 스스로가
제2(第二)·제3(第三)·제4정려(第四精慮)를 수행하고 역시 다른 사람에게
권유하여 제2·제3·제4정려를 수행하게 해야 하며, 제2·제3·제4정려를
수행하는 법을 항상 바르게 찬양하고 제2·제3·제4정려를 수행하는 자를
환희하면서 찬탄해야 하느니라.

선현이여. 만약 보살마하살이 무상정등보리를 얻고자 하였다면, 상응
하여 스스로가 자무량(慈無量)을 수행하고 역시 다른 사람에게 권유하여
자무량을 수행하게 해야 하며, 자무량을 수행하는 법을 항상 바르게
찬양하고 자무량을 수행하는 자를 환희하면서 찬탄해야 하며, 비(悲)·희
(喜)·사무량(捨無量)을 수행하고 역시 다른 사람에게 권유하여 비·희·사
무량을 수행하게 해야 하며, 비·희·사무량을 수행하는 법을 항상 바르게
찬양하고 비·희·사무량을 수행하는 자를 환희하면서 찬탄해야 하느니라.

선현이여. 만약 보살마하살이 무상정등보리를 얻고자 하였다면, 상응

하여 스스로가 공무변처정(空無邊處定)을 수행하고 역시 다른 사람에게 권유하여 공무변처정을 수행하게 해야 하며, 공무변처정을 수행하는 법을 항상 바르게 찬양하고 공무변처정을 수행하는 자를 환희하면서 찬탄해야 하며, 스스로가 식무변처정(識無邊處定)·무소유처정(無所有處 定)·비상비비상처정(非想非非想處定)을 수행하고 역시 다른 사람에게 권유하여 식무변처정·무소유처정·비상비비상처정을 수행하게 해야 하며, 식무변처정·무소유처정·비상비비상처정을 수행하는 법을 항상 바르게 찬양하고 식무변처정·무소유처정·비상비비상처정을 수행하는 자를 환희하면서 찬탄해야 하느니라.

선현이여. 만약 보살마하살이 무상정등보리를 얻고자 하였다면, 상응하여 스스로가 보시바라밀다를 원만하게 하고 역시 다른 사람에게 권유하여 보시바라밀다를 원만하게 해야 하며, 보시바라밀다를 원만하게 하는 법을 항상 바르게 찬양하고 보시바라밀다를 원만하게 하는 자를 환희하면서 찬탄해야 하며, 스스로가 정계·안인·정진·정려·반야바라밀다를 원만하게 하고 역시 다른 사람에게 권유하여 정계·안인·정진·정려·반야바라밀다를 원만하게 해야 하며, 정계·안인·정진·정려·반야바라밀다를 원만하게 하는 법을 항상 바르게 찬양하고 정계·안인·정진·정려·반야바라밀다를 원만하게 하는 자를 환희하면서 찬탄해야 하느니라.

선현이여. 만약 보살마하살이 무상정등보리를 얻고자 하였다면, 상응하여 스스로가 내공에 안주하고 역시 다른 사람에게 권유하여 내공에 안주하게 해야 하며, 내공에 안주하는 법을 항상 바르게 찬양하고 내공에 안주하는 자를 환희하면서 찬탄해야 하며, 스스로가 외공·내외공·공공·대공·승의공·유위공·무위공·필경공·무제공·산공·무변이공·본성공·자상공·공상공·일체법공·불가득공·무성공·자성공·무성자성공에 안주하고 역시 다른 사람에게 권유하여 외공, 나아가 무성자성공에 안주하게 해야 하며, 외공, 나아가 무성자성공에 안주하는 법을 항상 바르게 찬양하고 외공, 나아가 무성자성공에 안주하는 자를 환희하면서 찬탄해야 하느니라.

선현이여. 만약 보살마하살이 무상정등보리를 얻고자 하였다면, 상응하여 스스로가 진여에 안주하고 역시 다른 사람에게 권유하여 진여에 안주하게 해야 하며, 진여에 안주하는 법을 항상 바르게 찬양하고 진여에 안주하는 자를 환희하면서 찬탄해야 하며, 스스로가 법계·법성·불허망성·불변이성·평등성·이생성·법정·법주·실제·허공계·부사의계에 안주하고 역시 다른 사람에게 권유하여 법계, 나아가 부사의계에 안주하게 해야 하며, 법계, 나아가 부사의계에 안주하는 법을 항상 바르게 찬양하고 법계, 나아가 부사의계에 안주하는 자를 환희하면서 찬탄해야 하느니라.

선현이여. 만약 보살마하살이 무상정등보리를 얻고자 하였다면, 상응하여 스스로가 4념주를 수행하고 역시 다른 사람에게 권유하여 4념주를 수행하게 해야 하며, 4념주를 수행하는 법을 항상 바르게 찬양하고 4념주를 수행하는 자를 환희하면서 찬탄해야 하며, 스스로가 4정단·4신족·5근·5력·7등각지·8성도지를 수행하고 역시 다른 사람에게 권유하여 4정단, 나아가 8성도지를 수행하게 해야 하며, 4정단, 나아가 8성도지를 수행하는 법을 항상 바르게 찬양하고 4정단, 나아가 8성도지를 수행하는 자를 환희하면서 찬탄해야 하느니라.

선현이여. 만약 보살마하살이 무상정등보리를 얻고자 하였다면, 상응하여 스스로가 고성제에 안주하고 역시 다른 사람에게 권유하여 고성제에 안주하게 해야 하며, 고성제에 안주하는 법을 항상 바르게 찬양하고 고성제에 안주하는 자를 환희하면서 찬탄해야 하며, 스스로가 집·멸·도성제에 안주하고 역시 다른 사람에게 권유하여 집·멸·도성제에 안주하게 해야 하며, 법계, 나아가 부사의계에 안주하는 법을 항상 바르게 찬양하고 집·멸·도성제에 안주하는 자를 환희하면서 찬탄해야 하느니라.

선현이여. 만약 보살마하살이 무상정등보리를 얻고자 하였다면, 상응하여 스스로가 8해탈을 수행하고 역시 다른 사람에게 권유하여 8해탈을 수행하게 해야 하며, 8해탈을 수행하는 법을 항상 바르게 찬양하고 8해탈을 수행하는 자를 환희하면서 찬탄해야 하며, 스스로가 8승처·9차제정·10변처를 수행하고 역시 다른 사람에게 권유하여 8승처·9차제정·10변처를 수행하게 해야 하며 8승처·9차제정·10변처를 수행하는 법을 항상 바르게 찬양하고 8승처·9차제정·10변처를 수행하는 자를 환희하면서 찬탄해야 하느니라.

선현이여. 만약 보살마하살이 무상정등보리를 얻고자 하였다면, 상응하여 스스로가 공해탈문을 수행하고 역시 다른 사람에게 권유하여 공해탈문을 수행하게 해야 하며, 공해탈문을 수행하는 법을 항상 바르게 찬양하고 공해탈문을 수행하는 자를 환희하면서 찬탄해야 하며, 스스로가 무상·무원해탈문을 수행하고 역시 다른 사람에게 권유하여 무상·무원해탈문을 수행하게 해야 하며 무상·무원해탈문을 수행하는 법을 항상 바르게 찬양하고 무상·무원해탈문을 수행하는 자를 환희하면서 찬탄해야 하느니라.

선현이여. 만약 보살마하살이 무상정등보리를 얻고자 하였다면, 상응하여 스스로가 극희지(極喜地)를 원만하게 하고 역시 다른 사람에게 권유하여 극희지를 원만하게 해야 하며, 극희지를 원만하게 하는 법을 항상 바르게 찬양하고 극희지를 원만하게 하는 자를 환희하면서 찬탄해야 하며, 스스로가 이구지(離垢地)·발광지(發光地)·염혜지(焰慧地)·극난승지(極難勝地)·현전지(現前地)·원행지(遠行地)·부동지(不動地)·선혜지(善慧地)·법운지(法雲地)를 원만하게 하고 역시 다른 사람에게 권유하여 이구지, 나아가 법운지를 원만하게 해야 하며, 이구지, 나아가 법운지를 원만하게 하는 법을 항상 바르게 찬양하고 이구지, 나아가 법운지를 원만하게 하는 자를 환희하면서 찬탄해야 하느니라.

선현이여. 만약 보살마하살이 무상정등보리를 얻고자 하였다면, 상응하여 스스로가 5안을 원만하게 하고 역시 다른 사람에게 권유하여 5안을 원만하게 해야 하며, 5안을 원만하게 하는 법을 항상 바르게 찬양하고 5안을 원만하게 하는 자를 환희하면서 찬탄해야 하며, 스스로가 6신통을 원만하게 하고 역시 다른 사람에게 권유하여 6신통을 원만하게 해야 하며, 6신통을 원만하게 하는 법을 항상 바르게 찬양하고 6신통을 원만하게 하는 자를 환희하면서 찬탄해야 하느니라.

선현이여. 만약 보살마하살이 무상정등보리를 얻고자 하였다면, 상응하여 스스로가 여래의 10력을 원만하게 하고 역시 다른 사람에게 권유하여 여래의 10력을 원만하게 해야 하며, 여래의 10력을 원만하게 하는 법을 항상 바르게 찬양하고 여래의 10력을 원만하게 하는 자를 환희하면서 찬탄해야 하며, 스스로가 4무소외·4무애해·대자·대비·대희·대사·18불불공법을 원만하게 하고 역시 다른 사람에게 권유하여 4무소외, 나아가 18불불공법을 원만하게 해야 하며, 4무소외, 나아가 18불불공법을 원만하게 하는 법을 항상 바르게 찬양하고 4무소외, 나아가 18불불공법을 원만하게 하는 자를 환희하면서 찬탄해야 하느니라.

선현이여. 만약 보살마하살이 무상정등보리를 얻고자 하였다면, 상응하여 스스로가 십이지연기(十二支緣起)를 순관(順觀)하고 역관(逆觀)하면서 역시 다른 사람에게 권유하여 십이지연기를 순관하게 하고 역관하게 해야 하며, 십이지연기를 순관하고 역관하는 법을 항상 바르게 찬양하고 십이지연기를 순관하고 역관하는 자를 환희하면서 찬탄해야 하느니라.

선현이여. 만약 보살마하살이 무상정등보리를 얻고자 하였다면, 상응하여 스스로가 고성제를 알고(知苦) 집성제를 끊으며(斷集) 멸성제를 증득하고(證滅) 도성제를 수행하며(修道) 역시 다른 사람에게 권유하여 고성제를 알고 집성제를 끊으며 멸성제를 증득하고 도성제를 수행하게 하며, 고성제를 알고 집성제를 끊으며 멸성제를 증득하고 도성제를 수행하는 법을 항상 바르게 찬양하고 고성제를 알고 집성제를 끊으며 멸성제를 증득하고 도성제를 수행하는 자를 환희하면서 찬탄해야 하느니라.

선현이여. 만약 보살마하살이 무상정등보리를 얻고자 하였다면, 상응하여 스스로가 예류과를 증득하는 지혜를 일으켜서 실제(實際)를 증득하지 못하더라도 예류과를 증득하고 역시 다른 사람에게 권유하여 예류과를 증득하는 지혜를 일으켜서 실제(實際)를 증득하지 않더라도 예류과를 증득하게 하며, 예류과를 증득하는 지혜를 일으켜서 실제를 증득하고서 예류과를 증득하는 법을 항상 바르게 찬양하고 예류과를 증득하는 지혜를 일으켜서 실제를 증득하고서 예류과를 증득하는 자를 환희하면서 찬탄해야 하며, 스스로가 일래과·불환과·아라한과를 증득하는 지혜를 일으켜서 실제를 증득하지 않더라도 일래과·불환과·아라한과를 증득하고 역시 다른 사람에게 권유하여 일래과·불환과·아라한과를 증득하는 지혜를 일으켜서 실제를 증득하고 일래·불환·아라한과를 증득하게 하며, 일래·불환·아라한과를 증득하는 지혜를 일으켜서 실제를 증득하고서 일래·불환·아라한과를 증득하는 법을 항상 바르게 찬양하고 일래·불환·아라한과를 증득하는 지혜를 일으켜서 실제를 증득하고 일래·불환·아라한과를 얻은 자를 환희하면서 찬탄해야 하느니라.

선현이여. 만약 보살마하살이 무상정등보리를 얻고자 하였다면, 상응하여 스스로가 독각의 보리를 증득하는 지혜를 일으켜서 실제를 증득하지 못하더라도 독각의 보리를 얻고, 역시 다른 사람에게 권유하여 독각의 보리를 증득하는 지혜를 일으켜서 실제를 증득하고서 독각의 보리를 증득하게 하며, 독각의 보리를 증득하는 지혜를 일으켜서 실제를 증득하고서 독각의 보리를 증득하는 법을 항상 바르게 찬양하고, 독각의 보리를 증득하는 지혜를 일으켜서 실제를 증득하고서 독각의 보리를 증득하는 자를 환희하면서 찬탄해야 하느니라.

선현이여. 만약 보살마하살이 무상정등보리를 얻고자 하였다면, 상응하여 스스로가 보살의 정성이생(正性離生)의 지위에 들어가고 역시 다른 사람에게 권유하여 보살의 정성이생의 지위에 들어가게 해야 하며, 보살의 정성이생의 지위에 들어가는 법을 항상 바르게 찬양하고 보살의 정성이생의 지위에 들어가는 자를 환희하면서 찬탄해야 하느니라.

선현이여. 만약 보살마하살이 무상정등보리를 얻고자 하였다면, 상응하여 스스로가 불국토를 장엄하고 역시 다른 사람에게 권유하여 불국토를 장엄하게 해야 하며, 불국토를 장엄하는 법을 항상 바르게 찬양하고 불국토를 장엄하는 자를 환희하면서 찬탄해야 하느니라.

선현이여. 만약 보살마하살이 무상정등보리를 얻고자 하였다면, 상응하여 스스로가 유정을 성숙시키고 역시 다른 사람에게 가르쳐서 유정을 성숙시키게 해야 하며, 유정을 성숙시키는 법을 항상 바르게 찬양하고 유정을 성숙시키는 자를 환희하면서 찬탄해야 하느니라.

선현이여. 만약 보살마하살이 무상정등보리를 얻고자 하였다면, 상응하여 스스로가 보살의 신통(神通)을 일으키고 역시 다른 사람에게 가르쳐서 보살의 신통을 일으키게 해야 하며, 보살의 신통을 일으키는 법을 항상 바르게 찬양하면서 보살의 신통을 일으키는 이를 환희하면서 찬탄해야 하느니라.

선현이여. 만약 보살마하살이 무상정등보리를 얻고자 하였다면, 상응하여 스스로가 일체지를 일으키고 역시 다른 사람에게 가르쳐서 일체지를 일으키게 해야 하며, 일체지를 일으키는 법을 항상 바르게 찬양하고 일체지를 일으키는 자를 환희하면서 찬탄해야 하며, 스스로가 도상지와 일체상지를 일으키고 역시 다른 사람에게 권유하여 도상지와 일체상지를 일으키게 하고 도상지와 일체상지를 일으키는 법을 항상 바르게 찬양하고 도상지와 일체상지를 일으키는 이를 환희하면서 찬탄해야 하느니라.

선현이여. 만약 보살마하살이 무상정등보리를 얻고자 하였다면, 상응하여 스스로가 일체의 번뇌와 상속하는 습기(習氣)를 끊고 역시 다른 사람에게 권유하여 일체의 번뇌와 상속하는 습기를 끊게 해야 하며, 일체의 번뇌와 상속하는 습기를 끊는 법을 항상 바르게 찬양하고 일체의 번뇌와 상속하는 습기를 끊은 자를 환희하면서 찬탄해야 하느니라."

마하반야바라밀다경 제325권

48. 보살주품(菩薩住品)(2)

"선현이여. 만약 보살마하살이 무상정등보리를 얻고자 하였다면, 상응
하여 스스로가 무망실법(無忘失法)을 일으키고 역시 다른 사람에게 권유
하여 무망실법을 일으키게 해야 하며, 무망실법을 일으키는 법을 항상
바르게 찬양하고 무망실법을 일으키는 자를 환희하면서 찬탄해야 하며,
스스로가 항주사성(恒住捨性)을 일으키고 역시 다른 사람에게 권유하여
항주사성을 일으키게 해야 하며, 항주사성을 일으키는 법을 항상 바르게
찬양하고 항주사성을 일으키는 자를 환희하면서 찬탄해야 하느니라.

선현이여. 만약 보살마하살이 무상정등보리를 얻고자 하였다면, 상응
하여 스스로가 원만한 수량(壽量)¹⁾을 섭수(攝受)하고 역시 다른 사람에게
권유하여 원만한 수량을 섭수하게 해야 하며, 원만한 수량을 섭수하는
법을 항상 바르게 찬양하고 원만한 수량을 섭수하는 자를 환희하면서
찬탄해야 하느니라. 선현이여. 만약 보살마하살이 무상정등보리를 얻고
자 하였다면, 상응하여 스스로가 법륜(法輪)을 굴리고 역시 다른 사람에게
권유하여 법륜을 굴리게 해야 하며, 법륜을 굴리는 법을 항상 바르게
찬양하고 법륜을 굴리는 자를 환희하면서 찬탄해야 하느니라.

선현이여. 만약 보살마하살이 무상정등보리를 얻고자 하였다면, 상응
하여 스스로가 정법(正法)을 섭수하고 수호하면서 안주하고 역시 다른

---

1) 여래의 수명과 공덕을 헤아린다는 뜻이다.

사람에게 권유하여 정법을 섭수하고 수호하면서 안주하게 해야 하며, 섭수하고 수호하면서 안주하는 법을 항상 바르게 찬양하고 섭수하고 수호하면서 안주하는 자를 환희하면서 찬탄해야 하느니라.

선현이여. 만약 보살마하살이 무상정등보리를 얻고자 하였다면, 얻을 수 없는 것을 방편으로 삼아서 상응하여 이와 같이 안주해야 하느니라.”

“선현이여. 보살마하살이 상응하여 이와 같이 매우 깊은 반야바라밀다와 방편선교를 수학하였고, 만약 이와 같이 수학하고서 비로소 능히 안주하는 처소와 안주하는 법을 만약 이와 같이 수학하였으며, 만약 이와 같이 안주하였다면, 나아가서 색(色)에서 무장애(無障礙)를 증득하고 수(受)·상(想)·행(行)·식(識)에서 무장애를 증득하며, 안처(眼處)에서 무장애를 증득하고 이(耳)·비(鼻)·설(舌)·신(身)·의처(意處)에서 무장애를 증득하며, 색처(色處)에서 무장애를 증득하고 성(聲)·향(香)·미(味)·촉(觸)·법처(法處)에서 무장애를 증득하느니라.

안계(眼界)에서 무장애를 증득하고 이(耳)·비(鼻)·설(舌)·신(身)·의계(意界)에서 무장애를 증득하며, 색계(色界)에서 무장애를 증득하고 성(聲)·향(香)·미(味)·촉(觸)·법계(法處)에서 무장애를 증득하며, 안식계(眼識界)에서 무장애를 증득하고 이(耳)·비(鼻)·설(舌)·신(身)·의식계(意識界)에서 무장애를 증득하며, 안촉(眼觸)에서 무장애를 증득하고 이(耳)·비(鼻)·설(舌)·신(身)·의촉(意觸)에서 무장애를 증득하며, 안촉(眼觸)을 인연으로 생겨난 여러 수(受)에서 무장애를 증득하고 이(耳)·비(鼻)·설(舌)·신(身)·의촉(意觸)을 인연으로 생겨난 여러 수에서 무장애를 증득하느니라.

지계(地界)에서 무장애를 증득하고 수(水)·화(火)·풍(風)·공(空)·식계(識界)에서 무장애를 증득하며, 무명(無明)에서 무장애를 증득하고 행(行)·식(識)·명색(名色)·육처(六處)·촉(觸)·수(受)·애(愛)·취(取)·유(有)·생(生)·노사(老死)에서 무장애를 증득하며, 생명을 해치는 것을 벗어난 것에서 무장애를 증득하고, 주지 않았는데 취하는 것·음욕의 삿된 행·헛되고 속이는 말·추악한 말·이간질하는 말·잡스럽고 지저분한 말에·탐욕·진에

·삿된 견해를 벗어난 것에서 무장애를 증득하느니라.

4정려(四靜慮)에서 무장애를 증득하고 4무량(四無量)·4무색정(四無色定)에서 무장애를 증득하며, 보시바라밀다(布施波羅蜜多)에서 무장애를 증득하고 정계(淨戒)·안인(安忍)·정진(精進)·정려(靜慮)·반야바라밀다(般若波羅蜜多)에서 무장애를 증득하며, 내공(內空)에서 무장애를 증득하고 외공(外空)·내외공(內外空)·공공(空空)·대공(大空)·승의공(勝義空)·유위공(有爲空)·무위공(無爲空)·필경공(畢竟空)·무제공(無際空)·산공(散空)·무변이공(無變異空)·본성공(本性空)·자상공(自相空)·공상공(共相空)·일체법공(一切法空)·불가득공(不可得空)·무성공(無性空)·자성공(自性空)·무성자성공(無性自性空))에서 무장애를 증득하느니라.

진여(眞如)에서 무장애를 증득하고 법계(法界)·법성(法性)·불허망성(不虛妄性)·불변이성(不變異性)·평등성(平等性)·이생성(離生性)·법정(法定)·법주(法住)·실제(實際)·허공계(虛空界)·부사의계(不思議界)에서 무장애를 증득하며, 4념주(四念住)에서 무장애를 증득하고 4정단(四正斷)·4신족(四神足)·5근(五根)·5력(五力)·7등각지(七等覺支)·8성도지(八聖道支)에서 무장애를 증득하며, 고성제(苦聖諦)에서 무장애를 증득하고 집(集)·멸(滅)·도성제(道聖諦)에서 무장애를 증득하느니라.

8해탈(八解脫)에서 무장애를 증득하고 8승처(八勝處)·9차제정(九次第定)·10변처(十遍處)에서 무장애를 증득하며, 공해탈문(空解脫門)에서 무장애를 증득하고 무상(無相)·무원해탈문(無願解脫門)에서 무장애를 증득하며, 극희지(極喜地)에서 무장애를 증득하고 이구지(離垢地)·발광지(發光地)·염혜지(焰慧地)·극난승지(極難勝地)·현전지(現前地)·원행지(遠行地)·부동지(不動地)·선혜지(善慧地)·법운지(法雲地)에서 무장애를 증득하며, 삼마지문(三摩地門)에서 무장애를 증득하고 다라니문(陀羅尼門)에서 무장애를 증득하느니라.

여래(佛)의 10력(十力)에서 무장애를 증득하고 4무소외(四無所畏)·4무애해(四無礙解)·대자(大慈)·대비(大悲)·대희(大喜)·대사(大捨)·18불불공법(十八佛不共法)에서 무장애를 증득하며, 순관(順觀)과 역관(逆觀)의 십이지연기(十二支緣起)에서 무장애를 증득하고 고성제를 알고 집성제를 끊으며 멸성제를 증득하고 도성제를 수행하는 것에서 무장애를 증득하며, 예류과(預流果)에서 무장애를 증득하고 일래(一來)·불환(不還)·아라한과(阿羅漢果)에서 무장애를 증득하느니라.

독각(獨覺)의 보리(菩提)에서 무장애를 증득하고 보살의 정성이생(正性離生)의 지위에 들어가서 무장애를 증득하며, 불국토를 청정하게 장엄하는 것에서 무장애를 증득하고 유정(有情)을 성숙시키는 것에서 무장애를 증득하며, 보살이 신통(神通)을 일으키는 것에서 무장애를 증득하느니라. 일체지(一切智)에서 무장애를 증득하고 도상지(道相智)·일체상지(一切相智)에서 무장애를 증득하며, 일체의 번뇌와 상속한 습기를 끊는 것에서 무장애를 증득하느니라.

무망실법(無忘失法)에서 무장애를 증득하며, 항주사성(恒住捨性)에서 무장애를 증득하고 원만(圓滿)한 수량(壽量)에서 무장애를 증득하며, 전법륜(轉法輪)에서 무장애를 증득하고 정법의 안주하는 것에서 무장애를 증득하느니라.

그 까닭은 무엇인가? 선현이여. 이 보살마하살은 전제(前際)부터 오면서 색을 섭수하지 않았고 수·상·행·식을 섭수하지 않았으며, 안처를 섭수하지 않았고 이·비·설·신·의처를 섭수하지 않았으며, 색처를 섭수하지 않았고 성·향·미·촉·법처를 섭수하지 않았으며, 안계를 섭수하지 않았고 이·비·설·신·의계를 섭수하지 않았으며, 색계를 섭수하지 않았고 성·향·미·촉·법계를 섭수하지 않았으며, 안식계를 섭수하지 않았고 이·비·설·신·의식계를 섭수하지 않았느니라.

안촉을 섭수하지 않았고 이·비·설·신·의촉을 섭수하지 않았으며, 안촉을 인연으로 생겨난 여러 수를 섭수하지 않았고 이·비·설·신·의촉을 인연으로 생겨난 여러 수를 섭수하지 않았으며, 지계를 섭수하지 않았고 수·화·풍·공·식계를 섭수하지 않았으며, 무명을 섭수하지 않았고 행·식·명색·육처·촉·수·애·취·유·생·노사를 섭수하지 않았으며, 생명을 해치는 것을 섭수하지 않았고 주지 않는데 취하는 것·음욕의 삿된 행·헛되고 속이는 말·추악한 말·이간질하는 말·잡스럽고 지저분한 말·탐욕·진에·삿된 견해를 벗어난 것을 섭수하지 않았느니라.

4정려를 섭수하지 않았고 4무량·4무색정을 섭수하지 않았으며, 보시바라밀다를 섭수하지 않았고 정계·안인·정진·정려·반야바라밀다를 섭수하지 않았으며, 내공을 섭수하지 않았고 외공·내외공·공공·대공·승의공·유위공·무위공·필경공·무제공·산공·무변이공·본성공·자상공·공상공·일체법공·불가득공·무성공·자성공·무성자성공을 섭수하지 않았으며, 진여를 섭수하지 않았고 법계·법성·불허망성·불변이성·평등성·이생성·법정·법주·실제·허공계·부사의계를 섭수하지 않았으며, 4념주를 섭수하지 않았고 4정단·4신족·5근·5력·7등각지·8성도지를 섭수하지 않았느니라.

고성제를 섭수하지 않았고 집·멸·도성제를 섭수하지 않았으며, 8해탈을 섭수하지 않았고 8승처·9차제정·10변처를 섭수하지 않았으며, 공해탈문을 섭수하지 않았고 무상·무원해탈문을 섭수하지 않았으며, 극희지를 섭수하지 않았고 이구지·발광지·염혜지·극난승지·현전지·원행지·부동지·선혜지·법운지를 섭수하지 않았으며, 5안을 섭수하지 않았고 6신통을 섭수하지 않았느니라.

삼마지문을 섭수하지 않았고 다라니문을 섭수하지 않았으며, 여래의 10력을 섭수하지 않았고 4무소외·4무애해·대자·대비·대희·대사·18불불공법을 섭수하지 않았으며, 십이지연기의 순관·역관을 섭수하지 않았고 고성제를 알고 집성제를 끊으며 멸성제를 증득하고 도성제를 수행하는 것을 섭수하지 않았으며, 예류과를 섭수하지 않았고 일래·불환·아라한과를 섭수하지 않았느니라.

독각의 보리를 섭수하지 않았고 보살의 정성이생의 지위에 들어가는 것을 섭수하지 않았으며, 불국토를 청정하게 장엄하는 것을 섭수하지 않았고 유정을 성숙시키는 것을 섭수하지 않았으며, 보살의 신통을 일으키는 것을 섭수하지 않았느니라. 일체지를 섭수하지 않았느니라.

도상지·일체상지를 섭수하지 않았고, 일체의 번뇌와 상속한 습기를 끊는 것을 섭수하지 않았으며, 무망실법을 섭수하지 않았고, 항주사성을 섭수하지 않았으며, 원만한 수량을 섭수하지 않았고, 전법륜(轉法輪)을 섭수하지 않았으며, 정법의 안주하는 것을 섭수하지 않았느니라.

왜 그러한가? 선현이여. 색은 섭수할 수 없는 까닭이므로 만약 색을 섭수할 수 없다면 나아가서(則) 색이 아니고, 수·상·행·식을 섭수할 수 없는 까닭이므로 만약 수·상·행·식을 섭수할 수 없다면 나아가서 수·상·행·식이 아니니라. 선현이여. 안처는 섭수할 수 없는 까닭이므로 만약 안처를 섭수할 수 없다면 나아가서 안처가 아니고, 이·비·설·신·의처를 섭수할 수 없는 까닭이므로 만약 이·비·설·신·의처를 섭수할 수 없다면 나아가서 이·비·설·신·의처가 아니니라.

선현이여. 색처는 섭수할 수 없는 까닭이므로 만약 색처를 섭수할 수 없다면 나아가서 색처가 아니고, 성·향·미·촉·법처를 섭수할 수 없는 까닭이므로 만약 성·향·미·촉·법처를 섭수할 수 없다면 나아가서 성·향·미·촉·법처가 아니니라. 선현이여. 안계는 섭수할 수 없는 까닭이므로 만약 안계를 섭수할 수 없다면 나아가서 안계가 아니고, 이·비·설·신·의계를 섭수할 수 없는 까닭이므로 만약 이·비·설·신·의계를 섭수할 수 없다면 나아가서 이·비·설·신·의계가 아니니라.

선현이여. 색계는 섭수할 수 없는 까닭이므로 만약 색계를 섭수할 수 없다면 나아가서 색계가 아니고, 성·향·미·촉·법계를 섭수할 수 없는 까닭이므로 만약 성·향·미·촉·법계를 섭수할 수 없다면 나아가서 성·향·미·촉·법계가 아니니라. 선현이여. 안식계는 섭수할 수 없는 까닭이므로 만약 안식계를 섭수할 수 없다면 나아가서 안식계가 아니고, 이·비·설·신·의식계를 섭수할 수 없는 까닭이므로 만약 이·비·설·신·의식계를 섭수할 수 없다면 나아가서 이·비·설·신·의식계가 아니니라.

선현이여. 안촉은 섭수할 수 없는 까닭이므로 만약 안촉을 섭수할 수 없다면 나아가서 안촉이 아니고, 이·비·설·신·의촉을 섭수할 수 없는 까닭이므로 만약 이·비·설·신·의촉을 섭수할 수 없다면 나아가서 이·비·설·신·의촉이 아니니라. 선현이여. 안촉을 인연으로 생겨난 여러 수는 섭수할 수 없는 까닭이므로 만약 안촉을 인연으로 생겨난 여러 수를 섭수할 수 없다면 나아가서 안촉을 인연으로 생겨난 여러 수가 아니고, 이·비·설·신·의촉을 인연으로 생겨난 여러 수를 섭수할 수 없는 까닭이므로 만약 이·비·설·신·의촉을 인연으로 생겨난 여러 수를 섭수할 수 없다면 나아가서 이·비·설·신·의촉을 인연으로 생겨난 여러 수가 아니니라.

선현이여. 지계는 섭수할 수 없는 까닭이므로 만약 지계를 섭수할 수 없다면 나아가서 지계가 아니고, 수·화·풍·공·식계를 섭수할 수 없는 까닭이므로 만약 수·화·풍·공·식계를 섭수할 수 없다면 나아가서 수·화·풍·공·식계가 아니니라. 선현이여. 무명을 섭수할 수 없는 까닭이므로 만약 무명을 섭수할 수 없다면 나아가서 무명이 아니고, 행·식·명색·육처·촉·수·애·취·유·생·노사를 섭수할 수 없는 까닭이므로 만약 행, 나아가 노사를 섭수할 수 없다면 나아가서 행, 나아가 노사가 아니니라.

선현이여. 생명을 해치는 것을 섭수할 수 없는 까닭이므로 만약 생명을 해치는 것을 섭수할 수 없다면 나아가서 생명을 해치는 것이 아니고, 주지 않았는데 취하는 것·음욕의 삿된 행을 섭수할 수 없는 까닭이므로 만약 주지 않았는데 취하는 것·음욕의 삿된 행을 섭수할 수 없다면 나아가서 주지 않았는데 취하는 것·음욕의 삿된 행이 아니니라. 선현이여. 헛되고 속이는 말을 섭수할 수 없는 까닭이므로 만약 헛되고 속이는 말을 섭수할 수 없다면 나아가서 헛되고 속이는 말이 아니고, 추악한 말·이간질하는 말·잡스럽고 지저분한 말을 섭수할 수 없는 까닭이므로 만약 추악한 말·이간질하는 말·잡스럽고 지저분한 말을 섭수할 수 없다면 나아가서 추악한 말·이간질하는 말·잡스럽고 지저분한 말이 아니니라.

선현이여. 탐욕을 섭수할 수 없는 까닭이므로 만약 탐욕을 섭수할 수 없다면 나아가서 탐욕이 아니고, 진에·삿된 견해를 섭수할 수 없는 까닭이므로 만약 주지 않았는데 진에·삿된 견해를 섭수할 수 없다면 나아가서 진에·삿된 견해가 아니니라. 선현이여. 초정려는 섭수할 수 없는 까닭이므로 만약 초정려를 섭수할 수 없다면 나아가서 초정려가 아니고, 제2·제3·제4정려를 섭수할 수 없는 까닭이므로 만약 제2·제3·제4

정려를 섭수할 수 없다면 나아가서 제2·제3·제4정려가 아니니라.

선현이여. 자량은 섭수할 수 없는 까닭이므로 만약 자량을 섭수할 수 없다면 나아가서 자량이 아니고, 희·비·사무량은 섭수할 수 없는 까닭이므로 만약 희·비·사무량을 섭수할 수 없다면 나아가서 희·비·사무량이 아니니라. 선현이여. 공무변처(空無邊處)를 섭수할 수 없는 까닭이므로 만약 공무변처를 섭수할 수 없다면 나아가서 공무변처가 아니고, 식무변처(識無邊處)·무소유처(無所有處)·비상비비상처(非想非非想處)를 섭수할 수 없는 까닭이므로 만약 식무변처·무소유처·비상비비상처를 섭수할 수 없다면 나아가서 식무변처·무소유처·비상비비상처가 아니니라.

선현이여. 보시바라밀다는 섭수할 수 없는 까닭이므로 만약 보시바라밀다를 섭수할 수 없다면 나아가서 보시바라밀다가 아니고, 정계·안인·정진·정려·반야바라밀다는 섭수할 수 없는 까닭이므로 만약 정계·안인·정진·정려·반야바라밀다를 섭수할 수 없다면 나아가서 정계·안인·정진·정려·반야바라밀다가 아니니라. 선현이여. 내공은 섭수할 수 없는 까닭이므로 만약 내공을 섭수할 수 없다면 나아가서 내공이 아니고, 외공·내외공·공공·대공·승의공·유위공·무위공·필경공·무제공·산공·무변이공·본성공·자상공·공상공·일체법공·불가득공·무성공·자성공·무성자성공은 섭수할 수 없는 까닭이므로 만약 외공, 나아가 무성자성공을 섭수할 수 없다면 나아가서 외공, 나아가 무성자성공이 아니니라.

선현이여. 진여는 섭수할 수 없는 까닭이므로 만약 진여를 섭수할 수 없다면 나아가서 진여가 아니고, 법계·법성·불허망성·불변이성·평등성·이생성·법정·법주·실제·허공계·부사의계는 섭수할 수 없는 까닭이므로 만약 법계, 나아가 부사의계를 섭수할 수 없다면 나아가서 법계, 나아가 부사의계가 아니니라. 선현이여. 4념주는 섭수할 수 없는 까닭이므로 만약 4념주를 섭수할 수 없다면 나아가서 4념주가 아니고, 4정단·4신족·5근·5력·7등각지·8성도지는 섭수할 수 없는 까닭이므로 만약 4정단, 나아가 8성도지를 섭수할 수 없다면 나아가서 4정단, 나아가 8성도지가 아니니라.

선현이여. 고성제는 섭수할 수 없는 까닭이므로 만약 고성제를 섭수할
수 없다면 나아가서 고성제가 아니고, 집·멸·도성제는 섭수할 수 없는
까닭이므로 만약 집·멸·도성제를 섭수할 수 없다면 나아가서 집·멸·도성
제가 아니니라. 선현이여. 8해탈은 섭수할 수 없는 까닭이므로 만약
8해탈을 섭수할 수 없다면 나아가서 8해탈이 아니고, 8승처·9차제정·10변
처는 섭수할 수 없는 까닭이므로 만약 8승처·9차제정·10변처를 섭수할
수 없다면 나아가서 8승처·9차제정·10변처가 아니니라.

선현이여. 공해탈문은 섭수할 수 없는 까닭이므로 만약 공해탈문을
섭수할 수 없다면 나아가서 공해탈문이 아니고, 무상·무원해탈문은 섭수
할 수 없는 까닭이므로 만약 무상·무원해탈문을 섭수할 수 없다면 나아가
서 무상·무원해탈문이 아니니라. 선현이여. 극희지는 섭수할 수 없는
까닭이므로 만약 극희지를 섭수할 수 없다면 나아가서 극희지가 아니고,
이구지·발광지·염혜지·극난승지·현전지·원행지·부동지·선혜지·법운
지는 섭수할 수 없는 까닭이므로 만약 이구지, 나아가 법운지를 섭수할
수 없다면 나아가서 이구지, 나아가 법운지가 아니니라.

선현이여. 5안은 섭수할 수 없는 까닭이므로 만약 5안을 섭수할 수
없다면 나아가서 5안이 아니고, 6신통은 섭수할 수 없는 까닭이므로
만약 6신통을 섭수할 수 없다면 나아가서 6신통이 아니니라. 선현이여.
삼마지문은 섭수할 수 없는 까닭이므로 만약 삼마지문을 섭수할 수 없다면
나아가서 삼마지문이 아니고, 다라니문은 섭수할 수 없는 까닭이므로
만약 다라니문을 섭수할 수 없다면 나아가서 다라니문이 아니니라.

선현이여. 여래의 10력은 섭수할 수 없는 까닭이므로 만약 여래의
10력을 섭수할 수 없다면 나아가서 여래의 10력이 아니고, 4무소외·4무애
해·대자·대비·대희·대사·18불불공법은 섭수할 수 없는 까닭이므로 만약
4무소외, 나아가 18불불공법을 섭수할 수 없다면 나아가서 4무소외,
나아가 18불불공법이 아니니라. 선현이여. 십이지연기의 순관·역관은
섭수할 수 없는 까닭이므로 만약 십이지연기의 순관·역관을 섭수할 수
없다면, 나아가서 십이지연기의 순관·역관이 아니니라.

선현이여. 고성제를 알고 집성제를 끊으며 멸성제를 증득하고 도성제를 수행하는 것은 섭수할 수 없는 까닭이므로 만약 고성제를 알고 집성제를 끊으며 멸성제를 증득하고 도성제를 섭수할 수 없다면 나아가서 고성제를 알고 집성제를 끊으며 멸성제를 증득하고 도성제를 수행하는 것이 아니니라. 선현이여. 예류과는 섭수할 수 없는 까닭이므로 만약 예류과를 섭수할 수 없다면 나아가서 예류과가 아니고, 일래·불환·아라한과는 섭수할 수 없는 까닭이므로 만약 일래·불환·아라한과를 섭수할 수 없다면 나아가서 일래·불환·아라한과가 아니니라.

선현이여. 독각의 보리는 섭수할 수 없는 까닭이므로 만약 독각의 보리를 섭수할 수 없다면 나아가서 독각의 보리가 아니니라. 선현이여. 보살의 정성이생의 지위에 들어가는 것은 섭수할 수 없는 까닭이므로 만약 보살의 정성이생의 지위에 들어가는 것을 섭수할 수 없다면 나아가서 보살의 정성이생의 지위에 들어가는 것이 아니니라. 선현이여. 만약 불국토를 청정하게 장엄하는 것을 섭수할 수 없다면, 나아가서 불국토를 청정하게 장엄하는 것이 아니니라.

선현이여. 만약 유정을 성숙시키는 것을 섭수할 수 없다면, 나아가서 유정을 성숙시키는 것이 아니니라. 선현이여. 만약 보살의 신통을 섭수할 수 없다면, 나아가서 보살의 신통이 아니니라. 선현이여. 일체지는 섭수할 수 없는 까닭이므로 만약 일체지를 섭수할 수 없다면 나아가서 일체지가 아니고, 도상지·일체상지는 섭수할 수 없는 까닭이므로 만약 도상지·일체상지를 섭수할 수 없다면 나아가서 도상지·일체상지가 아니니라. 선현이여. 만약 일체의 번뇌와 상속하는 습기(習氣)를 끊는 것을 섭수할 수 없다면, 나아가서 일체의 번뇌와 상속하는 습기를 끊는 것이 아니니라.

선현이여. 무망실법은 섭수할 수 없는 까닭이므로 만약 무망실법을 섭수할 수 없다면 나아가서 무망실법이 아니고, 항주사성은 섭수할 수 없는 까닭이므로 만약 항주사성을 섭수할 수 없다면 나아가서 항주사성이 아니니라. 선현이여. 만약 원만한 수량을 섭수할 수 없다면, 나아가서 원만한 수량이 아니니라. 선현이여. 만약 전법륜을 섭수할 수 없다면,

나아가서 전법륜이 아니니라. 선현이여. 만약 정법에 안주하는 것을 섭수할 수 없다면, 나아가서 정법에 안주하는 것이 아니니라."

이 「보살주품(菩薩住品)」을 설하시던 때에, 1만2천 명의 보살마하살들이 무생법인(無生法忍)을 증득하였다.

49. 불퇴전품(不退轉品)(1)

그때 구수 선현이 세존께 아뢰어 말하였다.

"세존이시여. 불퇴전(不退轉)의 보살마하살은 무슨 행(行)이 있고 무슨 형상(狀)이 있으며 무슨 상(相)이 있습니까? 저희들은 어떻게 이 자가 불퇴전의 보살마하살이라고 알 수 있겠습니까?"

세존께서 말씀하셨다.

"선현이여. 만약 보살마하살이 여러 이생지(異生地)·여러 성문지(聲聞地)·여러 독각지(獨覺地)·여러 보살지(菩薩地)·여러 여래지(如來地)와 이와 같은 여러 지위가 제법의 진여의 가운데에서 변이가 없고 분별이 없으므로 모두가 무이(無二)이고 둘로 나눌 수 없다고 능히 여실(如實)하게 알며, 이 보살마하살은 비록 제법의 진여에 여실하게 깨우쳐 들어갔더라도, 그렇지만 제법의 진여에서 분별하는 것이 없는데 얻을 수 없는 것으로써 방편으로 삼는 까닭이니라. 이 보살마하살은 이미 제법의 진여를 여실하게 깨우쳐 들어갔으므로, 비록 진여와 일체법은 무이이고 차별이 없다고 들었더라도 의심하거나 막힘이 없느니라.

왜 그러한가? 진여와 일체법은 하나이거나, 다르거나, 함께 하거나 함께 하지 않는다고 설할 수 없는 까닭이니라. 이 보살마하살은 결국 가볍게 말하지 않는데, 그렇지만 말하였다면 말하였던 것이 모두를 의리와 이익(義利)으로 이끌고, 만약 의리와 이익이 없다면 결국 말하지 않느니

라. 이 보살마하살은 다른 사람의 좋은 일·나쁜 일·장점·단점을 보지
않고 평등하게 연민하면서 설법하느니라.

선현이여. 불퇴전의 보살마하살은 이와 같은 제행(諸行)·형상(狀)·상
(相)이 있나니, 이와 같은 제행·형상·상으로써 이 자가 불퇴전의 보살마하
살이라고 마땅히 알지니라."

구수 선현이 다시 세존께 아뢰어 말하였다.

"세존이시여. 다시 무슨 행·무슨 형상·무슨 상으로써 이 자가 불퇴전의
보살마하살이라고 알 수 있습니까?"

세존께서 말씀하셨다.

"선현이여. 만약 보살마하살이 일체법은 행도 없고 형상도 없으며
상도 없다고 능히 관찰한다면, 이 자가 불퇴전의 보살마하살이라고 마땅
히 알지니라."

구수 선현이 다시 세존께 아뢰어 말하였다.

"세존이시여. 만약 일체법이 행도 없고 형상도 없으며 상도 없다면,
이 보살마하살은 무슨 법에서 퇴전(退轉)하는 까닭으로 불퇴전이라고
이름합니까?"

세존께서 말씀하셨다.

"선현이여. 이 보살마하살이 색(色)에서 퇴전하는 까닭으로 불퇴전이라
고 이름하고, 수(受)·상(想)·행(行)·식(識)에서 퇴전하는 까닭으로 불퇴전
이라고 이름하느니라. 왜 그러한가? 선현이여. 색의 자성(自性)은 무소유
(無所有)이고 수·상·행·식의 자성도 역시 무소유이므로, 이 보살마하살은
그 가운데에서 머무르지 않는 까닭으로 불퇴전이라고 이름하느니라.

선현이여. 이 보살마하살이 안처(眼處)에서 퇴전하는 까닭으로 불퇴전
이라고 이름하고, 이(耳)·비(鼻)·설(舌)·신(身)·의처(意處)에서 퇴전하는
까닭으로 불퇴전이라고 이름하느니라. 왜 그러한가? 선현이여. 안처의
자성은 무소유이고 이·비·설·신·의처의 자성도 역시 무소유이므로, 이
보살마하살은 그 가운데에서 머무르지 않는 까닭으로 불퇴전이라고 이름

하느니라.

선현이여. 이 보살마하살이 색처(色處)에서 퇴전하는 까닭으로 불퇴전이라고 이름하고, 성(聲)·향(香)·미(味)·촉(觸)·법처(法處)에서 퇴전하는 까닭으로 불퇴전이라고 이름하느니라. 왜 그러한가? 선현이여. 색처의 자성은 무소유이고 성·향·미·촉·법처의 자성도 역시 무소유이므로, 이 보살마하살은 그 가운데에서 머무르지 않는 까닭으로 불퇴전이라고 이름하느니라.

선현이여. 이 보살마하살이 안계(眼界)에서 퇴전하는 까닭으로 불퇴전이라고 이름하고, 이(耳)·비(鼻)·설(舌)·신(身)·의처(意處)에서 퇴전하는 까닭으로 불퇴전이라고 이름하느니라. 왜 그러한가? 선현이여. 안계의 자성은 무소유이고 이·비·설·신·의계의 자성도 역시 무소유이므로, 이 보살마하살은 그 가운데에서 머무르지 않는 까닭으로 불퇴전이라고 이름하느니라.

선현이여. 이 보살마하살이 색계(色界)에서 퇴전하는 까닭으로 불퇴전이라고 이름하고, 성(聲)·향(香)·미(味)·촉(觸)·법계(法界)에서 퇴전하는 까닭으로 불퇴전이라고 이름하느니라. 왜 그러한가? 선현이여. 색계의 자성은 무소유이고 성·향·미·촉·법계의 자성도 역시 무소유이므로, 이 보살마하살은 그 가운데에서 머무르지 않는 까닭으로 불퇴전이라고 이름하느니라.

선현이여. 이 보살마하살이 안식계(眼識界)에서 퇴전하는 까닭으로 불퇴전이라고 이름하고, 이(耳)·비(鼻)·설(舌)·신(身)·의식계(意識界)에서 퇴전하는 까닭으로 불퇴전이라고 이름하느니라. 왜 그러한가? 선현이여. 안식계의 자성은 무소유이고 이·비·설·신·의식계의 자성도 역시 무소유이므로, 이 보살마하살은 그 가운데에서 머무르지 않는 까닭으로 불퇴전이라고 이름하느니라.

선현이여. 이 보살마하살이 안촉(眼觸)에서 퇴전하는 까닭으로 불퇴전이라고 이름하고, 이(耳)·비(鼻)·설(舌)·신(身)·의촉(意觸)에서 퇴전하는 까닭으로 불퇴전이라고 이름하느니라. 왜 그러한가? 선현이여. 안촉의 자성은 무소유이고 이·비·설·신·의촉의 자성도 역시 무소유이므로, 이 보살마하살은 그 가운데에서 머무르지 않는 까닭으로 불퇴전이라고 이름하느니라.

선현이여. 이 보살마하살이 안촉을 인연으로 생겨난 여러 수(受)에서 퇴전하는 까닭으로 불퇴전이라고 이름하고, 이·비·설·신·의촉을 인연으로 생겨난 여러 수에서 퇴전하는 까닭으로 불퇴전이라고 이름하느니라. 왜 그러한가? 선현이여. 안촉을 인연으로 생겨난 여러 수의 자성은 무소유이고 이·비·설·신·의촉을 인연으로 생겨난 여러 수의 자성도 역시 무소유이므로, 이 보살마하살은 그 가운데에서 머무르지 않는 까닭으로 불퇴전이라고 이름하느니라.

선현이여. 이 보살마하살이 지계(地界)에서 퇴전하는 까닭으로 불퇴전이라고 이름하고, 수(水)·화(火)·풍(風)·공(空)·식계(識界)에서 퇴전하는 까닭으로 불퇴전이라고 이름하느니라. 왜 그러한가? 선현이여. 지계의 자성은 무소유이고 수·화·풍·공·식계의 자성도 역시 무소유이므로, 이 보살마하살은 그 가운데에서 머무르지 않는 까닭으로 불퇴전이라고 이름하느니라.

선현이여. 이 보살마하살이 무명(無明)에서 퇴전하는 까닭으로 불퇴전이라고 이름하고, 행(行)·식(識)·명색(名色)·육처(六處)·촉(觸)·수(受)·애(愛)·취(取)·유(有)·생(生)·노사(老死)에서 퇴전하는 까닭으로 불퇴전이라고 이름하느니라. 왜 그러한가? 선현이여. 무명의 자성은 무소유이고 행, 나아가 노사의 자성도 역시 무소유이므로, 이 보살마하살은 그 가운데에서 머무르지 않는 까닭으로 불퇴전이라고 이름하느니라.

선현이여. 이 보살마하살이 보시바라밀다(布施波羅蜜多)에서 퇴전하는 까닭으로 불퇴전이라고 이름하고, 정계(淨戒)·안인(安忍)·정진(精進)·정려(靜慮)·반야바라밀다(般若波羅蜜多)에서 퇴전하는 까닭으로 불퇴전이라고 이름하느니라. 왜 그러한가? 선현이여. 보시바라밀다의 자성은 무소유이고 정계·안인·정진·정려·반야바라밀다의 자성도 역시 무소유이므로, 이 보살마하살은 그 가운데에서 머무르지 않는 까닭으로 불퇴전이라고 이름하느니라.

선현이여. 이 보살마하살이 내공(內空)에서 퇴전하는 까닭으로 불퇴전이라고 이름하고, 외공(外空)·내외공(內外空)·공공(空空)·대공(大空)·승의공(勝義空)·유위공(有爲空)·무위공(無爲空)·필경공(畢竟空)·무제공(無際空)·산공(散空)·무변이공(無變異空)·본성공(本性空)·자상공(自相空)·공상공(共相空)·일체법공(一切法空)·불가득공(不可得空)·무성공(無性空)·자성공(自性空)·무성자성공(無性自性空)에서 퇴전하는 까닭으로 불퇴전이라고 이름하느니라. 왜 그러한가? 선현이여. 내공의 자성은 무소유이고 외공, 나아가 무성자성공의 자성도 역시 무소유이므로, 이 보살마하살은 그 가운데에서 머무르지 않는 까닭으로 불퇴전이라고 이름하느니라.

선현이여. 이 보살마하살이 진여(眞如)에서 퇴전하는 까닭으로 불퇴전이라고 이름하고, 법계(法界)·법성(法性)·불허망성(不虛妄性)·불변이성(不變異性)·평등성(平等性)·이생성(離生性)·법정(法定)·법주(法住)·실제(實際)·허공계(虛空界)·부사의계(不思議界)에서 퇴전하는 까닭으로 불퇴전이라고 이름하느니라. 왜 그러한가? 선현이여. 진여의 자성은 무소유이고 법계, 나아가 부사의계의 자성도 역시 무소유이므로, 이 보살마하살은 그 가운데에서 머무르지 않는 까닭으로 불퇴전이라고 이름하느니라.

선현이여. 이 보살마하살이 4념주(四念住)에서 퇴전하는 까닭으로 불퇴전이라고 이름하고, 4정단(四正斷)·4신족(四神足)·5근(五根)·5력(五力)·7등각지(七等覺支)·8성도지(八聖道支)에서 퇴전하는 까닭으로 불퇴전이라고 이름하느니라. 왜 그러한가? 선현이여. 4념주의 자성은 무소유이고 4정단, 나아가 8성도지의 자성도 역시 무소유이므로, 이 보살마하살은 그 가운데에서 머무르지 않는 까닭으로 불퇴전이라고 이름하느니라.

선현이여. 이 보살마하살이 고성제(苦聖諦)에서 퇴전하는 까닭으로 불퇴전이라고 이름하고, 집(集)·멸(滅)·도성제(道聖諦)에서 퇴전하는 까닭으로 불퇴전이라고 이름하느니라. 왜 그러한가? 선현이여. 고성제의 자성은 무소유이고 집·멸·도성제의 자성도 역시 무소유이므로, 이 보살마하살은 그 가운데에서 머무르지 않는 까닭으로 불퇴전이라고 이름하

느니라.

선현이여. 이 보살마하살이 4정려(四靜慮)에서 퇴전하는 까닭으로 불퇴
전이라고 이름하고, 4무량(四無量)·4무색정(四無色定)에서 퇴전하는 까닭
으로 불퇴전이라고 이름하느니라. 왜 그러한가? 선현이여. 4정려의 자성
은 무소유이고 4무량·4무색정의 자성도 역시 무소유이므로, 이 보살마하
살은 그 가운데에서 머무르지 않는 까닭으로 불퇴전이라고 이름하느니라.

선현이여. 이 보살마하살이 8해탈(八解脫)에서 퇴전하는 까닭으로 불퇴
전이라고 이름하고, 8승처(八勝處)·9차제정(九次第定)·10변처(十遍處)에
서 퇴전하는 까닭으로 불퇴전이라고 이름하느니라. 왜 그러한가? 선현이
여. 8해탈의 자성은 무소유이고 8승처·9차제정·10변처의 자성도 역시
무소유이므로, 이 보살마하살은 그 가운데에서 머무르지 않는 까닭으로
불퇴전이라고 이름하느니라.

선현이여. 이 보살마하살이 공해탈문(空解脫門)에서 퇴전하는 까닭으
로 불퇴전이라고 이름하고, 무상(無相)·무원해탈문(無願解脫門)에서 퇴전
하는 까닭으로 불퇴전이라고 이름하느니라. 왜 그러한가? 선현이여.
공해탈문의 자성은 무소유이고 무상·무원해탈문의 자성도 역시 무소유
이므로, 이 보살마하살은 그 가운데에서 머무르지 않는 까닭으로 불퇴전
이라고 이름하느니라.

선현이여. 이 보살마하살이 5안(五眼)에서 퇴전하는 까닭으로 불퇴전
이라고 이름하고, 6신통(六神通)에서 퇴전하는 까닭으로 불퇴전이라고
이름하느니라. 왜 그러한가? 선현이여. 5안의 자성은 무소유이고 6신통의
자성도 역시 무소유이므로, 이 보살마하살은 그 가운데에서 머무르지
않는 까닭으로 불퇴전이라고 이름하느니라.

선현이여. 이 보살마하살이 삼마지문(三摩地門)에서 퇴전하는 까닭으
로 불퇴전이라고 이름하고, 다라니문(陀羅尼門)에서 퇴전하는 까닭으로
불퇴전이라고 이름하느니라. 왜 그러한가? 선현이여. 삼마지문의 자성은
무소유이고 다라니문의 자성도 역시 무소유이므로, 이 보살마하살은
그 가운데에서 머무르지 않는 까닭으로 불퇴전이라고 이름하느니라.

선현이여. 이 보살마하살이 여래(佛)의 10력(十力)에서 퇴전하는 까닭
으로 불퇴전이라고 이름하고, 4무소외(四無所畏)·4무애해(四無礙解)·대
자(大慈)·대비(大悲)·대희(大喜)·대사(大捨)·18불불공법(十八佛不共法)
에서 퇴전하는 까닭으로 불퇴전이라고 이름하느니라. 왜 그러한가? 선현
이여. 여래의 10력의 자성은 무소유이고 4무소외, 나아가 18불불공법의
자성도 역시 무소유이므로, 이 보살마하살은 그 가운데에서 머무르지
않는 까닭으로 불퇴전이라고 이름하느니라.

선현이여. 이 보살마하살이 예류과(預流果)에서 퇴전하는 까닭으로
불퇴전이라고 이름하고, 일래(一來)·불환(不還)·아라한과(阿羅漢果)에서
퇴전하는 까닭으로 불퇴전이라고 이름하느니라. 왜 그러한가? 선현이여.
예류과의 자성은 무소유이고 일래·불환·아라한과의 자성도 역시 무소유
이므로, 이 보살마하살은 그 가운데에서 머무르지 않는 까닭으로 불퇴전
이라고 이름하느니라.

선현이여. 이 보살마하살이 독각(獨覺)의 보리(菩提)에서 퇴전하는 까
닭으로 불퇴전이라고 이름하느니라. 왜 그러한가? 선현이여. 독각의
보리의 자성은 무소유이고 이 보살마하살은 그 가운데에서 머무르지
않는 까닭으로 불퇴전이라고 이름하느니라.

선현이여. 이 보살마하살이 일체지(一切智)에서 퇴전하는 까닭으로
불퇴전이라고 이름하고, 도상지(道相智)·일체상지(一切相智)에서 퇴전하
는 까닭으로 불퇴전이라고 이름하느니라. 왜 그러한가? 선현이여. 일체지
의 자성은 무소유이고 도상지·일체상지의 자성도 역시 무소유이므로,
이 보살마하살은 그 가운데에서 머무르지 않는 까닭으로 불퇴전이라고
이름하느니라.

선현이여. 이 보살마하살이 이생지(異生地)에서 퇴전하는 까닭으로
불퇴전이라고 이름하고, 성문지(聲聞地)·독각지(獨覺地)·보살지(菩薩地)
·여래지(如來地)에서 퇴전하는 까닭으로 불퇴전이라고 이름하느니라.
왜 그러한가? 선현이여. 이생지의 자성은 무소유이고 성문지·독각지·보
살지·여래지의 자성도 역시 무소유이므로, 이 보살마하살은 그 가운데에

서 머무르지 않는 까닭으로 불퇴전이라고 이름하느니라.

선현이여. 이 보살마하살이 아뇩다라삼먁삼보리(阿耨多羅三藐三菩提)에서 퇴전하는 까닭으로 불퇴전이라고 이름하느니라. 왜 그러한가? 선현이여. 아뇩다라삼먁삼보리의 자성은 무소유이고 이 보살마하살은 그 가운데에서 머무르지 않는 까닭으로 불퇴전이라고 이름하느니라.”

“다시 다음으로 선현이여. 만약 불퇴전위(不退轉位)의 보살마하살이라면, 외도(外道)·사문(沙門)·바라문(婆羅門) 등의 형상(形相)과 말을 즐겁게 관찰하지 않고, 그 여러 사문과 바라문 등이 알고 있는 법이 진실하다고 알거나, 진실하다고 보거나, 혹은 정견(正見)을 능히 시설하는 법문(法門)의 반드시 이러한 처소는 없다는 것을 아느니라. 선현이여. 만약 이와 같은 제행·형상·상을 성취하였다면, 이 자가 불퇴전의 보살마하살이라고 마땅히 알지니라.

다시 다음으로 선현이여. 만약 불퇴전위의 보살마하살이라면, 세존께서 선설(善說)하시는 법과 비나야(毘奈耶)에서 깊은 신해가 생겨나고 결국 의혹이 없으며, 계금취(戒禁取)가 없고 악한 견해에 떨어지지 않으며, 세속의 상서(祥瑞)로운 일을 청정(淸淨)함으로써 집착하지 않고, 결국 여러 나머지의 천신(天神)을 예배하고 공경하면서 여러 세간의 외도들이 행하는 것과 같게 하지 않으며, 역시 결국 여러 종류의 화만(華鬘)으로써 바르거나 뿌리는 등이거나, 향(香)·의복(衣服)·영락(瓔珞)·보배의 당기(寶幢)·번기(幡)·일산(蓋)·음악(伎樂)·등불(燈明)로써 천신과 여러 외도에게 공양하지 않느니라. 선현이여. 만약 이와 같은 제행·형상·상을 성취하였다면, 이 자가 불퇴전의 보살마하살이라고 마땅히 알지니라.

다시 다음으로 선현이여. 만약 불퇴전위의 보살마하살이라면, 지옥(地獄)·방생(傍生)2)·귀계(鬼界)3)·아소락(阿素洛)의 가운데에 태어나지 않고, 역시 비천한 종족인 이를테면 전다라(旃茶羅)4)와 보갈사(補羯娑)5) 등에

2) 축생을 다르게 부르는 말이다.
3) 아귀를 다르게 부르는 말이다.

태어나지 않으며, 역시 결국 선체(扇搋)6)·반택(半擇)7)·무형(無形)8)·이형
(二形)9)과 여인(女人)의 몸을 받지 않고, 역시 장님(盲)·귀머거리(聾)·벙어
리(瘖啞)·절름발이(蹙)·앉은뱅이(躄)·간질병(癲癇)·곱추(矬陋) 등의 몸을
받지 않으며, 역시 시간의 여유가 없는 곳에는 태어나지 않느니라. 선현이
여. 만약 이와 같은 제행·형상·상을 성취하였다면, 이 자가 불퇴전의
보살마하살이라고 마땅히 알지니라.

다시 다음으로 선현이여. 만약 불퇴전위의 보살마하살이라면, 항상
십선업도(十善業道)를 즐겁게 받아들여서 행하고, 스스로가 생명을 해치
는 것을 벗어나고 다른 사람에게도 권유하여 생명을 해치는 것을 벗어나게
하며, 생명을 해치지 않는 법을 항상 바르게 찬양(稱揚)하고 생명을 해치지
않는 자를 환희(歡喜)하면서 찬탄(讚歎)하며, 스스로가 주지 않았는데
취하는 것을 벗어나고 다른 사람에게도 권유하여 벗어나고 다른 사람에게
도 권유하여 생명을 해치는 것을 벗어나게 하느니라.

스스로가 욕망의 삿된 행을 벗어나고 역시 다른 사람에게 권유하여
욕망의 삿된 행을 벗어나게 하며, 삿된 행을 벗어나는 법을 항상 바르게
찬양하고 삿된 행을 벗어나는 자를 환희하면서 찬탄하며, 스스로가 헛되고
속이는 말을 벗어나고 역시 다른 사람에게 권유하여 헛되고 속이는 말을
벗어나게 하며, 헛되고 속이는 말을 벗어나는 법을 항상 바르게 찬양하고
헛되고 속이는 말을 벗어난 자를 환희하면서 찬탄해야 하느니라.

---

4) 산스크리트어 'caṇḍāla', 'cāṇḍāla' 등의 음사이고, 인간의 시체를 처리하던 직업을
　 가진 불가촉천민의 종족을 가리킨다.
5) 산스크리트어 'Pulkasa', 'Pukkaśa' 등의 음사이고, 분뇨(糞尿)와 오물 등을 처리하
　 던 직업을 가진 불가촉천민의 종족을 가리킨다.
6) 산스크리트어 ṣaṇḍha의 음사이고, 생식기(生殖器)를 갖추고 있지 않거나, 성적(性
　 的)의 작용이 완전하지 않은 남자를 가리킨다.
7) 산스크리트어 paṇḍaka의 번역이고, 구역(舊譯)에서는 황문(黃門)이라 번역한다.
　 반택가(半擇迦)·반다가(般荼迦)·반타(般咤) 등으로 번역하고 고자(鼓子)인 남자를
　 가리킨다.
8) 남성의 생식기를 갖추지 못한 남자를 가리킨다.
9) 남녀의 생식기를 함께 갖추고 있는 남자를 가리킨다.

스스로가 추악한 말을 벗어나고 역시 다른 사람에게 권유하여 추악한 말을 벗어나게 하며, 추악한 말을 벗어나는 법을 항상 바르게 찬양하고 추악한 말을 벗어나는 자를 환희하면서 찬탄해야 하며, 스스로가 이간하는 말을 벗어나고 역시 다른 사람에게 권유하여 이간하는 말을 벗어나게 하며, 이간하는 말을 벗어나는 법을 항상 바르게 찬양하고 이간하는 말을 벗어난 자를 환희하면서 찬탄해야 하느니라.

스스로가 잡스럽고 지저분한 말을 벗어나고 역시 다른 사람에게 권유하여 잡스럽고 지저분한 말을 벗어나게 하며, 잡스럽고 지저분한 말을 벗어나는 법을 항상 바르게 찬양하고 잡스럽고 지저분한 말을 벗어난 자를 환희하면서 찬탄해야 하며, 스스로가 탐욕을 벗어나고 역시 다른 사람에게 권유하여 탐욕을 벗어나게 하며, 탐욕을 벗어나는 법을 항상 바르게 찬양하고 탐욕을 벗어난 자를 환희하면서 찬탄해야 하느니라.

스스로가 진에를 벗어나고 역시 다른 사람에게 권유하여 진에를 벗어나게 하며, 진에를 벗어나는 법을 항상 바르게 찬양하고 진에를 벗어난 자를 환희하면서 찬탄해야 하며, 스스로가 삿된 견해를 벗어나고 역시 다른 사람에게 권유하여 삿된 견해를 벗어나게 하며, 삿된 견해를 벗어나는 법을 항상 바르게 찬양하고 삿된 견해를 벗어난 자를 환희하면서 찬탄해야 하느니라.

이 보살마하살은 나아가 꿈속에서도 십악업도(十惡業道)를 일으키지 않는데, 하물며 깨어나서 있는 때에 일으키겠는가? 선현이여. 만약 이와 같은 제행·형상·상을 성취하였다면, 이 자가 불퇴전의 보살마하살이라고 마땅히 알지니라.

선현이여. 만약 불퇴전위의 보살마하살이라면, 일체의 유정들을 널리 요익(饒益)하게 하기 위하여 항상 보시바라밀다를 수행하고, 일체의 유정들을 널리 요익하게 하기 위하여 항상 정계바라밀다를 수행하며, 일체의 유정들을 널리 요익하게 하기 위하여 항상 안인바라밀다를 수행하고, 일체의 유정들을 널리 요익하게 하기 위하여 항상 정진바라밀다를 수행하며, 일체의 유정들을 널리 요익하게 하기 위하여 항상 정려바라밀다를 수행하고, 일체의 유정들을 널리 요익하게 하기 위하여 항상 반야바라밀다를 닦느니라. 선현이여. 만약 이와 같은 제행·형상·상을 성취하였다면, 이 자가 불퇴전의 보살마하살이라고 마땅히 알지니라.

다시 다음으로 선현이여. 만약 불퇴전위의 보살마하살이라면, 여러 수지(受持)하고 독송(讀誦)하며 구경(究竟)에 이치를 통달(通理)하는 청정한 교법(敎法)으로 이를테면, 계경(契經)10)·응송(應頌)11)·기별(記別)12)·풍송(風誦)13)·자설(自說)14)·인연(因緣)15)·본사(本事)16)·본생(本生)17)·방광(方廣)18)·희법(希法)19)·비유(譬喩)20)·논의(論議)21) 등의 이와 같은 법으로써 항상 일체의 유정들에게 즐겁게 보시하면서 '무엇이 마땅히 제유정의 부류들에게 정법을 구하게 하여서 모두가 만족을 얻게 하겠는가?'라고 항상 이렇게 생각을 지으며, 다시 이와 같은 법보시(法施)와

---

10) 산스크리트어 sūtra의 번역이다.

11) 산스크리트어 geya의 번역이고, 또한 '중송(重頌)', '중송게(重頌偈)' 등으로 번역된다. 경전의 산문을 요약하여 서술하는 시구의 형태이다.

12) 산스크리트어 vyakarana의 번역이고, 또한 '수기(受記)', '기설(記說)', '수결(受決)' 등으로 한역한다.

13) 산스크리트어 gāthā의 번역이고, '가타(伽陀)', '게타(偈陀)', '게(偈)' 등으로 음사되고, 운율을 지닌 시구의 형식을 취하고 있으며, 산문체로 된 경전의 1절 또는 총결한 끝에 아름다운 귀절로서 묘한 뜻을 읊어 놓은 운문 부분을 가리킨다.

14) 산스크리트어 Udana의 번역이고, 세존께서 묻는 사람이 없었으나, 스스로가 설하신 것이다.

15) 산스크리트어 nidāna의 번역이고, 또한 '인연담(因緣譚)', '연기(緣起)' 등으로 한역한다.

16) 산스크리트어 itivṛttaka의 번역이고, 또한 '여시어(如是語)', '여시법(如是法)' 등으로 한역한다.

17) 산스크리트어 jātaka의 번역이고, 또한 '감흥게(感興偈)', '감흥어(感興語)' 등으로 한역한다.

18) 산스크리트어 vaipulya의 번역이고, 또한 '방등(方等)', '광박(廣博)' 등으로 한역한다.

19) 산스크리트어 adbhūtadharma의 번역이고, 또한 '미증유법(未曾有法)' 등으로 한역한다.

20) 산스크리트어 avadāna의 번역이고, 또한 '비유담(譬喩譚)' 등으로 한역한다.

21) 산스크리트어 upadeśa의 번역이고, 우바제사(優波提舍)로 음사한다.

선근(善根)을 지니면서 제유정들과 같이 함께 제불의 무상정등보리에
회향하느니라. 선현이여. 만약 이와 같은 제행·형상·상을 성취하였다면,
이 자가 불퇴전의 보살마하살이라고 마땅히 알지니라.

　다시 다음으로 선현이여. 만약 불퇴전위의 보살마하살이라면, 세존께
서 설하신 매우 깊은 법문에서 결국 의혹(疑惑)하거나, 혹은 유예(猶豫)[22]
가 생겨나지 않느니라."

　그때 구수 선현이 세존께 아뢰어 말하였다.
　"세존이시여. 무슨 인연으로 불퇴전의 보살마하살은 세존께서 설하신
매우 깊은 법문에 결국 의혹하거나, 혹은 유예가 생겨나지 않습니까?"
　세존께서 말씀하셨다.
　"선현이여. 이 보살마하살은 모두 의혹하거나 유예할 법이 있다고
보지 않나니 이를테면, 색의 가운데에서 의혹하거나 유예할 법이 있다고
보지 않고, 역시 수·상·행·식의 가운데에서도 의혹하거나 유예할 법이
있다고 보지 않느니라. 안처의 가운데에서 의혹하거나 유예할 법이 있다
고 보지 않고, 역시 이·비·설·신·의처의 가운데에서도 의혹하거나 유예할
법이 있다고 보지 않느니라.

　색처의 가운데에서 의혹하거나 유예할 법이 있다고 보지 않고, 역시
성·향·미·촉·법처의 가운데에서도 의혹하거나 유예할 법이 있다고 보지
않느니라. 안계의 가운데에서 의혹하거나 유예할 법이 있다고 보지 않고,
역시 이·비·설·신·의계의 가운데에서도 의혹하거나 유예할 법이 있다고
보지 않느니라. 색계의 가운데에서 의혹하거나 유예할 법이 있다고 보지
않고, 역시 성·향·미·촉·법계의 가운데에서도 의혹하거나 유예할 법이
있다고 보지 않느니라.

　안식계의 가운데에서 의혹하거나 유예할 법이 있다고 보지 않고, 역시
이·비·설·신·의식계의 가운데에서도 의혹하거나 유예할 법이 있다고

---

22) 망설이면서 머뭇거리는 것이다.

보지 않느니라. 안촉의 가운데에서 의혹하거나 유예할 법이 있다고 보지 않고, 역시 이·비·설·신·의촉의 가운데에서도 의혹하거나 유예할 법이 있다고 보지 않느니라. 안촉을 인연으로 생겨난 여러 수의 가운데에서 의혹하거나 유예할 법이 있다고 보지 않고, 역시 이·비·설·신·의촉을 인연으로 생겨난 여러 수의 가운데에서도 의혹하거나 유예할 법이 있다고 보지 않느니라.

지계의 가운데에서 의혹하거나 유예할 법이 있다고 보지 않고, 역시 수·화·풍·공·식계의 가운데에서도 의혹하거나 유예할 법이 있다고 보지 않느니라. 무명의 가운데에서 의혹하거나 유예할 법이 있다고 보지 않고, 역시 행·식·명색·육처·촉·수·애·취·유·생·노사의 가운데에서도 의혹하거나 유예할 법이 있다고 보지 않느니라. 보시바라밀다의 가운데에서 의혹하거나 유예할 법이 있다고 보지 않고, 역시 정계·안인·정진·정려·반야바라밀다의 가운데에서도 의혹하거나 유예할 법이 있다고 보지 않느니라.

내공의 가운데에서 의혹하거나 유예할 법이 있다고 보지 않고, 역시 외공·내외공·공공·대공·승의공·유위공·무위공·필경공·무제공·산공·무변이공·본성공·자상공·공상공·일체법공·불가득공·무성공·자성공·무성자성공의 가운데에서도 의혹하거나 유예할 법이 있다고 보지 않느니라. 진여의 가운데에서 의혹하거나 유예할 법이 있다고 보지 않고, 역시 법계·법성·불허망성·불변이성·평등성·이생성·법정·법주·실제·허공계·부사의계의 가운데에서도 의혹하거나 유예할 법이 있다고 보지 않느니라.

4념주의 가운데에서 의혹하거나 유예할 법이 있다고 보지 않고, 역시 집·멸·도성제의 가운데에서도 의혹하거나 유예할 법이 있다고 보지 않느니라. 4정려의 가운데에서 의혹하거나 유예할 법이 있다고 보지 않고, 역시 4무량·4무색정의 가운데에서도 의혹하거나 유예할 법이 있다고 보지 않느니라. 8해탈의 가운데에서 의혹하거나 유예할 법이 있다고 보지 않고, 역시 8승처·9차제정·10변처의 가운데에서도 의혹하거나 유예할 법이 있다고 보지 않느니라.

5안의 가운데에서 의혹하거나 유예할 법이 있다고 보지 않고, 역시 6신통의 가운데에서도 의혹하거나 유예할 법이 있다고 보지 않느니라. 삼마지문의 가운데에서 의혹하거나 유예할 법이 있다고 보지 않고, 역시 다라니문의 가운데에서도 의혹하거나 유예할 법이 있다고 보지 않느니라. 여래의 10력의 가운데에서 의혹하거나 유예할 법이 있다고 보지 않고, 역시 4무소외·4무애해·대자·대비·대희·대사·18불불공법의 가운데에서도 의혹하거나 유예할 법이 있다고 보지 않느니라.

예류과의 가운데에서 의혹하거나 유예할 법이 있다고 보지 않고, 역시 일래·불환·아라한과의 가운데에서도 의혹하거나 유예할 법이 있다고 보지 않느니라. 독각의 보리의 가운데에서 의혹하거나 유예할 법이 있다고 보지 않느니라. 일체지의 가운데에서 의혹하거나 유예할 법이 있다고 보지 않고, 역시 도상지·일체상지의 가운데에서도 의혹하거나 유예할 법이 있다고 보지 않느니라.

이생지의 가운데에서 의혹하거나 유예할 법이 있다고 보지 않고, 역시 성문지·보살지·여래지의 가운데에서도 의혹하거나 유예할 법이 있다고 보지 않느니라. 아뇩다라삼먁삼보리의 가운데에서 의혹하거나 유예할 법이 있다고 보지 않느니라. 선현이여. 만약 이와 같은 제행·형상·상을 성취하였다면, 이 자가 불퇴전의 보살마하살이라고 마땅히 알지니라."

마하반야바라밀다경 제326권

49. 불퇴전품(不退轉品)(2)

"다시 다음으로 선현이여. 만약 불퇴전위(不退轉位)의 보살마하살이라면, 부드럽고 매끄러우며 사랑할 수 있고 즐거워할 수 있는 신(身)·구(口)·의업(意業)을 성취하였으므로 제유정들의 마음에서 장애(罣礙)가 없느니라. 선현이여. 만약 이와 같은 제행·형상·상을 성취하였다면, 이 자가 불퇴전의 보살마하살이라고 마땅히 알지니라.

다시 다음으로 선현이여. 만약 불퇴전위의 보살마하살이라면, 항상 자(慈)·비(悲)·희(喜)·사(捨) 등을 성취하고서 상응(相應)하는 신·구·의업을 일으키느니라. 선현이여. 만약 이와 같은 제행(諸行)·형상(狀)·상(相)을 성취하였다면, 이 자가 불퇴전의 보살마하살이라고 마땅히 알지니라.

다시 다음으로 선현이여. 만약 불퇴전위의 보살마하살이라면, 결정(決定)적으로 5개(五蓋)와 함께 기거(起居)하지 않나니 이를테면, 탐욕(貪欲)·진에(瞋恚)·혼침수면(惛沈睡眠)[1]·도거악작(掉擧惡作)[2]·의개(疑蓋)[3]이

---

1) 혼침(惛沈)은 산스크리트어 styāna의 번역이고, 수면(睡眠)은 산스크리트어 middha의 번역이며, 혼침과 수면을 합하여 5개(五蓋) 중의 하나인 혼면개(惛眠蓋)가 된다. 설일체유부의 5위 75법에서 심소법(心所法)의 가운데에서 대번뇌지법(大煩惱地法)의 하나이고, 심왕 또는 심법을 침울하게 하고 무기력하게 하는 마음작용이다.

2) 산스크리트어 auddhatya-kaukrtya의 번역이고, 마음이 흔들리고 근심하거나, 후회하게 하는 마음작용이다.

3) 산스크리트어 vicikitsā-āvarana의 번역이고, 법에 대하여 결택하지 못하고 망설이는 마음작용이다.

니라. 선현이여. 만약 이와 같은 제행·형상·상을 성취하였다면, 이 자가 불퇴전의 보살마하살이라고 마땅히 알지니라.

다시 다음으로 선현이여. 만약 불퇴전위의 보살마하살이라면, 일체의 수면(隨眠)을 모두 이미 절복(摧伏)[4]시켰으므로, 일체의 결박(結縛)과 수번뇌(隨煩惱)[5]의 얽매임이 모두 영원히 일어나서 나타나지 않고 얻을 수 없느니라. 선현이여. 만약 이와 같은 제행·형상·상을 성취하였다면, 이 자가 불퇴전의 보살마하살이라고 마땅히 알지니라.

다시 다음으로 선현이여. 만약 불퇴전위의 보살마하살이라면, 들어가고 나오며 떠나가고 돌아오는 마음이 미혹되고 어긋나지 않으며, 항상의 때에 정념(正念)[6]과 정지(正知)[7]에 안주하고, 나아가고 멈추는 위의와 다니고 머무르며 앉고 누우며 발을 들고 내리는 것도 역시 다시 그와 같으며, 여러 다니면서 밟는 곳의 그 땅을 반드시 살피면서 안상(安詳)[8]하게 생각을 붙잡고 곧바로 바라보면서 걸어가고, 운동(運動)하거나 말하면서 순간적이고 난폭한 것이 없느니라. 선현이여. 만약 이와 같은 제행·형상·상을 성취하였다면, 이 자가 불퇴전의 보살마하살이라고 마땅히 알지니라.

다시 다음으로 선현이여. 만약 불퇴전위의 보살마하살이라면, 여러 수용(受用)하였던 것인 와구(臥具)와 의복은 모두 항상 향기롭고 깨끗하여 여러 악취와 더러움이 없고 역시 기름때(垢膩)·기슬(蟣虱)[9] 등이 없으며, 마음은 즐겁고 청정하며 빛나고 몸은 질병이 없느니라. 선현이여. 만약

---

4) 꺾어서 굴복시켰다는 뜻이다.
5) 산스크리트어 upakleśa의 번역이고, 탐(貪)·진(瞋)·치(癡)·만(慢)·의(疑)·악견(惡見)의 근본 번뇌에 부수적으로 일어나는 염오된 마음작용으로 방일(放逸)·나태(懶怠)·불신(不信)·해(害)·한(恨)·수면(睡眠)·악작(惡作) 등이 있다.
6) 산스크리트어 samyak-smṛti의 번역이고, 팔정도(八正道)의 하나이다. 육근으로 느끼는 감정이나, 여러 현상을 있는 그대로 통찰하는 것이다.
7) 산스크리트어 samprajñāna의 번역이고, '진실하고 올바른 견해', '진실하고 올바른 지식' 등을 뜻한다.
8) 마음이 차분히 가라앉은 상태이거나, 마음이 평온한 상태를 뜻한다.
9) 이의 알인 서캐와 이를 아울러 이르는 말이다.

이와 같은 제행·형상·상을 성취하였다면, 이 자가 불퇴전의 보살마하살이라고 마땅히 알지니라.

다시 다음으로 선현이여. 만약 불퇴전위의 보살마하살이라면, 몸과 마음이 청정하여 보통 사람들의 몸속에 항상 8만호(八萬戶)의 벌레가 침범하여 먹는 것과 같지 않으니라. 그 까닭은 무엇인가? 이 제보살의 선근은 세간 사람들을 뛰어넘고 매우 뛰어나서 받았던 몸의 내외(內外)가 청정한 까닭으로 벌레의 부류들이 그 몸을 침범하여 먹지 못하느니라. 여여(如如)[10]한 선근(善根)은 점점 증가(增益)하며, 이와 같고 이와 같아서 몸과 마음은 전전하면서 청정해지므로, 오히려 이러한 인연으로 이 제보살은 몸과 마음이 견고(堅固)함이 오히려 금강(金剛)과 같아서 거스르는 인연에 침범당하여 번뇌하지 않느니라. 선현이여. 만약 이와 같은 제행·형상·상을 성취하였다면, 이 자가 불퇴전의 보살마하살이라고 마땅히 알지니라."

그때 구수 선현이 세존께 아뢰어 말하였다.

"세존이시여. 이 보살마하살은 어찌 몸과 마음이 청정함을 얻는다고 말합니까?"

세존께서 말씀하셨다.

"선현이여. 이 보살마하살은 여여(如如)한 선근이 점차 증장(增長)하면서 이와 같고 이와 같으므로 몸과 마음의 첨곡(諂曲)[11]은 오히려 선근의 힘이라는 것에 제거되고 떨쳐지는 까닭으로 미래의 세상이 끝나도록 반드시 결국 일어나지 않는데, 오히려 이것으로 몸과 마음이 청정을 얻느니라.

---

10) 산스크리트어 tathatā의 번역이고, 분별이 끊어져서 마음작용이 일어나지 않는 상태를 뜻한다. 즉 분별이 끊어졌으므로 있는 상태로 대상이 파악되는 마음의 상태를 가리킨다.

11) 첨(諂)은 산스크리트어 māyā의 번역이고, 자신의 악업을 감추기 위해 남을 속이고 아첨하는 마음작용을 뜻한다. 따라서 첨곡은 남에게 아첨하고, 스스로의 마음을 왜곡시키는 것이다.

다시 다음으로 선현이여. 이 보살마하살은 여여한 선근이 점차 증장하면서 이와 같고 이와 같으므로 신·구·의업은 오히려 선근의 힘이라는 것에 갈아져서(磨) 밝아지는 까닭으로 일체의 혼탁한 더러움과 삿된 첨곡을 멀리 벗어나나니, 오히려 이것으로 몸과 마음이 청정해지고 몸과 마음이 청정한 까닭으로 성문지·불퇴전위·독각지를 초월하여 보살지에 안주하면서 견고하고 움직이지 않느니라. 선현이여. 만약 이와 같은 제행·형상·상을 성취하였다면, 이 자가 불퇴전의 보살마하살이라고 마땅히 알지니라.

다시 다음으로 선현이여. 만약 불퇴전위의 보살마하살이라면, 이양(利養)이 중요하지 않고 명예에 재빠르지 않으며, 여러 음식·의복·와구(臥具)·방사(房舍)·재물(資財)을 모두 탐내거나 염오되지 않고, 비록 12가지의 두타(杜多)의 공덕을 받더라도 그 가운데에서 모두 믿는 것이 없느니라. 선현이여. 만약 이와 같은 제행·형상·상을 성취하였다면, 이 자가 불퇴전의 보살마하살이라고 마땅히 알지니라.

다시 다음으로 선현이여. 만약 불퇴전위의 보살마하살이라면, 항상 보시바라밀다를 수행하면서 간탐(慳貪)하는 마음을 반드시 결국에는 일으키지 않고, 항상 정계바라밀다를 수행하면서 계율을 범하려는 마음을 반드시 결국에는 일으키지 않으며, 항상 안인바라밀다를 수행하면서 진에(瞋恚)하는 마음을 반드시 결국에는 일으키지 않고, 항상 정진바라밀다를 수행하면서 해태(懈怠)하는 마음을 반드시 결국에는 일으키지 않으며, 항상 정려바라밀다를 수행하면서 산란(散亂)한 마음을 반드시 결국에는 일으키지 않고, 항상 반야바라밀다를 수행하면서 우치(愚癡)한 마음을 반드시 결국에는 일으키지 않는데, 오히려 이것으로 질투(嫉妬)·아첨(誑)·속임수(誑)·교만(憍)·방일(逸)·덮음(覆)·번뇌(惱) 등의 마음도 역시 영원히 일으키지 않느니라. 선현이여. 만약 이와 같은 제행·형상·상을 성취하였다면, 이 자가 불퇴전의 보살마하살이라고 마땅히 알지니라.

다시 다음으로 선현이여. 만약 불퇴전위의 보살마하살이라면, 깨달은 지혜가 견고하고 능히 깊이 깨우쳐서 들어갔으므로 정법을 듣는다면 공경하게 믿고 받아들이고, 세간과 출세간법을 듣는 것을 따라서 모두를 방편으로써 곧 반야바라밀다의 매우 깊은 의취로 모아서 들어가며, 여러 조작(造作)하였던 세간의 사업(事業)들도 역시 반야바라밀다로써 법성(法性)으로 모아서 들어가면서 하나의 일이라도 법성에서 어긋난다고 보지 않으며, 설사 법성과 함께 상응하지 않더라도 역시 능히 방편으로 반야바라밀다의 매우 깊은 의취에 모아서 들어가는데, 오히려 이것을 법성에서 어긋나는 것을 보지 않느니라. 선현이여. 만약 이와 같은 제행·형상·상을 성취하였다면, 이 자가 불퇴전의 보살마하살이라고 마땅히 알지니라.

다시 다음으로 선현이여. 만약 불퇴전위의 보살마하살이라면, 설사 악마가 현전(現前)하여 변화로 8대지옥(八大地獄)을 지었고, 다시 하나·하나의 대지옥의 가운데에 변화로 많은 일백의 보살, 많은 일천의 보살, 많은 백천의 보살, 많은 구지(俱胝)의 보살, 많은 일백 구지의 보살, 많은 일천 구지의 보살, 여러 백천 구지·나유다(那庾多)의 보살들을 지었는데, 모두가 맹렬히 불꽃이 교차하면서 철저하게 불태웠고 각자 신산(辛酸)12) 하고 초독(楚毒)13)한 큰 고통을 받는 이것을 변화로 이미 지었으며, 불퇴전의 제보살들에게 '이 제보살들은 모두가 여래·응공·정등각에게 불퇴전의 수기(受記)를 받았던 까닭으로 이와 같은 대지옥의 가운데에 태어나서 항상 이와 같은 여러 종류의 극심한 고통을 받고 있다. 그대 등의 보살은 이미 여래·응공·정등각에게서 불퇴전의 수기를 받았으므로, 역시 마땅히 이러한 대지옥의 가운데에 떨어져서 극심한 고통을 받을 것이다. 세존이 그대 등에게 대지옥의 가운데에서 극심한 고통을 받을 수기를 주었고, 무상정등보리의 불퇴전인 수기를 주지 않았다.

이러한 까닭으로 그대들은 상응하여 빠르게 대보리심(大菩提心)을 버리고 대지옥의 고통에서 벗어나는 것을 얻어서 천상에서 태어나거나, 혹은 인간 가운데에 태어나서 여러 부귀와 쾌락을 받도록 하라.'고 알려 말하였는데, 선현이여. 그때 만약 불퇴전위의 보살마하살은 이러한 일을 보고

---

12) '맛이 맵고 시다.'는 뜻으로, 세상살이가 힘들고 고생스러운 것을 비유한 말이다.
13) 매우 잔인하다는 뜻이다.

듣고서도 그 마음이 동요되지 않고, 역시 놀라거나 의심하지도 않으면서 '불퇴전의 수기를 받은 보살마하살이 만약 지옥이거나, 방생이거나, 귀계이거나, 아소락의 가운데 떨어지는 것은 결국 이러한 처소는 없다. 왜 그러한가? 불퇴전위의 보살은 반드시 불선업(不善業)이 없는 까닭이고, 역시 선업으로 고통의 과보를 부르는 것도 없는 까닭이며, 여래께서는 반드시 헛되고 속이는 말씀이 없는 까닭이고, 제불께서 설하신 것은 모두 일체의 유정들을 이익되고 즐겁게 하기 위한 것이며, 대자비의 마음에서 유출(流出)되었던 것이 없는 까닭이다. 보고 들었던 것은 반드시 이것은 악마가 지은 것이고 말하는 것이다.'라고 다만 이렇게 생각을 짓느니라. 선현이여. 만약 이와 같은 제행·형상·상을 성취하였다면, 이 자가 불퇴전의 보살마하살이라고 마땅히 알지니라.

다시 다음으로 선현이여. 만약 불퇴전위의 보살마하살이라면, 설사 악마가 사문의 형상을 짓고서 그 처소에 와서 이르러서 '그대가 이전에 들었던 것인 보시바라밀다를 상응하게 수행하여 구경에 원만하게 하고, 정계·안인·정진·정려·반야바라밀다를 상응하게 수행하여 구경에 원만하게 하며, 마땅히 무상정등보리를 증득해야 한다.'라고 이와 같이 들었던 것들은 모두가 삿된 말이니, 상응하여 빠르게 버려야 한다. 또한 '그대들이 이전에 들었던 과거·미래·현재의 일체의 여래·응·정등각과 여러 제자들에게 상응하여 초발심부터 나아가 법주(法住)에 이르기까지 그 가운데서 소유한 공덕과 선근은 모두 따라 기뻐하면서 일체를 합쳐서 모으며 제유정들과 함께 무상정등보리에 회향해야 한다.'라고 이와 같이 들었던 것들은 모두가 삿된 말이니, 상응하여 빠르게 버려야 한다.

만약 그대가 들었던 삿된 법이라는 것을 버린다면 내가 마땅히 그대에게 진실한 불법을 가르쳐서 그대가 수학하게 하고 빠르게 무상정등보리를 증득하게 하겠다. '그대들이 이전에 들었던 것은 진실한 여래의 말씀이 아니고 이 경문(經文)과 게송이라는 것도 허망(虛妄)하게 찬집(撰集)하였다. 내가 말하는 것이 진실한 여래의 말씀이다.'라고 알려 말하였는데, 선현이여. 만약 보살마하살이 이와 같은 말을 듣고서 마음이 동요되거나 놀라거나 의심하였다면, 아직 제불께 불퇴전의 수기를 받지 못하였다고 마땅히 알아야 하고, 그는 무상정등보리에서 오히려 아직 결정되지 못하였느니라.

선현이여. 만약 보살마하살이 이와 같은 말을 듣고서 마음이 동요되지 않고 역시 놀라지도 않으며 의심하지 않으면서 다만 짓는 것이 없고(無作) 무상(無相)이며 생겨남이 없는 법성(法聖)을 따르면서 안주하였다면 선현이여. 이 보살마하살은 여러 짓는 것이 있더라도, 다른 사람의 말을 믿지 않고 다른 사람의 가르침을 따르지 않으면서 보시바라밀다를 수행하고, 다른 사람의 가르침을 따르지 않으면서 정계·안인·정진·정려·반야바라밀다를 수행하느니라.

다른 사람의 가르침을 따르지 않으면서 내공에 안주하고, 다른 사람의 가르침을 따르지 않으면서 외공·내외공·공공·대공·승의공·유위공·무위공·필경공·무제공·산공·무변이공·본성공·자상공·공상공·일체법공·불가득공·무성공·자성공·무성자성공에 안주하느니라. 다른 사람의 가르침을 따르지 않으면서 진여에 안주하고, 다른 사람의 가르침을 따르지 않으면서 법계·법성·불허망성·불변이성·평등성·이생성·법정·법주·실제·허공계·부사의계에 안주하느니라.

다른 사람의 가르침을 따르지 않으면서 4념주를 수행하고, 다른 사람의 가르침을 따르지 않으면서 4정단·4신족·5근·5력·7등각지·8성도지를 수행하느니라. 다른 사람의 가르침을 따르지 않으면서 고성제에 안주하고, 다른 사람의 가르침을 따르지 않으면서 집·멸·도성제에 안주하느니라. 다른 사람의 가르침을 따르지 않으면서 4정려를 수행하고, 다른 사람의 가르침을 따르지 않으면서 4무량·4무색정을 수행하느니라.

다른 사람의 가르침을 따르지 않으면서 8해탈을 수행하고, 다른 사람의 가르침을 따르지 않으면서 8승처·9차제정·10변처를 수행하느니라. 다른 사람의 가르침을 따르지 않으면서 공해탈문을 수행하고, 다른 사람의 가르침을 따르지 않으면서 무상·무원해탈문을 수행하느니라. 다른 사람의 가르침을 따르지 않으면서 극희지를 수행하고, 다른 사람의 가르침을 따르지 않으면서 이구지·발광지·염혜지·극난승지·현전지·원행지·부동지·선혜지·법운지를 수행하느니라.

다른 사람의 가르침을 따르지 않으면서 5안을 수행하고, 다른 사람의 가르침을 따르지 않으면서 6신통을 수행하느니라. 다른 사람의 가르침을 따르지 않으면서 삼마지문을 수행하고, 다른 사람의 가르침을 따르지 않으면서 다라니문을 수행하느니라. 다른 사람의 가르침을 따르지 않으면서 여래의 10력을 수행하고, 다른 사람의 가르침을 따르지 않으면서 4무소외·4무애해·대자·대비·대희·대사·18불불공법을 수행하느니라.

다른 사람의 가르침을 따르지 않으면서 십이지연기의 순관과 역관을 수행하고, 다른 사람의 가르침을 따르지 않으면서 고성제를 알고 집성제를 끊으며 멸성제를 증득하고 도성제를 수행하느니라. 다른 사람의 가르침을 따르지 않으면서 예류과를 수행하고, 다른 사람의 가르침을 따르지 않으면서 일래·불환·아라한과를 수행하느니라. 다른 사람의 가르침을 따르지 않으면서 독각의 보리를 증득하는 지혜를 일으키느니라.

다른 사람의 가르침을 따르지 않으면서 보살의 정성이생(正性離生)의 지위에 들어가는 지혜를 일으키느니라. 다른 사람의 가르침을 따르지 않으면서 불국토를 청정하게 장엄하고, 다른 사람의 가르침을 따르지 않으면서 유정을 성숙시키며, 다른 사람의 가르침을 따르지 않으면서 보살의 신통을 일으키느니라.

다른 사람의 가르침을 따르지 않으면서 일체지를 수행하고, 다른 사람의 가르침을 따르지 않으면서 도상지·일체상지를 수행하느니라. 다른 사람의 가르침을 따르지 않으면서 일체의 번뇌와 상속하는 습기를 끊고, 다른 사람의 가르침을 따르지 않으면서 무망실법을 수행하고, 다른 사람의 가르침을 따르지 않으면서 항주사성을 수행하느니라.

다른 사람의 가르침을 따르지 않으면서 스스로가 원만한 수량을 섭수하고, 다른 사람의 가르침을 따르지 않으면서 법륜을 굴리며, 다른 사람의 가르침을 따르지 않으면서 정법을 수호하고, 다른 사람의 가르침을 따르지 않으면서 무상정등보리에 나아가느니라.”

"선현이여. 누진(漏盡)의 아라한이 지었던 것들이 있더라도, 다른 사람의 말을 믿지 않고 현재에서 법성을 증득한다면, 미혹이 없고 의심도 없으며 일체의 악마들이 능히 갑자기 움직일 수 없는 것과 같이, 이와 같이 불퇴전의 보살마하살도 일체의 성문·독각·외도·여러 악마 등이 능히 그의 마음을 파괴하고 절복(折伏)시켜서 무상정등보리에서 퇴굴(退屈)을 생겨나게 할 수 없느니라.

선현이여. 이 보살마하살은 결정적으로 이미 불퇴전지에 안주하므로 소유한 사업을 모두 스스로가 사유하는 것이고, 다만 다른 사람의 말을 믿고서 곧 지어서 일으키는 것이 아니며, 나아가 여래·응공·정등각께서 소유하신 말씀과 가르침에서도 오히려 믿고 행하지 않는데, 하물며 성문·독각·외도·여러 악마 등의 말과 지었던 일을 믿겠는가? 이 제보살들이 여러 번 하였던 것이 있더라도 다만 다른 사람을 믿고서 행한다는 이러한 처소는 없느니라. 왜 그러한가? 선현이여. 이 보살마하살은 믿고서 행할 법이 있다고 보지 않느니라.

그 까닭은 무엇인가? 선현이여. 이 보살마하살은 색에 믿고서 행할 것이 있다고 보지 않고 수·상·행·식에 믿고서 행할 것이 있다고 보지 않으며, 역시 색의 진여에 믿고서 행할 것이 있다고 보지 않고 수·상·행·식의 진여에도 믿고서 행할 것이 있다고 보지 않느니라.

선현이여. 이 보살마하살은 안처에 믿고서 행할 것이 있다고 보지 않고 이·비·설·신·의처에 믿고서 행할 것이 있다고 보지 않으며, 역시 안처의 진여에 믿고서 행할 것이 있다고 보지 않고 이·비·설·신·의처의 진여에도 믿고서 행할 것이 있다고 보지 않느니라. 선현이여. 이 보살마하살은 색처에 믿고서 행할 것이 있다고 보지 않고 성·향·미·촉·법처에 믿고서 행할 것이 있다고 보지 않으며, 역시 색처의 진여에 믿고서 행할 것이 있다고 보지 않고 성·향·미·촉·법처의 진여에도 믿고서 행할 것이 있다고 보지 않느니라.

선현이여. 이 보살마하살은 안계에 믿고서 행할 것이 있다고 보지 않고 이·비·설·신·의계에 믿고서 행할 것이 있다고 보지 않으며, 역시 안계의 진여에 믿고서 행할 것이 있다고 보지 않고 이·비·설·신·의계의 진여에도 믿고서 행할 것이 있다고 보지 않느니라. 선현이여. 이 보살마하살은 색계에 믿고서 행할 것이 있다고 보지 않고 성·향·미·촉·법계에 믿고서 행할 것이 있다고 보지 않으며, 역시 색계의 진여에 믿고서 행할 것이 있다고 보지 않고 성·향·미·촉·법계의 진여에도 믿고서 행할 것이 있다고 보지 않느니라.

선현이여. 이 보살마하살은 안식계에 믿고서 행할 것이 있다고 보지 않고 이·비·설·신·의식계에 믿고서 행할 것이 있다고 보지 않으며, 역시 안식계의 진여에 믿고서 행할 것이 있다고 보지 않고 이·비·설·신·의식계의 진여에도 믿고서 행할 것이 있다고 보지 않느니라. 선현이여. 이 보살마하살은 안촉에 믿고서 행할 것이 있다고 보지 않고 이·비·설·신·의촉에 믿고서 행할 것이 있다고 보지 않으며, 역시 안촉의 진여에 믿고서 행할 것이 있다고 보지 않고 이·비·설·신·의촉의 진여에도 믿고서 행할 것이 있다고 보지 않느니라.

선현이여. 이 보살마하살은 안촉을 인연으로 생겨난 여러 수에 믿고서 행할 것이 있다고 보지 않고 이·비·설·신·의촉을 인연으로 생겨난 여러 수에 믿고서 행할 것이 있다고 보지 않으며, 역시 안촉을 인연으로 생겨난 여러 수의 진여에 믿고서 행할 것이 있다고 보지 않고 이·비·설·신·의촉을 인연으로 생겨난 여러 수의 진여에도 믿고서 행할 것이 있다고 보지 않느니라. 선현이여. 이 보살마하살은 지계에 믿고서 행할 것이 있다고 보지 않고 수·화·풍·공·식계에 믿고서 행할 것이 있다고 보지 않으며, 역시 지계의 진여에 믿고서 행할 것이 있다고 보지 않고 수·화·풍·공·식계의 진여에도 믿고서 행할 것이 있다고 보지 않느니라.

선현이여. 이 보살마하살은 무명에 믿고서 행할 것이 있다고 보지 않고 행·식·명색·육처·촉·수·애·취·유·생·노사에 믿고서 행할 것이 있다고 보지 않으며, 역시 무명의 진여에 믿고서 행할 것이 있다고 보지 않고 행·식·명색·육처·촉·수·애·취·유·생·노사의 진여에도 믿고서 행할 것이 있다고 보지 않느니라. 선현이여. 이 보살마하살은 보시바라밀다에 믿고서 행할 것이 있다고 보지 않고 정계·안인·정진·정려·반야바라밀다에 믿고서 행할 것이 있다고 보지 않으며, 역시 보시바라밀다의 진여에 믿고서 행할 것이 있다고 보지 않고 정계·안인·정진·정려·반야바라밀다의 진여에도 믿고서 행할 것이 있다고 보지 않느니라.

선현이여. 이 보살마하살은 내공에 믿고서 행할 것이 있다고 보지 않고 외공·내외공·공공·대공·승의공·유위공·무위공·필경공·무제공·산공·무변이공·본성공·자상공·공상공·일체법공·불가득공·무성공·자성공·무성자성공에 믿고서 행할 것이 있다고 보지 않으며, 역시 내공의 진여에 믿고서 행할 것이 있다고 보지 않고 외공·내외공·공공·대공·승의공·유위공·무위공·필경공·무제공·산공·무변이공·본성공·자상공·공상공·일체법공·불가득공·무성공·자성공·무성자성공의 진여에도 믿고서 행할 것이 있다고 보지 않느니라.

선현이여. 이 보살마하살은 진여에 믿고서 행할 것이 있다고 보지 않고 법계·법성·불허망성·불변이성·평등성·이생성·법정·법주·실제·허공계·부사의계에 믿고서 행할 것이 있다고 보지 않으며, 역시 진여의 진여에 믿고서 행할 것이 있다고 보지 않고 법계·법성·불허망성·불변이성·평등성·이생성·법정·법주·실제·허공계·부사의계의 진여에도 믿고서 행할 것이 있다고 보지 않느니라.

선현이여. 이 보살마하살은 4념주에 믿고서 행할 것이 있다고 보지 않고 4정단·4신족·5근·5력·7등각지·8성도지에 믿고서 행할 것이 있다고 보지 않으며, 역시 4념주의 진여에 믿고서 행할 것이 있다고 보지 않고 4정단·4신족·5근·5력·7등각지·8성도지의 진여에도 믿고서 행할 것이 있다고 보지 않느니라. 선현이여. 이 보살마하살은 고성제에 믿고서 행할 것이 있다고 보지 않고 집·멸·도성제에 믿고서 행할 것이 있다고 보지 않으며, 역시 고성제의 진여에 믿고서 행할 것이 있다고 보지 않고 집·멸·도성제의 진여에도 믿고서 행할 것이 있다고 보지 않느니라.

선현이여. 이 보살마하살은 4정려에 믿고서 행할 것이 있다고 보지 않고 4무량·4무색정에 믿고서 행할 것이 있다고 보지 않으며, 역시 4정려의 진여에 믿고서 행할 것이 있다고 보지 않고 4무량·4무색정의 진여에도 믿고서 행할 것이 있다고 보지 않느니라. 선현이여. 이 보살마하살은 8해탈에 믿고서 행할 것이 있다고 보지 않고 8승처·9차제정·10변처에 믿고서 행할 것이 있다고 보지 않으며, 역시 8해탈의 진여에 믿고서 행할 것이 있다고 보지 않고 8승처·9차제정·10변처의 진여에도 믿고서 행할 것이 있다고 보지 않느니라.

선현이여. 이 보살마하살은 공해탈문에 믿고서 행할 것이 있다고 보지 않고 무상·무원해탈문에 믿고서 행할 것이 있다고 보지 않으며, 역시 공해탈문의 진여에 믿고서 행할 것이 있다고 보지 않고 무상·무원해탈문의 진여에도 믿고서 행할 것이 있다고 보지 않느니라. 선현이여. 이 보살마하살은 5안에 믿고서 행할 것이 있다고 보지 않고 6신통에 믿고서 행할 것이 있다고 보지 않으며, 역시 5안의 진여에 믿고서 행할 것이 있다고 보지 않고 6신통의 진여에도 믿고서 행할 것이 있다고 보지 않느니라.

선현이여. 이 보살마하살은 삼마지문에 믿고서 행할 것이 있다고 보지 않고 다라니문에 믿고서 행할 것이 있다고 보지 않으며, 역시 삼마지문의 진여에 믿고서 행할 것이 있다고 보지 않고 다라니문의 진여에도 믿고서 행할 것이 있다고 보지 않느니라. 선현이여. 이 보살마하살은 여래의 10력에 믿고서 행할 것이 있다고 보지 않고 4무소외·4무애해·대자·대비·대희·대사·18불불공법에 믿고서 행할 것이 있다고 보지 않으며, 역시 여래의 10력의 진여에 믿고서 행할 것이 있다고 보지 않고 4무소외·4무애해·대자·대비·대희·대사·18불불공법의 진여에도 믿고서 행할 것이 있다고 보지 않느니라.

선현이여. 이 보살마하살은 예류과에 믿고서 행할 것이 있다고 보지 않고 일래·불환·아라한과에 믿고서 행할 것이 있다고 보지 않으며, 역시 예류과의 진여에 믿고서 행할 것이 있다고 보지 않고 일래·불환·아라한과의 진여에도 믿고서 행할 것이 있다고 보지 않느니라. 선현이여. 이 보살마하살은 독각의 보리에 믿고서 행할 것이 있다고 보지 않고, 역시 독각의 보리의 진여에 믿고서 행할 것이 있다고 보지 않느니라.

선현이여. 이 보살마하살은 일체지에 믿고서 행할 것이 있다고 보지 않고 도상지·일체상지에 믿고서 행할 것이 있다고 보지 않으며, 역시 일체지의 진여에 믿고서 행할 것이 있다고 보지 않고 도상지·일체상지의 진여에도 믿고서 행할 것이 있다고 보지 않느니라. 선현이여. 이 보살마하살은 이생지에 믿고서 행할 것이 있다고 보지 않고 성문지·독각지·보살지·여래지에 믿고서 행할 것이 있다고 보지 않으며, 역시 이생지의 진여에 믿고서 행할 것이 있다고 보지 않고 성문지·독각지·보살지·여래지의 진여에도 믿고서 행할 것이 있다고 보지 않느니라.

선현이여. 이 보살마하살은 제불의 무상정등보리에 믿고서 행할 것이 있다고 보지 않고, 역시 제불의 무상정등보리의 진여에 믿고서 행할 것이 있다고 보지 않느니라. 선현이여. 만약 이와 같은 제행·형상·상을 성취하였다면, 이 자가 불퇴전의 보살마하살이라고 마땅히 알지니라.

다시 다음으로 선현이여. 만약 불퇴전위의 보살마하살이라면, 설사 악마가 있었고 필추의 형상을 지었으며 그의 처소로 와서 나아가서 말하기를, '그대 등이 행하는 것은 이것이 생사법(生死法)이므로 오히려 이것에 의지하여 일체지지(一切智智)를 얻을 수 없다. 그대 등은 지금 상응하여 고통을 마치는 길을 수행하여 빠르게 여러 고통을 끝내고 반열반(般涅槃)을 증득해야 한다.'라고 이와 같이 말하였다면, 이때 악마는 곧 보살을 위하여 생사(生死)에 떨어지게 말하는 서로가 비슷한 도법(道法)인 이를테면, 골상(骨想)14)이거나, 혹은 청어상(靑瘀想)15)이거나, 혹은 농란상(膿爛想)16)이거나, 혹은 방창상(膖脹想)17)이거나, 혹은 식충상(食蟲想)18)이거

---

14) 죽은 육신의 피와 살은 썩어 없어지고 백골만 남아 있는 모습을 생각하는 관법(觀法)을 가리킨다.
15) 죽은 육신의 피가 거무스름하게 엉겨붙고 시체의 색깔이 푸르죽죽하게 변한 모습을 생각하는 관법을 가리킨다.
16) 죽은 육신의 가죽과 살이 문드러져서 고름이 나오고 구더기가 득실거리고 있는 모습을 생각하는 관찰법(觀察法)을 가리킨다.

나, 혹은 적이상(赤異想)¹⁹⁾이거나, 혹은 자(慈)이거나, 혹은 비(悲)이거나, 혹은 희(喜)이거나, 혹은 사(捨)이거나, 혹은 초정려(初精慮)이거나, 혹은 나아가 4정려(四精慮)이거나, 혹은 공무변처(空無邊處)이거나, 혹은 나아가 비상비비상처(非想非非想處) 등인데, 보살에게 말하기를 '이것이 진실한 도(道)이고 진실한 행(行)이므로, 그대는 이러한 도와 이러한 행을 수용하여 예류과이거나, 혹은 일래과이거나, 혹은 불환과이거나, 혹은 아라한과이거나, 혹은 독각의 보리를 얻어야 한다.

그대는 오히려 이러한 도와 이러한 행을 까닭으로 빠르게 일체의 생(生)·노(老)·병(病)·사(死)를 마쳐야 하는데, 무슨 소용으로 오랫동안 생사의 고통을 받으려 하는가? 현재의 고통스러운 몸을 오히려 상응하여 싫어하고 버려야 하는데, 하물며 마땅히 미래의 고통스러운 몸을 다시 구하여 받으려고 하는가? 마땅히 스스로가 자세하게 생각하여 이전의 믿음을 버려야 한다.'라고 이와 같이 말하였다면, 선현이여. 이 보살마하살은 그의 말을 듣는 때에 그 마음이 동요되지도 않고 역시 놀라지 않으며 의심하지도 않으면서 '지금 이 비구는 나에게 요익이 적지 않구나. 능히 나를 위해 서로가 비슷한 도법을 말하여 나에게 이러한 도는 예류과이거나, 혹은 일래과이거나, 혹은 불환과이거나, 혹은 아라한과이거나, 혹은 독각의 보리를 능히 증득하지 못한다고 알게 하였는데, 하물며 제불의 무상정등보리를 마땅히 능히 증득할 수 있겠는가를 식별하여 알게 하였다.'라고 다만 이렇게 생각을 짓느니라.

이 보살마하살은 이렇게 생각을 짓고서 이미 깊은 환희가 생겨나서 '지금 이 비구는 나를 매우 요익하게 하였다. 방편으로 나를 위하여 지체하고 장애하는 법을 말하여 나에게 지체하고 장애하는 법을 명료하게 알게 하였고, 3승(乘)의 도에서 자재(自在)하게 수학(修學)하게 하였다.'라

---

17) 죽은 육신이 퉁퉁하게 부어오른 모습을 마음속으로 생각하는 관찰법을 가리킨다.
18) 죽은 육신을 새나 짐승이 시체를 쪼아먹거나 뜯어먹는 모습을 생각하는 관찰법을 가리킨다.
19) 죽은 육신의 피와 살 등이 땅위에 흩어져 있는 모습을 생각하는 관찰법을 가리킨다.

고 다시 이렇게 생각을 짓느니라.

선현이여. 그때 악마는 이 보살이 마음에서 깊이 환희하는 것을 알고서, '선남자여. 그대는 제보살마하살이 오랜 시간을 정근하면서 요익이 없는 행을 수행한 것을 보겠는가? 이를테면, 제보살마하살의 대중들은 긍가사(殑伽沙)의 숫자와 같은 대겁(大劫)을 지내면서 무량(無量)한 종류의 상묘(上妙)한 의복(衣服)·음식(飮食)·와구(臥具)·의약품(醫藥)·재물(資財)·꽃(花)·향(香) 등의 물건으로 긍가사 등의 제불·세존께 공양하고 존중하며 찬탄하였다.

다시 긍가사 등과 같은 여래의 처소에서 보시바라밀다를 수행하였고, 정계·안인·정진·정려·반야바라밀다를 수행하였다. 역시 긍가사 등과 같은 여래의 처소에서 내공을 수학하면서 머물렀고, 외공·내외공·공공·대공·승의공·유위공·무위공·필경공·무제공·산공·무변이공·본성공·자상공·공상공·일체법공·불가득공·무성공·자성공·무성자성공을 수학하면서 머물렀다.

역시 긍가사 등과 같은 여래의 처소에서 진여를 수학하면서 머물렀고, 법계·법성·불허망성·불변이성·평등성·이생성·법정·법주·실제·허공계·부사의계를 수학하면서 머물렀다. 역시 긍가사 등과 같은 여래의 처소에서 4념주를 수행하였고, 4정단·4신족·5근·5력·7등각지·8성도지를 수행하였다. 역시 긍가사 등과 같은 여래의 처소에서 고성제를 수학하면서 머물렀고, 집·멸·도성제를 수학하면서 머물렀다. 역시 긍가사 등과 같은 여래의 처소에서 4정려를 수행하였고, 4무량과 4무색정을 수행하였다.

역시 긍가사 등과 같은 여래의 처소에서 8해탈을 수행하였고, 8승처·9차제정·10변처를 수행하였다. 역시 긍가사 등과 같은 여래의 처소에서 공해탈문을 수행하였고, 무상·무원해탈문을 수행하였다. 역시 긍가사 등과 같은 여래의 처소에서 극희지를 수행하였고, 이구지·발광지·염혜지·극난승지·현전지·원행지·부동지·선혜지·법운지를 수행하였다. 긍가사 등과 같은 여래의 처소에서 5안을 수행하였고, 6신통을 수행하였다.

역시 긍가사 등과 같은 여래의 처소에서 삼마지문을 수행하였고, 다라니문을 수행하였다. 역시 긍가사 등과 같은 여래의 처소에서 여래의 10력을 수행하였고, 4무소외·4무애해·대자·대비·대희·대사·18불불공법을 수행하였다. 역시 긍가사 등과 같은 여래의 처소에서 무망실법을 수행하였고, 항주사성을 수행하였다. 역시 긍가사 등과 같은 여래의 처소에서 순관과 역관의 십이지연기를 수행하였다.

역시 긍가사 등과 같은 여래의 처소에서 불국토를 장엄하였고 유정들을 성숙시켰다. 역시 긍가사 등과 같은 여래의 처소에서 제보살의 수승한 신통을 수행하였다. 역시 긍가사 등과 같은 여래의 처소에서 원만한 수량을 수행하였고, 법륜을 굴리는 것을 수학하였으며, 정법을 호지(護持)하였다. 역시 긍가사 등과 같은 여래의 처소에서 일체지를 수행하였고, 도상지·일체상지를 수행하였다.

이 보살마하살의 대중들은 역시 긍가사 등과 같은 여래의 처소에서 여래를 친근하고 섬겼으며, 제불의 처소에서 보살마하살의 도(道)를 청하여 물었는데, 〈어찌 보살마하살은 대승(大乘)에 안주한다고 말합니까? 어찌 보살마하살은 보시바라밀다를 수행하고, 정계·안인·정진·정려·반야바라밀다를 수행한다고 말합니까? 어찌 보살마하살은 내공을 수학하면서 머무르고, 외공·내외공·공공·대공·승의공·유위공·무위공·필경공·무제공·산공·무변이공·본성공·자상공·공상공·일체법공·불가득공·무성공·자성공·무성자성공을 수학하여 머무른다고 말합니까?

어찌 보살마하살은 진여를 수학하여 머무르고, 법계·법성·불허망성·불변이성·평등성·이생성·법정·법주·실제·허공계·부사의계를 수학하여 머무른다고 말합니까? 어찌 보살마하살은 4념주를 수행하고, 4정단·4신족·5근·5력·7등각지·8성도지를 수행한다고 말합니까? 어찌 보살마하살은 고성제를 수학하면서 머무르며, 집·멸·도성제를 수학하여 머무른다고 말합니까? 어찌 보살마하살은 4정려를 수행하고, 4무량과 4무색정을 수행한다고 말합니까?

어찌 보살마하살은 8해탈을 수행하고, 8승처·9차제정·10변처를 수행한다고 말합니까? 어찌 보살마하살은 공해탈문을 수행하고, 무상·무원해탈문을 수행한다고 말합니까? 어찌 보살마하살은 극희지를 수행하고, 이구지·발광지·염혜지·극난승지·현전지·원행지·부동지·선혜지·법운지를 수행한다고 말합니까? 어찌 보살마하살은 5안을 수행하고, 6신통을 수행한다고 말합니까? 어찌 보살마하살은 삼마지문을 수행하고, 다라니문을 수행한다고 말합니까?

어찌 보살마하살은 여래의 10력을 수행하고, 4무소외·4무애해·대자·대비·대희·대사·18불불공법을 수행한다고 말합니까? 어찌 보살마하살은 무망실법을 수행하고, 항주사성을 수행한다고 말합니까? 어찌 보살마하살은 순관과 역관하는 십이지연기를 수행한다고 말합니까? 어찌 보살마하살은 불국토를 청정하게 장엄하고, 유정들을 성숙시킨다고 말합니까? 어찌 보살마하살은 보살의 수승한 신통을 수행한다고 말합니까?

어찌 보살마하살은 원만한 수량을 수행하고, 어찌 보살마하살은 대법륜을 굴리는 것을 수학하며, 어찌 보살마하살은 정법을 호지하여 오랫동안 머무르게 시킨다고 말합니까? 어찌 보살마하살은 일체지를 수행하며, 도상지·일체상지를 수행한다고 말합니까?〉라고 이렇게 말을 지었다면, 긍가사 등과 같은 제불·세존께서는 청하여 물었던 것과 같이 차례로 그를 위해 설하셨느니라.

이 제보살마하살의 대중들은 여래의 가르침에 안주하고 수학하면서 무량한 겁(劫)을 지내면서 치연(熾然)하게 정진하였어도 오히려 일체지지를 능히 얻지 못하였는데, 하물며 지금 그대 등이 수학하는 것에서 무상정등보리를 증득할 수 있겠는가?'라고 알리느니라.

선현이여. 이 보살마하살은 비록 그의 말을 들었어도 마음에 변이가 없어서 놀라지도 않고 두려워하지도 않으며 의심도 없고 미혹도 없으며, 두 배로 다시 환희하면서 '지금 이 비구는 나에게 많은 요익을 주었다. 방편으로 나를 위하여 장애하는 도법을 말하였고 나에게 장애하는 도법은 결정적으로 예류과이거나, 혹은 일래과이거나, 혹은 불환과이거나, 혹은 아라한과이거나, 혹은 독각의 보리를 증득하지 못하는데, 하물며 일체지지를 능히 증득할 수 있겠는가를 알게 하였다.'라고 이렇게 생각을 지으면서 말하느니라.

선현이여. 이때 그 악마는 이 보살의 마음에 퇴굴하지 않고 두려움도 없으며 의심도 없다고 알고서 곧 이곳에서 변화로 무량한 비구들의 형상을 짓고서 보살에게 알리기를 '이 여러 비구들은 모두 과거에 무상정등보리를 간절하게 구하였고, 무량한 겁을 지내면서 여러 종류의 난행(難行)과 고행(苦行)을 수행하였어도 능히 얻지 못하고서, 지금도 모두가 아라한과에 머무르면서 여러 번뇌를 이미 마치고 고통의 변제(邊際)에 이르렀는데, 어찌 그대들이 무상정등보리를 증득한다고 말하겠는가?'라고 말하느니라.

선현이여. 이 보살마하살은 이것을 보고 듣고서 '결정적으로 이 악마가 변화로 이러한 비구의 형상들을 짓고서 나의 마음을 요란시키려는 인연으로 지체하고 장애하는 서로가 비슷한 도법(道法)을 말하는구나. 보살마하살의 대중들이 반야바라밀다를 수행하여 원만한 지위에 이르렀다면 무상정등보리를 증득하지 못하였더라도 성문지이거나 혹은 독각지에 떨어지는 것은 반드시 없다.'라고 곧 이렇게 생각을 짓느니라.

그때 보살은 '만약 보살마하살이 보시바라밀다를 수행하였고 정계·안인·정진·정려·반야바라밀다를 수행하였으며 원만한 지위에 이르렀다면 무상정등보리를 증득하지 못하는 이러한 처소는 반드시 없다. 만약 보살마하살이 내공을 수학하여 머물렀고 외공·내외공·공공·대공·승의공·유위공·무위공·필경공·무제공·산공·무변이공·본성공·자상공·공상공·일체법공·불가득공·무성공·자성공·무성자성공을 수학하여 머물렀으며 원만한 지위에 이르렀다면 무상정등보리를 증득하지 못하는 이러한 처소는 반드시 없다.

만약 보살마하살이 진여를 수학하여 머물렀고 법계·법성·불허망성·불변이성·평등성·이생성·법정·법주·실제·허공계·부사의계를 수학하여 머물렀으며 원만한 지위에 이르렀다면 무상정등보리를 증득하지 못하는 이러한 처소는 반드시 없다. 만약 보살마하살이 4념주를 수행하였고 4정단·4신족·5근·5력·7등각지·8성도지를 수행하였으며 원만한 지위에 이르렀다면 무상정등보리를 증득하지 못하는 이러한 처소는 반드시 없다.

만약 보살마하살이 고성제를 수학하여 머물렀고 집·멸·도성제를 수학하여 머물렀으며 원만한 지위에 이르렀다면 무상정등보리를 증득하지 못하는 이러한 처소는 반드시 없다. 만약 보살마하살이 4정려를 수행하였고 4무량·4무색정을 수행하였으며 원만한 지위에 이르렀다면 무상정등보리를 증득하지 못하는 이러한 처소는 반드시 없다.

만약 보살마하살이 8해탈을 수행하였고 8승처·9차제정·10변처를 수행하였으며 원만한 지위에 이르렀다면 무상정등보리를 증득하지 못하는 이러한 처소는 반드시 없다. 만약 보살마하살이 공해탈문을 수행하였고 무상·무원해탈문을 수행하였으며 원만한 지위에 이르렀다면 무상정등보리를 증득하지 못하는 이러한 처소는 반드시 없다.

만약 보살마하살이 극희지를 수행하였고 이구지·발광지·염혜지·극난승지·현전지·원행지·부동지·선혜지·법운지를 수행하였으며 원만한 지위에 이르렀다면 무상정등보리를 증득하지 못하는 이러한 처소는 반드시 없다. 만약 보살마하살이 5안을 수행하였고 6신통을 수행하였으며 원만한 지위에 이르렀다면 무상정등보리를 증득하지 못하는 이러한 처소는 반드시 없다.

만약 보살마하살이 삼마지문을 수행하였고 다라니문을 수행하였으며 원만한 지위에 이르렀다면 무상정등보리를 증득하지 못하는 이러한 처소는 반드시 없다. 만약 보살마하살이 여래의 10력을 수행하였고 4무소외·4무애해·대자·대비·대희·대사·18불불공법을 수행하였으며 원만한 지위에 이르렀다면 무상정등보리를 증득하지 못하는 이러한 처소는 반드시 없다.

만약 보살마하살이 무망실법을 수행하였고 항주사성을 수행하였으며 원만한 지위에 이르렀다면 무상정등보리를 증득하지 못하는 이러한 처소는 반드시 없다. 만약 보살마하살이 순관과 역관으로 십이지연기를 수행하였고 원만한 지위에 이르렀다면 무상정등보리를 증득하지 못하는 이러한 처소는 반드시 없다.

　만약 보살마하살이 불국토를 장엄하였고 유정들을 성숙시켜서 원만한 지위에 이르렀다면 무상정등보리를 증득하지 못하는 이러한 처소는 반드시 없다. 만약 보살마하살이 제보살의 수승한 신통을 수행하였고 원만한 지위에 이르렀다면 무상정등보리를 증득하지 못하는 이러한 처소는 반드시 없다. 만약 보살마하살이 원만한 수명을 수행하였고 원만한 지위에 이르렀다면 무상정등보리를 증득하지 못하는 이러한 처소는 반드시 없다.

　만약 보살마하살이 법륜을 굴리는 것을 수학하였고 정법을 호지하여 원만한 지위에 이르렀다면 무상정등보리를 증득하지 못하는 이러한 처소는 반드시 없다. 만약 보살마하살이 일체지를 수행하였고 도상지·일체상지를 수행하였으며 원만한 지위에 이르렀다면 무상정등보리를 증득하지 못하는 이러한 처소는 반드시 없다.'라고 다시 이렇게 생각을 짓느니라.

　선현이여. 만약 이와 같은 제행·형상·상을 성취하였다면, 이 자가 불퇴전의 보살마하살이라고 마땅히 알지니라.

　다시 다음으로 선현이여. 만약 불퇴전위의 보살마하살이라면, 항상 반야바라밀다를 수행하면서 '만약 보살마하살이 제불의 가르침을 정근하면서 수학하고, 보시·정계·안인·정진·정려·반야바라밀다를 섭수하는 미묘한 행을 항상 멀리 벗어나지 않고, 항상 보시·정계·안인·정진·정려·반야바라밀다와 상응하는 작의(作意)를 항상 멀리 벗어나지 않으며, 일체지지와 상응하는 작의를 항상 멀리 벗어나지 않고, 항상 방편으로써 제유정들에게 권유하여 보시·정계·안인·정진·정려·반야바라밀다를 정근하면서 수학하게 하였다면, 이 보살마하살은 결정적으로 보시바라밀다에서 퇴전하지 않고, 결정적으로 정계·안인·정진·정려·반야바라밀다에서 퇴전하지 않는다.

　결정적으로 내공에서 퇴전하지 않고, 결정적으로 외공·내외공·공공·대공·승의공·유위공·무위공·필경공·무제공·산공·무변이공·본성공·자상공·공상공·일체법공·불가득공·무성공·자성공·무성자성공에서 퇴전하지 않으며, 결정적으로 진여에서 퇴전하지 않고, 결정적으로 법계·법

성·불허망성·불변이성·평등성·이생성·법정·법주·실제·허공계·부사
의계에서 퇴전하지 않으며, 결정적으로 4념주에서 퇴전하지 않고, 결정적
으로 4정단·4신족·5근·5력·7등각지·8성도지에서 퇴전하지 않는다.

결정적으로 고성제에서 퇴전하지 않고, 결정적으로 집·멸·도성제에서
퇴전하지 않으며, 결정적으로 4정려에서 퇴전하지 않고, 결정적으로 4무
량·4무색정에서 퇴전하지 않으며, 결정적으로 8해탈에서 퇴전하지 않고,
결정적으로 8승처·9차제정·10변처에서 퇴전하지 않으며, 결정적으로
공해탈문에서 퇴전하지 않고, 결정적으로 무상·무원해탈문에서 퇴전하
지 않는다.

결정적으로 극희지에서 퇴전하지 않고, 결정적으로 이구지·발광지·염
혜지·극난승지·현전지·원행지·부동지·선혜지·법운지에서 퇴전하지 않
으며, 결정적으로 5안에서 퇴전하지 않고, 결정적으로 6신통에서 퇴전하
지 않으며, 결정적으로 삼마지문에서 퇴전하지 않고, 결정적으로 다라니
문에서 퇴전하지 않으며, 결정적으로 여래의 10력에서 퇴전하지 않고,
결정적으로 4무소외·4무애해·대자·대비·대희·대사·18불불공법에서 퇴
전하지 않는다.

결정적으로 무망실법에서 퇴전하지 않고, 결정적으로 항주사성에서
퇴전하지 않으며, 결정적으로 일체지에서 퇴전하지 않고, 결정적으로
6신통에서 퇴전하지 않으며, 결정적으로 삼마지문에서 퇴전하지 않고,
결정적으로 다라니문에서 퇴전하지 않으며, 결정적으로 여래의 10력에서
퇴전하지 않고, 결정적으로 도상지·일체상지에서 퇴전하지 않는다.'라고
항상 이렇게 생각을 짓느니라. 선현이여. 만약 이와 같은 제행·형상·상을
성취하였다면, 이 자가 불퇴전의 보살마하살이라고 마땅히 알지니라.

다시 다음으로 선현이여. 만약 불퇴전위의 보살마하살이라면, 항상
반야바라밀다를 수행하면서 '만약 보살마하살이 악마의 일을 깨달아
알고 악마의 일을 따르지 않으며, 악한 벗을 깨달아 알고 악한 젓의
말을 따르지 않으며, 경계를 깨달아 알고 경계의 전전(展轉)을 따르지 않는다
면, 이 보살마하살은 결정적으로 보시바라밀다에서 퇴전하지 않고, 결정적

으로 정계·안인·정진·정려·반야바라밀다에서 퇴전하지 않는다.

결정적으로 내공에서 퇴전하지 않고, 결정적으로 외공·내외공·공공·대공·승의공·유위공·무위공·필경공·무제공·산공·무변이공·본성공·자상공·공상공·일체법공·불가득공·무성공·자성공·무성자성공에서 퇴전하지 않으며, 결정적으로 진여에서 퇴전하지 않고, 결정적으로 법계·법성·불허망성·불변이성·평등성·이생성·법정·법주·실제·허공계·부사의계에서 퇴전하지 않으며, 결정적으로 4념주에서 퇴전하지 않고, 결정적으로 4정단·4신족·5근·5력·7등각지·8성도지에서 퇴전하지 않는다.

결정적으로 고성제에서 퇴전하지 않고, 결정적으로 집·멸·도성제에서 퇴전하지 않으며, 결정적으로 4정려에서 퇴전하지 않고, 결정적으로 4무량·4무색정에서 퇴전하지 않으며, 결정적으로 8해탈에서 퇴전하지 않고, 결정적으로 8승처·9차제정·10변처에서 퇴전하지 않으며, 결정적으로 공해탈문에서 퇴전하지 않고, 결정적으로 무상·무원해탈문에서 퇴전하지 않는다.

결정적으로 극희지에서 퇴전하지 않고, 결정적으로 이구지·발광지·염혜지·극난승지·현전지·원행지·부동지·선혜지·법운지에서 퇴전하지 않으며, 결정적으로 5안에서 퇴전하지 않고, 결정적으로 6신통에서 퇴전하지 않으며, 결정적으로 삼마지문에서 퇴전하지 않고, 결정적으로 다라니문에서 퇴전하지 않으며, 결정적으로 여래의 10력에서 퇴전하지 않고, 결정적으로 4무소외·4무애해·대자·대비·대희·대사·18불불공법에서 퇴전하지 않는다.

결정적으로 무망실법에서 퇴전하지 않고, 결정적으로 항주사성에서 퇴전하지 않으며, 결정적으로 일체지에서 퇴전하지 않고, 결정적으로 도상지·일체상지에서 퇴전하지 않는다.'라고 항상 이렇게 생각을 짓느니라.

선현이여. 만약 이와 같은 제행·형상·상을 성취하였다면, 이 자가 불퇴전의 보살마하살이라고 마땅히 알지니라."

"다시 다음으로 선현이여. 만약 불퇴전위의 보살마하살이라면, 제여래·

응공·정등각께서 설하신 법요(法要)를 듣고 마음으로 깊이 환희하면서
공경스럽게 신해하며 의취를 잘 이해하므로 그 마음이 견고하고 오히려
금강(金剛)과 같아서 움직여서 굴릴 수 없고 이끌어서 빼앗을 수도 없으며,
항상 보시·정계·안인·정진·정려·반야바라밀다를 정근하면서 수학하고,
역시 유정들에게도 권유하여 보시·정계·안인·정진·정려·반야바라밀다
를 정근하면서 수학하게 하느니라. 선현이여. 만약 이와 같은 제행·형상·상
을 성취하였다면, 이 자가 불퇴전의 보살마하살이라고 마땅히 알지니라.”

　그때 구수 선현이 세존께 아뢰어 말하였다.
　“세존이시여. 여러 불퇴전위의 보살마하살은 무엇에서 퇴전하는 까닭
으로 불퇴전이라고 이름합니까?”
　세존께서 말씀하셨다.
　“선현이여. 이 보살마하살은 색이라는 생각(想)에서 퇴전하는 까닭으로
불퇴전이라고 이름하고, 수·상·행·식이라는 생각에서 퇴전하는 까닭으
로 불퇴전이라고 이름하느니라. 선현이여. 이 보살마하살은 안처라는
생각에서 퇴전하는 까닭으로 불퇴전이라고 이름하고, 이·비·설·신·의처
라는 생각에서 퇴전하는 까닭으로 불퇴전이라고 이름하느니라.
　선현이여. 이 보살마하살은 색처라는 생각에서 퇴전하는 까닭으로
불퇴전이라고 이름하고, 성·향·미·촉·법처라는 생각에서 퇴전하는 까닭
으로 불퇴전이라고 이름하느니라. 선현이여. 이 보살마하살은 안계라는
생각에서 퇴전하는 까닭으로 불퇴전이라고 이름하고, 이·비·설·신·의계
라는 생각에서 퇴전하는 까닭으로 불퇴전이라고 이름하느니라.
　선현이여. 이 보살마하살은 색계라는 생각에서 퇴전하는 까닭으로
불퇴전이라고 이름하고, 성·향·미·촉·법계라는 생각에서 퇴전하는 까닭
으로 불퇴전이라고 이름하느니라. 선현이여. 이 보살마하살은 안식계라
는 생각에서 퇴전하는 까닭으로 불퇴전이라고 이름하고, 이·비·설·신·의
식계라는 생각에서 퇴전하는 까닭으로 불퇴전이라고 이름하느니라.
　선현이여. 이 보살마하살은 안촉이라는 생각에서 퇴전하는 까닭으로

불퇴전이라고 이름하고, 이·비·설·신·의촉이라는 생각에서 퇴전하는 까닭으로 불퇴전이라고 이름하느니라. 선현이여. 이 보살마하살은 안촉을 인연으로 생겨나는 여러 수라는 생각에서 퇴전하는 까닭으로 불퇴전이라고 이름하고, 이·비·설·신·의촉을 인연으로 생겨나는 여러 수라는 생각에서 퇴전하는 까닭으로 불퇴전이라고 이름하느니라.

선현이여. 이 보살마하살은 지계라는 생각에서 퇴전하는 까닭으로 불퇴전이라고 이름하고, 수·화·풍·공·식계라는 생각에서 퇴전하는 까닭으로 불퇴전이라고 이름하느니라. 선현이여. 이 보살마하살은 무명이라는 생각에서 퇴전하는 까닭으로 불퇴전이라고 이름하고, 행·식·명색·육처·촉·수·애·취·유·생·노사라는 생각에서 퇴전하는 까닭으로 불퇴전이라고 이름하느니라.

선현이여. 이 보살마하살은 탐욕이라는 생각에서 퇴전하는 까닭으로 불퇴전이라고 이름하고, 진에라는 생각·우치라는 생각·여러 악한 견해라는 생각에서 퇴전하는 까닭으로 불퇴전이라고 이름하느니라.”

마하반야바라밀다경 제327권

49. 불퇴전품(不退轉品)(3)

"선현이여. 이 보살마하살은 보시바라밀다라는 생각에서 퇴전하는 까닭으로 불퇴전이라고 이름하고, 정계·안인·정진·정려·반야바라밀다라는 생각에서 퇴전하는 까닭으로 불퇴전이라고 이름하느니라. 선현이여. 이 보살마하살은 내공이라는 생각에서 퇴전하는 까닭으로 불퇴전이라고 이름하고, 외공·내외공·공공·대공·승의공·유위공·무위공·필경공·무제공·산공·무변이공·본성공·자상공·공상공·일체법공·불가득공·무성공·자성공·무성자성공이라는 생각에서 퇴전하는 까닭으로 불퇴전이라고 이름하느니라.

선현이여. 이 보살마하살은 고성제라는 생각에서 퇴전하는 까닭으로 불퇴전이라고 이름하고, 집·멸·도성제라는 생각에서 퇴전하는 까닭으로 불퇴전이라고 이름하느니라. 선현이여. 이 보살마하살은 4정려라는 생각에서 퇴전하는 까닭으로 불퇴전이라고 이름하고, 4무량·4무색정이라는 생각에서 퇴전하는 까닭으로 불퇴전이라고 이름하느니라.

선현이여. 이 보살마하살은 8해탈이라는 생각에서 퇴전하는 까닭으로 불퇴전이라고 이름하고, 8승처·9차제정·10변처라는 생각에서 퇴전하는 까닭으로 불퇴전이라고 이름하느니라. 선현이여. 이 보살마하살은 공해탈문이라는 생각에서 퇴전하는 까닭으로 불퇴전이라고 이름하고, 무상·무원해탈문이라는 생각에서 퇴전하는 까닭으로 불퇴전이라고 이름하느니라.

선현이여. 이 보살마하살은 극희지라는 생각에서 퇴전하는 까닭으로 불퇴전이라고 이름하고, 이구지·발광지·염혜지·극난승지·현전지·원행지·부동지·선혜지·법운지라는 생각에서 퇴전하는 까닭으로 불퇴전이라고 이름하느니라. 선현이여. 이 보살마하살은 5안이라는 생각에서 퇴전하는 까닭으로 불퇴전이라고 이름하고, 6신통이라는 생각에서 퇴전하는 까닭으로 불퇴전이라고 이름하느니라.

선현이여. 이 보살마하살은 삼마지문이라는 생각에서 퇴전하는 까닭으로 불퇴전이라고 이름하고, 다라니문이라는 생각에서 퇴전하는 까닭으로 불퇴전이라고 이름하느니라. 선현이여. 이 보살마하살은 여래의 10력이라는 생각에서 퇴전하는 까닭으로 불퇴전이라고 이름하고, 4무소외·4무애해·대자·대비·대희·대사·18불불공법이라는 생각에서 퇴전하는 까닭으로 불퇴전이라고 이름하느니라.

선현이여. 이 보살마하살은 무망실법이라는 생각에서 퇴전하는 까닭으로 불퇴전이라고 이름하고, 항주사성이라는 생각에서 퇴전하는 까닭으로 불퇴전이라고 이름하느니라. 선현이여. 이 보살마하살은 예류과라는 생각에서 퇴전하는 까닭으로 불퇴전이라고 이름하고, 일래·불환·아라한과라는 생각에서 퇴전하는 까닭으로 불퇴전이라고 이름하느니라. 선현이여. 이 보살마하살은 독각의 보리라는 생각에서 퇴전하는 까닭으로 불퇴전이라고 이름하느니라.

선현이여. 이 보살마하살은 일체지라는 생각에서 퇴전하는 까닭으로 불퇴전이라고 이름하고, 도상지·일체상지라는 생각에서 퇴전하는 까닭으로 불퇴전이라고 이름하느니라. 선현이여. 이 보살마하살은 이생이라는 생각에서 퇴전하는 까닭으로 불퇴전이라고 이름하고, 성문이라는 생각·독각이라는 생각·보살이라는 생각·여래라는 생각에서 퇴전하는 까닭으로 불퇴전이라고 이름하느니라.

그 까닭은 무엇인가? 선현이여. 이 보살마하살은 자상공(自相空)으로써 일체법을 관찰하고서 이미 보살의 정성이생(正性離生)에 들어갔으며, 나아가 적은 법도 얻을 수 있거나 얻을 수 없다고 보지 않는 까닭으로 조작(造作)하는 것이 없고, 조작이 없는 까닭으로 반드시 결국에는 생겨나지 않으며, 반드시 결국에는 생겨나지 않는 까닭으로 무생법인(無生法忍)이라 이름하고, 오히려 이와 같은 무생법인을 얻는 까닭으로 불퇴전의 보살마하살이라고 이름하느니라. 선현이여. 만약 이와 같은 제행·형상·상을 성취하였다면, 이 자가 불퇴전의 보살마하살이라고 마땅히 알지니라.

다시 다음으로 선현이여. 만약 불퇴전위의 보살마하살이라면, 설사 악마가 있었고 그 처소에 와서 이르렀으며 번뇌시키고 무너뜨리기 위하여 보살에게 '무상보리(無上菩提)와 허공 등은 자성(自性)과 자상(自相)이 모두 반드시 결국에는 공(空)하고 모두 무소유이며, 제법의 자성과 자상도 역시 그와 같고, 허공 등도 자성과 자상이 반드시 결국에는 공하므로, 그 가운데에서 하나의 법도 능히 증득한다고 이름할 수 없고, 하나의 법도 증득된 것이라고 이름할 수 없으며, 증득하는 처소와 증득하는 때와 오히려 이것을 증득하는 것도 역시 얻을 수 없다.

이미 일체법의 자성과 자상이 모두가 공하여 허공 등과 같은데, 그대들은 어찌 헛된 수고와 고통을 받으면서 무상정등보리를 구하면서 증득하고자 하는가? 그대들이 이전에 들었던 〈제보살의 대중들은 상응하는 무상정등보리를 증득한다.〉는 것은 모두 이것은 악마의 말이고 진실한 여래의 말씀이 아니다. 그대들은 상응하여 대보리의 서원을 버려야 하고 장야(長夜)에 헛되게 일체의 유정들의 이익과 안락을 위하여 스스로가 수고를 받지 말라. 비록 여러 종류의 난행과 고행을 행하면서 보리를 구하려고 할지라도 결국 능히 얻을 수 없다.'라고 알려 말하였다면, 선현이여. 이 보살마하살은 그가 말하는 때에 '이것은 악마의 일이다. 내가 일으킨 무상정등보리의 마음을 무너뜨리려고 한다. 나는 지금 그의 말을 상응하여 믿고 받아들지 않아야 한다.

비록 일체법이 허공 등과 같아서 자성과 자성의 모두가 반드시 결국에는 공하더라도 제유정들은 생사(生死)를 장야에 알지도 못하고 보지도 못하며 이해하지도 못하고 깨닫지도 못하므로 전도(顚倒)되고 방일(放逸)하며 여러 극심한 고통을 받고 있다. 나는 마땅히 자성과 자성으로써 모두가

공하여 큰 허공과 같고 큰 공덕의 투구와 같은 것을 쓰고서 빠르게 무상정
등보리에 나아가고, 제유정들을 위하여 상응하는 설법과 같아서 그들에게
생사의 큰 고통에서 해탈시키며, 예류과를 얻게 하고 일래과를 얻게
하며 불환과를 얻게 하고 아라한과를 얻게 하며 독각의 보리를 얻게
하거나, 혹은 무상정등보리를 얻게 해야겠다.'라고 능히 자세하게 관찰하
느니라.

선현이여. 이 보살마하살은 초발심부터 이미 이러한 법을 들었고,
그 마음이 견고하고 동요되지도 않으며 전전하지도 않고, 이 견고하고
동요되지도 않으며 전전하지도 않는 마음에 의지하여 보시·정계·안인·정
진·정려·반야바라밀다를 항상 바르게 수행하며, 오히려 이 여섯 종류를
부분에 따라서 성취하고서, 보살의 정성이생에 들어가서 다시 보시·정계·
안인·정진·정려·반야바라밀다를 바르게 수행하며, 오히려 이것으로 불
퇴전위에 들어가게 되느니라. 이러한 까닭이므로 악마가 비록 여러 종류
의 속임수로 방편을 베풀더라도 능히 보살이 일으켰던 것의 대보리심(大菩
提心)을 퇴전시킬 수 없느니라.

선현이여. 만약 이와 같은 제행·형상·상을 성취하였다면, 이 자가
불퇴전의 보살마하살이라고 마땅히 알지니라."

그때 구수 선현이 세존께 아뢰어 말하였다.
"세존이시여. 이 보살마하살은 불퇴전(不退轉)하는 까닭으로 불퇴전이
라고 이름합니까? 퇴전(退轉)하는 까닭으로 불퇴전이라고 이름합니까?"
세존께서 말씀하셨다.
"선현이여. 이 보살마하살은 불퇴전하는 까닭으로써 불퇴전이라고
이름하고, 역시 퇴전하는 까닭으로써 불퇴전이라고 이름하느니라."
"세존이시여. 이 보살마하살은 어찌하여 불퇴전하는 까닭으로써 불퇴
전이라고 이름합니까? 어찌하여 역시 퇴전하는 까닭으로써 불퇴전이라
고 이름합니까?"
"선현이여. 이 보살마하살은 성문지·독각지를 초월(超過)하였고, 다시

는 그 두 지위에 퇴전하여 떨어지지 않는데, 오히려 이러한 까닭으로 불퇴전이라고 설하는 까닭으로 불퇴전이라고 이름하느니라.

이 보살마하살은 성문지·독각지를 멀리 벗어났고, 그 두 지위에서 결정적으로 퇴전하여 버리지 않나니, 오히려 이것을 까닭으로, 퇴전으로써 설하는 까닭으로 불퇴전이라고 이름하느니라.

다시 다음으로 선현이여. 만약 불퇴전위의 보살마하살이 초정려(初靜慮)에 들어가고자 하였다면 곧 뜻을 따라서 능히 들어가고 제2·제3·제4정려에 들어가고자 하였다면 곧 뜻을 따라서 능히 들어가며, 자무량(慈無量)에 들어가고자 하였다면 곧 뜻을 따라서 능히 들어가고 희·비·사무량(悲喜捨無量)에 들어가고자 하였다면 곧 뜻을 따라서 능히 들어가느니라.

공무변처정(空無邊處定)에 들어가고자 하였다면 곧 뜻을 따라서 능히 들어가고, 식무변처(識無邊處)·무소유처(無所有處)·비상비비상처정(非想非非想處定)에 들어가고자 하였다면 곧 뜻을 따라서 능히 들어가며, 4념주를 일으키고자 하였다면 곧 뜻을 따라서 능히 일으키고 4정단·4신족·5근·5력·7등각지·8성도지를 일으키고자 하였다면 곧 뜻을 따라서 능히 일으키느니라.

초해탈(初解脫)을 일으키고자 하였다면 곧 뜻을 따라서 능히 일으키고 제2해탈(第二解脫), 나아가 제8해탈을 일으키고자 하였다면 곧 뜻을 따라서 능히 일으키며, 초승처(初勝處)를 일으키고자 하였다면 곧 뜻을 따라서 능히 일으키고 제2승처(二勝處), 나아가 제8승처(八勝處)를 일으키고자 하였다면 곧 뜻을 따라서 능히 일으키며, 초정려에 들어가고자 하였다면 곧 뜻을 따라서 능히 들어가고 제2정려, 나아가 멸수상정(滅受想定)에 들어가고자 하였다면 곧 뜻을 따라서 능히 들어가느니라.

초변처(初遍處)를 일으키고자 하였다면 곧 뜻을 따라서 능히 일으키고 제2변처, 나아가 제10변처를 일으키고자 하였다면 곧 뜻을 따라서 능히 일으키며, 공해탈문을 일으키고자 하였다면 곧 뜻을 따라서 능히 일으키고 무상·무원해탈문을 일으키고자 하였다면 곧 뜻을 따라서 능히 일으키며, 5신통(五神通)을 이끌어 일으키고자 하였다면 곧 뜻을 따라서 능히 일으키느니라.

선현이여. 이 보살마하살은 비록 초정려에 들어갔을지라도 초정려의 과보를 받지 않고 제2·제3·제4정려에 들어갔을지라도 제2·제3·제4정려의 과보를 받지 않으며, 비록 자무량에 들어갔을지라도 초정려의 과보를 받지 않고 희·비·사무량에 들어갔을지라도 희·비·사무량의 과보를 받지 않느니라.

공무변처정에 들어갔을지라도 공무변처정의 과보를 받지 않고 식무변처·무소유처·비상비비상처정에 들어갔을지라도 식무변처·무소유처·비상비비상처정의 과보를 받지 않으며, 4념주를 일으켰을지라도 4념주의 과보를 받지 않고 4정단·4신족·5근·5력·7등각지·8성도지를 일으켰을지라도 4정단·4신족·5근·5력·7등각지·8성도지의 과보를 받지 않느니라.

초해탈을 일으켰을지라도 초해탈의 과보를 받지 않고 제2해탈, 나아가 제8해탈을 일으켰을지라도 제2해탈, 나아가 제8해탈의 과보를 받지 않으며, 초승처를 일으켰을지라도초승처의 과보를 받지 않고 제2승처, 나아가 제8승처를 일으켰을지라도 2승처, 나아가 제8승처의 과보를 받지 않으며, 초정려에 들어갔을지라도 초정려의 과보를 받지 않고 제2정려, 나아가 멸수상정에 들어갔을지라도 제2정려, 나아가 멸수상정의 과보를 받지 않느니라.

초변처를 일으켰을지라도 초변처의 과보를 받지 않고 제2변처, 나아가 제10변처를 일으켰을지라도 제2변처, 나아가 제10변처의 과보를 받지 않으며, 공해탈문을 일으켰을지라도 공해탈문의 과보를 받지 않고 무상·무원해탈문을 일으켰을지라도 무상·무원해탈문의 과보를 받지 않으며, 5신통을 일으켰을지라도 5신통의 과보를 받지 않느니라.

선현이여. 오히려 이러한 인연으로 이 보살마하살은 정려(精慮)·무량(無量)·등지(等至), 더불어 나머지의 공덕의 세력을 따라서 생겨나지 않고, 예류과이거나, 혹은 일래과이거나, 혹은 불환과이거나, 혹은 아라한과이거나, 혹은 독각의 보리를 증득하지 않느니라. 선현이여. 이 보살마하살은 제유정들을 이익되고 안락하게 하기 위한 까닭으로 욕망을 따라서 섭수하거나, 상응하는 것을 몸으로 받아들이며, 나아가서 소원을 따라서 모두 능히 섭수하느니라. 선현이여. 만약 이와 같은 제행·형상·상을 성취하였다면, 이 자가 불퇴전의 보살마하살이라고 마땅히 알지니라."

"다시 다음으로 선현이여. 만약 불퇴전위의 보살마하살이라면, 무상보리(無上菩提)의 작의(作意)를 성취하여 항상 대보리심(大菩提心)을 멀리 벗어나지 않으므로, 색이 귀중(貴重)하지 않고 수·상·행·식도 귀중하지 않으며, 안처가 귀중하지 않고 이·비·설·신·의처도 귀중하지 않으며, 색처가 귀중하지 않고 성·향·미·촉·법처도 귀중하지 않으니라.

안계가 귀중하지 않고 이·비·설·신·의계도 귀중하지 않으며, 색계가 귀중하지 않고 성·향·미·촉·법계도 귀중하지 않으며, 안식계가 귀중하지 않고 이·비·설·신·의식계도 귀중하지 않으며, 안촉이 귀중하지 않고 이·비·설·신·의촉도 귀중하지 않으며, 안촉을 인연으로 생겨난 여러 수가 귀중하지 않고 이·비·설·신·의촉을 인연으로 생겨난 여러 수도 귀중하지 않으니라.

지계가 귀중하지 않고 수·화·풍·공·식계도 귀중하지 않으며, 연성(緣性)·연기(緣起)가 귀중하지 않고 제상(諸相)·수호(隨好)[1]도 귀중하지 않으며, 유색법(有色法)·무색법(無色法)이 귀중하지 않고 유대법(有對法)·무대법(無對法)도 귀중하지 않으며, 유루법(有漏法)·무루법(無漏法)이 귀중하지 않고 유위법(有爲法)·무위법(無爲法)도 귀중하지 않으며, 세간법(世間)·출세간법(出世間)이 귀중하지 않으니라.

아(我)가 귀중하지 않고 유정(有情)·명자(命者)·생자(生者)·양자(養者)·사부(士夫)·보특가라(補特伽羅)·의생(意生)·유동(孺童)·작자(作者)·수자(受者)·지자(知者)·견자(見者)도 귀중하지 않으며, 도중(徒衆)이 귀중하지 않고 권속(眷屬)도 귀중하지 않으며, 보시바라밀다가 귀중하지 않고 정계·안인·정진·정려·반야바라밀다도 귀중하지 않으며, 10선업도(善業道)가

---

1) 세존께서 색신(色身)으로 구족하신 32상과 80종호를 가리킨다.

귀중하지 않으니라.

4무량·4무색정이 귀중하지 않고 5신통도 귀중하지 않으며, 4념주가 귀중하지 않고 4정단·4신족·5근·5력·7등각지·8성도지도 귀중하지 않으며, 8해탈이 귀중하지 않고 8승처·9차제정·10변처도 귀중하지 않으며, 공해탈문이 귀중하지 않고 무상·무원해탈문도 귀중하지 않으며, 고성제가 귀중하지 않고 집·멸·도성제도 귀중하지 않으니라.

내공이 귀중하지 않고 외공·내외공·공공·대공·승의공·유위공·무위공·필경공·무제공·산공·무변이공·본성공·자상공·공상공·일체법공·불가득공·무성공·자성공·무성자성공도 귀중하지 않으며, 진여가 귀중하지 않고 법계·법성·불허망성·불변이성·평등성·이생성·법정·법주·실제·허공계·부사의계도 귀중하지 않으며, 극희지가 귀중하지 않고 이구지·발광지·염혜지·극난승지·현전지·원행지·부동지·선혜지·법운지도 귀중하지 않으니라.

5안이 귀중하지 않고 6신통도 귀중하지 않으며, 여래의 10력이 귀중하지 않고 4무소외·4무애해·대자·대비·대희·대사·18불불공법도 귀중하지 않으며, 무망실법이 귀중하지 않고 항주사성도 귀중하지 않으며, 성문이 귀중하지 않고 독각도 귀중하지 않으며, 보살이 귀중하지 않고 여래도 귀중하지 않으니라.

예류과가 귀중하지 않고 일래·불환·아라한과도 귀중하지 않으며, 일체지가 귀중하지 않고 도상지·일체상지도 귀중하지 않으며, 아뇩다라삼먁삼보리가 귀중하지 않고 불국토의 청정한 장엄도 귀중하지 않으며, 유정을 성숙시키는 것이 귀중하지 않고 제불을 많이 보는 것도 귀중하지 않으며, 여러 종류의 선근을 심는 것도 귀중하지 않으니라.

왜 그러한가? 선현이여. 이 보살마하살은 일체법이 허공 등과 같아서 자성과 자상이 모두가 반드시 결국에는 공하고 모두 무소유라고 통달하였으므로, 법이 있더라도 귀중함이 생겨나거나, 능히 생겨났거나, 생겨났던 것이거나, 생겨나는 때이거나, 생겨나는 처소가 있다고 보지 않는데, 오히려 이러한 까닭으로 모두 얻을 수 없느니라. 왜 그러한가? 선현이여.

이 일체법은 허공 등과 같아서 자성과 자상이 모두 공하고 생겨남의 의취가 없는 까닭이니라.

선현이여. 이 보살마하살은 무상보리의 작의를 성취하여 항상 대보리심을 멀리 벗어나지 않고, 몸의 4위의(四威儀)가 왕래(往來)하고 출입(出入)하며 발을 들어올리고 발을 내리면서 마음에 산란이 없으며, 행(行)·주(住)·좌(坐)·와(臥)의 나아가고 멈추는 위의(威儀)에서 지었던 것의 사업(事業)은 모두 정념(正念)에 머무느니라. 선현이여. 만약 이와 같은 제행·형상·상을 성취하였다면, 이 자가 불퇴전의 보살마하살이라고 마땅히 알지니라."

"다시 다음으로 선현이여. 만약 불퇴전위의 보살마하살이라면, 제유정들을 요익(饒益)하게 하려는 까닭으로 집에서 기거하면서 처소를 방편선교로 보여주고, 비록 5욕락(五欲樂)2)의 도구를 섭수하면서 보여주더라도 그 가운데에서 염착(染着)3)이 생겨나지 않는데, 모두가 유정들을 구제하여 주기 위한 까닭이나니 이를테면, 제유정들이 음식이 필요하면 음식을 주고 물이 필요하면 물을 주며 옷이 필요하면 옷을 주고 와구가 필요하면 와구를 주며 의약품이 필요하면 의약품을 주고 집이 필요하면 집을 주며 재산이 필요하면 재산을 주나니, 제유정들이 구하는 것을 따라서 모두를 주어서 그들의 뜻과 소원을 모두 만족시켜서 주느니라.

선현이여. 이 보살마하살은 스스로가 보시바라밀다를 수행하면서 다른 사람에게도 권유하여 보시바라밀다를 수행하게 하고 항상 즐겁게 보시바라밀다를 행하는 법을 찬양(稱揚)하며 보시바라밀다를 행하는 자를 환희하면서 찬탄하고, 스스로가 정계바라밀다를 수행하면서 다른 사람에게도 권유하여 정계바라밀다를 수행하게 하고 항상 즐겁게 정계바라밀다를 수행하는 법을 찬양하고 정계바라밀다를 수행하는 자를 환희하면서 찬탄하느니라.

---

2) 중생의 청정한 마음을 염오시키는 세속적인 욕망으로 재물욕(財欲)·색욕(色欲)·음식욕(飮食欲)·명예욕(名譽欲)·수면욕(睡眠欲) 등이다.

3) 마음이 염오되어 집착하는 것이다.

스스로가 안인바라밀다를 수행하면서 다른 사람에게도 권유하여 안인
바라밀다를 수행하게 하고 항상 즐겁게 안인바라밀다를 행하는 법을
찬양하며 안인바라밀다를 행하는 자를 환희하면서 찬탄하고, 스스로가
정진바라밀다를 수행하면서 다른 사람에게도 권유하여 정진바라밀다를
수행하게 하고 항상 즐겁게 정진바라밀다를 수행하는 법을 찬양하고
정진바라밀다를 수행하는 자를 환희하면서 찬탄하느니라.

스스로가 정려바라밀다를 수행하면서 다른 사람에게도 권유하여 정려
바라밀다를 수행하게 하고 항상 즐겁게 정려바라밀다를 행하는 법을
찬양하며 정려바라밀다를 행하는 자를 환희하면서 찬탄하고, 스스로가
반야바라밀다를 수행하면서 다른 사람에게도 권유하여 반야바라밀다를
수행하게 하고 항상 즐겁게 반야바라밀다를 수행하는 법을 찬양하고
반야바라밀다를 수행하는 자를 환희하면서 찬탄하느니라.

선현이여. 이 보살마하살은 집에서 기거하면서 처소를 보여주고, 신통
의 힘이나 대원(大願)의 힘으로써 섬부주(贍部洲)에 가득한 보배와 재물을
섭수하며 지녔던 것으로써 불(佛)·법(法)·승보(僧寶)에게 공양하고, 더불
어 가난하고 부족한 제유정들에게 베풀어주며, 신통의 힘이거나 대원의
힘으로써 4대주(四大洲)[4]에 가득한 보배와 재물을 섭수하고, 지녔던 것으
로써 불·법·승보에게 공양하고, 더불어 가난하고 부족한 제유정들에게
베풀어주느니라.

신통의 힘이거나 대원의 힘으로써 소천세계(小千世界)에 가득한 보배와
재물을 섭수하고, 지녔던 것으로써 불·법·승보에게 공양하고, 더불어
가난하고 부족한 제유정들에게 베풀어주며, 신통의 힘이거나 대원의
힘으로써 중천세계(中千世界)에 가득한 보배와 재물을 섭수하고, 지녔던
것으로써 불·법·승보에게 공양하고, 더불어 가난하고 부족한 제유정들에
게 베풀어주며, 신통의 힘이거나 대원의 힘으로써 삼천대천세계(三千大千
世界)에 가득한 보배와 재물을 섭수하고, 지녔던 것으로써 불·법·승보에

---

4) 수미산(須彌山)을 중심으로 한 사방의 세계를 가리키는데, 남쪽은 섬부주(贍部洲),
   동쪽은 승신주(勝神洲), 서쪽은 우화주(牛貨洲), 북쪽은 구로주(俱盧洲)이다.

게 공양하고, 더불어 가난하고 부족한 제유정들에게 베풀어주느니라.

선현이여. 이 보살마하살은 비록 집에서 기거하면서 처소를 보여주더
라도 항상 범행(梵行)을 수행하고, 결국 모든 미묘한 욕망의 경계를 수용(受
容)하지 않으며, 비록 여러 종류의 보배와 재물을 섭수하더라도 그 가운데
에서 염착이 일어나지 않고, 또한 여러 욕락의 도구와 재물을 섭수하더라
도 결국 제유정들을 핍박하여 근심과 고통이 생겨나지 않게 하느니라.
선현이여. 만약 이와 같은 제행·형상·상을 성취하였다면, 이 자가 불퇴전
의 보살마하살이라고 마땅히 알지니라.

다시 다음으로 선현이여. 만약 불퇴전위의 보살마하살이라면, 집금강
(執金剛)5)과 약차주신(藥叉神主)6)이 항상 왼쪽·오른쪽을 따라서 은밀하
게 수호하면서 '이 보살마하살은 오래지 않아서 무상보리를 증득할 것이
니, 원하건대 우리들이 항상 따르면서 보상정등보리에 이르기까지 은밀하
게 수호하게 하십시오.'라고 항상 이렇게 생각을 짓고, 다섯의 집금강과
야차의 신중(神衆)들도 역시 따르면서 수호하는 때에 잠시도 떠나지 않으
며, 인비인(人非人) 등이 모두 능히 해치지 못하게 하고, 여러 천인(天人)·악
마(惡魔)·범왕(梵王)과 나머지의 세간이라도 역시 그가 일으켰던 무상정
등각심(無上正等覺心)을 어떠한 법으로써 파괴하지 못하게 하나니, 오히려
이러한 인연으로 이 제보살은 무상정등보리에 이르기까지 몸과 뜻이
태연(泰然)하여 항상 요란(擾亂)이 없느니라.

선현이여. 만약 이와 같은 제행·형상·상을 성취하였다면, 이 자가

5) 산스크리트어 Vajra-sattva의 번역이고, 금강수비밀주(金剛手祕密主) 등으로 한역
한다. 여래의 비밀스러운 사적(史跡)을 알고서 오백의 야차신(夜叉神)을 부리면서
현겁(賢劫) 천불(千佛)의 법을 지킨다는 두 명의 신중을 가리킨다. 사찰 문(門)
또는 수미단(須彌壇)의 좌우(左右)에 모시는데, 허리에 옷을 걸치고 있는 용맹(勇
猛)스러운 모습이며, 왼쪽은 밀적금강(密迹金剛)으로 입을 벌린 모양이며, 오른쪽
은 나라연금강(那羅延金剛)으로 입을 다문 모양으로 표현된다.
6) 산스크리트어 yakṣa의 음사이고 용건(勇健)이라 번역한다. 수미산의 북쪽을 맡는
비사문천왕(毘沙門天王)의 권속으로, 땅이나 공중에 머무르면서 불법(佛法)을
수호하는 신중을 가리킨다.

불퇴전의 보살마하살이라고 마땅히 알지니라.

다시 다음으로 선현이여. 만약 불퇴전위의 보살마하살이라면, 세간의 오근(五根)이 항상 결함(缺減)이 없는데 이를테면, 안근(眼根)·이근(耳根)·비근(鼻根)·설근(舌根)·신근(身根)이고, 출세간의 5근도 결함이 없는데 이를테면, 신근(信根)·정진근(精進根)·염근(念根)·정근(定根)·혜근(慧根)이니라. 선현이여. 이 보살마하살은 몸의 지절(支節)이 원만하고 상호(相好)가 장엄(莊嚴)하며 마음의 모든 공덕은 생각·생각에 증진(增進)하고 나아가 무상정등보리에 이르느니라. 선현이여. 만약 이와 같은 제행·형상·상을 성취하였다면, 이 자가 불퇴전의 보살마하살이라고 마땅히 알지니라.

다시 다음으로 선현이여. 만약 불퇴전위의 보살마하살이라면, 항상 높은 장부(上士)가 될지라도, 낮은 장부(下士)는 되지 않느니라."

그때 구수 선현이 세존께 아뢰어 말하였다.

"세존이시여. 어찌 이 보살마하살은 항상 높은 장부는 될지라도 낮은 장부는 되지 않는다고 말합니까?"

세존께서 말씀하셨다.

"선현이여. 이 보살마하살은 일체의 번뇌가 다시는 현전하지 않고 찰나(刹那)·찰나에 공덕이 증진되며 무상정등보리에 이르기까지 일체의 때에 마음에 산란함이 없는 까닭으로 나는 이 보살마하살이 항상 높은 장부는 될지라도 낮은 장부는 되지 않는다고 설하느니라.

선현이여. 만약 이와 같은 제행·형상·상을 성취하였다면, 이 자가 불퇴전의 보살마하살이라고 마땅히 알지니라.

다시 다음으로 선현이여. 만약 불퇴전위의 보살마하살이라면, 무상정등보리의 작의를 성취하여 항상 대보리심을 멀리 벗어나지 않고 정명(淨命)을 위한 까닭으로 주술(呪術)이거나 의술(醫藥)이거나 점술(占卜) 등의 여러 삿된 생활(命)을 행하지 않고, 명예와 이익을 위하여 주술로 여러 귀신(鬼神)에게 남녀에게 붙게 시키면서 그들의 길흉을 묻지 않으며, 역시 남녀이거나 크고 작은 방생과 귀신들에게 주문을 외워서 희유(希有)

한 일을 나타내지 않고, 역시 수량(壽量)의 장단(長短)과 재물·지위·남녀 (男女) 등의 여러 선하고 악한 일에 점상(占相)7)하지 않으며, 또한 추위·더 위·풍년·흉년·길흉(吉凶)·좋음·나쁨 등을 현기(懸記)8)하거나 혹은 유정 들을 어지럽히지 않고, 역시 주문이나 약품을 화합(合和)하거나 좌도(左 道)9)로 질병을 치료하면서 귀인(貴人)과 결탁하지 않으며, 오히려 염심(染 心)으로 남녀를 관찰하고 바라보면서 웃거나 말하지도 않는데, 하물며 나머지의 일이 있겠는가!

왜 그러한가? 선현이여. 이 보살마하살은 일체법의 자상(自相)이 모두 공하다고 알고, 자상이 공한 가운데에서 상이 있다고 보지 않으며, 상을 보지 않는 까닭으로 여러 종류의 삿된 생활인 주술·의술·점상 등을 멀리 벗어나서 오직 무상정등보리를 구하고, 구경에 모든 유정의 부류들을 이익되고 안락하게 하느니라. 선현이여. 만약 이와 같은 제행·형상·상을 성취하였다면, 이 자가 불퇴전의 보살마하살이라고 마땅히 알지니라."

"다시 다음으로 선현이여. 만약 불퇴전위의 보살마하살이라면, 여러 세간의 문장(文章)이거나 기예(伎藝)10)에서 비록 선교(善巧)11)를 얻었더 라도 애착하지 않느니라. 그 까닭은 무엇인가? 선현이여. 이 보살마하살 은 일체법이 모두 반드시 결국에는 공하다고 알고, 반드시 결국에는 공한 가운데에서 세간에서 소유한 문장과 기예는 모두 얻을 수 없으며, 또한 여러 세간의 문장과 재주는 모두 잡스럽고 지저분한 말과 삿된 생활에 섭수된 것이니, 이러한 까닭으로 보살은 알면서도 하지 않느니라. 선현이여. 이 보살마하살은 열거 세속과 외도들의 서론(書論)12)을 비록

7) 사람의 길흉에 관한 것을 점치는 일을 가리킨다.
8) '아주 멀리 있는 것에 대한 기록'이라는 뜻으로, 부처의 예언(豫言)을 가리키는 말이다.
9) 올바르지 못한 가르침이나 종교를 가리킨다. 고대의 왕조에서 국교(國敎)나 국시 (國是)가 무엇을 추구하는가에 따라서 다른 것을 좌도라고 주장하였다.
10) '기술'과 '예술'을 아울러 가리키는 말이다.
11) '중생을 교화(敎化)하는 방편(方便)이 매우 뛰어나다.'는 뜻이다.

역시 잘 알았더라도 즐거워하거나 집착하지 않느니라. 왜 그러한가? 선현이여. 이 보살마하살은 일체법의 자성인 상(性相)이 모두 공하고, 이 공한 가운데서는 일체의 서론을 모두 얻을 수 없으며, 또한 여러 세속과 외도들의 서론에서 말하였던 이치와 일은 많은 증감(增減)이 있고 보살도에 수순하지 않으며 모두 이것은 희론(戱論)이거나 잡스럽고 지저분한 말에 섭수되었다고 명료하게 아느니라. 이러한 까닭으로 보살은 알았어도 즐거워하지 않느니라. 선현이여. 만약 이와 같은 제행·형상·상을 성취하였다면, 이 자가 불퇴전의 보살마하살이라고 마땅히 알지니라.

다시 다음으로 선현이여. 만약 불퇴전위의 보살마하살이라면, 다시 나머지의 제행·형상·상이 있으므로, 내가 그대를 위해 분별하고 해설하겠나니, 그대는 상응하여 자세하게 듣고 매우 선하게 사유할지니라."

선현이 청(請)하여 말하였다.

"오직 그러하겠습니다. 원하건대 설하여 주십시오. 저희들은 지금 마음을 오직 한뜻으로 즐거이 듣겠습니다."

세존께서 말씀하셨다.

"선현이여. 만약 불퇴전위의 보살마하살이라면, 깊은 반야바라밀다를 수행하여 제법이 모두 무소유라고 통달하고, 항상 대보리심을 멀리 벗어나지 않으며, 색온(色蘊)을 관찰하고 논의하면서 말하는 것을 즐거워하지 않고 수(受)·상(想)·행(行)·식온(識蘊)을 관찰하고 논의하면서 말하는 것을 즐거워하지 않으며, 안처를 관찰하고 논의하면서 말하는 것을 즐거워하지 않고 이·비·설·신·의처를 관찰하고 논의하면서 말하는 것을 즐거워하지 않으며, 색처를 관찰하고 논의하면서 말하는 것을 즐거워하지 않고 성·향·미·촉·법처를 관찰하고 논의하면서 말하는 것을 즐거워하지 않느니라.

안계를 관찰하고 논의하면서 말하는 것을 즐거워하지 않고 이·비·설·

---

12) 서적(書籍)에 쓰인 논의(論議)를 가리킨다.

신·의계를 관찰하고 논의하면서 말하는 것을 즐거워하지 않으며, 색처를
관찰하고 논의하면서 말하는 것을 즐거워하지 않고 성·향·미·촉·법계를
관찰하고 논의하면서 말하는 것을 즐거워하지 않으며, 안식계를 관찰하고
논의하면서 말하는 것을 즐거워하지 않고 이·비·설·신·의식계를 관찰하
고 논의하면서 말하는 것을 즐거워하지 않느니라.

안촉을 관찰하고 논의하면서 말하는 것을 즐거워하지 않고 이·비·설·
신·의촉을 관찰하고 논의하면서 말하는 것을 즐거워하지 않으며, 안촉을
인연으로 생겨난 여러 수를 관찰하고 논의하면서 말하는 것을 즐거워하지
않고 이·비·설·신·의촉을 인연으로 생겨난 여러 수를 관찰하고 논의하면
서 말하는 것을 즐거워하지 않으며, 지계를 관찰하고 논의하면서 말하는
것을 즐거워하지 않고 수·화·풍·공·식계를 관찰하고 논의하면서 말하는
것을 즐거워하지 않느니라.

무명을 관찰하고 논의하면서 말하는 것을 즐거워하지 않고 행·식·명색
·육처·촉·수·애·취·유·생·노사를 관찰하고 논의하면서 말하는 것을 즐
거워하지 않느니라. 왜 그러한가? 선현이여. 이 보살마하살은 온(蘊)·처
(處)·계(界)·연성(緣性)·연기(緣起)에서 반드시 결국에는 공한 이치를 이
미 잘 사유하였고 잘 통달하였기 까닭이니라.

선현이여. 이 보살마하살은 국왕의 일을 관찰하고 논의하면서 말하는
것을 즐거워하지 않느니라. 왜 그러한가? 선현이여. 이 보살마하살은
법공(法空)에 잘 안주하므로, 적은 법에도 수승함이 있고 열등함이 있어서
귀중하거나 천박한 상(相)이 있다고 보지 않는 까닭이니라. 선현이여.
이 보살마하살은 도둑의 일을 관찰하고 논의하면서 말하는 것을 즐거워하
지 않느니라. 왜 그러한가? 선현이여. 이 보살마하살은 자상공(自相空)에
잘 안주하므로, 적은 법에도 얻음이 있고 잃음이 있어서 주었거나 빼앗는
상이 있다고 보지 않는 까닭이니라.

선현이여. 이 보살마하살은 군사의 일을 관찰하고 논의하면서 말하는
것을 즐거워하지 않느니라. 왜 그러한가? 선현이여. 이 보살마하살은
본성공(本性空)에 잘 안주하므로, 제법에는 많음이 있고 적음이 있어서

모이거나 흩어지는 상이 있다고 보지 않는 까닭이니라. 선현이여. 이 보살마하살은 투쟁의 일을 관찰하고 논의하면서 말하는 것을 즐거워하지 않느니라. 왜 그러한가? 선현이여. 이 보살마하살은 진여(眞如)에 잘 안주하므로, 적은 법에도 강함이 있고 약함이 있어서 사랑하거나 성내는 상이 있다고 보지 않는 까닭이니라.

선현이여. 이 보살마하살은 남녀를 관찰하고 논의하면서 말하는 것을 즐거워하지 않느니라. 왜 그러한가? 선현이여. 이 보살마하살은 제법(諸法)의 공(空)함에 잘 안주하므로, 적은 법에도 아름다움이 있고 추루함이 있어서 사랑하고 싫어하는 상이 있다고 보지 않는 까닭이니라. 선현이여. 이 보살마하살은 취락(聚落)을 관찰하고 논의하면서 말하는 것을 즐거워하지 않느니라. 왜 그러한가? 선현이여. 이 보살마하살은 법(法)의 실성(實性)에 잘 안주하므로, 적은 법에도 증장이 있고 감소가 있어서 모이거나 흩어지는 상이 있다고 보지 않는 까닭이니라.

선현이여. 이 보살마하살은 성읍(城邑)을 관찰하고 논의하면서 말하는 것을 즐거워하지 않느니라. 왜 그러한가? 선현이여. 이 보살마하살은 허공의 경계에 잘 안주하므로, 제법에는 승리가 있고 패배가 있어서 좋거나 나쁜 상이 있다고 보지 않는 까닭이니라. 선현이여. 이 보살마하살은 국토를 관찰하거나 관찰하고 논의하면서 말하는 것을 즐거워하지 않느니라. 왜 그러한가? 선현이여. 이 보살마하살은 실제(實際)에 잘 안주하므로, 제법에는 속하거나 속하지 않음이 있어서 이것이거나 저것이라는 상이 있다고 보지 않는 까닭이니라.

선현이여. 이 보살마하살은 제상(諸相)을 관찰하고 논의하면서 말하는 것을 즐거워하지 않느니라. 왜 그러한가? 선현이여. 이 보살마하살은 무상(無相)에 잘 안주하므로, 제법에는 증장이 있고 감소가 있어서 차별(差別)하는 상이 있다고 보지 않는 까닭이니라.

선현이여. 이 보살마하살은 아(我)·유정(有情)·명자(命者)·생자(生者)·양자(養者)·사부(士夫)·보특가라(補特伽羅)·의생(意生)·유동(孺童)·작자(作者)·수자(受者)·지자(知者)·견자(見者) 등을 관찰하고 논의하면서 말하

는 것을 즐거워하지 않느니라. 왜 그러한가? 선현이여. 이 보살마하살은
필경공(畢竟空)에 잘 안주하므로, 모두 아, 나아가 견자가 만약 있거나
만약 없다고 차별하는 상이 있다고 보지 않는 까닭이니라.

선현이여. 이 보살마하살은 세간의 이와 같은 일 등을 관찰하고 논의하
면서 말하는 것을 즐거워하지 않고 다만 반야바라밀다를 관찰하고 논의하
면서 말하는 것을 즐거워하느니라. 왜 그러한가? 선현이여. 매우 깊은
반야바라밀다는 여러 상을 멀리 벗어나고 능히 무상대보리(無上大菩提)를
증득하는 까닭이니라.

선현이여. 이 보살마하살은 항상 일체지지(一切智智)와 상응하는 작의
를 멀리 벗어나지 않으면서 보시바라밀다를 수행하여 간탐하는 일을
벗어나고, 정계바라밀다를 수행하여 파계(破戒)의 일을 벗어나며, 안인바
라밀다를 수행하여 성내고 투쟁하는 일을 벗어나고, 정진바라밀다를
수행하여 해태한 일을 벗어나며, 정려바라밀다를 수행하여 산란한 일을
벗어나고, 반야바라밀다를 수행하여 우치한 일을 벗어나느니라.

선현이여. 이 보살마하살은 비록 일체법공(一切法空)에 안주할지라도
정법(正法)을 사랑하고 즐거워하며 비법(非法)을 사랑하고 즐거워하지
않으며, 비록 불가득공(不可得空)에 안주할지라도 항상 칭찬(稱讚)하면서
법성(法性)을 파괴하지 않고 유정들을 요익하게 하며, 비록 진여(眞如)와
법계(法界)에 안주할지라도 선한 벗을 사랑하고 즐거워하며 나쁜 벗을
사랑하고 즐거워하지 않느니라. 착한 벗이라고 말하는 것은 이를테면,
제여래·응공·정등각들과 보살마하살들이거나, 만약 제성문·독각승(獨覺
乘)들도 능히 유정들을 잘 교화하고 안립(安立)시켜서 무상정등보리에
나아가게 시키므로 역시 선한 벗이라고 이름하느니라.

선현이여. 이 보살마하살은 법을 듣기 위한 까닭으로 항상 여래를
보는 것을 즐거워하고, 만약 여래·응공·정등각께서 다른 나머지의 세계에
머무르시면서 현재에 정법을 설하신다고 들었다면, 나아가 원력(願力)으
로써 그 세계에 왕생(往生)하여 공경하고 공양하면서 정법을 듣고 수지하
느니라.

선현이여. 이 보살마하살은 만약 낮이거나 만약 밤이라도 항상 여래를 생각하는 작의를 멀리 벗어나지 않고 항상 법을 듣는 작의를 멀리 벗어나지 않나니, 오히려 이러한 인연으로 여러 국토에 머무르시면서 제여래·응공·정등각께서 현재에 정법을 설하신다면 나아가 원력을 타고서 그 세계에 왕생하거나, 혹은 신통을 타고 가서 법을 듣느니라. 오히려 이러한 인연으로 이 제보살은 태어나고 태어나는 처소에 항상 여래를 벗어나지 않고, 항상 정법을 들으면서 끊어짐이 없느니라.

선현이여. 이 보살마하살은 제유정들이 이익되고 안락하게 하기 위한 까닭으로 비록 정려(靜慮)와 무색(無色)의 여러 매우 깊은 정려를 일으켰을지라도 선교방편으로 욕계(欲界)의 마음을 일으켜서 제유정들에게 10선업도(十善業道)를 가르치고, 역시 원력에 따라서 욕계에 있는 불국토에 왕생하느니라. 선현이여. 만약 이와 같은 제행·형상·상을 성취하였다면, 이 자가 불퇴전의 보살마하살이라고 마땅히 알지니라.”

“다시 다음으로 선현이여. 만약 불퇴전위의 보살마하살이라면, 항상 보시바라밀다를 수행하고, 항상 정계·안인·정진·정려·반야바라밀다를 수행하느니라. 선현이여. 이 보살마하살은 항상 내공에 안주하고; 항상 외공·내외공·공공·대공·승의공·유위공·무위공·필경공·무제공·산공·무변이공·본성공·자상공·공상공·일체법공·불가득공·무성공·자성공·무성자성공에 안주하느니라.

선현이여. 이 보살마하살은 항상 진여에 안주하고, 항상 법계·법성·불허망성·불변이성·평등성·이생성·법정·법주·실제·허공계·부사의계에 안주하느니라. 선현이여. 이 보살마하살은 항상 4념주를 수행하고, 항상 4정단·4신족·5근·5력·7등각지·8성도지를 수행하느니라. 선현이여. 이 보살마하살은 항상 고성제에 안주하고, 항상 집·멸·도성제에 안주하느니라.

선현이여. 이 보살마하살은 항상 4정려를 수행하고, 항상 4무량·4무색정을 수행하느니라. 선현이여. 이 보살마하살은 항상 공해탈문을 수행하고, 항상 무상·무원해탈문을 수행하느니라. 선현이여. 이 보살마하살은 항상 5안을 수행하고, 항상 6신통을 수행하느니라. 선현이여. 이 보살마하살은 항상 삼마지문을 수행하고, 항상 다라니문을 수행하느니라.

선현이여. 이 보살마하살은 항상 여래의 10력을 수행하고, 항상 4무소외·4무애해·대자·대비·대희·대사·18불불공법을 수행하느니라. 선현이여. 이 보살마하살은 항상 일체지를 수행하고, 항상 도상지·일체상지를 수행하느니라.

선현이여. 이 보살마하살은 스스로 지위(自地)에서 의혹을 일으키지 않고, '나는 불퇴전이다. 나는 불퇴전이 아니다.'라고 생각하지 않느니라. 왜 그러한가? 선현이여. 이 보살마하살은 무상정등보리에서 퇴전이 있다고 말할 적은 법도 보지 않고, 무상정등보리에서 퇴전이 없다고 말할 적은 법도 보지 않느니라. 선현이여. 이 보살마하살은 스스로 지위의 법에서 미혹이 없고 의심도 없느니라. 왜 그러한가? 이 보살마하살은 스스로 지위의 법에서 이미 명료하게 알고 잘 통달한 까닭이니라.

선현이여. 예류자(預流者)가 예류과에 머무르면서 스스로가 과법(果法)에서 미혹이 없고 의심도 없으며 일래(一來)·불환(不還)·아라한(阿羅漢)·독각(獨覺)이 각자 스스로 과위에서 머무르면서 스스로 과위의 법에서 미혹이 없고 의심도 없는 것과 같이, 이 보살마하살도 역시 다시 이와 같아서 스스로가 머무르는 처소인 불퇴전지에 섭수되었던 것인 제법을 현재에 알고 현재에 보아서 미혹이 없고 의심도 없느니라.

선현이여. 이 불퇴전지의 보살마하살은 이 지위의 가운데에 머무르면서 불국토를 청정하게 장엄하고 유정을 성숙시키면서 여러 공덕을 수행하고, 악마의 일(魔事)이 있어서 일어나더라도, 곧 능히 깨달아서 알며, 악마의 일인 세력을 따라서 전전하지 않고, 능히 여러 종류의 악마의 일을 잘 절복하여 소멸시키며. 수행하는 것의 공덕에 장애가 되지 않게 하느니라.

선현이여. 비유한다면 무간업(無間業)을 조작하는 자는 그에게 무간업의 마음이 항상 따르면서 쫓아다니고, 나아가 목숨을 끝마치더라도 역시 버릴 수가 없느니라. 왜 그러한가? 선현이여. 그에게 무간업의 얽힘이 함께 일어나고 그 증상(增上)하는 세력이 항상 따르면서 전전하므로, 나아가 목숨을 끝마치더라도 역시 조복시킬 수 없으며, 설사 다른 마음이 있더라도 능히 장애를 막을 수 없느니라.

선현이여. 이 불퇴전의 보살마하살도 역시 다시 그와 같아서 스스로 지위에 안주하고 그 마음은 동요되지 않으며 분별하는 것도 없으므로 세간의 천인·인간·아소락 등이 모두 움직일 수 없느니라. 그 까닭은 무엇인가? 이 보살마하살은 그 마음이 견고하여 여러 세간의 천인·인간·악마·범천·아소락 등을 초월하였고, 이미 보살의 정성이생(正性離生)에 들어가서 불퇴전지에 머물렀으며, 이미 보살의 수승한 신통을 얻어서 유정을 성숙시켰고, 불국토를 청정하게 장엄하면서 하나의 불국토에서, 나아가 하나의 불국토에 이르면서 제불·세존들께 공양하였고 공경하였으며 존중하였고 찬탄하면서 정법을 들으면서 제불의 처소에서 여러 선근을 심었으며, 보살이 수학할 것인 법의(法義)를 청하여 물었느니라.

선현이여. 이 보살마하살은 스스로 지위에 안주하면서 악마의 일이 일어난다면, 곧 능히 깨달아서 알고 결국 악마의 일을 따라서 전전하지 않으며, 선교(善巧) 힘으로써 여러 악마의 일을 모아서 실제(實際)의 가운데에 놓아두고 방편으로 제거하여 없애면서 스스로 지위의 법에서 미혹함이 없고 의심도 없느니라. 왜 그러한가? 선현이여. 이 보살마하살은 일체법이 모두 실제에 들어간다고 알고, 실제는 하나도 아니며 많음도 아니라고 통달하고, 실제의 가운데에서 분별할 것이 없으며, 실제에서 미혹도 없고 의심도 없음으로써 스스로 지위의 법에서 역시 유예(猶豫)가 없느니라.

선현이여. 이 보살마하살은 설사 전전하여 태어남을 받았더라도, 역시 실제에서 다시 불퇴전이 없고 성문지이거나, 독각지를 향하여 나아가지 않느니라. 왜 그러한가? 선현이여. 이 보살마하살은 일체법의 자상(自相)이 모두가 공하다고 알고 이 공한 가운데에서는 만약 생겨나거나, 만약 소멸하거나, 만약 염오되거나, 만약 청정한 법이 있다고 보지 않느니라.

선현이여. 이 보살마하살은 나아가 몸을 전전하면서 역시 '내가 마땅히 무상정등보리를 얻겠는가? 마땅히 얻지 못하겠는가?'라고 의심하지 않느니라. 왜 그러한가? 선현이여. 이 보살마하살은 제법이 모두 자상이 공하다고 통달하였다면, 곧 이것이 무상정등보리이니라.

선현이여. 이 보살마하살은 스스로 지위에 안주하면서 다른 인연을 따르지 않고, 스스로 지위의 법에서 파괴할 수 있는 자도 없느니라. 그 까닭은 무엇인가? 선현이여. 이 보살마하살은 요동이 없고 퇴전도 없는 지혜를 성취하였으므로, 일체의 악연이 기울게 하거나 요동시킬 수 없느니라.

선현이여. 만약 이와 같은 제행·형상·상을 성취하였다면, 이 자가 불퇴전의 보살마하살이라고 마땅히 알지니라."

"다시 다음으로 선현이여. 만약 불퇴전위의 보살마하살이라면, 설사 악마가 있었고 세존의 형상을 짓고서 그의 처소에 와서 이르렀으며, '그대는 지금 상응하여 아라한과를 구하고 영원히 여러 번뇌를 끝마치고 열반을 증득해야 하느니라. 그대는 대보리의 수기를 받고 감당할 수 없고, 역시 무생법인(無生法忍)을 증득할 수 없느니라. 그대는 지금 불퇴전지의 제행·형상·상이 있지도 않으므로 여래께서 그대에게 무상정등보리의 수기를 상응하여 주지 않는데, 요컨대 불퇴전위의 제행·형상·상을 구족하고 있는 이러한 보살마하살이라면 비로소 세존께서 주는 무상대보리(無上大菩提)의 수기를 받느니라.'라고 이와 같이 말을 지었더라도, 선현이여. 이 불퇴전위의 보살마하살은 그의 말을 듣고서도 마음에 변이(變異)가 없고 놀라지도 않으며 두려워하지 않고 물러나지도 않고 은몰(隱沒)[13] 하지도 않느니라.

선현이여. 이 보살마하살은 '나는 과거의 제여래의 처소에서 반드시 이미 대보리의 수기를 받아서 얻었었다. 그 까닭은 무엇인가? 보살이

---

13) 자취를 감추거나, 흩어져 없어진다는 뜻이다.

이와 같은 수승한 법을 성취한다면 결정적으로 제불께 대보리의 수기를 받나니, 나는 이미 이와 같은 수승한 법을 성취하였는데 어찌 제불께서 나에게 수기를 주시지 않았다고 말하는가? 그러므로 나는 과거에 제불들의 처소에서 반드시 이미 대보리의 수기를 받아서 얻었었다.'라고 상응하여 스스로가 증득하여서 아느니라.

선현이여. 이 보살마하살은 설사 악마이거나, 악마의 사자(使者)가 있었고 세존의 형상을 짓고서 그의 처소에 와서 보살에게 성문지의 수기를 주었거나, 혹은 보살에게 독각지의 수기를 주면서 '쯧쯧(咄哉) 남자여. 생사의 윤회에서 오래도록 큰 고통을 받는다면 무상정등보리가 무슨 소용이 있겠는가? 마땅히 스스로가 빠르게 무여열반(無餘涅槃)을 증득하여 생사를 영원히 벗어나고 반드시 결국에는 안락하시오.'라고 보살에게 알려서 말하였다면, 선현이여. 이 보살마하살은 그의 말을 듣고서 '이것은 결정적으로 악마이거나, 혹은 악마의 사자가 거짓으로 세존의 형상으로 나의 마음을 요란시키고자 나에게 성문지·독각지의 수기를 주어서 무상정등보리에서 퇴전시키려는 것이다. 그 까닭은 무엇인가? 결정적으로 제불께서는 제보살들에게 성문지와 독각지를 향해 나아가면서 무상정등보리를 버리라고 가르치시지 않는다.'라고 이와 같이 생각을 짓느니라.

선현이여. 이 보살마하살은 설사 악마이거나, 악마의 사자(使者)가 있었고 세존의 형상을 짓고서 '그대가 수지하는 대승경전(大乘經典)이라는 것은 세존께서 설하신 것이 아니고, 역시 여래의 제자가 설한 것도 아니니라. 이것은 여러 악마이거나, 혹은 외도가 그대들을 속이고 미혹하기 위하여 이와 같이 말한 것이니, 그대는 지금 상응하여 수지하거나, 독송하지 않아야 하느니라.'라고 보살에게 알려 말하였다면 선현이여. 이 보살마하살은 그의 말을 듣고서, '이것은 결정적으로 악마이거나, 혹은 악마의 권속이 나에게 무상정등보리를 싫어하고 버리게 시키려는 까닭으로, 대승의 매우 깊은 경전을 세존께서 설하신 것도 아니고, 역시 여래의 제자가 설한 것도 아니라고 말하고 있다. 그 까닭은 무엇인가? 이 경전을 벗어나서 능히 무상정등보리를 증득하는 이러한 처소는 반드시 없다.'라고 곧 이렇게 생각을 짓느니라.

선현이여. 이 보살마하살은 이미 불퇴전위에 안주하고 있고, 과거의 여래·응공·정등각께서 이미 옛날에 그에게 대보리의 수기를 주셨다고 마땅히 알지니라. 왜 그러한가? 선현이여. 이 보살마하살은 불퇴전지의 제행·형상·상을 구족하고 성취하였나니, 만약 보살마하살이 제행·형상·상을 성취하였다면 이미 대보리의 수기를 받았고, 반드시 이미 불퇴전지에 안주하고 있다고 마땅히 알아야 하느니라. 선현이여. 만약 이와 같은 제행·형상·상을 성취하였다면, 이 자가 불퇴전의 보살마하살이라고 마땅히 알지니라."

"다시 다음으로 선현이여. 만약 불퇴전위의 보살마하살이라면, 깊은 반야바라밀다를 수행하는 때에 정법을 호지(護持)하면서 몸과 목숨을 아끼지 않고, '나는 오히려 재물(財寶)·친족(親屬)과 스스로의 몸과 목숨을 버릴지라도 결국에 제불의 정법은 버리지 않겠다. 그 까닭은 무엇인가? 재보·친족과 스스로의 몸과 목숨은 태어나는 생(生)마다 항상 있어서 매우 얻기가 쉬울지라도, 제불의 정법은 백천 구지(俱胝)·나유다(那庾多)의 겁에 비로소 한 번을 만날 수 있으며, 만난다면 장야(長夜)에 큰 이익과 안락을 얻을 것이다.'라고 항상 이렇게 생각을 짓느니라.

선현이여. 이 보살마하살은 정법을 호지하는 때에, '나는 일불(一佛)·이불(二佛), 나아가 백천 제불의 정법을 호지하기 위한 것이 아니고, 널리 시방삼세(十方三世) 제불의 정법을 호지하여 어그러지고 손실되지 않게 하기 위한 것이다.'라고 이렇게 생각을 짓느니라."

그때 구수 선현이 세존께 아뢰어 말하였다.

"세존이시여. 무엇 등을 제불의 정법이라고 이름하고, 이 보살마하살은 어떻게 호지하면서 몸과 목숨을 아끼지 않습니까?"

세존께서 말씀하셨다.

"선현이여. 일체 여래·응공·정등각께서는 제보살들을 위하여 설하셨던 것이 법공(法空)이고, 이와 같다면 제불의 정법이라고 이름하며, 우치(愚癡)한 부류들이 비방하고 훼자(毁訾)하고 있다면, '이것은 비법(非法)이고 비나야(毘奈耶)도 아니며 천인사(天人師)[14]께서 설하신 성스러운 가르침도 아니니라. 이러한 법을 수행한다면 보리를 얻지 못하고 열반의 적정(寂靜)과 안락(安樂)도 증득하지 못한다.'라고 말하느니라.

선현이여. 이 보살마하살은 이 법을 호지하면서 몸과 목숨을 아끼지 않으면서, '여래께서 설하신 것인 일체가 법공(法空)인 이것이 제유정들이 귀의처(歸依處)이나니, 보살은 수학하여 빠르게 무상정등보리를 증득하고서 제유정들의 생(生)·노(老)·병(病)·사(死)의 우비고뇌(憂悲苦惱)를 구제하여 반드시 구경의 안락한 열반을 얻게 하려는 까닭으로 상응하여 호지하면서 몸과 목숨을 아끼지 않아야 한다.'라고 항상 이렇게 생각을 짓느니라.

또한 '나도 역시 미래불(未來佛)의 숫자(數)에 포함되어 있을 것이고, 세존께서는 이미 나에게 대보리의 수기를 주셨다. 오히려 이러한 인연으로 제불의 정법이 곧 나의 법이니 나는 상응하여 호지하면서 몸과 목숨을 아끼지 않아야 한다. 내가 미래의 세상에서 여래를 짓는 때에도 역시 이 여러 법공을 마땅히 설해야 하는 까닭이니라.'라고 이렇게 생각을 짓느니라. 선현이여. 이 보살마하살은 이러한 의취의 이익을 보았으므로 여래께서 설하신 정법을 호지하면서 몸과 목숨을 아끼지 않느니라.

선현이여. 만약 이와 같은 제행·형상·상을 성취하였다면, 이 자가 불퇴전의 보살마하살이라고 마땅히 알지니라.

다시 다음으로 선현이여. 만약 불퇴전위의 보살마하살이라면, 제여래·응공·정등각께서 설하신 정법이라는 것을 듣더라도 미혹이 없고 의심도 없으며, 들었다면 수지하고 결국 잊어버리지 않으며, 나아가 무상정등보리를 증득하느니라. 그 까닭은 무엇인가? 이 제보살들은 이미 다라니(陀羅尼)를 잘 증득하였던 까닭이니라."

14) 산스크리트어 śāstā devamanuṣyāṇām의 번역이고, 여래를 지칭하는 십호(十號)의 하나이다. 하늘과 인간 세상(世上)의 스승이라는 뜻이다.

그때 구수 선현이 세존께 아뢰어 말하였다.

"세존이시여. 이 보살마하살이 이미 무엇 등의 다라니를 증득하였으므로 제여래·응공·정등각께서 설하신 계경(契經)을 듣고 모두 잊어버리지 않으면서 미혹이 없고 의심도 없습니까?"

세존께서 말씀하셨다.

"선현이여. 이 보살마하살은 이미 자장다라니(字藏陀羅尼)를 얻었고 해인다라니(海印陀羅尼)를 얻었으며 연화중장다라니(蓮華衆藏陀羅尼) 등을 증득하였던 까닭으로, 제여래·응공·정등각께서 설하신 계경을 듣고 모두 잊어버리지 않으면서 미혹이 없고 의심도 없느니라."

그때 구수 선현이 세존께 다시 아뢰어 말하였다.

"세존이시여. 이 보살마하살은 다만 여래·응공·정등각께서 설하신 정법을 들으면서 미혹이 없고 의심도 없으며 듣고서 수지하고 잊어버리지 않으면서 나아가 무상정등보리를 증득하는 것이고, 성문(聲聞)·독각(獨覺)·보살(菩薩)·천인(天)·용(龍)·약차(藥叉)·아소락(阿素洛)·갈로다(揭路茶)·긴나락(緊捺洛)·막호락가(莫呼洛伽)·인비인(人非人) 등에 정법을 설하더라도, 역시 능히 그것에서 미혹이 없고 의심도 없으며 듣고서 수지하고 잊어버리지 않으면서, 나아가 대보리를 증득하는 것입니까?"

세존께서 말씀하셨다.

"선현이여. 이 보살마하살은 일체의 유정들이 소유한 말·소리·문자의 뜻과 이치를 모두 능히 명료하게 이해한다면 미혹이 없고 의심도 없으며 미래의 세상이 끝마치도록 잊어버리는 것이 없느니라. 그 까닭은 무엇인가? 이미 자장다라니 등을 증득하였으며, 설하였던 것을 임지(任持)[15]하면서 잊어버리지 않게 하였던 까닭이니라.

선현이여. 만약 이와 같은 제행·형상·상을 성취하였다면, 이 자가 불퇴전의 보살마하살이라고 마땅히 알지니라."

---

15) '주관하다.', '주재하다.', '유지하다.', '지키다.'는 뜻이다.

마하반야바라밀다경 제328권

50. 교방편품(巧方便品)(1)

그때 구수 선현이 세존께 아뢰어 말하였다.

"세존이시여. 이 불퇴전위(不退轉位)의 보살마하살은 광대(廣大)하고 수승(殊勝)한 공덕취(功德聚)를 성취하였습니다. 세존이시여. 이 불퇴전위의 보살마하살은 무량(無量)하고 수승한 공덕취를 성취하였습니다. 세존이시여. 이 불퇴전위의 보살마하살은 무변(無邊)하고 수승한 공덕취를 성취하였습니다. 세존이시여. 이 불퇴전위의 보살마하살은 무수(無數)이고 불가사의(不可思議)한 공덕취를 성취하였습니다."

세존께서 말씀하셨다.

"선현이여. 그와 같으니라. 그와 같으니라. 그대가 말한 것과 같으니라. 이 불퇴전위의 보살마하살은 광대하고 무량하며 무변하고 숫자를 알 수 없으며 사의(思議)하기 어려운 수승한 공덕취를 성취하였느니라. 그 까닭은 무엇인가? 선현이여. 이 보살마하살은 이미 광대하고 무량하며 무변하고 숫자를 알 수 없으며 사유하기 어려우며 성문·독각과 함께 하지 않는 지혜를 얻었느니라. 이 보살마하살은 이 지혜의 가운데에 안주하면서 수승한 4무애해(四無礙解)를 이끌어서 일으키나니, 오히려 이 4무애해가 수승하여 세간의 천인·인간·아소락 등이 능히 물었더라도 어려움이 없고 이 보살의 지혜와 변재를 궁극적으로 끝마치게 할 자는 없느니라."

구수 선현이 다시 세존께 아뢰어 말하였다.

"세존이시여. 능히 긍가사의 겁에 불퇴전위의 보살마하살의 제행·형상·상을 설할 수 있는 것과 같이, 오히려 이렇게 설하신 것의 제행·형상·상은 불퇴전위의 보살마하살이 성취한 여러 종류의 수승한 공덕을 드러낼 수 있습니다. 오직 바라옵건대 여래·응공·정등각께서는 다시 보살들을 위하여 매우 깊은 처소를 설하시어 제보살들에게 그 가운데에서 안주하면서 능히 보시바라밀다를 수행하여 빠르게 원만하게 하시고, 능히 정계·안인·정진·정려·반야바라밀다를 수행하여 빠르게 원만하게 하십시오.

능히 내공에 안주하여 빠르게 원만하게 하시고, 능히 외공·내외공·공공·대공·승의공·유위공·무위공·필경공·무제공·산공·무변이공·본성공·자상공·공상공·일체법공·불가득공·무성공·자성공·무성자성공에 안주하여 빠르게 원만하게 하십시오. 능히 진여에 안주하여 빠르게 원만하게 하시고, 능히 법계·법성·불허망성·불변이성·평등성·이생성·법정·법주·실제·허공계·부사의계에 안주하여 빠르게 원만하게 하십시오.

능히 4념주를 수행하여 빠르게 원만하게 하시고, 능히 4정단·4신족·5근·5력·7등각지·8성도지를 수행하여 빠르게 원만하게 하십시오. 능히 고성제에 안주하여 빠르게 원만하게 하시고, 능히 집·멸·도성제에 안주하여 빠르게 원만하게 하십시오. 능히 4정려를 수행하여 빠르게 원만하게 하시고, 능히 4무량·4무색정을 수행하여 빠르게 원만하게 하십시오. 능히 8해탈을 수행하여 빠르게 원만하게 하시고, 능히 8승처·9차제정·10변처를 수행하여 빠르게 원만하게 하십시오.

능히 공해탈문을 수행하여 빠르게 원만하게 하시고, 능히 무상·무원해탈문을 수행하여 빠르게 원만하게 하십시오. 능히 극희지를 수행하여 빠르게 원만하게 하시고, 능히 이구지·발광지·염혜지·극난승지·현전지·원행지·부동지·선혜지·법운지를 수행하여 빠르게 원만하게 하십시오. 능히 5안을 수행하여 빠르게 원만하게 하시고, 능히 6신통을 수행하여 빠르게 원만하게 하십시오.

능히 여래의 10력을 수행하여 빨리 원만하게 하시고, 능히 4무소외·4무애해·대자·대비·대희·대사·18불불공법을 수행하여 빠르게 원만하게 하십시오. 능히 무망실법을 수행하여 빠르게 원만하게 하시고, 능히 항주사성을 수행하여 빠르게 원만하게 하십시오. 능히 일체지를 수행하여 빠르게 원만하게 하시고, 능히 도상지·일체상지를 수행하여 빠르게 원만하게 하십시오."

세존께서 말씀하셨다.

"선현이여. 옳도다. 옳도다. 그대는 지금 도리어 능히 제보살들을 위하여 매우 깊은 처소를 물었고, 제보살들에게 그 가운데에 안주하게 하고자 하며, 공덕을1 수행하고 공덕에 안주하며 빠르게 원만하게 하고자 하였도다. 선현이여. 매우 깊은 처소라는 것은 이를테면, 공(空)·무상(無相)·무원(無願)·무작(無作)·무생(無生)·무멸(無滅)·적정(寂靜)·열반(涅槃)·진여(眞如)·법계(法界)·법성(法性)·실제(實際) 등이니, 이와 같은 것 등의 법을 매우 깊은 곳이라고 이름하느니라. 선현이여. 이와 같이 말하였던 것은 매우 깊은 처소라고 이름하며, 모두가 열반이 매우 깊은 처소가 된다고 나타내느니라."

그때 구수 선현이 세존께 아뢰어 말하였다.

"세존이시여. 다만 열반을 매우 깊은 처소라고 이름합니까? 여러 나머지의 법도 매우 깊다고 이름합니까?"

세존께서 말씀하셨다.

"선현이여. 나머지의 일체법도 매우 깊다고 이름하느니라. 선현이여. 색(色)은 매우 깊다고 이름하고, 수(受)·상(想)·행(行)·식(識)도 매우 깊다고 이름하느니라. 선현이여. 안처(眼處)는 매우 깊다고 이름하고, 이(耳)·비(鼻)·설(舌)·신(身)·의처(意處)도 매우 깊다고 이름하느니라. 선현이여. 색처(色處)는 매우 깊다고 이름하고, 성(聲)·향(香)·미(味)·촉(觸)·법처(法處)도 매우 깊다고 이름하느니라.

선현이여. 안계(眼界)는 매우 깊다고 이름하고, 이(耳)·비(鼻)·설(舌)·신(身)·의계(意界)도 매우 깊다고 이름하느니라. 선현이여. 색계(色界)는 매우 깊다고 이름하고, 성(聲)·향(香)·미(味)·촉(觸)·법계(法界)도 매우 깊다고 이름하느니라. 선현이여. 안식계(眼識界)는 매우 깊다고 이름하고, 이(耳)·비(鼻)·설(舌)·신(身)·의식계(意識界)도 매우 깊다고 이름하느니라.

선현이여. 안촉(眼觸)은 매우 깊다고 이름하고, 이(耳)·비(鼻)·설(舌)·신(身)·의촉(意觸)도 매우 깊다고 이름하느니라. 선현이여. 안촉(眼觸)을 인연으로 생겨난 수는 매우 깊다고 이름하고, 이(耳)·비(鼻)·설(舌)·신(身)·의촉(意觸)을 인연으로 생겨난 수도 매우 깊다고 이름하느니라. 선현이여. 지계(地界)는 매우 깊다고 이름하고, 수(水)·화(火)·풍(風)·공(空)·식계(識界)도 매우 깊다고 이름하느니라.

선현이여. 무명(無明)은 매우 깊다고 이름하고, 행(行)·식(識)·명색(名色)·육처(六處)·촉(觸)·수(受)·애(愛)·취(取)·유(有)·생(生)·노사(老死)의 수탄고우뇌(愁歎苦憂惱)도 매우 깊다고 이름하느니라. 선현이여. 보시바라밀다(布施波羅蜜多)는 매우 깊다고 이름하고, 정계(淨戒)·안인(安忍)·정진(精進)·정려(靜慮)·반야바라밀다(般若波羅蜜多)도 매우 깊다고 이름하느니라.

선현이여. 내공(內空)은 매우 깊다고 이름하고, 외공(外空)·내외공(內外空)·공공(空空)·대공(大空)·승의공(勝義空)·유위공(有爲空)·무위공(無爲空)·필경공(畢竟空)·무제공(無際空)·산공(散空)·무변이공(無變異空)·본성공(本性空)·자상공(自相空)·공상공(共相空)·일체법공(一切法空)·불가득공(不可得空)·무성공(無性空)·자성공(自性空)·무성자성공(無性自性空)도 매우 깊다고 이름하느니라. 선현이여. 진여(眞如)는 매우 깊다고 이름하고, 법계(法界)·법성(法性)·불허망성(不虛妄性)·불변이성(不變異性)·평등성(平等性)·이생성(離生性)·법정(法定)·법주(法住)·실제(實際)·허공계(虛空界)·부사의계(不思議界)도 매우 깊다고 이름하느니라.

선현이여. 4념주(四念住)는 매우 깊다고 이름하고, 4정단(四正斷)·4신족(四神足)·5근(五根)·5력(五力)·7등각지(七等覺支)·8성도지(八聖道支)도 매우 깊다고 이름하느니라. 선현이여. 고성제(苦聖諦)는 매우 깊다고 이름하고, 집(集)·멸(滅)·도성제(道聖諦)도 매우 깊다고 이름하느니라. 선현이여. 4정려(四靜慮)는 매우 깊다고 이름하고, 4무량(四無量)·4무색정

(四無色定)도 매우 깊다고 이름하느니라.

선현이여. 8해탈(八解脫)은 매우 깊다고 이름하고, 8승처(八勝處)·9차제정(九次第定)·10변처(十遍處)도 매우 깊다고 이름하느니라. 선현이여. 공해탈문(空解脫門)은 매우 깊다고 이름하고, 무상(無相)·무원해탈문(無願解脫門)도 매우 깊다고 이름하느니라. 선현이여. 극희지(極喜地)는 매우 깊다고 이름하고, 이구지(離垢地)·발광지(發光地)·염혜지(焰慧地)·극난승지(極難勝地)·현전지(現前地)·원행지(遠行地)·부동지(不動地)·선혜지(善慧地)·법운지(法雲地)도 매우 깊다고 이름하느니라.

선현이여. 5안(五眼)은 매우 깊다고 이름하고, 6신통(六神通)도 매우 깊다고 이름하느니라. 선현이여. 삼마지문(三摩地門)은 매우 깊다고 이름하고, 다라니문(陀羅尼門)도 매우 깊다고 이름하느니라. 선현이여. 여래(佛)의 10력(十力)은 매우 깊다고 이름하고, 4무소외(四無所畏)·4무애해(四無礙解)·대자(大慈)·대비(大悲)·대희(大喜)·대사(大捨)·18불불공법(十八佛不共法)도 매우 깊다고 이름하느니라.

선현이여. 무망실법(無忘失法)은 매우 깊다고 이름하고, 항주사성(恒住捨性)도 매우 깊다고 이름하느니라. 선현이여. 예류과(預流果)는 매우 깊다고 이름하고, 일래(一來)·불환(不還)·아라한과(阿羅漢果)도 매우 깊다고 이름하느니라. 선현이여. 독각(獨覺)의 보리(菩提)는 매우 깊다고 이름하느니라. 선현이여. 일체지(一切智)는 매우 깊다고 이름하고, 도상지(道相智)·일체상지(一切相智)도 매우 깊다고 이름하느니라.

선현이여. 일체의 보살마하살(菩薩摩訶薩)의 행(行)은 매우 깊다고 이름하느니라. 선현이여. 제불(諸佛)의 무상정등보리(無上正等菩提)는 매우 깊다고 이름하느니라.”

이때 구수 선현이 세존께 아뢰어 말하였다.

“세존이시여. 어찌하여 색도 역시 매우 깊다고 이름하고, 어찌하여 수·상·행·식도 역시 매우 깊다고 이름합니까? 세존이시여. 어찌하여 안처도 역시 매우 깊다고 이름하고, 어찌하여 이·비·설·신·의처도 역시

매우 깊다고 이름합니까? 세존이시여. 어찌하여 색처도 역시 매우 깊다고
이름하고, 어찌하여 성·향·미·촉·법처도 역시 매우 깊다고 이름합니까?
세존이시여. 어찌하여 안계도 역시 매우 깊다고 이름하고, 어찌하여
이·비·설·신·의계도 역시 매우 깊다고 이름합니까?

　세존이시여. 어찌하여 색계도 역시 매우 깊다고 이름하고, 어찌하여
성·향·미·촉·법계도 역시 매우 깊다고 이름합니까? 세존이시여. 어찌하
여 안식계도 역시 매우 깊다고 이름하고, 어찌하여 이·비·설·신·의식계도
역시 매우 깊다고 이름합니까? 세존이시여. 어찌하여 안촉도 역시 매우
깊다고 이름하고, 어찌하여 이·비·설·신·의촉도 역시 매우 깊다고 이름합
니까? 세존이시여. 어찌하여 안촉을 인연으로 생겨난 여러 수도 역시
매우 깊다고 이름하고, 어찌하여 이·비·설·신·의촉을 인연으로 생겨난
여러 수도 역시 매우 깊다고 이름합니까?

　세존이시여. 어찌하여 지계도 역시 매우 깊다고 이름하고, 어찌하여
수·화·풍·공·식계도 역시 매우 깊다고 이름합니까? 세존이시여. 어찌하
여 무명도 역시 매우 깊다고 이름하고, 어찌하여 행·식·명색·육처·촉·수·
애·취·유·생·노사의 수탄고우뇌도 역시 매우 깊다고 이름합니까? 세존이
시여. 어찌하여 보시바라밀다도 역시 매우 깊다고 이름하고, 어찌하여
정계·안인·정진·정려·반야바라밀다도 역시 매우 깊다고 이름합니까?

　세존이시여. 어찌하여 내공도 역시 매우 깊다고 이름하고, 어찌하여
외공·내외공·공공·대공·승의공·유위공·무위공·필경공·무제공·산공·
무변이공·본성공·자상공·공상공·일체법공·불가득공·무성공·자성공·
무성자성공도 역시 매우 깊다고 이름합니까? 세존이시여. 어찌하여 진여
도 역시 매우 깊다고 이름하고, 어찌하여 법계·법성·불허망성·불변이성·
평등성·이생성·법정·법주·실제·허공계·부사의계도 역시 매우 깊다고
이름합니까? 세존이시여. 어찌하여 4념주도 역시 매우 깊다고 이름하고,
어찌하여 4정단·4신족·5근·5력·7등각지·8성도지도 역시 매우 깊다고
이름합니까?

　세존이시여. 어찌하여 고성제도 역시 매우 깊다고 이름하고, 어찌하여

집·멸·도성제도 역시 매우 깊다고 이름합니까? 세존이시여. 어찌하여 4정려도 역시 매우 깊다고 이름하고, 어찌하여 4무량·4무색정도 역시 매우 깊다고 이름합니까? 세존이시여. 어찌하여 8해탈도 역시 매우 깊다고 이름하고, 어찌하여 8승처·9차제정·10변처도 역시 매우 깊다고 이름합니까? 세존이시여. 어찌하여 공해탈문도 역시 매우 깊다고 이름하고, 어찌하여 무상·무원해탈문도 역시 매우 깊다고 이름합니까?

세존이시여. 어찌하여 극희지도 역시 매우 깊다고 이름하고, 어찌하여 이구지·발광지·염혜지·극난승지·현전지·원행지·부동지·선혜지·법운지도 역시 매우 깊다고 이름합니까? 세존이시여. 어찌하여 5안도 역시 매우 깊다고 이름하고, 어찌하여 6신통도 역시 매우 깊다고 이름합니까? 세존이시여. 어찌하여 삼마지문도 역시 매우 깊다고 이름하고, 어찌하여 다라니문도 역시 매우 깊다고 이름합니까? 세존이시여. 어찌하여 여래의 10력도 역시 매우 깊다고 이름하고, 어찌하여 4무소외·4무애해·대자·대비·대희·대사·18불불공법도 역시 매우 깊다고 이름합니까?

세존이시여. 어찌하여 무망실법도 역시 매우 깊다고 이름하고, 어찌하여 항주사성도 역시 매우 깊다고 이름합니까? 세존이시여. 어찌하여 예류과도 역시 매우 깊다고 이름하고, 어찌하여 일래·불환·아라한과도 역시 매우 깊다고 이름합니까? 세존이시여. 어찌하여 독각의 보리도 역시 매우 깊다고 이름합니까? 세존이시여. 어찌하여 일체지도 역시 매우 깊다고 이름하고, 어찌하여 도상지·일체상지도 역시 매우 깊다고 이름합니까?

세존이시여. 어찌하여 일체의 보살마하살의 행도 역시 매우 깊다고 이름합니까? 세존이시여. 어찌하여 제불의 무상정등보리도 역시 매우 깊다고 이름합니까?"

세존께서 말씀하셨다.

"선현이여. 색의 진여(眞如)가 매우 깊은 까닭으로 색도 역시 매우 깊고, 수·상·행·식의 진여가 매우 깊은 까닭으로 수·상·행·식도 역시 매우 깊으니라. 선현이여. 안처의 진여가 매우 깊은 까닭으로 안처도 역시 매우 깊고, 이·비·설·신·의처의 진여가 매우 깊은 까닭으로 이·비·설·신·의처도 역시 매우 깊으니라. 선현이여. 색처의 진여가 매우 깊은 까닭으로 색처도 역시 매우 깊고, 성·향·미·촉·법처의 진여가 매우 깊은 까닭으로 성·향·미·촉·법처도 역시 매우 깊으니라.

선현이여. 안계의 진여가 매우 깊은 까닭으로 안계도 역시 매우 깊고, 이·비·설·신·의계의 진여가 매우 깊은 까닭으로 이·비·설·신·의계도 역시 매우 깊으니라. 선현이여. 색계의 진여가 매우 깊은 까닭으로 색계도 역시 매우 깊고, 성·향·미·촉·법계의 진여가 매우 깊은 까닭으로 성·향·미·촉·법계도 역시 매우 깊으니라. 선현이여. 안식계의 진여가 매우 깊은 까닭으로 안식계도 역시 매우 깊고, 이·비·설·신·의식계의 진여가 매우 깊은 까닭으로 이·비·설·신·의식계도 역시 매우 깊으니라.

선현이여. 안촉의 진여가 매우 깊은 까닭으로 안촉도 역시 매우 깊고, 이·비·설·신·의촉의 진여가 매우 깊은 까닭으로 이·비·설·신·의촉도 역시 매우 깊으니라. 선현이여. 안촉을 인연으로 생겨난 수의 진여가 매우 깊은 까닭으로 안촉을 인연으로 생겨난 수도 역시 매우 깊고, 이·비·설·신·의촉을 인연으로 생겨난 수의 진여가 매우 깊은 까닭으로 이·비·설·신·의촉을 인연으로 생겨난 수도 역시 매우 깊으니라.

선현이여. 지계의 진여가 매우 깊은 까닭으로 지계도 역시 매우 깊고, 수·화·풍·공·식계의 진여가 매우 깊은 까닭으로 수·화·풍·공·식계도 역시 매우 깊으니라. 선현이여. 무명의 진여가 매우 깊은 까닭으로 무명도 역시 매우 깊고, 행·식·명색·육처·촉·수·애·취·유·생·노사의 수탄고우뇌의 진여가 매우 깊은 까닭으로 행·식·명색·육처·촉·수·애·취·유·생·노사의 수탄고우뇌도 역시 매우 깊으니라. 선현이여. 보시바라밀다의 진여가 매우 깊은 까닭으로 보시바라밀다도 역시 매우 깊고, 정계·안인·정진·정려·반야바라밀다의 진여가 매우 깊은 까닭으로 정계·안인·정진·정려·반야바라밀다도 역시 매우 깊으니라.

선현이여. 내공의 진여가 매우 깊은 까닭으로 내공도 역시 매우 깊고, 외공·내외공·공공·대공·승의공·유위공·무위공·필경공·무제공·산공·

무변이공·본성공·자상공·공상공·일체법공·불가득공·무성공·자성공·무성자성공의 진여가 매우 깊은 까닭으로 외공, 나아가 무성자성공도 역시 매우 깊으니라. 선현이여. 진여의 진여가 매우 깊은 까닭으로 진여도 역시 매우 깊고, 법계·법성·불허망성·불변이성·평등성·이생성·법정·법주·실제·허공계·부사의계의 진여가 매우 깊은 까닭으로 법계, 나아가 부사의계도 역시 매우 깊으니라.

선현이여. 4념주의 진여가 매우 깊은 까닭으로 4념주도 역시 매우 깊고, 4정단·4신족·5근·5력·7등각지·8성도지의 진여가 매우 깊은 까닭으로 4정단·4신족·5근·5력·7등각지·8성도지도 역시 매우 깊으니라. 선현이여. 고성제의 진여가 매우 깊은 까닭으로 고성제도 역시 매우 깊고, 집·멸·도성제의 진여가 매우 깊은 까닭으로 집·멸·도성제도 역시 매우 깊으니라. 선현이여. 4정려의 진여가 매우 깊은 까닭으로 4정려도 역시 매우 깊고, 4무량·4무색정의 진여가 매우 깊은 까닭으로 4무량·4무색정도 역시 매우 깊으니라.

선현이여. 8해탈의 진여가 매우 깊은 까닭으로 4념주도 역시 매우 깊고, 8승처·9차제정·10변처의 진여가 매우 깊은 까닭으로 8승처·9차제정·10변처도 역시 매우 깊으니라. 선현이여. 공해탈문의 진여가 매우 깊은 까닭으로 공해탈문도 역시 매우 깊고, 무상·무원해탈문의 진여가 매우 깊은 까닭으로 무상·무원해탈문도 역시 매우 깊으니라. 선현이여. 극희지의 진여가 매우 깊은 까닭으로 극희지도 역시 매우 깊고, 이구지·발광지·염혜지·극난승지·현전지·원행지·부동지·선혜지·법운지의 진여가 매우 깊은 까닭으로 이구지, 나아가 법운지도 역시 매우 깊으니라.

선현이여. 5안의 진여가 매우 깊은 까닭으로 5안도 역시 매우 깊고, 6신통의 진여가 매우 깊은 까닭으로 6신통도 역시 매우 깊으니라. 선현이여. 삼마지문의 진여가 매우 깊은 까닭으로 삼마지문도 역시 매우 깊고, 다라니문의 진여가 매우 깊은 까닭으로 다라니문도 역시 매우 깊으니라. 선현이여. 여래의 10력의 진여가 매우 깊은 까닭으로 여래의 10력도 역시 매우 깊고, 4무소외·4무애해·대자·대비·대희·대사·18불불공법의 진여가 매우 깊은 까닭으로 4무소외, 나아가 18불불공법도 역시 매우 깊으니라.

선현이여. 무망실법의 진여가 매우 깊은 까닭으로 무망실법도 역시 매우 깊고, 항주사성의 진여가 매우 깊은 까닭으로 항주사성도 역시 매우 깊으니라. 선현이여. 예류과의 진여가 매우 깊은 까닭으로 예류과도 역시 매우 깊고, 일래·불환·아라한과의 진여가 매우 깊은 까닭으로 일래· 불환·아라한과도 역시 매우 깊으니라. 선현이여. 독각의 보리의 진여가 매우 깊은 까닭으로 독각의 보리도 역시 매우 깊으니라.

선현이여. 일체지의 진여가 매우 깊은 까닭으로 일체지도 역시 매우 깊고, 도상지·일체상지의 진여가 매우 깊은 까닭으로 도상지·일체상지도 역시 매우 깊으니라. 선현이여. 일체의 보살마하살의 행의 진여가 매우 깊은 까닭으로 일체의 보살마하살의 행도 역시 매우 깊으니라. 선현이여. 제불의 무상정등보리의 진여가 매우 깊은 까닭으로 제불의 무상정등보리 도 역시 매우 깊으니라."

이때 구수 선현이 세존께 아뢰어 말하였다.
"세존이시여. 어찌 색의 진여가 매우 깊다고 말하고, 어찌하여 수·상·행 ·식의 진여가 매우 깊다고 말합니까? 세존이시여. 어찌 안처의 진여가 매우 깊다고 말하고, 어찌 이·비·설·신·의처의 진여가 매우 깊다고 말합니 까? 세존이시여. 어찌 색처의 진여가 매우 깊다고 말하고, 어찌 성·향·미· 촉·법처의 진여가 매우 깊다고 말합니까?

세존이시여. 어찌 안계의 진여가 매우 깊다고 말하고, 어찌하여 이·비· 설·신·의계의 진여가 매우 깊다고 말합니까? 세존이시여. 어찌 색계의 진여가 매우 깊다고 말하고, 어찌 성·향·미·촉·법계의 진여가 매우 깊다고 말합니까? 세존이시여. 어찌 안식계의 진여가 매우 깊다고 말하고, 어찌 이·비·설·신·의식계의 진여가 매우 깊다고 말합니까?

세존이시여. 어찌 안촉의 진여가 매우 깊다고 말하고, 어찌 이·비·설·신 ·의촉의 진여가 매우 깊다고 말합니까? 세존이시여. 어찌 안촉을 인연으로 생겨난 수의 진여가 매우 깊다고 말하고, 어찌 이·비·설·신·의촉을 인연으로 생겨난 수의 진여가 매우 깊다고 말합니까? 세존이시여. 어찌 지계의 진여가 매우 깊다고 말하고, 어찌 수·화·풍·공·식계의 진여가 매우 깊다고 말합니까?

세존이시여. 어찌 무명의 진여가 매우 깊다고 말하고, 어찌 행·식·명색· 육처·촉·수·애·취·유·생·노사의 수탄고우뇌의 진여가 매우 깊다고 말합니까? 세존이시여. 어찌 보시바라밀다의 진여가 매우 깊다고 말하고, 어찌 정계·안인·정진·정려·반야바라밀다의 진여가 매우 깊다고 말합니까? 세존이시여. 어찌 내공의 진여가 매우 깊다고 말하고, 어찌 외공·내외공·공공·대공·승의공·유위공·무위공·필경공·무제공·산공·무변이공·본성공·자상공·공상공·일체법공·불가득공·무성공·자성공·무성자성공의 진여가 매우 깊다고 말합니까?

세존이시여. 어찌 진여의 진여가 매우 깊다고 말하고, 어찌 법계·법성·불허망성·불변이성·평등성·이생성·법정·법주·실제·허공계·부사의계의 진여가 매우 깊다고 말합니까? 세존이시여. 어찌 4념주의 진여가 매우 깊다고 말하고, 어찌 4정단·4신족·5근·5력·7등각지·8성도지의 진여가 매우 깊다고 말합니까? 세존이시여. 어찌 고성제의 진여가 매우 깊다고 말하고, 어찌 집·멸·도성제의 진여가 매우 깊다고 말합니까?

세존이시여. 어찌 4정려의 진여가 매우 깊다고 말하고, 어찌 4무량·4무색정의 진여가 매우 깊다고 말합니까? 세존이시여. 어찌 8해탈의 진여가 매우 깊다고 말하고, 어찌 8승처·9차제정·10변처의 진여가 매우 깊다고 말합니까? 세존이시여. 어찌 공해탈문의 진여가 매우 깊다고 말하고, 어찌 무상·무원해탈문의 진여가 매우 깊다고 말합니까?

세존이시여. 어찌 극희지의 진여가 매우 깊다고 말하고, 어찌 이구지·발광지·염혜지·극난승지·현전지·원행지·부동지·선혜지·법운지의 진여가 매우 깊다고 말합니까? 세존이시여. 어찌 5안의 진여가 매우 깊다고 말하고, 어찌 6신통의 진여가 매우 깊다고 말합니까? 세존이시여. 어찌 삼마지문의 진여가 매우 깊다고 말하고, 어찌 다라니문의 진여가 매우 깊다고 말합니까?

　세존이시여. 어찌 여래의 10력의 진여가 매우 깊다고 말하고, 어찌 4무소외·4무애해·대자·대비·대희·대사·18불불공법의 진여가 매우 깊다고 말합니까? 세존이시여. 어찌 무망실법의 진여가 매우 깊다고 말하고, 어찌 항주사성의 진여가 매우 깊다고 말합니까? 세존이시여. 어찌 예류과의 진여가 매우 깊다고 말하고, 어찌 일래·불환·아라한과의 진여가 매우 깊다고 말합니까?

　세존이시여. 어찌 독각의 보리의 진여가 매우 깊다고 말합니까? 세존이시여. 어찌 일체지의 진여가 매우 깊다고 말하고, 어찌 도상지·일체상지의 진여가 매우 깊다고 말합니까? 세존이시여. 어찌 일체의 보살마하살의 행의 진여가 매우 깊다고 말합니까? 세존이시여. 어찌 제불의 무상정등보리의 진여가 매우 깊다고 말합니까?"

　세존께서 말씀하셨다.

　"선현이여. 색의 진여는 곧 색이 아니고 색을 벗어나지도 않는데 이러한 까닭으로 매우 깊고, 수·상·행·식의 진여는 곧 수·상·행·식이 아니고 수·상·행·식을 벗어나지도 않는데 이러한 까닭으로 매우 깊으니라. 선현이여. 안처의 진여는 곧 안처가 아니고 안처를 벗어나지도 않는데 이러한 까닭으로 매우 깊고, 이·비·설·신·의처의 진여는 곧 이·비·설·신·의처가 아니고 이·비·설·신·의처를 벗어나지도 않는데 이러한 까닭으로 매우 깊으니라.

　선현이여. 색처의 진여는 곧 색처가 아니고 색처를 벗어나지도 않는데 이러한 까닭으로 매우 깊고, 성·향·미·촉·법처의 진여는 곧 성·향·미·촉·법처가 아니고 성·향·미·촉·법처를 벗어나지도 않는데 이러한 까닭으로 매우 깊으니라. 선현이여. 안계의 진여는 곧 안계가 아니고 안계를 벗어나지도 않는데, 이러한 까닭으로 매우 깊고, 이·비·설·신·의계의 진여는 곧 이·비·설·신·의계가 아니고 이·비·설·신·의계를 벗어나지도 않는데 이러한 까닭으로 매우 깊으니라.

　선현이여. 색계의 진여는 곧 색계가 아니고 색계를 벗어나지도 않는데,

이러한 까닭으로 매우 깊고, 성·향·미·촉·법계의 진여는 곧 성·향·미·촉·법계가 아니고 성·향·미·촉·법계를 벗어나지도 않는데 이러한 까닭으로 매우 깊으니라. 선현이여. 안식계의 진여는 곧 안식계가 아니고 안식계를 벗어나지도 않는데 이러한 까닭으로 매우 깊고, 이·비·설·신·의식계의 진여는 곧 이·비·설·신·의식계가 아니고 이·비·설·신·의식계를 벗어나지도 않는데, 이러한 까닭으로 매우 깊으니라.

선현이여. 안촉의 진여는 곧 안촉이 아니고 안촉을 벗어나지도 않는데 이러한 까닭으로 매우 깊고, 이·비·설·신·의촉의 진여는 곧 이·비·설·신·의촉이 아니고 이·비·설·신·의촉을 벗어나지도 않는데 이러한 까닭으로 매우 깊으니라. 선현이여. 안촉을 인연으로 생겨나는 여러 수의 진여는 곧 안촉을 인연으로 생겨나는 여러 수가 아니고 안촉을 인연으로 생겨나는 여러 수를 벗어나지도 않는데 이러한 까닭으로 매우 깊고, 이·비·설·신·의촉을 인연으로 생겨나는 여러 수의 진여는 곧 이·비·설·신·의촉을 인연으로 생겨나는 여러 수가 아니고 이·비·설·신·의촉을 인연으로 생겨나는 여러 수를 벗어나지도 않는데, 이러한 까닭으로 매우 깊으니라.

선현이여. 지계의 진여는 곧 지계가 아니고 지계를 벗어나지도 않는데 이러한 까닭으로 매우 깊고, 수·화·풍·공·식의 진여는 곧 수·화·풍·공·식이 아니고 수·화·풍·공·식을 벗어나지도 않는데 이러한 까닭으로 매우 깊으니라. 선현이여. 무명의 진여는 곧 무명이 아니고 무명을 벗어나지도 않는데 이러한 까닭으로 매우 깊고, 행·식·명색·육처·촉·수·애·취·유·생·노사의 수탄고우뇌의 진여는 곧 행, 나아가 노사의 수탄고우뇌가 아니고 행, 나아가 노사의 수탄고우뇌를 벗어나지도 않는데 이러한 까닭으로 매우 깊으니라.

선현이여. 보시바라밀다의 진여는 곧 보시바라밀다가 아니고 보시바라밀다를 벗어나지도 않는데 이러한 까닭으로 매우 깊고, 정계·안인·정진·정려·반야바라밀다의 진여는 곧 정계·안인·정진·정려·반야바라밀다가 아니고 정계·안인·정진·정려·반야바라밀다를 벗어나지도 않는데 이러한 까닭으로 매우 깊으니라. 선현이여. 내공의 진여는 곧 내공이 아니고 내공을 벗어나지도 않는데 이러한 까닭으로 매우 깊고, 외공·내외공·공공·대공·승의공·유위공·무위공·필경공·무제공·산공·무변이공·본성공·자상공·공상공·일체법공·불가득공·무성공·자성공·무성자성공의 진여는 곧 외공, 나아가 무성자성공이 아니고 외공, 나아가 무성자성공을 벗어나지도 않는데 이러한 까닭으로 매우 깊으니라.

선현이여. 진여의 진여는 곧 진여가 아니고 진여를 벗어나지도 않는데 이러한 까닭으로 매우 깊고, 법계·법성·불허망성·불변이성·평등성·이생성·법정·법주·실제·허공계·부사의계의 진여는 곧 법계, 나아가 부사의계가 아니고 법계, 나아가 부사의계를 벗어나지도 않는데, 이러한 까닭으로 매우 깊으니라. 선현이여. 4념주의 진여는 곧 4념주가 아니고 4념주를 벗어나지도 않는데 이러한 까닭으로 매우 깊고, 4정단·4신족·5근·5력·7등각지·8성도지의 진여는 곧 4정단, 나아가 8성도지가 아니고 4정단, 나아가 8성도지를 벗어나지도 않는데 이러한 까닭으로 매우 깊으니라.

선현이여. 고성제의 진여는 곧 고성제가 아니고 고성제를 벗어나지도 않는데 이러한 까닭으로 매우 깊고, 집·멸·도성제의 진여는 곧 집·멸·도성제가 아니고 집·멸·도성제를 벗어나지도 않는데, 이러한 까닭으로 매우 깊으니라. 선현이여. 4정려의 진여는 곧 4정려가 아니고 4정려를 벗어나지도 않는데 이러한 까닭으로 매우 깊고, 4무량·4무색정의 진여는 곧 4무량·4무색정이 아니고 4무량·4무색정을 벗어나지도 않는데 이러한 까닭으로 매우 깊으니라.

선현이여. 8해탈의 진여는 곧 8해탈이 아니고 8해탈을 벗어나지도 않는데 이러한 까닭으로 매우 깊고, 8승처·9차제정·10변처의 진여는 곧 8승처·9차제정·10변처가 아니고 8승처·9차제정·10변처를 벗어나지도 않는데 이러한 까닭으로 매우 깊으니라. 선현이여. 공해탈문의 진여는 곧 공해탈문이 아니고 공해탈문을 벗어나지도 않는데 이러한 까닭으로 매우 깊고, 무상·무원해탈문의 진여는 곧 무상·무원해탈문이 아니고 무상·무원해탈문을 벗어나지도 않는데 이러한 까닭으로 매우 깊으니라.

선현이여. 극희지의 진여는 곧 극희지가 아니고 극희지를 벗어나지도 않는데 이러한 까닭으로 매우 깊고, 이구지·발광지·염혜지·극난승지·현전지·원행지·부동지·선혜지·법운지의 진여는 곧 이구지, 나아가 법운지가 아니고 이구지, 나아가 법운지를 벗어나지도 않는데 이러한 까닭으로 매우 깊으니라. 선현이여. 5안의 진여는 곧 5안이 아니고 5안을 벗어나지도 않는데, 이러한 까닭으로 매우 깊고, 6신통의 진여는 곧 6신통이 아니고 6신통을 벗어나지도 않는데 이러한 까닭으로 매우 깊으니라.

선현이여. 삼마지문의 진여는 곧 삼마지문이 아니고 삼마지문을 벗어나지도 않는데 이러한 까닭으로 매우 깊고, 다라니문의 진여는 곧 다라니문이 아니고 다라니문을 벗어나지도 않는데, 이러한 까닭으로 매우 깊으니라. 선현이여. 여래의 10력의 진여는 곧 여래의 10력이 아니고 여래의 10력을 벗어나지도 않는데 이러한 까닭으로 매우 깊고, 4무소외·4무애해·대자·대비·대희·대사·18불불공법의 진여는 곧 4무소외, 나아가 18불불공법이 아니고 4무소외, 나아가 18불불공법을 벗어나지도 않는데, 이러한 까닭으로 매우 깊으니라.

선현이여. 무망실법의 진여는 곧 무망실법이 아니고 무망실법을 벗어나지도 않는데 이러한 까닭으로 매우 깊고, 항주사성의 진여는 곧 항주사성이 아니고 항주사성을 벗어나지도 않는데, 이러한 까닭으로 매우 깊으니라. 선현이여. 예류과의 진여는 곧 예류과가 아니고 예류과를 벗어나지도 않는데 이러한 까닭으로 매우 깊고, 일래·불환·아라한과의 진여는 곧 일래·불환·아라한과가 아니고 일래·불환·아라한과를 벗어나지도 않는데, 이러한 까닭으로 매우 깊으니라.

선현이여. 독각의 보리의 진여는 곧 독각의 보리가 아니고 독각의 보리를 벗어나지도 않는데 이러한 까닭으로 매우 깊으니라. 선현이여. 일체지의 진여는 곧 일체지가 아니고 일체지를 벗어나지도 않는데 이러한 까닭으로 매우 깊고, 도상지·일체상지의 진여는 곧 도상지·일체상지가 아니고 도상지·일체상지를 벗어나지도 않는데, 이러한 까닭으로 매우 깊으니라.

선현이여. 일체의 보살마하살의 행의 진여는 곧 일체의 보살마하살의 행이 아니고 일체의 보살마하살의 행을 벗어나지도 않는데 이러한 까닭으로 매우 깊으니라. 선현이여. 제불의 무상정등보리는 곧 제불의 무상정등보리가 아니고 제불의 무상정등보리를 벗어나지도 않는데 이러한 까닭으로 매우 깊으니라."

그때 구수 선현이 세존께 아뢰어 말하였다.

"세존께서는 매우 기이(奇異)하고 미묘한 방편으로 불퇴전지(不退轉地)의 보살마하살들을 위하여 여러 색을 차단하고 떨쳐버렸으며1) 열반(涅槃)을 드러내어 보이셨고, 수·상·행·식을 차단하고 떨쳐버렸으며 열반을 드러내어 보이셨습니다. 세존께서는 매우 기이하고 미묘한 방편으로 불퇴전지의 보살마하살들을 위하여 안처를 차단하고 떨쳐버렸으며 열반을 드러내어 보이셨고, 이·비·설·신·의처를 차단하고 떨쳐버렸으며 열반을 드러내어 보이셨습니다.

세존께서는 매우 기이하고 미묘한 방편으로 불퇴전지의 보살마하살들을 위하여 색처를 차단하고 떨쳐버렸으며 열반을 드러내어 보이셨고, 성·향·미·촉·법처를 차단하고 떨쳐버렸으며 열반을 드러내어 보이셨습니다. 세존께서는 매우 기이하고 미묘한 방편으로 불퇴전지의 보살마하살들을 위하여 안계를 차단하고 떨쳐버렸으며 열반을 드러내어 보이셨고, 이·비·설·신·의계를 차단하고 떨쳐버렸으며 열반을 드러내어 보이셨습니다.

세존께서는 매우 기이하고 미묘한 방편으로 불퇴전지의 보살마하살들을 위하여 색계를 차단하고 떨쳐버렸으며 열반을 드러내어 보이셨고, 성·향·미·촉·법계를 차단하고 떨쳐버렸으며 열반을 드러내어 보이셨습니다. 세존께서는 매우 기이하고 미묘한 방편으로 불퇴전지의 보살마하살들을 위하여 안식계를 차단하고 떨쳐버렸으며 열반을 드러내어 보이셨고, 이·비·설·신·의식계를 차단하고 떨쳐버렸으며 열반을 드러내어 보이

---

1) 원문은 차견(遮遣)이고, '제거하다.', '논파(論破)하다.' 등으로 번역할 수 있다.

셨습니다.

세존께서는 매우 기이하고 미묘한 방편으로 불퇴전지의 보살마하살들을 위하여 안촉을 차단하고 떨쳐버렸으며 열반을 드러내어 보이셨고, 이·비·설·신·의촉을 차단하고 떨쳐버렸으며 열반을 드러내어 보이셨습니다. 세존께서는 매우 기이하고 미묘한 방편으로 불퇴전지의 보살마하살들을 위하여 안촉을 인연으로 생겨난 여러 수를 차단하고 떨쳐버렸으며 열반을 드러내어 보이셨고, 이·비·설·신·의촉을 인연으로 생겨난 여러 수를 차단하고 떨쳐버렸으며 열반을 드러내어 보이셨습니다.

세존께서는 매우 기이하고 미묘한 방편으로 불퇴전지의 보살마하살들을 위하여 지계를 차단하고 떨쳐버렸으며 열반을 드러내어 보이셨고, 수·화·풍·공·식계를 차단하고 떨쳐버렸으며 열반을 드러내어 보이셨습니다. 세존께서는 매우 기이하고 미묘한 방편으로 불퇴전지의 보살마하살들을 위하여 무명을 차단하고 떨쳐버렸으며 열반을 드러내어 보이셨고, 행·식·명색·육처·촉·수·애·취·유·생·노사의 수탄고우뇌를 차단하고 떨쳐버렸으며 열반을 드러내어 보이셨습니다.

세존께서는 매우 기이하고 미묘한 방편으로 불퇴전지의 보살마하살들을 위하여 보시바라밀다를 차단하고 떨쳐버렸으며 열반을 드러내어 보이셨고, 정계·안인·정진·정려·반야바라밀다를 차단하고 떨쳐버렸으며 열반을 드러내어 보이셨습니다. 세존께서는 매우 기이하고 미묘한 방편으로 불퇴전지의 보살마하살들을 위하여 내공을 차단하고 떨쳐버렸으며 열반을 드러내어 보이셨고, 외공·내외공·공공·대공·승의공·유위공·무위공·필경공·무제공·산공·무변이공·본성공·자상공·공상공·일체법공·불가득공·무성공·자성공·무성자성공을 차단하고 떨쳐버렸으며 열반을 드러내어 보이셨습니다.

세존께서는 매우 기이하고 미묘한 방편으로 불퇴전지의 보살마하살들을 위하여 진여를 차단하고 떨쳐버렸으며 열반을 드러내어 보이셨고, 법계·법성·불허망성·불변이성·평등성·이생성·법정·법주·실제·허공계·부사의계를 차단하고 떨쳐버렸으며 열반을 드러내어 보이셨습니다.

세존께서는 매우 기이하고 미묘한 방편으로 불퇴전지의 보살마하살들을 위하여 4념주를 차단하고 떨쳐버렸으며 열반을 드러내어 보이셨고, 4정단·4신족·5근·5력·7등각지·8성도지를 차단하고 떨쳐버렸으며 열반을 드러내어 보이셨습니다.

세존께서는 매우 기이하고 미묘한 방편으로 불퇴전지의 보살마하살들을 위하여 고성제를 차단하고 떨쳐버렸으며 열반을 드러내어 보이셨고, 집·멸·도성제를 차단하고 떨쳐버렸으며 열반을 드러내어 보이셨습니다. 세존께서는 매우 기이하고 미묘한 방편으로 불퇴전지의 보살마하살들을 위하여 4정려를 차단하고 떨쳐버렸으며 열반을 드러내어 보이셨고, 4무량·4무색정을 차단하고 떨쳐버렸으며 열반을 드러내어 보이셨습니다.

세존께서는 매우 기이하고 미묘한 방편으로 불퇴전지의 보살마하살들을 위하여 8해탈을 차단하고 떨쳐버렸으며 열반을 드러내어 보이셨고, 8승처·9차제정·10변처를 차단하고 떨쳐버렸으며 열반을 드러내어 보이셨습니다. 세존께서는 매우 기이하고 미묘한 방편으로 불퇴전지의 보살마하살들을 위하여 공해탈문을 차단하고 떨쳐버렸으며 4정려를 드러내어 보이셨고, 무상·무원해탈문을 차단하고 떨쳐버렸으며 열반을 드러내어 보이셨습니다.

세존께서는 매우 기이하고 미묘한 방편으로 불퇴전지의 보살마하살들을 위하여 극희지를 차단하고 떨쳐버렸으며 열반을 드러내어 보이셨고, 이구지·발광지·염혜지·극난승지·현전지·원행지·부동지·선혜지·법운지를 차단하고 떨쳐버렸으며 열반을 드러내어 보이셨습니다. 세존께서는 매우 기이하고 미묘한 방편으로 불퇴전지의 보살마하살들을 위하여 5안을 차단하고 떨쳐버렸으며 열반을 드러내어 보이셨고, 6신통을 차단하고 떨쳐버렸으며 열반을 드러내어 보이셨습니다.

세존께서는 매우 기이하고 미묘한 방편으로 불퇴전지의 보살마하살들을 위하여 삼마지문을 차단하고 떨쳐버렸으며 열반을 드러내어 보이셨고, 다라니문을 차단하고 떨쳐버렸으며 열반을 드러내어 보이셨습니다. 세존께서는 매우 기이하고 미묘한 방편으로 불퇴전지의 보살마하살들을 위하여 여래의 10력을 차단하고 떨쳐버렸으며 열반을 드러내어 보이셨고, 4무소외·4무애해·대자·대비·대희·대사·18불불공법을 차단하고 떨쳐버렸으며 열반을 드러내어 보이셨습니다.

세존께서는 매우 기이하고 미묘한 방편으로 불퇴전지의 보살마하살들을 위하여 무망실법을 차단하고 떨쳐버렸으며 열반을 드러내어 보이셨고, 항주사성을 차단하고 떨쳐버렸으며 열반을 드러내어 보이셨습니다. 세존께서는 매우 기이하고 미묘한 방편으로 불퇴전지의 보살마하살들을 위하여 예류과를 차단하고 떨쳐버렸으며 열반을 드러내어 보이셨고, 일래·불환·아라한과를 차단하고 떨쳐버렸으며 열반을 드러내어 보이셨습니다.

세존께서는 매우 기이하고 미묘한 방편으로 불퇴전지의 보살마하살들을 위하여 독각의 보리를 차단하고 떨쳐버렸으며 열반을 드러내어 보이셨습니다. 세존께서는 매우 기이하고 미묘한 방편으로 불퇴전지의 보살마하살들을 위하여 일체지를 차단하고 떨쳐버렸으며 열반을 드러내어 보이셨고, 도상지·일체상지를 차단하고 떨쳐버렸으며 열반을 드러내어 보이셨습니다.

세존께서는 매우 기이하고 미묘한 방편으로 불퇴전지의 보살마하살들을 위하여 일체의 보살마하살의 행을 차단하고 떨쳐버렸으며 열반을 드러내어 보이셨습니다. 세존께서는 매우 기이하고 미묘한 방편으로 불퇴전지의 보살마하살들을 위하여 제불의 무상정등보리를 차단하고 떨쳐버렸으며 열반을 드러내어 보이셨습니다.

세존께서는 매우 기이하고 미묘한 방편으로 불퇴전지의 보살마하살들을 위하여 일체의 만약 세간이거나, 만약 출세간이거나, 만약 공법(共法)이거나, 만약 불공법(不共法)이거나, 만약 유루법(有漏法)이거나, 만약 무루법(無漏法)이거나, 만약 유위법(有爲法)이거나, 만약 무위법(無爲法) 등을 차단하고 떨쳐버렸으며 열반을 드러내어 보이셨습니다.”

세존께서 말씀하셨다.

“선현이여. 그와 같으니라. 그와 같으니라. 그대가 말한 것과 같으니라. 여래(佛)는 매우 기이하고 미묘한 방편으로 불퇴전지의 보살마하살들을 위하여 여러 색을 차단하고 떨쳐버렸으며 열반을 나타내어 보여주었고, 수·상·행·식을 차단하고 떨쳐버렸으며 열반을 나타내어 보여주었느니라. 여래는 매우 기이하고 미묘한 방편으로 불퇴전지의 보살마하살들을 위하여 안처를 차단하고 떨쳐버렸으며 열반을 나타내어 보여주었고, 이·비·설·신·의처를 차단하고 떨쳐버렸으며 열반을 나타내어 보여주었느니라.

여래는 매우 기이하고 미묘한 방편으로 불퇴전지의 보살마하살들을 위하여 색처를 차단하고 떨쳐버렸으며 열반을 나타내어 보여주었고, 성·향·미·촉·법처를 차단하고 떨쳐버렸으며 열반을 나타내어 보여주었느니라. 여래는 매우 기이하고 미묘한 방편으로 불퇴전지의 보살마하살들을 위하여 안계를 차단하고 떨쳐버렸으며 열반을 나타내어 보여주었고, 이·비·설·신·의계를 차단하고 떨쳐버렸으며 열반을 나타내어 보여주었느니라.

여래는 매우 기이하고 미묘한 방편으로 불퇴전지의 보살마하살들을 위하여 색계를 차단하고 떨쳐버렸으며 열반을 나타내어 보여주었고, 성·향·미·촉·법계를 차단하고 떨쳐버렸으며 열반을 나타내어 보여주었느니라. 여래는 매우 기이하고 미묘한 방편으로 불퇴전지의 보살마하살들을 위하여 안식계를 차단하고 떨쳐버렸으며 열반을 나타내어 보여주었고, 이·비·설·신·의식계를 차단하고 떨쳐버렸으며 열반을 나타내어 보여주었느니라.

여래는 매우 기이하고 미묘한 방편으로 불퇴전지의 보살마하살들을 위하여 안촉을 차단하고 떨쳐버렸으며 열반을 나타내어 보여주었고, 이·비·설·신·의촉을 차단하고 떨쳐버렸으며 열반을 나타내어 보여주었느니라. 여래는 매우 기이하고 미묘한 방편으로 불퇴전지의 보살마하살들을 위하여 안촉을 인연으로 생겨난 여러 수를 차단하고 떨쳐버렸으며 열반을 나타내어 보여주었고, 이·비·설·신·의촉을 인연으로 생겨난 여러 수를 차단하고 떨쳐버렸으며 열반을 나타내어 보여주었느니라.

여래는 매우 기이하고 미묘한 방편으로 불퇴전지의 보살마하살들을

위하여 지계를 차단하고 떨쳐버렸으며 열반을 나타내어 보여주었고,
수·화·풍·공·식계를 차단하고 떨쳐버렸으며 열반을 나타내어 보여주었
느니라. 여래는 매우 기이하고 미묘한 방편으로 불퇴전지의 보살마하살
들을 위하여 무명을 차단하고 떨쳐버렸으며 열반을 나타내어 보여주었고,
행·식·명색·육처·촉·수·애·취·유·생·노사의 수탄고우뇌를 차단하고 떨
쳐버렸으며 열반을 나타내어 보여주었느니라.

　여래는 매우 기이하고 미묘한 방편으로 불퇴전지의 보살마하살들을
위하여 보시바라밀다를 차단하고 떨쳐버렸으며 열반을 나타내어 보여주
었고, 정계·안인·정진·정려·반야바라밀다를 차단하고 떨쳐버렸으며 열
반을 나타내어 보여주었느니라. 여래는 매우 기이하고 미묘한 방편으로
불퇴전지의 보살마하살들을 위하여 내공을 차단하고 떨쳐버렸으며 열반
을 나타내어 보여주었고, 외공·내외공·공공·대공·승의공·유위공·무위
공·필경공·무제공·산공·무변이공·본성공·자상공·공상공·일체법공·
불가득공·무성공·자성공·무성자성공을 차단하고 떨쳐버렸으며 열반을
나타내어 보여주었느니라.

　여래는 매우 기이하고 미묘한 방편으로 불퇴전지의 보살마하살들을
위하여 진여를 차단하고 떨쳐버렸으며 열반을 나타내어 보여주었고,
법계·법성·불허망성·불변이성·평등성·이생성·법정·법주·실제·허공
계·부사의계를 차단하고 떨쳐버렸으며 열반을 나타내어 보여주었느니
라. 여래는 매우 기이하고 미묘한 방편으로 불퇴전지의 보살마하살들을
위하여 4념주를 차단하고 떨쳐버렸으며 열반을 나타내어 보여주었고,
4정단·4신족·5근·5력·7등각지·8성도지를 차단하고 떨쳐버렸으며 열반
을 나타내어 보여주었느니라.

　여래는 매우 기이하고 미묘한 방편으로 불퇴전지의 보살마하살들을
위하여 고성제를 차단하고 떨쳐버렸으며 열반을 나타내어 보여주었고,
집·멸·도성제를 차단하고 떨쳐버렸으며 열반을 나타내어 보여주었느니
라. 여래는 매우 기이하고 미묘한 방편으로 불퇴전지의 보살마하살들을
위하여 4정려를 차단하고 떨쳐버렸으며 열반을 나타내어 보여주었고,

4무량·4무색정을 차단하고 떨쳐버렸으며 열반을 나타내어 보여주었느니라.

여래는 매우 기이하고 미묘한 방편으로 불퇴전지의 보살마하살들을 위하여 8해탈을 차단하고 떨쳐버렸으며 열반을 나타내어 보여주었고, 8승처·9차제정·10변처를 차단하고 떨쳐버렸으며 열반을 나타내어 보여주었느니라. 여래는 매우 기이하고 미묘한 방편으로 불퇴전지의 보살마하살들을 위하여 공해탈문을 차단하고 떨쳐버렸으며 4정려를 나타내어 보여주었고, 무상·무원해탈문을 차단하고 떨쳐버렸으며 열반을 나타내어 보여주었느니라.

여래는 매우 기이하고 미묘한 방편으로 불퇴전지의 보살마하살들을 위하여 극희지를 차단하고 떨쳐버렸으며 열반을 나타내어 보여주었고, 이구지·발광지·염혜지·극난승지·현전지·원행지·부동지·선혜지·법운지를 차단하고 떨쳐버렸으며 열반을 나타내어 보여주었느니라. 여래는 매우 기이하고 미묘한 방편으로 불퇴전지의 보살마하살들을 위하여 5안을 차단하고 떨쳐버렸으며 열반을 나타내어 보여주었고, 6신통을 차단하고 떨쳐버렸으며 열반을 나타내어 보여주었느니라.

여래는 매우 기이하고 미묘한 방편으로 불퇴전지의 보살마하살들을 위하여 삼마지문을 차단하고 떨쳐버렸으며 열반을 나타내어 보여주었고, 다라니문을 차단하고 떨쳐버렸으며 열반을 나타내어 보여주었느니라. 여래는 매우 기이하고 미묘한 방편으로 불퇴전지의 보살마하살들을 위하여 여래의 10력을 차단하고 떨쳐버렸으며 열반을 나타내어 보여주었고, 4무소외·4무애해·대자·대비·대희·대사·18불불공법을 차단하고 떨쳐버렸으며 열반을 나타내어 보여주었느니라.

여래는 매우 기이하고 미묘한 방편으로 불퇴전지의 보살마하살들을 위하여 무망실법을 차단하고 떨쳐버렸으며 열반을 나타내어 보여주었고, 항주사성을 차단하고 떨쳐버렸으며 열반을 나타내어 보여주었느니라. 여래는 매우 기이하고 미묘한 방편으로 불퇴전지의 보살마하살들을 위하여 예류과를 차단하고 떨쳐버렸으며 열반을 나타내어 보여주었고, 일래·

불환·아라한과를 차단하고 떨쳐버렸으며 열반을 나타내어 보여주었느니라.

여래는 매우 기이하고 미묘한 방편으로 불퇴전지의 보살마하살들을 위하여 독각의 보리를 차단하고 떨쳐버렸으며 열반을 나타내어 보여주었느니라. 여래는 매우 기이하고 미묘한 방편으로 불퇴전지의 보살마하살들을 위하여 일체지를 차단하고 떨쳐버렸으며 열반을 나타내어 보여주었고, 도상지·일체상지를 차단하고 떨쳐버렸으며 열반을 나타내어 보여주었느니라.

여래는 매우 기이하고 미묘한 방편으로 불퇴전지의 보살마하살들을 위하여 일체의 보살마하살의 행을 차단하고 떨쳐버렸으며 열반을 나타내어 보여주었느니라. 여래는 매우 기이하고 미묘한 방편으로 불퇴전지의 보살마하살들을 위하여 제불의 무상정등보리를 차단하고 떨쳐버렸으며 열반을 나타내어 보여주었느니라.

여래는 매우 기이하고 미묘한 방편으로 불퇴전지의 보살마하살들을 위하여 일체의 만약 세간이거나, 만약 출세간이거나, 만약 공법이거나, 만약 불공법이거나, 만약 유루법이거나, 만약 무루법이거나, 만약 유위법이거나, 만약 무위법 등을 차단하고 떨쳐버렸으며 열반을 나타내어 보여주었느니라."

마하반야바라밀다경 제329권

50. 교방편품(巧方便品)(2)

"다시 다음으로 선현이여. 제보살마하살은 이와 같은 여러 매우 깊은 처소에서 상응해야 하고, 깊은 반야바라밀다에 의지하여 상응하는 이치에 나아가며 자세하게 살펴서 사유하며 헤아리고 관찰하면서 '나는 지금 매우 깊은 반야바라밀다에서 설하시는 것과 같이 상응하여 안주해야 하고, 나는 지금 매우 깊은 반야바라밀다에서 설하시는 것과 같이 상응하여 수학(修學)해야 한다.'라고 상응하여 이렇게 생각을 지어야 하느니라.

선현이여. 만약 보살마하살이 능히 이와 같은 여러 매우 깊은 처소에서 깊은 반야바라밀다에 의지하여 상응하여 이치에 나아가고 자세하게 살펴서 사유하며 헤아리고 관찰하며, 매우 깊은 반야바라밀다에서 설하시는 것과 같이 안주하고, 매우 깊은 반야바라밀다에서 설하시는 것과 같이 수학한다면, 이 보살마하살은 오히려 능히 이와 같이 정근하면서 수학하므로 깊은 반야바라밀다에 의지하여 마음에서 일념(一念)을 일으키더라도, 오히려 무수(無數)이고 무량(無量)하며 무변(無邊)한 공덕을 능히 섭수하고, 성취하여 무량한 겁(劫)에 생사(生死)의 유전(流傳)을 초월하여 빠르게 무상정등보리를 증득하는데, 하물며 끊임없이 항상 반야바라밀다를 수학하면서 무상정등보리에 상응하는 작의(作意)에 항상 안주하겠는가?

선현이여. 애욕을 좋아하는 사람이 단정한 여인과 다시 서로 사랑하고 염오하면서 함께 만나기로 약속하였으나, 그 여인이 장애에 제한되어 나오는 시간을 얻지 못하였다면 이 사람에게 애욕의 마음은 더욱 치성(熾

盛)하여 넘쳐서 흐르는 것과 같으니라. 선현이여. 그대의 뜻은 어떠한가? 그 사람에게 애욕의 생각은 어느 곳으로 전전하겠는가?"

"세존이시여. 이 사람에게 애욕의 마음이 여인에게 움직이나니 이를테면, '그녀가 언제 이 마땅히 와서 함께 만나고, 이곳에서 즐겁게 오락하고 희롱하며 즐기겠는가?'라고 이렇게 생각을 지을 것입니다."

"선현이여. 그대의 뜻은 어떠한가? 그 사람은 밤낮으로 어떠한 애욕의 생각이 생겨나겠는가?"

"세존이시여. 이 사람은 밤낮으로 생각하는 것이 매우 많습니다."

"선현이여. 만약 보살마하살이 깊은 반야바라밀다에 의지하여 마음에서 일념을 일으키고, 매우 깊은 반야바라밀다에서 설하시는 것과 같이 수학한다면, 생사의 유전을 초월하였던 겁의 숫자는 그 애욕을 좋아하는 사람이 하루의 낮과 밤을 지내면서 일으킨 애욕의 생각과 그 수량(數量)이 같으니라. 선현이여. 이 보살마하살은 반야바라밀다에서 설하신 이치라는 것에 의지하면서 나아가고 사유하며 수학하면서 따르므로, 무상정등보리를 장애하면서 소유하였던 과실(過失)을 능히 해탈하게 시키느니라. 이러한 까닭으로 보살은 깊은 반야바라밀다에 의지하여 정근하면서 수학하므로 빠르게 무상정등보리를 증득하느니라.

선현이여. 만약 보살마하살이 깊은 반야바라밀다에서 설하신 것과 같이 머무르면서 하루의 낮과 밤을 지내면서 얻었던 것의 공덕은 만약 이 공덕이 형상과 분량이 있다면, 긍가사(殑伽沙) 등의 삼천대천(三千大千)의 제불세계(諸佛世界)에서도 수용(受用)할 수 없으리라. 가사 긍가사와 같은 삼천대천불세계(三千大千佛世界)의 여러 나머지의 공덕이더라도 이 공덕과 비교한다면, 백분(百分)의 1에도 미치지 못하고 천분(千分)의 일에도 미치지 못하며 백천분의 1에도 미치지 못하고 백 구지분(百俱胝分)의 1에도 미치지 못하며 천 구지분(千俱胝分)의 1에도 미치지 못하고 백천 구지분의 1에도 미치지 못하며 백 나유다분(百那庾多分)의 1에도 미치지 못하고 천 나유다분(千那庾多分)의 1에도 미치지 못하며 백천 나유다분의 1에도 미치지 못하나니, 이와 같이 널리 말한다면, 수분(數分)·산분(算分)·

계분(計分)·유분(喩分), 나아가 오파니살담분(鄔波尼殺曇分)의 1에도 역시
미치지 못하느니라.

다시 다음으로 선현이여. 보살마하살이 반야바라밀다를 멀리 벗어났
고, 설사 긍가사와 같은 숫자의 대겁(大劫)을 지내면서 불(佛)·법(法)·승보
(僧寶)에게 보시하고 공양하였다면 선현이여. 그대의 뜻은 어떠한가?
이 보살마하살이 오히려 이 인연으로 얻는 복이 많겠는가?"

선현이 대답하였다.

"매우 많습니다. 세존(世尊)이시여. 매우 많습니다. 선서(善逝)시여.
그 복은 무수이고 무량하며 무변합니다."

세존께서 말씀하셨다.

"선현이여. 만약 보살마하살이 깊은 반야바라밀다에 의지하여 하루의
낮과 밤을 지내면서 설한 것과 같이 수학하였다면, 얻는 공덕은 그것보다
매우 많으니라. 왜 그러한가? 선현이여. 매우 깊은 반야바라밀다는 이것
이 제보살마하살의 법(乘)이고 제보살마하살은 이 법에 의지하는 까닭으
로 빠르게 무상정등보리에 이르느니라."

"다시 다음으로 선현이여. 보살마하살이 반야바라밀다를 멀리 벗어났
고, 설사 긍가사와 같은 숫자의 대겁을 지내면서 예류·일래·불환·아라한·
독각·보살과 제여래·응공·정등각들께 보시하고 공양하였다면 선현이여.
그대의 뜻은 어떠한가? 이 보살마하살이 오히려 이 인연으로 얻는 복이
많겠는가?"

선현이 대답하였다.

"매우 많습니다. 세존이시여. 매우 많습니다. 선서시여. 그 복은 무수이
고 무량하며 무변합니다."

세존께서 말씀하셨다.

"선현이여. 만약 보살마하살이 깊은 반야바라밀다에 의지하여 하루의
낮과 밤을 지내면서 설한 것과 같이 수학하였다면, 얻는 공덕은 그것보다
매우 많으니라. 왜 그러한가? 선현이여. 제보살마하살이 깊은 반야바라밀
다를 수행하여 성문·독각지를 초월하여 빠르게 보살의 정성이생(正性離

生)에 들어가고 다시 능히 제보살의 행을 수행하여 빠르게 무상정등보리를 증득하느니라.

다시 다음으로 선현이여. 보살마하살이 반야바라밀다를 멀리 벗어났고, 설사 긍가사와 같은 숫자의 대겁을 지내면서 보시·정계·안인·정진·정려·반야를 정근하면서 수학하였다면, 선현이여. 그대의 뜻은 어떠한가? 이 보살마하살이 오히려 이 인연으로 얻는 복이 많겠는가?"

선현이 대답하였다.

"매우 많습니다. 세존이시여. 매우 많습니다. 선서시여. 그 복은 무수이고 무량하며 무변합니다."

세존께서 말씀하셨다.

"선현이여. 만약 보살마하살이 깊은 반야바라밀다에 의지하여 하루의 낮과 밤을 지내면서 보시·정계·안인·정진·정려·반야를 정근하면서 수학하였다면, 얻는 공덕은 그것보다 매우 많으니라. 왜 그러한가? 선현이여. 매우 깊은 반야바라밀다는 이것이 제보살마하살의 어머니이니라. 그 까닭은 무엇인가?, 매우 깊은 반야바라밀다는 능히 보살마하살의 대중을 출생시키고, 일체의 보살마하살의 대중은 반야바라밀다를 의지하여 빠르게 능히 일체의 불법을 원만하게 하느니라."

"다시 다음으로 선현이여. 보살마하살이 반야바라밀다를 멀리 벗어났고, 설사 긍가사와 같은 숫자의 대겁을 법으로써 일체의 유정에게 보시하였다면 선현이여. 그대의 뜻은 어떠한가? 이 보살마하살이 오히려 이 인연으로 얻는 복이 많겠는가?"

선현이 대답하였다.

"매우 많습니다. 세존이시여. 매우 많습니다. 선서시여. 그 복은 무수이고 무량하며 무변합니다."

세존께서 말씀하셨다.

"선현이여. 만약 보살마하살이 깊은 반야바라밀다에 의지하여 하루의 낮과 밤을 지내면서 법으로써 일체의 유정에게 보시하였다면, 얻는 공덕은 그것보다 매우 많으니라. 왜 그러한가? 선현이여. 만약 보살마하살이

반야바라밀다를 멀리 벗어난다면 곧 일체지지(一切智智)를 멀리 벗어나는
것이고, 만약 보살마하살이 반야바라밀다를 멀리 벗어나지 않는다면
곧 일체지지를 벗어나지 않느니라. 이러한 까닭으로 선현이여. 만약
보살마하살이 무상정등보리를 증득하고자 하였다면 항상 상응하여 매우
깊은 반야바라밀다를 벗어나지 않아야 하느니라.”

“다시 다음으로 선현이여. 보살마하살이 반야바라밀다를 멀리 벗어났
고, 설사 긍가사와 같은 숫자의 대겁을 지내면서 보시바라밀다를 수행하
였고 정계·안인·정진·정려·반야바라밀다를 수행하였다면, 선현이여. 그
대의 뜻은 어떠한가? 이 보살마하살이 오히려 이 인연으로 얻는 복이
많겠는가?”

선현이 대답하였다.

“매우 많습니다. 세존이시여. 매우 많습니다. 선서시여. 그 복은 무수이
고 무량하며 무변합니다.”

세존께서 말씀하셨다.

“선현이여. 만약 보살마하살이 깊은 반야바라밀다에 의지하여 하루의
낮과 밤을 지내면서 보시바라밀다를 수행하였고 정계·안인·정진·정려·
반야바라밀다를 수행하여 얻었던 것의 공덕은 그것보다 매우 많으니라.
왜 그러한가? 선현이여. 만약 보살마하살이 반야바라밀다를 벗어나지
않았는데 여래의 무상정등보리에서 퇴전이 있는 이러한 처소는 있지
않느니라. 만약 보살마하살이 반야바라밀다를 멀리 벗어났고 여래의
무상정등보리에서 퇴전이 있는 이러한 처소는 있느니라. 이러한 까닭으
로 선현이여. 만약 보살마하살이 무상정등보리를 증득하고자 하였다면
항상 상응하여 매우 깊은 반야바라밀다를 벗어나지 않아야 하느니라.”

“다시 다음으로 선현이여. 보살마하살이 반야바라밀다를 멀리 벗어났
고, 설사 긍가사와 같은 숫자의 대겁을 지내면서 내공에 안주(安住)하였고
외공·내외공·공공·대공·승의공·유위공·무위공·필경공·무제공·산공·
무변이공·본성공·자상공·공상공·일체법공·불가득공·무성공·자성공·
무성자성공에 안주하였다면, 선현이여. 그대의 뜻은 어떠한가? 이 보살마

하살이 오히려 이 인연으로 얻는 복이 많겠는가?"

선현이 대답하였다.

"매우 많습니다. 세존이시여. 매우 많습니다. 선서시여. 그 복은 무수이고 무량하며 무변합니다."

세존께서 말씀하셨다.

"선현이여. 만약 보살마하살이 깊은 반야바라밀다에 의지하여 하루의 낮과 밤을 지내면서 내공에 안주하였고 외공, 나아가 무성자성공에 안주하여 얻었던 것의 공덕은 그것보다 매우 많으니라. 왜 그러한가? 선현이여. 만약 보살마하살이 반야바라밀다를 벗어나지 않았는데 여래의 무상정등보리에서 퇴전이 있는 이러한 처소는 있지 않느니라. 만약 보살마하살이 반야바라밀다를 멀리 벗어났고 여래의 무상정등보리에서 퇴전이 있는 이러한 처소는 있느니라. 이러한 까닭으로 선현이여. 만약 보살마하살이 무상정등보리를 증득하고자 하였다면 항상 상응하여 매우 깊은 반야바라밀다를 벗어나지 않아야 하느니라."

"다시 다음으로 선현이여. 보살마하살이 반야바라밀다를 멀리 벗어났고, 설사 긍가사와 같은 숫자의 대겁을 지내면서 진여에 안주하였고 법계·법성·불허망성·불변이성·평등성·이생성·법정·법주·실제·허공계·부사의계에 안주하였다면, 선현이여. 그대의 뜻은 어떠한가? 이 보살마하살이 오히려 이 인연으로 얻는 복이 많겠는가?"

선현이 대답하였다.

"매우 많습니다. 세존이시여. 매우 많습니다. 선서시여. 그 복은 무수이고 무량하며 무변합니다."

세존께서 말씀하셨다.

"선현이여. 만약 보살마하살이 깊은 반야바라밀다에 의지하여 하루의 낮과 밤을 지내면서 진여에 안주하였고 법계, 나아가 부사의계에 안주하여 얻었던 것의 공덕은 그것보다 매우 많으니라. 왜 그러한가? 선현이여. 만약 보살마하살이 반야바라밀다를 벗어나지 않았는데 여래의 무상정등보리에서 퇴전이 있는 이러한 처소는 있지 않느니라. 만약 보살마하살이 반야바라밀다를 멀리 벗어났고 여래의 무상정등보리에서 퇴전이 있는 이러한 처소는 있느니라. 이러한 까닭으로 선현이여. 만약 보살마하살이 무상정등보리를 증득하고자 하였다면 항상 상응하여 매우 깊은 반야바라밀다를 벗어나지 않아야 하느니라.”

“다시 다음으로 선현이여. 보살마하살이 반야바라밀다를 멀리 벗어났고, 설사 긍가사와 같은 숫자의 대겁을 지내면서 4념주를 수행하였고 4정단·4신족·5근·5력·7등각지·8성도지를 수행하였다면, 선현이여. 그대의 뜻은 어떠한가? 이 보살마하살이 오히려 이 인연으로 얻는 복이 많겠는가?”

선현이 대답하였다.

“매우 많습니다. 세존이시여. 매우 많습니다. 선서시여. 그 복은 무수이고 무량하며 무변합니다.”

세존께서 말씀하셨다.

“선현이여. 만약 보살마하살이 깊은 반야바라밀다에 의지하여 하루의 낮과 밤을 지내면서 4념주를 수행하였고 4정단·4신족·5근·5력·7등각지·8성도지를 수행하여 얻었던 것의 공덕은 그것보다 매우 많으니라. 왜 그러한가? 선현이여. 만약 보살마하살이 반야바라밀다를 벗어나지 않았는데 여래의 무상정등보리에서 퇴전이 있는 이러한 처소는 있지 않느니라. 만약 보살마하살이 반야바라밀다를 멀리 벗어났고 여래의 무상정등보리에서 퇴전이 있는 이러한 처소는 있느니라. 이러한 까닭으로 선현이여. 만약 보살마하살이 무상정등보리를 증득하고자 하였다면 항상 상응하여 매우 깊은 반야바라밀다를 벗어나지 않아야 하느니라.”

“다시 다음으로 선현이여. 보살마하살이 반야바라밀다를 멀리 벗어났고, 설사 긍가사와 같은 숫자의 대겁을 지내면서 고성제에 안주하였고 집·멸·도성제에 안주하였다면, 선현이여. 그대의 뜻은 어떠한가? 이 보살마하살이 오히려 이 인연으로 얻는 복이 많겠는가?”

선현이 대답하였다.

“매우 많습니다. 세존이시여. 매우 많습니다. 선서시여. 그 복은 무수이고 무량하며 무변합니다."

세존께서 말씀하셨다.

"선현이여. 만약 보살마하살이 깊은 반야바라밀다에 의지하여 하루의 낮과 밤을 지내면서 고성제에 안주하였고 집·멸·도성제에 안주하여 얻었던 것의 공덕은 그것보다 매우 많으니라. 왜 그러한가? 선현이여. 만약 보살마하살이 반야바라밀다를 벗어나지 않았는데 여래의 무상정등보리에서 퇴전이 있는 이러한 처소는 있지 않느니라. 만약 보살마하살이 반야바라밀다를 멀리 벗어났고 여래의 무상정등보리에서 퇴전이 있는 이러한 처소는 있느니라. 이러한 까닭으로 선현이여. 만약 보살마하살이 무상정등보리를 증득하고자 하였다면 항상 상응하여 매우 깊은 반야바라밀다를 벗어나지 않아야 하느니라."

"다시 다음으로 선현이여. 보살마하살이 반야바라밀다를 멀리 벗어났고, 설사 긍가사와 같은 숫자의 대겁을 지내면서 4정려를 수행하였고 4무량·4무색정을 수행하였다면, 선현이여. 그대의 뜻은 어떠한가? 이 보살마하살이 오히려 이 인연으로 얻는 복이 많겠는가?"

선현이 대답하였다.

"매우 많습니다. 세존이시여. 매우 많습니다. 선서시여. 그 복은 무수이고 무량하며 무변합니다."

세존께서 말씀하셨다.

"선현이여. 만약 보살마하살이 깊은 반야바라밀다에 의지하여 하루의 낮과 밤을 지내면서 4정려를 수행하였고 4무량·4무색정을 수행하여 얻었던 것의 공덕은 그것보다 매우 많으니라. 왜 그러한가? 선현이여. 만약 보살마하살이 반야바라밀다를 벗어나지 않았는데 여래의 무상정등보리에서 퇴전이 있는 이러한 처소는 있지 않느니라. 만약 보살마하살이 반야바라밀다를 멀리 벗어났고 여래의 무상정등보리에서 퇴전이 있는 이러한 처소는 있느니라. 이러한 까닭으로 선현이여. 만약 보살마하살이 무상정등보리를 증득하고자 하였다면 항상 상응하여 매우 깊은 반야바라밀다를 벗어나지 않아야 하느니라."

"다시 다음으로 선현이여. 보살마하살이 반야바라밀다를 멀리 벗어났고, 설사 긍가사와 같은 숫자의 대겁을 지내면서 8해탈을 수행하였고 8승처·9차제정·10변처를 수행하였다면, 선현이여. 그대의 뜻은 어떠한가? 이 보살마하살이 오히려 이 인연으로 얻는 복이 많겠는가?"

선현이 대답하였다.

"매우 많습니다. 세존이시여. 매우 많습니다. 선서시여. 그 복은 무수이고 무량하며 무변합니다."

세존께서 말씀하셨다.

"선현이여. 만약 보살마하살이 깊은 반야바라밀다에 의지하여 하루의 낮과 밤을 지내면서 8해탈을 수행하였고 8승처·9차제정·10변처를 수행하여 얻었던 것의 공덕은 그것보다 매우 많으니라. 왜 그러한가? 선현이여. 만약 보살마하살이 반야바라밀다를 벗어나지 않았는데 여래의 무상정등보리에서 퇴전이 있는 이러한 처소는 있지 않느니라. 만약 보살마하살이 반야바라밀다를 멀리 벗어났고 여래의 무상정등보리에서 퇴전이 있는 이러한 처소는 있느니라. 이러한 까닭으로 선현이여. 만약 보살마하살이 무상정등보리를 증득하고자 하였다면 항상 상응하여 매우 깊은 반야바라밀다를 벗어나지 않아야 하느니라."

"다시 다음으로 선현이여. 보살마하살이 반야바라밀다를 멀리 벗어났고, 설사 긍가사와 같은 숫자의 대겁을 지내면서 공해탈문을 수행하였고 무상·무원해탈문을 수행하였다면, 선현이여. 그대의 뜻은 어떠한가? 이 보살마하살이 오히려 이 인연으로 얻는 복이 많겠는가?"

선현이 대답하였다.

"매우 많습니다. 세존이시여. 매우 많습니다. 선서시여. 그 복은 무수이고 무량하며 무변합니다."

세존께서 말씀하셨다.

"선현이여. 만약 보살마하살이 깊은 반야바라밀다에 의지하여 하루의 낮과 밤을 지내면서 공해탈문을 수행하였고 무상·무원해탈문을 수행하여 얻었던 것의 공덕은 그것보다 매우 많으니라. 왜 그러한가? 선현이여.

만약 보살마하살이 반야바라밀다를 벗어나지 않았는데 여래의 무상정등보리에서 퇴전이 있는 이러한 처소는 있지 않느니라. 만약 보살마하살이 반야바라밀다를 멀리 벗어났고 여래의 무상정등보리에서 퇴전이 있는 이러한 처소는 있느니라. 이러한 까닭으로 선현이여. 만약 보살마하살이 무상정등보리를 증득하고자 하였다면 항상 상응하여 매우 깊은 반야바라밀다를 벗어나지 않아야 하느니라."

"다시 다음으로 선현이여. 보살마하살이 반야바라밀다를 멀리 벗어났고, 설사 긍가사와 같은 숫자의 대겁을 지내면서 극희지를 수행하였고 이구지·발광지·염혜지·극난승지·현전지·원행지·부동지·선혜지·법운지를 수행하였다면, 선현이여. 그대의 뜻은 어떠한가? 이 보살마하살이 오히려 이 인연으로 얻는 복이 많겠는가?"

선현이 대답하였다.

"매우 많습니다. 세존이시여. 매우 많습니다. 선서시여. 그 복은 무수이고 무량하며 무변합니다."

세존께서 말씀하셨다.

"선현이여. 만약 보살마하살이 깊은 반야바라밀다에 의지하여 하루의 낮과 밤을 지내면서 극희지를 수행하였고 이구지·발광지·염혜지·극난승지·현전지·원행지·부동지·선혜지·법운지를 수행하여 얻었던 것의 공덕은 그것보다 매우 많으니라. 왜 그러한가? 선현이여. 만약 보살마하살이 반야바라밀다를 벗어나지 않았는데 여래의 무상정등보리에서 퇴전이 있는 이러한 처소는 있지 않느니라. 만약 보살마하살이 반야바라밀다를 멀리 벗어났고 여래의 무상정등보리에서 퇴전이 있는 이러한 처소는 있느니라. 이러한 까닭으로 선현이여. 만약 보살마하살이 무상정등보리를 증득하고자 하였다면 항상 상응하여 매우 깊은 반야바라밀다를 벗어나지 않아야 하느니라."

"다시 다음으로 선현이여. 보살마하살이 반야바라밀다를 멀리 벗어났고, 설사 긍가사와 같은 숫자의 대겁을 지내면서 5안을 수행하였고 6신통을 수행하였다면, 선현이여. 그대의 뜻은 어떠한가? 이 보살마하살이 오히려 이 인연으로 얻는 복이 많겠는가?"

선현이 대답하였다.

"매우 많습니다. 세존이시여. 매우 많습니다. 선서시여. 그 복은 무수이고 무량하며 무변합니다."

세존께서 말씀하셨다.

"선현이여. 만약 보살마하살이 깊은 반야바라밀다에 의지하여 하루의 낮과 밤을 지내면서 5안을 수행하였고 일체의 다라니문을 수행하여 얻었던 것의 공덕은 그것보다 매우 많으니라. 왜 그러한가? 선현이여. 만약 보살마하살이 반야바라밀다를 벗어나지 않았는데 여래의 무상정등보리에서 퇴전이 있는 이러한 처소는 있지 않느니라. 만약 보살마하살이 반야바라밀다를 멀리 벗어났고 여래의 무상정등보리에서 퇴전이 있는 이러한 처소는 있느니라. 이러한 까닭으로 선현이여. 만약 보살마하살이 무상정등보리를 증득하고자 하였다면 항상 상응하여 매우 깊은 반야바라밀다를 벗어나지 않아야 하느니라."

"다시 다음으로 선현이여. 보살마하살이 반야바라밀다를 멀리 벗어났고, 설사 긍가사와 같은 숫자의 대겁을 지내면서 일체의 삼마지문을 수행하였고 일체의 다라니문을 수행하였다면 선현이여. 그대의 뜻은 어떠한가? 이 보살마하살이 오히려 이 인연으로 얻는 복이 많겠는가?"

선현이 대답하였다.

"매우 많습니다. 세존이시여. 매우 많습니다. 선서시여. 그 복은 무수이고 무량하며 무변합니다."

세존께서 말씀하셨다.

"선현이여. 만약 보살마하살이 깊은 반야바라밀다에 의지하여 하루의 낮과 밤을 지내면서 일체의 삼마지문을 수행하였고 일체의 다라니문을 수행하여 얻었던 것의 공덕은 그것보다 매우 많으니라. 왜 그러한가? 선현이여. 만약 보살마하살이 반야바라밀다를 벗어나지 않았는데 여래의 무상정등보리에서 퇴전이 있는 이러한 처소는 있지 않느니라. 만약 보살마하살이 반야바라밀다를 멀리 벗어났고 여래의 무상정등보리에서 퇴전이 있는 이러한 처소는 있느니라. 이러한 까닭으로 선현이여. 만약 보살마하살이 무상정등보리를 증득하고자 하였다면 항상 상응하여 매우 깊은 반야바라밀다를 벗어나지 않아야 하느니라."

"다시 다음으로 선현이여. 보살마하살이 반야바라밀다를 멀리 벗어났고, 설사 긍가사와 같은 숫자의 대겁을 지내면서 여래의 10력을 수행하였고 4무소외·4무애해·대자·대비·대희·대사·18불불공법을 수행하였다면, 선현이여. 그대의 뜻은 어떠한가? 이 보살마하살이 오히려 이 인연으로 얻는 복이 많겠는가?"

선현이 대답하였다.

"매우 많습니다. 세존이시여. 매우 많습니다. 선서시여. 그 복은 무수이고 무량하며 무변합니다."

세존께서 말씀하셨다.

"선현이여. 만약 보살마하살이 깊은 반야바라밀다에 의지하여 하루의 낮과 밤을 지내면서 여래의 10력을 수행하였고 4무소외, 나아가 18불불공법을 수행하여 얻었던 것의 공덕은 그것보다 매우 많으니라. 왜 그러한가? 선현이여. 만약 보살마하살이 반야바라밀다를 벗어나지 않았는데 여래의 무상정등보리에서 퇴전이 있는 이러한 처소는 있지 않느니라. 만약 보살마하살이 반야바라밀다를 멀리 벗어났고 여래의 무상정등보리에서 퇴전이 있는 이러한 처소는 있느니라. 이러한 까닭으로 선현이여. 만약 보살마하살이 무상정등보리를 증득하고자 하였다면 항상 상응하여 매우 깊은 반야바라밀다를 벗어나지 않아야 하느니라."

"다시 다음으로 선현이여. 보살마하살이 반야바라밀다를 멀리 벗어났고, 설사 긍가사와 같은 숫자의 대겁을 지내면서 무망실법을 수행하였고 도상지·일체상지를 수행하였다면, 선현이여. 그대의 뜻은 어떠한가? 이 보살마하살이 오히려 이 인연으로 얻는 복이 많겠는가?"

선현이 대답하였다.

"매우 많습니다. 세존이시여. 매우 많습니다. 선서시여. 그 복은 무수이고 무량하며 무변합니다."

세존께서 말씀하셨다.

"선현이여. 만약 보살마하살이 깊은 반야바라밀다에 의지하여 하루의 낮과 밤을 지내면서 무망실법을 수행하였고 항주사성을 수행하여 얻었던 것의 공덕은 그것보다 매우 많으니라. 왜 그러한가? 선현이여. 만약 보살마하살이 반야바라밀다를 벗어나지 않았는데 여래의 무상정등보리에서 퇴전이 있는 이러한 처소는 있지 않느니라. 만약 보살마하살이 반야바라밀다를 멀리 벗어났고 여래의 무상정등보리에서 퇴전이 있는 이러한 처소는 있느니라. 이러한 까닭으로 선현이여. 만약 보살마하살이 무상정등보리를 증득하고자 하였다면 항상 상응하여 매우 깊은 반야바라밀다를 벗어나지 않아야 하느니라."

"다시 다음으로 선현이여. 보살마하살이 반야바라밀다를 멀리 벗어났고, 설사 긍가사와 같은 숫자의 대겁을 지내면서 일체지를 수행하였고 항주사성을 수행하였다면, 선현이여. 그대의 뜻은 어떠한가? 이 보살마하살이 오히려 이 인연으로 얻는 복이 많겠는가?"

선현이 대답하였다.

"매우 많습니다. 세존이시여. 매우 많습니다. 선서시여. 그 복은 무수이고 무량하며 무변합니다."

세존께서 말씀하셨다.

"선현이여. 만약 보살마하살이 깊은 반야바라밀다에 의지하여 하루의 낮과 밤을 지내면서 일체지를 수행하였고 도상지·일체상지를 수행하여 얻었던 것의 공덕은 그것보다 매우 많으니라. 왜 그러한가? 선현이여. 만약 보살마하살이 반야바라밀다를 벗어나지 않았는데 여래의 무상정등보리에서 퇴전이 있는 이러한 처소는 있지 않느니라. 만약 보살마하살이 반야바라밀다를 멀리 벗어났고 여래의 무상정등보리에서 퇴전이 있는 이러한 처소는 있느니라. 이러한 까닭으로 선현이여. 만약 보살마하살이 무상정등보리를 증득하고자 하였다면 항상 상응하여 매우 깊은 반야바라밀다를 벗어나지 않아야 하느니라."

"다시 다음으로 선현이여. 보살마하살이 반야바라밀다를 멀리 벗어났고, 설사 긍가사와 같은 숫자의 대겁을 지내면서 여러 종류의 재시(財施)와 법시(法施)를 수행하였고, 텅비었으며 한적한 처소에 머무르면서 생각을 붙잡아서 사유하였고, 먼저 수행하였던 것을 널리 일체의 유정을 위하여 무상정등보리에 회향(廻向)하였다면, 선현이여. 그대의 뜻은 어떠한가? 이 보살마하살이 오히려 이 인연으로 얻는 복이 많겠는가?"

선현이 대답하였다.

"매우 많습니다. 세존이시여. 매우 많습니다. 선서시여. 그 복은 무수이고 무량하며 무변합니다."

세존께서 말씀하셨다.

"선현이여. 만약 보살마하살이 깊은 반야바라밀다에 의지하여 여러 종류의 재시(財施)와 법시(法施)를 수행하였고, 텅비었으며 한적한 처소에 머무르면서 생각을 붙잡아서 사유하였고, 먼저 수행하였던 것을 널리 일체의 유정을 위하여 무상정등보리에 회향하여 얻었던 것의 공덕은 그것보다 매우 많으니라. 왜 그러한가? 선현이여. 깊은 반야바라밀다에 의지하여 일으켰던 것의 회향은 이것은 최고로 수승한 회향이라고 마땅히 알아야 하고, 반야바라밀다를 멀리 벗어나서 일으켰던 것의 회향은 최고로 수승한 회향이라고 이름하지 않는다고 마땅히 알아야 하느니라. 이러한 까닭으로 선현이여. 보살마하살이 무상정등보리를 증득하고자 하였다면 항상 상응하여 매우 깊은 반야바라밀다를 벗어나지 않으면서 수행하였던 것으로써 널리 일체를 위하여 무상정등보리에 회향해야 하느니라."

"다시 다음으로 선현이여. 보살마하살이 반야바라밀다를 멀리 벗어났고, 설사 긍가사와 같은 숫자의 대겁을 지내면서 널리 과거·미래·현재에 일체의 여래·응공·정등각들과 여러 제자들의 공덕과 선근(善根)을 인연으로 화합하였고 따라서 기뻐하면서 널리 일체의 유정을 위하여 무상정등보리에 회향하였다면, 선현이여. 그대의 뜻은 어떠한가? 이 보살마하살이 오히려 이 인연으로 얻는 복이 많겠는가?"

선현이 대답하였다.

"매우 많습니다. 세존이시여. 매우 많습니다. 선서시여. 그 복은 무수이고 무량하며 무변합니다."

세존께서 말씀하셨다.

"선현이여. 만약 보살마하살이 깊은 반야바라밀다에 의지하여 머무르고 하루의 밤낮을 지내면서 널리 과거·미래·현재에 일체의 여래·응공·정등각과 여러 제자들의 공덕과 선근을 인연으로 화합하였고 따라서 기뻐하면서 널리 일체의 유정을 위하여 무상정등보리에 회향하여 얻었던 것의 공덕은 그것보다 매우 많으니라. 왜 그러한가? 선현이여. 깊은 반야바라밀다에 의지하여 일으켰던 것의 회향은 마땅히 이것은 최고로 수승한 회향이라고 마땅히 알아야 하고, 반야바라밀다를 멀리 벗어나서 일으켰던 것의 회향은 최고로 수승한 회향이라고 이름하지 않는다고 마땅히 알아야 하느니라. 이러한 까닭으로 선현이여. 일체를 따라서 기뻐하면서 회향하는 공덕과 선근은 모두 매우 깊은 반야바라밀다로써 상수(上首)를 삼느니라. 이러한 까닭으로 선현이여. 보살마하살이 무상정등보리를 증득하고자 하였다면 항상 상응하여 매우 깊은 반야바라밀다를 벗어나지 않으면서 여러 선근에서 화합하고 따라서 기뻐하면서 널리 일체를 위하여 무상정등보리에 회향해야 하느니라."

그때 구수 선현이 세존께 아뢰어 말하였다.

"세존이시여. 세존께서 설하신 것과 같이 분별로 지었던 것은 모두 실유(實有)[1]가 아닌데, 무슨 인연으로써 이 보살마하살 등이 얻었던 복은 무수이고 무량하며 무변합니까? 세존이시여. 분별로 지었던 것은 능히 진실한 정견(正見)을 일으킬 수 없고, 능히 정성이생(正性離生)에 들어갈 수 없으며, 능히 예류과를 증득할 수 없고, 혹은 일래과이거나, 혹은 불환과이거나, 혹은 아라한과이거나, 혹은 독각의 보리를 증득할 수 없으며, 역시 능히 제불의 무상정등보리도 증득할 수 없습니다."

세존께서 말씀하셨다.

---

1) 삼라만상(森羅萬象)이 인연법에 의지하여 잠시 존재하는 허상(虛像)인데, 중생은 미혹(迷惑)한 생각으로 이것이 실재(實在)한다고 생각하는 것이다.

"선현이여. 그와 같으니라. 그와 같으니라. 그대들이 말한 것과 같으니라. 분별로 지었던 것은 능히 진실한 정견을 일으킬 수 없고, 능히 정성이생에 들어갈 수 없으며, 능히 예류과를 증득할 수 없고, 혹은 일래과이거나, 혹은 불환과이거나, 혹은 아라한과이거나, 혹은 독각의 보리를 증득할 수 없으며, 역시 능히 제불의 무상정등보리도 증득할 수 없느니라.

선현이여. 제보살마하살이 깊은 반야바라밀다를 수행한다면 일체 종류의 분별로 지었던 것은 공(空)하고 무소유(無所有)이며 허망하고 진실하지 않다고 아느니라. 그 까닭은 무엇인가? 선현이여. 제보살마하살은 내공(內空)을 잘 수학(修學)하고 외공(外空)을 잘 수학하며 내외공(內外空)을 잘 수학하고 공공(空空)을 잘 수학하며 대공(大空)을 잘 수학하고 승의공(勝義空)을 잘 수학하며 유위공(有爲空)을 잘 수학하고 무위공(無爲空)을 잘 수학하며 필경공(畢竟空)을 잘 수학하고 무제공(無際空)을 잘 수학하며 산공(散空)을 잘 수학하고 무변이공(無變異空)을 잘 수학하며 본성공(本性空)을 잘 수학하고 자상공(自相空)을 잘 수학하며 공상공(共相空)을 잘 수학하고 일체법공(一切法空)을 잘 수학하며 불가득공(不可得空)을 잘 수학하고 무성공(無性空)을 잘 수학하며 자성공(自性空)을 잘 수학하고 무성자성공(無性自性空)을 잘 수학하느니라.

선현이여. 이 보살마하살은 안주하고서 분별로 지었던 것은 공(空)하고 무소유(無所有)이며 허망하고 진실하지 않다고 여여(如如)하게 관찰하나니, 이와 같고 이와 같다면 곧 매우 깊은 반야바라밀다를 멀리 벗어나지 않느니라. 선현이여. 이 보살마하살은 여여하게 매우 깊은 반야바라밀다를 멀리 벗어나지 않으므로, 이와 같고 이와 같아서 얻었던 복이 무수이고 무량하며 무변하니라."

그때 구수 선현이 다시 세존께 아뢰어 말하였다.

"세존이시여. 무수이고 무량하며 무변한 것에 무슨 차별이 있습니까?"

세존께서 말씀하셨다.

"선현이여. 무수(無數)라고 말하는 것은 숫자(數)를 얻을 수 없으므로 유위계(有爲界)의 가운데에 있는 것을 셀 수 없고 무위계(無爲界) 가운데에 있는 것도 셀 수 없다는 것이니라. 무량(無量)하다고 말하는 것은 분량(量)을 얻을 수 없으므로 과거법(過去法)의 가운데에 있던 것을 헤아릴 수 없고 미래법(未來法)의 가운데에 있는 것을 헤아릴 수 없으며 현재법(現在法)의 가운데에 있는 것을 헤아릴 수 없다는 것이니라. 무변(無邊)하다고 말하는 것은 변제(邊際)를 얻을 수 없으므로 그 변제를 측량하여 헤아릴 수 없다는 것이니라."

그때 구수 선현이 다시 세존께 아뢰어 말하였다.

"세존이시여. 인연(因緣)이 있는 까닭으로 색도 역시 무수이고 무량하며 무변하고, 수·상·행·식도 역시 무수이고 무량하며 무변합니까?"

세존께서 말씀하셨다.

"인연이 있는 까닭으로 색도 역시 무수이고 무량하며 무변하고, 수·상·행·식도 역시 무수이고 무량하며 무변하니라."

"세존이시여. 무슨 인연을 까닭으로 색도 역시 무수이고 무량하며 무변하고, 수·상·행·식도 역시 무수이고 무량하며 무변합니까?"

"선현이여. 색이 공한 까닭으로 역시 무수이고 무량하며 무변하고, 수·상·행·식이 공한 까닭으로 역시 무수이고 무량하며 무변하니라."

그때 구수 선현이 다시 세존께 아뢰어 말하였다.

"세존이시여. 다만 색이 공합니까? 다만 수·상·행·식이 공합니까? 일체법도 역시 이것이 공합니까?"

세존께서 말씀하셨다.

"선현이여. 나는 먼저 일체법은 모두 공하다고 설하지 않았던가?"

선현이 대답하여 말하였다.

"세존께서는 비록 일체법은 모두 이것이 공하다고 이미 설하셨을지라도, 제유정들은 알지 못하고 보지 못하였으며 깨닫지 못한 까닭으로, 제가 지금 다시 이것을 물었습니다.

세존이시여. 여래께서는 항상 색이 공하다고 설하셨고 수·상·행·식도 공하다고 설하셨으며, 여래께서는 항상 안처가 공하다고 설하셨고 이·비·설·신·의처도 역시 공하다고 설하셨으며, 여래께서는 항상 색처가 공하다고 설하셨고 성·향·미·촉·법처도 역시 공하다고 설하셨으며, 여래께서는 항상 안계가 공하다고 설하셨고 이·비·설·신·의계도 역시 공하다고 설하셨으며, 색계가 공하다고 설하셨고 성·향·미·촉·법계도 역시 공하다고 설하셨습니다.

여래께서는 항상 안식계가 공하다고 설하셨고 이·비·설·신·의식계도 역시 공하다고 설하셨으며, 여래께서는 항상 안촉이 공하다고 설하셨고 이·비·설·신·의촉도 역시 공하다고 설하셨으며, 여래께서는 항상 안촉을 인연으로 생겨난 여러 수가 공하다고 설하셨고 이·비·설·신·의촉을 인연으로 생겨난 여러 수가 역시 공하다고 설하셨으며, 여래께서는 항상 지계가 공하다고 설하셨고 수·화·풍·공·식계도 역시 공하다고 설하셨습니다.

여래께서는 항상 인연(因緣)의 자성이 공하다고 설하셨고 등무간연(等無間緣)·소연연(所緣緣)·증상연(增上緣)의 자성도 역시 공하다고 설하셨으며, 여래께서는 항상 무명이 공하다고 설하셨고 행·식·명색·육처·촉·수·애·취·유·생·노사도 역시 공하다고 설하셨으며, 여래께서는 항상 아(我)가 공하다고 설하셨고 유정(有情)·명자(命者)·생자(生者)·양자(養者)·사부(士夫)·보특가라(補特伽羅)·의생(意生)·유동(孺童)·작자(作者)·수자(受者)·지자(知者)·견자(見者)도 역시 공하다고 설하셨습니다.

여래께서는 항상 보시바라밀다가 공하다고 설하셨고 정계·안인·정진·정려·반야바라밀다도 역시 공하다고 설하셨으며, 여래께서는 항상 내공이 공하다고 설하셨고 외공·내외공·공공·대공·승의공·유위공·무위공·필경공·무제공·산공·무변이공·본성공·자상공·공상공·일체법공·불가득공·무성공·자성공·무성자성공도 역시 공하다고 설하셨으며, 여래께서는 항상 진여가 공하다고 설하셨고 법계·법성·불허망성·불변이성·평등성·이생성·법정·법주·실제·허공계·부사의계도 역시 공하다고 설하셨습니다.

여래께서는 항상 4념주가 공하다고 설하셨고 4정단·4신족·5근·5력·7등각지·8성도지도 역시 공하다고 설하셨으며, 여래께서는 항상 고성제가

공하다고 설하셨고 집·멸·도성제도 역시 공하다고 설하셨으며, 여래께서
는 항상 4정려가 공하다고 설하셨고 4무량·4무색정도 역시 공하다고
설하셨으며, 여래께서는 항상 8해탈이 공하다고 설하셨고 8승처·9차제정
·10변처도 역시 공하다고 설하셨으며, 여래께서는 항상 공해탈문이 공하
다고 설하셨고 무상·무원 해탈문도 역시 공하다고 설하셨습니다.

여래께서는 항상 극희지가 공하다고 설하셨고 이구지·발광지·염혜지·
극난승지·현전지·원행지·부동지·선혜지·법운지도 역시 공하다고 설하
셨으며, 여래께서는 항상 5안이 공하다고 설하셨고 6신통도 역시 공하다
고 설하셨으며, 여래께서는 항상 삼마지문이 공하다고 설하셨고 다라니문
도 역시 공하다고 설하셨으며, 여래께서는 항상 여래의 10력이 공하다고
설하셨고 4무소외·4무애해·대자·대비·대희·대사·18불불공법도 역시
공하다고 설하셨습니다.

여래께서는 무망실법이 공하다고 설하셨고 항주사성도 공하다고 설하
셨으며, 여래께서는 항상 일체지가 공하다고 설하셨고 도상지·일체상지
도 역시 공하다고 설하셨으며, 여래께서는 항상 예류과가 공하다고 설하
셨고 일래과·불환과·아라한과도 역시 공하다고 설하셨으며, 여래께서는
항상 독각의 보리가 공하다고 설하셨고, 여래께서는 항상 일체의 보살마
하살의 행이 공하다고 설하셨으며, 여래께서는 항상 제불의 무상정등보리
가 공하다고 설하셨습니다.

여래께서는 항상 이생지(異生地)가 공하다고 설하셨고 성문·독각·보살
·여래지도 역시 공하다고 설하셨으며, 여래께서는 항상 유색법(有色法)·
무색법(無色法)이 공하다고 설하셨고 유견법(有見法)·무견법(無見法), 유
대법(有對法)·무대법(無對法), 유루법(有漏法)·무루법(無漏法)도 역시 공
하다고 설하셨으며, 여래께서는 항상 과거·미래·현재법이 공하다고 설하
셨고 선(善)·불선(不善)·무기법(無記法), 욕계(欲界)·색계(色界)·무색계
(無色界)에 얽매인 법, 학(學)·무학(無學)·비학(非學)·비무학법(非無學法),
견소단(見所斷)·수도단(修所斷)·비소단법(非所斷法)도 역시 공하다고 설
하셨습니다.”

세존께서 말씀하셨다.

"선현이여. 그와 같으니라. 그와 같으니라. 나는 항상 이 제법들이 모두 공하다고 설하였느니라."

그때 구수 선현이 다시 세존께 아뢰어 말하였다.

"세존이시여. 일체법이 공(空)하다면 곧 이것이 무진(無盡)이고, 역시 이것이 무수이며, 이것이 무량하고, 이것이 무변합니다.

세존이시여. 제법의 공한 가운데에서는 끝마침(盡)을 얻을 수 없고 숫자를 얻을 수 없으며 분량을 얻을 수 없고 끝자락을 얻을 수 없는데, 오히려 이러한 인연으로 무진이고 무수이며 무량하고 무변하므로 글과 뜻에 차별이 없습니다."

세존께서 말씀하셨다.

"선현이여. 그와 같으니라. 그와 같으니라. 그대가 말한 것과 같이 무진이고 무수이며 무량이고 무변하므로 글과 뜻에 차별이 없는데, 모두 가 함께 제법이 공하다고 명료하게 나타내는 까닭이니라.

선현이여. 일체법은 공하므로 모두 설할 수 없으나, 여래는 방편으로 무진이라고 설하고, 혹은 무수라고 설하며, 혹은 무량하다고 설하고, 혹은 무변하다고 설하며, 혹은 공(空)이 된다고 설하고, 혹은 무상(無相)이 라고 설하며, 혹은 무원(無願)이라고 설하고, 혹은 무작(無作)이라고 설하 며, 혹은 무생(無生)이라고 설하고, 혹은 무멸(無滅)이라고 설하며, 혹은 이염(離染)이라고 설하고, 혹은 적멸(寂滅)이라고 설하며, 혹은 열반(涅 槃)이라고 설하고, 혹은 진여(眞如)라고 설하며, 혹은 법계(法界)라고 설하고, 혹은 법성(法性)이라고 설하며, 혹은 실제(實際)라고 설하는데, 이와 같은 등의 의취(義趣)는 모두 이것은 여래가 방편으로 연설(演說)하는 것이니라."

그때 구수 선현이 세존께 아뢰어 말하였다.

"세존이시여. 여래의 매우 기이한 방편선교(方便善巧)로 제법의 실상(實 相)을 널리 설할 수 없을지라도, 유정들을 위하여 방편으로 드러내어

보이셨습니다. 세존이시여. 제가 세존께서 설하신 의취를 이해한 것과
같다면 일체의 법성을 모두 설할 수 없습니다."

세존께서 말씀하셨다.

"선현이여. 그와 같으니라. 그와 같으니라. 일체의 법성을 모두 설할
수 없느니라. 그 까닭은 무엇인가? 일체의 법성은 모두 필경공(畢竟空)이
고, 필경공이라는 것을 능히 선설(宣說)[2]할 수 없느니라."

구수 선현이 다시 세존께 아뢰어 말하였다.

"세존이시여. 설할 수 없는 의취에 증장과 감소가 있습니까?"

세존께서 말씀하셨다.

"선현이여. 설할 수 없는 의취에 증장과 감소는 없느니라."

구수 선현이 다시 세존께 아뢰어 말하였다.

"세존이시여. 만약 설할 수 없는 의취에 증장과 감소가 없는 것이라면,
곧 보시바라밀다도 역시 상응하여 증장이 없고 감소가 없어야 하며,
정계·안인·정진·정려·반야바라밀다도 역시 상응하여 증장이 없고 감소
가 없어야 합니다. 세존이시여. 만약 설할 수 없는 의취에 증장과 감소가
없는 것이라면, 곧 4념주도 역시 상응하여 증장이 없고 감소가 없어야
하며, 4정단·4신족·5근·5력·7등각지·8성도지도 역시 상응하여 증장이
없고 감소가 없어야 합니다.

세존이시여. 만약 설할 수 없는 의취에 증장과 감소가 없는 것이라면,
곧 4정려도 역시 상응하여 증장이 없고 감소가 없어야 하며, 4무량·4무색
정도 역시 상응하여 증장이 없고 감소가 없어야 합니다. 세존이시여.
만약 설할 수 없는 의취에 증장과 감소가 없는 것이라면, 곧 8해탈도
역시 상응하여 증장이 없고 감소가 없어야 하며, 8승처·9차제정·10변처도
역시 상응하여 증장이 없고 감소가 없어야 합니다.

세존이시여. 만약 설할 수 없는 의취에 증장과 감소가 없는 것이라면,
곧 공해탈문도 역시 상응하여 증장이 없고 감소가 없어야 하며, 무상·무원

---

2) 뜻을 밝히면서 설한다는 뜻이다.

해탈문도 역시 상응하여 증장이 없고 감소가 없어야 합니다. 세존이시여. 만약 설할 수 없는 의취에 증장과 감소가 없는 것이라면, 곧 극희지도 역시 상응하여 증장이 없고 감소가 없어야 하며, 이구지·발광지·염혜지·극난승지·현전지·원행지·부동지·선혜지·법운지도 역시 상응하여 증장이 없고 감소가 없어야 합니다.

세존이시여. 만약 설할 수 없는 의취에 증장과 감소가 없는 것이라면, 곧 5안도 역시 상응하여 증장이 없고 감소가 없어야 하며, 6신통도 역시 상응하여 증장이 없고 감소가 없어야 합니다. 세존이시여. 만약 설할 수 없는 의취에 증장과 감소가 없는 것이라면, 곧 삼마지문도 역시 상응하여 증장이 없고 감소가 없어야 하며, 다라니문도 역시 상응하여 증장이 없고 감소가 없어야 합니다.

세존이시여. 만약 설할 수 없는 의취에 증장과 감소가 없는 것이라면, 곧 여래의 10력도 역시 상응하여 증장이 없고 감소가 없어야 하며, 4무소외·4무애해·대자·대비·대희·대사·18불불공법도 역시 상응하여 증장이 없고 감소가 없어야 합니다. 세존이시여. 만약 설할 수 없는 의취에 증장과 감소가 없는 것이라면, 곧 무망실법도 역시 상응하여 증장이 없고 감소가 없어야 하며, 항주사성도 역시 상응하여 증장이 없고 감소가 없어야 합니다.

세존이시여. 만약 설할 수 없는 의취에 증장과 감소가 없는 것이라면, 곧 일체지도 역시 상응하여 증장이 없고 감소가 없어야 하며, 도상지·일체상지도 역시 상응하여 증장이 없고 감소가 없어야 합니다. 세존이시여. 만약 설할 수 없는 의취에 증장과 감소가 없는 것이라면, 곧 무망실법도 역시 상응하여 증장이 없고 감소가 없어야 하며, 항주사성도 역시 상응하여 증장이 없고 감소가 없어야 합니다."

"세존이시여. 만약 보시바라밀다에 증장이 없고 감소가 없으며, 정계·안인·정진·정려·반야바라밀다도 역시 증장이 없고 감소가 없는 것이라면, 어찌 보살마하살이 보시바라밀다를 수행하고 정계·안인·정진·정려·

반야바라밀다를 수행하여 무상정등보리를 증득한다고 말합니까?

세존이시여. 만약 4념주에 증장이 없고 감소가 없으며, 4정단·4신족·5근·5력·7등각지·8성도지도 역시 증장이 없고 감소가 없는 것이라면, 어찌 보살마하살이 4념주를 수행하고 4정단·4신족·5근·5력·7등각지·8성도지를 수행하여 무상정등보리를 증득한다고 말합니까?

세존이시여. 만약 4정려에 증장이 없고 감소가 없으며, 4무량·4무색정도 역시 증장이 없고 감소가 없는 것이라면, 어찌 보살마하살이 4정려를 수행하고 4무량·4무색정을 수행하여 무상정등보리를 증득한다고 말합니까?

세존이시여. 만약 8해탈에 증장이 없고 감소가 없으며, 8승처·9차제정·10변처도 역시 증장이 없고 감소가 없는 것이라면, 어찌 보살마하살이 8해탈을 수행하고 8승처·9차제정·10변처를 수행하여 무상정등보리를 증득한다고 말합니까?

세존이시여. 만약 공해탈문에 증장이 없고 감소가 없으며, 무상·무원해탈문도 역시 증장이 없고 감소가 없는 것이라면, 어찌 보살마하살이 공해탈문을 수행하고 무상·무원해탈문을 수행하여 무상정등보리를 증득한다고 말합니까?

세존이시여. 만약 극희지에 증장이 없고 감소가 없으며, 이구지·발광지·염혜지·극난승지·현전지·원행지·부동지·선혜지·법운지도 역시 증장이 없고 감소가 없는 것이라면, 어찌 보살마하살이 극희지를 수행하고 이구지·발광지·염혜지·극난승지·현전지·원행지·부동지·선혜지·법운지를 수행하여 무상정등보리를 증득한다고 말합니까?

세존이시여. 만약 5안에 증장이 없고 감소가 없으며, 6신통도 역시 증장이 없고 감소가 없는 것이라면, 어찌 보살마하살이 5안을 수행하고 6신통을 수행하여 무상정등보리를 증득한다고 말합니까?

세존이시여. 만약 삼마지문에 증장이 없고 감소가 없으며, 다라니문도 역시 증장이 없고 감소가 없는 것이라면, 어찌 보살마하살이 삼마지문을 수행하고 다라니문을 수행하여 무상정등보리를 증득한다고 말합니까?

　세존이시여. 만약 여래의 10력에 증장이 없고 감소가 없으며, 4무소외·4무애해·대자·대비·대희·대사·18불불공법도 역시 증장이 없고 감소가 없는 것이라면, 어찌 보살마하살이 여래의 10력을 수행하고 4무소외·4무애해·대자·대비·대희·대사·18불불공법을 수행하여 무상정등보리를 증득한다고 말합니까?

　세존이시여. 만약 무망실법에 증장이 없고 감소가 없으며, 항주사성도 역시 증장이 없고 감소가 없는 것이라면, 어찌 보살마하살이 무망실법을 수행하고 항주사성을 수행하여 무상정등보리를 증득한다고 말합니까?

　세존이시여. 만약 일체지에 증장이 없고 감소가 없으며, 도상지·일체상지도 역시 증장이 없고 감소가 없는 것이라면, 어찌 보살마하살이 일체지를 수행하고 도상지·일체상지를 수행하여 무상정등보리를 증득한다고 말합니까?"

마하반야바라밀다경 제330권

50. 교방편품(巧方便品)(3)

세존께서 말씀하셨다.

"선현이여. 그와 같으니라. 그와 같으니라. 설할 수 없는 의취에 증장과 감소가 없으므로, 보시바라밀다는 증장과 감소가 없고 정계·안인·정진·정려·반야바라밀다도 증장과 감소가 없으며, 4념주는 증장과 감소가 없고 4정단·4신족·5근·5력·7등각지·8성도지도 증장과 감소가 없으며, 4정려는 증장과 감소가 없고 4무량·4무색정도 증장과 감소가 없느니라.

8해탈은 증장과 감소가 없고 8승처·9차제정·10변처도 증장과 감소가 없으며, 공해탈문은 증장과 감소가 없고 무상·무원해탈문도 증장과 감소가 없으며, 극희지는 증장과 감소가 없고 이구지·발광지·염혜지·극난승지·현전지·원행지·부동지·선혜지·법운지도 증장과 감소가 없으며, 5안은 증장과 감소가 없고 6신통도 증장과 감소가 없느니라.

삼마지문은 증장과 감소가 없고 다라니문도 증장과 감소가 없으며, 여래의 10력은 증장과 감소가 없고 4무소외·4무애해·대자·대비·대희·대사·18불불공법도 증장과 감소가 없으며 무망실법은 증장과 감소가 없고 항주사성도 증장과 감소가 없으며, 일체지는 증장과 감소가 없고 도상지·일체상지도 증장과 감소가 없느니라.

선현이여. 제보살마하살은 반야바라밀다를 수행하고 반야바라밀다의 방편선교에 안주하면서 '나는 반야바라밀다에서 만약 증장하거나 만약 감소한다.'라고 이렇게 생각을 짓지 않고, '나는 정려·정진·안인·정계·보시바라밀다에서 만약 증장하거나 만약 감소한다.'라고 이렇게 생각을 짓지 않으며, '오직 명칭이라는 생각이 있는데 이를테면, 반야바라밀다라고 한다.'라고 다만 이렇게 생각을 짓고, '오직 명칭이라는 생각이 있는데 이를테면, 정려·정진·안인·정계·보시 바라밀다라고 한다.'라고 다만 이렇게 생각을 짓느니라.

선현이여. 이 보살마하살이 보시바라밀다를 수행하는 때에, 이 보시와 함께 하는 작의(作意)와 더불어 이것에 의지하여 일으키는 마음과 선근(善根)을 지니고서 제유정에게 주면서 평등하게 공유(共有)하고 무상정등보리에 회향(廻向)하며, 여래의 무상정등보리와 같이 미묘하고 매우 깊은 회향을 일으키느니라.

선현이여. 이 보살마하살이 정계바라밀다를 수행하는 때에, 이 보시와 함께 하는 작의와 더불어 이것에 의지하여 일으키는 마음과 선근을 지니고서 제유정에게 주면서 평등하게 공유하고 무상정등보리에 회향하며, 여래의 무상정등보리와 같이 미묘하고 매우 깊은 회향을 일으키느니라.

선현이여. 이 보살마하살이 안인바라밀다를 수행하는 때에, 이 보시와 함께 하는 작의와 더불어 이것에 의지하여 일으키는 마음과 선근을 지니고서 제유정에게 주면서 평등하게 공유하고 무상정등보리에 회향하며, 여래의 무상정등보리와 같이 미묘하고 매우 깊은 회향을 일으키느니라.

선현이여. 이 보살마하살이 정진바라밀다를 수행하는 때에, 이 보시와 함께 하는 작의와 더불어 이것에 의지하여 일으키는 마음과 선근을 지니고서 제유정에게 주면서 평등하게 공유하고 무상정등보리에 회향하며, 여래의 무상정등보리와 같이 미묘하고 매우 깊은 회향을 일으키느니라.

선현이여. 이 보살마하살이 정려바라밀다를 수행하는 때에, 이 보시와 함께 하는 작의와 더불어 이것에 의지하여 일으키는 마음과 선근을 지니고서 제유정에게 주면서 평등하게 공유하고 무상정등보리에 회향하며, 여래의 무상정등보리와 같이 미묘하고 매우 깊은 회향을 일으키느니라.

선현이여. 이 보살마하살이 반야바라밀다를 수행하는 때에, 이 보시와 함께 하는 작의와 더불어 이것에 의지하여 일으키는 마음과 선근을 지니고서 제유정에게 주면서 평등하게 공유하고 무상정등보리에 회향하며, 여래의 무상정등보리와 같이 미묘하고 매우 깊은 회향을 일으키나니, 오히려 이 회향하는 교묘한 방편의 힘으로 무상정등보리를 증득하느니라."

그때 구수 선현이 세존께 아뢰어 말하였다.
"세존이시여. 무엇을 무상정등보리라고 말합니까?"
세존께서 말씀하셨다.
"선현이여. 제법의 진여(眞如)인 이것을 무상정등보리라고 말하느니라."
구수 선현이 다시 말하였다.
"세존이시여. 무엇을 제법의 진여라고 말하고, 그리고 제법의 진여라고 설하는 이것을 무상정등보리라고 말합니까?"
세존께서 말씀하셨다.
"선현이여. 여러 색의 진여인 이것을 무상정등보리라고 말하고 수·상·행·식의 진여인 이것을 무상정등보리라고 말하느니라. 선현이여. 안처의 진여인 이것을 무상정등보리라고 말하고 이·비·설·신·의처의 진여인 이것을 무상정등보리라고 말하느니라. 선현이여. 색처의 진여인 이것을 무상정등보리라고 말하고 성·향·미·촉·법처의 진여인 이것을 무상정등보리라고 말하느니라. 선현이여. 안계의 진여인 이것을 무상정등보리라고 말하고 이·비·설·신·의계의 진여인 이것을 무상정등보리라고 말하느니라.

선현이여. 색계의 진여인 이것을 무상정등보리라고 말하고 성·향·미·촉·법계의 진여인 이것을 무상정등보리라고 말하느니라. 선현이여. 안식계의 진여인 이것을 무상정등보리라고 말하고 이·비·설·신·의식계의 진여인 이것을 무상정등보리라고 말하느니라. 선현이여. 안촉의 진여인 이것을 무상정등보리라고 말하고 이·비·설·신·의촉의 진여인 이것을 무상정등보리라고 말하느니라. 선현이여. 안촉을 인연으로 생겨난 여러 수의 진여인 이것을 무상정등보리라고 말하고 이·비·설·신·의촉을 인연으로 생겨난 여러 수의 진여인 이것을 무상정등보리라고 말하느니라. 선현이여. 지계의 진여인 이것을 무상정등보리라고 말하고 수·화·풍·

공·식계의 진여인 이것을 무상정등보리라고 말하느니라. 선현이여. 인연의 자성의 진여인 이것을 무상정등보리라고 말하고 등무간연·소연연·증상연의 자성의 진여인 이것을 무상정등보리라고 말하느니라. 선현이여. 무명의 진여인 이것을 무상정등보리라고 말하고 행·식·명색·육처·촉·수·애·취·유·생·노사의 수탄고우뇌의 진여인 이것을 무상정등보리라고 말하느니라.

선현이여. 보시바라밀다의 진여인 이것을 무상정등보리라고 말하고 정계·안인·정진·정려·반야바라밀다의 진여인 이것을 무상정등보리라고 말하느니라. 선현이여. 내공의 진여인 이것을 무상정등보리라고 말하고 외공·내외공·공공·대공·승의공·유위공·무위공·필경공·무제공·산공·무변이공·본성공·자상공·공상공·일체법공·불가득공·무성공·자성공·무성자성공의 진여인 이것을 무상정등보리라고 말하느니라.

선현이여. 진여의 진여인 이것을 무상정등보리라고 말하고 법계·법성·불허망성·불변이성·평등성·이생성·법정·법주·실제·허공계·부사의계의 진여인 이것을 무상정등보리라고 말하느니라. 선현이여. 4념주의 진여인 이것을 무상정등보리라고 말하고 4정단·4신족·5근·5력·7등각지·8성도지의 진여인 이것을 무상정등보리라고 말하느니라. 선현이여. 고성제의 진여인 이것을 무상정등보리라고 말하고 집·멸·도성제의 진여인 이것을 무상정등보리라고 말하느니라.

선현이여. 4정려의 진여인 이것을 무상정등보리라고 말하고 4무량·4무색정의 진여인 이것을 무상정등보리라고 말하느니라. 선현이여. 8해탈의 진여인 이것을 무상정등보리라고 말하고 8승처·9차제정·10변처의 진여인 이것을 무상정등보리라고 말하느니라. 선현이여. 공해탈문의 진여인 이것을 무상정등보리라고 말하고 무상·무원해탈문의 진여인 이것을 무상정등보리라고 말하느니라.

선현이여. 극희지의 진여인 이것을 무상정등보리라고 말하고 이구지·발광지·염혜지·극난승지·현전지·원행지·부동지·선혜지·법운지의 진여인 이것을 무상정등보리라고 말하느니라. 선현이여. 5안의 진여인 이것을 무상정등보리라고 말하고 6신통의 진여인 이것을 무상정등보리라고 말하느니라. 선현이여. 삼마지문의 진여인 이것을 무상정등보리라고 말하고 다라니문의 진여인 이것을 무상정등보리라고 말하느니라.

선현이여. 여래의 10력의 진여인 이것을 무상정등보리라고 말하고 4무소외·4무애해·대자·대비·대희·대사·18불불공법의 진여인 이것을 무상정등보리라고 말하느니라. 선현이여. 무망실법의 진여인 이것을 무상정등보리라고 말하고 항주사성의 진여인 이것을 무상정등보리라고 말하느니라. 선현이여. 예류과의 진여인 이것을 무상정등보리라고 말하고 일래·불환·아라한과의 진여인 이것을 무상정등보리라고 말하느니라.

선현이여. 독각의 보리의 진여인 이것을 무상정등보리라고 말하느니라. 선현이여. 일체지의 진여인 이것을 무상정등보리라고 말하고 도상지·일체상지의 진여인 이것을 무상정등보리라고 말하느니라. 선현이여. 생사(生死)의 진여인 이것을 무상정등보리라고 말하고 열반(涅槃)의 진여인 이것을 무상정등보리라고 말하느니라.

선현이여. 제법의 진여는 증장이 없고 감소도 없는 까닭으로 제불의 무상정등보리도 역시 증장이 없고 감소도 없느니라. 선현이여. 제보살마하살은 반야바라밀다를 벗어나지 않으므로 제법의 진여에 항상 즐겁게 안주하며, 모두 법에 증장이 있고 감소가 있다고 보지 않느니라.

오히려 이러한 인연으로 설할 수 없는 의취에 증장이 없고 감소가 없으므로, 보시바라밀다는 역시 증장이 없고 감소가 없으며, 정계·안인·정진·정려·반야바라밀다도 역시 증장이 없고 감소가 없으며, 4념주는 역시 증장이 없고 감소가 없으며, 4정단·4신족·5근·5력·7등각지·8성도지도 역시 증장이 없고 감소가 없으며, 4정려는 역시 증장이 없고 감소가 없으며, 4무량·4무색정도 역시 증장이 없고 감소가 없느니라.

8해탈은 증장이 없고 감소가 없으며, 8승처·9차제정·10변처에도 증장이 없고 감소가 없으며, 공해탈문은 증장과 감소가 없고 무상·무원해탈문도 증장이 없고 감소가 없으며, 극희지는 증장과 감소가 없고 이구지·발광지·염혜지·극난승지·현전지·원행지·부동지·선혜지·법운지도 증장이 없고 감소가 없으며, 5안도 증장이 없고 감소가 없으며, 6신통도 증장이 없고 감소가 없느니라.

삼마지문은 증장이 없고 감소가 없으며, 다라니문도 증장이 없고 감소가 없으며, 여래의 10력은 증장이 없고 감소가 없으며, 4무소외·4무애해·대자·대비·대희·대사·18불공법도 증장이 없고 감소가 없으며, 무망실법은 증장이 없고 감소가 없으며, 항주사성도 증장이 없고 감소가 없으며, 일체지는 증장과 감소가 없고 도상지·일체상지도 증장이 없고 감소가 없느니라.

선현이여. 제보살마하살은 증장이 없고 감소가 없는 방편에 의지하여 반야바라밀다를 수행하는데, 오히려 이것을 방편(門)으로 삼아서 여러 공덕을 쌓았으므로 곧 무상정등보리를 증득하느니라.”

그때 구수 선현이 세존께 아뢰어 말하였다.

“세존이시여. 만약 보살마하살이 증장이 없고 감소가 없는 방편에 의지하여 반야바라밀다를 수행하면서 이것을 방편으로 삼아서 여러 공덕을 쌓았으므로 곧 무상정등보리를 증득하는 자인 이 보살마하살은 초심(初心)으로써 무상정등보리를 증득합니까? 후심(後心)으로써 무상정등보리를 증득합니까?

세존이시여. 이 보살마하살이 만약 초심을 수용하여 무상정등보리를 증득한다면, 초심이 일어나는 때에 후심이 아직 일어나지 않았으므로 화합(和合)한다는 의취가 없고, 만약 후심을 수용하여 무상정등보리를 증득한다면, 후심이 일어나는 때에 이전의 마음은 이미 소멸하였으므로 화합한다는 의취가 없습니다. 이와 같이 앞뒤의 심(心)·심소법(心所法)의 나아가고 물러남을 추징(推徵)[1]하더라도 화합한다는 의취가 없는데 어찌 선근을 집적(積集)한다고 말하겠습니까? 만약 선근을 집적할 수 없다면 어떻게 보살이 능히 무상정등보리를 증득하겠습니까?”

---

1) 체납한 세금 등을 조사하여 거두어들이는 것이다.

세존께서 말씀하셨다.

"선현이여. 내가 그대를 위하여 간략하게 하나의 비유를 설하여 지혜가 있는 자라면 설하는 것의 의취(義趣)에서 쉽게 이해시키겠노라. 선현이여. 그때의 뜻은 어떠한가? 등불을 켜는 때와 같다면 처음의 불꽃이 능히 심지를 태우는가? 뒤의 불꽃이 심지를 태우는가?"

"세존이시여. 저의 뜻의 이해와 같다면 처음의 불꽃이 심지를 태우는 것도 아니고, 역시 처음의 불꽃을 벗어나서 능히 심지를 태우는 것도 아니며, 뒤의 불꽃이 심지를 태우는 것도 아니고 뒤의 불꽃을 벗어나서 심지를 태우는 것도 아닙니다."

"선현이여. 그대의 뜻은 어떠한가? 심지를 태우는 것인가?"

"세존이시여. 세간의 현상으로 본다면 그 심지는 실제로 탑니다."

"선현이여. 제보살마하살도 역시 다시 이와 같아서 초심을 수용하여 무상정등보리를 증득하는 것이 아니고 역시 초심을 벗어나서 무상정등보리를 증득하는 것도 아니며, 후심을 수용하여 무상정등보리를 증득하는 것이 아니고 역시 후심을 벗어나서 무상정등보리를 증득하는 것도 아닐지라도, 제보살마하살은 무상정등보리를 증득하느니라.

다시 다음으로 선현이여. 제보살마하살은 초발심(初發心)부터 반야바라밀다를 수행하여 10지(十地)가 원만해진다면 무상정등보리를 증득하느니라."

그때 구수 선현이 세존께 아뢰어 말하였다.

"세존이시여. 제보살마하살이 무엇 등의 10지를 수학한다면 원만해져서 무상정등보리를 증득합니까?"

세존께서 말씀하셨다.

"선현이여. 제보살마하살은 극희지, 나아가 법운지를 수행하고, 그것이 원만해진다면 무상정등보리를 증득하는 것이며, 역시 정관지(淨觀地)·종성지(種性地)·제8지(第八地)·견지(見地)·박지(薄地)·이욕지(離欲地)·이판지(已辦地)·독각지(獨覺地)·보살지(菩薩地)·여래지(如來地)를 수학하고, 그것이 원만해진다면 무상정등보리를 증득하는 것이니라.

선현이여. 제보살마하살이 이 10지를 정근하면서 수학하여 원만함을 얻은 때에는, 초심을 수용하여 무상정등보리를 증득하는 것이 아니고 역시 초심을 벗어나서 무상정등보리를 증득하는 것도 아니며, 후심을 수용하여 무상정등보리를 증득하는 것이 아니고 역시 후심을 벗어나서 무상정등보리를 증득하는 것도 아닐지라도, 제보살마하살은 무상정등보리를 증득하느니라."

구수 선현이 세존께 아뢰어 말하였다.

"세존이시여. 이와 같은 연기(緣起)는 매우 깊고 매우 미묘한데 이를테면, 제보살마하살은 초심을 수용하여 무상정등보리를 증득하는 것이 아니고 역시 초심을 벗어나서 무상정등보리를 증득하는 것도 아니며, 후심을 수용하여 무상정등보리를 증득하는 것이 아니고 역시 후심을 벗어나서 무상정등보리를 증득하는 것도 아닐지라도, 제보살마하살은 무상정등보리를 증득합니다."

세존께서 선현에게 알리셨다.

"그대의 뜻은 어떠한가? 만약 마음이 이미 소멸하였다면 다시 생겨나겠는가?"

선현이 대답하여 말하였다.

"아닙니다. 세존이시여. 아닙니다. 선서시여."

"그대의 뜻은 어떠한가? 만약 마음이 이미 생겨났다면 소멸하는 법이 있겠는가?"

선현이 대답하여 말하였다.

"그와 같습니다. 세존이시여. 그와 같습니다. 선서시여."

세존께서 선현에게 알리셨다.

"그대의 뜻은 어떠한가? 소멸하는 법이 있더라도, 마음은 마땅히 소멸하지 않는 것이 아닌가?"

선현이 대답하여 말하였다.

"아닙니다. 세존이시여. 아닙니다. 선서시여."

세존께서 선현에게 알리셨다.

"그대의 뜻은 어떠한가? 마음이 머무는 것과 같다면 마음은 진여인가?"

선현이 대답하여 말하였다.

"그와 같습니다. 세존이시여. 그와 같습니다. 선서시여."

세존께서 선현에게 알리셨다.

"그대의 뜻은 어떠한가? 마음이 진여와 같이 머무른다면 실제(實際)와 같은 것인가?"

선현이 대답하여 말하였다.

"아닙니다. 세존이시여. 아닙니다. 선서시여."

세존께서 선현에게 알리셨다.

"그대의 뜻은 어떠한가? 진여와 실제는 매우 깊은 것인가?"

선현이 대답하여 말하였다.

"그와 같습니다. 세존이시여. 그와 같습니다. 선서시여."

세존께서 선현에게 알리셨다.

"그대의 뜻은 어떠한가? 진여에 나아간다면(卽) 이것이 마음(心)인가?"

선현이 대답하여 말하였다.

"아닙니다. 세존이시여. 아닙니다. 선서시여."

세존께서 선현에게 알리셨다.

"그대의 뜻은 어떠한가? 진여를 벗어나서 마음이 있는가?"

선현이 대답하여 말하였다.

"아닙니다. 세존이시여. 아닙니다. 선서시여."

세존께서 선현에게 알리셨다.

"그대의 뜻은 어떠한가? 마음에 나아간다면 이것이 진여인가?"

선현이 대답하여 말하였다.

"아닙니다. 세존이시여. 아닙니다. 선서시여."

세존께서 선현에게 알리셨다.

"그대의 뜻은 어떠한가? 마음을 벗어나서 진여가 있는가?"

선현이 대답하여 말하였다.

"아닙니다. 세존이시여. 아닙니다. 선서시여."

세존께서 선현에게 알리셨다.

"그대의 뜻은 어떠한가? 만약 보살마하살이 능히 이와 같이 수행한다면 이것이 깊은 반야바라밀다를 수행하는 것인가?"

선현이 대답하여 말하였다.

"만약 보살마하살이 이와 같이 수행한다면 이것이 깊은 반야바라밀다를 수행하는 것입니다."

세존께서 선현에게 알리셨다.

"그대의 뜻은 어떠한가? 만약 보살마하살이 능히 이와 같이 수행한다면, 어느 처소에서 수행하는 것인가?"

선현이 대답하여 말하였다.

"만약 보살마하살이 이와 같이 행한다면 모두 행하는 처소가 없습니다. 그 까닭은 무엇인가? 세존이시여. 만약 보살마하살이 깊은 반야바라밀다를 수행한다면 마음이 수행을 나타내지 않고 수행하는 처소를 나타내지 않습니다. 왜 그러한가? 세존이시여. 진여의 가운데에 안주한다면 모두 수행을 나타내거나 수행하는 처소를 나타내지 않는 까닭입니다."

세존께서 선현에게 알리셨다.

"그대의 뜻은 어떠한가? 만약 보살마하살이 깊은 반야바라밀다를 수행하는 때에, 어느 처소에 있으면서 수행하는 것인가?"

선현이 대답하여 말하였다.

"만약 보살마하살이 깊은 반야바라밀다를 수행하는 때라면, 수행은 승의제(勝義諦)2)에 있고 이 가운데에서는 수행을 나타내는 것과 수행하는 처소를 나타내는 것이 함께 무소유이므로 능히 취하는 것과 취해지는 것도 얻을 수 없는 까닭입니다."

세존께서 선현에게 알리셨다.

"그대의 뜻은 어떠한가? 만약 보살마하살이 깊은 반야바라밀다를 수행

2) 산스크리트어 paramārtha-satya의 번역이고, '분별이 끊어진 상태에서 존재하는 그대로 파악된 진리' 또는 '분별이 끊어진 후에 직관으로 체득한 진리'를 가리킨다.

하는 때라면, 승의제를 수행하는 가운데에서 비록 상(相)을 취하지 않았더라도 상을 수행하는 것인가?"

선현이 대답하여 말하였다.

"아닙니다. 세존이시여. 아닙니다. 선서시여."

세존께서 선현에게 알리셨다.

"그대의 뜻은 어떠한가? 이 보살마하살이 깊은 반야바라밀다를 수행하는 때에, 수행하면서 승의제의 가운데에서 상(相)을 무너뜨리겠다고 생각하는가?"

선현이 대답하여 말하였다.

"아닙니다. 세존이시여. 아닙니다. 선서시여."

세존께서 선현에게 알리셨다.

"그대의 뜻은 어떠한가? 이 보살마하살이 깊은 반야바라밀다를 수행하는 때에, 어찌하여 상(相)을 무너뜨리지 않고 역시 상을 무너뜨리겠다고 생각하지 않는가?"

선현이 대답하여 말하였다.

"이 보살마하살은 깊은 반야바라밀다를 행하는 때에, '나는 마땅히 상을 무너뜨리겠고, 역시 상이라는 생각을 무너뜨리겠다.'라고 이렇게 생각을 짓지 않고, '나는 마땅히 무상(無相)을 무너뜨리겠고, 역시 무상이라는 생각을 무너뜨리겠다.'라고 이렇게 생각을 짓지 않는데, 일체의 종류에서 분별이 없는 까닭입니다. 세존이시여. 이 보살마하살이 깊은 반야바라밀다를 수행하여 비록 능히 이와 같은 여러 분별을 벗어났으나, 여래의 10력·4무소외·4무애해와 대자·대비·대희·대사·18불불공법 등의 무량하고는 수승한 공덕이 아직 원만하지 않은 까닭으로 무상정등보리를 증득하지 못합니다.

세존이시여. 이 보살마하살은 미묘한 선교방편을 성취하였으므로 오히려 이러한 선교방편의 힘을 까닭으로 일체법에서 취하지도 않고 무너지지도 않습니다. 왜 그러한가? 세존이시여. 이 보살마하살은 일체법의 자상(自相)이 공하다고 아는 까닭입니다.

세존이시여. 이 보살마하살은 일체법의 자상이 공한 가운데에 안주하여 제유정들을 제도하기 위하여 세 종유의 삼마지(三摩地)에 들어가고, 대비(大悲)의 원력(願力)에 이끌리고 압박받는 까닭으로, 이 세 종류의 정려를 수용하여 유정들을 성숙시킵니다."

세존께서 말씀하셨다.

"선현이여. 그와 같으니라. 그와 같으니라. 그대가 말한 것과 같으니라."

이때 구수 선현이 세존께 아뢰어 말하였다.

"세존이시여. 이 보살마하살은 어찌 세 종류의 삼마지(三摩地)에 들어가서 유정들을 성숙시킨다고 말합니까?"

세존께서 말씀하셨다.

"선현이여. 이 보살마하살은 공삼마지(空三摩地)에 안주하면서 제유정들이 나에게 많이 집착하는 것을 보았다면 방편의 힘으로써 가르쳐서 공삼마지에 안주하게 하느니라. 선현이여. 이 보살마하살은 무상삼마지(無相三摩地)에 안주하면서 제유정들이 나에게 많이 집착하는 것을 보았다면 방편의 힘으로써 가르쳐서 무상삼마지에 안주하게 하느니라.

선현이여. 이 보살마하살은 무원삼마지(無願三摩地)에 안주하면서 제유정들이 나에게 많이 집착하는 것을 보았다면 방편의 힘으로써 가르쳐서 무원삼마지에 안주하게 하느니라. 선현이여. 이 보살마하살은 깊은 반야바라밀다를 수행하면서 이와 같이 이러한 세 종류의 삼마지에 들어가서 유정들을 성숙시키느니라."

그때 구수 사리자(舍利子)가 구수 선현에게 물어 말하였다.

"선현이여. 만약 보살마하살이 꿈속에서 이러한 세 종류의 삼마지에 들어갔다면 깊은 반야바라밀다에서 증익(增益)이 있습니까?"

선현이 대답하여 말하였다.

"사리자여. 만약 보살마하살이 낮에 이러한 세 종류의 삼마지에 들어갔고 깊은 반야바라밀다에서 증익이 있다면, 그 꿈속에서 들어가도 역시 증익이 있습니다. 왜 그러한가? 사리자여. 낮과 꿈속은 차별이 없는 까닭입니다.

사리자여. 만약 보살마하살이 낮에 반야바라밀다를 수행하였고, 이미 매우 깊은 반야바라밀다를 수습(修習)하였다고 이름하며, 이 보살마하살이 꿈속에서 반야바라밀다를 수행하였어도, 역시 매우 깊은 반야바라밀다의 세 종류의 삼마지를 수습하였다고 이름하므로, 깊은 반야바라밀다에서 능히 증익되는 것도 역시 상응하여 이와 같습니다."

그때 구수 사리자가 선현에게 물어 말하였다.

"제보살마하살이 꿈속에서 업(業)을 짓더라도 증장(增盆)이거나, 혹은 손실(損減)이 있겠습니까? 세존께서는 '유위(有爲)는 허망(虛妄)하고 진실하지 않아서 꿈속에서 짓는 것과 같다.'라고 설하셨는데, 어찌 그 업에 증장과 손실이 있겠습니까? 그 까닭은 무엇인가? 꿈속에서 짓는 여러 업은 능히 증장이거나, 혹은 손실이 있지 않고, 반드시 깨어남에 이른 때에 꿈속에서 지은 것을 기억하고 분별하여야 비로소 증장과 손실이 있습니다."

선현이 대답하여 말하였다.

"누구가 낮에 다른 사람의 목숨을 끊었던 것이 많이 있었고, 밤의 꿈속에서 기억하여 생각하고 분별하면서 매우 스스로가 유쾌하게 생각하거나, 혹은 다시 어느 사람이 꿈에서 다른 사람의 목숨을 끊고서 이를테면, 깨어나 있으면서 크게 환희한다면, 이와 같은 두 가지의 업에 그대의 뜻은 어떻습니까?"

사리자가 말하였다.

"인연이 없었던 것의 일을 만약 생각이거나, 만약 업이라도 함께 일어나지 못하고, 반드시 인연하는 것이 있으며 생각이나 업이 있다면 비로소 생겨나는데, 꿈속의 생각과 업은 무엇을 인연으로 생겨납니까?"

선현이 대답하였다.

"그와 같습니다. 그와 같습니다. 만약 꿈속이거나, 만약 깨어났더라도 인연하는 것의 일이 없다면 생각이나 업은 생겨나지 않고, 반드시 인연하는 것이 있고 생각과 업이 있다면 비로소 일어납니다. 왜 그러한가?

사리자여. 만약 꿈속이거나 만약 깨어났다면 반드시 보았고 들었으며 깨달았고 알았던 법의 가운데에서 깨달음이 있는 지혜가 전전해야 하고, 오히려 이것이 염오를 일으키거나, 혹은 다시 청정함을 일으키나니, 만약 보았고 들었으며 깨달았고 알았던 제법이 없고 깨달은 지혜의 전전함이 없다면, 역시 염오와 청정함도 없습니다. 오히려 이러한 까닭으로 만약 꿈이거나, 만약 깨어나서 인연하였던 것의 일이 있다면 생각과 업이 비로소 일어나고, 인연하였던 것의 일이 없다면 생각과 업이 생겨나지 않습니다."

그때 사리자가 선현에게 물어 말하였다.

"세존께서는 '생각과 업은 모두 자성(自性)을 벗어났느니라.'라고 설하셨는데, 어찌하여 인연하였던 것이 있다면 일어난다고 말합니까?"

선현이 대답하여 말하였다.

"비록 여러 생각과 업, 더불어 인연하였던 것인 일의 자성이 공할지라도, 오히려 스스로가 마음에 상을 취하고 분별하는 까닭으로, '생각과 업은 인연하였던 것이 있다면 생겨나고, 만약 인연하였던 것이 없다면 생각과 업은 일어나지 않는다.'라고 설하셨습니다."

그때 구수 사리자가 다시 구수 선현에게 물어 말하였다.

"만약 보살마하살이 꿈속에서 보시·정계·안인·정진·정려·반야를 수행하였고, 이 선근을 지니고서 제유정들에게 주었으며 평등하게 공유(共有)하면서 무상정등보리에 회향하였다면, 이 보살마하살은 실제로 대보리에 회향하는 것입니까?"

그때 구수 선현이 사리자에게 알려 말하였다.

"자씨(慈氏)3) 보살마하살(慈氏菩薩摩訶薩)은 옛날에 이미 불퇴전의 수기(不退轉記)를 받으셨고, 오직 하나의 생(一生)을 지나면 결정적으로 마땅하게 여래를 성취하실 분이므로 능히 일체의 어려운 질문을 능히 대답하십니다. 지금 이 회중(會中)에 계시므로 마땅히 그것을 청하여

---

3) 산스크리트어 Maitreya를 미륵(彌勒)이라고 음사하고, 자씨(慈氏)라고 번역한다.

물으십시오. 보처(補處)⁴⁾인 자씨께서는 결정적으로 상응하여 대답하실 것입니다."

그때 사리자는 선현이 말한 것과 같이 공경스럽게 자씨보살에게 청하여 물었고, 자씨보살은 사리자에게 알려 말하였다.

"이를테면, 무엇 등을 자씨가 능히 대답한다고 이름합니까? 색으로 합니까? 수·상·행·식으로 합니까? 색의 공으로 합니까? 수·상·행·식의 공으로 합니까? 또한 색은 능히 대답할 수 없고 수·상·행·식도 역시 능히 대답할 수 없으며, 색의 공도 능히 대답할 수 없고 수·상·행·식의 공도 역시 능히 대답할 수 없습니다.

왜 그러한가? 사리자여. 나는 모두 대답할 법이 있다고 보지 않고 대답하였던 것의 법이 있다고 보지 않으며, 대답하는 처소·대답하는 때와 오히려 이것을 대답한다고 역시 모두 보지 않습니다. 나는 모두 능히 수기하는 법이 있다고 보지 않고 수기한다는 것의 법이 있다고 보지 않으며, 수기하는 처소·수기하는 때와 오히려 이것을 수기한다고 역시 모두 보지 않습니다. 일체법의 본성(本性)은 모두가 공하고, 모두가 무소유이며, 무이(無二)이고 차별이 없으므로 반드시 결국에 추징(推徵)하더라도 얻을 수 없는 까닭입니다."

이때 사리자가 다시 자씨보살마하살에게 물어 말하였다.

"인자(仁者)께서 설하신 것의 법은 증득하였던 것과 같습니까?"

자씨보살마하살이 말하였다.

"내가 설하였던 것의 법은 증득하였던 것과 같지 않습니다. 왜 그러한가? 사리자여. 내가 증득하였던 것의 법은 설할 수 없는 까닭입니다."

이때 사리자는 '자씨보살의 지혜는 깊고 넓구나. 일체 종류의 보시·정계·안인·정진·정려·반야바라밀다를 수습하여 옛날에 이미 원만해졌고, 얻을 수 없는 것으로써 방편을 삼아서 물었던 것의 일에서 능히 이와 같이 대답하는구나.'라고 이렇게 생각을 지으면서 말하였다.

---

4) 보살(菩薩)의 가장 높은 지위(地位)이고, 한 번의 생사(生死)를 마치면 다음에 성불(成佛)하는 보살을 가리킨다.

그때 세존께서 사리자에게 알려 말씀하셨다.

"사리자여. 그대의 뜻은 어떠한가? 그대는 오히려 이러한 법으로 아라한과를 증득하였다면, 이러한 법을 보고서 이것을 설할 수 있겠는가?"

사리자가 말하였다.

"아닙니다. 세존이시여. 아닙니다, 선서시여."

세존께서 말씀하셨다.

"사리자여. 제보살마하살이 깊은 반야바라밀다를 수행하여 증득하였던 것의 제법도 역시 다시 그와 같으니라. 사리자여. 이 보살마하살은 '나는 오히려 이러한 법으로 마땅히 수기를 얻을 것이고, 나는 오히려 이러한 법으로 지금 수기를 받을 것이며, 나는 오히려 이러한 법으로 이미 수기를 얻었다.'라고 이렇게 생각을 짓지 않으며, '나는 오히려 이러한 법으로 무상정등보리를 증득하겠다.'라고 이렇게 생각을 짓지 않느니라.

사리자여. 이 보살마하살은 깊은 반야바라밀다를 수행하면서 '나는 무상정등보리를 증득하겠는가? 증득하지 못하겠는가?'라는 유예가 생겨나지 않고, '나는 무상정등보리를 결정적으로 마땅히 증득하겠다.'라고 다만 이렇게 생각을 짓느니라. 사리자여. 이 보살마하살이 깊은 반야바라밀다를 수행하면서 매우 깊은 법을 들었더라도 그 마음이 놀라지 않고 두려워하지 않으며 겁내지 않고, 무상정등보리를 증득하면서 역시 두려워하지 않고 겁내지도 않으면서 '나는 마땅히 구하였던 것인 무상정등보리를 증득할 것이다.'라고 결정적으로 스스로가 아느니라."

51. 원행품(願行品)(1)

그때 세존께서 구수 선현에게 말씀하셨다.

"선현이여. 보살마하살이 있어서 보시바라밀다를 수행하면서 제유정들이 굶주림과 목마름에 핍박받고 의복은 낡아서 찢어졌으며 와구(臥具)가 부족한 것을 보았다면 선현이여. 이 보살마하살은 이러한 일을 보고서 '나는 마땅히 이와 같은 모든 유정들을 어떻게 발제(拔濟)⁵⁾하여야 간탐(慳貪)을 벗어나게 하고 부족함을 없게 할 수 있겠는가?'라고 이렇게 사유를 짓느니라.

이미 사유를 마쳤다면, '나는 마땅히 정근하면서 몸과 목숨을 돌아보지 않고서 보시바라밀다를 수행하여 유정을 성숙시키겠으며 불국토를 청정하게 장엄하면서 빠르게 원만해지고 무상정등보리를 증득하겠으며, 내 불국토의 가운데에서는 이와 같이 자구(資具)가 부족한 제유정이 없게 하겠으며, 4대왕중천(四大王衆天)·33천(三十三天)·야마천(夜摩天)·도사다천(覩史多天)·낙변화천(樂變化天)·타화자재천(他化自在天) 등이 여러 종류의 상묘(上妙)한 악기(樂具)를 수용하는 것과 같이, 나의 불국토 가운데에서의 중생들도 역시 그와 같이 여러 종류의 상묘한 악기를 수용하게 하겠다.'라고 이렇게 발원을 지으면서 말하였다면 선현이여. 이 보살마하살은 오히려 이러한 보시바라밀다가 빠르게 원만함을 얻어서 무상정등보리에 가까워지느니라.

다시 다음으로 선현이여. 보살마하살이 있어서 정계바라밀다를 수행하면서, 제유정들이 번뇌가 치성하여 다시 서로를 살해(殺害)하고 주지 않았는데 취하는 것을 행하며 음욕의 삿된 행을 짓고 헛되고 속이는 말을 조작하며 추악한 말을 드러내고 이간하는 말을 일으키며 잡스럽고 지저분한 말을 베풀며 여러 종류의 탐욕·성냄·삿된 견해를 일으켰으므로 오히려 이러한 인연으로, 수명이 짧아지고 병이 많으며 얼굴과 용모가 초췌(憔悴)⁶⁾하여 위덕(威德)이 없고 자구와 재물이 부족하며 하천(下賤)한 집안에 태어나고 형상이 누추하면서 불완전하며 몸의 위의는 냄새나고 더러우며 여러 말하는 것이 있더라도 사람들이 받아들여 믿지 않고 말씨가 거칠고 조잡하여 친한 벗과 어그러져서 떠나가며 일반적으로 자세하게

---

5) '고통을 뽑아내고 어려움에서 구제한다.'는 뜻이다.
6) 병(病)·근심·고생(苦生) 등으로 얼굴이나 몸이 여위고 파리한 것을 가리킨다.

말하는 것은 모두가 비루(鄙陋)하고 간탐(慳貪)하며 질투(嫉妒)하고 악한
견해가 치연(熾然)하며 정법을 비방하고 성현을 훼손하고 욕보이는 것을
보았다면 선현이여. 이 보살마하살은 이러한 일을 보았으므로 '나는 마땅
히 이와 같은 제유정의 부류들을 어떻게 발제하여야 여러 악업의 과보를
멀리 벗어나게 할 수 있겠는가?'라고 이렇게 사유를 짓느니라.

이미 사유를 마쳤다면, '나는 마땅히 정근하면서 몸과 목숨을 돌아보지
않고서 정계바라밀다를 수행하여 유정을 성숙시키겠으며 불국토를 청정
하게 장엄하면서 빠르고 원만해지고 무상정등보리를 증득하겠으며, 내
불국토의 가운데에서는 이와 같은 여러 악업의 과보가 제유정의 부류들에
게 없게 하겠으며, 일체의 유정들은 모두 10선(十善)을 행하여 장수(長壽)
하는 등의 수승한 과보를 받게 하겠다.'라고 이렇게 발원을 지으면서
말하였다면 선현이여. 이 보살마하살은 오히려 이러한 보시바라밀다가
빠르게 원만함을 얻어서 무상정등보리에 가까워지느니라.

다시 다음으로 선현이여. 보살마하살이 있어서 안인바라밀다를 수행하
면서, 제유정들이 다시 서로에 분노하면서 성내고 헐뜯으면서 욕하며
업신여기면서 칼·몽둥이·기와·돌·주먹·절구공이(杵)·흙덩이 등으로 서
로를 상해(殘害)하고, 나아가 목숨을 끊으면서 악한 마음을 버리지 않는
것을 보았다면 선현이여. 이 보살마하살은 이러한 일을 보았으므로 '나는
마땅히 이와 같은 제유정의 부류들을 어떻게 발제하여야 그들에게 이와
같은 여러 악업을 멀리 벗어나게 할 수 있겠는가?'라고 이렇게 사유를
짓느니라.

이미 사유를 마쳤다면, '나는 마땅히 정근하면서 몸과 목숨을 돌아보지
않고서 안인바라밀다를 수행하여 유정을 성숙시키겠으며 불국토를 청정
하게 장엄하면서 빠르게 원만해지고 무상정등보리를 증득하겠으며, 내
불국토의 가운데에서는 이와 같은 번뇌와 악업의 제유정의 부류들에게
없게 하겠으며, 일체의 유정들은 전전(展轉)하여 서로가 아버지와 같고
어머니와 같이 바라보고 형과 같고 아우와 같이 바라보며 누이와 같고
여동생과 같이 바라보고 아들과 같고 딸과 같이 바라보며 벗과 같고

친족과 같이 바라보고 자비한 마음으로 서로를 향하면서 서로가 요익하게 하겠다.'라고 이렇게 발원을 지으면서 말하였다면 선현이여. 이 보살마하살은 오히려 이러한 안인바라밀다가 빠르게 원만함을 얻어서 무상정등보리에 가까워지느니라.

다시 다음으로 선현이여. 보살마하살이 있어서 정진바라밀다를 수행하면서, 제유정들이 해태(懈怠)[7]하고 나타(懶惰)[8]하며 정근하면서 정진하지 않고 3승(三乘)을 버리며 역시 능히 인간과 천상의 선업도 수행하지 않는 것을 보았다면 선현이여. 이 보살마하살은 이러한 일을 보았으므로 '나는 마땅히 이와 같은 제유정의 부류들을 어떻게 발제하여야 그들에게 해태와 나타를 멀리 벗어나게 할 수 있겠는가?'라고 이렇게 사유를 짓느니라.

이미 사유를 마쳤다면, '나는 마땅히 정근하면서 몸과 목숨을 돌아보지 않고서 정진바라밀다를 수행하여 유정을 성숙시키겠으며 불국토를 청정하게 장엄하면서 빠르게 원만해지고 무상정등보리를 증득하겠으며, 내 불국토의 가운데에서는 이와 같은 해태하고 나타한 유정의 부류들이 없게 하겠고 일체의 유정들은 용맹(勇猛)하게 정진하며 선취(善趣)와 삼승의 인(因)을 정근하면서 수행하고 천상과 인간의 가운데에 태어나서 빠르게 해탈을 증득하게 하겠다.'라고 이렇게 발원을 지으면서 말하였다면 선현이여. 이 보살마하살은 오히려 이러한 정진바라밀다가 빠르게 원만함을 얻어서 무상정등보리에 가까워지느니라.

다시 다음으로 선현이여. 보살마하살이 있었고 정려바라밀다를 수행하면서 제유정들이 탐욕(貪欲)·진에(瞋恚)·혼침(昏沈)·도거악작(掉擧惡作)·의개(疑蓋) 등에 뒤덮여서 생각을 잃고 방일하므로, '4정려·4무량·4무색정을 오히려 능히 수행하지 못하는데, 하물며 출세간의 정려를 능히

---

7) 산스크리트어 kausīdya의 번역이고, 설일체유부의 5위 75법에서 심소법(心所法)의 중에서 대번뇌지법(大煩惱地法)의 하나이다. 선법(善法)을 수행하면서 용맹하게 정진하지 않으려는 마음작용이다.
8) 행동(行動)이거나 성격(性格) 등이 느리고 게으른 것이다.

수행하겠는가!'라고 보았다면 선현이여. 이 보살마하살은 이러한 일을 보았으므로 '나는 마땅히 이와 같은 제유정의 부류들을 어떻게 발제하여야 그들에게 여러 번뇌의 산란함을 멀리 벗어나게 할 수 있겠는가?'라고 이렇게 사유를 짓느니라.

이미 사유를 마쳤다면, '나는 마땅히 정근하면서 몸과 목숨을 돌아보지 않고서 정려바라밀다를 수행하여 유정을 성숙시키겠으며 불국토를 청정하게 장엄하면서 빠르게 원만해지고 무상정등보리를 증득하겠으며, 내 불국토의 가운데에서는 이와 같은 번뇌의 산란함을 갖춘 유정들을 없게 하겠고 일체의 유정들이 정려·무량·무색정 등에서 자재(自在)하게 유희(遊戱)하게 하겠다.'라고 이렇게 발원을 지으면서 말하였다면 선현이여. 이 보살마하살은 오히려 이러한 정려바라밀다가 빠르게 원만함을 얻어서 무상정등보리에 가까워지느니라.

다시 다음으로 선현이여. 보살마하살이 있어서 반야바라밀다를 수행하면서, 제유정들이 우치(愚癡)하고 악한 지혜가 있어서 세간과 출세간에서 정견(正見)을 함께 잃고 선악(善惡)의 업과 업과(業果)가 없다고 휘젓고 단절(斷)하였다고 집착하며 항상(常)하다고 집착하고 하나(一)라고 집착하며 변이(異)라고 집착하면서, 모두이거나 모두가 아니라는 등의 여러 종류 삿된 법에 집착하는 것을 보았다면 선현이여. 이 보살마하살은 이러한 일을 보았으므로 '나는 마땅히 이와 같은 제유정의 부류들을 어떻게 발제하여야 그들에게 악한 견해와 삿된 집착을 멀리 벗어나게 할 수 있겠는가?'라고 이렇게 사유를 짓느니라.

이미 사유를 마쳤다면, '나는 마땅히 정근하면서 몸과 목숨을 돌아보지 않고서 반야바라밀다를 수행하여 유정을 성숙시키겠으며 불국토를 청정하게 장엄하면서 빠르게 원만해지고 무상정등보리를 증득하겠으며, 내 불국토의 가운데에서는 이와 같은 악한 지혜와 삿된 집착을 지닌 유정의 부류들이 없게 하겠고 일체의 유정들이 정견을 성취하여 여러 종류의 미묘한 지혜로 3명(三明)9)을 구족하게 하겠다.'라고 이렇게 발원을 지으면서 말하였다면 선현이여. 이 보살마하살은 오히려 이러한 반야바라밀다가 빠르게 원만함을 얻어서 무상정등보리에 가까워지느니라.

다시 다음으로 선현이여. 보살마하살이 있어서 6바라밀다를 구족하여 수행하더라도, 제유정들의 3취(三聚)10)인 첫째는 사정취(邪定聚)11)이고, 둘째는 정정취(正定聚)12)이며, 셋째는 부정취(不定聚)13)인데, 차별(差別)이 있다고 보았다면 선현이여. 이 보살마하살은 이러한 일을 보았으므로 '나는 마땅히 어떠한 방편으로 제유정의 부류들을 발제하여야 사정취와 정정취와 부정취를 멀리 벗어나게 할 수 있겠는가?'라고 이렇게 사유를 짓느니라.

이미 사유를 마쳤다면, '나는 마땅히 정근하면서 몸과 목숨을 돌아보지 않고서 6바라밀다를 수행하여 유정을 성숙시키겠으며 불국토를 청정하게 장엄하면서 빠르게 원만해지고 무상정등보리를 증득하겠으며, 내 불국토의 가운데에서는 사정취와 부정취인 제유정의 부류들을 없게 하겠으며, 역시 이와 같은 이취(二聚)의 명성(名聲)이 없게 하겠고, 일체의 유정들은 모두 정정취가 되게 하겠다.'라고 이렇게 발원을 지으면서 말하였다면 선현이여. 이 보살마하살은 오히려 이러한 6바라밀다가 빠르게 원만함을 얻어서 무상정등보리에 가까워지느니라.

다시 다음으로 선현이여. 보살마하살이 있어서 6바라밀다를 구족하여 수행하더라도, 제유정들이 3악취(三惡趣)인 첫째는 지옥(地獄)이고, 둘째는 방생(傍生)이며, 셋째는 귀계(鬼界) 등에 떨어지는 것이 있다고 보았다면 선현이여. 이 보살마하살은 이러한 일을 보았으므로 '나는 마땅히 무슨 방편으로 제유정의 부류들을 발제하여야 그들이 3악취의 고통을 영원히 벗어나게 할 수 있겠는가?'라고 이렇게 사유를 짓느니라.

이미 사유를 마쳤다면, '나는 마땅히 정근하면서 몸과 목숨을 돌아보지

---

9) 산스크리트어 tri-vidya의 번역이고, 아라한이 가지는 숙명지명(宿命智明)·천안지 명(天眼智明)·누진지명(漏盡智明)을 가리킨다.

10) 산스크리트어 Trayo rāśayah의 번역이고, 중생을 세 부류로 나눈 것이다.

11) 오역죄(五逆罪)를 범하여 지옥에 떨어지는 부류이다.

12) 견혹(見惑)을 끊고서 열반에 이르는 부류이다.

13) 열반에 이르거나, 지옥에 떨어지는 과보가 아직 결정되지 않은 부류이다.

않고서 6바라밀다를 수행하여 유정을 성숙시키겠으며 불국토를 청정하게 장엄하면서 빠르게 원만해지고 무상정등보리를 증득하겠으며, 내 불국토의 가운데에서는 지옥·방생·귀계가 없게 하고, 역시 이와 같은 3악취의 명성이 없게 하겠으며, 일체의 유정들이 모두 선취(善趣)에 섭수되게 하겠다.'라고 이렇게 발원을 지으면서 말하였다면 선현이여. 이 보살마하살은 오히려 이러한 6바라밀다가 빠르게 원만함을 얻어서 무상정등보리에 가까워지느니라.

다시 다음으로 선현이여. 보살마하살이 있어서 6바라밀다를 구족하여 수행하더라도, 제유정들은 오히려 악한 업장(業障)으로 기거하는 곳인 대지가 높고 낮으며 평평하지 않고, 언덕·구덩이·잡초·그루터기(株杌)·독자(毒刺)14)·가시나무(荊棘) 등의 부정(不淨)이 충만한 것을 보았다면 선현이여. 이 보살마하살은 이러한 일을 보았으므로 '나는 마땅히 무슨 방편으로 제유정의 부류들을 발제하여야 그들의 여러 악한 업장(業障)을 영원히 소멸시켜 기거하는 곳인 처소의 대지가 평탄하여 손바닥과 같아져서 여러 잡초가 없고 그루터기 등의 일이 없게 할 수 있겠는가?'라고 이렇게 사유를 짓느니라.

이미 사유를 마쳤다면, '나는 마땅히 정근하면서 몸과 목숨을 돌아보지 않고서 6바라밀다를 수행하여 유정을 성숙시키겠으며 불국토를 청정하게 장엄하면서 빠르게 원만해지고 무상정등보리를 증득하겠으며, 내 불국토의 가운데에서는 이와 같은 여러 잡스럽고 지저분한 업에 미혹되는 대지가 없고 유정들이 기거하는 처소인 그 대지는 평탄하며 원림(園林)·연못·늪지에는 여러 미묘하고 향기로운 꽃으로 사이를 섞어서 장엄하여 매우 애락(愛樂)하게 하겠다.'라고 이렇게 발원을 지으면서 말하였다면 선현이여. 이 보살마하살은 오히려 이러한 6바라밀다가 빠르게 원만함을 얻어서 무상정등보리에 가까워지느니라.

다시 다음으로 선현이여. 보살마하살이 있어서 6바라밀다를 구족하여

14) 벌이나 전갈 등의 꼬리에 있는 독물(毒物)을 쏟아내는 바늘과 같은 침을 가리킨다.

수행하더라도, 제유정들이 박복(薄福)하고 박덕(薄德)하여 기거하는 곳인
대지에 여러 진귀한 보배들이 없으며 여러 종류의 흙·바위·기와·자갈
등이 있는 것을 보았다면 선현이여. 이 보살마하살은 이러한 일을 보았으
므로 '나는 마땅히 이와 같이 죄가 많고 복이 적은 제유정의 부류들을
어떻게 발제하여야 기거하는 곳인 처소가 풍요롭고 진귀한 보배가 있게
할 수 있겠는가?'라고 이렇게 사유를 짓느니라.

이미 사유를 마쳤다면, '나는 마땅히 정근하면서 몸과 목숨을 돌아보지
않고서 6바라밀다를 수행하여 유정을 성숙시키겠으며 불국토를 청정하
게 장엄하면서 빠르게 원만해지고 무상정등보리를 증득하겠으며, 내
불국토의 가운데에서는 이와 같이 죄가 많고 복이 적은 제유정의 부류들은
없게 하겠으며, 금모래(金砂)가 대지에 펼쳐지고 여러 곳에 모두 폐유리(吠
瑠璃) 등의 미묘하고 진기(珍奇)한 보배들이 많이 있게 하겠고, 유정들이
수용하였을지라도 집착함이 없게 하겠다.'라고 이렇게 발원을 지으면서
말하였다면 선현이여. 이 보살마하살은 오히려 이러한 6바라밀다가 빠르
게 원만함을 얻어서 무상정등보리에 가까워지느니라.

다시 다음으로 선현이여. 보살마하살이 있어서 6바라밀다를 구족하여
수행하더라도, 제유정들이 일반적으로 섭수하는 것에 많은 애착(戀著)이
생겨나고 여러 악한 일을 일으키는 것을 보았다면 선현이여. 이 보살마하
살은 이러한 일을 보았으므로 '나는 마땅히 이와 같이 악한 것을 섭수하는
제유정의 부류들을 어떻게 발제하여야 그들이 악업에 애착하는 것을
영원히 벗어나게 할 수 있겠는가?'라고 이렇게 사유를 짓느니라.

이미 사유를 마쳤다면, '나는 마땅히 정근하면서 몸과 목숨을 돌아보지
않고서 6바라밀다를 수행하여 유정을 성숙시키겠으며 불국토를 청정하
게 장엄하면서 빠르게 원만해지고 무상정등보리를 증득하겠고, 내 불국토
의 가운데에서는 이와 같이 악한 것을 섭수하는 유정들이 없게 하겠으며,
일체의 유정들이 색 등의 경계에서 모두 섭수하지 않고 애착이 생겨나지
않게 하겠다.'라고 이렇게 발원을 지으면서 말하였다면 선현이여. 이
보살마하살은 오히려 이러한 6바라밀다가 빠르게 원만함을 얻어서 무상

정등보리에 가까워지느니라.

　다시 다음으로 선현이여. 보살마하살이 있어서 6바라밀다를 구족하여 수행하더라도, 제유정들에게 네 종류의 색류(色類)인 첫째는 찰제리(刹帝利)15)이고, 둘째는 바라문(婆羅門)16)이며, 셋째는 폐사(吠舍)17)이고, 넷째는 술달라(戌達羅)18)인데, 귀중하고 멸시하는 차별이 있는 것을 보았다면 선현이여. 이 보살마하살은 이러한 일을 보았으므로 '나는 마땅히 무슨 방편으로 제유정의 부류들을 발제하여야 이와 같은 네 종류인 색류들에게 귀중하고 멸시하는 차별을 없게 할 수 있겠는가?'라고 이렇게 사유를 짓느니라.

　이미 사유를 마쳤다면, '나는 마땅히 정근하면서 몸과 목숨을 돌아보지 않고서 6바라밀다를 수행하여 유정을 성숙시키겠으며 불국토를 청정하게 장엄하면서 빠르게 원만해지고 무상정등보리를 증득하겠으며, 내 불국토의 가운데에서는 이와 같은 네 종류의 귀중하고 멸시하는 차별이 없게 하며, 일체의 유정들은 동일한 색류로 모두를 함께 존귀한 사람의 세계(趣)에 섭수되게 하겠다.'라고 이렇게 발원을 지으면서 말하였다면 선현이여. 이 보살마하살은 오히려 이러한 6바라밀다가 빠르게 원만함을 얻어서 무상정등보리에 가까워지느니라.

　다시 다음으로 선현이여. 보살마하살이 있어서 6바라밀다를 구족하여 수행하더라도, 제유정들에게 하(下)·중(中)·상품(上品)인 가족(家族)의 차별이 있는 것을 보았다면 선현이여. 이 보살마하살은 이러한 일을 보았으므로 '나는 마땅히 무슨 방편으로 제유정의 부류들을 발제하여야 이와

---

15) 산스크리트어 kṣatriya의 음사이고, 인도의 카스트제도 가운데에서 두 번째 계급이며, 왕족·귀족·무사 등의 정치와 군사를 담당한다.
16) 산스크리트어 brāhmaṇa의 음사이고, 인도의 카스트제도 가운데에서 첫 번째 계급이며, 제사와 교육을 담당하는 사제(司祭)들을 가리킨다.
17) 산스크리트어 vaiśya의 음사이고, 인도의 카스트제도 가운데에서 세 번째 계급이며, 농·공·상업에 종사한다.
18) 산스크리트어 śūdra의 음사이고, 인도 카스트제도 가운데에서 네 번째 계급이며, 하인과 장인으로 구성된다.

같은 하·중·상품인 가족의 차별을 없게 할 수 있겠는가?'라고 이렇게 사유를 짓느니라.

이미 사유를 마쳤다면, '나는 마땅히 정근하면서 몸과 목숨을 돌아보지 않고서 6바라밀다를 수행하여 유정을 성숙시키겠으며 불국토를 청정하게 장엄하면서 빠르게 원만해지고 무상정등보리를 증득하겠고, 내 불국토의 가운데에서는 이와 같은 하·중·상품인 가족의 차별을 없게 하겠고 일체의 유정들은 모두가 동일한 상품의 집안이게 하겠다.'라고 이렇게 발원을 지으면서 말하였다면 선현이여. 이 보살마하살은 오히려 이러한 6바라밀다가 빠르게 원만함을 얻어서 무상정등보리에 가까워지느니라.

다시 다음으로 선현이여. 보살마하살이 있어서 6바라밀다를 구족하여 수행하더라도, 제유정들에게 단정(端正)하고 추루(醜陋)한 형색(形色)의 차별이 있는 것을 보았다면 선현이여. 이 보살마하살은 이러한 일을 보았으므로 '나는 마땅히 무슨 방편으로 제유정의 부류들을 발제하여야 이와 같은 형색의 차별을 없게 할 수 있겠는가?'라고 이렇게 사유를 짓느니라.

이미 사유를 마쳤다면, '나는 마땅히 정근하면서 몸과 목숨을 돌아보지 않고서 6바라밀다를 수행하여 유정을 성숙시키겠으며 불국토를 청정하게 장엄하면서 빠르게 원만해지고 무상정등보리를 증득하겠으며, 내 불국토의 가운데에서는 이와 같은 형색의 차별이 있는 제유정들이 없게 하겠고, 일체의 유정들은 모두 진금색(眞金色)이며, 단엄(端嚴)하고 미묘하여 대중들이 보는 것을 즐거워하고, 제일의 원만함과 청정한 형색들을 성취하게 하겠다.'라고 이렇게 발원을 지으면서 말하였다면 선현이여. 이 보살마하살은 오히려 이러한 6바라밀다가 빠르게 원만함을 얻어서 무상정등보리에 가까워지느니라."

漢譯 | 현장(玄奘)

중국 당나라 사문으로 하남성(河南省) 낙양(洛陽) 구씨현(緱氏縣)에서 출생하였고, 속성은 진씨(陳氏), 이름은 위(褘)이다. 10세에 낙양 정토사(淨土寺)에 귀의하였고, 경(經)·율(律)·논(論) 삼장(三藏)에 밝아서 삼장법사라고 불린다. 627년 인도로 구법을 떠나서 나란다사(那爛陀寺)에 들어가 계현(戒賢)에게 수학하였다. 641년 520질 657부(部)에 달하는 불경들을 가지고 귀국길에 올라 645년 정월 장안으로 돌아왔으며, 인도 여행기인『대당서역기(大唐西域記)』12권을 저술하였다. 번역한 삼장으로는 경장인 『대반야바라밀다경(大般若波羅蜜多經)』600권, 율장인『보살계본(菩薩戒本)』2권, 논장인『유가사지론(瑜伽師地論)』100권,『아비달마대비바사론(阿毘達磨大毘婆沙論)』200권 등이 있다. 번역한 경전은 76부 1,347권에 이르는 매우 중요한 대승불교 경전들이 상당수 포함되어 있으며, 문장과 단어에 충실하여 문장의 우아함은 부족하더라도 어휘의 정확도는 매우 진전되었다. 구마라집 등의 구역(舊譯)과 차별을 보여주고 있어 신역(新譯)이라 불리고 있다.

國譯 | 釋 普雲(宋法燁)

대한불교조계종 제2교구본사 용주사에서 출가하였고, 문학박사이다. 현재 대한불교조계종 교육아사리(계율)이고, 죽림불교문화연구원에서 연구와 번역을 병행하고 있다.

논저 | 논문으로 「통합종단 이후 불교의례의 변천과 향후 과제」 등 다수. 저술로『신편 승가의범』, 『승가의궤』가 있으며, 번역서로『마하반야바라밀다경』(1~10),『팔리율』(Ⅰ~Ⅴ),『마하승기율』(상·중·하),『십송율』(상·중·하),『보살계본소』,『근본설일체유부비나야』(상·하),『근본설일체유부비나야약사』,『근본설일체유부비나야파승사』,『근본설일체유부비나야잡사』(상·하),『근본설일체유부필추니비나야』,『근본설일체유부백일갈마 외』,『안락집』등이 있다.

마하반야바라밀다경 11 摩訶般若波羅蜜多經 11

三藏法師 玄奘 漢譯 | 釋 普雲 國譯

2025년 1월 31일 초판 1쇄 발행

펴낸이 · 오일주
펴낸곳 · 도서출판 혜안
등록번호 · 제22-471호
등록일자 · 1993년 7월 30일

주   소 · ⑦ 04052 서울시 마포구 와우산로 35길3(서교동) 102호
전   화 · 3141-3711~2 / 팩시밀리 · 3141-3710
E-mail · hyeanpub@daum.net

ISBN 978-89-8494-731-3 03220

값 48,000 원